Заключительный отчёт Сорок третьего Консультативного совещания по Договору об Антарктике

КОНСУЛЬТАТИВНОЕ СОВЕЩАНИЕ
ПО ДОГОВОРУ ОБ АНТАРКТИКЕ

Заключительный отчёт Сорок третьего Консультативного совещания по Договору об Антарктике

Париж, Франция
14 - 24 июня 2021 г.

Том II

Секретариат Договора об Антарктике
Буэнос-Айрес
2021

Консультативное совещание по Договору об Антарктике (43-е, 2021 г., Париж) Заключительный отчёт Сорок третьего Консультативного совещания по Договору об Антарктике. Париж, Франция, 14–24 июня 2021 года

Буэнос-Айрес, Секретариат Договора об Антарктике, 2021 г.
561 с.

ISBN 978-987-8929-14-9

1. Международное право – Природоохранные вопросы. 2. Система Договора об Антарктике. 3. Экологическое право – Антарктика. 4. Охрана окружающей среды – Антарктика.

DDC 341.762 5

Secretariat of the Antarctic Treaty
Secrétariat du Traité sur l'Antarctique
Секретариат Договора об Антарктике
Secretaría del Tratado Antártico

Maipú 757, Piso 4
C1006ACI Ciudad Autónoma
Buenos Aires – Argentina
Tel: +54 11 3991 4250
ats@ats.aq

Данный документ также можно получить по адресу: www.ats.aq (цифровая версия) и экземпляры, приобретенные через Интернет

ISSN 2346-9900
ISBN (vol. I) : 978-987-8929-05-7
(полный сборник) : 978-987-8929-01-9

Содержание

ТОМ I

Мера 7 (2021 г.). Особо охраняемый район Антарктики № 106 «Мыс Халлетт» (северная часть Земли Виктории, море Росса): пересмотренный План управления

Мера 8 (2021 г.). Особо охраняемый район Антарктики № 120 «Архипелаг Жеоложи» (Земля Адели): пересмотренный План управления

Мера 9 (2021 г.). Особо охраняемый район Антарктики № 121 «Мыс Ройдс» (остров Росса): пересмотренный План управления

Мера 10 (2021 г.). Особо охраняемый район Антарктики № 131 «Ледник Канада» (озеро Фрюкселль, долина Тейлор, Земля Виктории): пересмотренный План управления

Мера 11 (2021 г.). Особо охраняемый район Антарктики № 134 «Мыс Сьерва и Шельфовые Острова» (Берег Данко, Антарктический полуостров): пересмотренный План управления

Мера 12 (2021 г.). Особо охраняемый район Антарктики № 148 «Гора Флора» (бухта Хоп, Антарктический полуостров): пересмотренный План управления

Мера 13 (2021 г.). Особо охраняемый район Антарктики № 155 «Мыс Эванс» (остров Росса): пересмотренный План управления

Мера 14 (2021 г.). Особо охраняемый район Антарктики № 157 «Бухта Бакдор» (мыс Ройдс, полуостров Росса): пересмотренный План управления

Мера 15 (2021 г.). Особо охраняемый район Антарктики № 158 «Мыс Хат» (остров Росса): пересмотренный План управления

Мера 16 (2021 г.). Особо охраняемый район Антарктики № 159 «Мыс Адэр» (Берег Боркгревинка): пересмотренный План управления

Мера 17 (2021 г.). Особо охраняемый район Антарктики № 163 «Ледник Дакшин Ганготри» (Земля Королевы Мод): пересмотренный План управления

Мера 18 (2021 г.). Особо охраняемый район Антарктики № 167 «Остров Хокер» (Земля Принцессы Елизаветы): пересмотренный План управления

Мера 19 (2021 г.). Особо охраняемый район Антарктики № 176 «Острова Розенталь» (остров Анверс, архипелаг Палмер): План управления

Мера 20 (2021 г.). Особо охраняемый район Антарктики № 177 «Острова Леони и Юго-Восточная Часть Острова Аделейд» (Антарктический полуостров): План управления

Мера 21 (2021 г.). Особо охраняемый район Антарктики № 178 «Остров Инэкспрессибл и Бухта Сивью» (море Росса): План управления

Мера 22 (2021 г.). Пересмотренный перечень Исторических мест и памятников Антарктики: Обломки «Сан-Тельмо»

Мера 23 (2021 г.). Система охраняемых районов Антарктики: переформатированный список исторических мест и памятников

Приложение. Пересмотренный перечень Исторических мест и памятников

2. Решения

Решение 1 (2021 г.). Система охраняемых районов Антарктики: переформатированный Перечень Исторических мест и памятников

Решение 2 (2021 г.). Положения о персонале Секретариата Договора об Антарктике

Приложение. Положения о персонале Секретариата Договора об Антарктике

Решение 3 (2021 г.). Отчет, программа и бюджет Секретариата

3. Резолюции

Приложение. Система работы добровольных наблюдателей на борту туристических судов в районе действия Договора об Антарктике

Резолюция 10 (2021 г.). Форма отчета о посещении участка для туристической и неправительственной деятельности в Антарктике

Приложение. Форма Отчета о посещении

Фотография глав делегаций

ТОМ II

Акронимы и сокращения

АКАП	Соглашение о сохранении альбатросов и буревестников
ЗБРА	Заповедные биогеографические регионы Антарктики
ОУРА	Особо управляемый район Антарктики
АСОК	Коалиция по Антарктике и Южному океану
ООРА	Особо охраняемый район Антарктики
СДА	Система Договора об Антарктике или Секретариат Договора об Антарктике
КСДА	Консультативное совещание по Договору об Антарктике
Сторона КСДА	Консультативная Сторона Договора об Антарктике
СЭДА	Совещание экспертов Договора об Антарктике
ВР	Вспомогательный документ
АНТКОМ	Конвенция о сохранении морских живых ресурсов Антарктики и (или) Комиссия по сохранению морских живых ресурсов Антарктики
КОАТ	Конвенция о сохранении тюленей Антарктики
CCRWP	Рабочая программа ответных мер в отношении изменения климата
ВООС	Всесторонняя оценка окружающей среды
КООС	Комитет по охране окружающей среды
КОМНАП	Совет управляющих национальных антарктических программ
ОВОС	Оценка воздействия на окружающую среду
СЭОИ	Система электронного обмена информацией
ГКА	Гидрографический комитет по Антарктике
ИМП	Историческое место и памятник
МААТО	Международная ассоциация антарктических туристических операторов
КОТ	Ключевая орнитологическая территория
ИКАО	Международная организация гражданской авиации
МКГ	Межсессионная контактная группа
ПООС	Первоначальная оценка окружающей среды
IGP&I Clubs	Международная группа ассоциаций (клубов) взаимного страхования
МГО	Международная гидрографическая организация
ИМО	Международная морская организация
МОК	Межправительственная океанографическая комиссия
Фонды IOPC	Международные фонды для компенсации ущерба от загрязнения нефтью
IP	Информационный документ
МГЭИК	Межправительственная группа экспертов по изменению климата
МСОП	Международный союз охраны природы
МОР	Морской охраняемый район
НКО	Национальный компетентный орган
СКЦ	Спасательно-координационный центр
SAR	Поиск и спасание
СКАР	Научный комитет по антарктическим исследованиям
НК-АНТКОМ	Научный комитет АНТКОМ

SGCCR	Вспомогательная группа по ответным мерам в отношении изменения климата
ВГПУ	Вспомогательная группа по планам управления
СОЛАС	Международная конвенция по охране человеческой жизни на море
SOOS	Система наблюдений Южного океана
SP	Документ Секретариата
ТЗ	Техническое задание
БПЛА/ДПАС	Беспилотный летательный аппарат / дистанционно пилотируемая авиационная система
ЮНЕП	Программа ООН по окружающей среде
РКИК ООН	Рамочная конвенция ООН об изменении климата
VSSOS	Ночёвки, организованные при поддержке судов
ВМО	Всемирная метеорологическая организация
WP	Рабочий документ
ВТО	Всемирная туристическая организация

ЧАСТЬ II

Меры, Решения и Резолюции (продолжение)

4. Планы управления

План управления Особо управляемым районом Антарктики № 6 «Холмы Ларсеманн» (Восточная Антарктика)

1. Введение

Холмы Ларсеманн представляют собой свободную от ледникового покрова территорию площадью около 40 км^2, которая является самым южным прибрежным «оазисом» в районе залива Прюдс в Восточной Антарктике. Свободные от ледникового покрова прибрежные территории редко встречаются в Антарктиде, поэтому холмы Ларсеманн являются важной территорией, содержащей экологические, научные и логистические ценности.

В 2007 г. на основании совместного предложения Австралии, Китая, Индии, Румынии и Российской Федерации холмы Ларсеманн были определены в качестве Особо управляемого района Антарктики (ОУРА). Основной причиной для получения данного статуса стало развитие координации и сотрудничества между Сторонами в целях планирования и осуществления деятельности в регионе с целью достижения наилучших результатов в охране окружающей среды.

Первоначальный План управления ОУРА № 6 «Холмы Ларсеманн» был принят на основании Меры 2 (2007 г). Пересмотренный План управления районом был принят на основании Меры 15 (2014 г.).

1.1. География

Холмы Ларсеманн расположены приблизительно посередине между оазисом Вестфолл и шельфовым ледником Эймери на юго-восточном берегу залива Прюдс, Земля Принцессы Елизаветы, Восточная Антарктика (69°30’ ю. ш, 76°19’58” в. д.) (Карта А). В состав этой территории, не имеющей ледникового покрова, входят два крупных полуострова (Стурнес и Брокнес), четыре небольших мыса и около 130 прибрежных островков. Самый восточный полуостров – Брокнес – в свою очередь, разделен бухтой Нелла на западную и восточную части. Ближайшей крупной территорией, свободной от ледникового покрова, являются острова Бёленгенёйа (Bølingen Islands) (69°31’58” ю. ш, 75°42’ в. д.), находящийся в 25 км к юго-западу, и архипелаг Реуэр (68°50’59” ю. ш., 77°49’58” в. д), расположенный в 60 км к северо-востоку.

В соответствии с анализом экологических доменов Антарктики (Резолюция 3 (2008 г.) холмы Ларсеманн относятся к Природной среде D «Геология прибрежных районов Восточной Антарктики». По классификации заповедных биогеографических регионов Антарктики (Резолюция 3 (2017 г.) холмы Ларсеманн находятся на территории Биогеографического региона 7 «Восточная Антарктика».

1.2. Присутствие человека

1.2.1. История посещения района человеком

Территория холмов Ларсеманна была впервые нанесена на карту капитаном судна норвежской экспедиции Клариусом Никкельсеном в 1935 г. В течение следующих 50 лет территорию кратковременно посещали представители нескольких стран, однако вплоть до середины 1980-х годов никакой существенной или продолжительной деятельности здесь не проводилось. Период с 1986 г. по 1989 г. ознаменовался бурным развитием инфраструктуры района; в восточной части п-ова Брокнес на расстоянии около 3 км друг от друга были построены австралийская летняя научная база (база Лоу), китайская научная станция (Зонгсан) и одна российская научная станция (Прогресс). Кроме того, на ледниковом плато южнее п-ова Брокнес Россия эксплуатировала 2000-метровую взлетно-посадочную полосу для самолетов на лыжном шасси, с которой за этот период было выполнено свыше 100 внутриконтинентальных полетов. Станции Зонгсан и Прогресс эксплуатируются круглый год, равно как и индийская станция Бхарати, построенная в 2012-2013 гг. База Лоу работает сезонно.

1.2.2. Научные исследования

На станциях проводятся научные исследования в таких областях, как метеорология, сейсмология, магниторазведка, химия атмосферы, слежение с помощью глобальной системы позиционирования (GPS), физика атмосферы и околоземного космического пространства и физиология человека. Основными направлениями полевых исследований в районе холмов Ларсеманн являются геология, геоморфология, изучение четвертичного периода, гляциология, гидрология, лимнология, экология, геоэкология, биология, изучение биоразнообразия (в том числе на молекулярном уровне), биотехнологии и антропогенные воздействия.

1.2.3. Посещение туристами

Начиная с 1990-х годов, район посещало несколько туристических судов на нерегулярной основе. Длительность посещений составляла полдня, и в течение этого времени пассажиры переправлялись на берег вертолетом с последующим осмотром станций, озер, колоний птиц и других достопримечательностей восточной части п-ова Брокнес в пешем порядке.

1.2.4. Дальнейшая деятельность

Дальнейшей деятельности человека на холмах Ларсеманн способствуют их прибрежное месторасположение и свободная от ледникового покрова местность. О приверженности Сторон, осуществляющих деятельность в районе, к продолжению своей деятельности свидетельствует как развитие и реконструкция объектов станций, так и организация внутриматериковых санно-тракторных маршрутов с территории района. Первостепенное внимание будет уделяться улучшению состояния дорог, включая предлагаемое выравнивание хребта между станцией Прогресс и аэродромом.

1.3. Период определения

Этот ОУРА определен на неограниченный период времени. План управления необходимо пересматривать не реже одного раза в 5 лет.

2. Ценности Района

В регионе залива Прюдс находятся несколько выходов породы и ряд прибрежных островков, которые составляют значительную часть территории восточно-антарктического побережья, не имеющей ледникового покрова. Занимая свободный от ледникового покрова участок площадью около 40 км^2, холмы Ларсеманн представляют собой самый южный прибрежный «оазис» (69°30' ю. ш.) этого географического сектора и второй по величине оазис после оазиса Вестфолл (~410 км^2), который находится в 110 км к северо-востоку. Такие прибрежные оазисы очень редко встречаются в Антарктике. Поэтому в этом качестве холмы Ларсеманн являются важной биогеографической территорией, содержащей экологические, научные и логистические ценности.

2.1. Экологические и научные ценности

Многие научные исследования в районе холмов Ларсеманн связаны с тем, что окружающая природная среда этого участка находится в относительно ненарушенном состоянии, и поэтому охрана научных ценностей будет во многом способствовать пониманию и охране многочисленных экологических ценностей этого района.

Имея геологию, значительно отличающуюся от геологии других выходов породы в районе залива Прюдс, холмы Ларсеманн являются одним из важных геологических окон в историю Антарктики. Многочисленные обнажения геологических и геоморфологических объектов позволяют получить ценную информацию о формировании ландшафта, а также истории полярного ледникового щита и уровня моря. Многие из этих объектов очень чувствительны к физическим нарушениям.

П-ов Брокнес является одним из немногих прибрежных районов Антарктики, остававшихся частично свободными от ледникового покрова в период последнего оледенения, а образовавшиеся здесь отложения являются источником непрерывного ряда биологических и палеоклиматических материалов за приблизительно 130 000-летний период.

П-овы Стурнес и Браттневет (Brattnevet) уникальны в контексте наличия обширных и разнообразных свит, состоящих из боросиликатных и фосфатных комплексов имеющих большое научное значение по своему разнообразию и происхождению. Целью текущих исследований является установление геологических процессов, которые привели к такой высокой концентрации бора и фосфора. В отложениях п-ова Стурнес обнаружено множество хорошо сохранившихся фораминифер, диатомей и моллюсков. Уникальные геологические ценности п-ова Стурнес и его важность как эталонного участка для сравнения с более нарушенным п-овом Брокнес обеспечивают все предпосылки для его определения в качестве Особо охраняемого района Антарктики (ООРА) № 174.

На территории холмов Ларсеманн имеется свыше 150 озер. И хотя некоторые озера, имеющие наибольшее значение для науки, расположены в восточной части п-ова Брокнес, озера холмов Ларсеманн в совокупности считаются самой важной экологической характеристикой этого ОУРА. Эти озера представляют особую ценность как относительно простые природные экосистемы. Ввиду их чувствительности к физическим, химическим и биологическим изменениям для охраны их научных ценностей следует применять водосборный принцип управления деятельностью человека. Снежные поля на этих водосборных территориях и водотоки также являются важными объектами для изучения естественных гидрологических процессов и любого рода усиления антропогенных воздействий.

Кроме того, для ряда озер холмов Ларсеманн характерны наводнения, сопровождающиеся разрушением снежных и ледяных дамб, перекрытием водоемов и сбросом воды через возникающие каналы. Эти особенности представляют интерес как с точки зрения науки, так и в рамках мер по обеспечению безопасности транспортных операций.

Относительно мягкий микроклимат и наличие пресной воды летом также создают благоприятные условия для развития форм жизни, характерных для Антарктики. Здесь гнездятся снежные буревестники, качурки Вильсона и южнополярные поморники, а недалеко от берега имеются залежки тюленей Уэдделла, где они выводят потомство и переживают линьку. На территории района встречаются многочисленные покровы мхов, лишайников и цианобактерий, а в некоторых местах их концентрация достигает высокого уровня. Наличие сравнительно легкого доступа к этим биологическим участкам делает их ценными и легко уязвимыми особенностями района.

Благодаря недолгой, локализованной и хорошо задокументированной истории деятельности человека в этом районе холмы Ларсеманн также обеспечивают прекрасную возможность для изучения и количественного анализа антропогенных воздействий.

2.2. Логистические ценности

Наличие в районе круглогодичных станций трех национальных антарктических программ делают ОУРА «Холмы Ларсеманн» важной базой логистической поддержки при посещении южной части залива Прюдс и внутренних районов Антарктического континента, включая станцию Куньлунь (Kunlun) в районе Купола А (Китай), станцию Восток (Россия) и района гор Гров (Groves Mountains). Австралия и Китай совершали длительные санно-тракторные поездки вглубь континента при поддержке станций и баз, расположенных в районе холмов Ларсеманн. С 2008 года Россия перенесла в район холмов Ларсеманн базу снабжения станции Восток, которая находилась на станции Мирный.

Наличие эксплуатируемой Россией снежной взлетно-посадочной полосы, которая обслуживает среднемагистральные самолеты, также увеличивает логистическую ценность района, как и использование бухты Тала в качестве резервного варианта для разгрузки судов для повышения оптимальности и безопасности грузовых операций. Учитывая продолжительный характер блокировки айсбергами морского пролива к станциям Прогресс и Зонгсан, использование бухты Тала для устойчивого снабжения станций на полуострове Брокнес и для доставки грузов на внутренние станции имеет важное значение. Россия планирует использовать бухту Тала с летнего сезона 2021-22 г. для доставки строительных материалов и топлива на станцию Восток. Доступ будет осуществляться через полуостров Стурнес вдоль границы с ООРА № 174 «Стурнес». Этот маршрут вдоль ледникового купола в настоящее время является единственным безопасным между бухтой Тала и ледниковым куполом. Для обеспечения безопасности движения по проливу с 2015 года ведутся работы по выявлению ледниковых трещин и прорывоопасных водоемов.

2.3. Первозданные и эстетические ценности

На п-ове Стурнес, небольших мысах и прибрежных островках существенно меньше следов присутствия человека, по сравнению со всей остальной территорией ОУРА. Эстетическая ценность сильно изрезанных и не имеющих ледникового покрова холмов ОУРА, перемежающихся с озерами и фьордами на фоне ледника Долк, а также прибрежных островков, айсбергов и плато заслуживает внимания и требует охраны.

3. Цели и задачи

Холмы Ларсеманн определены в качестве ОУРА в целях обеспечения охраны окружающей среды за счет координации действий и развития сотрудничества Сторон в процессе планирования и осуществления деятельности человека в этом районе.

Принимая настоящий План управления, Стороны обязуются:

- инструктировать всех посетителей о соответствующих требованиях к осуществлению деятельности, включая сотрудников национальных научных программ, временных посетителей объектов национальных научных программ и участников неправительственной деятельности;
- обеспечить минимизацию кумулятивных и прочих воздействий на окружающую среду за счет развития контактов и применения последовательного, скоординированного подхода к охране окружающей среды при проведении научных исследований и вспомогательной деятельности;
- обеспечить минимизацию физических нарушений, химического загрязнения и биологического воздействия в районе, прежде всего за счет надлежащего регулирования использования транспортных средств;
- не допускать загрязнения окружающей среды за счет применения комплексных методов ликвидации и утилизации отходов, а также за счет надлежащего обращения с опасными веществами и их хранения;
- предпринимать необходимые меры по защите окружающей среды от непреднамеренной интродукции или попадания неместных видов;
- сохранять первозданные и эстетические ценности района;
- сохранять возможности для проведения научных исследований за счет предотвращения нарушения научных ценностей района; а также
- совершенствовать знания о естественных процессах на территории района, в том числе за счет проведения совместных программ мониторинга и наблюдений.

4. Описание Района

4.1. География и границы Района

В состав ОУРА входит не имеющий ледникового покрова участок и прибрежные островки, в совокупности известные как холмы Ларсеманн (см. карту А), а также прилегающее к ним плато. ОУРА охватывает территорию суши:

от точки с координатами	69°23'20" , 76°31'0" в. д. к востоку от южной оконечности залива Далкой, а оттуда – на север
до точки с координатами	69°22'20" ю. ш., 76°30'50" в. д. к северу от залива Далкой
на северо-запад до точки с координатами	69°20'40" ю. ш., 76°21'30" в. д. к северу от о-ва Страйпт
на северо-запад до точки с координатами	69°20'20" ю. ш., 76°14'20" в. д. к северо-востоку от о-ва Беттс
на юго-запад до точки с координатами	69°20'40" ю. ш., 76°10'30" в. д. к северо-западу от о-ва Беттс

на юго-запад до точки с координатами	69°21'50" ю. ш., 76°2'10" в. д. к северо-западу от о-ва Осмар
на юго-запад до точки с координатами	69°22'30" ю. ш., 75°58'30" в. д. к западу от о-ва Осмар
на юго-запад до точки с координатами	69°24'40" ю. ш., 75°56'0" в. д. к западу от о-ва Миллз
на юго-восток до точки с координатами	69°26'40" ю. ш., 75°58'50" в. д. к югу от Сянсы Дао
на юго-восток до точки с координатами	69°28'10" ю. ш., 76°1'50" в. д. к юго-западу от мыса МакКарти
на юго-восток до прибрежной точки с координатами	69°28'40" ю. ш., 76°3'20" в. д.,
на северо-восток до точки с координатами	69°27'32" ю. ш., 76°17'55" в. д. к югу от российской взлетно-посадочной полосы
на юго-восток до точки с координатами	69°25'10" ю. ш., 76°24'10" в. д. на западной стороне ледника Долк
на северо-восток до точки с координатами	69°24'40" ю. ш., 76°30'20" в. д. на восточной стороне ледника Долк
на северо-восток обратно к точке с координатами	69°23'20" ю. ш., 76°31'0" в. д.

При этом целью является регулирование порядка осуществления всей значимой деятельности человека, связанной с холмами Ларсеманн, в соответствии с настоящим Планом управления.

На местности не установлено никаких искусственных указателей границ.

4.2. Климат

Одной из важнейших характеристик климата в районе холмов Ларсеманн является наличие постоянных и сильных катабатических ветров, дующих с северо-востока в течение большей части лета. Дневная температура воздуха в период с декабря по февраль нередко превышает 4 °C и может превышать 10 °C, а среднемесячная температура составляет немного более 0 °C. Среднемесячная температура в зимние месяцы составляет от –15 °C до –18 °C. Осадки выпадают в виде снега и практически никогда не превышают 250 мм в год (в водном эквиваленте снега). На п-ове Стурнес снежный покров, как правило, глубже и держится дольше, чем на п-ове Брокнес. В течение всего лета берега окружены массивными полями пакового льда, а фьорды и заливы редко освобождаются от ледового покрова.

4.3. Природные особенности

4.3.1. Геология

Холмы Ларсеманн (а также соседние острова Бёленгенёйа и утесы Браттстранда) отличаются от других частей залива Прюдс главным образом тем, что здесь нет мафических даек и крупных чарнокитовых образований. Выходы коренных пород в районе холмов Ларсеманн состоят из супракрустальных вулканических и осадочных пород, которые подверглись метаморфизму в условиях гранулитовых фаций (с пиковыми параметрами, равными 800–860 °C и 6-7 кбар) во время «панафриканского» события, имевшего место в эпоху раннего палеозоя (около 500–550 млн лет назад). За пиком метаморфизма последовала декомпрессия. Произошли многочисленные эпизоды плавления и несколько эпизодов деформации пород, а также интрузия нескольких поколений пегматитов и гранитов. Под супракрустальными породами находится протерозойский фундамент из ортогнейса с включениями ортопироксена, от которого, возможно, произошли эти породы.

4.3.2. Геоморфология

Продолговатая форма крупных элементов рельефа холмов Ларсеманн объясняется композиционной слоистостью и наличием складок и разломов (линеаментов) в метаморфических коренных породах. Ландшафт изрезан большими, структурно контролируемыми фьордами (бухтами) и долинами с крутыми склонами, глубина которых редко превышает 100 м на суше, а максимальная длина составляет 3 км (бухта Барри Джонс). Максимальная высота над средним уровнем моря составляет 162 м (пик Бланделл).

Линия берега, в основном, представлена коренными породами, а пляжи встречаются только в вершинах фьордов или в изолированных защищенных заливах. Здесь есть несколько цепочек озер, подпруженных ледниками, а также связанных с ними ущелий и аллювиальных конусов выноса. Прибрежные островки чаще всего представляют собой «бараньи лбы», отделенные современным морем.

Здесь часто встречаются формы рельефа, образовавшиеся под воздействием ветра, хотя важную роль в отщеплении частиц, безусловно, играют лед и соль, а ветер выступает главным образом в роли их переносчика. Кроме того, здесь встречаются перигляциальные формы рельефа, хотя они не особенно многочисленны и не очень развиты.

Настоящих почв здесь совсем нет из-за отсутствия почвообразующих химико-биологических процессов. Здесь широко распространены поверхностные отложения, однако они ограничиваются низменными участками и представлены снежниковым гравием, частицами, нанесенными ветром, делювием и аллювиальными отложениями. Очень тонкий слой почв (менее 10 см) можно также встретить в районе редких пятен мха и прерывистого лишайникового покрова. На отдельных участках на глубине 20-70 см начинается слой вечной мерзлоты.

На северо-востоке п-ова Стурнес в точке с координатами примерно 69°31’48” ю. ш., 76°07 в. д. есть выход постдепозиционных плиоценовых морских отложений (возрастом 4,5–3,8 млн лет) мощностью до 40 см. Эти отложения занимают узкий уступ на высоте около 55 м над уровнем моря и содержат множество хорошо сохранившихся фораминифер и не сравнительно хорошо сохранившихся диатомей и моллюсков.

На участках п-ова Брокнес, которые оставались свободными от ледникового покрова в течение последнего ледникового максимума, есть осадочные отложения (в озерах), свидетельствующие о климатических, биологических и экологических изменениях в течение последнего ледникового цикла.

4.3.3. Озера и снежные поля

В районе холмов Ларсеманн насчитывается более 150 озер – от пресных до солоноватых и от мелководных до крупных, углубившихся под воздействием ледников. В большинстве своем это небольшие (5000–30 000 м^2) и мелководные (2–5 м) озера. Поверхность этих озер замерзает зимой, но летом большинство из них оттаивает на период до 2 месяцев, благодаря чему, они хорошо перемешиваются под влиянием катабатических ветров. Большинство озер питаются талыми снежными водами, а у некоторых есть постоянные летние водотоки, которые впадают в них и вытекают из них и являются местом обитания ракообразных, диатомей и коловраток. Эти водотоки наиболее заметны на п-ове Стурнес.

Озера холмов Ларсеманн особенно чувствительны к антропогенным воздействиям вследствие небольшого размера водосборных территорий и практически первозданной чистоты воды. Проведенные исследования показали, что в некоторых озерах восточной части п-ова Брокнес, находящихся в непосредственной близости от станций и связывающих их дорог, изменился химический состав воды и наблюдается приток питательных веществ, талой воды и отложений. Наряду с очевидным воздействием человека на эти озера большинство озер на п-ове Брокнес и в других частях района в целом остаются нетронутыми.

Озера в восточной части п-ова Брокнес имеют самую давнюю историю донных отложений среди всех поверхностных озер Антарктики. Судя по всему, ледниковый щит никогда не продвигался дальше озера Нелла и не вычищал озеро Кристальное (Прогресс), поэтому эти озера, а также озера, расположенные в направлении северной оконечности полуострова, представляют особую ценность для научного сообщества.

Согласно оценкам, площадь поверхности снежных полей холмов Ларсеманн за последние 50 лет увеличилась на 11 %. В летний период талые воды снежных полей и ледников формируют временную гидрографическую сеть. Водотоки переносят воду, ионы, взвешенные и загрязняющие вещества с водосборных площадей в озера и заливы.

По результатам наблюдений последних лет для ряда озер в этом районе характерны периодические наводнения. Подробные исследования, посвященные этим явлениям, проводятся на водоемах полуострова Брокнес с сезона 2017/18 г. Они включают гидрологические и геофизические исследования, а также многолетние наблюдения за динамикой водоемов. Частота и характер наводнений определяется рядом факторов, включая климатические и геоморфологические особенности каждого водоема. Наводнения озер Кристальное (Прогресс, LH-59) и Дискашен происходят почти ежегодно, а озера Боулдер (LH-73) – каждые несколько лет по достижении критического уровня воды.

4.3.4. Биота озер и водотоков

Наиболее разнообразной и распространенной группой первичных продуцентов континентальных водоемов оазиса являются цианобактерии (сине-зеленые водоросли), среди которых много видов, эндемичных для Антарктиды и района залива Прюдс. Второе место по видовому разнообразию и распространению занимают диатомии. Около 40 % таксонов диатомей, обитающих в пресных и солоноватых водоемах холмов Ларсеманна, являются эндемиками залива Прюдс или Антарктики (встречаются в основном в восточной части Брокнеса). Зеленые водоросли также играют значительную роль. Десмидиевые водоросли представлены всего четырьмя видами, относящимися к трем родам: *Actinotaenium*, *Cosmarium* и *Staurastrum*, но часто доминируют в водорослевых сообществах. Обычно они обитают в бентических сообществах, но водоросли рода *Cosmarium* изредка отмечаются и в планктоне. Золотистые водоросли встречаются либо в планктоне (виды рода *Paraphysomonas*), или в виде стадий покоя (воздушные полости) на дне озер. Динофлагелляты также встречаются в планктоне пресноводных водоемов, но их численность значительно меняется от года к году.

Наиболее заметной особенностью биоты почти всех озер региона является наличие обширных сине-зеленых покровов цианобактерий, скопившихся здесь со времени отступления ледников и в некоторых местах насчитывающих до 130 000 лет. Эти покровы водорослей обычно имеют толщину от 1 до 10 см, но в редких случаях могут достигать 1,5 м, что не наблюдается в других пресноводных антарктических системах. Эти покровы содержат цианобактерии, эукариотические водоросли (зеленые, десмидные, диатомовые) и стадии покоя планктонных видов золотистых водорослей. Основу покрова составляют нитчатые цианобактерии, обычно из родов *Leptolyngbya*, *Phormidesmis* и *Pseudanabaena*. Подобные сообщества, но меньшей толщины и разного видового состава водорослей и цианобактерий часто встречаются во временных водоемах и водотоках, а также в местах инфильтраций.

Гетеротрофные нанофлагелляты более распространены, чем автотрофные нанофлагелляты, хотя их видовое разнообразие невелико (всего три–четыре вида в большинстве озер). Реснитчатые не очень распространены, при этом самым многочисленным видом является *Strombidium*. В большинстве озер также встречается вид *Holyophyra*. В некоторых озерах временами встречаются коловратки, а многие из них заселены кладоцерой *Daphniopsis studeri*, хотя ее численность невелика.

4.3.5. Морские птицы

В пределах территории холмов Ларсеманн гнездятся южнополярные поморники (*Catharacta maccormicki*), малые снежные буревестники (*Pagodroma nivea*) и качурки Вильсона (*Oceanites oceanicus*). Имеется документальная информация о приблизительной численности и местонахождении гнездящихся пар на п-ове Брокнес, особенно в его восточной части, однако их распределение на остальной территории этого района точно не установлено.

Южнополярные буревестники живут здесь с середины-конца октября до начала апреля, причем на п-ове Брокнес обитают примерно 17 гнездящихся пар и примерно столько же негнездящихся птиц. Гнезда малых снежных буревестников и качурок Вильсона встречаются в защищенных от ветра обломках коренной породы, расселинах, на склонах валунов и в углублениях скал и, как правило, заняты с октября до февраля. На п-ове Брокнес гнездятся примерно 850–900 пар малых снежных буревестников и 40–50 пар качурок Вильсона, причем особенно большие скопления малых снежных буревестников наблюдаются в районе гряды Бейс (Base Ridge) и на скалистых выходах породы, граничащих с ледником Долк на востоке и плато на юге.

Несмотря на то, что такая открытая среда обитания удобна для гнездования пингвинов Адели (*Pygoscelis adeliae)*, в районе холмов Ларсеманн нет гнездящихся колоний этих птиц – возможно, из-за того, что после начала вылупления птенцов на море остается ледяной покров. Однако летом в период линьки район посещают пингвины из колоний, расположенных на близлежащих островных группах, которые находятся между островами Свеннер и островами Бёленгенёйа. Здесь также иногда появляются императорские пингвины (*Aptenodytes forsteri*).

4.3.6. Тюлени

На побережье холмов Ларсеманн обитают многочисленные тюлени Уэдделла (*Leptonychotes weddelli*), которые выходят на поверхность морского льда этого района для выведения потомства начиная с октября и для линьки – с конца декабря по март. Щенящиеся самки были замечены на морском ледяном покрове вблизи небольших островков к северо-востоку от восточной части п-ова Брокнес, а группы линяющих тюленей устраивали залежки вблизи берегов п-ова Брокнес в окрестностях станций, а также в приливных трещинах фьордов с западной стороны. Как показала аэрофотосъемка, проведенная в период линьки, численность тюленей превышала 1000 особей, причем многочисленные залежки крупных групп (по 50–100 тюленей) наблюдались в бухте Тала и на поверхности наслоенного льда, примыкающего с запада к п-ову Стурнес, а множество более мелких групп располагались между прибрежными островками и на поверхности льда к северо-востоку от п-ова Брокнес. Иногда здесь бывают также тюлени-крабоеды (*Lobodon carcinophagus*) и морские леопарды (*Hydrurga leptonyx*).

4.3.7. Микрофауна

Известно, что в этом районе на участках, где есть растительность, обитают пять родов наземных тихоходок (*Hypsibius*, *Minibiotus*, *Diphascon*, *Milnesium* и *Pseudechiniscus*), среди которых различаются шесть видов. Озера и водотоки служат средой обитания для богатой и разнообразной фауны. Имеются данные о наличии в этом районе семнадцати видов коловраток, трех видов тихоходок, двух видов членистоногих, простейших, одного вида плоских гельминтов и нематод. В большинстве озер района холмов Ларсеманн была обнаружена кладоцера Daphniopsis studeri, один из немногих видов пресноводных ракообразных, обитающих в озерах континентальной Антарктики, и крупнейший представитель фауны, обнаруженное в этих системах; в настоящее время ее распространение ограничено районом залива Прюдс и субантарктическими островами в южной части Индийского океана. Она постоянно присутствовала в восточной части п-ова Брокнес в течение всего последнего ледникового максимума, что является свидетельством того, что п-ов Брокнес служил важным ледниковым убежищем для антарктической биоты на протяжении одного или нескольких полных циклов обледенения.

4.3.8. Наземная растительность

Как показали образцы, собранные на прибрежной территории от оазиса Вестфолл до холмов Ларсеманн, флора берега Ингрид Кристенсен относительно однообразна и ограничивается одинаково распространенными бриофитами, лишайниками и наземными водорослями. Небольшой размер растительного покрова, составляющего менее 1 % всей территории холмов Ларсеманн, вероятно, объясняется характером породы основания и господствующим направлением ветра в районе залива Прюдс.

Бóльшая часть наземной биоты, включая мхи, лишайники и связанных с ними беспозвоночных, встречаются в глубине суши подальше от берега. Тем не менее на защищенных от ветра участках п-ова Стурнес, на больших островах (особенно на о-вах Колуй (Kolløy) и Сигдуй (Sigdøy) в местах линьки пингвинов Адели, а также на юго-западных нунатаках имеются крупные моховые покровы. В регионе насчитывается семь четко идентифицированных видов мхов: *Bryum pseudotriquetum* (наиболее распространенный вид), *Grimmia antarctici, Grimmia lawiana, Ceratodon pupureus, Sarconeurum glaciale, Bryum algens* и *Bryum argentum*.

В состав бриофитов входит также один вид печеночника (*Cephaloziella exiliflora)*, который произрастает на безымянном выходе породы к югу от п-ова Стурнес, а за его пределами встречается только в четырех других местах Антарктики. Лишайниковый покров весьма значителен на северо-востоке п-ова Стурнес и в районе гряды Лоу на п-ове Брокнес; лишайниковая флора района насчитывает как минимум 25 четко идентифицированных видов. Исследования, проведенные в соседних районах на территории берега Ингрид Кристенсен, показывают, что холмы Ларсеманн вполне могут быть местом обитания почти 200 таксонов неморских водорослей и 100–120 таксонов грибов.

4.4. Антропогенные воздействия

Интенсивная деятельность человека в районе с 1986 г. привела к заметным локальным изменениям условий окружающей среды, в основном в восточной части п-ова Брокнес и на территории полуострова между бухтой Тала и бухтой Килти (Quilty Bay). В результате строительства станционных зданий, связанных с ними сооружений и дорог произошла физическая деградация поверхности, свободной от ледникового покрова. Под воздействием регулярного использования наземных транспортных средств породы раскрошились и обнажился слой вечной мерзлоты, что вызвало поверхностную эрозию и изменило характер стока. В результате водозабора, случайных разливов углеводородного топлива и местного сброса сточных вод произошло химическое загрязнение некоторых озер и почв. Забор воды для нужд станций привел к уменьшению объема воды в озерах на п-ове Брокнес.

Были обнаружены (и вывезены) интродуцированные виды растений, а также имеются свидетельства поедания представителями фауны продуктов, произведенных человеком. Все еще актуальным остается вопрос переносимого ветром мусора и нарушения поверхности почвы под воздействием многократного доступа к территориям в пешем порядке.

Посещения п-ова Стурнес, небольших мысов и прибрежных островков были не столь частыми, и здесь нарушения менее значительны. Сохранение такого ненарушенного состояния и минимизация воздействия в других местах является главной задачей управления в районе холмов Ларсеманн.

4.5. Доступ в Район

4.5.1. Доступ по суше

В восточной части п-ова Брокнес проложено 15 км дорог из местных материалов без твердого покрытия. Сюда входит дорога протяженностью 6,7 км, связывающая все станции на п-ове Брокнес с континентальным плато на юге. Эта дорога проложена по наиболее отвечающему требованиям маршруту, который позволяет обойти водосборы озер и крутые склоны. Четыре участка отличаются особой крутизной: гряда, расположенная примерно в 0,5 км к югу от станции Зонгсан; несколько крутых склонов между станцией Прогресс и базой Лоу; участок дороги, пересекающий склон к западу от озера Сибторп (Sibthorpe); подъем к плато вблизи ледника Долк. Последний километр дороги перед самым плато обозначен шестами, установленными через каждые 50–100 м. Кроме того, имеются автомобильные дороги в ближайших окрестностях станций Зонгсан и Прогресс, а также короткая подъездная дорога, соединяющая базу Лоу с главной дорогой. На территории Района движение автотранспорта по поверхностям, не имеющим ледникового покрова, ограничено только в пределах этих существующих дорог.

Большая часть Стурнес, самого западного полуострова холмов Ларсеманн, находится в пределах ООРА № 174. Передвижение на автотранспортных средствах по территории ООРА запрещено.

Ледовый покров во фьордах и между берегом и многочисленными прибрежными островами сохраняется вплоть до позднего лета. На восточной и западной границах ОУРА ледовые условия меняются в связи с наличием ледников. Это следует учитывать при передвижении по морскому льду. Зимой, в зависимости от крайне изменчивых ледовых условий, может обеспечиваться возможность доступа к станциям Зонгсан и Прогресс по морскому льду через пляж к западу от станции Зонгсан (69°22’30” ю. ш., 76°21’33” в. д.) и пляж, прилегающий к станции Прогресс (69°22’44” ю. ш., 76°23’36” в. д.). С морского льда можно затем выйти на главную дорогу к югу от крутого участка южнее станции Прогресс либо через самый восточный залив бухты Нелла (69°22’58” ю. ш., 76°22’44” в. д.), либо через бухту Сил (69°23’6” ю. ш., 76°23’49” в. д.).

Попасть на территорию холмов Ларсеманна можно через плато от станции Дейвис, расположенной на северо-востоке (примерно в 330 км), и от станции Моусон на западе, передвигаясь по санно-тракторному маршруту, проложенному по леднику Ламберт (около 2200 км). Это тот обозначенный шестами маршрут, который поворачивает на север от указателя в точке с координатами 69°55’23” ю. ш., 76°29’49” в. д., а затем идет в северном направлении вдоль нескольких шестов и указательных бочек до главного подъездного пути в восточной части п-ова Брокнес.

4.5.2. Доступ по морю

Из-за изменчивости ледовых условий для Района не установлены определенные якорные стоянки или места для причаливания барж. Морские суда обычно становятся на якорь примерно в 5 морских милях от берега в зависимости от ледовых условий; при этом суда, которые фрахтовала Индия, смогли подойти на удаление всего 50 м от места расположения станции Бхарати.

Доступ к восточному берегу п-ова Брокнес с морских судов с высадкой с небольших катеров затруднителен, а иногда и невозможен из-за обломков льда, заносимых господствующими северо-восточными ветрами и покрывающих территорию до нескольких сотен метров от берега. В связи с этим единственным надежным средством оперативной доставки людей и оборудования на берег являются вертолеты.

Из-за сложных ледовых и айсберговых условий и доступа к полуострову Брокнес с 2010 года все большее внимание уделяется бухте Тала как наиболее удобному и безопасному месту для разгрузки судов. В последние годы Россия использовала разгрузочную площадку на полуострове Стурнес для доставки грузов на станции Прогресс и Восток. В течение 2021–2025 гг. с этого пункта разгрузки будет перевезено большое количество грузов для строительных работ на станции Восток.

Основными участками, которые использовались для этих целей, являются:

- залив приблизительно в 250 м к северо-северо-востоку от станции Зонгсан в точке с координатами 69°22’12” ю. ш., 76°22’15” в. д. с открытым участком (около 15 м) между выходами породы и большой ровной территорией на берегу, удобной для использования наземного транспорта;
- пляж, прилегающий к станции Прогресс (69°22’44” ю. ш., 76°23’53” в. д.);
- пляж к западу от станции Зонгсан, который выходит к бухте Нелла (69°22'30” ю. ш., 76°21'25” в. д.);
- бухта Тала, находящийся в 50 м от станции Бхарати;
- бухта Тала, пляж, полуостров Стурнес (69°25’454” ю. ш., 76°08’880” в. д.).

В соответствии с Планом управления ООРА № 174 для высадки на берег на всех участках, кроме юго-восточного угла Стурнеса, требуется разрешение.

4.5.3. Доступ по воздуху

Для обычных вертолетных перевозок желательно использовать специально предусмотренные вертолетные площадки и базы дозаправки.

В соответствии с Планом управления ООРА № 174 требуется разрешение на пролет или высадку над всем Районом, кроме юго-восточного угла Стурнеса.

На станции Зонгсан имеется две бетонные вертолетные площадки (69°22’44” ю. ш., 76°21’32” в. д.). Диаметр площадки к югу от станции с нарисованной картой Антарктики составляет 15 м. Диаметр второй площадки, расположенной в 25 м к северу, составляет 20 м. Как правило, площадка больших размеров используется для посадки тяжелых вертолетов (например, Ка-32), а площадка к югу от станции – для легких вертолетов (типа Dolphin и Squirrel). Как правило, заход на посадку выполняется с западной стороны от станции Зонгсан по направлению к главному зданию со стороны озера с постепенным снижением над озером. Летчикам следует избегать снижения на южной стороне озера, где находится холм высотой 58 м с установленными на нем радиолокационными устройствами для исследования физики верхних слоев атмосферы.

На станции Прогресс имеется бетонная площадка для посадки вертолетов размером 25x25 м с координатами 69°22′38″ ю. ш. 76°23′11″ в. д. в 90 м к северо-западу от самого большого сооружения в Районе станции (карта E).

На станции Бхарати имеется бетонная вертолетная площадка с координатами 69°24,40' ю. ш., 76°11,59' в. д., расположенная к западу от главного здания станции на высоте 38,5 м на уровнем моря.

Вертолетная площадка базы Лоу (69°23'20" ю. ш., 76°22'55" в. д.) находится приблизительно в 60 м к востоку от базы. Посадка вертолетов выполняется, как правило, против господствующих северо-восточных ветров.

До сих пор в этом регионе редко осуществлялись перевозки с использованием небольших самолетов с лыжным или колесным шасси. Они могут садиться на морской лед в окрестностях станций, хотя с учетом ледовых условий, которые меняются каждый год, и близости колоний представителей фауны для таких перевозок лучше использовать плато. Посадка самолетов осуществлялась недалеко от старой российской взлетно-посадочной полосы и места предполагаемого строительства взлетно-посадочной полосы с покрытием из утрамбованного снега с центром с координатами 69°26'00" ю. ш., 76°19'58" в. д. Ввиду преобладания северо-восточных ветров и наличия небольшого подъема местности посадку и взлет лучше производить в северо-восточном направлении.

4.5.4. Пеший доступ

Ограничений по пешему доступу на территорию ОУРА нет (кроме требования о разрешении на вход в ООРА № 174 «Стурнес»), однако при этом необходимо соблюдать положения Экологического кодекса поведения, приведенного в Приложении 1. Для сведения к минимуму физического нарушения поверхности суши и предотвращения образования новых следов следует использовать устоявшиеся маршруты. Там, где изменение поверхности не является очевидным, следует выбирать самый короткий маршрут между точками и при этом следить за тем, чтобы не использовать один и тот же маршрут несколько раз и не ходить по растительности и другим чувствительным объектам, например берегам озер и участкам выхода грунтовых вод.

4.6. Места расположения сооружений в пределах и вблизи Района

4.6.1. Станция Зонгсан (Китайская Народная Республика)

Станция Зонгсан расположена на северо-восточной оконечности восточной части п-ова Брокнес в точке с координатами 69°22'24" ю. ш., 76°22'40" в. д. на высоте около 11 м над уровнем моря. Станция была основана летом 1988/89 г. и с тех пор работает без перерыва в целях содействия Китайской антарктической программе в проведении круглогодичных научных исследований. Как уже упоминалось ранее, станция Зонгсан также служит базой логистической поддержки станции Куньлунь и научных исследований в других внутренних районах, как то: горы Гров и шельфовый ледник Эймери. Сама станция Зонгсан является важным центром поддержки научных исследований Китаем внутриматериковой Антарктики.

Инфраструктура станции

На станции работают около 60 человек летом и 20–25 человек зимой; максимальная вместимость станции – 76 человек. В состав станции входят семь больших и несколько маленьких зданий (карта D). Доступ наземным транспортом к станции Зонгсан с плато осуществляется по главной дороге, а все основные здания на территории станции связаны между собой сетью дорог. К западу от главного здания станции имеются две бетонные вертолетные площадки (см. подраздел 4.5.3).

Электроэнергия, доставка и хранение топлива

Электроэнергия вырабатывается дизельными генераторами. Топливо перевозится с судов на барже или перекачивается по трубопроводу, в зависимости от ледовых условий на море, и хранится в наливных цистернах около южной границы станционной территории. Каждый год на станцию доставляются от 200 до 300 $м^3$ топлива.

Для оптимизации деятельности, связанной с хранением топлива, и предотвращения нанесения ущерба окружающей среде от транспортных операций в 2011 г. на станции Зонгсан было построено новое складское сооружение для хранения нефтепродуктов. Оно находится на восточной стороне станции на границе со станцией Прогресс. Вместимость объекта составляет около 500 т топлива, и в нем также предусмотрено оборудование для предотвращения разливов нефтепродуктов. Для старого складского хозяйства нефтепродуктов предусмотрены плановые проверки и техническое обслуживание. Оно будет перенесено на территорию нового склада нефтепродуктов для уменьшения объема данной деятельности на станции и повышения его эксплуатационной безопасности.

Водоснабжение и сточные воды

Водозабор для охлаждения генератора и душевых установок производится из большого ледникового озера, расположенного непосредственно к западу от территории станции. Бытовые сточные воды после уборки в здании электростанции используются для туалетного смыва. Фекальные стоки отводятся на станцию сточных вод, очищаются и сбрасываются в океан после прохождения самотеком нескольких отстойников.

Управление твердыми отходами

Горючие отходы сортируются и сжигаются в высокотемпературном дизельном мусоросжигателе. Количество создаваемых горючих отходов требует работы мусоросжигателя каждые три-четыре дня. Зола собирается и хранится для вывода в Китай. Негорючие отходы сортируются по видам материалов и хранятся к югу от здания электростанции для вывоза морскими судами.

Транспортные средства

Наземные транспортные средства используются для передвижения в ближайших окрестностях станции, а также для перевозки материалов на другие участки восточной части п-ова Брокнес. Техническое обслуживание наземных транспортных средств, генераторов и приборов производится в здании электростанции или в автомастерской. Отработанные нефтепродукты вывозится в Китай.

Пополнение запасов

Запасы пополняются, как правило, один раз в год в течение летнего сезона. Грузы переправляются на берег либо на баржах, либо на буксируемых транспортными средствами санях.

Связь

Голосовая связь с Китаем осуществляется главным образом с помощью коротковолновых радиостанций, систем ИНМАРСАТ, и все больше используется Глобальная широкополосная сеть (BGAN). BGAN стала основным средством связи для исходящих и входящих телефонных звонков, отправки и получения факсов, сообщений электронной почты и научных данных. Для связи в районе залива Прюдс используются КВ радиостанции, а для местной связи – УКВ радиостанции. Имеется также радиотелефонная линия связи со станцией Дейвис (а через нее – с любой точкой мира), по которой ежедневно передается метеорологическая информация. Установлен также малый терминал спутниковой связи узкой направленности (VSAT). Он обеспечивает круглосуточную бесперебойную связь между станцией и Китаем и обеспечивает голосовую, текстовую связь и прием и передачу данных. Спутниковая связь Иридиум предусматривается для использования в экстренных случаях.

Научные исследования

Научные программы, осуществляемые на базе станции Зонгсан в основном ведутся на территории самой станции и включают метеонаблюдения, мониторинг озона, исследование физики верхних слоев атмосферы, наблюдения полярных сияний, геомагнитные наблюдения (некоторые из них проводятся в сотрудничестве с Австралийской антарктической программой), гравиметрические наблюдения, сейсмические исследования, обработку снимков, полученных с полярно-орбитального спутника НУОА, исследование химии атмосферы, дистанционное зондирование, GPS измерения, а также изучение физиологии человека. Сезонные работы за пределами территории станции, которые проводятся в рамках летних научно-исследовательских программ, включают в себя оценку условий окружающей среды и мониторинг снегов и льдов, почв, морских и пресных вод, мхов, лишайников, представителей фауны, а также геологические и гляциологические исследования и изучение экосистем морских льдов. Осуществлялись также внутриконтинентальные экспедиции для проведения геологических, геодезических, гляциологических исследований и изучения метеоритов.

4.6.2. Станция Прогресс (Россия)

Станция Прогресс расположена на востоке Брокнеса на 69°23" ю. ш., 76°23" в. д., примерно в 1 км к югу от Зонгсан. Первоначальная станция была построена в 1988 г. на плато в 300 м от западного побережья залива Долк, откуда она была перенесена в феврале 1989 г. Станция использовалась периодически, была закрыта летом 1993/94 г. В летний сезон 1997/98 г. она возобновила свою работу в качестве круглогодичного научно-исследовательского объекта. Строительство нового зимовочного комплекса было завершено в 2013 г. Он включает в себя офисное/жилое здание, энергетический комплекс, гараж и новую инфраструктуру для хранения топлива (карта E). Вместимость станции в летний период составляет до 100 человек.

Инфраструктура станции

Основные объекты станции:

- трехэтажное административно-жилое здание на 50 человек (25 человек в зимний период при условии обеспечения каждого сотрудника отдельной жилой комнатой), в котором размещаются пять лабораторий (метеорологическая, «сухая» и «мокрая» океанографическая, приема и обработки спутниковой визуальной информации, геофизическая, гидробиологическая), жилые помещения, офис станции, радио-информационный узел, медпункт, кухня, помещение для хранения продуктов питания, столовая, тренажерный зал, сауна, туалеты и душевые кабины;
- двухэтажное здание энергокомплекса (ЗЭМ) с дизельной электростанцией, мастерской по ремонту до восьми транспортных средств, автоматизированной котельной для отопления станции (с использованием отработанных нефтепродуктов), опреснительной установкой, системами очистки сточных вод станции и ремонтными мастерскими;
- радиоэлектронный наблюдательный пункт мониторинга группировки спутников навигационной системы ГЛОНАСС, геодезического мониторинга за тектоническими движениями земной коры по данным спутников GPS и ГЛОНАСС, геомагнитный павильон, радиолокатор для мониторинга состояния прибрежных льдов и айсбергов, а также управления воздушным движением вертолетов и низко летающих самолетов; и
- ангар-гараж для зимнего хранения буксируемых транспортных средств для снабжения станции Восток континентальными санно-гусеничными составами. (Здание было преобразовано в гараж из комплекса старой электростанции.)

Кроме того, на станции есть четыре небольших жилых модуля (используемых в основном в сезонный период) и ряд хозяйственных построек различного назначения.

Станция Прогресс также оборудована системой безопасности GPS, обеспечивающей мониторинг перемещения людей и транспортных средств в радиусе 20 км от станции с индикацией их местоположения на мониторе в радиоузле.

Доступ наземным транспортом к станции Прогресс с плато осуществляется по главной дороге, а все основные здания на территории станции связаны между собой сетью дорог. Вертолетная площадка станции описана в разделе 4.5.3.

Электроэнергия, доставка и хранение топлива

Станция имеет комплекс электроснабжения, состоящий из дизель-электрической электростанции общей мощностью 800 кВт и автоматического котла отопления станции, работающего на отходах горюче-смазочных материалов.

В состав объектов для хранения дизельного и авиационного топлива на станции Прогресс входят пятнадцать емкостей с двойными стенками вместимостью 75 $м^3$. Емкости имеют общую систему трубопроводов, обеспечивающую подачу топлива в расходные баки дизельной электростанции, и систему измерения уровня, температуры, плотности, объема и массы топлива. Также имеется металлический стеллаж для хранения бочек с горюче-смазочными материалами, специально предусмотренный для доставки топлива на вертолетную площадку. Экспедиционное судно используется для перекачки топлива на берег по гибкому трубопроводу.

Водоснабжение

Забор питьевой воды и воды для хозяйственных нужд производится из озера Степпед, которое находится к северо-западу от территории станции. Вода подается на водоочистные сооружения энергетического комплекса, где с помощью обратного осмоса она очищается до качества питьевой.

Организация сбора и удаления отходов

Небольшие по размеру негорючие отходы сортируются и компактизируются для вывоза. Кухонные и горючие отходы сжигаются в высокотемпературном мусоросжигателе. Сточные воды из главного здания проходят очистку в установке биологической очистки и сбрасываются в залив. Здание, в котором размещаются автомастерская, ремонтная мастерская и электростанция, также оборудовано установкой очистки сточных вод. Небольшие старые здания не оборудованы установками очистки сточных вод; отходы жизнедеятельности человека помещаются в бочки для вывоза в Россию.

Металлический лом складируется на пляже, прилегающем к станции, для вывоза в Россию.

Транспортные средства

Станция Прогресс является основной базой для осуществления внутриконтинентальных перевозок предметов снабжения, включая перевозки на станцию Восток. Для этого используются от восьми до двенадцати транспортных машин Kässbohrer Pisten Bully Polar 300.

Другие транспортные средства также используются в окрестностях станции Прогресс для научных и эксплуатационных мероприятий, включая транспортировку топлива и отходов, а также транспортировку персонала и оборудования в отдаленные районы и плато для подготовки взлетно-посадочной полосы и грузовых операций. К таким транспортным средствам относятся автомобили, колесные и гусеничные вездеходы (квадроциклы) и снегоходы. Также имеется прицепная техника для санно-тракторных составов. Зимой большая часть оборудования находится на станции Прогресс 1; летом часть техники может быть временно размещена на снежных полях в районе старой станции (см. подраздел 4.6.6). Во время сезонных работ полевое оборудование может располагаться вблизи взлетно-посадочной полосы на расстоянии, обеспечивающем безопасность полетов.

Планируется, что в период с 2021 по 2025 г. строительные материалы с временного склада на плато до станции Восток будут доставляться более крупными транспортными колоннами до 38 автомобилей Kässbohrer Pisten Bully Polar 300 и Challenger MT 850.

Пополнение запасов

Пополнение запасов осуществляется в летний период (с ноября по март) с использованием научно-экспедиционных судов «Академик Федоров» и «Академик Трёшников». Поскольку выгрузка груза непосредственно в Брокнес невозможна, тяжеловесный груз, доставленный судном, транспортируется по припайному льду на площадку на полуострове Стурнес (см. подраздел 4.6.6) для дальнейшей транспортировки на станцию Прогресс. Остальные грузы перевозят вертолеты Ка-32. Разгрузка горюче-смазочных материалов, необходимых для обеспечения работы станций Прогресс и Восток и санно-тракторных составов, осуществляется по гибкой трубопроводной системе через временную базу на восточном берегу бухты Тала (см. подраздел 4.6.6).

Связь

Базовая система для передачи регулярной информации – спутниковые земные станции для связи с офисом РАЭ и между антарктическими станциями (канал голосовой телефонии, передача информации по FTP, электронная почта). Передача оперативной научной и служебной информации также осуществляется через системы спутниковой связи Инмарсат-С, Инмарсат-В и Иридиум. При необходимости устанавливается время связи в коротковолновом диапазоне между станциями. Связь в диапазоне УКВ осуществляется с помощью научной и экспедиционной авиации, санно-гусеничным транспортом, сотрудниками на полевых маршрутах и т. д.

Научные исследования

Станция Прогресс – это крупная научная база, обеспечивающая ведение круглогодичных (метеорологических, океанологических, геофизических) наблюдений и выполнение многих сезонных исследовательских программ. В летний сезон в районе станции Прогресс проводятся научные исследования по гляциологии, гидрологии суши, биологии, геологии и метеорологии. Кроме того, станция служит базой поддержки при проведении внутриконтинентальных геологических и гляциологических исследований.

4.6.3. Станция Бхарати (Индия)

Станция Бхарати находится в восточной части п-ва Стурнес между бухтой Тала и бухтой Килти в точке с координатами 69°24,41' ю. ш., 76°11,72' в. д. на высоте 35 м над уровнем моря. Станция была основана летом 2012/13 г. в целях содействия Индийской антарктической программе в проведении круглогодичных научных исследований. Доступ к станции осуществляется с судов через бухту Килти, однако в летний период прямой доступ на материк при помощи наземных транспортных средств отсутствует. В зимний период доступ к плато возможен по проходам, образуемым неподвижным льдом.

Инфраструктура станции

В состав станции Бхарти входят одно здание многоцелевого назначения, лагерь-спутник и целый ряд небольших модулей контейнерного типа (карта F). Вместимость главного здания составляет 47 человек. Для сообщения между зданиями предусмотрена сеть маршрутов в пределах территории станции. К западу от главного здания станции имеется бетонная вертолетная площадка (см. подраздел 4.5.3).

Электроэнергия, доставка и хранение топлива

Электроснабжение обеспечивается тремя комбинированными теплоэнергогенераторами на дизельном топливе, размещенными в главном здании. Подача топлива к генераторам осуществляется из бака суточного расхода, расположенного рядом с энергоустановкой, а поступление топлива в бак осуществляется автоматически по герметичным трубопроводам из топливохранилища, расположенного на удалении около 300 м.

Топливо марки Jet-A1 в топливохранилище доставляется ежегодно судами с перекачкой по герметичному армированному резиновому рукаву. Топливохранилище имеет в своем составе 13 двухкорпусных контейнеров-цистерн вместимостью 24 000 литров каждая и расположено рядом с берегом в точке с координатами 69°24'31" ю. ш., 76°11'84" в. д. на высоте 20 м над уровнем моря. Оно оснащено датчиками обнаружения разлива и оборудованием предотвращения разлива нефтепродуктов.

Подача топлива к теплоэлектрогенераторам, вертолетам на посадочной площадке и транспортным средствам осуществляется по сети трубопроводов с автоматическим управлением от централизованной микропроцессорной системы управления зданием. Для приготовления пищи на станции Бхарати используется сжиженный углеводородный газ, поставляемый в газовых баллонах на 10–14 кг газа.

Водоснабжение и управление отходами

Забор морской воды производится из бухты Килти (восточное побережье) погружными насосами с глубины около 12 м с подъемом в главное здание через сеть изолированных трубопроводов протяженностью около 300 м. Морская вода подается в установку опреснения воды методом обратного осмоса; профильтрованная вода подвергается реминерализации и используется в качестве питьевой, мытьевой воды и для других целей.

Отработавшая вода используется повторно для туалетного смыва. Отработавшая кухонная вода пропускается через масложироуловители и вместе с отработавшей туалетной водой подвергается фильтрованию и биологической очистке. Вода, по качеству отвечающая требованиям европейских стандартов к мытьевой воде, сбрасывается назад в бухту Килти на удалении около 100 м за точкой водозабора. Все жидкие отходы, включая кухонные, пропускаются через масложироуловитель и уловитель жировых отбросов, содержимое которых помещается в 200-литровые бочки.

Твердые отходы сортируются на поддающиеся и не поддающиеся биологическому разложению и помещаются в 200-литровые бочки для вывоза.

Логистика

Для перевозки людей и материалов в окрестностях станции используются гусеничные машины Pisten Bully и мотонарты. Техническое обслуживание наземных транспортных средств, генераторов и приборов производится в автомастерской. Отработанное масло собирается в бочки и вывозится в Индию.

Запасы пополняются, как правило, один раз в год в течение летнего сезона. До середины декабря перевозка грузов осуществляется по неподвижному льду с использованием гусеничных машин Pisten Bully и трейлеров. После таяния неподвижного льда для перевозки грузов используются плоскодонные баржи.

Связь

Связь с соседними станциями осуществляется в коротковолновом диапазоне. УКВ диапазон используется при проведении местных воздушных, судовых и наземных операций. Для телефонной и факсимильной связи с остальными регионами мира используется система спутниковой связи Иридиум.

Научные исследования

Несмотря на то, что станция была введена в эксплуатацию в марте 2012 г., научные исследования проводятся с 2005 г. и включают в себя оценку условий окружающей среды, мониторинг снегов и льдов, почв, морских и пресных вод, мхов, лишайников, представителей фауны, а также геологические и гляциологические исследования и изучение экосистем морских льдов. Геомагнитные и GPS наблюдения проводятся с 2007 г.

4.6.4. База Лоу (Австралия)

База Лоу расположена недалеко от южной оконечности восточной части п-ова Брокнес на расстоянии около 1 км к югу от станции Прогресс и 2 км к югу от станции Зонгсан в точке с координатами 69°23'16" ю. ш., 76°22'47" в. д. База была построена в течение летнего сезона 1986/87 г.

Инфраструктура станции

В состав базы Лоу входят одно многоцелевое здание из сборных конструкций, пять домиков из стеклопластика и небольшая постройка санитарно-бытового назначения. Все образующиеся отходы вывозятся.

Электроэнергия, доставка и хранение топлива

Для выработки электроэнергии предусмотрен небольшой бензиновый генератор, который используется только для зарядки аккумуляторов и т.д. На крыше главного здания установлена небольшая солнечная панель, обеспечивающая зарядку аккумуляторных батарей для КВ и УКВ радиостанций. Для приготовления пищи и обогрева главного здания используется газ.

Водоснабжение

Запас питьевой и мытьевой воды обеспечивается, как правило, в летнее время года путем растапливания снега из близлежащих снежных наносов. Кроме того, забор питьевой воды иногда производится из небольшого ледникового озера, которое находится рядом с участком дороги, соединяющим базу Лоу с главной дорогой, соединяющей северо-восточную часть п-ова Брокнес с плато.

Логистика

Для базы Лоу используются различные способы снабжения, а именно: вертолетом со станции Дейвис, со станций, расположенных в непосредственной близости, и с судов, пополняющих запасы упомянутых объектов. Время от времени на территории базы Лоу размещаются квадроциклы. Они используются для поддержки научных программ в летнее время с передвижением только по установленным маршрутам.

Связь

База Лоу оснащена КВ и УКВ радиостанциями.

Научные исследования

Летние научно-исследовательские проекты посвящены изучению ледниковой истории этого района, геологическим, геоморфологическим, гидрологическим, лимнологическим и биологическим исследованиям, а также изучению последствий деятельности человека.

4.6.5. Взлетно-посадочная полоса из уплотненного снега и смежные объекты (Россия)

Снежная взлетно-посадочная полоса расположена в 7 км к юго-западу от станции Прогресс (карта А). Взлетно-посадочная полоса имеет длину 1500 м и ширину 60 м и подходит для самолетов, оборудованных лыжами.

Координаты контрольной точки взлетно-посадочной полосы: 69°26'00,32″ ю.ш ., 76°19′56,36″ в. д. Доступ к взлетно-посадочной полосе осуществляется по маршруту вдоль незамерзающего плато, а также по начальному участку внутреннего пути следования тракторно-санной колонны.

В состав объектов взлетно-посадочной полосы входят четыре модуля контейнерного типа на салазках, а именно: модуль дизельной электростанции, модуль станции управления воздушным движением с метеорологическим, радиотехническим оборудованием и средствами доступа к Интернету, жилого модуля на шесть человек и модуля автоматической метеостанции в дальнем конце.

4.6.6. Мелкие объекты

Инфраструктура (в том числе относящаяся к станции Прогресс):

Несколько балков, склад топливных бочек и автостоянка

Площадка для некоторых транспортных средств, используемых для подготовки взлетно-посадочной полосы в исходном местоположении станции (69°24'02" ю. ш., 76°24'07" в. д.); площадка расположена на трассе от станции Прогресс до взлетно-посадочной полосы и служит местом формирования внутриконтинентальных санно-тракторных поездов.

Балок на берегу бухты Нелла

Расположенный на участке с координатами 69°23'01" ю. ш., 76°22'26" в. д., он используется для сезонных океанографических и гидробиологических исследований.

Несколько балков на месте бывшего лагеря геологов

На этом месте, расположенном на 69°24'25" ю. ш., 76°24'14" в. д., в настоящее время есть несколько балков. Площадка ранее предназначалась для аэрогеофизических исследований, включая взлетно-посадочную полосу для самолета Ан-2 на лыжном шасси, жилые дома для экипажа, авиационного персонала и членов геофизических исследовательских групп, топливные баки.

Участок с балком на восточной окраине полуострова Стурнес

Расположен на 69°25'27" ю. ш., 76°08'25" в. д., используется для разгрузки тяжеловесных грузов, доставляемых с судов на берег по неподвижному льду. Это место также обеспечивает доступ к плато и аэродрому.

Временное хранилище топлива на восточном побережье бухты Тала

Сезонный топливный склад баков (600 куб. м) на восточном побережье бухты Тала, где используются гибкие трубопроводы для выгрузки топлива для станций Прогресс и Восток и санно-тракторных составов.

Временное открытое складирование грузов для станции Восток (2,2 км к югу от ОУРА)

Площадка 1580×440 м для хранения строительных модулей нового зимовочного комплекса на станции Восток, расположенная на плато и ограниченная угловыми точками со следующими координатами: 69°28'55,303" ю. ш., 76°16'50,459" в. д.; 69°29'09,384" ю. ш., 76°16'56,067" в. д.; 69°29′16,427" ю. ш., 76°14′31,970" в. д.; 69°29′02,345" ю. ш., 76°14′26,388" в. д. Там же будет расположен временный лагерь из контейнеров для размещения персонала, задействованного в логистических операциях. Расстояние от центра северной границы площадки до зоны размещения/подготовки состава составляет 8,2 км по маршруту. Расстояние от места разгрузки судов в бухте Тала – 13,8 км.

Участок мониторинга

В 1990 г. примерно в 250 м к северо-востоку от базы Лоу был организован участок долгосрочного мониторинга для измерения скорости понижения поверхности под влиянием ветровой абразии и солевого выветривания. Этот объект находится на обнаженном крупнозернистом желтом гнейсе и состоит из 24 микроэрозионных участков, которые обозначены кольцами, нарисованными желтой краской. По участку нельзя передвигаться в пешем порядке, поскольку это отрицательно сказывается на определении степени естественной эрозии. Использование краски или других долговечных средств для разметки участков не рекомендуется, вместо этого следует использовать GPS-координаты участков.

Памятники

В самой высокой точке острова Накки (Knuckey Island) (69°23'12" ю. ш., 76°3'55" в. д.), расположенной на расстоянии около 1,1 км к северо-западу от п-ова Стурнес, находится пирамида из камней, сложенная 8 февраля 1958 г. в ознаменование первого посещения холмов Ларсеманн членами Австралийской национальной антарктической научной экспедиции (ANARE). Внутри пирамиды находится записка с именами членов высадившейся экспедиции. На северной стороне холма, расположенного на самой северной оконечности восточной части п-ова Брокнес к северу от станции Зонгсан, находится памятник вице-президенту Китайского управления по делам Арктики и Антарктики. Внутри бетонного памятника находится часть праха вице-президента.

«Харьковчанка» – тяжеловесный трактор, использовавшийся в Антарктиде с 1959 по 2010 годы, находится на 23-метровом холме на участке с координатами 69°22'41" ю. ш., 76°22'59" в. д. в 183 м от главного офисно-жилого здания станции Прогресс и в 87 м от берега озера Степпед. В соответствии с Мерой 19 (2015 г.) памятник был добавлен в список Исторических мест и памятников как ИМП № 92.

На холме с видом на северный берег бухты Сил на 69°23'01" ю. ш., 76°23'38" в. д. находится кладбище с могилами трех участников Российской антарктической экспедиции:

- Андрей Скурихин, скончавшийся в 1998 г. (могила – металлический саркофаг с надгробием рядом);
- Юрий Пасько, скончавшийся в 2007 г. (могила – металлический саркофаг с надгробием и крестом рядом); и
- Юрий Достовалов, скончавшийся в 2008 году (могила – насыпь из камней с надгробием).

Каждая могила окружена невысокой металлической оградой. Площадь кладбища – около 30 м^2.

Запас провианта

На вершине пика Бланделл (Blundell Peak) на п-ове Стурнес (69°6'14" ю. ш., 76°6'14" в. д.), который является самой высокой точкой холмов Ларсеманн, находится пластмассовый ящик с очень небольшим аварийным запасом провианта.

4.7. Расположение других охраняемых территорий в непосредственной близости

ООРА № 174 «Стурнес» (69°25' ю. ш., 76°6' в. д.) находится на территории ОУРА. Для доступа и осуществления деятельности на территории ООРА требуется соответствующее разрешение, а деятельность должна осуществляться в соответствии с положениями Плана управления ООРА.

ООРА № 169 «Залив Аманда» (69°15' ю. ш., 76°49'59,9" в. д.) находится в 22 км к северо-востоку от холмов Ларсеманн. Для доступа и осуществления деятельности на территории ООРА точно так же требуется соответствующее разрешение, и деятельность должна осуществляться в соответствии с положениями Плана управления ООРА.

ИМП № 92, тяжелый трактор-снегоход «Харьковчанка», который эксплуатировался в Антарктиде с 1959 по 2010 гг. (69°22'41" ю. ш., 76°22'59" в. д.), расположен на территории ОУРА в районе станции Прогресс.

5. Наличие зон на территории Района

Любая деятельность на территории ОУРА должна осуществляться в соответствии с положениями Протокола по охране окружающей среды к Договору об Антарктике и Экологического кодекса поведения, прилагаемого к настоящему Плану управления. Кроме того, достижению целей управления Районом способствуют две выделенные зоны.

5.1. Зона сооружений

Самое большое влияние на окружающую среду холмов Ларсеманн оказало строительство станционных зданий и связанных с ними объектов инфраструктуры. Однако эти воздействия в основном ограничиваются ближайшими окрестностями станций и территорией, где проложены подъездные пути к ним. Поскольку самой важной экологической особенностью Района считаются озера, которые подвержены антропогенным воздействиям в пределах своих водосборов, наиболее подходящим методом управления деятельностью в этом Районе является водосборный подход. Станции, расположенные на п-ове Брокнес, достаточно хорошо сгруппированы; инфраструктура большинства станций расположена на территории морских водосборных бассейнов.

В целях сохранения такого положения дел зона сооружений определена в качестве входящей в пределы ОУРА (карта B) и охватывает бóльшую часть восточной части п-ова Брокнес. На востоке границу зоны сооружений определяет ледник Долк, на севере – море, на западе – береговая линия или западная граница подверженных воздействию водосборных бассейнов, а на юге – ледниковое плато, включая взлетно-посадочную полосу и подъездной путь на юге. Объекты инфраструктуры на территории ОУРА будут в основном возводиться в пределах уже подверженных воздействию участков в зоне сооружений. Вопрос о строительстве новых объектов инфраструктуры в других местах может рассматриваться при наличии достаточно веских научных и/или логистических на то оснований.

5.2. Магнитоспокойная зона

На станции Зонгсан имеется несколько действующих магнитометров. Определена круговая зона радиусом 80 м, окружающая датчики индукционного магнитометра в овраге к северу от станции на 69°22'12" ю. ш., 76°22'8" в. д. Следующая зона определена в радиусе 80 м от группы магнитометров с центром на 69°22'22" ю. ш., 76°21'46" в. д. (карта D) к западу от водозаборных озер. Для предотвращения помех при измерениях магнитного поля в этих зонах не должно находиться каких-либо материалов, содержащих черные металлы. Посещение этих зон допускается только на основании разрешения. Индия планирует устройство магнитоспокойной зоны на п-ове Гровнес (Grovnes).

6. Меры по управлению

Для успешного осуществления Плана управления ОУРА необходим обмен информацией между Сторонами, между персоналом на местах, а также между персоналом на местах и национальными управлениями антарктических исследований. В связи с этим Стороны, осуществляющие научно-исследовательские программы на территории Района, должны обеспечить надлежащий обмен информацией как на уровне национальных программ, так и на уровне сотрудников, работающих в

Районе. Ежегодное обсуждение хода реализации Плана управления будет проводиться во время ежегодных совещаний Совета управляющих национальных антарктических программ.

Руководители соответствующих станций и полевой базы также будут проводить ежегодные встречи (если это будет возможно с точки зрения логистики), а в течение года будут поддерживать голосовую связь для обсуждения вопросов, связанных с деятельностью по управлению в Районе холмов Ларсеманн.

6.1. Логистическое обеспечение, включая сооружения

- Дальнейшее развитие транспортных маршрутов и инфраструктуры на участках, не имеющих ледникового покрова, будет ограничиваться той территорией в восточной части п-ова Брокнес, где уже произошли изменения под влиянием деятельности человека, и не будет выходить за границы зоны сооружений (см. раздел 5.1), за исключением случаев наличия веских научных и/или логистических оснований для размещения объектов за пределами зоны сооружений. Это ограничение не распространяется на объекты, возведение которых необходимо для обеспечения безопасности персонала, работающего в полевых условиях.
- До начала строительства или реконструкции объектов должна проводиться оценка воздействия на окружающую среду в соответствии с требованиями Статьи 8 Мадридского протокола. Стороны, выходящие с предложением о такой деятельности, должны предоставлять информацию другим Сторонам, осуществляющим действующие научно-исследовательские программы на территории Района.
- Совместное использование инфраструктуры будет считаться более предпочтительным, чем строительство новых объектов.
- Возможное воздействие искусственных объектов на первозданные и эстетические ценности будет учитываться и минимизироваться за счет возведения новых объектов, по мере возможности, на уже нарушенных участках и расположения их таким образом, чтобы они были как можно менее заметны с окрестных территорий. До начала строительных работ возможно потребуется проведение научных исследований для выполнения всесторонней оценки такого воздействия.
- Объекты хранения горючего должны по возможности обваловываться и размещаться за пределами водосборных бассейнов озер. До начала следующего планового пересмотра Плана будет проанализировано текущее размещение объектов хранения горючего на предмет соответствия требованиям.
- Транспортные маршруты, не служащие целям настоящего Плана управления, будут закрыты, а нарушенная территория будет по возможности восстановлена.
- Будут изучены возможные варианты сотрудничества в области перевозки персонала, оборудования, материалов и топлива.
- Действия по удалению и управлению отходами должны как минимум соответствовать положениям Приложения II к Протоколу.
- Отходы и неиспользуемое оборудование должны вывозиться из района действия Договора об Антарктике при первой возможности.
- Стороны, осуществляющие научно-исследовательские программы на территории Района, должны разрабатывать совместные планы действий в нештатных ситуациях, которые могут привести к отрицательному воздействию на окружающую среду.
- Должна проводиться регулярная и незапланированная уборка мусора, разносимого ветром.
- Все оборудование, работающее в полевых условиях, подлежит периодической оценке в части его потенциального вывоза и обеспечения его временной защиты от уноса ветром и аналогичных воздействий.
- Должны быть изучены возможности и, по мере необходимости, приняты меры по восстановлению нарушенных и неиспользуемых участков.

6.2. Интродуцированные виды

- Стороны, осуществляющие программы в Районе холмов Ларсеманн, должны выполнять следующие требования:
  - Проводить разъяснительную работу среди персонала, осуществляющего программы, включая подрядчиков, о потенциальной опасности, которую представляет интродукция неместных видов для окружающей среды.
  - Обеспечивать чистоту обуви персонала перед доступом на территорию ОУРА путем, например, ее очистки (желательно перед отбытием в Антарктику) или выдачи новой обуви.
  - Не допускать отгрузки необработанного песка, заполнителей и гравия для использования на территории ОУРА.
  - Изымать и сжигать или вывозить из региона какие-либо фрагменты почвы или иных органических веществ, обнаруженных на доставляемых грузах.
  - Вывозить из региона или хранить в помещениях станционных зданий любую нестерильную почву, завезенную ранее на территорию ОУРА.
  - Доводить до сведения персонала, осуществляющего программы, об обязательности соблюдения положений Мадридского протокола о недопустимости ввоза на территорию Антарктики нестерильной почвы, выращивания новых растений и ввоза декоративных растений.
  - Содержать все растения, выращиваемые для употребления в пищу, в помещениях станционных зданий.
  - Отдавать предпочтение сжиганию или вывозу за пределы Антарктики пищевых отходов.
  - Не допускать доступа представителей фауны к станционным продуктам питания и пищевым отходам.
  - Разработать правила поведения, направленные на предотвращение биологического или перекрестного загрязнения озер на территории района, в особенности озер, находящихся за пределами зоны сооружений.
  - Осуществлять контроль наличия интродуцированных видов.
  - Осуществлять обмен информацией о фактах обнаружения каких-либо неместных видов, интродуцированных и закрепившихся в Районе в процессе реализации программ, с целью выработки научных и практических рекомендаций, в случае необходимости, по их уничтожению или предотвращению их распространения.
  - При необходимости обеспечивать совместную реализацию этих мероприятий.

6.3. Нарушение жизни представителей фауны

- Планирование и осуществление деятельности на территории Района должны производиться с учетом соблюдения минимально допустимых расстояний приближения к представителям фауны.

6.4. Управление данными

- Стороны, осуществляющие научно-исследовательские программы на территории Района, должны осуществлять совместную разработку и пополнение базы данных о соответствующей деятельности по управлению и метаданных в целях способствования планированию и координации действий. Такой обмен данными должен включать в себя географические сведения, включая внесение дополнений в Сводный справочник географических названий Антарктики (*Composite Gazetteer of Antarctica*), подготовленный СКАР.
- Следует принимать меры к расширению имеющихся знаний об экологических ценностях ОУРА и воздействии человеческой деятельности на эти ценности и применять эти знания в сфере управления деятельностью в области охраны окружающей среды ОУРА.

6.5. Наука

- Там, где это возможно, должны обеспечиваться сотрудничество и координация действий при проведении научных исследований.

6.6. Мониторинг

- Стороны, осуществляющие научно-исследовательские программы в Районе, должны проводить совместный мониторинг эффективности настоящего Плана управления.

6.7. Памятники

- Во всех требуемых случаях управление деятельностью должно обеспечивать сохранение существующих памятников.
- Строительство новых пирамид из камней или памятников за пределами зоны сооружений запрещается.

6.8. Обмен информацией

- В целях расширения сотрудничества и координации деятельности на территории ОУРА, недопущения дублирования деятельности и облегчения учета кумулятивных воздействий Стороны, осуществляющие деятельность на этой территории, обязуются:
    - подробно информировать друг друга о деятельности, которая может оказать влияние на исполнение настоящего Плана управления (т. е. сообщать о предложениях, касающихся прекращения старых или проведения новых научных исследований, о предложениях, касающихся строительства новых объектов, о полученной информации относительно посещений, связанных с неправительственной деятельностью и т.д.); и
    - направлять в Комитет по охране окружающей среды отчеты о существенных сдвигах в реализации настоящего Плана управления.
- Другие Стороны, предполагающие осуществлять деятельность в этом регионе, в том числе неправительственные организации, должны информировать о своих намерениях как минимум одну из Сторон, осуществляющих деятельность на территории ОУРА, руководствуясь при этом целями и задачами настоящего Плана управления.

Приложение 1. Экологический кодекс поведения

Настоящий кодекс поведения является общим руководством по минимизации воздействий на окружающую среду в районе холмов Ларсеманн, в особенности связанных с деятельностью за пределами территорий станций.

Общие принципы

- Окружающая среда Антарктики является крайне чувствительной к антропогенным воздействиям и, как правило, имеет гораздо меньше естественных возможностей для восстановления после нарушений, чем окружающая среда других континентов; это следует учитывать при осуществлении деятельности в полевых условиях.
- Все, что ввозится и/или вносится на территорию осуществления полевой деятельности, подлежит удалению. Это также относится к отходам жизнедеятельности человека, в том числе означает недопущение использования или разбрасывания инородных материалов, которые трудно собирать и вывозить. До покидания территории станции все лишние упаковочные материалы должны быть сняты.
- Сбор или повреждение каких-либо биологических или геологических образцов или искусственных предметов допускаются только при наличии предварительного согласия и, если это необходимо, на основании разрешения.
- Вся подробная информация о какой-либо полевой деятельности (например, данные о местах отбора проб и образцов, полевых лагерях, складах, разливах нефтепродуктов, указателях, оборудовании и т.д.), включая контактные данные национальных программ, должна тщательно регистрироваться для занесения в базу данных деятельности по управлению.

Передвижение

- Отдельные биологические сообщества и геологические образования отличаются особой хрупкостью, даже если они находятся под снежным покровом. Соблюдайте особую осторожность и избегайте передвижения по таким объектам.
- В целях минимизации выбросов в атмосферу, образования колей, физического нарушения поверхности земли или биологических сообществ, беспокойства представителей фауны и возможных разливов топлива наземные транспортные средства и вертолеты следует использовать только для решения весьма важных задач. Следует избегать пролетов на озерами.
- Использование наземного транспорта следует ограничивать в пределах установленных маршрутов для участков без ледникового покрова, а также в пределах морских льдов и ледового покрова плато. Доступ к сооружениям должен осуществляться только по установленным маршрутам.
- При планировании использования и использовании наземного транспорта необходимо выдерживать минимально допустимые расстояния приближения к представителям фауны, оговоренные в настоящем кодексе.
- Для уменьшения необходимости дозаправки наземных транспортных средств и другого оборудования в полевых условиях следует производить их полную заправку на станции до отправления в путь.
- Деятельность должна планироваться таким образом, чтобы не допускать дозаправки или замены масла в ветреных условиях или на участках, способствующих попаданию нефтепродуктов в озера, на растительность или другие экологически чувствительные зоны в случае их непреднамеренного разлива. Следует пользоваться только топливными канистрами с горловиной.
- При передвижении пешим ходом следует по возможности ходить по уже имеющимся следам и использовать установленные места пересечения территории.
- Не допускайте формирования новых маршрутов. В местах отсутствия устоявшихся маршрутов следует выбирать кратчайший путь без растительного покрова и уязвимых геологических образований (например, каменистых осыпей, осадочных отложений, русел водотоков и берегов озер).

Фауна

- Кормление представителей фауны запрещается.
- Соблюдайте требования к допустимым расстояниям приближения к представителям фауны (см. таблицу).
- При передвижении в пешем порядке вблизи представителей фауны необходимо соблюдать тишину и перемещаться не спеша и пригибаясь к земле. При обнаружении беспокойства со стороны представителей фауны следует отойти от них на большее расстояние.

Расстояния, на которые пешеходы могут приближаться к представителям фауны, чтобы не потревожить их

Вид	Расстояние (метры)
Гигантские буревестники и альбатросы (в период выведения птенцов/гнездования)	100 м
Императорские пингвины (в колониях, во время скучивания и линьки, в период высиживания яиц или с птенцами)	50 м
Все остальные пингвины (в колониях, во время линьки, в период высиживания яиц или с птенцами)	30 м
Китовые птички, буревестники, поморники на гнездах Тюлени с детенышами, а также детеныши тюленей без взрослых	20 м
Пингвины, не выводящие птенцов, и взрослые тюлени	5 м

Расстояния, на которые небольшие наземные транспортные средства (например, мотоциклы и мотосани) могут приближаться к представителям фауны, чтобы не потревожить их

Все представители фауны	150 м

Расстояния, на которые транспортные средства на гусеничном ходу могут приближаться к представителям фауны, чтобы не потревожить их

Все представители фауны	250 м

Расстояния, на которые воздушные суда могут приближаться к представителям фауны, чтобы не потревожить их

Птицы	**По вертикали** *Однодвигательные вертолеты* 2500 футов (~750 м) *Двухдвигательные вертолеты* 5000 футов (~1500 м) **По горизонтали** ½ нм (~930 м)

Тюлени	**По вертикали и по горизонтали** Однодвигательные вертолеты 2500 футов (~750 м) Двухдвигательные вертолеты 5000 футов (~1500 м) Двухдвигательные самолеты 2500 футов (~750 м)

Полевые лагеря

- По возможности следует использовать уже имеющиеся объекты для проживания.
- Места разбивки лагерей следует по возможности выбирать как можно дальше от берегов озер, русел водотоков, участков с растительным покровом и мест обитания представителей фауны во избежание их загрязнения и/или нарушения.
- Оборудование и припасы всегда должны быть надежно защищены, чтобы их не растащили представители фауны и не разбросал сильный ветер.
- Все отходы, образовавшиеся в полевых лагерях, включая отходы жизнедеятельности человека и бытовые стоки, следует собирать для возвращения на станцию и последующей очистки или утилизации.
- В целях минимизации использования горючего следует по возможности использовать солнечные или ветряные генераторы.

Работа в полевых условиях

- Во избежание загрязнения, перекрестного загрязнения, интродукции и распространения чужеродных организмов вся одежда и оборудование перед прибытием в Антарктику и перед сменой места отбора проб и образцов подлежат тщательной очистке.
- Возведение пирамид из камней запрещается, а использование других предметов для обозначения участков должно быть сведено к минимуму. По окончании выполнения конкретной задачи соответствующие указатели подлежат удалению.
- При наличии разрешения на сбор образцов соблюдайте размер образцов, указанный в разрешении, и собирайте образцы в наименее заметных местах.
- При отборе образцов почв необходимо использовать подстилку для предотвращения попадания отобранной почвы на соседние места и выполнять обратную засыпку образовавшихся углублений во избежание ветровой эрозии и уноса ветром более глубоких отложений.
- Соблюдайте предельную осторожность при работе с химическими веществами и топливом, обеспечьте наличие соответствующих материалов для улавливания и абсорбирования разливов.
- Использование жидкой воды и химических веществ, которые могут нарушить изотопный и химический состав озер или ледникового льда, должно быть сведено к минимуму.
- Во избежание перекрестного загрязнения озер все пробоотборное оборудование для воды и отложений подлежит тщательной очистке.
- Во избежание загрязнения озер или токсического действия на поверхностную биоту следует избегать выливания обратно в озера большого объема воды, отобранного из более глубоких слоев водной толщи. Излишки воды или отложений подлежат транспортировке на станцию для соответствующей утилизации или обработки.
- Следите за тем, чтобы пробоотборное оборудование было надежно закреплено и не оставляйте во льду никаких замерзших предметов и веществ, которые впоследствии могут вызвать загрязнение.
- Стирка, мытье, плавание и ныряние в озерах запрещается. Эти действия сопряжены с загрязнением водоема и физическим нарушению водной толщи, чувствительных сообществ микроорганизмов и отложений.

Примечание. Указания, изложенные в настоящем Экологическом кодексе поведения, в экстренных случаях не применяются.

Приложение 2. Контактные реквизиты национальных программ

Австралия

Австралийская антарктическая служба

Channel Highway

Kingston

Tasmania 7050

Австралия

Телефон: +61 (03) 6232 3209

Факс: +61 (03) 6232 3357

Эл. почта: director@aad.gov.au

Китайская Народная Республика

Китайское управление по делам Арктики и Антарктики

1 Fuxingmenwai Street

Beijing 100860

Китайская Народная Республика

Телефон: +86 10 6803 6469

Факс: +86 10 6801 2776

Эл. почта: longway71@163.com

Индия

Национальный центр по исследованию Антарктики и океана

Headland Sada, Vasco-da-Gama

Goa 403 804

Индия

Телефон: +91 832 2525 501

Факс: +91 832 2525 502

+91 832 2520 877

Эл. почта: mravi@ncpor.res.in

Российская Федерация

Российская антарктическая экспедиция

Научно-исследовательский институт Арктики и Антарктики

ул. Беринга, 38

199397 Санкт-Петербург

Россия

Телефон: +7 812 337 3205

Факс: +7 812 337 3205

Эл. почта: klep@aari.ru pom@aari.ru

Приложение 3. Ссылки на холмы Ларсеманн и избранная библиография

Andreev, M.P. (1990). Lichens of oazis of the East Antarctic. *Novosti Sistematiki Nizshikh Rastenii 27*:93-95. (In Russian.).

Andreev, M.P. (1990). Lichens of the Bunger Oazis (East Antarctic). *Novosti Sistematiki Nizshikh Rastenii 27*:85-93. (In Russian.).

Andreev, M.P. (1991). Lichenological studies in the in the Thirty Forth Soviet Antarctic Expedition. *Informatsionnyi Byulleten Sovetskoi Antarkticheskoi Ekspeditsii 115*:44-47. (In Russian.).

Andreev, M.P. (2006). Lichens of the Prydz Bay area (Eastern Antarctica). *Novosti Sistematiki Nizshikh Rastenii 39*:188-198. (In Russian.).

Andreev, M.P. (2006). Lichens from Prince Charles Mountains (Radok Lake area, Mac.Robertson Land). SCAR XXIX/COMNAP XVIII Hobart Tasmania. SCAR Open Science Conference 12-14 July. SCALOP Symposium 13 July. Abstract Volume. P. 421.

Andreev, M. (2006). The lichen flora of oases of continental Antarctic, and the ecological adaptations of Antarctic lichens. *KSM Newsletter 18*(2):24–28.

Andreev M. (2006). The lichen flora of oases of continental Antarctic, and the ecological adaptations of Antarctic lichens. International Meeting of the Federation of Korean Microbiological Societies, October 19–20, Seoul, Korea. Abstracts. Seoul. Pp. 77–80.

Andreev, M.P. (2008). Lichens from Prince Charles Mountains (Radok Lake area), Mac.Robertson Land. Polar Research – Arctic and Antarctic Perspectives in the International Polar Year. SCAR/IASC IPY Open Science Conference. St. Petersburg, Russia, July 8–11. 2008. Abstract Volume. P. 205.

Andreev, M. (2010). Lichens of continental Antarctic: biodiversity, geography and ecology. Abstracts of 24 Internationale Polartagung (6-12 September 2010, Universitatzentrum Obergurgl). Obergurgl. P. 16.

Andreev, M.P. *and* Kurbatova, L.E. (2012). Botanical investigations on South Shetland Islands in season of 54 RAE. *Russian Polar Investigations 1*(7):21–23. (In Russian.).

Andreev, M.P. *and* Kurbatova, L.E. (2015). Comparative diversity of mosses and lichens in coastal and interior oases of Prydz Bay area (Antarctica). High latitudes and high mountains: driver of or driven by global change? 26th International Congress on Polar Research 6-11 September 2015, München, Germany / Reports on Polar and Marine Research No 690. München, German Society for Polar Research, Pp. 25-26.

Andreev, M.P., Kurbatova L.E., Dorofeev V.I. *and* Ivanov A.Yu. (2015). Alien plants on the Russian Antarctic stations. *Problems of Arctic and Antarctic 4* (106):45-54. (In Russian.).

Andreev, M.P., Kurbatova, L.E., Dorofeev, V.I. *and* Ivanov A.Yu. (2016). Fanerogam plants – aliens in Antarctic. *Russian Polar Investigations 1*(23):23–24. (In Russian.).

Andreev, M.P., Kurbatova, L.E. and Dorofeev, V.I. (2017). Invasive plant species on Antarctic continent. Biodiversity: Approaches of study and conservation. Proceedings of the International Scientific Conference dedicated to 100th anniversary of the Department of Botany, Tver State University (Tver, November 8-11, 2017). (In Russian.).

Antony, R., Krishnan, K.P., Thomas, S., Abraham, W.P. *and* Thamban, M. (2009). Phenotypic and molecular identification of *Cellulosimicrobium cellulans* isolated from Antarctic snow. *Antonie van Leeuwenhoek International Journal of General and Molecular Microbiology* 96(4):627.

Antony, R., Mahalinganathan, K., Krishnan, K.P. *and* Thamban, M. (2011). Microbial preference for different size classes of organic carbon: A study from Antarctic snow. *Environmental Monitoring and Assessment* DOI 10.1007/s10661-011-2391-1.

Antony, R., Mahalinganathan, K., Thamban, M. *and* Nair, S. (2011). Organic carbon in Antarctic snow: spatial trends and possible sources. *Environmental Science and Technology* 45(23):9944–9950, DOI: 10.1021/es203512t.

Antony, R., Thamban, M., Krishnan, K.P. *and* Mahalinganathan, K. (2010). Is cloud seeding in coastal Antarctica linked to biogenic bromine and nitrate variability in snow? *Environmental Research Letters* 5:014009, doi:10.1088/1748-9326/5/1/014009.

Asthana, R., Shrivastava, P.K., Beg, M.J. *and* Jayapaul, D. (2013). Grain size analysis of lake sediments from Schirmacher Oasis (Priyadarshini) and Larsemann Hills, East Antarctica. *Twenty Fourth Indian Antarctic Expedition 2003-2005, Ministry of Earth Sciences Technical Publication* No. 22, pp. 175-185.

Averina S. G. *and* Krasnova A.D. (2016). Characteristics of cultivated strains of cyanobacteria of Lake Stepped (Antarctica). Abstracts of the reports of the international scientific school-conference 'Cyanoprokaryotes (cyanobacteria): taxonomy, ecology, distribution'. *Apatity*. Pp. 12-14. (In Russian.).

Beg, M.J. *and* Asthana, R. (2013). Geological studies in Larsemann Hills, Ingrid Christensen Coast, East Antarctica. *Twenty Fourth Indian Antarctic Expedition 2003-2005, Ministry of Earth Sciences Technical Publication* No. 22 pp. 363-367.

Bian, I., Lu, L. *and* Jia, P. (1996). Characteristics of ultraviolet radiation in 1993-1994 at the Larsemann Hills, Antarctica. *Antarctic Research (Chinese edition) 8*(3):29-35.

Boronina A.S., Popov S.V. ., Pryakhina G.V. Hydrological characteristics of lakes in the eastern part of the Broknes Peninsula, Larsemann Hills, East Antarctica // Ice and Snow, 2019, V. 59, No. 1, pp. 39–48. doi: 10.15356 / 2076-6734-2019-1-39-48. (In Russian).

Burgess, J., Carson, C., Head, J. *and* Spate, A. (1997). Larsemann Hills – not heavily glaciated during the last glacial maximum. *The Antarctic Region: Geological Evolution and Processes*. Pp. 841-843.

Burgess, J. *and* Gillieson, D. (1988). On the thermal stratification of freshwater lakes in the Snowy Mountains, Australia, and the Larsemann Hills, Antarctica. *Search 19*(3):147-149.

Burgess, J. S. *and* Kaup, E. (1997). Some aspects of human impacts on lakes in the Larsemann Hills, Princess Elizabeth Land, Eastern Antarctica. In: Lyons, W., Howard-Williams, C. and Hawes, I. (Eds). *Ecosystem Process in Antarctic Ice-free Landscapes*. A.A. Balkema Publishers, Rotterdam. Pp. 259-264.

Burgess, J.S., Spate, A.P. *and* Norman, F.I. (1992). Environmental impacts of station development in the Larsemann Hills, Princess Elizabeth Land, Antarctica. *Journal of Environmental Management 36*:287-299.

Burgess, J.S., Spate, A.P. *and* Shevlin, J. (1994). The onset of deglaciation in the Larsemann Hills, East Antarctica. *Antarctic Science 6*(4):491-495.

Carson, C.J. *and* Grew, E.S. (2007). *Geology of the Larsemann Hills Region, Antarctica*. First Edition (1:25 000 scale map). Geoscience Australia, Canberra.

Carson, C.J., Dirks, P.G.H.M., Hand, M., Sims, J.P. *and* Wilson, C.J.L. (1995). Compressional and extensional tectonics in low-medium pressure granulites from the Larsemann Hills, East Antarctica. *Geological Magazine 132*(2):151-170.

Carson, C.J., Dirks, P.H. G.M. *and* Hand, M. (1995). Stable coexistence of grandidierite and kornerupine during medium pressure granulite facies metamorphism. *Mineralogical Magazine* 59:327-339.

Carson, C. J., Fanning, C.M. *and* Wilson, C.J. L. (1996). Timing of the Progress Granite, Larsemann Hills: additional evidence for Early Palaeozoic orogenisis within the east Antarctic Shield and implications for Gondwana assembly. *Australian Journal of Earth Sciences 43*:539-553.

China (1996). Oil spill contingency plan for Chinese Zhongshan Station in Antarctica. *Information Paper #87, ATCM XXI*, Christchurch, New Zealand.

Cromer, L., Gibson, J.A.E., Swadling, K.M. *and* Hodgson, D.A. (2006). Evidence for a lacustrine faunal refuge in the Larsemann Hills, East Antarctica, during the Last Glacial Maximum. *Journal of Biogeography* 33:1314-1323.

Dartnall, H.J.G. (1995). Rotifers and other aquatic invertebrates from the Larsemann Hills, Antarctica. *Papers and Proceedings of the Royal Society of Tasmania 129*:17-23.

Dirks, P.H.G.M., Carson, C.J. *and* Wilson, C.J.L. (1993). The deformational history of the Larsemann Hills, Prydz Bay: The importance of the Pan-African (500 Ma) in East Antarctica. *Antarctic Science 5*(2):179-192.

Ellis-Evans, J.C., Laybourn-Parry, J., Bayliss, P.R. *and* Perriss, S.J. (1998). Physical, chemical and microbial community characteristics of lakes of the Larsemann Hills, Continental Antarctica. *Archiv fur Hydrobiologia* 141(2):209-230.

Ellis-Evans, J.C., Laybourn-Parry, J., Bayliss, P.R. *and* Perriss, S.T. (1997). Human impact on an oligotrophic lake in the Larsemann Hills. In: Battaglia, B., Valencia, J. and Walton, D.W.H. (Eds). *Antarctic communities: Species, structure and survival.* Cambridge University Press, Cambridge, UK. Pp. 396-404.

Fedorova, I.V., Savatyugin, L.M., Anisimov, M.A. *and* Azarova, N.S. (2010). Change of the Schirmacher oasis hydrographic net (East Antarctic, Queen Maud Land) under deglaciation conditions. *Ice and Glacier* 3(111):63-70.

Fedorova, I.V., Verkulich, S.R., Potapova, T.M. *and* Chetverova, A.A. (2011). Postglacial estimation of the Schirmacher oasis lakes (East Antarctic) on the basis of hydrologo-geochemical and paleogeographical investigation. In: Kotlyakov, V.M. (Ed.). *Polar Cryosphere and Land Hydrology.* Pp. 242-251.

Gasparon, M. (2000). Human impacts in Antarctica: Trace element geochemistry of freshwater lakes in the Larsemann Hills, East Antarctica. *Environmental Geography 39*(9):963-976.

Gasparon, M., Lanyon, R., Burgess, J.S. *and* Sigurdsson, I.A. (2002). The freshwater lakes of the Larsemann Hills, East Antarctica: chemical characteristics of the water column. *ANARE Research Notes 147*:1-28.

Gasparon, M. *and* Matschullat, J. (2006). Geogenic sources and sink trace metals in the Larsemann Hills, East Antarctica: Natural processes and human impact. *Applied Geochemistry* 21(2):318-334.

Gasparon, M. *and* Matschullat, J. (2006). Trace metals in Antarctic ecosystems: Results from the Larsemann Hills, East Antarctica. *Applied Geochemistry* 21(9):1593-1612.

Gibson, J.A.E. *and* Bayly, I.A.E. (2007). New insights into the origins of crustaceans of Antarctic lakes. *Antarctic Science* 19(2):157-164.

Gibson, J.A.E., Dartnall, H.J.G. *and* Swadling, K.M. (1998). On the occurrence of males and production of ephippial eggs in populations of *Daphniopsis studeri* (Cladocera) in lakes in the Vestfold and Larsemann Hills, East Antarctica. *Polar Biology 19*:148-150.

Gillieson, D. (1990). Diatom stratigraphy in Antarctic freshwater lakes. *Quaternary Research in Antarctica: Future Directions, 6-7 December 1990.* Pp. 55-67.

Gillieson, D. (1991). An environmental history of two freshwater lakes in the Larsemann Hills, Antarctica. *Hydrobiologia 214*:327-331.

Gillieson, D., Burgess, J., Spate, A. *and* Cochrane, A. (1990). An atlas of the lakes of the Larsemann Hills, Princess Elizabeth Land, Antarctica. *ANARE Research Notes 74*:1-73.

Goldsworthy, P.M., Canning, E.A. *and* Riddle, M.J. (2002). Contamination in the Larsemann Hills, East Antarctica: Is it a case of overlapping activities causing cumulative impacts? In: Snape, I. and Warren, R. (Eds). *Proceedings of the 3rd International Conference: Contaminants in Freezing Ground. Hobart, 14-18 April 2002*, pp. 60-61.

Goldsworthy, P.M., Canning, E.A. *and* Riddle, M.J. (2003). Soil and water contamination in the Larsemann Hills, East Antarctica. *Polar Record* 39(211):319-337.

Grew, E.S., McGee, J.J., Yates, M.G., Peacor, D.R., Rouse, R.C, Huijsmans, J.P.P., Shearer, C.K., Wiedenbeck, M., Thost, D.E. *and* Su, S.-C. (1998). Boralsilite ($Al_{16}B_6Si_2O_{37}$): A new mineral related to sillimanite from pegmatites in granulite-facies rocks. *American Mineralogist* 83:638-651.

Grew, E.S, Armbruster, T., Medenbach, O., Yates, M.G. *and* Carson, C.J. (2006). Stornesite-(Y), (Y, Ca)$\square_2Na_6(Ca,Na)_8(Mg,Fe)_{43}(PO_4)_{36}$, the first terrestrial Mg-dominant member of the fillowite group, from granulite-facies paragneiss in the Larsemann Hills, Prydz Bay, East Antarctica. *American Mineralogist* 91:1412-1424.

Grew, E.S, Armbruster, T., Medenbach, O., Yates, M.G. *and* Carson, C.J. (2007). Chopinite, [(Mg,Fe)$_3$□](PO$_4$)$_2$, a new mineral isostructural with sarcopside, from a fluorapatite segregation in granulite-facies paragneiss, Larsemann Hills, Prydz Bay, East Antarctica. *European Journal of Mineralogy* 19:229-245.

Grew, E.S, Armbruster, T., Medenbach, O., Yates, M.G. *and* Carson, C.J. (2007). Tassieite, (Na,□)Ca$_2$(Mg,Fe^{2+},Fe^{3+})$_2$(Fe^{3+},Mg)$_2$(Fe^{2+},Mg)$_2$(PO$_4$)$_6$(H$_2$O)$_2$, a new hydrothermal wicksite-group mineral in fluorapatite nodules from granulite-facies paragneiss in the Larsemann Hills, Prydz Bay, East Antarctica. *The Canadian Mineralogist* 45:293-305.

Grew, E.S., Graetsch, H., Pöter, B., Yates, M.G., Buick, I., Bernhardt, H.-J., Schreyer, W., Werding, G., Carson, C.J. *and* Clarke, G.L. (2008). Boralsilite, $Al_{16}B_6Si_2O_{37}$, and "boron-mullite": compositional variations and associated phases in experiment and nature. *American Mineralogist* 93:283-299.

Grigorieva S.D., Chetverova A.A., Ryzhova E.V., Deshevykh G.A., Popov S.V. Hydrological and geophysical engineering surveys in the area of Progress station (Larsemann Hills oasis, East Antarctica) during the 64th RAE season. *Russian Polar Research*, No. 2, 2019, pp. 23–28. (In Russian).

Grigorieva S.D., Ryzhova E.V., Popov S.V., Kashkevich M.P., Kashkevich V.I. The structure of the near-surface part of the glacier in the area of Thala Bay (East Antarctica) according to the results of the georadar works of the 2018/19 season. *Probl. Arctic and Antarctic*, 2019, V. 65, No. 2, pp. 201–211. doi: 10.30758 / 0555-2648-2019-65-2-201-211(In Russian).

Grigorieva S.D., Kinyabayeva E.R., Kuznetsova M.R., Popov S.V., Kashkevich M.P. The structure of snow-ice bridges of breakthrough lakes of the Broknes Peninsula (Larsemann Hills oasis, East Antarctica) according to GPR data. *Ice and Snow*, 2021, 61 (1). (In Russian).

Grigoreva S.D., Kiniabaeva E.R., Kuznetsova M.R., Kashkevich M.P. Examples of Application of GPR for Ensuring Safety of Infrastructure Objects at the Area of the Russian Antarctic Station Progress (East Antarctica). ENGINEERING AND ORE GEOPHYSICS 2020. 16th scientific-practical conference in conjunction with the workshop "Engineering and Ore Geology 2020". 2020. (In Russian).

He, J. *and* Chen, B. (1996). Vertical distribution and seasonal variation in ice algae biomass in coastal sea ice off Zhongshan Station, East Antarctica. *Antarctic Research (Chinese)* 7(2):150-163.

Hodgson, D.A., Noon, P.E., Vyvermann, W., Bryant, C.L., Gore, D.B., Appleby, P., Gilmour, M., Verleyen, E., Sabbe, K., Jones, V.J., Ellis-Evans, J.C. *and* Wood, P.B. (2001). Were the Larsemann Hills ice-free through the Last Glacial Maximum? *Antarctic Science* 13(4):440-454.

Hodgson, D.A., Verleyen, E., Sabbe. K., Squier, A.H., Keely, B.J., Leng, M.J., Saunders, K.M. *and* Vtyverman, W. (2005). Late Quaternary climate-driven environmental change in the Larsemann Hills, East Antarctica, multi-proxy evidence from a lake sediment core. *Quaternary Research* 64:83-99.

Jawak, S.D. *and* Luis, A.J. (2011). Applications of WorldView-2 satellite data for Extraction of Polar Spatial Information and DEM of Larsemann Hills, East Antarctica. *International Conference on Fuzzy Systems and Neural Computing*. Pp. 148-151

Kaup, E. *and* Burgess, J.S. (2002). Surface and subsurface flows of nutrients in natural and human impacted lake catchments on Broknes, Larsemann Hills, Antarctica. *Antarctic Science* 14(4):343-352.

Kinyabayeva E.R., Grigorieva S.D., Kuznetsova M.R., Mirakin A.V., Popov S.V. Complex surveys for organizing a site for storing and assembling modules of the new wintering complex at Vostok station during the season of the 65th Russian Antarctic Expedition. *Russian Polar Research*, 2020, No. 3, pp. 32–35. (In Russian).

Krishnan, K.P., Sinha, R.K., Kumar, K., Nair, S. *and* Singh, S.M. (2009). Microbially mediated redox transformation of manganese (II) along with some other trace elements: a case study from Antarctic lakes. *Polar Biology* 32:1765-1778.

Kurbatova L.E. *and* Andreev M.P. (2015). Moss and lichenflora of the Larsemann Hills coastal oasis (Prydz Bay region, Continental Antarctic). VII IAC 2015. VII International Antarctic Conference 'Antarctic research: new horizons and priorities'. Kyiv, Ukraine, May 12-14, 2015. Abstracts. Kyiv. Pp. 44-45.

Kurbatova L.E. *and* Andreev M. P. (2015). Bryophytes of the Larsemann Hills (Princess Elizabeth Land, Antarctica). *Novosti Sistematiki Nizshikh Rastenii 49*:360-368.

Li, S. (1994). A preliminary study on aeolian landforms in the Larsemann Hills, East Antarctica. *Antarctic Research (Chinese edition)* 6(4):23-31.

Mahalinganathan, K., Thamban, M. Laluraj, C.M. *and* Redkar, B.L. (2012). Relation between surface topography and sea-salt snow chemistry from Princess Elizabeth Land, East Antarctica. *The Cryosphere* 6:505-515.

Marchant, H. J., Bowman, J., Gibson, J., Laybourn-Parry, J. *and* McMinn, A. (2002). Aquatic microbiology: the ANARE perspective. In: Marchant, H.J., Lugg, D.J. and Quilty, P.G. (Eds). *Australian Antarctic Science: The first 50 years of ANARE.* Australian Antarctic Division, Hobart. Pp. 237-269.

McMinn, A. *and* Harwood, D. (1995). Biostratigraphy and palaeoecology of early Pliocene diatom assemblages from the Larsemann Hills, eastern Antarctica. *Antarctic Science* 7(1):115-116.

Miller, W.R., Heatwole, H., Pidgeon, R.W.J. *and* Gardiner, G.R. (1994). Tardigrades of the Australian Antarctic territories: the Larsemann Hills East Antarctica. *Transactions of the American Microscopical Society 113*(2):142-160.

Pahl, B.C., Terhune, J.M. *and* Burton, H.R. (1997). Repertoire and geographic variation in underwater vocalisations of Weddell Seals (*Leptonychotes weddellii*, Pinnipedia: Phocidae) at the Vestfold Hills, Antarctica. *Australian Journal of Zoology* 45:171-187.

Popov S.V., Sukhanova A.A., Polyakov. Application of the GPR profiling method to ensure the safety of transport operations of the Russian Antarctic Expedition. *Meteorology and Hydrology*, No. 2, 2020, pp. 126–131. (In Russian).

Popov S.V., Boronina A.S., Pryakhina G.V., Grigorieva S.D., Sukhanova A.A., Tyurin S.V. Outbursts of glacial and subglacial lakes in the Larsemann Hills (East Antarctica), in 2017-2018. *Georisk*, 2018, T. XII, No. 3, pp. 56–67. (In Russian).

Popov S.V., Boronina A.S., Grigorieva S.D., Sukhanova A.A., Deshevykh G.A. Hydrological, glacio-geophysical and geodetic engineering surveys in the eastern part of the Broknes Peninsula (East Antarctica, Progress station area) during the 63rd RAE season. *Russian Polar Research*, No. 1, 2018, pp. 24–26. (In Russian).

Pryakhina G.V., Chetverova A.A., Grigorieva S.D., Boronina A.S., Popov S.V. Breakthrough of Lake Progress (East Antarctica): approaches to assessing the characteristics of breakout floods. *Ice and Snow*, 2020, V. 60, No. 4, pp. 613–622. doi: 10.31857 / S2076673420040065. (In Russian).

Quilty, P.G. (1990). Significance of evidence for changes in the Antarctic marine environment over the last 5 million years. In: Kerry, K.R. and Hempel, G. (Eds). *Antarctic Ecosystems: Ecological change and conservation.* Springer-Verlag, Berlin. Pp. 3-8.

Quilty, P.G. (1993). Coastal East Antarctic Neogene sections and their contribution to the ice sheet evolution debate. In: Kennett, J.P. and Warnke, D. (Eds). *The Antarctic Paleo environment: A perspective on global change. Antarctic Research Series* 60*:251-264.*

Quilty, P.G., Gillieson, D., Burgess, J., Gardiner, G., Spate, A. *and* Pidgeon, R. (1990). *Ammophidiella* from the Pliocene of Larsemann Hill, East Antarctica. *Journal of Foraminiferal Research* 20(1):1-7.

Ren, L., Zhao, Y., Liu, X. *and* Chen, T. (1992). Re-examination of the metamorphic evolution of the Larsemann Hills, East Antarctica. In: Yoshida, Y., Kaminuma, K. and Shiraishi, K. (Eds). *Recent Progress in Antarctic Earth Science.* Terra Scientific Publishing, Tokyo, Japan. Pp.145-153.

Ren, L., Grew, E.S., Xiong, M. *and* Ma, Z. (2003). Wagnerite-*Ma5bc*, a new polytype of $Mg_2(PO_4)(F,OH)$, from granulite-facies paragneiss, Larsemann Hills, Prydz Bay, East Antarctica. *The Canadian Mineralogist* 41:393-411.

Riddle, M.J. (1997). The Larsemann Hills, at risk from cumulative impacts, a candidate for multi-nation management. *Proceedings of the IUCN Workshop on Cumulative Impacts in Antarctica.* Washington DC, USA. 18-21 September 1996. Pp. 82-86.

Russia (1999). Initial Environmental Evaluation Compacted Snow Runway at the Larsemann Hills. *Information Paper #79 Corr.2, ATCM XXIII*, Lima, Peru.

Ryss, A. Yu., Andreev, M.P. *and* Kurbatova, L.E. (2012). Nematodes of mosses and lichens of Antarctic: biodiversity, trophic groups, succession stages of communities. Proceedings of the V All-Russian conference with International participation on theoretical and marine parasitology (23-27 April 2012, Svetlogorsk, Kaliningrad district). Nigmatullin, Ch.M. (Ed.). AtlantNIRO Publishing C., Kaliningrad. Pp.186–188.

Sabbe, K., Verleyen, E., Hodgson, D.A. *and* Vyvermann, W. (2003). Benthic diatom flora of freshwater and saline lakes in the Larsemann Hills and Rauer Islands (East Antarctica). *Antarctic Science* 15:227-248.

Safronova T.V. (2016). Algological research of flora in the vicinity of Progress station in the season of the 61st RAE. *Russian Polar Studies 3*(25):17-19. (In Russian.).

Safronova T.V and Smirnova S.V. (2017). Study of the algal and cyanobacterial flora in freshwater waterbodies of the Antarctic in the season of the 62nd RAE. *Russian Polar Research 3*(29):17-20. (In Russian.).

Seppelt, R.D. (1986). Bryophytes of the Vestfold Hills. In: Pickard, J. (Ed.) *Antarctic Oasis: Terrestrial environments and history of the Vestfold Hills.* Academic Press, Sydney. Pp. 221-245.

Shrivastava, P.K., Asthana, R., Beg, M.J. *and* Singh, J. (2009). Climatic fluctuation imprinted in quartz grains of lake sediments from Schirmacher Oasis and Larsemann Hills area, East Antarctica. *Indian Journal of Geosciences* 63(1):81–87.

Shrivastava, P.K., Asthana, R., Beg, M.J. *and* Ravindra, R. (2011). Ionic characters of lake water of Bharati Promontory, Larsemann Hills, East Antarctica. *Journal of the Geological Society of India* 78(3):217-225.

Singh, A.K., Jayashree, B., Sinha, A.K., Rawat, R., Pathan, B.M. *and* Dhar, A. (2011). Observation of near conjugate high latitude substorm and their low latitude implications. *Current Science 101*(8):1073-1078.

Singh, A.K., Sinha, A.K., Rawat, R., Jayashree, B., Pathan, B.M. *and* Dhar, A. (2012). A broad climatology of very high latitude substorms. *Advances in Space Research* 50(11):1512-1523.

Singh, S.M., Nayaka, S. and Upreti, D.K. (2007). Lichen communities in Larsemann Hills, East Antarctica. *Current Science* 93(12):1670-1672.

Spate, A. P., Burgess, J. S. *and* Shevlin, J. (1995). Rates of rock surface lowering, Princess Elizabeth Land, Eastern Antarctica. *Earth Surface Processes and Landforms 20*:567-573.

Stuwe, K. *and* Powell, R. (1989). Low-pressure granulite facies metamorphism in the Larsemann Hills area, East Antarctica: Petrology and tectonic implications for the evolution of the Prydz Bay area. *Journal of Metamorphic Geology 7*(4):465-483.

Stuwe, K., Braun, H.M. *and* Peer, H. (1989). Geology and structure of the Larsemann Hills area, Prydz Bay, East Antarctica. *Australian Journal of Earth Sciences 36*:219-241.

Sukhanova A.A., Popov S.V., Boronina A.S., Grigorieva S.D., Kashkevich M.P. Geophysical surveys in the area of Progress station, East Antarctica, during the 63rd RAE season (2017/18). *Ice and Snow*, 2020, V. 60, No. 1, pp. 149–160, doi: 10.31857 / S2076673420010030.

Thamban, M. *and* Thakur, R.C. (2013). Trace metal concentrations of surface snow from Ingrid Christensen Coast, East Antarctica – Spatial variability and possible anthropogenic contributions. *Environmental Monitoring and Assessment* 184(4):2961-2975.

Thamban, M., Laluraj, C.M., Mahalinganathan, K., Redkar, B.L., Naik, S.S. *and* Shrivastava, P.K. (2010). Glacio-chemistry of surface snow from the Ingrid Christensen Coast, East Antarctica, and its environmental implications. *Antarctic Science* 22(4):435–441.

Wadoski, E.R., Grew, E.S. *and* Yates, M.G. (2011). Compositional evolution of tourmaline-supergroup minerals from granitic pegmatites in the Larsemann Hills, East Antarctica. *The Canadian Mineralogist* 49:381-405.

Walton, D.H., Vincent, W.F., Timperley, M.H., Hawes, I. *and* Howard-Williams, C. (1997). Synthesis: Polar deserts as indicators of change. In: Lyons, Howard-Williams and Hawes (Eds). *Ecosystem Processes in Antarctic Ice-free Landscapes.* Balkema, Rotterdam. Pp. 275-279.

Wang, Z. (1991). Ecology of *Catharacta maccormicki* near Zhongshan Station in Larsemann Hills, East Antarctica. *Antarctic Research (Chinese edition)* 3(3):45-55.

Wang, Z. *and* Norman, F.I. (1993). Foods of the south polar skua *Catharacta maccormicki* in the Larsemann Hills, East Antarctica. *Polar Biology 13*:255-262.

Wang, Z. *and* Norman, F.I. (1993). Timing of breeding, breeding success and chick growth in south polar skuas (*Catharacta maccormicki*) in the Eastern Larsemann Hills. *Notornis 40*(3):189-203.

Wang, Z., Norman, F.I., Burgess, J.S., Ward, S.J., Spate, A.P. *and* Carson, C.J. (1996). Human influences on breeding populations of south polar skuas in the eastern Larsemann Hills, Princess Elizabeth Land, East Antarctica. *Polar Record 32*(180):43-50.

Wang, Y., Liu, D., Chung, S.L., Tong, L. *and* Ren, L. (2008). SHRIMP zircon age constraints from the Larsmann Hills region, Prydz Bay, for a late Mesoproterozoic to early Neoproterozoic tectono-thermal event in East Antarctica. *American Journal of Science* 308:573–617.

Waterhouse, E.J. (1997). Implementing the protocol on ice free land: The New Zealand experience at Vanda Station. In: Lyons, Howard-Williams and Hawes (Eds.). *Ecosystem processes in Antarctic ice-free landscapes.* Balkema, Rotterdam. Pp. 265-274.

Whitehead, M.D. *and* Johnstone, G.W. (1990). The distribution and estimated abundance of Adelie penguins breeding in Prydz Bay, Antarctica. *Proceedings of the NIPR Symposium on Polar Biology 3*:91-98.

Woehler, E.J. *and* Johnstone, G.W. (1991). Status and conservation of the seabirds of the Australian Antarctic Territory. *ICBP Technical Publications 11*:279-308.

Zakharov,V.G., Andreev, M.P. *and* Solomina, O.N. (1998). Variations of the glaciation in the Amery Ice Shelf area (East Antarctic) revealed by lichenometry. *The Antarctic 34*:130-139. (In Russian.).

Zhao, Y., Liu, X, Song, B., Zhang, Z., Li, J., Yao, Y. *and* Wang, Y. (1995). Constraints on the stratigraphic age of metasedimentary rocks from the Larsemann Hills, East Antarctica: Possible implications for Neoproterozoic tectonics. *Precambrian Research* 75:175-188.

Zhao, Y., Song, B., Wang, Y., Ren, L., Li, J. *and* Chen, T. (1992). Geochronology of the late granite in the Larsemann Hills, East Antarctica. In: Yoshida, Y., Kaminuma, K. and Shiraishi, K. (Eds). *Recent Progress in Antarctic Earth Science.* Terra Scientific Publishing Co., Tokyo. Pp. 155-161.

Приложение 4. Карты холмов Ларсеманн

Карта А. Топографическая и физическая карта
Карта В. Зоны особого управления и участки, свободные от ледникового покрова
Карта С. Подробная карта северной части п-ова Брокнес
Карта D. Станция Зонгсан
Карта Е. Станция Прогресс
Карта F. Станция Бхарати

Подробные карты региона доступны на веб-сайте Австралийского центра антарктических данных по ссылке:
http://aadc-maps.aad.gov.au/aadc/mapcat/search_mapcat.cfm
(ссылки на карты № 13130 и 13135)

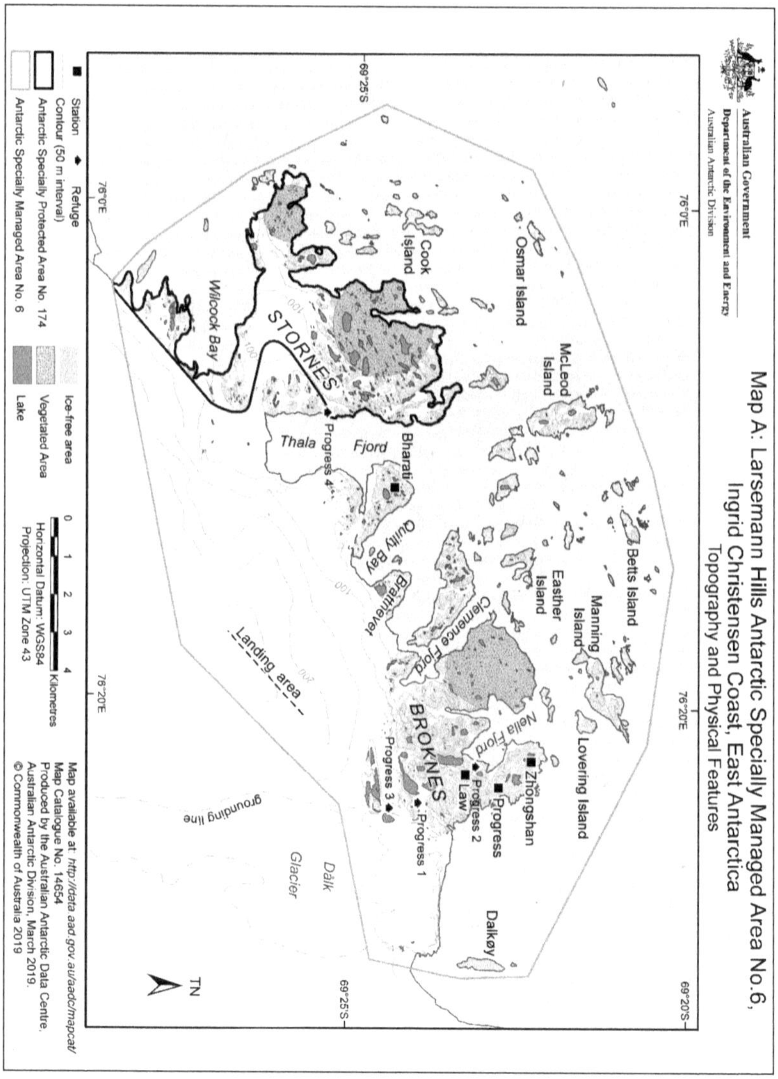
Australian Government
Department of the Environment and Energy
Australian Antarctic Division
Map A: Larsemann Hills Antarctic Specially Managed Area No.6,
Ingrid Christensen Coast, East Antarctica
Topography and Physical Features
76°0'E
76°20'E
78°0'E
78°20'E
69°20'S
69°25'S
Osmar Island
Cook Island
McLeod Island
Betts Island
Manning Island
Easther Island
Lovering Island
Dalkøy
STORNES
BROKNES
Wilcock Bay
Thala Fjord
Bharati
Progress 4
Quilty Bay
Brattnevet
Clemence Fjord
Nella Fjord
Zhongshan
Progress
Progress 2
Law
Progress 3
Progress 1
Landing area
grounding line
Dålk Glacier
TN
Station
Refuge
Contour (50 m interval)
Antarctic Specially Protected Area No. 174
Antarctic Specially Managed Area No. 6
Ice-free area
Vegetated Area
Lake
0 1 2 3 4 Kilometres
Horizontal Datum: WGS84
Projection: UTM Zone 43
Map available at: http://data.aad.gov.au/aadc/mapcat/
Map Catalogue No. 14654
Produced by the Australian Antarctic Data Centre,
Australian Antarctic Division, March 2019.
© Commonwealth of Australia 2019

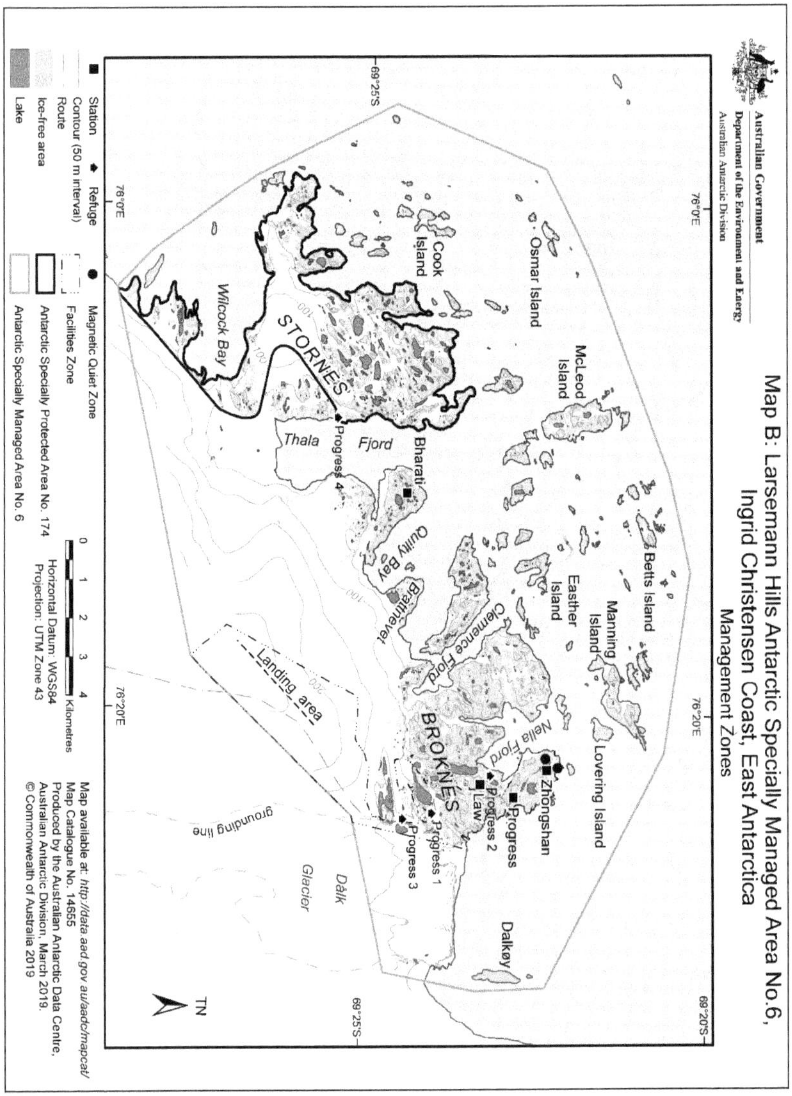
Australian Government
Department of the Environment and Energy
Australian Antarctic Division
Map B: Larsemann Hills Antarctic Specially Managed Area No.6,
Ingrid Christensen Coast, East Antarctica
Management Zones
Osmar Island
Cook Island
McLeod Island
Betts Island
Manning Island
Easther Island
Lovering Island
Dalkøy
STORNES
BROKNES
Wilcock Bay
Thala
Fjord
Quilty Bay
Bharati
Progress 4
Clemence Fjord
Nella Fjord
Zhongshan
Progress
Law
Progress 2
Progress 1
Progress 3
Brattnevet
Landing area
Dålk Glacier
grounding line
76°0'E
76°20'E
69°20'S
69°25'S
TN
Station
Refuge
Magnetic Quiet Zone
Contour (50 m interval)
Facilities Zone
Route
Antarctic Specially Protected Area No. 174
Ice-free area
Lake
Antarctic Specially Managed Area No. 6
0 1 2 3 4 Kilometres
Horizontal Datum: WGS84
Projection: UTM Zone 43
Map available at: http://data.aad.gov.au/aadc/mapcat/
Map Catalogue No. 14655
Produced by the Australian Antarctic Data Centre,
Australian Antarctic Division, March 2019.
© Commonwealth of Australia 2019

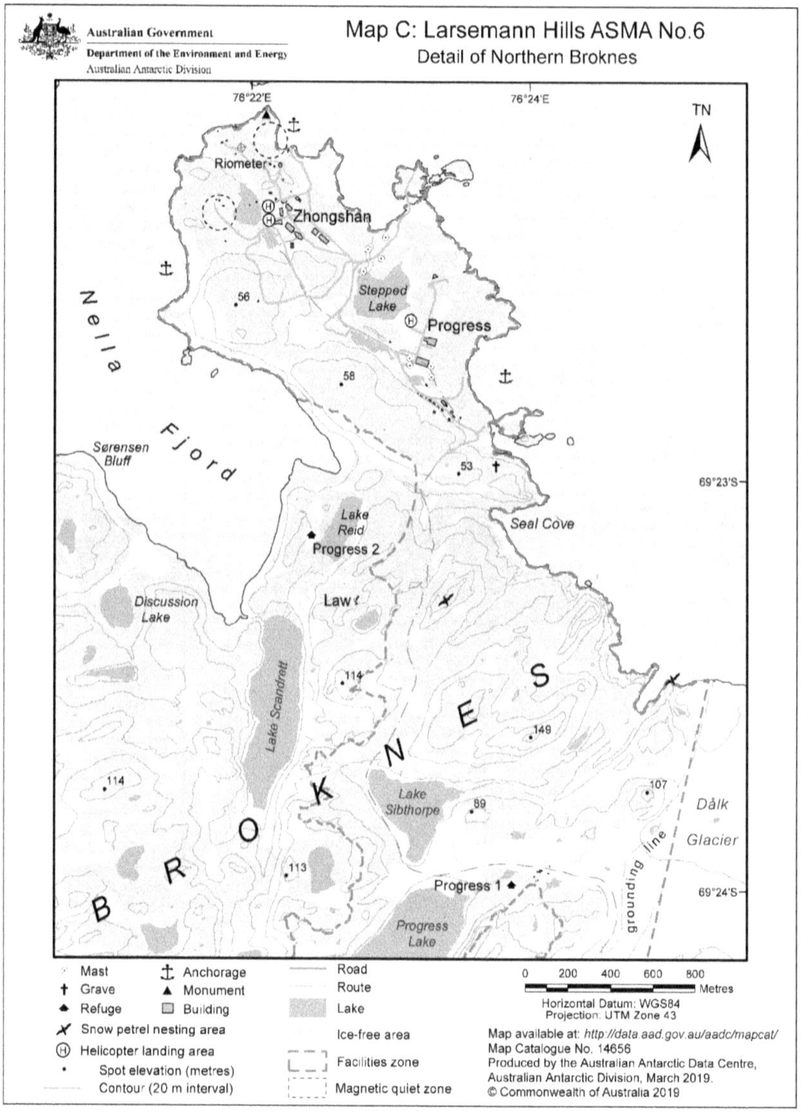
Australian Government
Department of the Environment and Energy
Australian Antarctic Division
Map C: Larsemann Hills ASMA No.6
Detail of Northern Broknes
76°22'E
76°24'E
TN
Riometer
Zhongshan
Stepped Lake
Progress
Nella Fjord
Sørensen Bluff
Seal Cove
69°23'S
Lake Reid
Progress 2
Discussion Lake
Law
Lake Scandrett
BROKNES
Lake Sibthorpe
Dålk Glacier
grounding line
Progress 1
69°24'S
Progress Lake
56
58
53
114
149
107
89
113
Mast
Grave
Refuge
Anchorage
Monument
Building
Snow petrel nesting area
Helicopter landing area
Spot elevation (metres)
Contour (20 m interval)
Road
Route
Lake
Ice-free area
Facilities zone
Magnetic quiet zone
0 200 400 600 800
Metres
Horizontal Datum: WGS84
Projection: UTM Zone 43
Map available at: http://data.aad.gov.au/aadc/mapcat/
Map Catalogue No. 14656
Produced by the Australian Antarctic Data Centre,
Australian Antarctic Division, March 2019.
© Commonwealth of Australia 2019

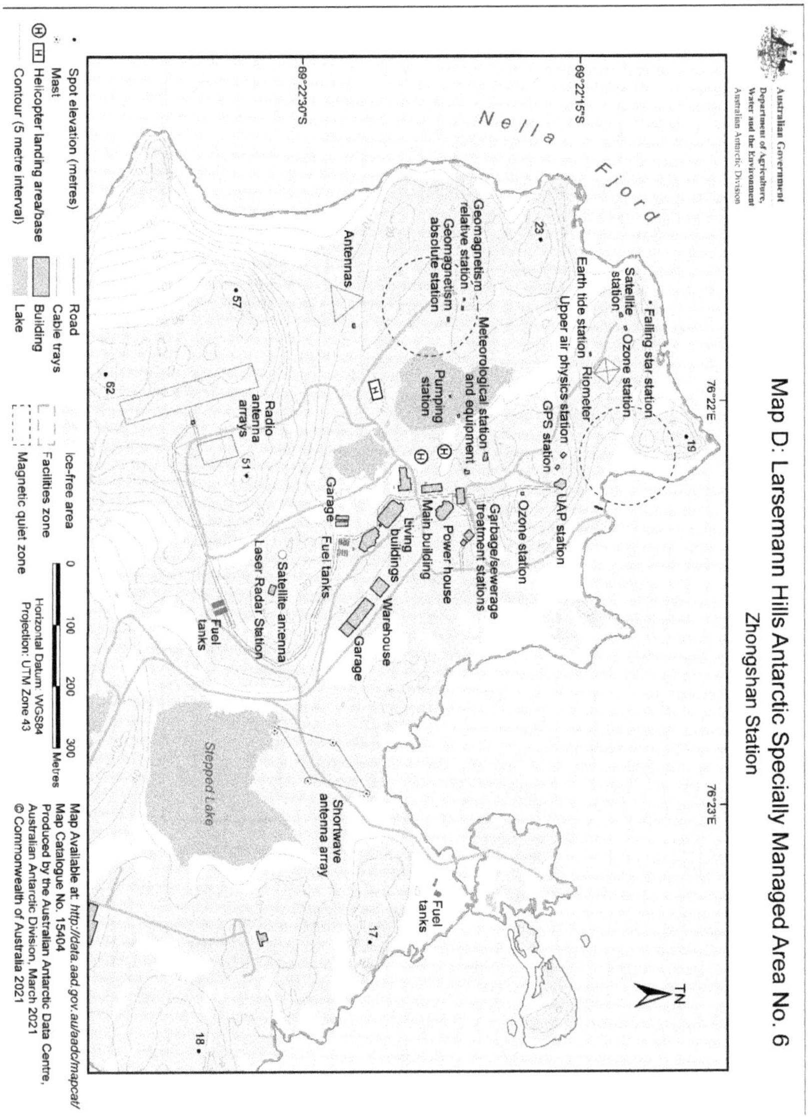
Australian Government
Department of Agriculture, Water and the Environment
Australian Antarctic Division
Map D: Larsemann Hills Antarctic Specially Managed Area No. 6
Zhongshan Station
76°22'E
76°23'E
69°22'15"S
69°22'30"S
TN
Nella Fjord
Falling star station
Satellite station
Ozone station
Earth tide station
Riometer
Upper air physics station
GPS station
UAP station
Ozone station
Garbage/sewerage treatment stations
Meteorological station and equipment
Geomagnetism relative station
Geomagnetism absolute station
Pumping station
Power house
Main building
Living buildings
Warehouse
Garage
Garage
Fuel tanks
Antennas
Satellite antenna
Laser Radar Station
Radio antenna arrays
Fuel tanks
Shortwave antenna array
Stepped Lake
Fuel tanks
19
23
57
62
51
17
18
Spot elevation (metres)
Mast
Helicopter landing area/base
Contour (5 metre interval)
Road
Cable trays
Building
Lake
Ice-free area
Facilities zone
Magnetic quiet zone
0 100 200 300 Metres
Horizontal Datum: WGS84
Projection: UTM Zone 43
Map Available at: http://data.aad.gov.au/aadc/mapcat/
Map Catalogue No. 15404
Produced by the Australian Antarctic Data Centre, Australian Antarctic Division, March 2021
© Commonwealth of Australia 2021

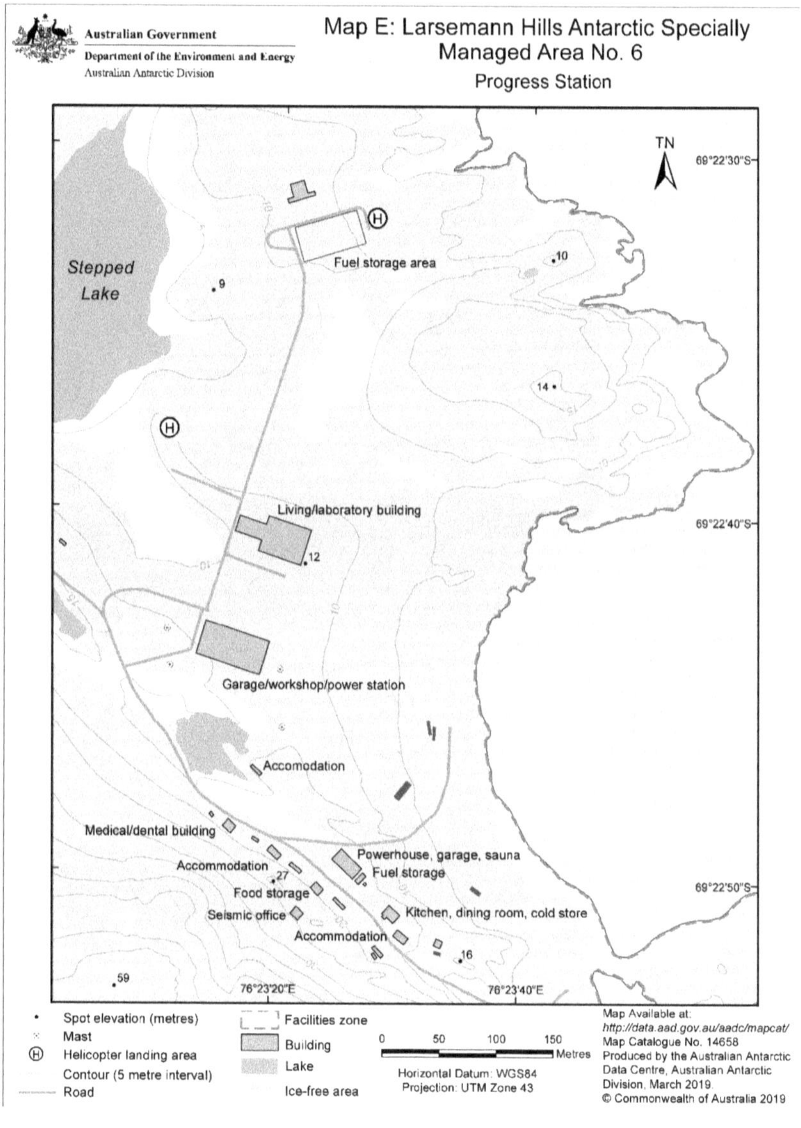
Australian Government
Department of the Environment and Energy
Australian Antarctic Division
Map E: Larsemann Hills Antarctic Specially Managed Area No. 6
Progress Station
TN
69°22'30"S
69°22'40"S
69°22'50"S
76°23'20"E
76°23'40"E
Stepped Lake
Fuel storage area
Living/laboratory building
Garage/workshop/power station
Accomodation
Medical/dental building
Accommodation
Food storage
Seismic office
Accommodation
Powerhouse, garage, sauna
Fuel storage
Kitchen, dining room, cold store
Spot elevation (metres)
Mast
Helicopter landing area
Contour (5 metre interval)
Road
Facilities zone
Building
Lake
Ice-free area
0 50 100 150 Metres
Horizontal Datum: WGS84
Projection: UTM Zone 43
Map Available at:
http://data.aad.gov.au/aadc/mapcat/
Map Catalogue No. 14658
Produced by the Australian Antarctic Data Centre, Australian Antarctic Division, March 2019.
© Commonwealth of Australia 2019

План управления Особо охраняемым районом Антарктики № 101

«ГНЕЗДОВЬЕ ТЕЙЛОР» (ЗЕМЛЯ МАК-РОБЕРТСОНА)

Введение

Гнездовье Тейлор — это колония императорских пингвинов (Aptenodytes forsteri), расположенная на восточной стороне ледника Тейлор (Земля Мак-Робертсона, 67°27' ю. ш., 60°51' в. д.; карта А). Первоначально оно было определено в качестве Особо охраняемого района №1 на основании Рекомендации IV-I (1966) по предложению Австралии. План управления Районом был принят на основании Рекомендации XVII-2 (1992). В соответствии с Решением 1 (2002), эта территория была повторно определена и перенумерована как Особо охраняемый район Антарктики (ООРА) №101. Пересмотренные Планы управления ООРА были приняты на основании Меры 2 (2005), Меры 1 (2010) и Меры 1 (2015). Гнездовье Тейлор было определено в качестве ООРА для защиты крупнейшей из известных колоний императорских пингвинов, расположенных только на суше.

1. Описание ценностей, нуждающихся в охране

В настоящее время в Антарктиде насчитывается 61 известная колония императорских пингвинов. Первая колония, располагающаяся на суше, была обнаружена на острове Эмперор (острова Дион, Антарктический полуостров (67°52' ю. ш., 68°43' з. д.)) в 1948 г. На острове обитали примерно 150 гнездящихся пар, однако с 1970-х годов популяция сократилась и в 1999 г. насчитывала только 22 пары. С 2009 г. на островах Дион императорские пингвины замечены не были, и, по всей видимости, колония вымерла. Еще одна наземная колония была обнаружена на леднике Тейлор в октябре 1954 г. Эта колония на протяжении всего периода размножения полностью располагается на суше. В силу этого необычного свойства в 1966 г. колония, как и остров Эмперор, была определена в качестве Особо охраняемого района. Третья колония на суше (примерно 250 пар) была обнаружена в заливе Амундсена (Восточная Антарктика) в 1999 г.

Колония императорских пингвинов на острове Тейлор — это крупнейшая известная колония на суше (Карта В), и поэтому она имеет исключительное научное значение. Австралийская антарктическая программа занималась мониторингом популяции колонии на леднике Тейлор с 1957 по 1987 гг. периодически, а с 1988 года проводит мониторинг ежегодно. Фотографический учет численности обеспечивает высокую точность подсчета. В первые годы количество взрослых особей в колонии в среднем составляло примерно 3 680 гнездящихся пар. В период с 1988 по 2010-й годы популяция в среднем насчитывала 2 930 пар или на 20,5% меньше, чем в предыдущие годы. В период с 2011 по 2019 гг. численность популяции составляла в среднем 2 700 особей, что означает дальнейшее падение на 9% (неопубликованные данные) (см. рис. 1). Причины этого снижения до сих пор выясняются. Аналогичные многолетние данные есть только по двум другим колониям императорских пингвинов — на архипелаге Жеоложи, ООРА №120 (66°40' ю. ш., 140°01' в. д.) и на острове Хасуэлл (ООРА №127, 66°31' ю. ш., 93°00' в. д.), где в 1970-х годах популяция обеих колоний сократилась примерно на 43%. Также имеются данные о популяции для ряда колоний в районе моря Росса. Однако данные последних подсчетов не являются непрерывными и не включают подсчеты численности колоний, сделанные в зимнее время.

Ежегодно участники Австралийской антарктической программы посещали ледник Тейлор не более трех раз. Небольшие скалистые холмы, окружающие колонию, делают ее идеальной для проведения переписи и позволяют наблюдать за пингвинами, не заходя на саму территорию гнездовья. Таким образом, начиная примерно с 1988 г. уровень вмешательства в жизнедеятельность колонии является очень низким, а прямое вмешательство человека может быть исключено в качестве потенциального фактора воздействия на здоровье данной популяции.

2. Цели и задачи

Управление на территории гнездовья Тейлор осуществляется в следующих целях:

- Недопущение деградации или возникновения значительной угрозы для ценностей этого Района за счет предотвращения излишнего вмешательства человека.
- Создание условий для проведения научных исследований экосистемы и физической среды, особенно орнитофауны, при условии, что это необходимо для достижения неотложных целей, которые не могут быть достигнуты ни в одном другом месте.
- Сведение к минимуму возможности внедрения патогенных организмов, способных вызвать заболевания среди птиц, населяющих территорию Района.
- Минимизация вероятности интродукции в Район чужеродных растений, животных и микроорганизмов.
- Регулярный сбор данных о популяционном статусе колонии императорских пингвинов на долговременной основе.
- Разрешение посещений Района, связанных с деятельностью по управлению для реализации целей и задач Плана управления.

3. Меры управления

Для обеспечения охраны ценностей Района будут предприняты следующие меры управления:

- Посещать Район следует по мере необходимости (предпочтительно не реже одного раза в пять лет), чтобы установить, продолжает ли он служить тем целям, ради которых был определен, и чтобы убедиться в достаточности принимаемых мер управления.
- Настоящий План управления следует повторно рассматривать раз в пять лет и вносить в него необходимые уточнения.

4. Период определения

Определен на неограниченный период времени.

5. Карты

- Карта A: Особо охраняемый район Антарктики №101 «Гнездовье Тейлор» (берег Моусона, Земля Мак-Робертсона, Восточная Антарктика). На врезке показано местонахождение района на Антарктическом континенте.
- Карта B: Особо охраняемый район Антарктики №101 «Гнездовье Тейлор»: топография с указанием местонахождения колонии императорских пингвинов.
- Карта C: Особо охраняемый район Антарктики №101 «Гнездовье Тейлор»: маршруты подлета для вертолетов и места высадки на берег.
- Карта D: Особо охраняемый район Антарктики №101 «Гнездовье Тейлор»: граничные точки ООРА.

Спецификации всех карт: Горизонтальная линия приведения: WGS84. Начало отсчета высоты: средний уровень моря.

6. Описание Района

6(i) Географические координаты, специальные и характерные естественные признаки, определяющие границы Района

Особо охраняемый район Антарктики «Гнездовье Тейлор» расположен примерно в 90 км к западу от австралийской исследовательской станции Моусон и охватывает всю территорию самого северного обнажения пород на восточной стороне ледника Тейлор, Земля Мак-Робертсона (67°27'14" ю. ш., 60°53'0" в. д., карта B). Координаты границ района приведены в Приложении 1 и показаны на карте D. Граница Района проходит вдоль береговой линии (на отметке отлива) от точки в северо-западном углу Района (граничная точка 1, 67°27'4.9" ю. ш., 60°52'58.2" в. д.) приблизительно в северо-восточном направлении до граничной точки 6 (67°27'27.8" ю. ш., 60°53'7.7" в. д.). Граница проходит в западном и затем в северном направлении (приблизительно по границе свободного ото льда участка) до граничной точки 22 (67°27'18" ю. ш., 60°52'50.2" в. д.), далее вдоль ледяного обрыва до граничной точки 23 (67°27'5.3" ю. ш., 60°52'57.1" в. д.) и затем соединяется с граничной точкой 1. Площадь Района составляет около 0,27 км^2. Границы Района никак не обозначены.

Колония императорских пингвинов расположена на невысоком обнажении в юго-западном углу залива, образованного ледником Тейлор на западе, полярной ледниковой шапкой на юге и островами Колбек на востоке. На севере и востоке Район окружен неподвижными морскими льдами. На западной границе рядом с ледником есть участок, свободный от ледникового покрова, а на юге стоят крутые скалы, поднимающиеся к ледникам плато. Округлые гряды скалы имеют форму подковы, в центре которой находится плоский участок обнаженных пород и морен. Средняя высота гряд составляет около 30 м. Центральная область покрыта снегом зимой и заселена императорскими пингвинами. Спрессованный снег тает в конце весны, образуя пару мелких озер и небольшой водоток на северо-востоке.

Кроме того, в Районе есть поднятый пляж, аналогичный нескольким другим пляжам на побережье Земли Мак-Робертсона. Пляж состоит из местного галечника, обломочных материалов и валунов диаметром от 1 см до 1 м. Он отлого поднимается от линии берега к четко обозначенной платформе шириной несколько метров и находится на высоте от 3 до 6 м над уровнем моря. Природные объекты четко обозначают границы Района.

Климат

Данные о метеорологии Района ограничены. Возможно, местные условия аналогичны условиям в районе станции Моусон, где среднемесячные температуры колеблются от +0,1 °C в январе до -18,8 °C в августе. Максимальная температура составляет +10,6 °C а минимальная — -36,0 °C. Среднегодовая скорость ветра равна 10,9 м/с, причем здесь нередко бывают продолжительные периоды сильного юго-восточного катабатического ветра, дующего со стороны ледниковой шапки, когда средняя скорость ветра превышает 25 м/с с порывами, которые часто превышают 50 м/с. К числу других метеорологических характеристик относятся сильная облачность в течение всего года, очень низкая относительная влажность, небольшое количество осадков, частые сильные ветры, метели и плохая видимость при прохождении крупных циклонов.

Экологические домены, Заповедные биогеографические регионы Антарктики и Ключевые орнитологические территории

В соответствии с Анализом экологических доменов Антарктики (Резолюция 3 (2008), гнездовье Тейлор относится к Природной среде D «Геология прибрежных районов Восточной Антарктики». По классификации Заповедных биогеографических регионов Антарктики (Резолюция 3 (2017)), Район находится на территории Биогеографического региона 16 «Восточная Антарктика». Гнездовье Тейлор определено как Ключевая орнитологическая территория Антарктики №119 «Гнездовье Тейлор» из-за колонии императорских пингвинов (Резолюция 5 (2015).

Геология и почвы

Гранат-биотит-кварц-полевошпатовый гнейс, гранит и мигматитовые породы на Гнездовье Тейлор являются метаморфическими и, вероятно, образовались из древних метаморфических осадочных пород. . В метаморфических породах встречаются интрузии чарнокита Моусона с изотопным возрастом 100 млн лет, что является минимальным возрастом этих метаморфических пород. Полосчатые метаморфические породы пересекают многочисленные зоны сдвижения, а на высоте около 60 м видны следы старой эрозионной поверхности.

Растительность

Флора Гнездовья Тейлор состоит как минимум из 10 видов лишайников (табл. 1) и неизвестного числа наземных и пресноводных водорослей. Мхи на территории Района не зарегистрированы. В данной местности встречаются 26 видов лишайников и 3 вида мхов, 20 из которых встречаются на близлежащей гряде Чапмэн (Chapman Ridge) и 16 — на мысе Брус (Cape Bruce), расположенном на западной стороне ледника Тейлор. Породы этого типа неблагоприятны для колонизации лишайниками. Большинство лишайников, встречающихся в Районе, растут на более высоких участках южного сектора обнажения пород, характеризующихся наименьшим выветриванием.

,

Лишайники	**Общераспространенное название**	**Характеристики**
Buellia frigida		Эндемичный, эпилитический
Caloplaca citrina	Огненный лишай	Корковый
Candelariella flava		Обычный, оранжевого цвета
Lecanora expectans		Эпибриофит, обычно населяющий мхи
Lecidea phillipsiana		Эндолитическая, обычная
Pseudephebe minuscula	Черно-вьющийся лишай	Корковый, темно-коричневый
Physcia caesia	Сине-серый розеточный лишайник	Листовой лихенизированный гриб
Rhizoplaca melanophthalma	Обрамленный пупочный лишай	Подкорковый, светло-серый
Xanthoria elegans	Элегантный солнечный лишай	Лихенизированный гриб циркумполярный
Xanthoria mawsonii		Орнитокорпрофильный

Табл. 1: Растения, зарегистрированные на территории гнездовья Тейлор

Птицы

Императорские пингвины

Гнездовье императорских пингвинов представляет собой обращенный к северу амфитеатр, образованный языком ледника Тейлор на западе и скалистыми холмами на востоке. Пингвины заселяют участки с ровной поверхностью, которые покрыты снегом в течение большей части периода размножения.

Первые птенцы наблюдались в середине июля, что указывает на начало яйцекладки в середине мая. Оперившиеся птенцы покидают колонию в период с середины декабря до середины января, причем уходят, как правило, днем, когда температура достигает максимума и стихает катабатический ветер. Взрослые птицы и оперившиеся птенцы направляются на северо-северо-восток к полынье, которая находится на расстоянии около 60-70 км от колонии. К середине января протяженность припая сокращается примерно до 25 км, но меняется ежегодно. Эта полынья является постоянной характеристикой берега Моусона.

После начала программы постоянного мониторинга в 1988 г. пингвины занимали южную часть Района примерно до 2010 г. В последние годы они переместились в северную часть, где они теперь проводят зиму. Колония по-прежнему занимает северную часть Района зимой, но птенцы иногда возвращаются в южную часть в ноябре/декабре.

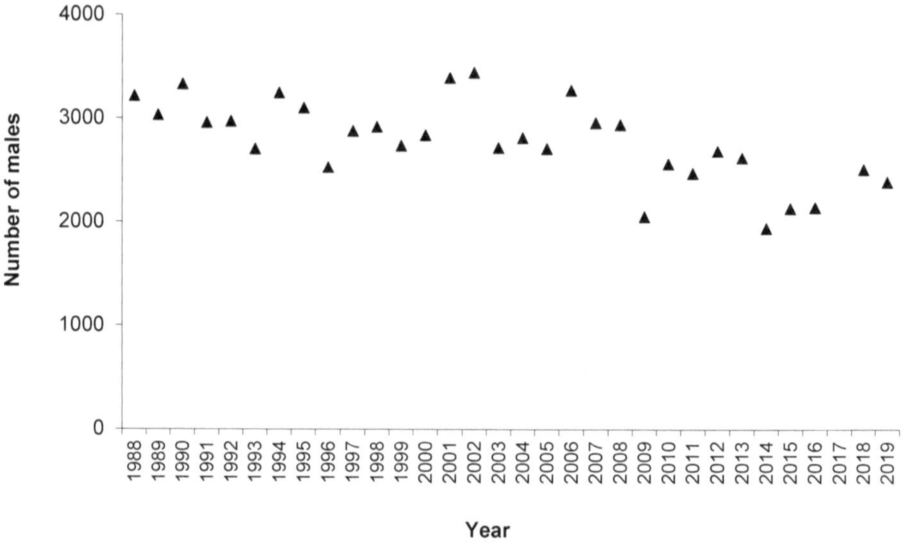

Рис. 1. Количество взрослых особей императорских пингвинов в колонии на леднике Тейлор зимой, 1988–2019 Источник: Robertson et al. (2014) и неопубликованные данные.

Поморники

Поморники часто появляются в колонии пингвинов. Неизвестно, размножаются ли они в этом месте.

6(ii) Доступ в Район

В последние годы добираться в Район на транспортных средствах по морскому льду становится все труднее. Как правило, это было возможно с начала мая до середины декабря. С 2005 г.

доступ был возможен только в период с середины июня до начала ноября. В 2017 г. из-за плохой ледовой обстановки посещение острова зимой было невозможным. Доступ с самолета может быть возможен в соответствии с разделом 7(ii) настоящего плана.

6(iii) Сооружения на территории и в окрестностях Района

В 2011 г. в Районе на скалистых грядах, окружающих территорию гнездования пингвинов, были установлены две автоматические камеры (места расположения камер см. на карте В — 67°27'24" ю. ш., 60°52'55" в. д. и 67°27'12" ю. ш., 60°53'06" в. д.). На островах Колбек на расстоянии около 5 км к северо-востоку от Района находится 4-местное убежище (см. карту А: 67°26'17.9" ю. ш., 60°59'23.6" в. д.). Станция Моусон (67°36' ю. ш., 62°53' в. д.) находится на расстоянии около 90 км в восточном направлении.

6(iv) Местонахождение других близлежащих охраняемых районов

Примерно в 80 км к востоку от гнездовья Тейлор находится ООРА № 102 «Острова Рукери» (Земля Мак-Робертсона, 67°36'36" ю. ш. и 62°32'01" в. д.) (см. карту А).

6(v) Специальные зоны на территории Района

Никаких особых зон на территории Района нет.

7. Условия выдачи разрешений для доступа

7(i) Общие условия выдачи разрешений

Доступ в Район возможен только на основании разрешения, которое выдается соответствующим национальным органом власти. Условия для выдачи разрешения на вход в Район:

- разрешение выдается только для выполнения неотложных научных задач, которые невозможно выполнить ни в одном другом месте, в частности, для проведения научных исследований орнитофауны и экосистемы Района или для осуществления важных мер управления, соответствующих целям настоящего Плана, таких как инспекция, управление или ревизия;
- разрешенная деятельность не поставит под угрозу ценности Района;
- разрешенная деятельность соответствует положениям Плана управления;
- во время пребывания на территории Района необходимо иметь при себе разрешение или заверенную копию;
- отчет о посещении должен быть представлен в орган, указанный в разрешении;
- разрешение выдается на указанный срок;
- соответствующий национальный орган должен быть проинформирован о любой предпринятой деятельности или принятых мерах, которые не были предусмотрены в официальном Разрешении.

7(ii) Доступ в Район и передвижение по его территории

По возможности, транспортным средствам на территорию Района следует заходить со стороны морского льда на восточной стороне, к западу от островов Колбек, чтобы не мешать пингвинам, пересекая их пути от колонии к морю (см. карту В). Въезд транспортных средств на территорию Района запрещен. Транспортные средства, используемые для подъезда к Району, следует оставлять за его пределами, с восточной стороны. Посетители должны заходить пешком. Маршрут подъезда обозначен на Карте С.

Использование воздушных судов должно осуществляться с соблюдением следующих условий:

- Воздушные суда не должны создавать фактор беспокойства для колонии ни при каких обстоятельствах.

- Полеты над колонией запрещены, кроме случаев научной или управленческой необходимости. Одномоторным вертолетам и самолетам разрешается совершать такие полеты на высоте не менее 930 м (3 050 футов), а двухмоторным вертолетам — на высоте не менее 1500 м (5 000 футов).
- Посадка самолетов на территории Района запрещена.
- Самолетам не разрешается совершать посадку или взлетать на расстоянии менее 930 м (3 050 футов) или пролетать на расстоянии менее 750 м (2 500 футов) от колонии.
- Вертолетам следует подлетать к Району с восточной стороны со стороны моря и, если позволяют ледовые условия, совершать посадку за пределами Района в точке, обозначенной «H» на карте C (60°53'32.5" в. д., 67°27'6.1" ю. ш.). Посетители должны заходить на территорию Района пешком.
- В случае посадки за пределами Района одномоторным вертолетам не разрешается совершать посадку или взлетать ближе 930 м (3 050 футов) или пролетать ближе 750 м (2 500 футов) от колонии, а двухмоторным вертолетам совершать посадку, взлетать или пролетать на расстоянии менее 1500 м (5 000 футов) от колонии.
- Если из-за неблагоприятных ледовых условий на море необходимо совершить посадку на территории Района, только одномоторным вертолетам разрешается совершать посадку в его северо-восточной части в точке, обозначенной буквой «H» на карте C (60°53'17.8" в. д., 67°27'6.8" ю. ш.), где расположенный на юге высокий мыс закрывает колонию и приглушает звуки.
- Приближаясь к Району для совершения посадки на его территории, одномоторные вертолеты должны лететь над морским льдом как можно ниже, чтобы не потревожить колонию.
- Дозаправка воздушных судов на территории Района запрещена.

Облет птичьих колоний на территории Района с помощью дистанционно пилотируемых авиационных систем (ДПАС) запрещен, за исключением случаев, когда это необходимо для неотложных научных или управленческих целей. Такие облеты производятся в соответствии с *Руководством по экологическим аспектам применения дистанционно пилотируемых авиационных систем (ДПАС) в Антарктике*.

На территории Района нет обозначенных пешеходных маршрутов. Если нарушение жизни птиц не санкционировано разрешением, пешеходы должны держаться вдалеке от колонии (на расстоянии не менее 50 м) и пропускать пингвинов, выходящих из колонии и заходящих в нее. Пешеходам в Районе и его окрестностях следует избегать пересечения маршрутов передвижения птиц, а если это невозможно, то быстро пересекать их, чтобы не мешать передвижениям пингвинов.

7(iii) Осуществляемая или разрешаемая деятельность в Районе, включая ограничения по времени и пространству

Пингвины могут находиться в Районе большую часть года, и они особенно чувствительны к нарушению спокойствия во время следующих периодов:

- с середины мая до середины июля в период высиживания яиц; и
- с середины июля до середины сентября в период вскармливания птенцов.

Район разрешается посещать для учета численности колонии императорских пингвинов. Данная колония идеальна для учета численности, потому что такую работу можно выполнять, не беспокоя птиц. Самым удобным местом для наблюдения за пингвинами и их фотографирования зимой являются высокие скалистые выступы, расположенные рядом с ледником Тейлор к западу от колонии и с восточной стороны Района. Лучшим временем для учета численности взрослых особей является период с 22 июня по 5 июля, поскольку в это время здесь находятся почти только самцы, которые высиживают яйца, и каждый из них представляет одну гнездящуюся пару.

К числу других видов деятельности, разрешенных на территории Района, относятся:

- неотложные научные исследования, которые не могут проводиться ни в каком ином месте и которые не поставят под угрозу орнитофауну или экосистему этого Района;
- важные меры управления, включая мониторинг;
- отбор образцов, который нужно свести к минимуму, необходимому для осуществления утвержденных научных программ.

7(iv) Установка, модификация или снос сооружений

На территории Района запрещено возводить какие-либо новые сооружения или устанавливать научное оборудование, за исключением того, что необходимо для осуществления неотложной научной деятельности или мер управления, и на заранее установленный срок, указанный в разрешении. Научные указатели и научное оборудование должны быть надежно закреплены и поддерживаться в хорошем состоянии с четким указанием страны, выдавшей разрешение, Ф.И.О. главного исследователя и года установки. Все они должны быть выполнены из материалов, представляющих минимальную опасность для фауны и флоры или как источники загрязнения Района.

Одним из условий выдачи разрешения является то, что оборудование, связанное с осуществлением разрешенной деятельности, подлежит вывозу из Района сразу после или до завершения этой деятельности. Подробные сведения об указателях и оборудовании, которые остались на территории Района (указатели с данными GPS, описания, метки и т.д., а также предполагаемые сроки их удаления) направляются в орган, выдавший разрешение.

Временные полевые хижины (если они разрешены) должны располагаться на достаточном расстоянии от колонии пингвинов в точке, которая находится к северо-востоку от Района, где расположенный на юге высокий мыс закрывает вид на колонию.

7(v) Расположение полевых лагерей

На островах Колбек на расстоянии около 5 км к северо-востоку от Района находится 4-местное убежище (67°26’17.9” ю. ш., 60°59’23.6” в. д.).

Разбивка полевых лагерей на территории Района разрешена, но они должны находиться на достаточном расстоянии от колонии пингвинов, желательно в точке, которая находится к северо-востоку от Района, где расположенный на юге высокий мыс закрывает вид на колонию (как указано на карте B).

7(vi) Ограничения на ввоз в Район материалов и организмов

- Ввоз на территорию Района продуктов из домашней птицы, включая пищевые концентраты, содержащие яичный порошок, не допускается.
- Продукты питания или другие материалы нельзя оставлять на территории Района по окончании сезона, для которого они были предназначены.
- Преднамеренный ввоз на территорию Района животных, растительных материалов, микроорганизмов и нестерильной почвы запрещается. Должны приниматься самые строгие меры предосторожности по предотвращению непреднамеренного ввоза на территорию Района животных, растительных материалов, микроорганизмов и нестерильной почвы из других биологически отличающихся регионов (подпадающих и не подпадающих под действие Договора об Антарктике).
- Насколько это возможно, одежда, обувь и другое оборудование, используемые на территории Района или ввозимые в Район (включая рюкзаки, сумки и другое оборудование), должны быть тщательно очищены перед входом на территорию Района и после выхода из него.
- Обувь, пробоотборное или научное оборудование и указатели, которые соприкасаются с грунтом, должны быть продезинфицированы или очищены горячей водой с хлорной известью перед входом на территорию Района и после его посещения с целью предотвращения случайного попадания животных, растительных материалов,

микроорганизмов и нестерильной почвы в Район. Очистку необходимо производить или в убежище, или на станции.

- Посетители должны также изучить и соответствующим образом соблюдать рекомендации, содержащиеся в Руководстве по неместным видам, разработанном Комитетом по охране окружающей среды, и Правилах поведения для наземных научных полевых исследований в Антарктике, разработанных Научным комитетом по антарктическим исследованиям (СКАР).
- Ввоз на территорию Района гербицидов или пестицидов не допускается. Все остальные химические вещества, включая радионуклиды и стабильные изотопы, которые могут ввозиться для научных исследований или в целях управления, оговоренных в разрешении, подлежат вывозу из Района сразу после или до завершения деятельности, на которую выдано разрешение.
- Хранение топлива на территории Района допускается только в том случае, если это необходимо для достижения важных целей, связанных с осуществлением деятельности, на которую было выдано разрешение. Все такое топливо подлежит вывозу из Района сразу после завершения разрешенной деятельности. Организация постоянных складов топлива не допускается.
- Все материалы ввозятся только на указанный срок, подлежат вывозу из Района сразу по истечении или до истечения указанного срока, а порядок их хранения и эксплуатации должен гарантировать минимизацию риска воздействия на окружающую среду.

7(vii) Изъятие или вредное вмешательство в жизнь местной флоры и фауны

Изъятие или вредное вмешательство в жизнь местной флоры и фауны допускаются только на основании разрешения. В случае изъятия или вредного вмешательства в жизнь животных следует соблюдать разработанный СКАР Кодекс поведения при использовании животных в научных целях в Антарктике, который является минимальным стандартом.

Орнитологические исследования ограничиваются деятельностью, которая не является инвазивной и разрушительной по отношению к птицам, гнездящимся на территории Района. Если требуется отлов особей, такой отлов должен производиться за пределами Района с целью минимизации воздействия на колонию.

7(viii) Сбор и вывоз чего-либо не ввезенного в Район держателем разрешения

Сбор и вывоз материалов из Района допускается только на основании разрешения и ограничивается минимумом, необходимым для выполнения научных или управленческих задач.

Материалы антропогенного происхождения, которые могут нанести ущерб ценностям Района и которые не были ввезены в Район получателем разрешения или санкционированы иным образом, могут быть вывезены, за исключением ситуаций, когда существует вероятность того, что последствия вывоза превзойдут последствия пребывания материала на месте. При обнаружении таких материалов необходимо направить уведомление в орган, выдавший разрешение (если это возможно, пока полевая экспедиция находится на территории Района).

7(ix) Удаление отходов

Все отходы, включая отходы человеческой жизнедеятельности, подлежат вывозу из Района. Отходы, образовавшиеся в результате деятельности полевых экспедиций, подлежат хранению вплоть до того момента, когда они могут быть удалены или вывезены, причем порядок их хранения не должен допускать возможности их использования дикими животными (например, поморниками). Отходы подлежат вывозу не позднее отъезда самой полевой экспедиции. Отходы жизнедеятельности человека и бытовые сточные воды могут сбрасываться в море как можно дальше за пределами Района.

7(x) Меры по поддержанию реализации целей и задач Плана управления

Разрешения на доступ в Район могут выдаваться в следующих случаях:

- проведение биологического мониторинга и мероприятий по инспектированию Района, которые могут заключаться в сборе проб для анализа или оценки;
- возведение или поддержание в порядке научного оборудования, конструкций и указательных знаков;
- проведение других охранных мероприятий.

Все участки, специально предназначенные для проведения долгосрочного мониторинга, должны иметь соответствующие указатели. Для них необходимо получить GPS-информацию, которую компетентный национальный орган направляет в систему каталогов антарктических данных.

Посетители должны принимать особые меры предосторожности во избежание интродукции чужеродных организмов в Район. Особую опасность представляет интродукция патогенных организмов, микроорганизмов или растительности, перенесенных из почв, флоры или фауны других районов Антарктики, включая научные станции, или регионов за пределами Антарктики. С целью минимизации риска интродукции перед входом в Район следует тщательно очистить обувь и все оборудование, которое будет использоваться на территории Района, особенно пробоотборное оборудование и указатели.

7(xi) Требования к отчетности

По каждому посещению Района основной получатель разрешения должен представить отчет в соответствующую национальную инстанцию в возможно короткий срок, но не позднее чем через шесть месяцев после завершения посещения. Эти отчеты о посещении должны содержать, в зависимости от конкретного случая, информацию, указанную в форме отчета о посещении, приведенную в *Руководстве по подготовке Планов управления Особо охраняемыми районами Антарктики.* В случае необходимости национальному органу рекомендуется направить экземпляр отчета о посещении также Стороне, которая подготовила План управления, в качестве вспомогательного материала для управления Районом и пересмотра Плана управления. Сторонам следует по возможности размещать оригиналы или копии таких отчетов о посещении в общедоступном архиве для учета пользования материалами в целях какого-либо пересмотра Плана управления и в качестве организационной меры по использованию Района в научных целях.

Один экземпляр такого отчета направляется Стороне, отвечающей за разработку настоящего Плана управления (Австралия) в целях оказания содействия в управлении Районом и мониторинга популяций птиц.

8. Вспомогательная документация

Barbraud, C., Gavrilo M, Mizin, Y. and Weimerskirch, W. (2011) Comparison of emperor penguin declines between Pointe Géologie and Haswell Island over the past 50 years. *Antarctica Science* 23: 461-468.

Barbraud, C., Delord, K., Bost, C.A., Chaigne, A., Marteau, C. and Weimerskirch, H. (2020) Population trends of penguins in the French Southern Territories. *Polar Biology* 43: 835-850.

Budd, G.M. (1961): The biotopes of emperor penguin rookeries. *Emu* 61:171-189.

Budd, G.M. (1962): Population studies in rookeries of the emperor penguin Aptenodytes forsteri.

Proceedings of the Zoological Society, London 139: 365-388.

Crohn, P.W. (1959): A contribution to the geology and glaciology of the western part of the Australian Antarctic Territory. *Bulletin of the Bureau of Mineral Resources, Geology and Geophysics, Australia*, No. 32.

Filson, R.B. (1966): The lichens and mosses of Mac.Robertson Land. Melbourne: Department of External Affairs, Australia (Antarctic Division).

Fretwell, P.T., LaRue, M.A., Morin, P., Kooyman, G.L., Wienecke, B., et al. (2012) An emperor penguin population estimate: the first global, synoptic survey of a species from space. *PLoS ONE* 7(4): e33751. doi:10.1371/journal.pone.0033751

Fretwell, P. T. and Trathan, P. N. (2020) Discovery of new colonies by Sentinel2 reveals good and bad news for emperor penguins. *Remote Sensing in Ecology and Conservation.* doi.org/10.1002/rse2.176

Horne, R.S.C. (1983): The distribution of penguin breeding colonies on the Australian Antarctic Territory, Heard Island, the McDonald Islands and Macquarie Island. *ANARE Research Notes* No. 9.

Kato, A. and Ichikawa, H. (1999) Breeding status of Adélie and Emperor penguins in the Mt RiisserLarsen area, Amundsen Bay. *Polar Bioscience* 12: 36-39.

Kirkwood, R. and Robertson, G. (1997): Seasonal change in the foraging ecology of emperor penguins on the Mawson Coast, Antarctica. *Marine Ecology Progress Series* 156: 205-223.

Kirkwood, R. and Robertson, G. (1997): The energy assimilation efficiency of emperor penguins, *Aptenodytes forsteri*, fed a diet of Antarctic krill, *Euphausia superba. Physiological Zoology* 70: 27-32.

Kirkwood, R. and Robertson, G. (1997): The foraging ecology of female emperor penguins in winter. *Ecological Monographs* 67: 155-176.

Kirkwood, R. and Robertson, G. (1999): The occurrence and purpose of huddling by Emperor penguins during foraging trips. *Emu* 99: 40-45.

Longton, R. E. (1988): Biology of polar bryophytes and lichens, Cambridge University Press, Cambridge, pp. 307-309.

Melick, D. R., Hovenden, M. J. and Seppelt, R. D. (1994): Phytogeography of bryophyte and lichen vegetation in the Windmill Islands, Wilkes Land, Continental Antarctica. *Vegetation* 111: 71-87.

Morgan, F., Barker, G., Briggs, C. Price, R. and Keys, H (2007): Environmental Domains of Antarctica, Landcare Research New Zealand Ltd

Øvstedal, D. O. and Lewis Smith, R. I. (2001): Lichens of Antarctica and South Georgia: A guide to their identification and ecology, Cambridge University Press, Cambridge.

Robertson, G. (1990): Huddles. *Australian Geographic* 20: 76-94.

Robertson, G. (1992): Population size and breeding success of emperor penguins *Aptenodytes forsteri* at the Auster and Taylor Glacier Colonies, Mawson Coast, Antarctica. Emu. 92: 62-71.

Robertson, G. (1994): The foraging ecology of emperor penguins (*Aptenodytes forsteri*) at two Mawson Coast Colonies, Antarctica. *PhD Thesis, University of Tasmania.*

Robertson, G. (1995): The foraging ecology of emperor penguins *Aptenodytes forsteri* at two Mawson Coast colonies, Antarctica. *ANARE Reports* 138, 139.

Robertson, G. and Newgrain, K. (1992): Efficacy of the tritiated water and 22Na turnover methods in estimating food and energy intake by Emperor penguins *Aptenodytes forsteri. Physiological Zoology* 65:933-951.

Robertson, G., Wienecke, B., Emmerson, L., and Fraser, A.D. (2014). Long-term trends in the population size and breeding success of emperor penguins at the Taylor Glacier colony, Antarctica. *Polar Biology* 37: 251-259.

Robertson, G., Williams, R. Green, K. and Robertson, L. (1994): Diet composition of emperor penguin chicks *Aptenodytes forsteri* at two Mawson Coast colonies, Antarctica. *Ibis* 136: 19-31

Schwerdtfeger, W. (1970): *The climate of the Antarctic. In: Climates of the Polar Region*s (*ed. S. Orvig*), pp. 253-355.

Schwerdtfeger, W. (1984). Weather and Climate of the Antarctic. In *Developments in Atmospheric Science*, Vol. 15, Elsevier Science, New York, 261 pp.

Streten, N.A. (1990): A review of the climate of Mawson – a representative strong wind site in East Antarctica. *Antarctic Science* 2: 79-89.

Trail, D.S. (1970): ANARE 1961 Geological traverses on the Mac.Robertson Land and Kemp Land Coast. *Bulletin of the Bureau of Mineral Resources, Geology and Geophysics, Australia*, No. 135.

Trail, D.S., McLeod, I.R., Cook, P.J. and Wallis, G.R. (1967): Geological investigations by the Australian National Antarctic Research Expeditions 1965. *Bulletin of the Bureau of Mineral Resources, Geology and Geophysics, Australia*, No. 118.

Trathan, P.N., Fretwell, P.T. and Stonehouse, B. (2011) First recorded loss of an emperor penguin colony in the recent period of Antarctic regional warming: implications for other colonies. *PLoS ONE* 6: e14738.

Trathan, P. N., Wienecke, B., Barbraud, C., Jenouvrier, S., Kooyman, G., Le Bohec, C., & Fretwell, P. T. (2020). The emperor penguin-Vulnerable to projected rates of warming and sea ice loss. *Biological Conservation* 241 108216.

Whinam J, Chilcott N. and Bergstrom D.M. 2005: Subantarctic hitchhikers: expeditioners as vectors for the introduction of alien organisms. *Biological Conservation* 121: 207-219.

Wienecke, B., Kirkwood, R. and Robertson, G. (2004): Pre-moult foraging trips and moult locations of emperor penguins at the Mawson Coast. *Polar Biology* 27: 83-91.

Wienecke, B. C. and Robertson, G. (1997): Foraging space of emperor penguins *Aptenodytes forsteri* in Antarctic shelf waters in winter. *Marine Ecology Progress Series* 159: 249-263.

Wienecke, B., Robertson, G., Kirkwood and R., Lawton, K. (2007): Extreme dives by free-ranging emperor penguins. *Polar Biology* 30: 133-142.

Wienecke, B., Kirkwood, R. and Robertson, G. (2004): Pre-moult foraging trips and moult locations of emperor penguins at the Mawson Coast. *Polar Biology* 27: 83-91.

Wienecke, B. (2009): Emperor penguin colonies in the Australian Antarctic Territory: how many are there? *Polar Record* 45: 304-312.

Wienecke, B. (2009): The history of the discovery of emperor penguin colonies, 1902-2004. *Polar Record* 46: 271-276.

Willing, R.L. (1958): Australian discoveries of Emperor penguin rookeries in Antarctica during 1954-57. *Nature, London*, 182: 1393-1394.

Приложение 1. Особо охраняемый район Антарктики №101 «Гнездовье Тейлор», координаты границ

Граничная точка	Широта (ю. ш.)	Долгота (в. д.)	Граничная точка	Широта (ю. ш.)	Долгота (в. д.)
1	67°27'4.9"	60°52'58.2"	14	67°27'27.9"	60°52'49.3"
2	67°27'17.1"	60°53'29.5"	15	67°27'28.7"	60°52'48.8"
3	67°27'17.7"	60°53'31.0"	16	67°27'28.9"	60°52'47.7"
4	67°27'21.6"	60°53'27.5"	17	67°27'28.9"	60°52'46.5"
5	67°27'22.4"	60°53'19.3"	18	67°27'28.3"	60°52'46.0"
6	67°27'27.8"	60°53'7.7"	19	67°27'24.9"	60°52'45.4"
7	67°27'29.1"	60°53'4.9"	20	67°27'20.7"	60°52'50.1"
8	67°27'29.8"	60°53'2.6"	21	67°27'19.3"	60°52'49.9"
9	67°27'30.1"	60°53'0.5"	22	67°27'18.0"	60°52'50.2"
10	67°27'29.8"	60°52'57.1"	Вдоль ледяного обрыва на север		
11	67°27'29.3"	60°52'55.5"	23	67°27'5.3"	60°52'57.1"
12	67°27'28.0"	60°52'54.6"			
13	67°27'27.4"	60°52'51.5"			

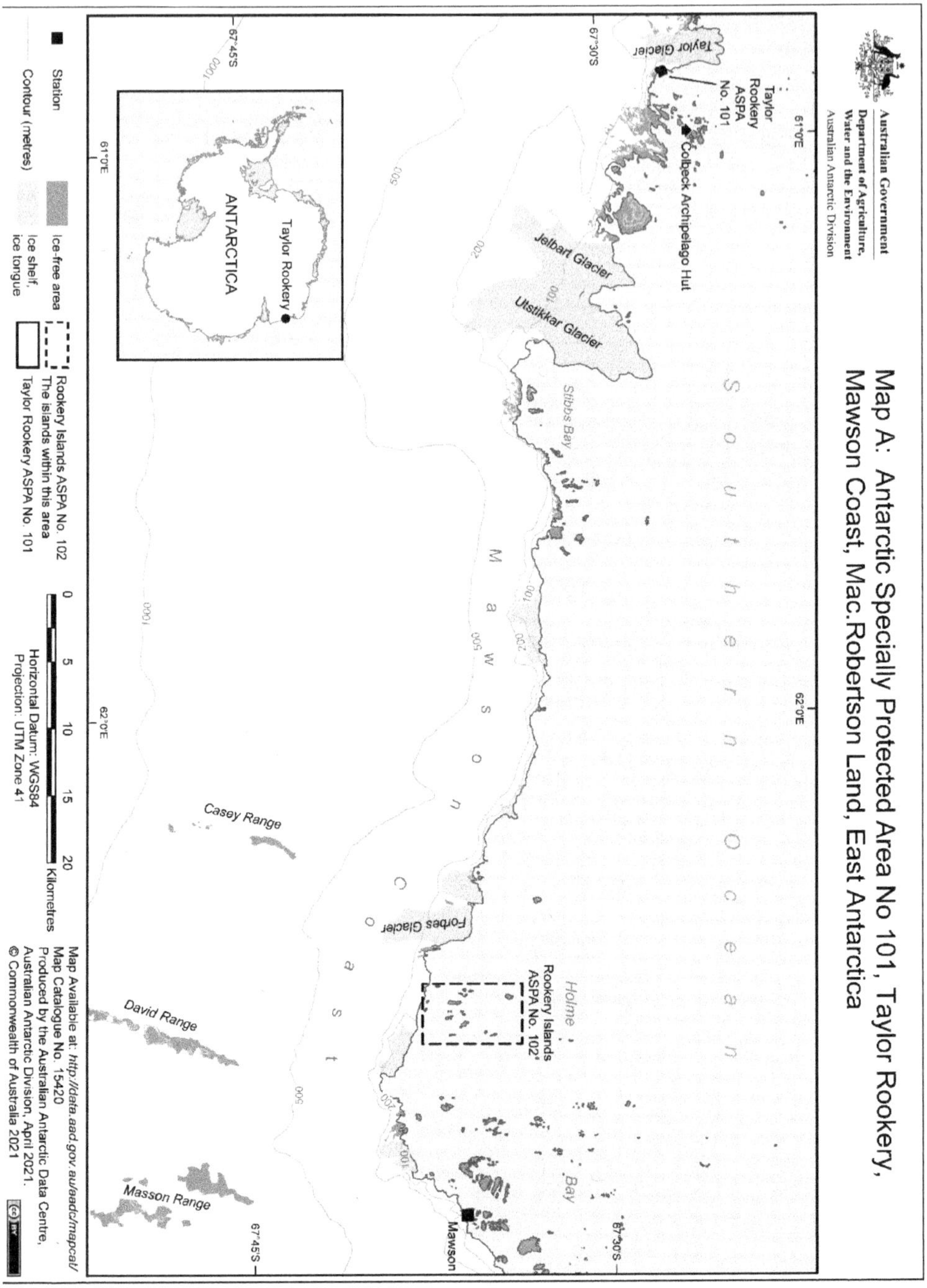
Australian Government
Department of Agriculture, Water and the Environment
Australian Antarctic Division
Map A: Antarctic Specially Protected Area No 101, Taylor Rookery, Mawson Coast, Mac.Robertson Land, East Antarctica
Southern Ocean
Mawson Coast
Taylor Glacier
Taylor Rookery ASPA No. 101
Colbeck Archipelago Hut
Jelbart Glacier
Utstikkar Glacier
Stibbs Bay
Forbes Glacier
Holme Bay
Rookery Islands ASPA No. 102
Mawson
Casey Range
David Range
Masson Range
ANTARCTICA
Taylor Rookery
61°0'E
62°0'E
67°30'S
67°45'S
Station
Ice-free area
Ice shelf, ice tongue
Contour (metres)
Rookery Islands ASPA No. 102
The islands within this area
Taylor Rookery ASPA No. 101
0 5 10 15 20 Kilometres
Horizontal Datum: WGS84
Projection: UTM Zone 41
Map Available at: http://data.aad.gov.au/aadc/mapcat/
Map Catalogue No. 15420
Produced by the Australian Antarctic Division, April 2021.
Australian Antarctic Data Centre,
© Commonwealth of Australia 2021

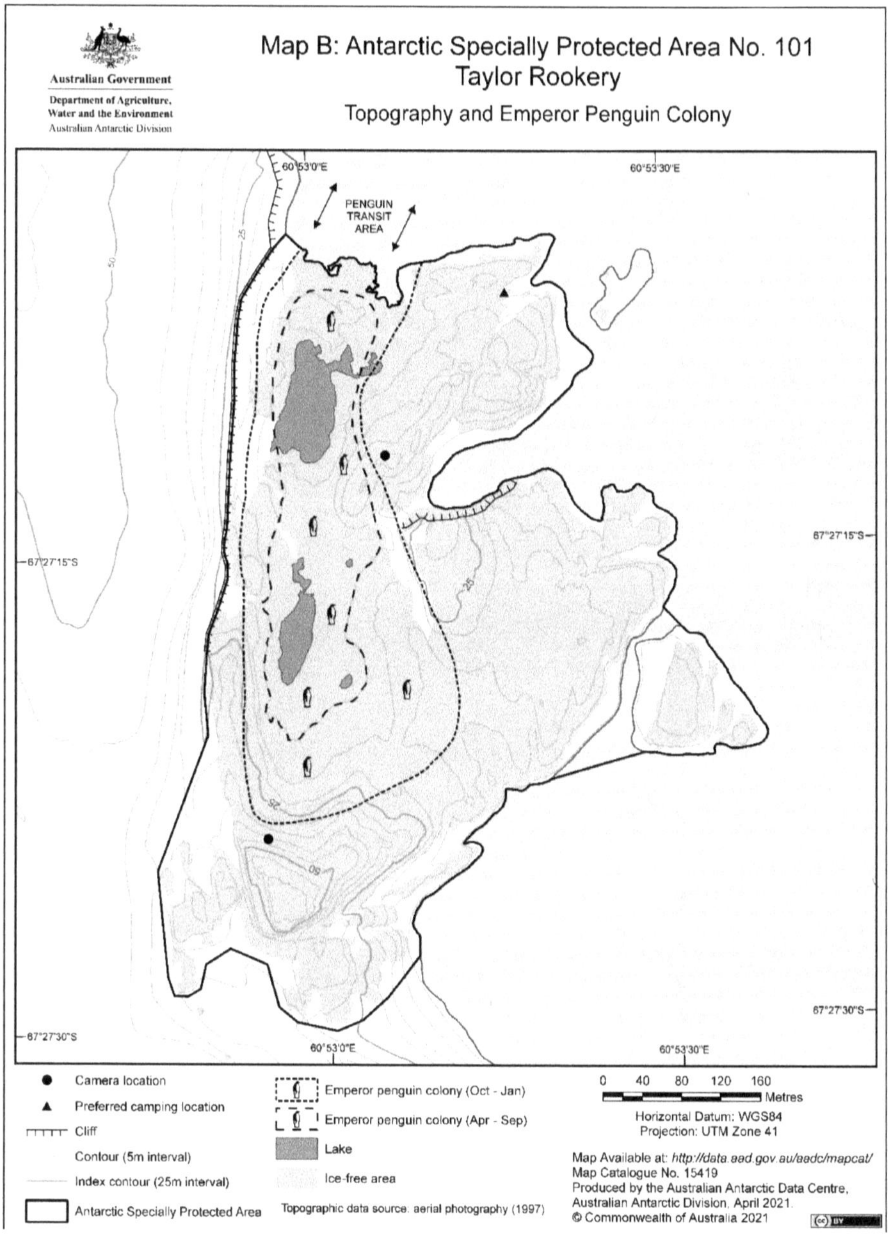
Australian Government
Department of Agriculture, Water and the Environment
Australian Antarctic Division
Map B: Antarctic Specially Protected Area No. 101
Taylor Rookery
Topography and Emperor Penguin Colony
60°53'0"E
60°53'30"E
PENGUIN TRANSIT AREA
67°27'15"S
67°27'30"S
Camera location
Preferred camping location
Cliff
Contour (5m interval)
Index contour (25m interval)
Antarctic Specially Protected Area
Emperor penguin colony (Oct - Jan)
Emperor penguin colony (Apr - Sep)
Lake
Ice-free area
Topographic data source: aerial photography (1997)
0 40 80 120 160
Metres
Horizontal Datum: WGS84
Projection: UTM Zone 41
Map Available at: http://data.aad.gov.au/aadc/mapcat/
Map Catalogue No. 15419
Produced by the Australian Antarctic Data Centre, Australian Antarctic Division, April 2021.
© Commonwealth of Australia 2021

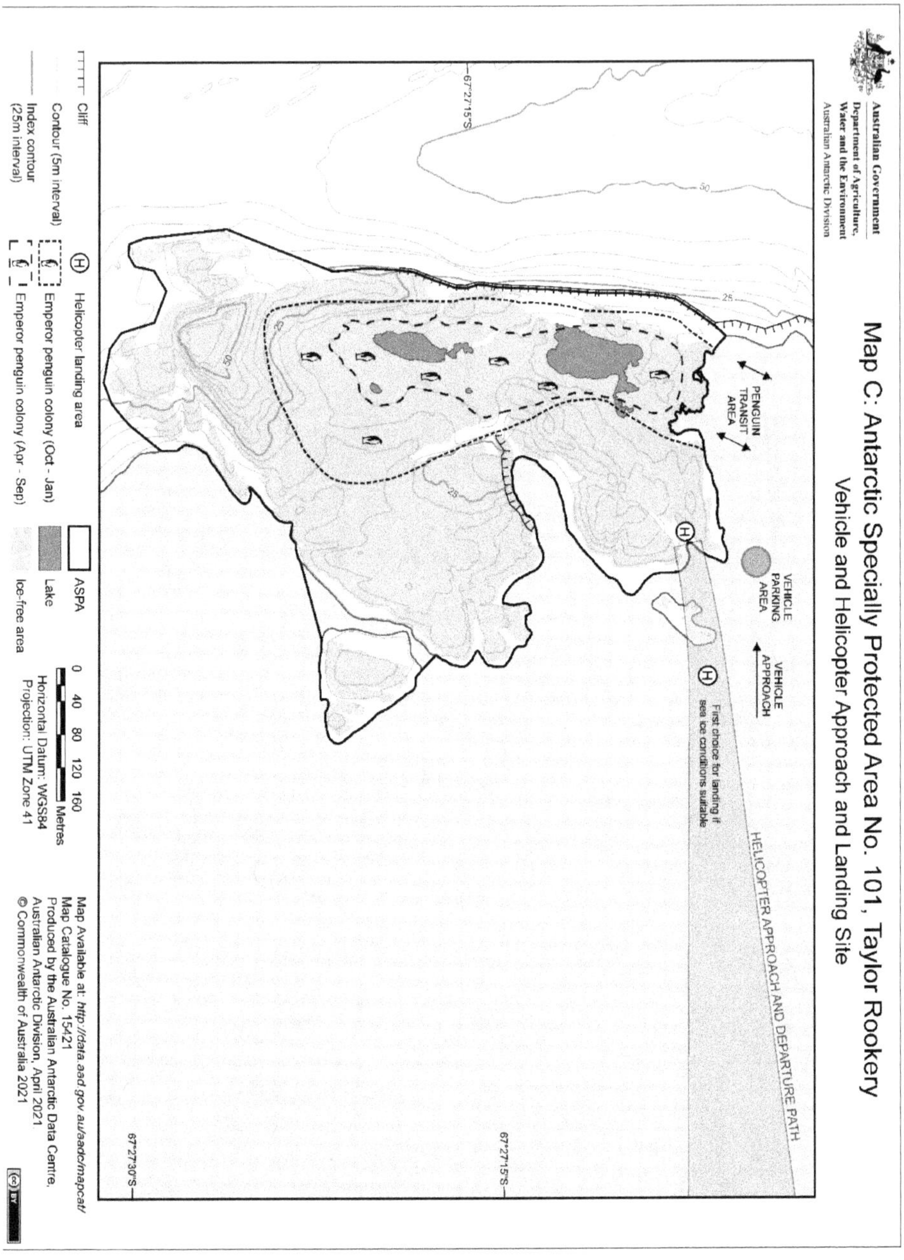

Australian Government
Department of Agriculture, Water and the Environment
Australian Antarctic Division
Map C: Antarctic Specially Protected Area No. 101, Taylor Rookery
Vehicle and Helicopter Approach and Landing Site
PENGUIN TRANSIT AREA
VEHICLE PARKING AREA
VEHICLE APPROACH
First choice for landing if sea ice conditions suitable
HELICOPTER APPROACH AND DEPARTURE PATH
67°27'15"S
67°27'30"S
50
25
Cliff
Contour (5m interval)
Index contour (25m interval)
Helicopter landing area
Emperor penguin colony (Oct - Jan)
Emperor penguin colony (Apr - Sep)
ASPA
Lake
Ice-free area
0 40 80 120 160 Metres
Horizontal Datum: WGS84
Projection: UTM Zone 41
Map Available at: http://data.aad.gov.au/aadc/mapcat/
Map Catalogue No. 15421
Produced by the Australian Antarctic Data Centre, Australian Antarctic Division, April 2021
© Commonwealth of Australia 2021

Australian Government
Department of Agriculture, Water and the Environment
Australian Antarctic Division
Map D: Antarctic Specially Protected Area No. 101
Taylor Rookery
ASPA Boundary Points
60°53'0"E
60°53'30"E
67°27'15"S
67°27'30"S
1
2
3
4
5
6
7
8
9
10
11
12
13
14
15
16
17
18
19
20
21
22
23
ASPA boundary point
Cliff
Contour (5m interval)
Index contour (25m interval)
Antarctic Specially Protected Area
Lake
Ice-free area
0 40 80 120 160
Metres
Horizontal Datum: WGS84
Projection: UTM Zone 41
Map Available at: http://data.aad.gov.au/aadc/mapcat/
Map Catalogue No. 15422
Produced by the Australian Antarctic Data Centre, Australian Antarctic Division, April 2021.
© Commonwealth of Australia 2021

План управления Особо охраняемым районом Антарктики № 102 «ОСТРОВА РУКЕРИ» (ЗАЛИВ ХОЛМЕ, ЗЕМЛЯ МАК-РОБЕРТСОНА)

Введение

Острова Рукери представляют собой группу мелких островов и скал в западной части залива Холме к северу от хребтов Массон и Дейвид на Земле Мак-Робертсона (67°36'36" ю. ш., 62°32'01" в. д.; карты A и B). Острова Рукери были первоначально определены в качестве Особо охраняемого района Антарктики № 2 на основании Рекомендации IV-II (1966 г.) по предложению Австралии. План управления Районом был принят на основании Рекомендации XVII-2 (1992 г.). В соответствии с Решением 1 (2002 г.) эта территория была повторно определена и перенумерована как Особо охраняемый район Антарктики (ООРА) № 102. Пересмотренные Планы управления ООРА были приняты на основании Меры 2 (2005 г.), Меры 2 (2010 г.) и Меры 2 (2015 г.). Район определен с целью защиты известных гнездовых колоний шести видов птиц, включая южного гигантского буревестника (*Macronectes giganteus*) и капского буревестника (*Daption capense*), которые не встречаются ни в одном другом месте этого региона. Район является одной из четырех известных гнездящихся колоний южных гигантских буревестников в Восточной Антарктике

1. Описание ценностей, нуждающихся в охране

На островах Рукери находятся гнездовые колонии шести видов птиц: пингвин Адели (*Pygoscelis adeliae*), капский буревестник, малый снежный буревестник (*Pagodroma nivea*), качурки Вильсона (*Oceanites oceanicus*), южный гигантский буревестник и южнополярный поморник (*Catharacta maccormicki*). Целью определения Района в качестве ООРА является охрана этого необычного сообщества видов птиц. Острова Рукери также представляют собой репрезентативный образец сред обитания прибрежных островов, встречающихся вдоль побережья Земли Мак-Робертсона.

Небольшая колония, состоящая примерно из четырех пар южных гигантских буревестников, расположена на острове Гигантеус, третьем по величине острове в группе островов Рукери. Вместе с тем в районе залива Холме изредка наблюдались до 80 южных гигантских буревестников, кормящихся на останках тюленей. Известно, что этот вид не размножается в других частях региона залива Холме. Это колония является одним из всего четырех известных гнездовий в Восточной Антарктике. Остальные три на Востоке.

Антарктические колонии расположены недалеко от австралийских станций Кейси, острова Фразье, (ООРА № 160, 66°14’ ю. ш., 110°10’ в. д, около 250 пар) и Дейвис, остров Хоукер (68°35’ ю. ш., 77°50’ в. д., ООРА № 167, около 35 пар), а также в окрестностях французской станции Дюмон д’Юрвиль, архипелаг Мыс геологии (66°40’ ю. ш., 140°01’ в. д., ООРА № 120, 1215 пар). Вместе эти четыре гнездовые колонии составляют менее одного процента глобальной гнездовой популяции, состоящей примерно из 50 000 гнездящихся пар, около 11 000 из которых обитают к югу от 60° ю. ш., преимущественно в районе Антарктического полуострова.

В настоящее время существует относительно ограниченный объем опубликованных сведений, которые бы позволили провести полноценный анализ тенденций в популяции южного гигантского буревестника во всем мире. В Восточной Антарктике колонии на Гигантеус и Хокер (ООРА 167), по-видимому, не изменились, в то время как на островах Фрейжер (ООРА № 160) наблюдалось возможное увеличение.

Скопление морских птиц, обитающих в Районе, включает гнездовые популяции шести из восьми летающих видов морских птиц и один вид пингвинов. Это предоставляет уникальную возможность изучения динамики популяций различных видов. Кроме того, важное значение имеет защита южных гигантских буревестников на южной границе зоны их гнездования. Стороны Договора об Антарктике приняли на себя обязательства свести к минимуму нарушение человеком гнездовых колоний южного гигантского буревестника, а также способствовать регулярному учту численности этого вида во всех местах его гнездования в районе Договора об Антарктике.

2. Цели и задачи

Управление на островах Рукери осуществляется в следующих целях:

- предупреждение ухудшения или значительного риска ухудшения состояния ценностей Района путем предотвращения излишнего антропогенного воздействия;
- создание условий для проведения научных исследований и мониторинга экосистемы и физической среды, особенно орнитофауны, при условии, что это необходимо для достижения неотложных целей, которые не могут быть достигнуты ни в одном другом месте;
- сведение к минимуму возможности внедрения патогенных организмов, способных вызвать заболевания среди птиц, населяющих территорию Района;
- минимизация вероятности интродукции в Район чужеродных растений, животных и микроорганизмов;
- сведение к минимуму нарушения человеком жизни южных гигантских буревестников на острове Гигантеус;
- сохранение острова Гигантеус в качестве эталонного участка для проведения дальнейших исследований с целью сравнения с другими гнездовыми популяциями южного гигантского буревестника;
- дальнейшее сохранение острова Гигантеус в качестве района крайне ограниченного доступа за счет ограничения посещения острова человеком в период гнездования южных гигантских буревестников;
- регулярный сбор данных о популяционном статусе и относительной демографии различных видов птиц; а также
- создание условий для посещения в целях управления в поддержку задач Плана управления.

3. Меры управления

Для обеспечения охраны ценностей Района предусматривается осуществление указанной ниже деятельности по управлению.

- На видных местах размещается информация о местонахождении Района (с указанием действующих особых ограничений), а копии настоящего Плана управления должны быть на соседних функционирующих научных (полевых) станциях и выдаваться морским судам, посещающим окрестности Района.
- По возможности посещать Район следует по мере необходимости (желательно не реже одного раза в пять лет), чтобы установить, продолжает ли он служить тем целям, ради которых был определен, и чтобы убедиться в достаточности принимаемых мер управления.
- По возможности в целях научной оценки гнездовых популяций раз в пять лет организуется посещение острова Гигантеус для учета численности южного гигантского буревестника и популяций других морских птиц.
- План управления следует повторно рассматривать не реже одного раза в пять лет.

4. Период определения

Определен на неограниченный период времени.

5. Карты

- Карта A: Особо охраняемый район Антарктики № 102 «Острова Рукери» (берег Моусона, Земля Мак-Робертсона, Восточная Антарктика). На врезке показано местонахождение района на Антарктическом континенте.
- Карта B: Особо охраняемый район Антарктики (ООРА) № 102 «Острова Рукери». Распределение видов птиц.
- Карта C: Особо охраняемый район Антарктики (ООРА) № 102, Зона ограниченного доступа, остров Гигантеус. Топография и распределение видов птиц.

Спецификации всех карт:

- Горизонтальная линия приведения: WGS84. Проекция: Зона UTM 49.

6. Описание Района

6(i) Географические координаты, специальные знаки и характерные естественные признаки, определяющие границы Района

Острова Рукери – это небольшая группа мелких островков и скал (около 75) в юго-западной части залива Холме (Земля Мак-Робертсона) примерно в 10 км к западу от австралийской станции Моусон. В Районе находятся скалы и острова, расположенные в прямоугольнике, обозначенном следующими координатами (62°28'01" в. д., 67°33'45" ю. ш.; 62°34'37" в. д., 67°33'47" ю. ш.; 62°28'02" в. д., 67°38'10" ю. ш. и 62°34'39" в. д., 67°38'11" ю. ш.(карта B), участок не включает в себя морскую окружающую среду за пределами морской акватории от линии морского отлива. Площадь Района составляет около 0,85 км^2.

Границы района никак не обозначены.

В состав островов Рукери входят и небольшие скалы, едва выступающие над водой во время прилива, и более крупные острова, к числу которых относятся остров Рукери (примерно 1000 м в длину, 230 м в ширину и 62 м высотой над уровнем моря) и острова Гигантеус (примерно 600 м в длину, 280 м в ширину и 30 м в высоту). На острове Гигантеус видны высокие пляжи.

Климат

Район находится примерно в 15 км к востоку от станции Моусон; метеорологические условия, вероятно, аналогичны условиям станции Моусон, где средние максимальные и минимальные температуры (с 1991 по 2020 гг.) колеблются от +2,2 °C до -3° C в январе и от -14,7 °C до -21,3 °C в августе, с экстремальными температурами (с 1961 по 2020 годы) от +10,6 °C до -36,0 °C. Среднегодовая скорость ветра составляет 10,9 м в секунду с частыми продолжительными периодами сильных юго-восточных стоковых ветров со стороны ледниковой шапки. Средняя скорость ветра составляет 43 километра в час, а порывы часто превышают 180 километров в час. Средняя скорость ветра снижается с приближением к морю и увеличением расстояния до ледниковой шапки, однако она вряд ли будет намного меньше на островах Рукери, которые находятся всего в 7 километрах от побережья. К числу других обычных характеристик прибрежного антарктического климата, который существует на этих островах, относятся сильная облачность в течение всего года, очень низкая относительная влажность, небольшое количество осадков, частые сильные ветры, метели и плохая видимость при прохождении крупных циклонов.

Экологические домены; Заповедные биогеографические регионы Антарктики; Ключевые орнитологические территории

В соответствии с Анализом экологических доменов Антарктики (Резолюция 3 (2008 г.) острова Рукери относятся к Природной среде D «Геология прибрежных районов Восточной Антарктики». По классификации Заповедных биогеографических регионов Антарктики (Резолюция 3 (2017 г.) острова Рукери находятся в Биогеографическом регионе № 16 «Горы Принс-Чарльз». Острова Рукери определены как Ключевая орнитологическая территория Антарктики № 121 с учетом колонии пингвинов Адели (Резолюция 5 (2015 г.).

Геология и почвы

Острова Рукери – это выходы моусоновского чарнокита, вида пород, встречающегося на территории не менее 2000 кв. км вдоль побережья Земли Мак-Робертсона. Чарнокиты островов Рукери имеют мелкозернистую структуру и относительно бедны минеральным гиперстеном, но богаты гранитом и биотитом. Внутри этих чарнокитов находятся многочисленные полосы и линзы роговика, гранатсодержащего кварца и гнейсов с высоким содержанием полевого шпата. Разнообразные пегматитовые дайки разрезают эти чарнокитовые породы.

Растительность

На островах Рукери не зарегистрирован ни один вид мхов или лишайников. Здесь встречаются некоторые наземные водоросли, однако их таксономическая принадлежность не установлена. Большинство мелких островков и скал летом покрыты морскими брызгами, и иногда зимой и весной через них проходят плавучие льды. Маловероятно, что здесь могут закрепиться мхи и лишайники.

Внутренние воды

На островах Рукери нет пресноводных водоемов.

Птицы

Известно, что на островах Рукери гнездятся шесть видов птиц: пингвин Адели (*Pygoscelis adeliae*), капский буревестник (*Daption capense*), малый снежный буревестник (Pagodroma nivea), качурки Вильсона (*Oceanites oceanicus*), южный гигантский буревестник и южнополярный поморник (*Catharacta maccormicki*).

Несколько южных гигантских буревестников гнездятся на небольшой территории на острове Гигантеус (карта С). Эта колония в настоящее время очень маленькая и с середины 1960-х годов состоит из 2–4 гнездящихся пар. Во время подсчета численности в 2007 г. дважды было обнаружено по четыре гнезда: при первом подсчете (27 ноября) были обнаружены две пары и две одиночные птицы, а при втором подсчете (10 декабря) – три пары и одиночная птица, высиживающая яйцо (у которой, предположительно, отсутствовал партнер). Гнезда представляют собой небольшие кучки камней, сложенные на больших участках гравия на территории высоких пляжей. В этом районе много старых гнездовий, но нет никаких свидетельств того, что они использовались.

Известно, что капские буревестники гнездятся на двух островах в Районе: на острове Рукери и на небольшом островке, известном под названием остров Пинтадо, расположенном в 300 м к северо-западу от острова Рукери. Последние исследования популяций капских буревестников на этих островах выявили 110 занятых гнезд на острове Пинтадо (Pintado) 13 декабря 2018 г. и 10 занятых гнезд на острове Рукери 24 декабря 2007 г. Ближайшие известные в Районе гнездовые колонии капских буревестников расположены вдоль четырех выходов пород рядом с ледником Форбс в 8 км к западу, а также на утесах Скаллин-Монолит и Марри-Монолит (ООРА № 164) приблизительно в 200 км к востоку. С помощью камеры с дистанционным управлением на безымянном острове в 420 м к северо-западу от острова Рукери (карта В) осуществляется мониторинг ежегодного процесса гнездования приблизительно в 15 гнездах капских буревестников.

Пингвины Адели гнездятся на 14 островах. По оценкам последнего исследования популяции, проведенного в Районе в сезоне размножения 2007-2008 гг., размножающаяся популяция на всех 14 островах составляла приблизительно 91 000 занятых гнезд, что более чем вдвое превышает численность популяции в 1988-1989 гг. Самые большие популяции встречаются на острове Рукери (31 000 занятых гнезд в 2007-2008 гг.) и острове Гигантеус (11 000 занятых гнезд в 2007-2008 гг.). Хотя с 2007-2008 г. съемки в масштабах Района не проводились повторно, исследования отдельных островов проводятся через регулярные промежутки времени и внесут вклад в обновление оценок в масштабах Района. Эти результаты исследования покажут, согласуются ли тенденции популяций Адели в Районе с другими местами на побережье Моусона, где численность некоторых популяций вышла на плато или, возможно, уменьшились с начала 2000-х годов после предыдущего продолжительного роста. С помощью четырех дистанционно управляемых камер на трех островах в Районе (карта В) также проводится мониторинг ежегодного процесса гнездования приблизительно в 30 гнездах пингвинов Адели на каждом участке камеры.

Малые снежные буревестники гнездятся на всех островах группы, самая большая их концентрация отмечена на острове Рукери. Качурки Вильсона часто летают вокруг островов, а в некоторых местах наблюдались их гнезда.

6(ii) Доступ в Район

Добраться до Района можно на снегоходах или на маломерных судах (в зависимости от состояния морского льда) и воздушным путем. В Районе не существует определенных мест для высадки (см. также Раздел 7(ii)).

6(iii) Места расположения сооружений в пределах и вблизи Района

Пять дистанционно работающих камеры замедленной съемки расположены на:

- 67º37'55,5 "ю. ш., 62º30'47,9" в. д.,
- 67º36'12.6 "ю. ш., 62º29'17.0" в. д.
- 67º36'19,6" ю. ш., 62º32'20,9" в. д.
- 67°36'43,8 "ю. ш., 62°30'4,4" в. д. и
- 67º36'45,7" ю. ш., 62º30'3,1" в. д.

Камеры позволяют осуществлять долгосрочное наблюдение за гнездованием и фенологией пингвинов Адели и капских буревестников с минимальным вмешательством в их жизнь. Хотя камеры не установлены на бессрочный период времени, предполагается, что они останутся на месте после окончания срока действия данного Плана. Ни на территории Района, ни в его окрестностях нет никаких других сооружений.

6(iv) Местонахождение других близлежащих охраняемых районов

На расстоянии около 80 км в западном направлении находится Особо охраняемый район Антарктики № 101 «Гнездовье Тэйлор» (Земля Мак-Робертсона, 67°27'14" ю. ш., 60°53'0" в. д.).

6(v) Особые зоны на территории Района

Остров Гигантеус объявлен зоной ограниченного доступа с целью обеспечения строгого режима охраны южных гигантских буревестников (карты В и С). Вход на его территорию ограничен и возможен только для целей и на условиях, описанных в других разделах настоящего Плана управления.

7. Условия выдачи разрешений для доступа

7(i) Общие условия

Доступ в Район возможен только на основании Разрешения, которое выдается соответствующим государственным органом. Разрешение на посещение Района выдается на следующих условиях:

- разрешение выдается только для выполнения неотложных научных задач, которые невозможно выполнить ни в одном другом месте – в частности, для проведения научных исследований орнитофауны и экосистемы Района или для осуществления важных мер управления, соответствующих целям настоящего Плана, таких как инспекция, техническое обслуживание или пересмотр настоящего Плана;
- разрешенная деятельность не поставит под угрозу ценности Района;
- разрешенные действия соответствуют Плану управления;
- во время пребывания на территории Района необходимо иметь при себе оригинал или заверенную копию Разрешения;
- Отчет о посещении должен быть предоставлен в орган, указанный в разрешении.
- разрешение выдается на определенный срок;

- соответствующий национальный орган должен быть проинформирован о любой предпринятой деятельности или принятых мерах, которые не были предусмотрены в официальном разрешении.

Дополнительные условия, касающиеся Зоны ограниченного доступа «Остров Гигантеус»:

- Разрешения на посещение зоны на период, являющийся периодом гнездования у южных гигантских буревестников (с 1 октября по 30 апреля) могут выдаваться только для проведения учета численности птиц. Другая научная деятельность может проводиться на основании разрешения в остальное время года.
- По возможности, учат численности следует вести с территории за пределами колонии южных гигантских буревестников, используя удобные точки, из которых можно производить подсчет гнездящихся птиц.
- Время посещения Зоны ограниченного доступа должно быть ограничено минимумом, необходимым для проведения учета численности птиц.
- Посещения с целью проведения учета численности должны проводиться группой, в состав которой входит представитель национальной антарктической программы, обладающий необходимой научной квалификацией или техническими навыками и опытом. Другие сотрудники должны оставаться на берегу.
- При осуществлении разрешенной деятельности, связанной с получением данных учета численности или биологических данных, не следует подходить ближе, чем это необходимо, к гнездящимся южным гигантским буревестникам, и ни в коем случае ближе, чем на 20 м, чтобы не потревожить птиц (птицы не должны показывать изменения в поведении).
- Полёты над островом Гигантеус запрещены.

7(ii) Доступ в район и передвижение по его территории

До Района можно добраться на маломерном судне, на транспортном средстве по морскому льду или воздушным путем.

Использование наземных транспортных средств на островах запрещено, поэтому их следует оставлять на берегу. По островам можно передвигаться только пешком. Посетители должны следить за тем, чтобы транспортные средства, используемые для доступа на острова, находились на расстоянии не менее 250 м от скоплений птиц.

Посещение острова Гигантеус запрещено, кроме случаев, названных в настоящем Плане.

Если добраться до островов на маломерном судне или наземном транспортном средстве по морскому льду невозможно, то разрешается использование самолета или вертолета на следующих условиях:

- воздушные суда не должны создавать фактор беспокойства для колонии ни при каких обстоятельствах;
- по возможности предпочтительно осуществлять посадку воздушного судна на морской лад;
- Посадка самолетов и вертолетов на острове Гигантеус во время периода гнездования запрещена;
- Поскольку воздушное судно может оказаться единственным средством, с помощью которого можно добраться до этих островов, когда морские и ледовые условия этого не позволяют, одномоторные вертолеты могут приземляться на расстоянии не менее 500 м от гнездовых колоний в период гнездования. Разрешение на осуществление посадки воздушного судна может быть выдано для неотложных научных нужд или нужд управления только в том случае, если будет доказано, что фактор беспокойства для птиц будет минимальным. Право покидать вертолет имеют только сотрудники, которые должны выполнять работу на территории Района;
- при посещении острова Гигантеус воздушным путем вне периода гнездования предпочтительно производить посадку на морской лад с соблюдением перечисленных далее минимальных расстояний до колоний птиц;
- одномоторным вертолетам и самолетам не разрешается совершать посадку или взлетать ближе 930 м (3 050 футов) или пролетать ближе 750 м от колоний птиц, а двухмоторным вертолетам совершать посадку, взлетать или пролетать на расстоянии менее 1500 м от колоний птиц;

- полеты над островами во время периода гнездования запрещены, за исключением случаев, когда это необходимо для выполнения научных задача или в целях управления; Такие полеты должны осуществляться на высоте не менее 930 м (3050 футов) для одномоторных вертолетов и самолетов с крылом неизменяемой геометрии, и на высоте не менее 1500 м (5000 футов) для двухмоторных вертолетов;
- дозаправка самолетов на территории Района запрещена.

Облет птичьих колоний на территории Района с помощью дистанционно пилотируемых авиационных систем (ДПАС) запрещен, за исключением случаев, когда это необходимо для убедительных научных или управленческих целей. Такие облеты производятся в соответствии с *Руководством по охране окружающей среды при эксплуатации дистанционно пилотируемых авиационных систем (ДПАС) в Антарктике*.

На территории Района нет обозначенных пешеходных маршрутов. Если нарушение жизни птиц не санкционировано Разрешением, пешеходы должны держаться на расстоянии не менее 100 м от скоплений птиц и пропускать пингвинов, заходящих в места скопления и покидающих их. Пешеходам в Районе или его окрестностях следует избегать пересечения маршрутов передвижения птиц, а если это невозможно, то быстро пересекать их, чтобы не мешать передвижениям пингвинов.

7(iii) Деятельность, которая может проводиться в Районе, включая ограничения по времени и месту

На территории Района допускаются следующие виды деятельности, если они указаны в разрешении:

- научные исследования в соответствии с Планом управления Районом, которые нельзя проводить в другом месте и которые не поставят под угрозу ценности, ради которых был определен Район, или экосистемы Района;
- основные управленческие мероприятия, включая мониторинг;
- отбор образцов, который должен быть минимумом, необходимым для утвержденных исследовательских программ.

7(iv) Возведение, реконструкция или снос сооружений

Следующие требования будут применяться к установке, модификации или сносу сооружений:

- Строительство капитальных сооружений или установок запрещено.
- Возведение на территории Района других сооружений или установок, не указанных в разрешении, не допускается.
- Допускается установка небольших временных убежищ, укрытий, щитов или экранов с целью научного изучения орнитофауны.
- Установка (включая выбор площадки), удаление, реконструкция или техническое обслуживание сооружений должны производиться таким образом, чтобы свести к минимуму создание фактора беспокойства для гнездящихся птиц.
- На всем научном оборудовании или указателях, устанавливаемых на территории Района, должны быть четко указаны страна, наименование основной исследовательской организации, год установки и дата предполагаемого удаления.
- Указатели, знаки или иные сооружения, установленные на территории Района в научных целях или в целях управления, должны быть надежно закреплены, поддерживаться в надлежащем состоянии и удаляться, как только в них отпадет необходимость. Все установленные объекты должны быть выполнены из материалов, представляющих минимальную опасность для популяций птиц или как источники загрязнения Района.
- Разрешения должны предусматривать требование вывоза конкретных сооружений, оборудования или указателей до истечения срока действия разрешения.

7(v) Размещение полевых лагерей

Разбивка лагерей на территории Района допускается только в чрезвычайной ситуации.

7(vi) Ограничения на ввоз материалов и организмов на территорию Района

В отношении материалов и живых организмов, которые могут ввозиться в Район, действуют следующие ограничения:

- Запрещается ввоз на территорию Района продуктов из домашней птицы, включая сухие концентраты, содержащие яичный порошок.
- Продукты питания или другие материалы нельзя оставлять на территории Района по окончании сезона, для которого они были предназначены.
- Преднамеренный ввоз на территорию Района животных, растительных материалов, микроорганизмов и нестерильной почвы запрещается. Должны приниматься самые строгие меры предосторожности по предотвращению непреднамеренного ввоза на территорию Района животных, растительных материалов, микроорганизмов и нестерильной почвы из других биологически отличающихся регионов (подпадающих и не подпадающих под действие Договора об Антарктике).
- Насколько это возможно, одежда, обувь и другое оборудование, используемые на территории Района или ввозимые в Район (включая рюкзаки, сумки и другое оборудование), должны быть тщательно очищены перед входом на территорию Района и после выхода из него.
- Обувь, пробоотборное или научное оборудование и указатели, которые соприкасаются с грунтом, должны быть продезинфицированы или очищены горячей водой с хлорной известью перед входом на территорию Района и после его посещения с целью предотвращения случайного попадания животных, растительных материалов, микроорганизмов и нестерильной почвы в Район. Чистку необходимо проводить на станции.
- Посетители должны также изучить и соответствующим образом соблюдать рекомендации, содержащиеся в Руководстве по неместным видам, разработанном Комитетом по охране окружающей среды в *Руководстве по неместным видам, и в Научном комитете по антарктическим исследованиям (СКАР) Экологический кодекс ведения наземных научных полевых исследований в Антарктике.*
- Ввоз в Район гербицидов или пестицидов запрещен. Все остальные химические вещества, включая радионуклиды или стабильные изотопы, которые могут ввозиться для научных исследований или в целях управления, оговоренных в разрешении, подлежат вывозу из Района по мере возможности сразу после или до завершения деятельности, на которую было выдано разрешение.
- Хранение топлива на территории Района допускается только в том случае, если это необходимо для достижения важных целей, связанных с осуществлением деятельности, на которую было выдано разрешение. Организация постоянных складов топлива не допускается.
- Все материалы ввозятся только на указанный срок, подлежат вывозу из Района сразу по истечении или до истечения указанного срока, а порядок их хранения и эксплуатации должен гарантировать минимизацию риска их попадания в окружающую среду.

7 (vii) Изъятие или вредное вмешательство в жизнь местной флоры и фауны

- Изъятие или вредное вмешательство в жизнь местной флоры и фауны допускаются только на основании разрешения. В случае изъятия или вредного вмешательства в жизнь животных следует соблюдать разработанный СКАР *Кодекс поведения при использовании животных в научных целях в Антарктике, который является минимальным стандартом.*
- Орнитологические исследования должны ограничиваться деятельностью, которая не является инвазивной и разрушительной по отношению к морским птицам, гнездящимся на территории Района. Высокая степень приоритетности должна отдаваться исследованиям, включая аэрофотосъемку с целью проведения учета численности птиц.
- Ни при каких обстоятельствах не беспокоить южных гигантских буревестников.

7(viii) Сбор или вывоз чего-либо не ввезенного в Район держателем разрешения

- Сбор или вывоз из Района материалов должны осуществляться только в соответствии с условиями разрешения, и данные действия должны быть сведены к минимуму, необходимому для удовлетворения научных потребностей и требований по управлению.

- Материалы антропогенного происхождения, которые могут нанести ущерб ценностям Района и которые не были ввезены в Район держателем разрешения или санкционированы иным образом, могут быть вывезены, за исключением случаев, когда существует вероятность того, что последствия вывоза превзойдут последствия пребывания материала на месте. При обнаружении таких материалов необходимо направить уведомление в орган, выдавший разрешение, и, если это возможно, пока полевая экспедиция еще находится на территории Района.

7(ix) Удаление отходов

- Все отходы, включая отходы жизнедеятельности человека, подлежат вывозу из Района. Отходы, образовавшиеся в результате деятельности полевых экспедиций, подлежат хранению вплоть до того момента, когда они могут быть удалены или вывезены, причем порядок их хранения не должен допускать возможности их использования дикими животными (например, поморниками). Отходы подлежат вывозу не позднее отъезда самой полевой экспедиции. Отходы жизнедеятельности человека и бытовые сточные воды могут сбрасываться в море за пределами Района.

7(x) Меры по поддержанию реализации целей и задач Плана управления

Разрешения на доступ в Район могут выдаваться в следующих случаях:

- проведения биологического мониторинга и мероприятий по инспектированию Района, которые могут заключаться в сборе проб для анализа или оценки;
- возведения или поддержания в порядке научного оборудования, конструкций и указательных знаков;
- проведения других охранных мероприятий.

Все участки, специально предназначенные для проведения долгосрочного мониторинга, должны иметь соответствующие указатели. Для них необходимо получить GPS информацию, которую компетентный национальный орган направляет в систему каталогов антарктических данных.

Лица, посещающие Район, должны принимать особые меры предосторожности для предотвращения внедрения чужеродных организмов, чтобы способствовать сохранению экологических и научных ценностей Района. Особую опасность представляет интродукция болезнетворных организмов, микроорганизмов или растительности, перенесенных из почв, флоры или фауны других районов Антарктики, включая научные станции, или регионов за пределами Антарктики. С целью минимизации риска интродукции перед входом в Район посетители должны тщательно очистить обувь и все оборудование, которое будет использоваться на его территории, особенно пробоотборное оборудование и указатели.

По возможности учет численности южных гигантских буревестников на острове Гигантеус должен проводиться не реже, чем раз в пять лет. В ходе такого посещения можно проводить учет численности других видов птиц, если это не принесет дополнительных неудобств южным гигантским буревестникам.

В целях сокращения неудобств для диких животных на острове Гигантеус следует свести к минимуму уровень шума, включая голосовое общение. В течение периода гнездования южных гигантских буревестников (с 1 октября по 30 апреля) на территории Района запрещается использование приводных инструментов, а также осуществление любой иной деятельности, которая может создать шум и, следовательно, потревожить гнездящихся птиц.

7(xi) Требования к отчетам

По каждому посещению Района основной держатель Разрешения должен представить отчет в соответствующую национальную инстанцию в возможно короткий срок, но не позднее чем через шесть месяцев после завершения посещения. Эти отчеты должны содержать, в зависимости от конкретного случая, информацию, указанную в форме отчета о посещении, приведенной в *Руководстве по подготовке Планов управления Особо охраняемыми районами Антарктики.* В случае необходимости национальному органу рекомендуется направить экземпляр отчета о посещении также Стороне, которая подготовила План управления, в качестве вспомогательного материала для управления Районом и пересмотра Плана управления. Во всех возможных случаях Стороны должны направлять оригиналы или копии таких отчетов о посещении в общедоступные государственные архивы для ведения учета пользования в целях какого-либо пересмотра Плана управления и создания условий для использования материалов о Районе в научных целях.

Один экземпляр такого отчета направляется Стороне, отвечающей за разработку настоящего Плана управления (Австралия), для оказания содействия в управлении Районом и мониторинга популяций птиц. В отчеты о посещении включаются подробные данные учета численности, сведения о местонахождении новых, ранее не зарегистрированных колоний или гнезд, краткое описание результатов проведенных научных исследований и копии фотографий, сделанных на территории Района.

8. Справочная документация

Department of the Environment and Energy, 2019, Environmental Code for Participants in the Australian Antarctic Program, Australian Antarctic Division, Hobart.

Cowan AN (1981) Size variation in the snow petrel. *Notornis* 28, 169 188.

Cowan AN (1979) Giant petrels at Casey. *Australian Bird Watcher* 8, 66 67.

Crohn PW (1959) *A contribution to the geology and glaciology of the western part of the Australian Antarctic Territory*. Report for the Bureau for Mineral Resources, Geology and Geophysics Australia No. 52.

Croxall JP, Steele WK, McInnes SJ & Prince PA (1995) Breeding distribution of the snow petrel Pagodroma nivea. *Marine Ornithology* 23, 69 99.

DSEWPC (Department of Sustainability, Environment, Water, Population and Communities) (2011a) *Background Paper: Population status and threats to albatrosses and giant petrels listed as threatened under Environment Protection and Biodiversity Conservation Act 1999*. Department of Sustainability, Environment, Water, Population and Communities, Canberra.

DSEWPC (2011b) *National Recovery Plan for threatened albatrosses and giant petrels 2011 2016*. Department of Sustainability, Environment, Water, Population and Communities, Canberra.

Garnett ST & Szabo JK & Dutson G (2011) *The action plan for Australian birds 2010*. CSIRO Publishing, Collingwood, Victoria.

Horne RSC (1983) The distribution of penguin breeding colonies on the Australian Antarctic Territory, Heard Island, the McDonald Island, and Macquarie Island. ANARE Research Notes, No. 9.

Kizaki K (1972) Sequence of metamorphism and deformation in the Mawson Charnockite of East Antarctica, in RJ Adie (ed) *Antarctic Geology and Geophysics*. Universitetsforlaget, Osla. pp 527 530.

Lee JE & Chown SL (2009) Breaching the dispersal barrier to invasion: quantification and management. *Ecological Applications* 19, 1944 1959.

Lynch HJ, Naveen R & Fagan WF (2008) Censuses of penguin, blue-eyed shag *Phalacrocorax atriceps* and southern giant petrel *Macronectes giganteus* populations on the Antarctic Peninsula, 2001 2007. *Marine Ornithology* 36, 83 97.

Ingham SE (1959) Banding of giant petrels by the Australian National Antarctic Research Expeditions, 1955 58. *Emu* 59, 189 200.

Jouventin P & Weimerskirch H (1991) Changes in the population size and demography of southern seabirds: management implications, in CM Perrins, JD Lebreton & GJM (eds), *Bird population studies: Relevance to conservation and management*. Oxford University Press. pp 297 314.

Orton MN (1963) Movements of young giant petrels bred in Antarctica. *Emu* 63, 260.

Patterson DL, Woehler EJ, Croxall JP, Cooper J, Poncet S, Peter H-U, Hunter S & Fraser WR (2008) Breeding distribution and population status of the northern giant petrel *Macronectes halli* and the southern giant petrel *M. giganteus*. *Marine Ornithology* 36, 115 124.

SCAR (Scientific Committee on Antarctic Research) (2008) *Status of the Regional, Antarctic Population of the Southern Giant Petrel – Progress*. Working Paper 10 rev.1 to the 31st Antarctic Treaty Consultative Meeting, Ukraine, 2008.

Sheraton JW (1982) Origin of charnockitic rock of Mac.Robertson Land, in CC Craddock (ed), *Antarctic Geoscience*. pp 487 489.

Southwell, C. Emmerson, L., Newbery, K., McKinlay, J., Kerry, K., Woehler, E. and Ensor. P. (2015) Reconstructing historical Adélie penguin abundance estimates by retrospectively accounting for detection bias. *PLoS ONE 10*: e0123540.

Southwell C, McKinlay J, Low M, Wilson D, Newbery K, Lieser J & Emmerson L (2013) New methods and technologies for regional-scale abundance estimation of land-breeding marine animals: application to Adélie penguin populations in East Antarctica. *Polar Biology* 36, 843 856.

Southwell, C., Emmerson, L., McKinlay, J., Takahashi, A., Kato, A., Barbraud, C., Delord, K. and Weimerskirch. H. (2015) Spatially extensive standardized surveys reveal widespread, multi-decadal increase in East Antarctic Adélie penguin populations. *PLoS ONE 10* (10): e0139877.

Stattersfield AJ & Capper DR (2000) *Threatened birds of the world.* Birdlife International, Lynx Publications., Barcelona.

Trail DS (1970) *ANARE 1961 Geological traverses on the Mac.Robertson and Kemp Land Coast.* Report for the Bureau for Mineral Resources, Geology and Geophysics, Australia, No 135.

Trail DS, McLeod IR, Cook PJ & Wallis GR (1967) *Geological investigations by the Australian National Antarctic Research Expeditions 1965.* Report for the Bureau for Mineral Resources, Geology and Geophysics Australia, No. 118.

van Franeker JA, Gavrilo M, Mehlum F, Veit RR & Woehler EJ (1999) Distribution and abundance of the Antarctic petrel. *Waterbirds* 22, 14 28.

van den Hoff J & Newberry K (2006) Southern Giant Petrels *Macronectes giganteus* diving on submerged carrion. *Marine Ornithology* 34, 61–64.

Whinam J, Chilcott N & Bergstrom DM (2005) Subantarctic hitchhikers: expeditioners as vectors for the introduction of alien organisms. *Biological Conservation* 121, 207 219.

Wienecke B, Leaper R, Hay I & van den Hoff J (2009) Retrofitting historical data in population studies: southern giant petrels in the Australian Antarctic Territory. *Endangered Species Research* 8, 157 164.

Wilson D (2009) The Cape petrel Daption capense around Mawson station, east Antarctica: new breeding localities and population counts. *Notornis* 56, 162 164.

Woehler EJ & Croxall JP (1997) The status and trends of Antarctic and subantarctic seabirds. *Marine Ornithology* 25, 43 66.

Woehler EJ & Johnstone GW (1991) Status and conservation of the seabirds of the Australian Antarctic Territory, in JP Croxall (ed), *Seabird Status and Conservation: A Supplement, ICBP Technical Publication* No.11. pp 279 308.

Woehler EJ & Riddle MJ (2001) Long-term population trends in southern giant petrels in the Southern Indian Ocean. Poster presented at Eighth SCAR Biology Symposium, Amsterdam.

Woehler, E.J., Riddle, M.J. and Ribic, C.A. (2001): Long-term population trends in southern giant petrels in East Antarctica. Proceedings Eighth SCAR Biology Symposium, Amsterdam.

Woehler EJ, Johnstone GW & Burton HR (1989) The distribution and abundance of Adelie penguins, *Pygoscelis adeliae*, in the Mawson area and at the Rookery Islands (Antarctic Specially Protected Area 102), 1981 and 1988. ANARE Research Notes 71.

Woehler EJ, Cooper J, Croxall JP, Fraser WR, Kooyman GL, Miller GD, Nel DC, Patterson DL, Peter H-U, Ribic CA, Salwicka K, Trivelpiece WZ & Weimerskirch H (2001) A statistical assessment of the status and trends of Antarctic and subantarctic seabirds. SCAR/CCAMLR/NSF, 43.

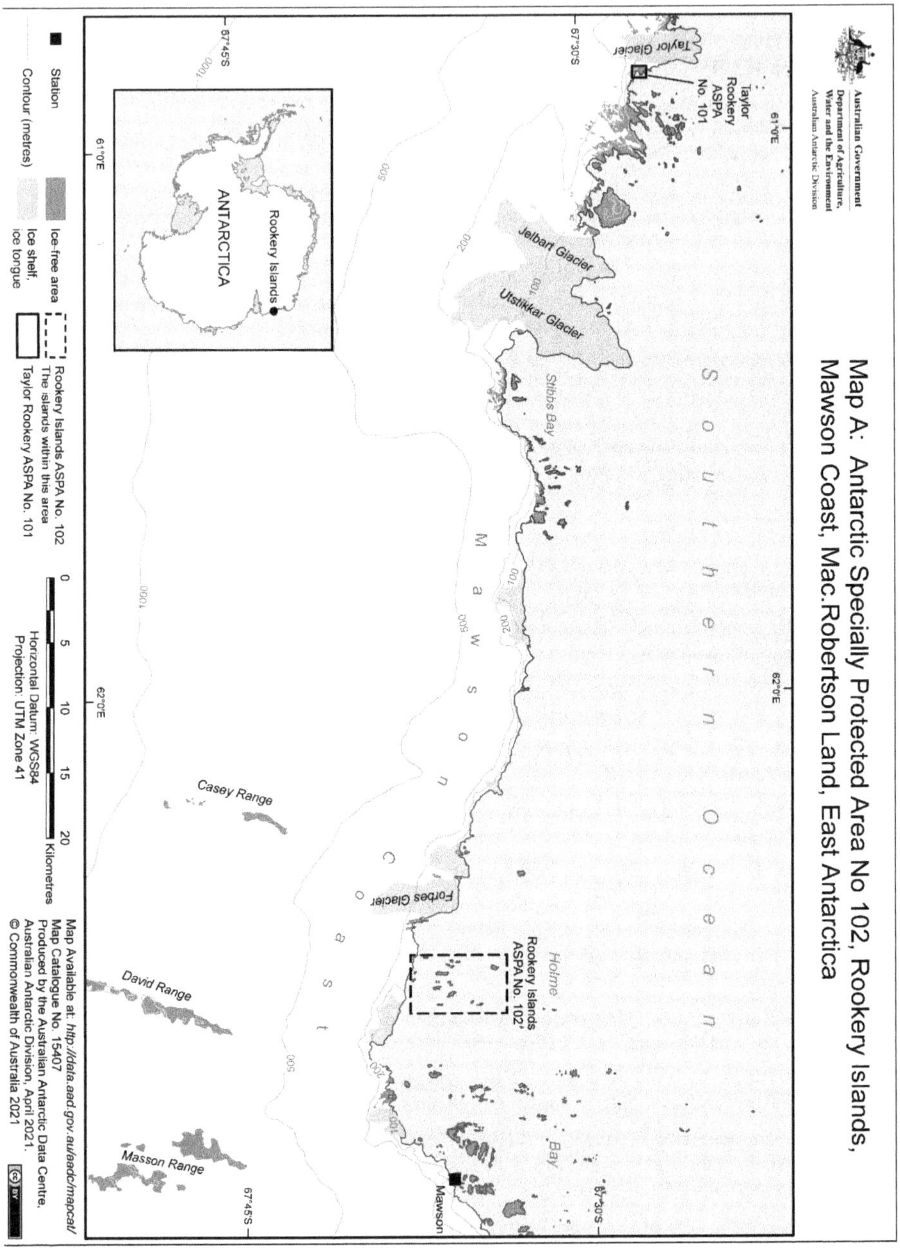
Map A: Antarctic Specially Protected Area No 102, Rookery Islands, Mawson Coast, Mac.Robertson Land, East Antarctica
Australian Government
Department of Agriculture, Water and the Environment
Australian Antarctic Division
61°0'E
62°0'E
67°30'S
67°45'S
Taylor Rookery ASPA No. 101
Taylor Glacier
Jelbart Glacier
Utstikkar Glacier
Stibbs Bay
Southern Ocean
Mawson Coast
Casey Range
Forbes Glacier
Rookery Islands ASPA No. 102
Holme Bay
David Range
Masson Range
Mawson
Rookery Islands
ANTARCTICA
Station
Ice-free area
Ice shelf, ice tongue
Contour (metres)
Rookery Islands ASPA No. 102
The islands within this area
Taylor Rookery ASPA No. 101
0 5 10 15 20 Kilometres
Horizontal Datum: WGS84
Projection: UTM Zone 41
Map Available at: http://data.aad.gov.au/aadc/mapcat/
Map Catalogue No. 15407
Produced by the Australian Antarctic Data Centre,
Australian Antarctic Division, April 2021.
© Commonwealth of Australia 2021

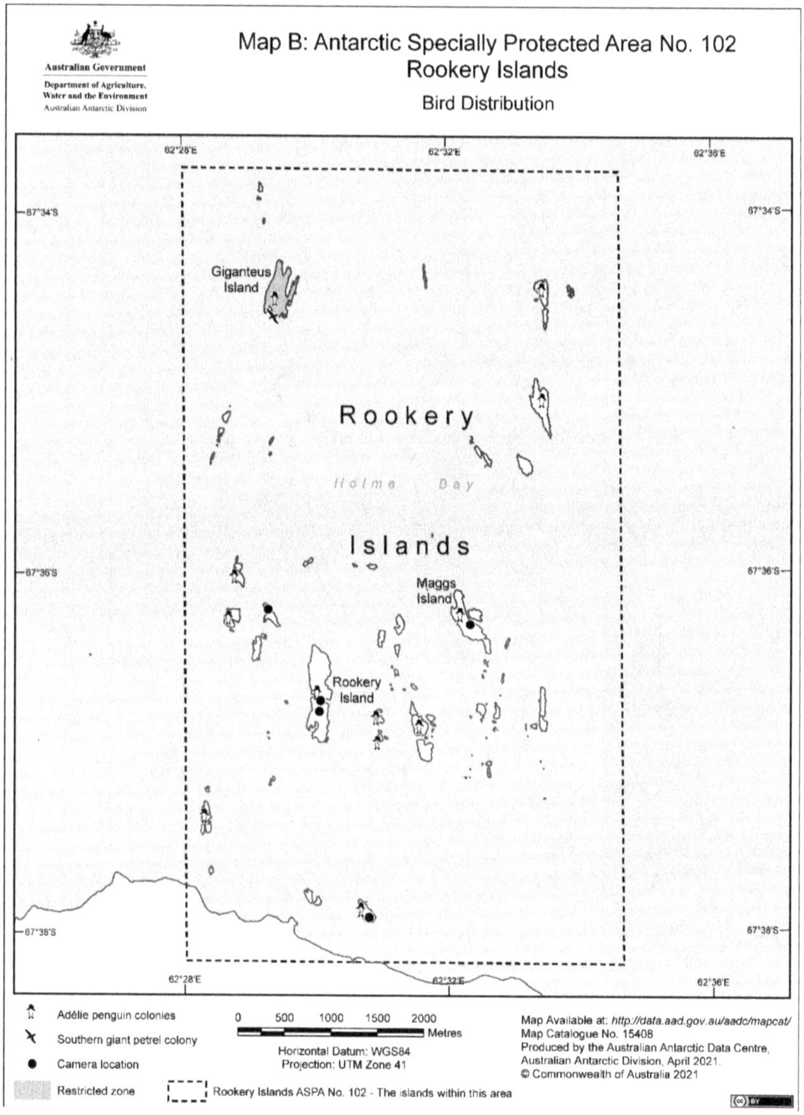
Australian Government
Department of Agriculture, Water and the Environment
Australian Antarctic Division
Map B: Antarctic Specially Protected Area No. 102
Rookery Islands
Bird Distribution
62°28'E
62°32'E
62°36'E
67°34'S
67°36'S
67°38'S
Giganteus Island
Rookery
Holme Bay
Islands
Maggs Island
Rookery Island
Adélie penguin colonies
Southern giant petrel colony
Camera location
Restricted zone
0 500 1000 1500 2000 Metres
Horizontal Datum: WGS84
Projection: UTM Zone 41
Rookery Islands ASPA No. 102 - The islands within this area
Map Available at: http://data.aad.gov.au/aadc/mapcat/
Map Catalogue No. 15408
Produced by the Australian Antarctic Data Centre, Australian Antarctic Division, April 2021.
© Commonwealth of Australia 2021

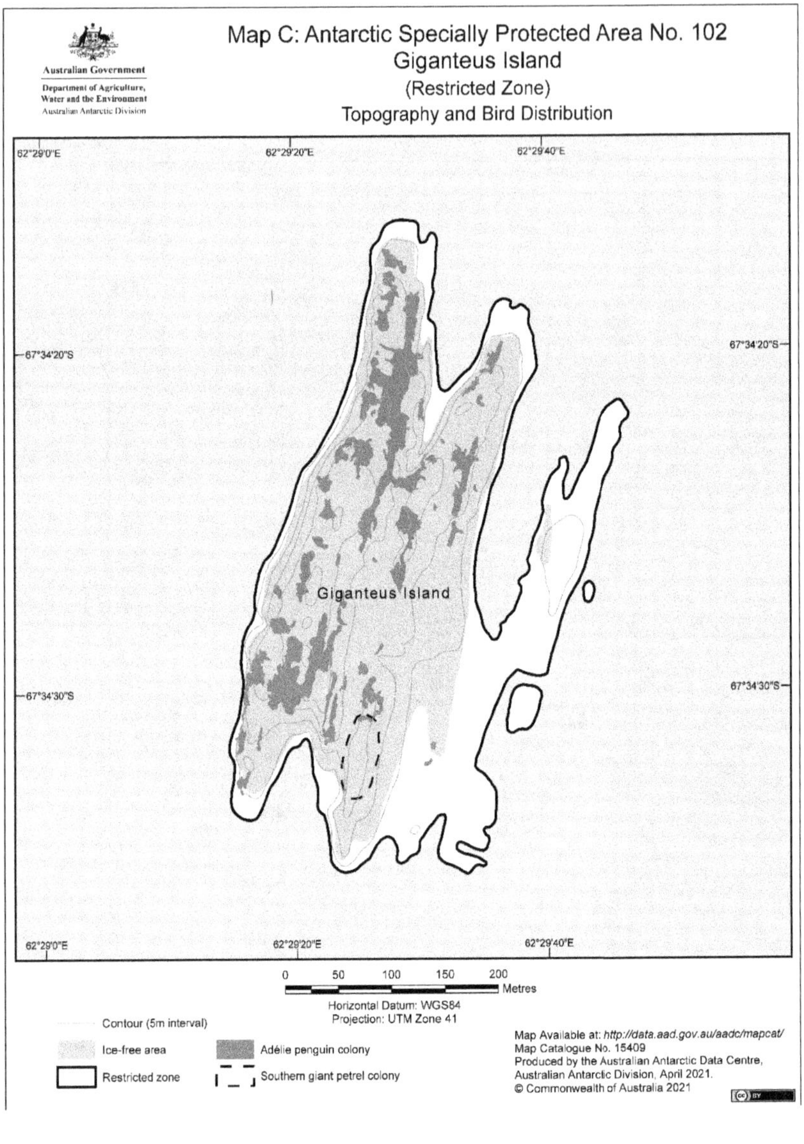
Australian Government
Department of Agriculture, Water and the Environment
Australian Antarctic Division
Map C: Antarctic Specially Protected Area No. 102
Giganteus Island
(Restricted Zone)
Topography and Bird Distribution
62°29'0"E
62°29'20"E
62°29'40"E
67°34'20"S
67°34'30"S
Giganteus Island
0 50 100 150 200 Metres
Horizontal Datum: WGS84
Projection: UTM Zone 41
Contour (5m interval)
Ice-free area
Restricted zone
Adélie penguin colony
Southern giant petrel colony
Map Available at: http://data.aad.gov.au/aadc/mapcat/
Map Catalogue No. 15409
Produced by the Australian Antarctic Data Centre, Australian Antarctic Division, April 2021.
© Commonwealth of Australia 2021

План управления Особо охраняемым районом Антарктики № 103

«ОСТРОВ АРДЕРИ И ОСТРОВ ОДБЕРТ» (БЕРЕГ БАДДА, ЗЕМЛЯ УИЛКСА, ВОСТОЧНАЯ АНТАРКТИКА)

Введение

Остров Ардери и остров Одберт (66°22'20" ю. ш., 110°29'10" в. д., карта А) были первоначально определены в качестве Особо охраняемого района № 3 на основании Рекомендации IV-III (1966 г.) по предложению Австралии. План управления районом был принят на основании Рекомендации XVII-2 (1992 г.). В соответствии с Решением 1 (2002 г.) эта территория была повторно определена и перенумерована как Особо охраняемый район Антарктики (ООРА) № 103. Пересмотренные Планы управления районом были приняты на основании Меры 2 (2005 г.), Меры 3 (2010 г.) и Меры 3 (2015 г.). Район был определен главным образом с целью охраны необычного скопления гнездовых колоний нескольких видов буревестников. Антарктический буревестник (*Thalassoica antarctica*) и серебристо-серые буревестники (Fulmarus glacialoides) представляют особый интерес для науки.

1. Описание ценностей, нуждающихся в охране

Район был определен в первую очередь с целью охраны сообщества четырех видов буревестников на островах Ардери и Одберт (карты В и С). Это четыре различных вида буревестников: антарктические буревестники, серебристо-серые буревестники, капские буревестники (*Daption capense*) и малые снежные буревестники (*Pagodroma nivea*). Численность всех видов достаточно велика для проведения сравнительных исследований. Изучение этих четырех видов в одном месте имеет большое экологическое значение для понимания их реагирования на изменения экосистемы Южного океана.

Антарктические буревестники – это единственный вид рода *Thalassoica*; они чаще всего встречаются в морях Росса и Уэдделла и намного реже встречаются в Восточной Антарктике. Точно так же серебристо-серые буревестники обитают на островах, главным образом возле Антарктического полуострова и на островной дуге Скоша, где находится приблизительно четверть их всей глобальной популяции. Поскольку серебристо-серым буревестникам для гнездования требуются более крутые склоны (чтобы они могли покинуть колонию, когда смогут летать), чем антарктическим буревестникам, этот вид больше страдает от уменьшения кормовой базы при плохих погодных условиях.

Оба острова также заняты гнездовыми популяциями качурок Вильсона (*Oceanites oceanicus*) и антарктических поморников (*Catharacta maccormicki*). На острове Одберт также находятся гнездовые популяции пингвинов Адели (*Pygoscelis adeliae*).

2. Цели и задачи

Управление ООРА на островах Ардери и Одберт осуществляется в следующих целях:

- недопущение деградации или возникновения значительной угрозы для ценностей Района путем предотвращения излишнего антропогенного воздействия;
- создание условий для проведения научных исследований экосистемы и физической среды, особенно орнитофауны, при условии, что это необходимо для достижения неотложных целей, которые не могут быть достигнуты ни в одном другом месте;
- сведение к минимуму вероятности интродукции патогенных организмов, способных вызвать заболевания среди птиц, населяющих территорию Района;

- сведение к минимуму вероятности интродукции в Район чужеродных растений, животных и микроорганизмов;
- регулярный сбор данных о популяционном статусе различных видов птиц; и
- создание условий для посещения в целях управления в поддержку задач Плана управления.

3. Меры по управлению

Для обеспечения охраны ценностей Района предусматривается осуществление следующей деятельности по управлению:

- Копии настоящего Плана управления должны быть в наличии на станции Кейси и должны выдаваться морским судам, посещающим окрестности Района.
- Посещать Район следует по мере необходимости, желательно не реже одного раза в пять лет, чтобы установить, продолжает ли он служить тем целям, ради которых был определен, и чтобы убедиться в достаточности принимаемых мер управления.
- План управления следует повторно рассматривать не реже одного раза в пять лет.

4. Период определения

Определен на неограниченный период времени.

5. Карты

- Карта A. Местонахождение Особо охраняемого района Антарктики № 103 «Остров Ардери и остров Одберт» (берег Бадда, Земля Уилкса, Восточная Антарктика). На врезке показано местонахождение Района на Антарктическом континенте.
- Карта B. Особо охраняемый район Антарктики № 103, остров Ардери: топография и распределение видов птиц.
- Карта C. Особо охраняемый район Антарктики № 103, остров Одберт: топография и распределение видов птиц.
- Карта D. Особо охраняемый район Антарктики № 103 «Остров Ардери и остров Одберт»: маршруты подлета для вертолетов и места высадки на берег.

Спецификации всех карт: Горизонтальная линия приведения: WGS84. Начало отсчета высоты: средний уровень моря.

6. Описание Района

6(i) Географические координаты, специальные и характерные естественные признаки, определяющие границы Района

Острова Ардери (66°22’15” ю. ш., 110°27’0” в. д.) и Одберт (66°22’24” ю. ш., 110°32’28” в. д.) относятся к числу самых южных островов в островной группе Уиндмилл, которая находится на юге бухты Винсенс в районе берега Бадда (Земля Уилкса, Восточная Антарктика). В состав Района входят оба острова до отметки уровня малой воды. Площадь Района составляет около 3,12 км^2.

Топография

Острова Ардери и Одберт расположены, соответственно, в 5 км и 0,6 км к западу от гряды Робинсон, южнее станции Кейси.

Остров Одберт имеет около 2,7 км в длину и около 0,8 км в ширину. У него крутые скалистые берега, поднимающиеся от моря к плато. Самая высокая точка находится на высоте 90 м над уровнем моря. Плато изрезано несколькими долинами, протянувшимися к югу от высокого плоского гребня на севере. Зимой эти долины покрыты снегом. Вершины холмов в основном свободны от ледяного и снежного покрова. В отдельные годы морской лед не исчезает, а продолжает соединять остров с грядой Робинсон на материке.

Остров Ардери – это свободный от ледяного покрова остров с крутыми берегами, имеющий около 1,2 км в длину и около 0,8 км в ширину и ориентированный с востока на запад. Самая высокая точка находится на высоте 117 м над уровнем моря.

Оба острова имеют неровный рельеф и изрезаны расселинами. Скалы иссечены трещинами и имеют узкие обнаженные уступы, где летом располагаются гнездящиеся морские птицы. На склонах и плато обнаженные породы сглажены льдом, а дно долин покрыто моренами. На островах произошло восстановление изостатического равновесия. На высотах более 30 м над средним уровнем моря много морен и солифлюкционных обломков, однако на более низких высотах их значительно меньше.

Геология

Острова Уиндмилл являются одним из самых восточных выходов среднепротерозойской гранулитовой фации низкого давления, простирающейся в западном направлении до оазиса Бангер и далее до архейских комплексов Земли Принцессы Елизаветы и имеющей небольшие выходы на востоке в районе станции Дюмон д'Юрвиль и в бухте Коммонуэлт. Общая площадь выходов породы не превышает нескольких квадратных километров. Среднепротерозойский выход, образовавший острова Уиндмилл и архейские комплексы Земли Принцессы Елизаветы, – это два из немногих крупных участков на территории Восточной Антарктики, которые имеют прямую корреляцию с австралийским эквивалентом в рамках реконструкции Гондваны. В составе среднепротерозойской фации есть ряд мигматических метапелитов и метапсаммитов, перемежающихся с мафическими, ультрамафическими и фельзическими последовательностями с редкими вкраплениями крупных известково-силикатных частично расплавленных тел (супракрустальные комплексы островов Уиндмилл), недеформированного гранита, чарнокита, габбро, пегматита и аплитов и изрезанных поздними долеритовыми дайками, ориентированными в восточном направлении.

Острова Ардери и Одберт являются частью южной градации зоны изменения степени метаморфизма, разделяющей северную и южную части региона островов Уиндмилл. Эта зона меняется от амфиболитовых фаций, силлиманит-биотитового ортоклаза полуострова Кларк на севере до биотит-кордиерит-альмандинового гранулита и роговообманко-ортопироксенового гранулита на полуострове Браунинг на юге.

Острова Ардери и Одберт, наряду с грядой Робинсон, островом Холл, островом Питерсон и полуостровом Браунинг, имеют одинаковую геологию и состоят из ардериевого чарнокита. Эти чарнокиты имеют гранитный состав, но образовались в безводных условиях. Ардериевый чарнокит островов Ардери и Одберт интрудирует метаморфические породы островов Уиндмилл и состоит из минералогических ассоциаций кварцевой, плагиоклазовой, микролиновой, ортопироксеновой, биотитовой и клинопироксеновой роговой обманки с непрозрачными и незначительными вкраплениями циркона и апатита. По данным изотопного анализа возраст ардериевого чарнокита составляет около 1200 млн лет. Этот чарнокит подвержен глубокому выветриванию и легко крошится вследствие своего минералогического состава, в то время как метаморфические последовательности более северных частей этого региона состоят из гораздо более устойчивых минералогических ассоциаций и имеют кристаллическую структуру. Это различие сильно влияет на распределение растительности в регионе островов Уиндмилл, где породы северного типа являются более подходящим субстратом для медленно растущих лишайников.

Почвы на этих островах слабо развиты и практически полностью состоят из горной муки, морен и эродированных материалов. В некоторых почвах есть небольшое количество органического вещества, образовавшегося из экскрементов и перьев морских птиц.

Оледенение

Оледенение региона островов Уиндмилл произошло в эпоху позднего плейстоцена. В южной части региона островов Уиндмилл ледники отступили около 8000 лет назад, а в северной части, включая полуостров Бейли, – около 5500 лет назад. Скорость изостатического подъема составляла от 0,5 до 0,6 м за 100 лет, причем средняя верхняя граница уровня моря, обозначенная грядами, образовавшимися под напором льда, наблюдается в районе близлежащей гряды Робинсон на высоте около 28,5 метров.

Климат

Климат в регионе островов Уиндмилл можно охарактеризовать как холодный антарктический. Условия на островах Ардери и Одберт, вероятно, аналогичны условиям в районе станции Кейси, которая находится приблизительно в 12 км к северу. Метеорологические данные за период с 1989 по 2021 год со станции Кейси (высота 32 м) на полуострове Бейли показывают средние температуры за все месяцы (в °C) в диапазоне от –2,5 до –18,7 (минимум) и от 2,3 до –10,8 (максимум). Экстремальные температуры колебались от 9,2 до –37,5.

Климат сухой, среднегодовое количество твердых осадков (в дождевом эквиваленте) составляет 218,1 мм в год в период с 1989 по 2021 год. Экстремальные годовые снегопады за тот же период составили от 126,8 до 362,4 мм.

В среднем здесь бывает 96 дней с ветром ураганной силы, который дует преимущественно с востока со стороны полярной ледниковой шапки. Здесь часто бывают снежные бури, особенно зимой. В зимнее время часто идет снег, однако очень сильные ветры сметают его с открытых участков. На вершинах большинства холмов этого района снег скапливается с подветренной стороны обнажений пород и в углублениях субстрата. В нижней части склонов снег образует более глубокие сугробы.

Экологические домены; Заповедные биогеографические регионы Антарктики; Ключевые орнитологические территории

В соответствии с Анализом экологических доменов Антарктики (Резолюция 3 (2008 г.) остров Ардери и остров Одберт относятся к Природной среде L «Ледниковый щит континентального побережья». На основе Антарктических Заповедных биогеографических регионов Антарктики (Резолюция 3 (2017 г.) Район находится на территории Биогеографического региона 7 «Восточная Антарктика». Остров Ардери и остров Одберт определены как Ключевая орнитологическая территория Антарктики № 145 «Остров Ардери/остров Одберт».

Биологические особенности

Наземные системы

В состав флоры острова Одберт входят три вида мхов, одиннадцать видов лишайников (таблица 1) и неизвестное количество наземной и пресноводной водоросли. Самая крупная колония лишайников находится ближе к самым большим высотам южной части острова на участке коренной породы, иссеченном ледниками. Водоросль встречается в ледниковых озерах, местах инфильтрации и почве. Ниже уровня снежных сугробов вниз по склону от колоний пингвинов ближе к западной части острова встречаются колонии водоросли рода *Prasiola* и других зеленых водорослей и цианобактерий.

В состав флоры острова Ардери входят несколько видов лишайников, аналогичных тем, которые зарегистрированы на острове Одберт.

Из беспозвоночных были зарегистрированы только эктопаразиты птиц. Остров Ардери – подходящая среда обитания для антарктической блохи *Glaciopsyllus antarcticus*, которая ассоциируется с серебристо-серыми буревестниками.

МХИ
Bryum pseudotriquetrum (Hedw.) Gaertn., Meyer & Scherb.
Ceratodon purpureus (Hedw.) Brid.

Schistidium antarcticum (= Grimmia antarctici) (Card.) L.I.Savicz & Smirnova
ЛИШАЙНИКИ
Buellia frigida (Darb.) *Buellia*
soredians Filson Buellia sp.
Caloplaca athallina Darb.
Caloplaca citrina (Hoffm.) Th. Fr.
Candelariella flava (C.W.Dodge & Baker) Castello & Nimis
Rhizoplaca melanophthalma (Ram.) Leuck. et Poelt
Rinodina olivaceobrunnea Dodge & Baker
Umbilicaria decussata (Vill.) Zahlbr.
Xanthoria mawsonii Dodge.
Usnea antarctica Du Rietz
ВОДОРОСЛИ
Prasiola crispa (Lightfoot) *Kützing Prasiococcus sp.*

Таблица 1. Список мхов, лишайников и водорослей, зарегистрированных на острове Одберт

Озера

Холодные мономиктические озера и водоемы встречаются на всей территории островов Уиндмилл в углублениях коренной породы и обычно не имеют ледового покрова в январе и феврале. Озера с высоким содержанием питательных веществ встречаются недалеко от берега в ближайших окрестностях существующих или заброшенных колоний пингвинов. Дальше от берега находятся стерильные озера, которые подпитываются талой водой и местными осадками. На островах Ардери и Одберт есть несколько небольших ледниковых озер, замерзающих зимой и заполненных талой водой летом. Многие из них являются эфемерными озерами и высыхают к концу лета. Другие ледниковые озера, расположенные ниже снежных наносов, постоянно подпитываются талой водой.

Птицы и тюлени

На острове Одберт находятся гнездовые популяции пингвинов Адели, капских буревестников, малых снежных буревестников, серебристо-серых буревестников, качурок Вильсона и южнополярных поморников. На острове Ардери состав видов аналогичен, а также обитают антарктические буревестники, однако нет никаких гнездовьев пингвинов Адели. Единственным видом, гнездящимся на островах Уиндмилл, но не гнездящимся ни на острове Ардери, ни на острове Одберт, является южный гигантский буревестник (*Macronectes giganteus,*) который гнездится на островах Фразье (около 23 км к северо-западу).

Тюлени не обитают на островах Ардери и Одберт, хотя на окружающем их морском ледовом покрове часто наблюдались тюлени Уэдделла (*Leptonychotes weddellii*). Их главная щенная залежка находится приблизительно в 3 км к юго-востоку между островом Херринг и антарктическим континентом. В этом районе движение ледника Петерсон нарушает морской ледовый покров, в результате чего образуются участки открытой воды и обеспечивается легкий доступ к пище. Ежегодно в этом районе появляются на свет около 100 детенышей. Чуть южнее, на острове Петерсон и полуострове Браунинг, находятся залежки морских слонов (*Mirounga leonina*). Ежегодно здесь наблюдаются до 100 особей этих тюленей, в основном взрослых самцов. Здесь также были замечены всего лишь несколько самок.

Пингвин Адели

Пингвины Адели гнездятся на острове Одберт, и, хотя они регулярно выходят на берег острова Ардери, они там не гнездятся. По самым последним опубликованным оценкам в 2016-2017 гг. гнездовая популяция на острове Одберт насчитывала 22 000 пар. Откладывание яиц начинается до середины ноября, первые птенцы появляются примерно в середине декабря, а в начале февраля молодые птицы начинают покидать колонию.

Серебристо-серый буревестник

Общая расчетная численность популяции серебристо-серых буревестников (*Fulmarus glacialoides*) на территории Района составляет около 5000 гнездящихся пар. Около 3000 серебристо-серых буревестников обитают в гнездовье на острове Ардери, причем крупнейшие колонии расположены на северных скалах и на восточной оконечности острова. На острове Одберт бóльшая часть из 2000 гнезд находится в пределах двух больших колоний на утесе Хаун-Блафф и в центре северной части острова.

Серебристо-серые буревестники гнездятся колониями на скалах или вблизи скал и ущелий. Гнезда находятся и на узких скальных уступах, и на больших, практически ровных террасах. Некоторые птицы гнездятся на открытых местах, другие – в глубоких расселинах или между отдельно стоящими скалами. Первые яйца появляются в начале декабря, остальные яйца откладываются в основном в течение последующих 10 дней. Птенцы начинают вылупляться в третью неделю января и оперяются к середине марта.

Антарктический буревестник

Общая расчетная численность популяции антарктических буревестников на территории Района составляет чуть больше 300 гнездящихся пар. В самой большой колонии, расположенной на Северном плато на острове Ардери, находится не менее 150 гнезд на основной территории и еще около 25 гнезд в небольших гнездовьях вокруг нее. На острове Одберт примерно 30 гнезд расположены на небольшом участке недалеко от центральных скал северной части.

Большинство гнезд антарктических буревестников расположены на ровных площадках или относительно пологих участках крутых скал Северного плато, а также в небольших колониях в районе ущелья Сусек. Гнезда расположены очень близко друг от друга, и, по-видимому, эти птицы не устраивают изолированных гнезд на небольших скальных уступах. Первые антарктические буревестники возвращаются из «эмиграции» в конце ноября, и в течение следующей недели возвращается большинство птиц, чтобы начать откладывание яиц. Первые птенцы появляются во второй неделе января. Оперение начинается в конце февраля и продолжается до начала марта, а до середины марта все птенцы покидают гнездовье.

Капский буревестник

В Районе зарегистрировано приблизительно 750 гнездящихся пар капских буревестников (*Daption capense*), большинство из которых гнездятся на острове Ардери небольшими колониями на северных скалах. Разбросанные гнезда замечены на обоих склонах горы Сноуи. На острове Одберт находится от 100 до 200 гнезд, в основном вокруг колоний серебристо-серых буревестников.

Капские буревестники предпочитают гнездиться в местах, загороженных слегка нависающими скалами, надежно защищенных сзади и по возможности с боков. Большинство гнезд было обнаружено на более пологих участках скал или вдоль верхнего края скал и в виде колоний, и в виде небольших разбросанных скоплений. После возвращения из «эмиграции» птицы начинают откладывать яйца в конце ноября, а первые птенцы появляются во вторую неделю января. Большинство птенцов оперяются к началу первой недели марта.

Малый снежный буревестник

Расчетная численность популяции малых снежных буревестников на территории Района составляет свыше 1100 гнездящихся пар. Согласно оценкам, в 1990 г. на острове Ардери было 1000 гнезд малых снежных буревестников, в основном на склонах горы Сноуи. Малых снежных буревестников на острове Одберт меньше, чем на Ардери. Число их гнезд составляет от 100 до 1000. По оценкам, в 2003 г. 752 активных гнезда находились на острове Ардери и 824 – на острове Одберт.

Малые снежные буревестники гнездятся в расселинах или углублениях между отдельно стоящими скалами небольшими группами низкой плотности. Часто встречаются одиночные гнезда, как и такие гнезда в пределах колоний других видов. Среда обитания, удобная для малых снежных буревестников, пригодна и для качурок Вильсона. В разных скоплениях гнезд откладывание яиц начинается в разное время, но всегда происходит в течение первых трех недель декабря, а птенцы появляются, начиная с середины января. Все птенцы оперяются в течение двух первых недель марта.

Качурка Вильсона

Качурки Вильсона (*Oceanites oceanicus*) встречаются в самых разных местах и гнездятся на всех подходящих скалистых участках на территории Района. Согласно расчетам, на острове Ардери находится приблизительно 1000 гнездовьев. На острове Одберт насчитывается от 1000 до 2000 гнездовьев, причем плотность расселения птиц здесь ниже, чем на Ардери вследствие того, что подходящие для гнездования скалы разбросаны на большей территории. Качурки Вильсона гнездятся в глубоких и узких щелях. Поскольку гнезда обнаружить чрезвычайно трудно, данные о численности популяции могут оказаться значительно заниженными.

Южнополярный поморник

В 1984-1985 гг. на острове Ардери вывели потомство десять пар южнополярных поморников (*Catharacta maccormicki*) и, возможно, еще три пары держали свою территорию. В 1986-1987 гг. их количество было аналогичным, хотя яйца отложили только семь пар. На острове Одберт обитало от 10 до 20 пар. Распределение гнезд южнополярных поморников на острове Ардери отражает их зависимость от буревестников. Большинство пар устраивают наблюдательные посты недалеко от гнезд буревестников, откуда они могут наблюдать за своей кормовой территорией, расположенной на птичьих скалах. На острове Одберт большинство гнезд находились рядом с колониями пингвинов.

Гнезда представляют собой мелкие углубления в гравии, расположенные либо на совсем открытом ровном участке, либо на участке, немного защищенном окружающими камнями. Территории гнездовий и расположение гнезд остаются постоянными из года в год, и обычно вокруг гнезда находятся несколько углублений от старых гнезд. Сроки откладывания яиц колеблются в широких пределах, хотя в основном откладывание происходит в конце ноября – начале декабря. Первые птенцы появляются в последние дни декабря, а к середине февраля молодые птицы начинают летать.

Негнездящиеся виды птиц

Южные гигантские буревестники (как взрослые, так и неполовозрелые особи) регулярно посещают остров Ардери. При благоприятном ветре они летают вдоль птичьих скал в поисках пищи.

6(ii) Доступ в Район

В соответствии с Разделом 7(ii) настоящего Плана до Района можно добраться на транспортном средстве по морскому льду, на маломерном судне или воздушным путем.

6(iii) Места расположения сооружений в пределах и вблизи Района

Четыре дистанционно работающих камеры замедленной съемки расположены на острове Ардери и две на острове Одберт (места на острове Ардери: 66°22'6,3" ю. ш., 110°26'42,9" в. д.; 66°22'13,4" ю. ш., 110°27'46,2" в. д.; 66°22'6,2" ю. ш., 110°26'56,3" в. д.; 66°22'7,7" ю. ш., 110°26'57,7" в. д. (карта B), места на острове Одберт: 66°22'37.8" ю. ш., 110°33'55,3" в. д. 66°22'37,7" ю. ш., 110°33'47,6" в. д. (карта C). В 2010/11 гг. (бывшие пять) и в 2018/19 гг. (последние) были установлены камеры для проведения долговременного мониторинга процесса гнездования и фенологии серебристо-серых буревестников, капских буревестников и пингвинов Адели с минимальным вмешательством в их жизнь. Хотя камеры не установлены на постоянный период времени, предполагается, что они останутся на месте после окончания срока действия настоящего Плана.

6(iv) Наличие других охраняемых территорий в непосредственной близости от Района

Недалеко от острова Ардери и острова Одберт находятся следующие охраняемые районы (см. карту А):

- Приблизительно в 12 км к северу от острова Ардери и острова Одберт находится ООРА № 135 «Северо-восточная часть полуострова Бейли» (66°17' ю. ш., 110°32' в. д.).
- Приблизительно в 16 км к северу от острова Ардери и острова Одберт находится ООРА № 136 «Полуостров Кларк» (66°15' ю. ш., 110°36' в. д.).
- Приблизительно в 23 км к северо-востоку от острова Ардери и острова Одберт находится ООРА № 160 «Острова Фрейжер» (66°13' ю. ш., 110°11' в. д.).

6(v) Особые зоны на территории Района

Какие-либо особые зоны в Районе отсутствуют.

7. Условия выдачи разрешений для доступа

7(i) Общие условия выдачи разрешений

Доступ в Район возможен только на основании Разрешения, которое выдается соответствующим государственным органом. Разрешение на посещение Района выдается на следующих условиях:

- Разрешение выдается только для выполнения неотложных научных задач, которые невозможно выполнить ни в одном другом месте, в частности для проведения научных исследований орнитофауны и экосистемы Района или для осуществления важных мер управления, соответствующих целям настоящего Плана, таких как инспекция, техническое обслуживание или пересмотр настоящего Плана.
- Разрешенная деятельность не поставит под угрозу ценности Района.
- Разрешенная деятельность соответствует положениям Плана управления.
- Во время пребывания на территории Района необходимо иметь при себе разрешение или заверенную копию.
- Отчет о посещении должен быть предоставлен в орган, указанный в разрешении.
- Разрешение выдается на определенный срок.
- Соответствующий национальный орган должен быть проинформирован о любой предпринятой деятельности или принятых мерах, которые не были предусмотрены в официальном разрешении.

7(ii) Доступ в Район и передвижение по его территории

Наземные и морские транспортные средства, используемые для доставки на острова, следует оставлять у береговой линии. В пределах Района можно передвигаться только пешком.

Выделенные площадки для высадки на берег со стороны моря и для посадки вертолетов на островах Ардери и Одберт показаны на карте D. На острове Ардери предпочтительным местом для высадки на берег является «Причал Робертсона», где есть три камня, которые можно использовать в качестве якоря для привязки катера или другого оборудования. Место для высадки с катеров на острове Ардери, обозначенное на карте D, находится в пределах 200 м от птичьих колоний, однако это единственное безопасное место для высадки на берег на острове. Высаживаться на берег необходимо осторожно, чтобы не потревожить птиц. На территории Района нет выделенных пешеходных маршрутов, однако пешеходы не должны приближаться к птицам и должны всегда следить за тем, чтобы не потревожить их.

Если добраться до островов на маломерном судне или наземном транспортном средстве по морскому льду невозможно, то разрешается использование самолета или вертолета на следующих условиях:

- Воздушные суда не должны создавать фактор беспокойства для колонии ни при каких обстоятельствах.
- По возможности предпочтительно осуществлять посадку воздушного судна на морской лед.
- Полетов над островами следует всегда избегать, за исключением случаев, когда это необходимо для выполнения научных задач или мер управления, указанных в разрешении. В таких случаях полеты одномоторных воздушных судов должны проходить на расстоянии не менее 930 м (3050 футов) по вертикали и горизонтали, а полеты двухмоторных воздушных судов – на расстоянии не менее 1500 м (5000 футов).
- В период размножения пингвинов и буревестников, определяемый здесь как период с 1 ноября по 1 апреля, передвижение вертолетов на острова должно быть сведено к минимуму.
- Использование двухмоторных вертолетов для посадки на острове Ардери и на острове Одберт запрещено.
- Одномоторным вертолетам следует приближаться к острову Ардери на большой высоте и с южной стороны, поскольку южные скалы отличаются наименьшей плотностью расселения птиц (см. карты B и D).
- Одномоторным вертолетам желательно приближаться к острову Одберт с южной стороны в обход скал, где расположены гнезда буревестников (см. карты C и D).
- Места для посадки одномоторных вертолетов, обозначенные на карте D, являются приблизительными, и пилоты должны следить за тем, чтобы не создавать фактор беспокойства для гнездовых колоний.
- Вертолет могут покидать только те сотрудники, которые должны проводить работы на территории Района.
- Дозаправка воздушных судов на территории Района запрещена.

Облет птичьих колоний на территории Района с помощью дистанционно пилотируемых авиационных систем (ДПАС) запрещен, за исключением случаев, когда это необходимо для убедительных научных или управленческих целей. Такие облеты производятся в соответствии с *Руководством по экологическим аспектам использования дистанционно пилотируемых авиационных систем (ДПАС) в Антарктике*.

7(iii) Осуществляемая или разрешаемая деятельность в Районе

На территории Района допускаются следующие виды деятельности, если они указаны в разрешении:

- неотложные научные исследования, соответствующие Плану управления этим Районом, которые не поставят под угрозу ценности Района, являющиеся основанием для его определения в качестве ООРА, а также экосистемы Района;
- важные меры управления, включая мониторинг; и
- отбор образцов, который должен быть минимумом, необходимым для утвержденных исследовательских программ.

7(iv) Возведение, реконструкция и удаление сооружений.

- Возведение или установка постоянных сооружений на территории Района запрещены. Возведение или установка сооружений на территории Района допускаются только в соответствии с разрешением.
- Научные указатели и научное оборудование должны быть надежно закреплены и поддерживаться в хорошем состоянии с четким указанием страны, выдавшей разрешение, Ф.И.О. главного исследователя и года установки. Все они должны быть выполнены из материалов, представляющих минимальную опасность как источники загрязнения Района.
- Одним из условий выдачи разрешения является то, что оборудование, связанное с проведением научных исследований, подлежит вывозу из Района до истечения срока действия разрешения на

эти исследования. Подробные сведения об указателях и оборудовании, которые остались на территории Района (указатели с данными GPS, описания, метки и т. д., а также предполагаемые сроки их удаления), направляются в орган, выдавший разрешение.

- При наличии разрешения на установку на острове Ардери временной полевой хижины ее следует установить до 1 ноября, когда начинается сезон размножения, и вывезти после 1 апреля, когда улетят оперившиеся птенцы. Для установки и вывоза следует использовать снегоход, если это позволяет состояние ледового покрова.

7(v) Размещение полевых лагерей

- Разбивка лагерей на острове Одберт допускается только в чрезвычайной ситуации.
- Если это необходимо для проведения полевых работ, на острове Ардери в точке, обозначенной на карте D, можно установить хижину. Здесь есть восемь камней, которые можно использовать в качестве якоря. На материке в районе гряды Робинсон есть убежище «Хижина гряды Робинсон» (66°22,4' ю. ш., 110°35,2' в. д.) за пределами Района, которое находится на расстоянии около 800 м к западу от острова Одберт (см. карту А).

7(vi) Ограничения на ввоз материалов и организмов на территорию Района

- Ввоз на территорию Района продуктов из домашней птицы, включая пищевые концентраты, содержащие яичный порошок, не допускается.
- Продукты питания или другие материалы нельзя оставлять на территории Района по окончании сезона, для которого они были предназначены.
- Преднамеренный ввоз на территорию Района животных, растительных материалов, микроорганизмов и нестерильной почвы запрещается. Должны приниматься самые строгие меры предосторожности по предотвращению непреднамеренного ввоза на территорию Района животных, растительных материалов, микроорганизмов и нестерильной почвы из других биологически отличающихся регионов (подпадающих и не подпадающих под действие Договора об Антарктике).
- Насколько это возможно, одежда, обувь и другое оборудование, используемые на территории Района или ввозимые в Район (включая рюкзаки, сумки и другое оборудование), должны быть тщательно очищены перед входом на территорию Района и после выхода из него.
- Обувь, пробоотборное или научное оборудование и указатели, которые соприкасаются с грунтом, должны быть продезинфицированы или очищены горячей водой с хлорной известью перед входом на территорию Района и после его посещения с целью предотвращения случайного попадания животных, растительных материалов, микроорганизмов и нестерильной почвы в Район. Очистку необходимо производить или в убежище, или на станции.
- Посетители также должны проконсультироваться и следовать соответствующим рекомендациям, содержащимся в *Руководстве по неместным видам* Комитета по охране окружающей среды и *Экологическом кодексе ведения наземных научных полевых исследований в Антарктике* Научного комитета по а*нтарктическим исследованиям (СКАР).*
- *Ввоз на территорию Района гербицидов или пе*стицидов не допускается. Все остальные химические вещества, включая радионуклиды и стабильные изотопы, которые могут ввозиться для научных исследований или в целях управления, оговоренных в разрешении, подлежат вывозу из Района сразу после или до завершения деятельности, на которую выдано разрешение.
- Хранение топлива на территории Района допускается только в том случае, если это необходимо для достижения важных целей, связанных с осуществлением деятельности, на которую было выдано разрешение. Организация постоянных складов топлива не допускается.
- Все материалы ввозятся только на указанный срок, подлежат вывозу из Района сразу по истечении или до истечения указанного срока, а порядок их хранения и эксплуатации должен гарантировать минимизацию риска их попадания в окружающую среду.

7(vii) Изъятие местной флоры и фауны или вредное воздействие на них

- Изъятие или вредное вмешательство в жизнь местной флоры и фауны допускаются только на основании разрешения.

- В случае изъятия или вредного вмешательства в жизнь животных следует соблюдать разработанный СКАР *Кодекс поведения при использовании животных в научных целях в Антарктике*, который является минимальным стандартом.
- Орнитологические исследования ограничиваются деятельностью, которая не является инвазивной и разрушительной по отношению к птицам, гнездящимся на территории Района. Исследования должны иметь первостепенное значение. Если требуется отлов особей, он должен производиться из гнезд на периферии Района, чтобы по возможности меньше тревожить птиц.

7(viii) Сбор или вывоз чего-либо, что не было ввезено держателем разрешения

- Сбор или вывоз из Района материалов должны осуществляться только в соответствии с условиями разрешения, и данные действия должны быть сведены к минимуму, необходимому для удовлетворения научных потребностей и требований по управлению.
- Материалы антропогенного происхождения, которые могут нанести ущерб ценностям Района и которые не были ввезены в Район держателем разрешения или санкционированы иным образом, могут быть вывезены, за исключением случаев, когда существует вероятность того, что последствия вывоза превзойдут последствия пребывания материала на месте. В этом случае необходимо направить уведомление соответствующему компетентному органу и получить разрешение на вывоз.

7(ix) Удаление отходов

- Все отходы, включая отходы жизнедеятельности человека, подлежат вывозу из Района. Отходы, образовавшиеся в результате деятельности полевых экспедиций, подлежат хранению вплоть до того момента, когда они могут быть удалены или вывезены, причем порядок их хранения не должен допускать возможности их использования дикими животными (например, поморниками). Отходы подлежат вывозу не позднее отъезда самой полевой экспедиции. Отходы жизнедеятельности человека и бытовые сточные воды могут сбрасываться в море за пределами Района.

7(x) Меры по поддержанию реализации целей и задач Плана управления

Разрешения на доступ в Район могут выдаваться в следующих случаях:

- для проведения биологического мониторинга и мероприятий по инспектированию Района, которые могут заключаться в сборе проб для анализа или оценки;
- для возведения или поддержания в порядке научного оборудования, конструкций и указательных знаков;
- для проведения других охранных мероприятий.

Все участки, специально предназначенные для проведения долгосрочного мониторинга, должны иметь соответствующие указатели. Для них необходимо получить GPS информацию, которую компетентный национальный орган направляет в главную систему каталогов антарктических данных.

В целях сохранения экологических и научных ценностей Района посетители должны принимать специальные меры предосторожности во избежание интродукции чужеродных организмов. Особую опасность представляет интродукция патогенных организмов, микроорганизмов или растительности, перенесенных из почв, флоры или фауны других районов Антарктики, включая научные станции, или регионов за пределами Антарктики. С целью минимизации риска интродукции перед входом в Район посетители должны тщательно очистить обувь и все оборудование, которое будет использоваться на его территории, особенно пробоотборное оборудование и указатели.

7(xi) Требования к отчетам

По каждому посещению Района основной держатель разрешения должен представить отчет в соответствующую национальную инстанцию в возможно короткий срок, но не позднее чем через шесть месяцев после завершения посещения. Эти отчеты должны содержать, в зависимости от конкретного случая, информацию, указанную в форме отчета о посещении, приведенного в *Руководстве по подготовке Планов управления Особо охраняемыми Районами Антарктики*. В случае необходимости национальному органу рекомендуется направить экземпляр отчета о посещении также Стороне, которая подготовила План управления, в качестве вспомогательного материала для управления Районом и пересмотра Плана управления. Сторонам следует по возможности размещать оригиналы или копии таких отчетов о посещении в общедоступном архиве для учета пользования материалами в целях какого-либо пересмотра Плана управления и в качестве организационной меры по использованию Района в научных целях.

Один экземпляр такого отчета направляется Стороне, отвечающей за разработку настоящего Плана управления (Австралия), для оказания содействия в управлении Районом и мониторинга популяций птиц. В отчеты о посещении включаются также подробные данные учета численности, сведения о местонахождении новых, ранее не зарегистрированных колоний или гнезд, краткое описание результатов проведенных научных исследований и копии фотографий, сделанных на территории Района.

8. Справочная документация

Baker, S.C. & Barbraud, C. 2000. Foods of the south polar skua *Catharacta maccormicki* at Ardery Island, Windmill Islands, Antarctica. *Polar Biology* 24: 59-61.

Blight, D.F. & Oliver, R.L. 1977. The metamorphic geology of the Windmill Islands, Antarctica, a preliminary account. *Journal of the Geological Society ofAustralia* 22: 145-158.

Blight, D.F. & Oliver, R.L. 1982. Aspects of the history of the geological history of the Windmill Islands, Antarctica. In: *Antarctic Geoscience* (ed. C.C. Craddock), University of Wisconsin Press, Madison, pp. 445454.

Cowan, A.N. 1979. Ornithological studies at Casey, Antarctica, 1977-1978. *Australian Bird Watcher*, 8:69.

Cowan, A.N. 1981. Size variation in the snow petrel. *Notornis* 28: 169-188.

Creuwels, J.C.S & van Frenker, J.A. 2001. Do two closely related petrel species have a different breeding strategy in Antarctica. *Proceedings of the VIIIth SCA International Biology Symposium*, 27 August-1 September 2001, Vrije Univesiteit, Amsterdam.

Creuwels, J.C.S., Poncet S., Hodum, P.J, & van Frenker, J.A. 2007. Distribution and abundance of the southern fulmars *Fulmarus glacialoides, Polar Biology* 30: 1083-1097.

Creuwels, J.C.S., van Frenenker, J.a., Doust, S.J., Beinssen A., Harding, B. & Hentschel, O. 2008. Breeding strategies of Antarctic petrels *Thalassoica antarctica* and southern fulmars *Fulmarus glacialoides* in the high Antarctic and implications for reproductive success, *Ibis* 150: 160-171

Croxall, J.P., Steele, W.K., McInnes, S.J. & Prince, P.A. 1995. Breeding distribution of the snow petrel *Pagodroma nivea. Marine Ornithology* 23: 69-99.

Department of the Environment and Energy, 2019, Environmental Code for Participants in the Australian Antarctic Program, Australian Antarctic Division, Hobart.

Filson, R.B. 1974. Studies on Antarctic lichens II: Lichens from the Windmill Islands, Wilkes Land. *Muelleria*, 3:9-36.

Goodwin, I.D. 1993. Holocene deglaciation, sea-level change, and the emergence of the Windmill Islands, Budd Coast, Antarctica. *Quaternary Research* 40: 70-80.

Horne, R. 1983. The distribution of penguin breeding colonies on the Australian Antarctic Territory, Heard Island, the McDonald Islands and Macquarie Island. *ANARE Research Notes* No. 9.

Jouventin, P., & Weimerskirch, H. 1991. Changes in the population size and demography of southern seabirds: management implications. In: *Bird population studies: Relevance to conservation and management.* (eds. C.M. Perrins, J.-D. Lebreton, and G.J.M Hirons) Oxford University Press: pp. 297-314.

Keage, P. 1982. Location of Adélie penguin colonies, Windmill Islands. *Notornis*, 29: 340-341.

Lee J.E, Chown S.L. 2009: Breaching the dispersal barrier to invasion: quantification and management. *Ecological Applications* 19: 1944-1959.

Luders, D.J. 1977. Behaviour of Antarctic petrels and Antarctic fulmars before laying. *Emu* 77: 208-214.

McLeod, I.R. & Gregory, C.M. 1967. Geological investigations for along the Antarctic coast between longitudes 108°E and 166°E. Report of the Bureau for Mineral Resources, Geology and. *Geophysics. Australia* No. 78, pp. 30-31.

Melick, D.R., Hovenden. M.J., & Seppelt, R.D. 1994. Phytogeography of bryophyte and lichen vegetation in the Windmill Islands, Wilkes Land, Continental Antarctica. *Vegetatio* 111: 71-87.

Murray, M.D., Orton, M.N. & Penny, R.L. 1972. Recoveries of silver-grey petrels banded on Ardery Island, Windmill Islands, Antarctica. *Australian Bird Bander* 10, 49-51.

Murray M.D. & Luders D.J. 1990. Faunistic studies at the Windmill Islands, Wilkes Land, East Antarctica, 1959-80. *ANARE Research Notes* 73: 1-45.

Olivier, F., Lee, A.V., Woehler, E.J. 2004. Distribution and abundance of snow petrels *Pagodroma nivea* in the Windmill Islands, East Antarctica. *Polar Biology* 27: 257-265.

Olivier, F., & Wotherspoon, S.J. 2006. Distribution and abundance of Wilson's storm petrels *Oceanites oceanicus* at two locations in East Antarctica: testing habitat selection models. *Polar Biology* 29: 878-892.

Orton, M. R. 1963. A brief survey of the fauna of the Windmill Islands, Wilkes Land, Antarctica. *Emu* 63, 14-22.

Paul, E., Stüwe, K., Teasdale, J. & Worley, B. 1995. Structural and metamorphic geology of the Windmill Islands, east Antarctica: field evidence for repeated tectonothermal activity. *Australian Journal of Earth Sciences* 42: 453-469.

Phillpot, H.R. 1967. Selected surface climate data for Antarctic stations. Commonwealth of Australia: Bureau of Meteorology.

Robertson, R. 1961. Geology of the Windmill Islands, Antarctica. *IGY Bulletin* 43: 5-8.

Robertson, R. 1961. Preliminary report on the bedrock geology of the Windmill Islands. In: Reports on the Geological Observations 1956-60. IEY Glaciology Report No. 4, (IEY World Data Centre 4: Glaciology). American Geographical Society, New York.

Schwerdtfeger, W. 1970. The climate of the Antarctic. In: *Climate of polar regions* (ed. S. Orvig), Elsevier pp. 253-355, Amsterdam.

Schwerdtfeger, W. 1984. Weather and climate of the Antarctic, Amsterdam: Elsevier.

Smit, F.G.A.M. & Dunnet, G.M. 1962. A new genus and species of flea from Antarctica, (*Siphonaptera: Ceratophyllidae*). *Pacific Insect* 4: 895-903.

Southwell, C., Emmerson, L., McKinlay, J., Takahashi, A., Kato, A., Barbraud, C., Delord, K. and Weimerskirch. H. 2015. Spatially extensive standardized surveys reveal widespread, multi-decadal increase in East Antarctic Adélie penguin populations. *PLoS ONE* 10 (10): e0139877.

van Franeker, J.A, Creuwels, J.C.S., van der Veer, W., Cleland, S. & Robertson, G. 2001. Unexpected effects of climate change on the predation of Antarctic petrels. *Antarctic Science* 13: 430-439.

van Franeker, J.A., Bell, P.J., & Montague, T.L. 1990. Birds of Ardery and Odbert islands, Windmill Islands, Antarctica. *Emu* 90: 74-80.

van Franeker, J.A., Gavrilo, M., Mehlum, F., Veit, R.R. & Woehler, E.J. 1999. Distribution and abundance of the Antarctic petrel. *Waterbirds* 22: 14-28.

Whinam J, Chilcott N, & Bergstrom D.M. 2005: Subantarctic hitchhikers: expeditioners as vectors for the introduction of alien organisms. *Biological Conservation* 121: 207-219.

Williams, I.S., Compston W., Collerson K.D., Arriens, P.A. & Lovering J.F. 1983. A Reassessment of the age of the Windmill metamorphics, Casey area. In: Antarctic Earth Science (ed. R.L. Oliver, P.R. James & J.B. Jago), Australian Academy of Sciences, Canberra, pp. 73-76.

Woehler E.J. & Croxall J.P. 1997. The status and trends of Antarctic and subantarctic seabirds. *Marine Ornithology* 25: 43-66.

Woehler, E.J. & Johnstone, G.W. 1991. Status and conservation of the seabirds of the Australian Antarctic Territory. In Seabird status and conservation: A Supplement. (ed. J.P. Croxall) ICBP Technical Publication No. 11: 279-308.

Woehler, E.J., Slip, D.J., Robertson, L.M., Fullagar, P.J. & Burton, H.R. 1991. The distribution, abundance and status of Adélie penguins *Pygoscelis adeliae* at the Windmill Islands, Wilkes Land, Antarctica. *Marine Ornithology* 19: 1-17.

Woehler, E.J., Cooper, J., Croxall, J.P., Fraser, W.R., Kooyman, G.L., Miller, G.D., Nel, D.C., Patterson, D.L., Peter, H-U, Ribic, C.A., Salwicka, K., Trivelpiece, W.Z. & Weimerskirch, H. 2001. A Statistical Assessment of the Status and Trends of Antarctic and Subantarctic Seabirds.

SCAR/CCAMLR/NSF.

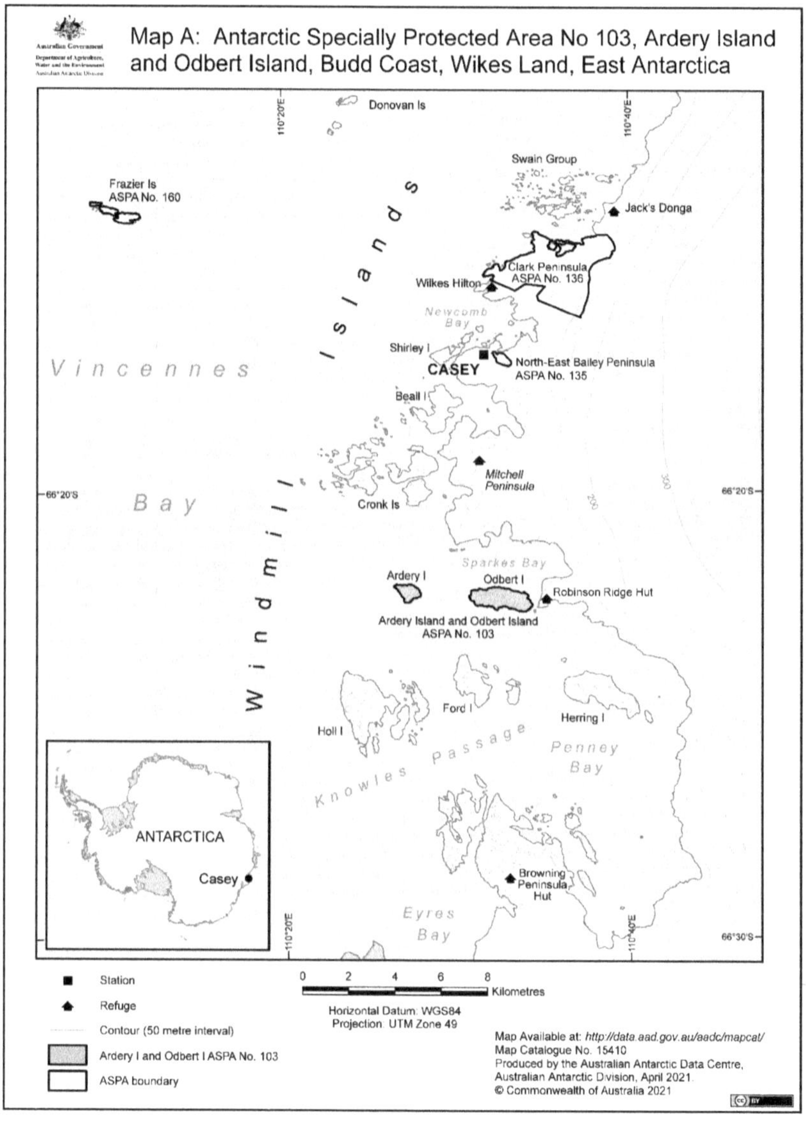
Map A: Antarctic Specially Protected Area No 103, Ardery Island and Odbert Island, Budd Coast, Wikes Land, East Antarctica
Australian Government
Donovan Is
Swain Group
Frazier Is
ASPA No. 160
Jack's Donga
Windmill Islands
Clark Peninsula
ASPA No. 136
Wilkes Hilton
Newcomb Bay
Shirley I
CASEY
North-East Bailey Peninsula
ASPA No. 135
Vincennes Bay
Beall I
Mitchell Peninsula
Cronk Is
Sparkes Bay
Ardery I
Odbert I
Robinson Ridge Hut
Ardery Island and Odbert Island
ASPA No. 103
Ford I
Herring I
Holt I
Knowles Passage
Penney Bay
ANTARCTICA
Casey
Browning Peninsula Hut
Eyres Bay
110°20'E
110°40'E
66°20'S
66°30'S
Station
Refuge
Contour (50 metre interval)
Ardery I and Odbert I ASPA No. 103
ASPA boundary
0 2 4 6 8
Kilometres
Horizontal Datum: WGS84
Projection: UTM Zone 49
Map Available at: http://data.aad.gov.au/aadc/mapcat/
Map Catalogue No. 15410
Produced by the Australian Antarctic Data Centre, Australian Antarctic Division, April 2021.
© Commonwealth of Australia 2021

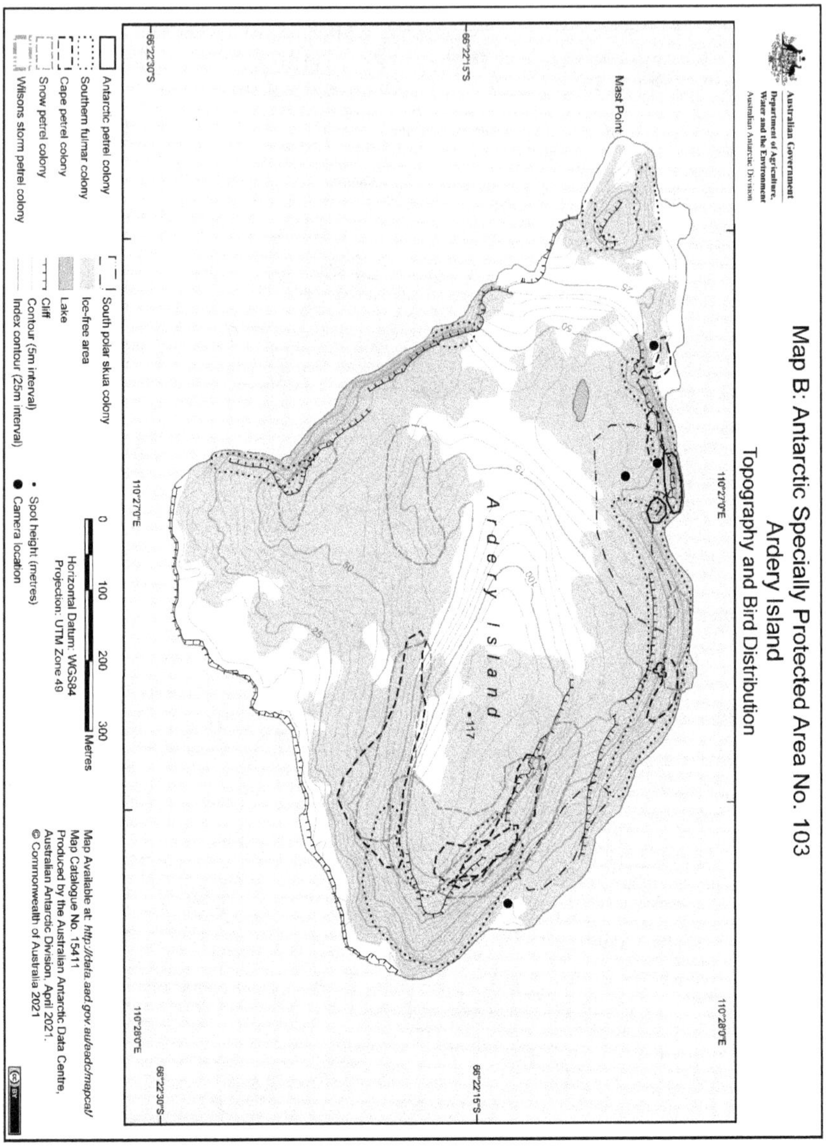
Map B: Antarctic Specially Protected Area No. 103
Ardery Island
Topography and Bird Distribution
Australian Government
Department of Agriculture, Water and the Environment
Australian Antarctic Division
Ardery Island
Mast Point
•117
110°27'0"E
110°28'0"E
66°22'15"S
66°22'30"S
Antarctic petrel colony
Southern fulmar colony
Cape petrel colony
Snow petrel colony
Wilsons storm petrel colony
South polar skua colony
Ice-free area
Lake
Cliff
Contour (5m interval)
Index contour (25m interval)
Spot height (metres)
Camera location
0
100
200
300
Metres
Horizontal Datum: WGS84
Projection: UTM Zone 49
Map Available at: http://data.aad.gov.au/aadc/mapcat/
Map Catalogue No. 15411
Produced by the Australian Antarctic Data Centre, Australian Antarctic Division. April 2021.
© Commonwealth of Australia 2021

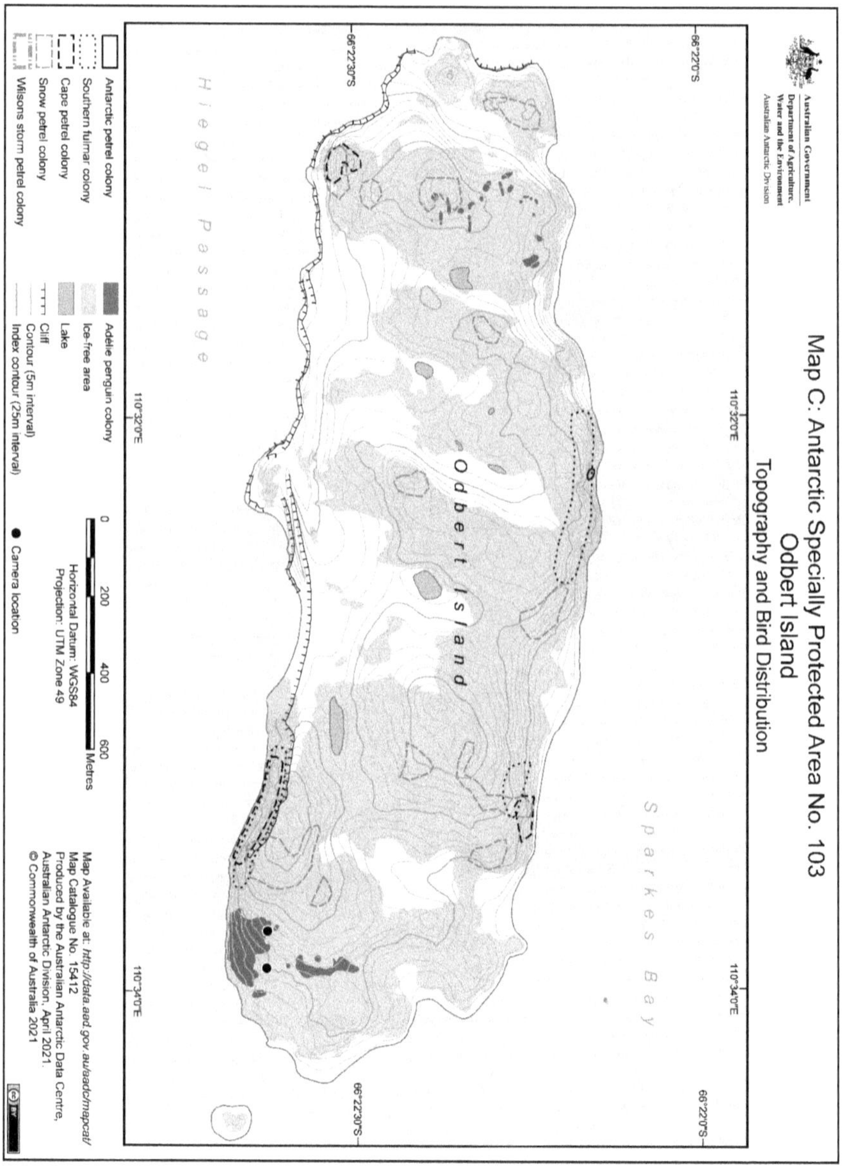
Australian Government
Department of Agriculture, Water and the Environment
Australian Antarctic Division
Map C: Antarctic Specially Protected Area No. 103
Odbert Island
Topography and Bird Distribution
Hiegel Passage
Sparkes Bay
Odbert Island
66°22'0"S
66°22'30"S
110°32'0"E
110°34'0"E
Antarctic petrel colony
Southern fulmar colony
Cape petrel colony
Snow petrel colony
Wilsons storm petrel colony
Adélie penguin colony
Ice-free area
Lake
Cliff
Contour (5m interval)
Index contour (25m interval)
Camera location
0
200
400
600
Metres
Horizontal Datum: WGS84
Projection: UTM Zone 49
Map Available at: http://data.aad.gov.au/aadc/mapcat/
Map Catalogue No. 15412
Produced by the Australian Antarctic Data Centre, Australian Antarctic Division, April 2021.
© Commonwealth of Australia 2021

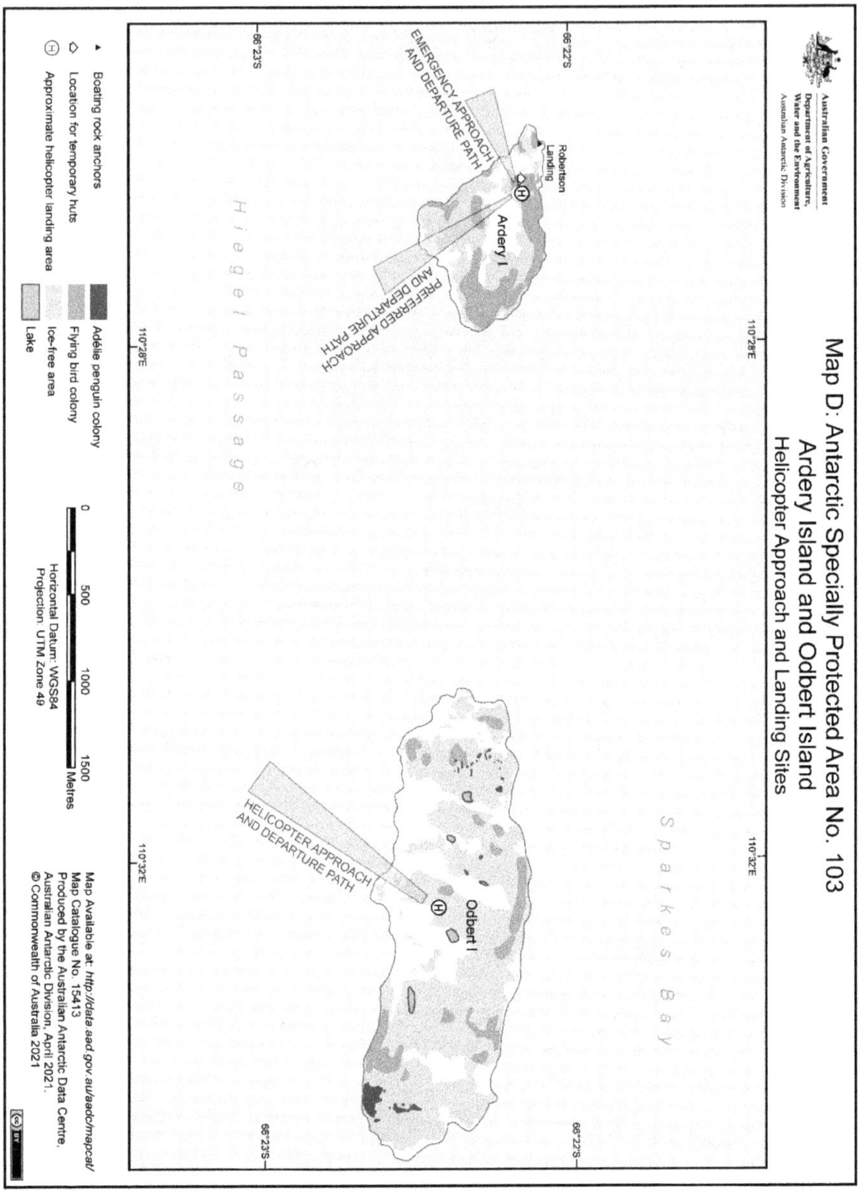
Map D: Antarctic Specially Protected Area No. 103
Ardery Island and Odbert Island
Helicopter Approach and Landing Sites
Australian Government
Department of Agriculture, Water and the Environment
Australian Antarctic Division
66°22'S
66°23'S
110°28'E
110°32'E
Robertson Landing
Ardery I
Odbert I
EMERGENCY APPROACH AND DEPARTURE PATH
PREFERRED APPROACH AND DEPARTURE PATH
HELICOPTER APPROACH AND DEPARTURE PATH
Hiegel Passage
Sparkes Bay
Boating rock anchors
Location for temporary huts
Approximate helicopter landing area
Adélie penguin colony
Flying bird colony
Ice-free area
Lake
0
500
1000
1500
Metres
Horizontal Datum: WGS84
Projection: UTM Zone 49
Map Available at: http://data.aad.gov.au/aadc/mapcat/
Map Catalogue No. 15413
Produced by the Australian Antarctic Data Centre,
Australian Antarctic Division, April 2021.
© Commonwealth of Australia 2021

План управления Особо охраняемым районом Антарктики № 104 «ОСТРОВ САБРИНА», ОСТРОВА БАЛЛЕНИ, АНТАРКТИКА

1. Описание ценностей, нуждающихся в охране

Остров Сабрина в составе архипелага Баллени был первоначально определен как Особо охраняемый район (ООР) № 4 на основании Рекомендации IV-4 (1966 г.) с учетом того, что «фауна и флора островов Баллени как самой северной земли Антарктики в регионе моря Росса отражают множество циркумполярных сред обитания на этой широте, а остров Сабрина, в частности, является репрезентативным образцом такой фауны и флоры». В рамках Решения 1 (2002 г.) статус участка был изменен, и он был определен в качестве Особо охраняемого Района (ООРА) № 104. В рамках Меры 3 (2009 г.) и Меры 4 (2015 г.) был подготовлен и принят План управления, который включал остров Сабрина, островок Чинстрап ('Chinstrap Islet') и Те-Монолит (The Monolith).

Основной причиной определения острова Сабрина в качестве Особо охраняемого района Антарктики является охрана уникальных экологических и научных ценностей, в частности уникального для региона моря Росса биологического разнообразия.

Острова Баллени, которые были открыты в феврале 1839 г. британским охотником на тюленей Джоном Баллени, расположены примерно в 325 км к северу от берега Пеннелла и берега Отса. Они состоят из трех больших островов – Янг, Бакл и Стердж – и нескольких более мелких островов, которые образуют архипелаг на северо-западе примерно на 160 км между 66°15' ю. ш. и 67°10' ю. ш. и 162°15' в. д. и 164°45' в. д. (карта 1). Острова Баллени являются единственными действительно океаническими (а не континентальными) антарктическими островами со стороны моря Росса, за исключением острова Скотта, который находится приблизительно 505 км на северо-восток от мыса Адэр. Архипелаг находится в зоне основного антарктического циркумполярного течения. Поэтому он имеет большое значение как место отдыха и выведения потомства морских птиц и тюленей, а также как циркумполярная среда обитания самых разных видов (см. таблицы 1 и 2, Приложение 1).

Остров Сабрина, островок Чинстрап и Те-Монолит находятся приблизительно в 3 километрах на юго-юго-восток от острова Бакл. Эти острова – единственное известное место гнездования антарктических пингвинов (Pygoscelis antarctica) между островами Буве и Петра I (они отстоят друг от друга по долготе на 264°), при этом большинство гнездящихся пар находится на острове Сабрина. Кроме того, эта популяция сосуществует с гораздо более крупной колонией пингвинов Адели (P. adeliae), похожей на колонии вблизи оконечности Антарктического полуострова на Южных Шетландских островах и севернее Южных Оркнейских островов. Обычно два ареала размножения видов имеют тенденцию к разделению.

Колония пингвинов Адели на острове Сабрина имеет особое значение потому, что она крупнейшая на всем архипелаге и здесь находится большинство гнездящихся пар антарктических пингвинов. В силу своей изолированности и сложных погодных и ледовых условий острова Баллени практически не подвергались нарушению со стороны человека, за исключением рыбных промыслов в Южном океане.

2. Цели и задачи

Управление на острове Сабрина осуществляется в следующих целях:

- предупреждение ухудшения или значительного риска ухудшения состояния ценностей Района путем предотвращения излишнего антропогенного воздействия;
- предупреждение или сведение к минимуму интродукцию в Район неместных растений, животных и микроорганизмов;
- сохранение природной экосистемы как эталонного района, практически не испытавшего прямого антропогенного воздействия;

- недопущение нарушения колонии антарктических пингвинов, которая является аномалией с точки зрения распространения данного вида;
- разрешение научных исследований в Районе при условии, что по убедительным причинам они не могут быть проведены ни в каком другом месте и что они не представляют угрозы для естественной экологической системы Района;
- создание условий для посещения в целях управления в поддержку задач Плана управления.

3. Меры по управлению

Для обеспечения охраны ценностей Района предусматривается осуществление указанной ниже деятельности по управлению.

- Копии настоящего Плана управления должны также выдаваться судам, работающими в окрестностях Района.
- В рамках национальных программ должны предприниматься определенные шаги, направленные на обеспечение границ Района и ограничений, которые применяются в пределах, отмеченных на соответствующих географических морских навигационных картах, за которые они отвечают;
- Насколько это практически возможно, посещать Район следует по мере необходимости, чтобы установить, продолжает ли он служить тем целям, ради которых был определен, и чтобы убедиться в достаточности мер для управления Районом.

4. Период определения

Определен на неограниченный период времени.

5. Карты и фотографии

Карта 1: ООРА № 104 «Остров Сабрина», острова Баллени, Антарктика. Карта региона.

Начало отсчета высоты: WGS84; проекция: южнополярная стереографическая; источники данных – главная карта и врезка: Антарктическая база цифровых данных СКАР, версия 6, 2012 г.

Карта 2: ООРА № 104 «Остров Сабрина», острова Баллени, Антарктика. Границы, доступ и характерные признаки. Начало отсчета высоты: WGS84; проекция: UTM зона 58 юг; источник данных: изображения со спутника Digital Globe, WorldView – 1, полученные 14 января 2011 г., разрешение 50 см. Характерные признаки зафиксированы Земельным кадастром Новой Зеландии (Land Information New Zealand).

Перспективные фотоснимки на врезке получены в декабре 2014 г. Королевскими Военно-воздушными силами Новой Зеландии (RNZAF).

6. Описание Района

6(i) Географические координаты, специальные знаки и характерные естественные признаки, определяющие границы Района

Расположение и общее описание:

Острова Баллени находятся примерно в 325 км к северу от берега Пеннелла и берега Отса (карта 1). Этот архипелаг является надводной частью гряды подводных вулканических гор. В состав архипелага входят три больших острова и ряд мелких островов и надводных скал. Остров Сабрина расположен на широте 66°55 ю. ш. и долготе 163°19 в. д. в трех километрах от южной оконечности острова Бакл (центрального среди крупных островов). Его ширина составляет менее 2 км, а высота достигает, согласно оценкам, 180 м над уровнем моря. На южной оконечности острова Сабрина находится вулканическая игла под названием Те-Монолит высотой около 80 м, которая соединяется с островом валунной косой. К северо-востоку от острова Сабрина находится небольшой островок, известный под названием Чинстрап. Большая часть острова Сабрина покрыта многолетним снежным и (или) ледяным полем.

Границы:

ООРА включает всю территорию острова Сабрина, Те-Монолит и островок Чинстрап выше уровня моря во время отлива (карта 2). Морская территория в ООРА не входит.

Природные особенности:

Около четверти территории острова Сабрина покрыто вечным снегом и льдом, а подножие ледника спускается в море на северной оконечности. Через весь остров проходит крутая гряда, восточный и южный склоны которой покрыты вулканическим шлаком. Берег в основном представляет собой отвесные скалы, за исключением булыжного пляжа на юго-западе.

На покрытых шлаком склонах к востоку от центральной гряды острова Сабрина находятся гнезда пингвинов Адели и антарктических пингвинов. Птицы добираются до своих гнездовий через пляж на юго-западе острова. На острове Сабрина обитает самая крупная из колоний пингвинов, живущих на островах Баллени. В 2000 г. здесь было зарегистрировано примерно 3 770 гнездящихся пар пингвинов Адели, а в 2006 г. – 202 взрослых особи и 109 птенцов антарктических пингвинов. На островке Чинстрап в 2000 г. было 2298 гнездящихся пар пингвинов, при том что в 1965 г. и 1984 г. на островке было зарегистрировано примерно 10 пар антарктических пингвинов.

В 2014 г. наблюдатели с небольшой судна на юго-западной стороне острова Сабрина и северо-западной части острова Чинстрап сообщили о нахождении отдельных антарктических пингвинов как на острове Сабрина (84), так и на острове Чинстрап (40).

В 2006 г. на острове Сабрина были замечены гнездящиеся капские буревестники (Daption capense). В 1965 г. их также видели на южной стороне Те-Монолита, хотя более поздние экспедиции не подтвердили эти наблюдения. На острове Сабрина иногда встречались отдельные особи золотоволосых пингвинов (Eudyptes chrysolophus) (1964 г. и, возможно, в 1973 г.). Один королевский пингвин был зарегистрирован в 2014 году.

На острове Сабрина зарегистрированы различные виды водорослей (в том числе Myxopycophyta, Xanthophyceae (виды Tribonema) и Chlorophycophyta (виды Prasiola)). Кроме того, имеются данные о том, что здесь есть хромогенные (ярко-желтые) бактерии, дрожжи, 14 видов нитчатых грибков, два вида термофильных грибков (Aspergillus fumigatus и Chaetomium gracile), клещи (виды Stereotydeus mollis, Nanorchestes antarcticus, Coccorhgidia) и нематоды. На вершине главного хребта встречаются корковые лишайники, главным образом виды Caloplaca или Xanthoria.

6(ii) Доступ в Район

- Доступ в Район затруднен из-за крутых скал и особенностей местности каждого острова, а также ледовых условий в различные времена года. Установленного пути доступа на островок Чинстрап не существует, однако доступ на остров Сабрина и Те-Монолит осуществляется на вертолете или маломерном судне с галечного пляжа на юго-западной стороне острова Сабрина (карта 2).
- На территории Района действуют ограничения на доступ, конкретные требования которых изложены в разделе 7(ii).

6(iii) Места расположения сооружений в пределах и вблизи Района

На территории Района и в его окрестностях нет никаких известных сооружений.

6(iv) Местонахождение других близлежащих охраняемых районов

Ближайший к острову Сабрина охраняемый район – ООРА 159 «Мыс Адэр», берег Борхгревинка, расположенный приблизительно в 560 км на юго-восток.

6(v) Особые зоны на территории Района

Какие-либо особые зоны в Районе отсутствуют.

7. Условия выдачи разрешений для доступа

7(i) Общие условия выдачи разрешений

Доступ в Район возможен только на основании Разрешения, которое выдается соответствующим государственным органом. Разрешение на посещение Района выдается на следующих условиях:

- Разрешение выдается только для достижения неотложных научных целей, которые не могут быть достигнуты ни в каком ином месте, или для ключевых целей управления Районом;
- разрешаемая деятельность не противоречит положениям данного Плана управления;
- разрешенные действия не наносят ущерба естественной экологической системе, природным или научным ценностям Района;
- Разрешение выдается на указанный срок; и
- обязательное наличие при себе оригинала или копии Разрешения при посещении Района.

7(ii) Доступ в Район и передвижение по его территории

- Посадка и полеты вертолетов на высоте менее 2000 футов запрещены запрещаются, за исключением случаев, когда имеется Разрешение.
- Доступ на остров Сабрина и Те-Монолит осуществляется на маломерном судне или вертолете на галечном пляже ниже покрытых шлаком склонов с юго-западной стороны острова Сабрина, 66°55,166' ю. ш., 163°18,599' в. д. (карта 2).
- Установленного предпочтительного пути доступа на островок Чинстрап не существует.
- Эксплуатация воздушных судов над Районом должна выполняться, в качестве минимального стандарта, в соответствии с «Руководством по осуществлению воздушных операций вблизи скоплений птиц в Антарктике», прилагаемым к Резолюции 2 (2004 г.).
- Применение дистанционно пилотируемых авиационных систем (ДПАС) в пределах Района должно как минимум соответствовать требованиям положений Руководства по экологическим аспектам использования дистанционно пилотируемых авиационных систем (ДПАС)1 в Антарктике (Резолюция 4 (2018 г.).
- Всё передвижение в пределах Района должно осуществляться в пешем порядке. Движение пешеходов должно быть сведено к минимуму, необходимому для достижения целей любой разрешенной деятельности; при этом следует принимать все возможные меры по сведения к минимуму вытаптывания.

7(iii) Разрешенная деятельность на территории Района

Разрешенная деятельность на территории Района включает в себя:

- обязательные программы научных исследований, которые невозможно осуществлять в других местах и которые не представляют угрозы для естественной экологической системы, природных или научных ценностей Района; а также
- осуществление жизненно важной деятельности по управлению, включая мониторинг и инспекции.

7(iv) Возведение, реконструкция и удаление сооружений

- На территории Района запрещено возводить какие-либо новые сооружения (т. е. знаки или указатели границ) или устанавливать научное оборудование, за исключением такого, которое необходимо для осуществления неотложной научной деятельности или мер управления, и на заранее установленный срок, указанный в Разрешении.

- Все указатели, сооружения или научное оборудование, возводимые (устанавливаемые) на территории Района, подлежат читкой идентификации с указанием страны, наименования основной исследовательской организации или агентства, года возведения (установки) и даты планируемого удаления.
- На всех таких объектах не должно быть организмов, пропагул (например, семян, яиц) и нестерильной почвы; они должны быть изготовлены из материалов, которые способны выдержать условия окружающей среды и которые представляют минимальный риск загрязнения Района.
- Ответственность за удаление конкретных сооружений или оборудования с истекшим сроком разрешения несет инстанция, выдавшая разрешение, и это условие должно быть оговорено в разрешении.

7(v) Размещение полевых лагерей

Разбивка полевых лагерей возможна в том случае, если это необходимо в качестве поддержки научной деятельности или мер управления. Место для разбивки лагеря следует выбирать таким образом, чтобы как можно меньше тревожить диких животных; при этом все снаряжение следует тщательно закрепить.

7(vi) Ограничения на ввоз в Район материалов и организмов

- Преднамеренный ввоз животных, растительных материалов, микроорганизмов и нестерильной почвы на территорию Района запрещается. Следует принимать необходимые меры предосторожности для предотвращения непреднамеренного внедрения животных, растительных материалов, микроорганизмов и нестерильной почвы из других биологически отличающихся регионов (подпадающих и не подпадающих под действие Договора об Антарктике).
- Все пробоотборное оборудование, обувь, предметы верхней одежды, рюкзаки и прочее снаряжение, которые используются или приведены на территорию Района, подлежат тщательной очистке перед входом в Район. Перед каждой высадкой на землю рекомендуется протереть обувь дезинфицирующим средством.
- Ввоз в Район продуктов из домашней птицы, включая пищевые продукты, содержащие сырой яичный порошок, не допускается.
- Ввоз в Район пестицидов запрещается. Все остальные химические вещества, которые могут ввозиться для проведения неотложных научных исследований, в целях управления или в целях обеспечения безопасности в соответствии с разрешением, подлежат вывозу из Района сразу после или до завершения деятельности, на которую было выдано Разрешение.
- Топливо, пищевые продукты и прочие материалы запрещается складировать на территории Района, за исключением случаев, когда это необходимо для достижения важных целей, связанных с деятельностью, на которую выдано Разрешение. Все эти ввезенные материалы подлежат вывозу, когда надобность в них отпадает. Организация постоянных складов запрещается.
- При себе необходимо иметь материалы для борьбы с разливами в объеме, соответствующем объему топлива или прочих опасных жидкостей, которые ввозятся на территорию Района. Любой разлив незамедлительно ликвидируется при условии, что ответные меры оказывают меньшее воздействие на окружающую среду, чем сам разлив.

7 (vii) Изъятие или вредное вмешательство в жизнь местной флоры и фауны

Изъятие местной флоры и фауны или вредное воздействие на них запрещено, если иное не оговорено в разрешении, выданном в соответствии с требованиями Приложения II к Протоколу по охране окружающей среды к Договору об Антарктике. В случае изъятия или вредного вмешательства в жизнь животных следует соблюдать разработанный СКАР Кодекс поведения при использовании животных в научных целях в Антарктике, который является минимальным стандартом.

7(viii) Сбор или вывоз материалов, не ввезенных в Район держателем разрешения

- Сбор или вывоз материалов из Района допускается только в соответствии с разрешением и должен ограничиваться минимумом, необходимым для выполнения научных задач или целей управления.

Разрешения не могут быть выданы, если планируемый отбор образцов вызывает обоснованную обеспокоенность, что это приведет к изъятию, удалению или повреждению такого количества почвы, отложений, микробиоты, флоры или фауны, что это может оказать существенное отрицательное воздействие на их распространенность или концентрацию на территории Района.

- Предметы антропогенного происхождения, не имеющие отношения к держателю разрешения или ввезенные по иному разрешению и могущие нанести ущерб ценностям Района, могут быть удалены из Района при условии, что воздействие на окружающую среду при их удалении не будет превышать ущерба от оставления этих предметов материального мира *на месте*; в этом случае необходимо проинформировать соответствующую инстанцию.

7(ix) Удаление отходов

Все отходы, включая отходы человеческой жизнедеятельности, подлежат вывозу из Района.

7(x) Меры по поддержанию реализации целей и задач Плана управления

Разрешения на доступ в Район могут выдаваться в следующих случаях:

- для проведения мониторинга и инспектирования Района, что может включать в себя сбор/отбор небольшого количества образцов/проб или данных для анализа или изучения;
- возведения или обслуживания указательных знаков, отметок, сооружений или научного оборудования;
- или для других мер управления.

7(xi) Требования к отчетам

По каждому посещению Района основной держатель Разрешения должен представить отчет в соответствующую национальную инстанцию в возможно короткий срок, но не позднее чем через шесть месяцев после завершения посещения. Эти отчеты о посещениях должны содержать, в зависимости от конкретного случая, информацию, указанную в рекомендуемой форме отчета о посещении, приведенную в Приложении 2 к Пересмотренному Руководству по подготовке Планов управления Особо охраняемыми районами Антарктики, приложенному к Резолюции 2 (2011 г.), доступному на сайте Секретариата Договора об Антарктике (www.ats.aq).

В случае необходимости национальному органу рекомендуется направить экземпляр отчета о посещении также Стороне, которая подготовила План управления, в качестве вспомогательного материала для управления Районом и пересмотра Плана управления.

В настоящее время данных об этом Районе очень мало. Новая Зеландия, как Сторона, отвечающая за пересмотр настоящего Плана управления, будет благодарна за предоставление копий данных и изображений, которые могут оказать содействие в дальнейшем осуществлении мер управления в этом Районе.

8. Справочная документация

Bradford-Grieve, Janet and Frenwick, Graham. November 2001. A Review of the current knowledge describing the biodiversity of the Balleny Islands: Final Research Report for Ministry of Fisheries Research Projects ZBD2000/01 Objective 1 (in part). NIWA, New Zealand.

de Lange W., Bell R. 1998. Tsunami risk from the southern flank: Balleny Islands earthquake. Water and atmosphere. 6(3), pp 13-15.

Macdonald, J.A., Barton, Kerry J., Metcalf, Peter. 2002. Chinstrap penguins (Pygoscelis antarctica) nesting on Sabrina Islet, Balleny Islands, Antarctica. Polar Biology 25:443-447

Robertson,CJR, Gilbert, JR, Erickson, AW. 1980. Birds and Seals of the Balleny Islands, Antarctica. National Museum of New Zealand Reconds 1(16), pp271-279

Sharp, Ben R. 2006. Preliminary report from New Zealand research voyages to the Balleny Islands in the Ross Sea region, Antarctica, during January-March 2006. Ministry of Fisheries, Wellington, New Zealand.

Smith, Franz. 2006. Form 3: Format and Content of Voyage Reports: Balleny Islands Ecology Research Voyage.

Tidemann, S.C, Walleyn, A., Ryan, J.F. 2015. Observations of penguins and other pelagic bird species in the Balleny Islands, Antarctica. Australian Field Ornithology, 32: 169-175.

Varian, SJ. 2005. A summary of the values of the Balleny Islands, Antarctica. Ministry of Fisheries, Wellington, New Zealand.

Приложение А

Таблица А.1 - Виды птиц, встречавшиеся на островах Баллени

В таблице приведены наблюдения, зафиксированные в отчетах экспедиций и научных публикациях. Данные, подтверждающие факт размножения видов (отмечены в таблице), получены в ходе последних экспедиций (т. е. начиная с 2000 г.); буква S означает размножение на территории острова Сабрина.

Общепринятое название	Вид	Размножение
Пингвин Адели	*Pygoscelis adeliae*	✓ S
Серебристо-серый буревестник	*Fulmarus glacialoides*	✓
Антарктический буревестник	*Thalassoica antarctica*	✓
Антарктическая китовая птичка	*Pachyptila desolata*	
Полярная крачка	*Sterna paradisaea*	
Чернобровый альбатрос	*Diomedea melanophrys*	
Кэмпбельский альбатрос	*Thalassarche impavida*	
Капский буревестник	*Daption capense*	✓ S
Антарктический пингвин	*Pygoscelis antarctica*	✓ S
Сероголовый альбатрос	*Diomedea chrysostoma*	
Патагонский пингвин	*Aptenodytes patagonicus*	
Светлоспинный дымчатый альбатрос	*Phoebetria palpebrata*	
Золотоволосый пингвин	*Eudyptes chrysolphus*	
Тайфунник Пила	*Pterodroma excpectata*	
Малый снежный буревестник	*Pagodroma nivea*	✓
Серый буревестник	*Puffinus griseus*	
Южный гигантский буревестник	*Macronectes giganteus*	
Южнополярный поморник	*Catharacta maccormicki*	
Поморник Лоннберга	*Catharacta antarctica lonnbergi*	
Странствующий альбатрос	*Diomedea exulans*	
Белогорлый буревестник	*Procellaria aequinoctialis*	
Белоголовый буревестник	*Pterodroma lessonii*	
Качурка Вильсона	*Oceanites oceanicus*	

Таблица А.2 - Виды тюленей, встречавшиеся на островах Баллени

В таблице приведены наблюдения, зафиксированные в отчетах экспедиций и научных публикациях. Данных, подтверждающих факт размножения какого-то вида, нет.

Общепринятое название	Вид
Тюлень-крабоед	*Lobodon carcinophagus*
Морской слон	*Mirounga leonina*
Морской леопард	*Hydrurga leptonyx*
Тюлень Уэдделла	*Leptyonychotes weddellii*

Рисунок А.1 - ООРА № 104 «Остров Сабрина», острова Баллени, Антарктика. Карта региона

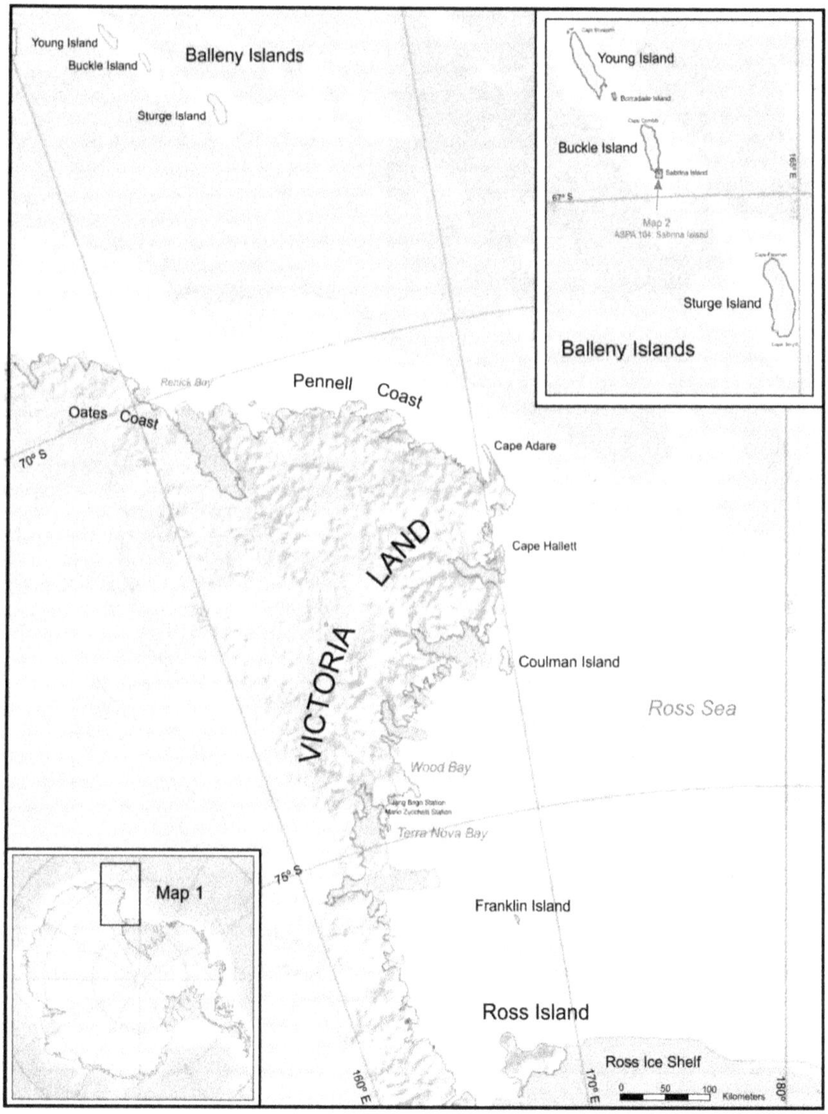

Map Information
Source: SCAR Antarctic Digital Database Version 6.0 Year 2012
Projection: Antarctic Polar Stereographic
Datum: WGS84
True north is coincident with the lines of longitude

Map 1 - ASPA 104: Sabrina Island
Balleny Islands, Antarctica.
Regional Map

Рисунок А.2 - ООРА № 104: «Остров Сабрина», острова Баллени, Антарктика. Границы, доступ и характерные признаки

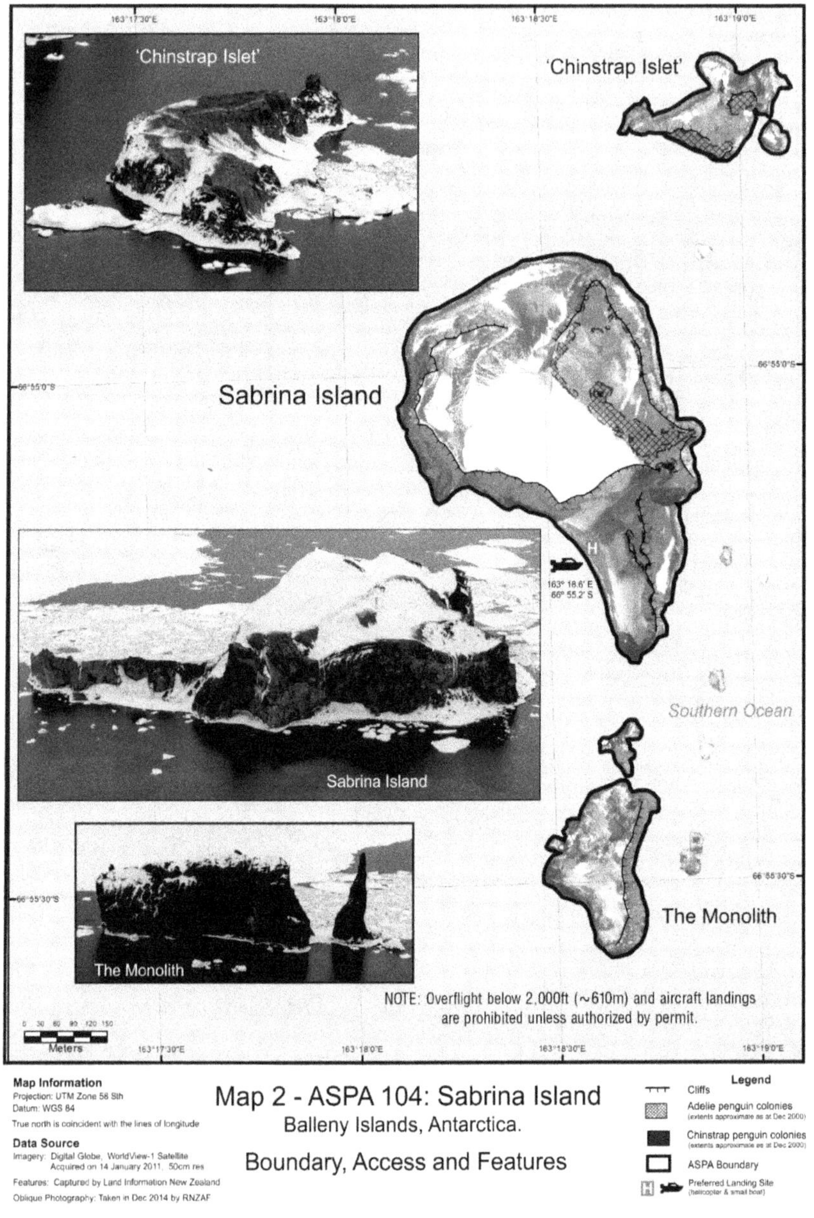

План управления Особо охраняемым районом Антарктики № 105 «ОСТРОВ БОФОРТ» (ЗАЛИВ МАК-МЁРДО, МОРЕ РОССА)

1. Описание ценностей, нуждающихся в охране

Остров Бофорт был первоначально определен в качестве Особо управляемого района № 5 на основании Рекомендации IV-5 (1966 г.) ввиду того, что он «имеет обширную и разнообразную орнитофауну, является одним из основных мест гнездования птиц в регионе и его необходимо охранять для того, чтобы сохранить его природную экологическую систему в качестве эталонного участка». На основании Решения 1 (2002 г.) Район повторно определен как Особо охраняемый район Антарктики (ООРА) № 105, а пересмотренный План управления был принят на основании Меры 2 (2003 г.), Меры 4 (2010 г.) и Меры 5 (2015 г.). Район представляет собой остров, относительно нетронутый антропогенной деятельностью, выделенный в качестве охраняемой территории, главным образом в целях защиты местных экологических ценностей от вмешательства человека.

Остров Бофорт – самый северный остров архипелага Росса, который находится в 30 км к северу от мыса Берд (полуостров Росса). Это – остаток гребня вулканического конуса, остальная часть которого подверглась эрозии и сейчас находится под водой к востоку от острова. Сам остров и остатки подводной кальдеры блокируют преимущественно западный дрейф пакового льда и айсбергов, отделяющихся от близлежащего шельфового ледника Росса. Айсберги оседают на этих пиках, что, в свою очередь, ускоряет рост припая. Остров Бофорт в основном имеет скалистую поверхность, однако отдельные участки покрыты льдом и снегом. На юго-западной стороне острова расположен обширный, свободный ото льда шельф с приподнятыми пляжами, за которыми в летний период образуются водоемы, куда стекают небольшие ручейки талой воды, спускающиеся к берегу. Значительную часть территории острова на западе и севере покрывают наклонные ледниковые поля (наклон от 12° до 15°). На северной оконечности острова, где ледниковая шапка спускается к валунному пляжу, огораживая эту часть берега, находится обширная равнина высотой менее 50 м над уровнем моря. Восточную часть острова, обращенную к центру кальдеры, образуют практически вертикальные скалы.

Местная орнитофауна – самая разнообразная в южной части моря Росса. Здесь есть крупная колония пингвинов Адели (Pygoscelis adeliae) на широком шельфе в юго-западной части острова и меньшая по размеру новая подколония, образовавшаяся в 1995 г., которая расположилась на пляже вдоль северо-западного берега. Возраст останков пингвинов Адели составляет 45 000 лет. На нескольких участках припая к северу и востоку от острова, где осевшие айсберги ускоряют формирование припайного льда, расположилась гнездовая колония императорских пингвинов (Aptenodytes forsteri). Северный и южный берега острова занимает плотная колония южнополярных поморников (Catharacta maccormicki), а в углублениях скал на юге острова наблюдались гнездящиеся малые снежные буревестники (Pagodroma nivea). Границы Района, ранее не охватывавшие колонию императорских пингвинов, были расширены, и теперь в состав Района входит участок припая, где могут селиться гнездящиеся птицы. На припае рядом с осевшими айсбергами устраивают лежки и щенятся тюлени Уэдделла (Leptonychotes weddellii), а в окрестностях острова обитают морские леопарды (Hydruga leptonyx) и косатки моря Росса (тип C), а также форма, известная как тип B. Косаток моря Росса привлекает рыба, а морских леопардов и косаток типа B привлекают пингвины и тюлени. В близлежащих водах наблюдались также тюлени-крабоеды (Lobodon carcinophagus), малые полосатики (Balaenoptera acutorostrata) и южные плавуны (Berardius arnuxii).

Остров Бофорт расположен в пределах Экологической среды S: геология Мак-Мёрдо – южная часть Земли Виктории, исходя из Анализа экологических доменов по Антарктике (Резолюция 3 (2008 г.), и в Регионе 9 – южная часть Земли Виктории, исходя из документа «Заповедные биогеографические регионы Антарктики» (Резолюция 6 (2012 г.).

На территории Района находится Ключевая орнитологическая территория (КОТ) 188, остров Бофорт.

Отсутствие ледового покрова и паковый лед вокруг острова в начале летнего сезона затрудняют доступ со стороны моря, поэтому бóльшая часть Района посещалась нечасто. Остров Бофорт не был всесторонне исследован (за исключением пингвинов) и в основном не подвергался прямому воздействию человеческой деятельности. Однако, как показывают последние наблюдения, снежные и ледяные поля отступают. Важными причинами введения режима охраны на острове Бофорт являются его экологические, научные и эстетические ценности, обусловленные изолированностью острова и относительно низким уровнем антропогенного воздействия.

2. Цели и задачи

Целью настоящего Плана управления является охрана этого Района и его достопримечательностей с тем, чтобы обеспечить сохранение этих ценностей. Цели Плана управления заключаются в следующем:

- предупреждение ухудшения или значительного риска ухудшения состояния ценностей Района путем предотвращения излишнего антропогенного воздействия;
- сохранение природной экосистемы как эталонного района, практически не испытавшего прямого антропогенного воздействия;
- создание условий для проведения научных исследований природных экосистем, растительных сообществ, орнитофауны, сообществ беспозвоночных и почв Района при условии, что они осуществляются для достижения неотложных целей, которые не могут быть достигнуты в других местах;
- минимизация нарушений этих сообществ человеком за счет предотвращения излишнего отбора образцов;
- минимизация вероятности интродукции в Район чужеродных растений, животных и микроорганизмов;
- создание условий для посещения в целях управления в поддержку задач Плана управления.

3. Меры управления

Для обеспечения охраны ценностей Района будут предприняты следующие меры управления:

- Обеспечение наличия копий настоящего Плана управления (с указанием действующих особых ограничений), в том числе карт Района, на близлежащих научно-исследовательских и полевых станциях.
- Указатели, знаки или другие сооружения, возведенные в пределах Района в научных целях или для реализации задач управления, должны быть надежно закреплены, поддерживаться в надлежащем состоянии и удаляться по мере утраты необходимости в них.
- Посещение Района должно осуществляться по мере необходимости для оценки его соответствия целям, для которых он был определен, и осуществления необходимой деятельности по управлению и техническому обеспечению.
- Национальные антарктические программы, работающие в регионе, должны проводить совместные консультации с целью обеспечения выполнения данных шагов.

4. Период определения

Определен на неограниченный период времени.

5. Карты и фотографии

- Карта 1: Топография острова Бофорт и карта доступа по воздуху. Характеристики: Проекция: Равноугольная коническая проекция Ламберта; Горизонтальная линия приведения: сферическая и горизонтальная точки отсчета: WGS8; Источники данных: Данные о границах, топографии и инфраструктуре ООРА предоставлены Антарктикой, Новая Зеландия (2019 г.).
    - Врезка 1: Район моря Росса с указанием местоположения острова Бофорт возле полуострова Росса.

- Врезка 2: Остров Бофорт относительно полуострова Росса с указанием местоположения станции Мак-Мёрдо (США) и станции Скотт (Новая Зеландия)

- Карта 2: Дикая природа и растительность острова Бофорт на северном побережье. Спецификация аналогична спецификации карты 1; свободный ото льда грунт по данным аэрофотосъемки Новой Зеландии (22 ноября 1993 г.).
- Карта 3: Остров Бофорт – Колония пингвинов Адели на пляже Кадуоладер (Cadwalader Beach). Спецификация аналогична спецификации карты 1.
  - Фотография 1: Остров Бофорт, северное побережье, аэрофотосъемка, С.М. Харрис (C.M. Harris), январь 1995 г.
  - Фотография 2: Остров Бофорт, северное побережье, Южнополярный поморник и растительность, С.М. Харрис (C.M. Harris), январь 1995 г.
  - Фотография 3: Остров Бофорт, пляж Кадуоладер (Cadwalader Beach), с высоты птичьего полета, С.М. Харрис (C.M. Harris), январь 1995 г.

6. Описание Района

6(i) Географические координаты, специальные знаки и характерные естественные признаки, определяющие границы Района

В состав Района входит вся территория острова Бофорт (76°56' ю. ш., 166°56' в. д.) выше отметки среднего уровня прилива, включая примыкающий к нему припай, занятый гнездящимися императорскими пингвинами (карта 1). Координаты:

- От северного берега о-ва Бофорт в точке с координатами 76°55'44" ю. ш., 166°52'42" в. д. на север до точки с координатами 76°55'30" ю. ш., 166°52'49" в. д.
- От точки с координатами 76°55'30" ю. ш., 166°52'49" в. д. на восток до точки с координатами 76°55'30" ю. ш., 167°00' в. д.
- От точки с координатами 76°55'30" ю. ш., 167°00' в. д. на юг вдоль меридиана 167° до точки пересечения с береговой линией острова Бофорт (76°55'30" ю. ш., 167° в. д.) (карта 1).

Остров Бофорт является одним из серии вулканических выходов позднего третичного периода, образовавшихся вдоль линии непрочности на дне моря Росса. Он представляет собой остатки базальтового конуса, относящегося приблизительно к последнему межледниковому периоду, и является частью кальдеры. В настоящее время конус более чем на три четверти состоит из расположенных по кругу подводных пиков к востоку от острова Бофорт. Эти подводные пики наряду с самим островом блокируют преимущественно западный дрейф пакового льда и заставляют оседать айсберги, что, в свою очередь, ускоряет рост припая в этом районе. На припае гнездятся императорские пингвины. Местонахождение этой гнездовой колонии меняется с изменением местонахождения припая, и поэтому границы охраняемого Района были расширены, чтобы в любой сезон они охватывали участок, где находится колония.

Геология острова типична для эродированных базальтовых комплексов субвоздушного происхождения, с очевидными проявлениями потоков лавы и взрывов брекции и туфа. Многие вулканические породы имеют интрузии ряда базальтовых даек позднего периода, и есть свидетельства залежей вулканического туфа из осадков пепла и спая брызг, стекавших с местных второстепенных конусов из шлаков и брызг. Остров имеет примерно 7 км в длину и 3,2 км в ширину и поднимается на высоту до 771 м на пике Пейтон. Западная и северо-западная части острова в основном покрыты ледниковыми полями с ледниковыми утесами высотой около 20 м вдоль северо-западного края, а восточная и южная стороны острова в основном свободны ото льда и состоят из почти отвесных, недоступных утесов, поднимающихся прямо из моря. На юго-западном берегу находится пляж Кадуоладер, который состоит из приморской полосы и остроконечной отмели на переднем плане и крутых базальтовых утесов и нескольких конусов осыпавшихся камней на заднем плане. Среди серии береговых гряд, где обычно гнездятся пингвины Адели, есть несколько замкнутых талых водоемов, что свидетельствует об удалении береговой линии от утесов с течением времени и изостатическом поднятии земной коры. На северной стороне острова есть ряд приподнятых пляжей, причем на некоторых из них видны следы (птичьи перья и гуано) бывших и, судя по всему, крупных колоний пингвинов (до 45 000 лет назад). Под сильно выветренными южными утесами есть приливно-отливные (истертые) платформы и массивные валуны. Восточные утесы спускаются прямо в море. Из-за крутизны скал, подводных пиков и осевших айсбергов остров Бофорт практически недоступен с моря, за исключением южного и северного берегов. Поэтому морские суда обходят остров на большом расстоянии. В силу изолированности острова Бофорт и низкого текущего уровня навигационной активности в этом регионе территория Района не была обозначена указателями на границах или какими-либо знаками.

На острове Бофорт есть одна основная колония пингвинов Адели и одна недавно сформировавшаяся новая подколония. Основная колония, насчитывавшая 70 468 гнездящихся пар (2013-2014 годы), занимает ровную площадку на пляже Кадуоладер (карты 1 и 3). В период с 1981 по 2000 год наблюдалась общая тенденция к уменьшению количества гнездящихся пар в основной колонии, а затем, с 2001-го по 2012-й годы, – тенденция к увлечению. Во время учета численности в 2013–2014 годах в этом районе было зарегистрировано наибольшее количество гнездящихся пар с начала учета численности в 1981 году и практически двойное увеличение за 30 лет (39 391 гнездящихся пар) в среднем по данному району (Lyver et al., 2014). В 1995 г. на западном конце свободного ото льда пляжа в возникшей подколонии, которая находится на северном берегу (76°55' ю. ш., 166°52' в. д.), было 2 пары с 3 птенцами и примерно 10-15 негнездящихся птиц. Колония продолжала расти, и в 2005-2006 гг. в период размножения насчитывала 525 гнездящихся пар, в 2008-2009 гг. в период размножения – 677 гнездящихся пар и 989 гнездящихся пар в период размножения в сезоне 2013–2014 гг. Начиная с 1996 г., ученые американской и новозеландской программ окольцевали 400 почти оперившихся птенцов пингвинов Адели из колонии, расположенной на пляже Кадуоладер. Сейчас в колонии находятся несколько сотен окольцованных взрослых особей из числа выживших птенцов. На этой территории, особенно в подколонии на северном пляже, наблюдались пингвины, окольцованные на мысе Ройдс, мысе Берд и мысе Крозиер. В недавнем прошлом многие птицы с острова Бофорт переселялись в колонии полуострова Росса, однако с отступлением ледовых полей и увеличением пространства для гнездовий эта тенденция исчезла. Над пляжем поднимается моренная терраса с ледяным ядром (5-20 м в высоту и 2-3 м в ширину на протяжении большей части длины и расширяющаяся до 50 м на восточном конце); она простирается на 550 м, а затем начинает более круто подниматься в направлении нестабильных базальтовых утесов, преобладающих на всей восточной части острова. На моренной террасе найдены отложения по крайней мере трех частично фоссилизированных колоний пингвинов, каждый слой по вертикали разделен примерно 50-100-сантиметровым слоем гравия и песка, что позволяет предположить, что в прошлом эту часть острова занимала внушительная гнездовая колония пингвинов.

На крутых осыпях, скопившихся у подножья утесов, которые возвышаются за колонией пингвинов Адели на пляже Кадуоладер, гнездятся южнополярные поморники (примерно 150 пар, однако точно это неизвестно). Еще одна популяция, насчитывающая около 50 пар поморников (учет численности 1995 года), гнездится на террасе и свободных ото льда склонах на северном берегу. Соотношение гнездящихся и негнездящихся особей в этой популяции неизвестно, однако согласно подсчету, проведенному в январе 1995-го и 1997-го годов, в колонии насчитывалось примерно 25 и 50 птенцов соответственно. Кроме того, на скалах, возвышающихся над колонией пингвинов Адели на пляже Кадуоладер, были замечены несколько малых снежных буревестников.

Каждый год в период приблизительно между апрелем и январем в зоне припая, идущей от северного и восточного берегов острова Бофорт, наблюдается небольшая колония императорских пингвинов (от 131 до 2 038 живых птенцов согласно подсчетам, проводившимся в 1962–2012 годах; в 2012 году, по данным аэрофотосъемки, численность взрослых особей – 812 птиц, в 2018 году – 462). Учет численности птенцов как минимум отражает число гнездящихся пар. Учет численности птенцов на острове Бофорт показал, что она уменьшилась в 2000–2004 годах, когда гигантский айсберг B15A столкнулся с северо-западным языком шельфового ледника Росса на мысе Крозиер у полуострова Росса (Kooyman et al., 2007). В 2012 году, по данным аэрофотосъемки, численность птенцов составила 705 особей, а в 2018 году – 417.

В 2000–2012 годах численность птенцов и взрослых особей была непостоянной. Размер колонии ограничен размером ареала и состоянием припая, которое влияет на количество мест для гнездовий с подветренной стороны северных склонов острова Бофорт. Точное местоположение колонии меняется от года к году, и колония перемещается в течение одного сезона гнездования, но в целом колония занимает припай у подножья скал на северо-восточном углу острова, как показано на картах 1 и 2. Более высокая изменчивость количества птенцов в этой маленькой колонии свидетельствует о том, что она находится в маргинальном биотопе и, возможно, зависит от изменения окружающей среды.

На моренной террасе с ледяным ядром, которая находится над пляжем в северной оконечности острова (карты 1 и 3), есть растительность. В толстом слое гуано, покрывающем пляж Кадуоладер, мало что может расти, а остальная территория острова – это либо скалы, либо ледяной покров. В результате посещения Района в январе 1995 и 1997 годов было составлено описание участка растительности, достигающего 50 м в ширину и расположенного над северным пляжем острова на высоте 5-7 м. Этот участок состоит из большого (около 2,9 га) сплошного пятна мха одного вида – Bryum argenteum. Среди B. argenteum также встречается еще один вид мха – Hennediella heimii. Известно, что это сообщество мхов является местообитанием крупных популяций клещей (Acari) и ногохвосток (Collembola). Несмотря на отсутствие детальных исследований беспозвоночных, в образцах мха, взятых на острове Бофорт, было обнаружено очень большое количество Gomphiocephalus hodgsoni (Collembola) и Stereotydeus mollis (Acari). Данные последних генетических анализов этих популяций свидетельствуют об уникальности гаплотипов митохондриальной ДНК с острова Бофорт, не обнаруженных в других популяциях беспозвоночных региона моря Росса.

На этой территории обнаружено разнообразное сообщество водорослей, которые также встречаются в большом количестве на шельфе южного берега, и, хотя подробное изучение водорослей здесь еще не проводилось, в Районе уже обнаружены несколько видов водорослей, включая красные снежные водоросли видов Chlamydomonas sp., Chloromonas sp. и Chlamydomonas nivalis. Это одно из самых южных мест, где когда-либо встречались красные снежные водоросли. На северном пляже особенно высока численность водоросли Prasiola crispa. В Районе были обнаружены несколько одноклеточных из хлорофитов и ксантофитов (включая виды из родов Botrydiopsis и Pseudococcomyxa), а также цианобактерии (особенно сциллатории), которые обнаружены вместе с P. crispa. Зеленые снежные водоросли, примечательные тем, что они опоясывают нижние уровни снежников выше пляжа, но ниже ледяных скал, содержат смесь видов Chloromonas и Klebsormidium species

6(ii) Места расположения сооружений в пределах и вблизи Района

Отсутствуют.

6 (iii) Сооружения на территории и вблизи Района

Единственное известное сооружение на острове – это указательный столб на выступающем камне в районе колонии пингвинов Адели на пляже Кадуоладер (карта 3). Столб был установлен в 1959-1960 гг., и на нем указаны имена и родные города матросов и капитана корабля новозеландских ВМС «Эндевор». Столб замурован в бетон, и в ноябре 2008 г. он был в хорошем состоянии. Этот столб имеет потенциальную историческую ценность и должен оставаться *на месте*, если не появятся веские основания для его вывоза (что необходимо отслеживать).

На карте острова, составленной в 1960 г., обозначена станция астрономических наблюдений, но неизвестно, существуют ли какие-либо связанные с нею постоянные указатели. Как показано на карте, станция находилась на южной оконечности основной гряды, разделяющей остров, на высоте 549 м (карта 3).

6(iv) Местонахождение других близлежащих охраняемых районов

Ближайшими к острову Бофорт охраняемыми районами являются ООРА № 116 «Долина Нью-Колледж» (пляж Коли, мыс Берд), расположенный в 30 км к югу на мысе Берд (полуостров Росса). Далее в 35 км к югу на полуострове Росса находятся ООРА № 121 «Мыс Ройдс» и ООРА № 157 «Бухта Бакдор». Примерно в 40 км к востоку находится ООРА № 124 «Мыс Крозиер» (см. врезку на на карте 1).

7. Условия выдачи Разрешений для доступа

Посещение Района возможно только на основании Разрешения, которое выдается компетентным национальным органом. Разрешение на посещение Района выдается на следующих условиях:

- разрешение выдается только для достижения важных целей управления или выполнения неотложных научных задач, которые не могут быть достигнуты или выполнены в других местах;
- разрешенная деятельность не поставит под угрозу экологические или научные ценности Района;
- все меры управления будут способствовать достижению целей Плана управления;
- разрешенная деятельность соответствует положениям Плана управления;
- во время пребывания на территории Района необходимо иметь при себе оригинал или заверенную копию Разрешения;
- отчет о посещении должен быть представлен в орган, указанный в разрешении;
- Разрешение выдается на указанный срок.

7(i) Доступ в Район и передвижение по его территории

- Использование наземного транспорта на территории Района запрещено, а попасть на его территорию можно на маломерных водных судах или воздушным путем.
- Никаких особых ограничений относительно мест высадки на остров с маломерных судов нет. Пилотам, экипажам воздушных и морских судов и всем находящимся на борту запрещено выходить за пределы территории, непосредственно примыкающей к месту высадки (посадки), за исключением случаев, когда это специально оговорено в Разрешении.
- Эксплуатация воздушных судов над Районом должна выполняться, в качестве минимального стандарта, в соответствии с «Руководством по осуществлению воздушных операций вблизи скоплений птиц в Антарктике», прилагаемым к Резолюции 2 (2004 г.).
- Обычно полеты над птичьими гнездовьями на высоте менее 610 m (или 2 000 футов) запрещены. Районы, где действуют эти особые ограничения, показаны на картах 1 и 3. Если транзитные полеты над этими участками необходимы для достижения важных научных целей и целей управления (например, осуществление аэрофотосъемки для оценки размера колонии), они могут быть разрешены на высоте не менее 300 м (1000 футов). Такие беспосадочные полеты должны быть специально оговорены в Разрешении.
- Воздушные суда должны приземляться на острове только на специально выделенной площадке (166°52'05" в. д., 76°55'09" ю. ш. – карты 1 и 3), которая расположена на большом ровном участке льда на северном конце острова.
- Если на момент посещения Района состояние снежного покрова на этой площадке не отвечает условиям безопасного приземления, то в период с середины и до конца сезона можно воспользоваться альтернативной посадочной площадкой на территории северного лагеря, которая выделена на западной оконечности северного пляжа острова Бофорт. Желательно, чтобы воздушные суда заходили на посадку и взлетали со специально выделенной посадочной площадки с юга или запада (карта 1). При необходимости использования альтернативной посадочной площадки в районе лагеря на северном пляже из практических соображений заходить на посадку, возможно, придется с севера. В этом случае воздушное судно должно избегать полета над районом к востоку от этого места, указанного на картах 1 и 3.
- Использование на территории Района вертолетных дымовых шашек допускается только в тех случаях, когда это необходимо по соображениям безопасности, причем все шашки подлежат вывозу из Района.
- Применение дистанционно пилотируемых авиационных систем (ДПАС) в пределах Района должно как минимум соответствовать требованиям положений Руководства по экологическим аспектам использования дистанционно пилотируемых авиационных систем (ДПАС) в Антарктике (Резолюция 4 (2018 г.). Посетители не должны без необходимости беспокоить птиц или ходить по видимой растительности. Движение пешеходов должно быть сведено к минимуму, необходимому для достижения целей любой разрешенной деятельности; при этом следует делать все возможное для минимизации воздействий.

7(ii) Осуществляемая или разрешенная деятельность на территории Района, включая ограничения по времени или пространству

- Необходимые научные исследования, не представляющие угрозу для ценностей экосистемы Района, которые не могут быть проведены в других местах.
- Основные управленческие мероприятия, включая мониторинг.

7(iii) Возведение, реконструкция или удаление сооружений

Установка на территории Района научного оборудования или сооружений допускается только на основании разрешения. Все указатели, сооружения или научное оборудование, установленные на территории Района, должны быть санкционированы в Разрешении и иметь четкую маркировку с указанием страны, наименования основной исследовательской организации и года установки. Все подобные объекты должны быть выполнены из материалов, представляющих минимальную опасность с точки зрения загрязнения Района. Одним из требований Разрешения должен быть вывоз из Района конкретного оборудования, на которое истек срок действия Разрешения.

7(iv) Размещение полевых лагерей

Организация лагерей разрешается только на двух специально выделенных участках (карты 1–3). Северная площадка для разбивки лагерей расположена на ровном участке к северу от выделенной посадочной площадки в более защищенном от ветра месте на северо-западном конце пляжа в 200 м от того участка, где гнездятся несколько пар пингвинов Адели и поморников (если они там присутствуют). Вторая площадка расположена в 100 м от северного края большой колонии пингвинов Адели на пляже Кадуоладер.

7(v) Ограничения на ввоз материалов и организмов в Район

- Преднамеренный ввоз в Район живых животных, растительных материалов или микроорганизмов не допускается, а в целях предотвращения случайной интродукции необходимо соблюдать меры предосторожности, перечисленные в пункте 7(ix).
- Ввоз на территорию Района гербицидов или пестицидов не допускается. Любые другие химикаты, включая радиоизотопы или стабильные изотопы, которые могут быть ввезены на территорию Района для проведения научных исследований или осуществления мер управления, указанных в Разрешении, подлежат вывозу из Района сразу после или до завершения деятельности, на которую выдано Разрешение.
- Ввоз в Район продуктов из домашней птицы, включая пищевые продукты, содержащие сырой яичный порошок, не допускается.
- Хранение топлива на территории Района запрещено, за исключением случаев, когда это необходимо для достижения важных целей, связанных с деятельностью, на которую выдано разрешение.
- Все материалы ввозятся только на указанный срок, подлежат вывозу сразу по истечении или до истечения указанного срока, а порядок их хранения и эксплуатации должен гарантировать минимизацию риска их попадания в окружающую среду. Организация постоянных складов запрещается.

7(vi) Изъятие местной флоры и фауны или вредное воздействие на них

Изъятие или вредное вмешательство в жизнь местной флоры или фауны допускаются только на основании отдельного разрешения, выданного для этой цели компетентным национальным органом в соответствии со Статьей 3 Приложения II. В случае изъятия или вредного вмешательства в жизнь животных следует как минимум соблюдать разработанный *СКАР Кодекс поведения при использовании животных в научных целях в Антарктике*.

7(vii) Сбор или вывоз чего-либо, не ввезенного в Район держателем Разрешения

Сбор или вывоз материалов из Района допускается только в соответствии с Разрешением и должен ограничиваться минимумом, необходимым для выполнения научных задач или целей управления.

Материалы антропогенного происхождения, которые могут нанести ущерб ценностям Района и которые не были ввезены в Район держателем Разрешения или санкционированы иным образом, могут быть вывезены, за исключением ситуаций, когда существует вероятность того, что их вывоз окажет воздействие на окружающую среду, превосходящее последствия пребывания материала *in situ*. В этом случае необходимо направить уведомление в соответствующий компетентный орган.

7(viii) Удаление отходов

Все отходы, включая отходы человеческой жизнедеятельности, подлежат вывозу из Района.

7 (ix) Меры, необходимые для обеспечения дальнейшего выполнения целей и задач Плана управления

- Разрешения на посещение Района могут выдаваться для проведения биологического мониторинга и осмотра территории, что может предусматривать отбор небольших образцов для анализа или проверки, а также для осуществления защитных мер.
- Все участки, специально предназначенные для проведения долгосрочного мониторинга, должны быть надлежащим образом обозначены.
- В целях сохранения экологических и научных ценностей, связанных с изоляцией и исторически сложившимся низким уровнем антропогенного воздействия на острове Бофорт, посетители должны соблюдать особые меры предосторожности для предотвращения интродукции. Особую опасность представляет интродукция микроорганизмов или растений, занесенных из почв других районов Антарктики, включая станции, или из регионов, находящихся за пределами Антарктики. Для минимизации риска интродукции посетители должны предпринимать следующие меры:
  - Оборудование для отбора образцов или указатели, которые ввозятся на территорию Района, должны быть стерилизованы и, насколько это возможно, должны сохраняться в стерильном состоянии до того, как будут использованы на территории Района. Насколько это возможно, обувь и другое снаряжение, используемое на территории Района или ввозимое на его территорию (включая рюкзаки, сумки, колышки для палаток, парусину и прочее лагерное снаряжение), должно быть тщательно очищено или стерилизовано и должно поддерживаться в этом состоянии до входа на территорию Района.
  - Стерилизация должна осуществляться одним из допустимых методов, например с использованием УФ-излучения или автоклава, или путем промывки открытых поверхностей 70 %-м водным раствором этанола.

7(x) Требования к отчетам

Стороны должны принять меры к тому, чтобы основной держатель каждого выданного Разрешения представил соответствующему компетентному органу отчет о проведенной деятельности. Насколько это уместно, в состав такого отчета должна входить информация, указанная в форме отчета о посещении, предложенной СКАР. Стороны должны вести учет такой деятельности и в рамках ежегодного обмена информацией предоставлять краткие описания мероприятий, проведенных лицами, которые находятся под их юрисдикцией. Эти описания должны содержать достаточно подробные сведения, чтобы можно было провести оценку эффективности Плана управления. По мере возможности Стороны должны сдавать оригиналы отчетов или их копии в открытый архив для ведения учета использования участка. Эти отчеты будут использоваться как при пересмотре Плана управления, так и в процессе организации использования Района в научных целях.

Библиография

Ainley, D.G., Ballard, G., Barton, K.J., Karl, B.J., Rau, G.H., Ribic, C.A. and Wilson, P.R. 2003. Spatial and temporal variation of diet within a presumed metapopulation of Adélie penguins. *Condor*, 105, 95-106.

Barber-Meyer, S.M., Kooyman, G.L. and Ponganis, P.J. 2007. Estimating the relative abundance of emperor penguins at inaccessible colonies using satellite imagery. *Polar Biology*, 30, 1565-1570.

Barber-Meyer, S.M., Kooyman, G.L. and Ponganis, P.J. 2008. Trends in western Ross Sea emperor penguin chick abundances and their relationships to climate. *Antarctic Science*, 20 (1), 3-11.

Barry, J.P., Grebmeier, J.M., Smith, J. and Dunbar, R.B. 2003. Oceanographic versus seafloor-habitat control of ebnthic megafaunal communities in the S.W. Ross Sea, Antarctica. *Antarctic Research Series*, 76, 335-347.

Caughley, G. 1960. The Adélie penguins of Ross and Beaufort Islands. *Records of Dominion Museum*, 3 (4), 263-282.

Centro Ricera e Documetazione Polare, Rome, 1998. *Polar News*, 13 (2), 8-14.

Denton, G.H., Borns, H.W. Jr., Grosval's, M.G., Stuiver, M., Nichols, R.L. 1975. Glacial history of the Ross Sea. *Antarctic journal of the United States*, 10 (4), 160-164.

Emslie, S.D., Berkman, P.A., Ainley, D.G., Coats, L. and Polito, M. 2003. Late-Holocene initiation of ice-free ecosystems in the southern Ross Sea, Antarctica. *Marine Ecology Progress Series*, 262, 19-25.

Emslie, S.D., Coats, L., Licht, K. 2007. A 45,000 yr record of Adélie penguins and climate change in the Ross Sea, Antarctica. *Geology*, 35 (1), 61–64.

Harrington, H.J. 1958. Beaufort Island, remnant of Quaternary volcano in the Ross Sea, Antarctica. *New Zealand journal of geology and geophysics*, 1 (4), 595-603.

Kooyman, G.L., Ainley, D.G., Ballard, G. and Ponganis, P.J. 2007. Effects of giant icebergs on two emperor penguin colonies in the Ross Sea, Antarctica. *Antarctic Science* 19 (1), 31-38.

LaRue, M., a. Unpublished aerial counts via USAP event B-243-M. 2018.

LaRue, M.A., Ainley, D.G., Swanson, M., Dugger, K.M., Lyver, P.O., Barton, K. and Ballard, G. 2013. Climate change winners: Receding ice fields facilitate colony expansion and altered dynamics in an Adelie penguin metapopulation. PLoS ONE 8(4): e60568. doi:10.1371/journal.pone.0060568.

Lyver, P. O., Barron, M., Barton, K.J., Ainley, D.G., Pollard, A., Gordon, S., McNeill, S., Ballard, G. and Wilson, P.R. 2014. Trends in the breeding population of Adelie penguins in the Ross Sea, 1981-2012: A coincidence of climate and resource extraction effects. PLoS ONE 9(3): e91188. doi:10.1371/journal.pone.0091188.

McGaughran, A., Torricelli, G., Carapelli, A., Frati, F., Stevens, M.I., Convey, P. and Hogg, I.D. 2009. Contrasting phylogenetic patterns for spring tails reflect different evolutionary histories between the Antarctic Peninsula and continental Antarctica. *Journal of Biogeography*, doi:10.1111/j.1365-2699.2009.02178.x

McGaughran, A., Hogg, I.D. and Stevens, M.I. 2008. Phylogeographic patterns for springtails and mites in southern Victoria Land, Antarctica suggests a Pleistocene and Holocene legacy of glacial refugia and range expansion. *Molecular Phylogenetics and Evolution*, 46, 606-618.

Schwaller, M.R. Olson, C.E. Jr., Ma, Z., Zhu, Z., Dahmer, P. 1989. Remote sensing analysis of Adélie penguin rookeries. *Remote sensing of environment*, 28, 199-206.

Seppelt, R.D., Green, T.G.A., Skotnicki, M.L. 1999. Notes on the flora, vertebrate fauna and biological significance of Beaufort Island, Ross Sea, Antarctica. *Polarforschung*, 66, 53-59.

Stevens, M.I. and Hogg, I.D. 2002. Expanded distributional records of Collembola and Acari in southern Victoira Land, Antarctica. *Pedobiologia*, 46, 485-495.

Stonehouse, B. 1966. Emperor penguin colony at Beaufort Island, Ross Sea, Antarctica. *Nature*, 210 (5039), 925-926.

Todd, F.S. 1980. Factors influencing Emperor Penguin mortality at Cape Crozier and Beaufort Island, Antarctica. *Biological Sciences*, 70 (1), 37

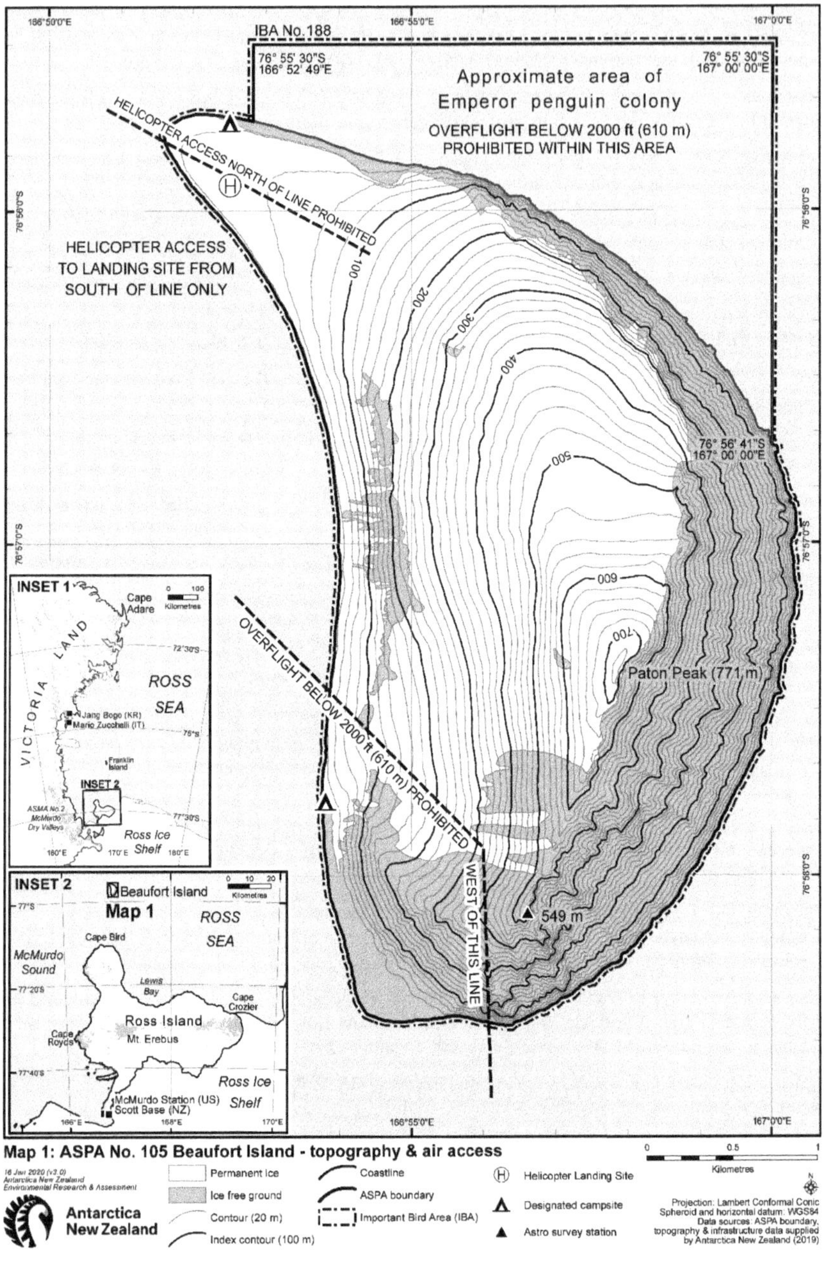

Map 1: ASPA No. 105 Beaufort Island - topography & air access

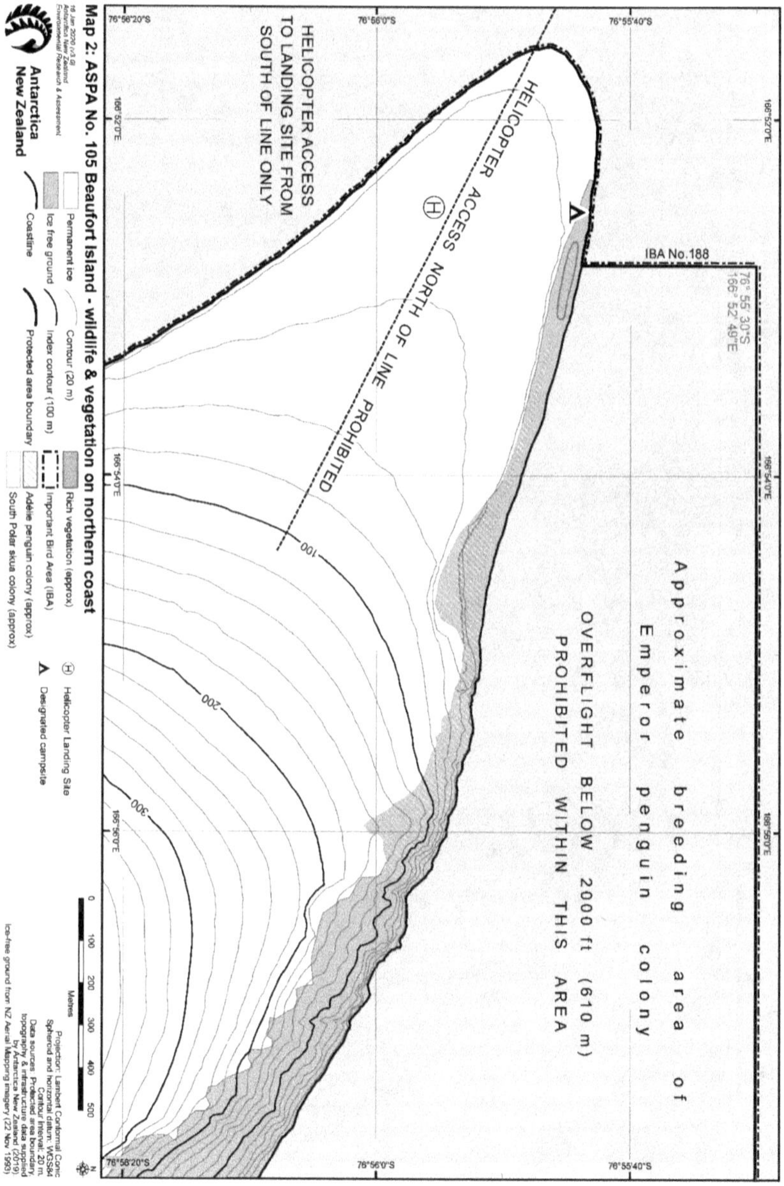
Map 2: ASPA No. 105 Beaufort Island - wildlife & vegetation on northern coast
Approximate breeding area of Emperor penguin colony
OVERFLIGHT BELOW 2000 ft (610 m) PROHIBITED WITHIN THIS AREA
HELICOPTER ACCESS NORTH OF LINE PROHIBITED
HELICOPTER ACCESS TO LANDING SITE FROM SOUTH OF LINE ONLY
IBA No.188
76° 55' 30"S
166° 52' 49"E
100
200
300
Permanent ice
Ice free ground
Coastline
Contour (20 m)
Index contour (100 m)
Protected area boundary
Rich vegetation (approx)
Important Bird Area (IBA)
Adélie penguin colony (approx)
South Polar skua colony (approx)
Helicopter Landing Site
Designated campsite
Metres
Antarctica New Zealand

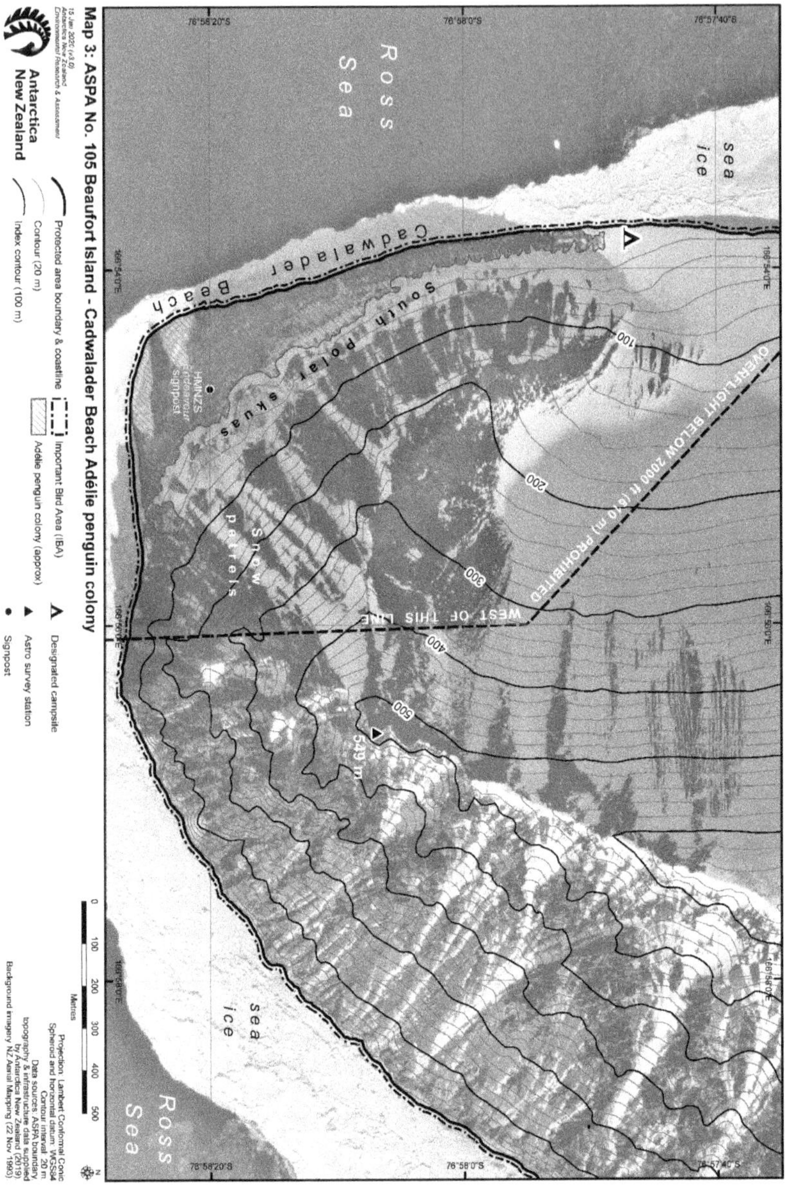

Map 3: ASPA No. 105 Beaufort Island - Cadwalader Beach Adélie penguin colony

План управления Особо охраняемым районом Антарктики (ООРА) № 106 «МЫС ХАЛЛЕТТ» (СЕВЕРНАЯ ЧАСТЬ ЗЕМЛИ ВИКТОРИИ, МОРЕ РОССА)

Введение

Особо охраняемый район Антарктики «Мыс Халлетт» находится на северной оконечности полуострова Халлетт в северной части Земли Виктории (72°19'11" ю. ш., 170°13'25" в. д.). Площадь Района составляет около 0,53 км^2. Главной причиной определения Района в качестве ООРА является то, что он представляет собой замечательный образец биоразнообразия — в частности, богатой и разнообразной наземной экосистемы. На его территории есть небольшой участок особенно богатой растительности, представляющий особую ценность как научный ресурс, который можно использовать для мониторинга изменения растительного покрова Антарктики. Район отличается наиболее разнообразным сообществом членистоногих из всех известных в регионе моря Росса, и это сообщество представляет интерес для науки. Кроме того, в Районе находится крупная гнездовая колония пингвинов Адели (*Pygoscelis adeliae*), насчитывавшая в 2017/2018 г. около 47 000 пар. Сейчас наблюдается повторная колонизация участка, где раньше находилась станция Халлетт (Новая Зеландия/США), поэтому эта колония представляет особый научный интерес. Мыс Халлетт – единственный охраняемый район в северной части Земли Виктории, где режим охраны был введен по причине его наземной экосистемы и где находится крупная колония птиц, что делает его важным представителем экосистемы этого региона Антарктики. Район был определен в качестве охраняемой территории на основании Рекомендации IV-7 (1966 г. (Особо охраняемый район (ООР) № 7) по предложению Соединенных Штатов Америки, а его границы были расширены на основании Рекомендации XIII-13 (1985 г.). Район был переименован и изменена его нумерация на основании Решения 1 (2002 г.), а его границы были еще раз расширены на основании Меры 1 (2002 г.), чтобы включить в него колонию пингвинов Адели. В результате площадь Района увеличилась до 75 га. В дальнейшем имело место еще одно изменение границ на основании Меры 5 (2010 г.) с целью исключения Зоны управления и замены ее двумя участками, расположенными за пределами охраняемой территории, управление которыми осуществляется в соответствии с Правилами поведения для посетителей участков, принятых в рамках Договора об Антарктике. Один из этих участков, отведенных для посетителей, находится на северном/северо-западном берегу Сиби-Хук, второй – на юго-восточном берегу. Пересмотренный План управления был принят на основании Меры 6 (2015 г.).

Ранее классификация экологической среды ООРА № 106 в соответствии с Анализом экологических доменов антарктического континента (АЭД, версия 2.0) (Резолюция 3 (2008 г.) не проводилась, а дальнейшие исследования подтвердили, что Район находится в экологической среде U – геология северной части Земли Виктории. Согласно системе классификации Заповедных биогеографических регионов Антарктики (Резолюция 3 (2017 г.), Район находится в ЗБРА8 – северная часть Земли Виктории. Район определен как Ключевая орнитологическая территория Антарктики (КОТ) № 170.

1. Описание ценностей, нуждающихся в охране

Территория площадью около 12 га в районе мыса Халлетт была первоначально определена в качестве Особо охраняемого района на основании Рекомендации IV-7 (1966 г., ООР № 7) по предложению Соединенных Штатов Америки ввиду того, что этот район представляет собой замечательный образец биоразнообразия, включающий «небольшой участок особенно богатой и разнообразной растительности, который является местом обитания целого ряда представителей наземной фауны». В предложении особо упоминалась богатая орнитофауна Района, которая, как отмечалось, представляет «огромный научный интерес». Границы Района были расширены на основании Рекомендации XIII-13 (1985 г.), чтобы включить в его состав обширный участок растительного покрова к югу и северу от Района, в результате чего его площадь увеличилась приблизительно до 32 га. Границы были еще раз расширены на основании Меры 1 (2002 г.), чтобы включить в состав Района научные ценности, связанные с колонией пингвинов Адели (*Pygoscelis adeliae*) на местности Сиби-Хук, которая была определена в 2015 г. как КОТ№ 170. В результате площадь Района увеличилась до 75 га. В результате пересмотра границ и зон на основании Меры 5 (2010 г.) площадь Района сократилась до 53 га.

В восточной части Района находится целый ряд местообитаний растительных сообществ, имеющих большое значение как самых крупных, репрезентативных и необычных образцов из всех, известных на северной оконечности широтного градиента Земли Виктории и моря Росса. Исследования растительности свидетельствуют о том, что в Районе произрастают пять видов мхов, среди которых доминирует *Bryum subrotundifolium*, и 27 видов лишайников. Несмотря на то, что здесь были идентифицированы только несколько видов водорослей, предполагается, что этот Район отличается большим видовым разнообразием водорослей. Наземные местообитания активно изучались – в последнее время в рамках международного проекта «Широтный градиент» (Италия, Новая Зеландия и США). Участок растительности в восточной части Района представляет особую ценность как научный ресурс для мониторинга изменения растительного покрова Антарктики, в связи с чем он определен как Зона ограниченного доступа. Этот участок был впервые подробно исследован в 1961/62 гг. и является ценным ориентиром, по которому можно определять мелкомасштабные изменения растительности.

Получена подробная информация о распределении и численности членистоногих на территории Района, которая также является ценным научным ресурсом. Что касается богатства видов, сообщество членистоногих на мысе Халлетт характеризуется наибольшим видовым разнообразием среди всех известных сообществ в регионе моря Росса: в Районе идентифицированы восемь видов клещей (*Acari*) и три вида ногохвосток (*Collembola*). Для двух из них (*Coccorhagidia gressitti* и *Eupodes wisei*) мыс Халлетт является типичным местообитанием.

В годы первых научных исследований в Районе было установлено большое число указателей для обозначения мест, где проводились исследования растительности и птиц. Многие из этих указателей остались на своих местах и теперь являются весьма ценным научным ресурсом для проведения исследований, предусматривающих повторные измерения.

Станция Халлетт был основана Новой Зеландией и Соединенными Штатами Америки в районе Сиби-Хук в 1956 г. в рамках мероприятий Международного геофизического года (МГГ) и с тех пор эксплуатировалась на постоянной основе вплоть до закрытия в 1973 г. Несмотря на то, что все сооружения были вывезены, этот участок по-прежнему представляет собой непреходящую историческую ценность и является объектом наследия, связанным с его предшествующим использованием человеком. В знак признания этих ценностей многие сооружения и артефакты бывшей станции сейчас находятся в Кентерберийском музее г. Крайстчерча. В 2015 г. единственным известным оставшимся объектом, который может иметь историческое и (или) научное значение, было хорошо сохранившееся тело лайки, умершей в 1964 г. Оно находится в защищенном внешней оболочкой деревянном ящике в восточной части Района.

Участок, на котором находилась станция, начали повторно заселять пингвины Адели. История антропогенных воздействий на колонию пингвинов Адели и последующая ликвидация станции в сочетании с наличием надежных и многочисленных исторических данных об изменениях численности популяции пингвинов Адели делают этот участок уникальным и идеальным местом для научного исследования воздействий на эту колонию и ее восстановления после существенного нарушения экосистемы. С учетом этого данный участок представляет большую научную ценность и для ее сохранения желательно тщательно регулировать и контролировать любое дальнейшее присутствие человека.

Помимо экологической и научной ценности, Район характеризуется выдающимися эстетическими ценностями, сочетая в себе богатство биологических ресурсов с впечатляющим ландшафтом небольшой бухты Эдисто и горы Хершел (3335 м). Сиби-Хук является одним из очень немногочисленных, относительно доступных участков в северной части моря Росса. Данный участок имеет большое просветительское значение, являясь примером очевидного восстановления экосистемы после закрытия и вывоза станции.

2. Цели и задачи

Управление на мысе Халлетт осуществляется в следующих целях:

- предупреждение ухудшения или значительного риска ухудшения состояния ценностей Района путем предотвращения излишнего антропогенного воздействия;

- создание условий для проведения научных исследований, в частности изучения экологии суши и морских птиц, а также восстановления окружающей среды наряду с предотвращением излишнего отбора образцов в Районе и его нарушения человеком;
- создание условий для проведения других научных исследований, если они не представляют угрозы для ценностей Района;
- недопущение вывоза или перемещения указателей, которые использовались в прошлом при проведении научных исследований и могут пригодиться в будущем для проведения сравнительных исследований;
- создание условий для проведения работ по расчистке и восстановлению территории после вывода из эксплуатации и вывоза бывшей станции Халлетт в соответствии с существующими требованиями при условии, что воздействие этой деятельности не превзойдет последствий пребывания материалов на месте;
- анализ потенциальных исторических ценностей и любых артефактов, являющихся объектами наследия, до того, как они будут вывезены и/или утилизированы, наряду с созданием условий для осуществления необходимой расчистки и восстановления этой территории;
- минимизация возможности внедрения на территорию Района чужеродных растений, животных и микроорганизмов;
- минимизация возможности внедрения патогенных микроорганизмов, которые могут вызвать болезни в популяциях фауны Района;
- создание условий для посещения Района с целью осуществления мер управления в поддержку целей Плана управления.

3. Меры по управлению

- Необходимо установить указатели, обозначающие участки, требующие особых мер управления (например, участки проведения мониторинга).
- Указатели, знаки или другие сооружения, возведенные в пределах Района в научных целях или для реализации задач управления, должны быть надежно закреплены, поддерживаться в надлежащем состоянии и удаляться по мере утраты необходимости в них.
- Национальные антарктические программы, осуществляющие деятельность в этом Районе, должны вести учет всех новых указателей, знаков и сооружений, возводимых в Регионе.
- Национальные программы должны обеспечить обозначение границ Района с указанием существующих в его пределах ограничений на выпускаемых ими топографических и гидрографических картах.
- Насколько это возможно, необходимо принимать меры для вывоза небольшого количества отходов, которые все еще остаются на территории Района после вывоза станции Халлетт. Однако это следует делать после консультаций с соответствующим компетентным органом, чтобы не потерять артефакты, которые могут иметь историческую ценность или являться объектами наследия.
- Посещать Район следует по мере необходимости (желательно не реже одного раза в пять лет), чтобы установить, продолжает ли он служить тем целям, ради которых был определен, и чтобы убедиться в достаточности мер по управлению и поддержанию Района в надлежащем состоянии.
- Осуществляемые в регионе национальные антарктические программы должны взаимно согласовываться с целью обеспечения соблюдения вышеизложенных положений.

4. Период определения

Определен на неограниченный период времени.

5. Карты

Карта 1: ООРА № 106 «Мыс Халлетт». Региональный обзор.

Характеристики карты: Проекция: равноугольная коническая проекция Ламберта. Стандартные параллели: 1-я – 72°20' ю. ш.; 2-я – 72°30' ю. ш. Центральный меридиан: 170°00' в. д. Начало отсчета широты: 72°00' ю. ш. Сфероид и горизонтальный датум: WGS84. Сечение горизонталей: 200 м.

Карта 2: ООРА № 106 «Мыс Халлетт». Маршруты доступа по воздуху.

Характеристики карты: Проекция: равноугольная коническая проекция Ламберта. Стандартные параллели: 1-я – 72°19' ю. ш.; 2-я – 72°19'30" ю. ш. Центральный меридиан: 170°13'30" в. д. Начало отсчета широты: 72°00' ю. ш. Сфероид: WGS84. Датум: геодезическая станция «Фишер» Геологической службы США 1989-90 гг.: координаты в системе координат ITRF93: 72°19'06,7521" ю. ш., 170°12'39,916" в. д.

Карта 3: ООРА № 106 «Мыс Халлетт». Топография.

Параметры карты 3 те же, что и для карты 2. Сечение горизонталей: 5 м. Изолинии получены с помощью цифровой модели местности, на базе которой составлена ортофотография в масштабе 1:2500 с точностью выражения в координатах ±1 м (по горизонтали) и ±2 м (по вертикали) и пиксельным разрешением на местности 0,25 м.

Карта 4: ООРА № 106 «Мыс Халлетт». Территориальная зона бывшей станции Халлетт.

Параметры карты 4 те же, что и для карты 2.

Карта 5: ООРА № 106 «Мыс Халлетт». Зона ограниченного доступа.

Параметры карты 5 те же, что и для карты 2. Цифровые ортофотопланы и данные оборудования предоставлены Чон-Хун Ким, личное сообщение, 2020 г.

6. Описание Района

6(i) Географические координаты, специальные знаки и характерные естественные признаки, определяющие границы Района

Обзор

Мыс Халлетт расположен на южной границе бухты Моубрей (северная часть Земли Виктории, западный регион моря Росса) (карта 1). Охраняемая территория занимает большую часть свободного от ледникового покрова неровного выступа невысокой местности, известного как Сиби-Хук, и охватывает примыкающие к нему западные склоны северной оконечности полуострова Халлетт, начинающегося к востоку от бухты Уиллетт и доходящего до границы вечных ледников (карты 1–3).

Границы и координаты

Северная граница Района идет вдоль северного берега Сиби-Хук от точки с координатами 72°19'05,0" ю. ш., 170°14'25,5" в. д. до восточного края колонии пингвинов Адели в точке с координатами 72°19'04,9" ю. ш., 170°14'19,3" в. д. (карта 3). Оттуда граница идет по краю гнездовой части колонии пингвинов Адели (по состоянию на 2009 г.), не подходя к колонии ближе, чем на 5 м, и доходит до точки с координатами 72°19'07,9" ю. ш., 170°12'25,3" в. д. (карта 4).

От точки с координатами 72°19'07,9" ю. ш., 170°12'25,3" в. д. граница простирается на 33 м строго на запад к берегу до точки с координатами 72°19'07,9" ю. ш., 170°12'21,8" в. д. (карта 4). От этой береговой точки граница Района продолжает идти на юг, следуя очертаниям западного и южного берегов Сиби-Хук, до точки с координатами 72°19'19,1" ю. ш., 170°12'54,3" в. д., которая находится рядом с южной оконечностью выступа (карта 3). Оттуда граница идет на север, огибая край гнездовья и не подходя к колонии ближе, чем на 5 м, по юго-восточной части Сиби-Хук к точке с координатами 72°19'15,3" ю. ш., 170°12'58,7" в. д. (карта 3). От этой береговой точки граница Района продолжает идти на север, следуя по линии отлива на восточном берегу Сиби-Хук, а затем – по линии отлива вдоль берега бухты Уиллетт, доходя до южной границы в точке с координатами 72°19'28,0" ю. ш., 170°13'24,9" в. д. (карта 3).

От точки с координатами 72°19'28,0" ю. ш., 170°13'24,9" в. д. граница идет на восток к леднику Борнманн, следуя вдоль сезонного водотока, стекающего с ледника. Восточная граница Района идет на север вдоль края ледника и постоянного ледникового покрова на высоте приблизительно 120–150 м, пересекая крутые западные склоны полуострова Халлетт и следуя по верхним обнажениям ряда скалистых гряд, разрезающих эти склоны. Затем граница спускается к северному берегу Сиби-Хук, соединяясь с ним у подножья скалистой стены в точке с координатами 72°19'05,0" ю. ш., 170°14'25,5" в. д. (карта 3).

Климат

Район Сиби-Хук окружен морским льдом примерно 8 месяцев в году. Ежегодный взлом морского льда обычно начинается в конце декабря – начале января, а новый ледяной покров формируется в начале марта. Летом температура колеблется от 4 °C до –8 °C, а среднегодовая температура составляет –15,3 °C. Ветры дуют главным образом с юга. Летом часто выпадают осадки в виде снега, а годовое количество осадков составляет около 18,3 см в водном эквиваленте.

Геология, геоморфология, почвы и пресноводная среда

Рельеф Района определяется большой плоской поверхностью выступа и примыкающей к нему крутой каменистой осыпью, образующей часть западных склонов северной части полуострова Халлетт. Сиби-Хук сформирован крупнозернистыми вулканическими отложениями на нескольких грядах пляжа и отличается плавной волнообразной поверхностью, где холмики чередуются с низинами и несколькими ровными участками. Летом во многих низинах скапливается талая вода, и в них вырастают плотные колонии водорослей. На северо-востоке Района с западных склонов полуострова Халлетт в бухту Уиллетт стекает небольшой талый водоток. Содержание влаги в почвах мыса Халлетт выше, чем в южной части Земли Виктории. Подповерхностный слой почвы обычно насыщается после снегопада, и летом грунтовые воды находятся на глубине от 8 до 80 см ниже уровня поверхности. Под почвенным слоем Сиби-Хук на глубине ~1 м находится вечная мерзлота (Hofstee *et al.* 2006). Почвы на участках, занятых пингвинами, или находящиеся под воздействием воды, стекающей с занятых пингвинами участков, являются по своему характеру орнитогенными и были отнесены к категории Typic Haplorthels на возвышенностях и к категории Typic Aquorthels между возвышенностями (Hofstee *et al.* 2006). Почвы на участках, не подверженных влиянию колонии пингвинов, были отнесены указанными выше авторами к категории Typic Haplothels, а на одном участке со структурной почвой – к категории Typic Haploturbels.

Растительность

На более влажных участках Района в состав водорослевой флоры входят, главным образом, пластинчатая зеленая водоросль *Prasiola crispa* и вид *Protococcus* в сочетании с нитчатыми и сине-зелеными водорослями (вид *Ulothrix)*, а также цианобактериями (например, *Nostoc*). Предполагается, что здесь могут быть и некоторые другие виды водорослей, однако лишь немногие из них идентифицированы на данный момент.

За исключением таких водорослей, как *Prasiola*, растительность на территории Района встречается в основном на свободном от ледникового покрова участке, не занятом гнездящимися пингвинами Адели, т. е. на участке, расположенном восточнее бухты Уиллетт и южнее 72°19'10" ю. ш. Эта территория представляет собой полосу относительно ровной поверхности длиной 100–200 м, которая примыкает к бухте Уиллетт и далее поднимается под бóльшим углом к гребню гряды полуострова Халлетт. На этой полосе ровной поверхности расположен ряд сухих холмиков из гравия высотой до 1,5 м, многие из которых заняты гнездящимися поморниками, а в северной части старые отложения из гуано указывают на то, что раньше здесь обитали пингвины Адели. У основания холмиков можно встретить небольшие скопления мхов и водорослей, однако их верхушки лишены растительности. На устойчивых плоских участках гравия, расположенных в северной части ровной поверхности с высоким уровнем грунтовых вод, находятся обширные колонии мха, а на более грубых и менее ровных участках рыхлых горных пород в южной части встречаются отдельные пятна мхов, водорослей и лишайников. По мере дальнейшего подъема мхи встречаются все реже за исключением единственного очень плотного и большого скопления площадью около 3900 м^2, которое почти полностью покрывает субстрат и находится в неглубокой лощине на склоне каменистой осыпи в южной части Района (карта 3). На карте 3 показаны только самые плодородные участки.

На территории Района зарегистрированы пять видов мхов (см. таблицу 1). Среди мхов в Районе доминирует *Bryum subrotundifolium*. Присутствие *Bryum subrotundifolium* на территории, столь интенсивно удобренной птицами, делает Район великолепным образцом участка растительности, сформировавшейся под влиянием орнитофауны. Кроме того, присутствие на этом участке *Bryum pseudotriquetrum* практически в чистом виде – необычное явление для данного региона.

Крутой склон осыпи, примыкающий к довольно плоской поверхности, рассечен неглубокими оврагами и небольшими грядами, включая ряд заметных выходов коренных пород. На этих выходах породы (особенно в северной части Района) встречаются большие скопления лишайников и отдельные пятна мхов, причем во многих местах они покрывают от 70 до 100 % поверхности. На территории Района зарегистрированы двадцать семь видов лишайников (см. таблицу 1). Наличие азотоустойчивых лишайников, таких как *Xanthomendoza borealis* и виды *Caloplaca, Candelariella, Physcia* и *Xanthoria,* наблюдается в непосредственной близости от территории гнездования пингвинов (Crittenden *et al.* 2015).

На территории Района зарегистрированы 8 видов клещей и три вида ногохвосток (см. таблицу 1) (Sinclair et al. 2006). *F. grisea* встречается главным образом на склонах каменистой осыпи и прилегающих к ней ровных участках. *C. cisantarcticus*, согласно имеющимся данным, ассоциируется со мхом и часто встречается на ровных участках, в то время как *D. klovstadi* встречалась в больших количествах под камнями на склонах. На территории мыса Халлетт были обнаружены четыре вида нематод (см. таблицу 1), среди которых наиболее распространенным и преобладающим видом является *Panagrolaimus davidi* Timm (Raymond *et al.* 2013).

Таблица 1. Виды мхов, лишайников и беспозвоночных, зарегистрированные на территории ООРА № 106 «Мыс Халлетт»

Мхи a	**Лишайники** a, b, c, d	**Беспозвоночные**
		Клещи e
Bryum subrotundifolium	*Acarospora gwynnii*	*Coccorhagidia gressittii*
Bryum pseudotriquetrum	*Amandinea petermannii*	*Eupodes wisei*
Ceratodon purpureus	*Amandinea coniops*	*Maudheimia petronia*
Вид *Grimmia*	*Buellia frigida*	Вид *Nanorchestes*
Sarconeurum glaciale	*Caloplaca athallina*	*Stereotydeus belli*
	Caloplaca citrina	*S. puncatus*
	Caloplaca saxixola	*Tydeus setsukoae*
	Candelaria murrayi	*T. wadei*
	Candelariella flava	
	Lecanora chrysoleuca	**Ногохвостки** e
	Lecanora expectans	*Cryptopygus cisantarcticus*
	Lecanora mons-nivis	*Friesea grisea*
	Lecanora physciella	*Desoria klovstadi*
	Lecidea cancriformis	
	Lecidella greenii	**Нематоды** f
	L. siplei	*Eudorylaimus antarcticus* (Steiner) Yeates
	Physcia caesia	*Panagrolaimus davidi* Timm
	Pleopsidium chlorophanum	Вид *Plectus*
	Rhizocarpon geographicum	*Scottnema lindsayae* Timm
	Rhizoplaca chrysoleuca	
	Rhizoplaca macleanii	
	Rhizoplaca melanophthalma	
	Umbilicaria decussata	
	Usnea sphacelata	
	Xanthomendoza borealis	
	Xanthoria elegans	
	Xanthoria mawsonii	

Источники:
a T.G.A. Green, University of Waikato, New Zealand, and R. Seppelt, Australian Antarctic Division, 2002; b Smykla *et al.* 2011; c Ruprecht *et al.* 2012; d Crittenden *et al.* 2015; e Sinclair *et al.* 2006; f Raymond *et al.* 2013.

Птицы

На территории Сиби-Хук находится одна из самых больших колоний пингвинов Адели в регионе моря Росса; за 14 сезонов наблюдений в период с 1981 по 2012 г. средняя численность гнездящихся здесь пингвинов Адели (*Pygoscelis adeliae*) составила 42 628 пар (Lyver *et al.* 2014). В сезоне 2009/2010 г. численность гнездящихся птиц составила приблизительно 63 971 пар (общая численность по результатам непосредственного наземного учета гнездовий в сочетании с воздушной и наземной фотосъемкой в период с 26 ноября по 3 декабря 2009 г.; неопубликованные данные ERA 2010 г.). Кроме того, на территории Сиби-Хук раньше находилась станция Халлетт, которая принадлежала США и Новой Зеландии и действовала в период с 1956 по 1973 г. В период эксплуатации сама станция и связанные с ней объекты инфраструктуры занимали территорию суши площадью 4,6 га, которую раньше занимала гнездовая колония пингвинов Адели. Основание в 1956 г. станции Халлетт было сопряжено с насильственным вытеснением 7580 пингвинов, включая 3318 птенцов, для освобождения участка площадью 0,83 га для расчистки территории бульдозерами и возведения зданий. Основание станции Халлетт и ее эксплуатация оказали сильное воздействие на колонию пингвинов, численность которой сократилась с 62 900 пар в 1959 г. до 37 000 пар в 1968 г., хотя к 1972 г. она вновь увеличилась до 50 156 пар. Возможно, колебания численности пингвинов усилились под влиянием изменений в состоянии морского ледяного покрова, которые были зарегистрированы на территории всего региона. К 1987 г., после закрытия станции в 1973 г., колония увеличилась почти до уровня 1959 г; однако лишь немногие участки, которые к тому времени испытали воздействие человека, были повторно заселены в полном объеме. Сейчас часть территории, ранее занятой станцией, повторно колонизирована, хотя оценки, проведенные в сезон размножения 1998/99 г., свидетельствовали о сокращении численности до 39 014 гнездящихся пар, а авиаучет численности, проведенный в 2006/07 г. в рамках долгосрочной программы, зарегистрировал всего лишь 19 744 гнездящихся пар (Lyver and Barton 2008, неопубликованные данные). Согласно данным учета, проведенного в конце 2009 г., численность пингвинов Адели составила 63 971 гнездящуюся пару (неопубликованные данные ERA 2010 г.), что сопоставимо с численностью, зарегистрированной на территории Сиби-Хук на момент строительства станции Халлетт. Совсем недавно Kim *et al* (2018 г.) зарегистрировали 47 373 гнездящихся пары по результатам подсчета с помощью дронов, проведенного 23 ноября 2017 г.

На территории Района гнездятся южнополярные поморники (*Catharacta maccormicki*). Их популяция сократилась с 181 гнездящейся пары в 1960/61 г. до 98 гнездящихся пар в 1968/69 г. и 1971/72 г. В январе 1983 г. популяция насчитывала 247 особей (84 гнездящихся пар и 79 негнездящихся птиц). Исследование, проведенное в период с 27 ноября по 2 декабря 2009 г., показало, что в районе Сиби-Хук обитают 14 гнездящихся пар и 66 особей. Еще 23 гнездящиеся пары и 92 особи были зарегистрированы к востоку от бухты Уиллет, что дает в общей сложности 37 гнездящихся пар и 158 особей, или в общем 232 птицы по состоянию на 2009/10 г. На территории Района помечены и пронумерованы примерно 250 гнезд поморников; эти указатели не подлежат ни нарушению, ни удалению.

В конце декабря в окрестностях Района были зарегистрированы императорские пингвины (*Aptenodytes forsteri*), а в конце января и в феврале наблюдались отдельные представители антарктических пингвинов (*Pygoscelis antarctic*a). Недалеко от мыса Халлетт через бухту Эдисто гнездятся качурки Вильсона (*Oceanites oceanicu*s) и снежные буревестники (*Pagodroma nivea*); в декабре 2009 г. большое количество снежных буревестников было отмечено в районе скал на мысе Халлетт, из чего можно сделать заключение об их возможном размножении на этом участке. В окрестностях Района часто встречались южные гигантские буревестники (*Macronectes giganteu*s), хотя в последние годы их число сократилось – возможно, из-за сокращения численности более северных популяций. Здесь часто встречаются тюлени Уэдделла (*Leptonychotes weddellii*); они выводят потомство в бухте Эдисто, и их видели на берегу Сиби-Хук. К числу других млекопитающих, которые нередко встречаются на берегу, относятся морские леопарды (*Leptonyx hydrurga*) и полосатики Минке (*Balaenoptera acutorostrata*).

Определение Сиби-Хук, мыс Халлетт, как Ключевой орнитологической территории Антарктики (КОТ) № 170 связано с тем, что колония пингвинов содержит ≥1 % мировой популяции пингвинов Адели (Harris *et al.* 2015). КОТ имеет ту же границу, что и ООРА (карта 3).

Деятельность и воздействие человека

Станция Халлетт была создана Новой Зеландией и Соединенными Штатами Америки в районе Сиби Хук в 1956 г. в рамках мероприятий Международного геофизического года. Она эксплуатировалась на постоянной основе вплоть до закрытия в феврале 1973 г. и способствовала осуществлению целого ряда мероприятий, включая экспедицию на гору Хершел под руководством сэра Эдмунда Хилари, организованную в 1967/68 г. Строительство станции оказало значительное воздействие на окружающую среду, поскольку с этого участка пришлось вытеснить почти 8000 пингвинов Адели. Начиная с 1984 г., на станции проводились работы по расчистке территории, а в 2001 г. Новая Зеландия и США приняли совместный многолетний план экологической реабилитации территории станции и окрестностей. Работы по восстановлению окружающей среды продолжались в 2003/04 и 2004/05 гг., когда были снесены и вывезены большинство оставшихся сооружений, а последние оставшиеся объекты были вывезены в конце января 2010 г. Многие сооружения и артефакты с бывшей станции Халлетт сейчас находятся в Кентерберийском музее г. Крайстчерча.

Некоторые материалы, связанные с бывшей станцией, все еще разбросаны по территории Района, в том числе, куски древесины и металлической проволоки, а также металлические бочки. Многие из этих предметов прочно засели в грунте. Кроме того, в восточной части Района находится хорошо сохранившееся тело лайки, умершей в 1964 г. Оно находится в защищенном внешней оболочкой деревянном ящике, заваленном камнями (карта 3).

В рамках очистительных работ на территории, где сохранились следы старой станции, были сооружены холмики, чтобы стимулировать повторную колонизацию этого участка пингвинами Адели, и теперь значительная часть этой территории занята птицами (карта 4). История воздействий человека на колонию пингвинов Адели и ее последующего восстановления придает этому участку большое научное значение с точки зрения изучения воздействий на эту колонию и ее восстановления после значительного нарушения экосистемы.

6(ii) Доступ в Район

Доступ в Район может осуществляться по воздуху, с моря или пешком по морскому льду. При наличии морского льда в местах к юго-западу от Сиби-Хук могут быть обнаружены участки морского льда, которые потенциально более устойчивы и лучше подходят для посадки летательных аппаратов в бухте Эдисто. Однако морской лед в бухте Эдисто может быстро разрушиться даже в начале сезона, поэтому следует проявлять осторожность.

Ограничения доступа действуют в пределах Района, в частности для всех операций с воздушными судами. Конкретные условия доступа изложены в Разделе 7 (ii) ниже.

6(iii) Сооружения на территории и в окрестностях Района

Станция Халлетт на Сиби-Хук была основана в декабре 1956 г. и закрыта в феврале 1973 г. К 1960 г. здания и сооружения станции Халлетт занимали территорию площадью 1,8 га, а относящиеся к ней дороги, мусорные свалки, склады ГСМ и радиоантенны еще 2,8 га. Станция функционировала круглый год до 1964 г., после чего она эксплуатировалась только в летний сезон вплоть до своего закрытия. После 1984 г. начались поэтапные работы по демонтажу станции, и к 1996 г. на участке осталось только шесть сооружений, включая большую топливную цистерну емкостью 378 500 л (100 000 галлонов). Остатки жидкого топлива в этой цистерне были вывезены в феврале 1996 г. Дальнейшие работы по расчистке территории проводились в 2003/04 и 2004/05 гг. с целью вывоза из Района всех оставшихся сооружений, включая саму топливную цистерну, а также загрязненную почву. Все оставшиеся существенные объекты были вывезены из Района 30-31 января 2010 г.

Примерно в 50 м к северу от площадки, предназначенной для разбивки лагерей, находятся расположенные на расстоянии 10 м друг от друга две автоматические метеостанции, принадлежащие США (Программа долгосрочных экологических исследований в Сухих долинах Мак-Мёрдо) и Новой Зеландии (Национальный институт водных и атмосферных исследований) (карта 3). Примерно в 50 м к югу от площадки, предназначенной для разбивки лагерей, внутри обваловки находится склад горючего, принадлежащий Новой Зеландии и состоящий из нескольких топливных бочек. Рядом с большой скалой на востоке Района находится заваленный камнями и защищенный внешней оболочкой ящик с останками лайки, умершей в 1964 г. (карта 3).

Многолетний исследовательский лагерь, рассчитанный на размещение до ~12 человек, был построен Республикой Корея в указанном лагере в 2017/18 г. (карты 3 и 5) и останется на территории Района как минимум до 2021/22 г. Лагерь занимает площадь ~100×40 м недалеко от берега бухты Уиллетт и находится в пределах Зоны сооружений, хотя лагерь может располагаться на прилегающем морском льду за пределами Зоны сооружений и Района. В 2020/21 г. лагерь включал главное здание (7×6 м), складские помещения (одно деревянное здание 9×4 м, несколько деревянных ящиков и навес для снегохода), два туалета, три бункера с горючим и до ~12 палаток для кемпинга и бытового оборудования. В главном здании установлены солнечные батареи для снижения расхода топлива. К кемпингу можно дойти пешком по морскому льду или вдоль береговой линии бухты Уиллетт. Специальная Вспомогательная площадка для посадки вертолетов (карта 2) используется для доступа вертолетов.

Геодезическая станция «Фишер» Геологической службы США (карты 3 и 4) представляет собой стандартный антарктический латунный планшет с оттиском «FISHER 1989–90», который установлен заподлицо с верхней поверхностью большого бетонного блока (2×1×1 м) на отметке 2,15 м. Этот репер находится примерно в 80 м к югу от аварийного запаса продовольствия и снаряжения и в 140 м от северо-западного берега Сиби-Хук. После повторной колонизации территории старой станции пингвинами репер оказался в центре небольшой субколонии пингвинов Адели, и поэтому летом он, скорее всего, будет окружен гнездящимися птицами. На территории бывшей станции находится аварийный запас снаряжения и продовольствия, состоящий из большого ящика (площадь ~1,5 кв. м, высота 1 м), выкрашенного сверху в ярко-красный цвет, и лежащего рядом с ящиком меньшего размера (карта 4).

На территории Района есть ряд указателей, оставшихся от прошлых научных исследований, включая указатели, обозначающие границы участка для мониторинга растительности в Зоне ограниченного доступа. Следует отметить, что не все старые указатели зарегистрированы в документах.

Ближайшими к Району постоянными научными станциями являются Марио-Цуккелли (Италия) и Джанг-Бого (Республика Корея), которые расположены в ~330 км к югу от Района (карта 1, вставка 1).

6(iv) Местонахождение других близлежащих охраняемых районов

Ближайшим к мысу Халлетт охраняемым районом является ООРА № 159 «Мыс Адэр» в 115 км к северу.

6(v) Специальные зоны на территории Района

Зона сооружений

Зона сооружений обозначена на восточном побережье бухты Уиллетт для временного лагеря, научных и вспомогательных объектов, а также для обеспечения сдерживания связанной с ними человеческой деятельности и управления ею в четко определенной части Района (карта 5). Доступ в Зону сооружений разрешен Разрешением на указанную в нем деятельность. Зона сооружений предназначена для минимизации площади лагеря и связанных с ним сооружений на территории Района и простирается примерно на 90 м вдоль береговой линии и до 40 м вглубь суши. Координаты угловых точек Зоны сооружений приведены в таблице 2.

Таблица 2. Координаты угловых точек Зоны сооружений

Угловая точка	**Широта (ю. ш.)**	**Долгота (в. д.)**
A	72°19'13,1" ю. ш.	170°13'33,8" в. д.
B	72°19'13,5" ю. ш.	170°13'37,8" в. д.
C	72°19'14,4" ю. ш.	170°13'36,8" в. д.
D	72°19'14,3" ю. ш.	170°13'35,2" в. д.
E	72°19'16,1" ю. ш.	170°13'33,0" в. д.

F	72°19'15,8" ю. ш.	170°13'30,5" в. д.

Зона сооружений расположена так, чтобы минимизировать антропогенное воздействие, и занимает площадь рыхлого пляжного гравия, служившего в качестве дороги во время работы станции Халлетт. Колья для палаток забиты в твердую каменистую почву в Зоне сооружений. Объект подвержен воздействию морских брызг и случайных приливов.

Зона ограниченного доступа

Небольшой участок у основания склонов каменистой осыпи на северо-востоке Района определен как Зона ограниченного доступа в целях сохранения части Района в качестве контрольного участка для дальнейшего проведения сравнительных исследований растительности. Посещение Зоны ограниченного доступа допускается только для выполнения неотложных задач, которые невозможно реализовать в других местах на территории Района. Оставшаяся часть Района в целом может использоваться для осуществления научных программ и сбора образцов.

В 1963 г. Рудольф (Rudolph 1963) составил подробную карту участка растительности размером примерно 28×120 м для его последующего изучения. В 2006 г. Брабин (Brabyn *et al.* 2006) изменил границы и составил новую карту этого участка, чтобы произвести количественную оценку изменений растительности участка за 42 года. Заложенный Рудольфом участок является необычайно ценным ресурсом для мониторинга изменения растительности. Указатели, использовавшиеся в ходе обоих исследований, остаются на своих местах и обозначают границы участка для мониторинга растительности. Северо-восточный угол этого участка отмечен большим валуном, на вершине которого сооружена пирамида из камней. Он находится в точке с координатами 72°19'11,37" ю. ш., 170°14'2,55" в. д. Подробное описание этого участка приведено в работах Рудольфа (Rudolph 1963) и Брабина (Brabyn *et al.* (2006). Рудольф также сфотографировал камни, колонизированные лишайниками, а Брабин (Brabyn *et al.*, 2006) сделал их повторные снимки для определения скорости роста лишайников. Один из таких участков (показан на карте 3) находится в пределах Зоны ограниченного доступа, и его нельзя нарушать.

Зона ограниченного доступа выполняет роль буферного пространства (20 м с северо-запада и 10 м с трех других сторон) для этого участка мониторинга, окружая его в виде прямоугольника шириной 58 м и длиной 140 м. Координаты угловых точек Зоны ограниченного доступа приведены в таблице 3. Для обозначения границ Зоны ограниченного доступа были сооружены несколько пирамид из камней (по возможности они сооружались на имеющихся скалах) (см. карту 3).

Таблица 3. Координаты угловых точек Зоны ограниченного доступа

Угловая точка	**Широта (ю. ш.)**	**Долгота (в. д.)**
Северо-восток	72°19' 11,219" ю. ш.	170°14' 4,012" в. д.
Северо-запад	72°19' 10,43" ю. ш.	170°13' 58,341" в. д.
Юго-запад	72°19' 14,479" ю. ш.	170°13' 51,901" в. д.
Юго-восток	72°19' 15,299" ю. ш.	170°13' 57,338" в. д.

Зона доступа для вертолетов

Зона доступа для вертолетов показывает предпочтительный маршрут доступа от Главной к Вспомогательной вертолетной площадке по маршруту вдоль южного побережья бухты Уиллетт (карта 2).

7. Условия выдачи разрешений для доступа

7(i) Общие условия выдачи разрешений

Доступ в Район возможен только на основании разрешения, которое выдается соответствующим национальным органом власти. Условия для выдачи разрешения на вход в Район:

- только в научных целях или по причинам, важным для управления Районом;
- разрешенная деятельность соответствует положениям Плана управления;
- разрешенная деятельность должна пройти процедуру оценки воздействия на окружающую среду в контексте поддержания охраны экологических, научных, просветительских, исторических и эстетических ценностей Района;
- в целях обязательной образовательной или информационно-просветительской деятельности, которая не может быть осуществлена в каком-либо ином месте и не противоречит целям настоящего Плана управления;
- на определенный срок;
- оригинал или копия разрешения должны иметься при себе в период пребывания в Районе.

7(ii) Доступ в Район и передвижение в пределах Района и над Районом

Доступ в Район может осуществляться на маломерном судне, вертолете или пешком. Доступ наземного транспорта строго ограничен пределами Зоны сооружений.

Доступ в и передвижение по территории Района пешком

- Движение пешеходов должно быть сведено к минимуму, необходимому для достижения целей разрешенной деятельности; при этом следует принимать все возможные меры для минимизации воздействий. Посетители не должны ходить по видимой растительности. Необходимо соблюдать меры предосторожности при ходьбе по участкам с влажным грунтом и по склонам каменистой осыпи, где пешеходы могут легко повредить чувствительные почвы и сообщества растений.
- Посещение Зоны ограниченного доступа допускается только для выполнения неотложных задач, которые невозможно реализовать в других местах на территории Района.
- Все посетители должны следить за тем, чтобы их передвижение в районе площадки для разбивки лагерей ограничивалось полосой вдоль линии берега, чтобы не вытаптывать внутренние участки, где летом скапливается влага и находятся крупные колонии самых разных растений и беспозвоночных, являющихся предметом текущих научных исследований.
- Находясь внутри колонии пингвинов, посетители не должны заходить в подгруппы гнездящихся пингвинов, за исключением случаев, когда это необходимо для проведения научных исследований или в целях управления; по возможности посетители должны перемещаться по прибрежной полосе Сиби-Хук и/или вокруг подгрупп или между ними. От северо-западного угла бухты Уиллетт по территории бывшей станции тянутся следы старой станционной дороги, при этом остается довольно широкий коридор, где пешеходы могут оставаться на достаточно большом расстоянии от гнездящихся птиц.
- Посетителям следует избегать хождения по склонам каменистой осыпи на востоке Района, за исключением случаев, когда это необходимо для выполнения важных научных задач или в целях управления; каменистые осыпи являются хрупкими и легко уязвимыми местами обитания разнообразных сообществ флоры и фауны.

Доступ для наземного транспорта

Транспортным средствам запрещено въезжать в Район, за исключением небольших транспортных средств (например, снегоходов или вездеходов, которые могут использоваться на морском льду вокруг Района), которые могут въезжать в Зону сооружений по разрешению на стоянку, которая должна находиться в максимально возможной близости к береговой линии. Доступ для транспортных средств должен осуществляться по наименее чувствительному и кратчайшему доступному маршруту, избегая влажных участков или участков с растительностью.

Доступ на маломерных судах

Какие-либо особые ограничения относительно мест высадки с маломерных судов для доступа в Район отсутствуют, однако в случае высадки с маломерных судов с целью разбивки лагеря высадку на берег следует производить в бухте Уиллетт, чтобы избежать переноски полевого снаряжения через колонию пингвинов Адели. По имеющимся сообщениям, у обращенного к морю края Сиби-Хук наблюдаются сильные течения и водовороты, что может затруднить высадку на берег с маломерных судов. В бухте Уиллетт и с подветренной стороны Сиби-Хук море обычно спокойнее.

Доступ в Район на летательных аппаратах и полеты над Районом

С 1 октября по 31 марта действуют ограничения на полеты воздушных судов: в этот период полеты и посадки воздушных судов должны производиться в строгом соответствии с указанными ниже условиями (см. карту 2).

1) Полеты над территорией Района на высоте менее 2000 футов (~610 м) запрещены, за исключением случаев, когда это оговорено в разрешении для реализации целей, предусмотренных Планом управления.
2) Настоятельно рекомендуется избегать пролетов над территорией и посадок туристических пилотируемых воздушных судов в пределах ½ морской мили (~930 м) от колонии пингвинов Адели на Сиби-Хук.
3) По возможности следует избегать посадок пилотируемых воздушных судов в пределах ½ морской мили (~930 м) от колонии пингвинов Адели на Сиби-Хук.
4) При посадках пилотируемых воздушных судов на удалении более ½ морской мили (~930 м) от колонии пингвинов Адели места посадок допускается выбирать в зависимости от целей посещения и местных условий.
5) Главная посадочная площадка (72°19,686' ю. ш., 170°11,460' в. д.), указанная на карте 2, находится на кратчайшем расстоянии (если идти по прямой по морскому льду) от выделенной площадки для разбивки лагерей. Приземляться на этой площадке можно в том случае, если это позволяют местные условия.
6) Вспомогательная посадочная площадка должна использоваться только для основных целей, на которые было выдано разрешение.
7) Если посадка пилотируемых воздушных судов на удалении более ½ морской мили (~930 м) от колонии пингвинов Адели небезопасна или невозможна (например, по причине отсутствия или плохого состояния морского льда, неблагоприятных погодных условий или наличия настоятельной необходимости в доставке тяжелого оборудования), действуют указанные ниже положения.

САМОЛЕТЫ

- Пилотируемым самолетам разрешается производить посадку на удалении более ¼ морской мили (~460 м) от колонии пингвинов Адели.
- Пилотируемым самолетам не следует производить посадку в бухте Уиллетт.

ВЕРТОЛЕТЫ

- Вертолеты должны производить посадку на выделенной Вспомогательной площадке в бухте Уиллетт (72°19,262' ю. ш., 170°13,523' в. д.) (карта 2) либо на суше, либо на морском льду рядом с площадкой для разбивки лагерей.
- Временами посадочная площадка подвержена затоплению во время высоких приливов. В этом случае можно производить посадку на ближайших сухих участках, избегая растительного покрова и по возможности оставаясь на гравийном пляже к югу от выделенной посадочной площадки как можно ближе к береговой линии. Следует избегать посадок на меньшем удалении от колонии пингвинов Адели.
- Вертолеты должны в максимально возможной степени соблюдать рекомендованную Зону доступа для вертолетов при доступе к Вспомогательной посадочной площадке. Для вертолетов наиболее предпочтителен заход на посадку в зоне с юга от Главной посадочной площадки до Вспомогательной посадочной площадки вдоль южного берега бухты Уиллетт (карта 2).

8) Пролеты над Районом на высоте менее 2000 футов (610 м) и посадки на территории Района дистанционно пилотируемых авиационных систем (ДПАС) запрещаются, за исключением случаев, когда имеется разрешение от соответствующего национального органа. Применение ДПАС в пределах Района должно соответствовать требованиям положений Руководства по экологическим аспектам использования дистанционно пилотируемых авиационных систем (ДПАС) в Антарктике (Резолюция 4 (2018 г.).

7(iii) Разрешаемая деятельность в Районе:

- научные исследования, не подвергающие опасности ценности Района;
- важные меры управления, включая оценку или ликвидацию воздействий, мониторинг и инспектирование;
- деятельность, осуществляемая в образовательных и/или информационно-просветительских целях (например, составление отчетных документов (фотографии, аудиозаписи или письменные материалы); подготовка образовательных ресурсов или оказание образовательных услуг; обучение сотрудников программ применению методов реабилитации территорий, достижение которых по веским причинам невозможно в других местах; деятельность образовательного и/или информационно-просветительского характера не включает в себя туризм; и
- деятельность, направленная на сохранение или охрану исторических ценностей Района.

7(iv) Возведение, реконструкция и удаление сооружений

- На территории Района запрещается возведение каких-либо сооружений, за исключением случаев на условиях разрешения.
- Любое сооружение или научное оборудование, возведенное или установленное на территории Района, должно быть оговорено в разрешении и иметь четкую идентификацию с указанием страны, Ф.И.О. главного исследователя и года установки. Все такие предметы должны быть выполнены из материалов, представляющих минимальную опасность с точки зрения загрязнения Района.
- Возведение/установка (включая выбор площадки), техническое обслуживание, реконструкция или удаление сооружений должны производиться таким образом, чтобы свести к минимуму нарушения флоры и фауны, и по возможности не должны выполняться во время основного сезона гнездования (с 1 октября по 31 марта).
- Пользоваться аварийным запасом продовольствия и снаряжения следует только в случае возникновения действительно чрезвычайной ситуации, причем о его использовании следует сообщать соответствующему органу с целью пополнения аварийного запаса.
- Ответственность за вывоз из Района конкретного оборудования, у которого истек срок действия разрешения, возлагается на орган, выдавший первоначальное разрешение, а сам вывоз является одним из условий выдачи разрешения.

7(v) Расположение полевых лагерей

- Размещение постоянных полевых лагерей на территории Района запрещается.
- Временные полевые лагеря должны быть расположены в Зоне сооружений (см. Раздел 6(v) (карты 3 и 5). Исключения могут быть сделаны по веским научным или логистическим причинам (например, для постоянного посещения укрытия для наблюдения за птицами или проведения других наблюдений) при условии, что это разрешено в разрешении, и при условии, что это не будет в Зоне ограниченного доступа. По возможности следует использовать существующие колья для палаток в Зоне сооружений. Если необходимо переместить лагерь на сухую землю из-за прилива или шторма, следует избегать участков с растительностью в максимально возможной степени и держаться как можно ближе к берегу. Поблизости находятся редкие колонии наземной растительности и гнезда южнополярных поморников, поэтому следует проявлять осторожность, чтобы их не потревожить.
- Разбивать лагерь в Зоне ограниченного доступа запрещено (см. Раздел 6(v) (карта 3).
- Можно разбивать лагерь на морском льду в бухте Уиллетт, которая находится за пределами Района. Когда позволяют условия, разбивка лагеря на морском льду может быть предпочтительнее, чем

разбивка лагеря на суше в пределах Зоны сооружений, и может способствовать сведению воздействия к минимуму.

7(vi) Ограничения на ввоз материалов и организмов на территорию Района

В дополнение к требованиям Протокола по охране окружающей среды к Договору об Антарктике, на ввоз в Район материальных ресурсов и организмов распространяются указанные ниже ограничения:

- Преднамеренный ввоз на территорию Района животных, растительных материалов, микроорганизмов и нестерильной почвы запрещается. Следует принимать необходимые меры предосторожности по предотвращению непреднамеренной интродукции животных, растительных материалов, микроорганизмов и нестерильной почвы из других биологически отличающихся регионов (подпадающих и не подпадающих под действие Договора об Антарктике).
- Посетители должны убедиться в чистоте пробоотборного оборудования или указателей, которые они привозят в Район. Перед осуществлением доступа в Район одежда, обувь и другое снаряжение, используемые в Районе или ввозимые в него (включая, например, сумки, рюкзаки, палатки, палки для ходьбы, штативы и т. д.), подлежат тщательной очистке. Посетители должны также изучить и соответствующим образом соблюдать рекомендации, содержащиеся в Руководстве по неместным видам, разработанном Комитетом по охране окружающей среды (Резолюция 4 (2016 г.); заседание КООС 2019 г.) и Экологическом кодексе поведения при проведении наземных полевых исследований в Антарктике, разработанном СКАР (Резолюция 5 (2018 г.).
- Сырая птица и сырые яйца, а также продукты, содержащие сырую птицу или сырые яйца, запрещены к ввозу в Район. По возможности следует избегать обработанных и/или приготовленных продуктов из птицы и яиц. Все птицепродукты, доставленные на территорию Района и не съеденные или не использованные на территории Района, в том числе все упакованные птицепродукты, их части и (или) отходы птицепродуктов, подлежат удалению с территории Района или утилизации путём сжигания или аналогичными способами, обеспечивающими устранение опасности для местной флоры или фауны.
- Использование гербицидов или пестицидов в Районе запрещено.
- Любые другие химические вещества, включая радионуклиды и стабильные изотопы, которые могут ввозиться в целях научных исследований или управления, оговоренных в разрешении, подлежат вывозу из Района сразу после или до завершения деятельности, на которую было выдано разрешение.
- Хранение топлива, продовольствия и прочих материалов на территории Района допускается только в том случае, если это требуется для важных целей, связанных с деятельностью, на которую было выдано разрешение. Такие материалы должны храниться в Зоне сооружений, если они не нужны в другом месте для важных целей, предусмотренных разрешением. Как правило, все материалы ввозятся только на оговоренный срок и подлежат вывозу до или в момент истечения этого срока.
- Порядок хранения всех материалов и обращения с ними должен обеспечивать сведение к минимуму риска их попадания в окружающую среду.
- В случае попадания в окружающую среду материалов, представляющих возможную опасность для ценностей Района, их удаление следует производить только в том случае, если ущерб от действий по удалению не будет превышать ущерба от оставления этих материалов на месте.

7(vii) Изъятие местной флоры и фауны или вредное воздействие на них

Изъятие местной флоры и фауны или неблагоприятное воздействие на них допускается только на основании разрешения, выданного в соответствии со Статьей 3 Приложения II Протокола по охране окружающей среды к Договору об Антарктике. Если разрешенная деятельность включает в себя изъятие животных или вредное воздействие на них, в качестве минимально применимого стандарта следует руководствоваться Кодексом поведения при использовании животных в научных целях в Антарктике, разработанным СКАР.

7(viii) Сбор или вывоз из Района материалов, которые не были ввезены получателем разрешения

- Сбор и вывоз материалов из Района допускается только на основании разрешения и ограничивается минимумом, необходимым для выполнения научных или управленческих задач. Разрешения не выдаются, если есть основания опасаться того, что предполагаемый сбор образцов приведет к изъятию, вывозу или нарушению почв, местной флоры или фауны в таком масштабе, что это существенно повлияет на их распределение или численность на территории Района.

- Удаление или нарушение указателей и знаков, оставшихся от предшествующих научных исследований на территории Района, допускается только в случаях, особо оговоренных в разрешении.
- Прочие материалы антропогенного происхождения, которые не являются вышеупомянутыми опознавательными знаками, не были ввезены получателем разрешения, не представляют исторической ценности, не были ввезены по иному разрешению и могут нанести ущерб ценностям Района, могут быть удалены из Района при условии, что воздействие их удаления на окружающую среду будет не больше, чем ущерб, если оставить их на месте; в этом случае необходимо проинформировать компетентный орган и получить его согласие.
- Нарушение, повреждение, удаление или разрушение обнаруженных материалов, которые могут иметь большое историческое значение или являться ценными объектами наследия, не допускается. Любые подобные артефакты подлежат регистрации, а информацию о них следует направлять в компетентный орган для принятии решения об их сохранении или вывозе. Перемещение или вывоз артефактов в целях сохранения, защиты или восстановления допускается только на основании разрешения.
- В восточной части Района в защищенном внешней оболочкой деревянном ящике покоится хорошо сохранившееся тело лайки. Его не следует тревожить до принятия решения о его дальнейшей судьбе.

7(ix) Удаление отходов

Все отходы, включая твердые отходы жизнедеятельности человека, подлежат вывозу из Района. Жидкие отходы жизнедеятельности человека и бытовые жидкие отходы могут сбрасываться в море за пределами Района, например, в бухте Уиллетт. При наличии морского льда в бухте Уиллетт такие жидкие отходы рекомендуется сбрасывать в приливную трещину по крайней мере в 100 м от Зоны сооружений, где это практически возможно, а при отсутствии морского льда рекомендуется сбрасывать такие отходы в море во время отлива у береговой линии на расстоянии не менее 100 м к югу от Зоны сооружений. Если это практически осуществимо, рекомендуется вывозить жидкие отходы на ближайшую станцию для утилизации.

7(x) Меры по поддержанию реализации целей и задач Плана управления

Разрешения на доступ в Район могут выдаваться в следующих случаях:

1) для проведения мониторинга и инспектирования Района, что может включать в себя сбор небольшого количества образцов или данных для анализа или изучения;
2) для возведения или поддержания в надлежащем состоянии указательных и опознавательных знаков, сооружений или научного оборудования (конкретные участки долгосрочного мониторинга должны быть надлежащим образом оборудованы опознавательными знаками);
3) для проведения охранных мероприятий.

7(xi) Требования к отчетности

- В отношении каждого посещения Района основной получатель разрешения должен подавать отчет в соответствующий национальный орган в максимально короткий срок после завершения посещения в порядке, предусмотренном национальным законодательством.
- Эти отчеты должны содержать, в зависимости от обстоятельств, информацию, указанную в форме Отчета о посещении, приведенной в Приложении 2 Руководства по подготовке Планов управления Особо охраняемыми районами Антарктики (Резолюция 2 (2011 г.). В случае необходимости национальному органу рекомендуется направить экземпляр отчета о посещении также Стороне, которая подготовила План управления, в качестве вспомогательного материала для управления Районом и пересмотра Плана управления.

- Во всех возможных случаях Стороны должны направлять оригиналы или копии оригиналов таких отчетов о посещении в общедоступные архивы для ведения учета пользования, для пересмотра Плана управления и для организации использования Района в научных целях.
- В компетентный орган следует сообщать о любых действиях/мерах, предпринятых в исключительных случаях; обо всем, что вывозится из Района; а также о любых материалах, которые не были указаны в выданном разрешении, попали в окружающую среду и не были удалены из нее.

8. Справочная документация

Brabyn, L., Beard, C., Seppelt, R.D., Rudolph, E.D., Türk, R. & Green, T.G.A. 2006. Quantified vegetation change over 42 years at Cape Hallett, East Antarctica. *Antarctic Science* **18**(4): 561–72.

Brabyn, L., Green, T.G.A., Beard, C. & Seppelt, R.D. 2005. GIS goes nano: Vegetation studies in Victoria Land, Antarctica. *New Zealand Geographer* **61**: 139–47.

Crittenden, P.D., Scrimgeour, C.M., Minnullina, G., Sutton, M.A., Tang, Y.S. & Theobald, M.R. 2015. Lichen response to ammonia deposition defines the footprint of a penguin rookery. *Biogeochemistry* **122**: 295–311. doi:10.1007/s10533-014-0042-7

Harris, C.M., Lorenz, K., Fishpool, L.D.C., Lascelles, B., Cooper, J., Coria, N.R., Croxall, J.P., Emmerson, L.M., Fijn, R.C., Fraser, W.L., Jouventin, P., LaRue, M.A., Le Maho, Y., Lynch, H.J., Naveen, R., Patterson-Fraser, D.L., Peter, H.-U., Poncet, S., Phillips, R.A., Southwell, C.J., van Franeker, J.A., Weimerskirch, H., Wienecke, B., & Woehler, E.J. 2015. *Important Bird Areas in Antarctica 2015*. BirdLife International and Environmental Research & Assessment Ltd., Cambridge.

Hofstee, E. H., Balks, M. R., Petchey, F., & Campbell, D. I. (2006). Soils of Seabee Hook, Cape Hallett, northern Victoria Land, Antarctica. *Antarctic Science* **18**(4): 473-486. doi:10.1017/S0954102006000526

Lyver, P.O'B., Barron, M., Barton, K.J., Ainley, D.G., Pollard, A., Gordon, S., McNeill, S., Ballard G. & Wilson, P.R. 2014. Trends in the breeding population of Adélie penguins in the Ross Sea, 1981–2012: a coincidence of climate and resource extraction effects. *PLoS ONE* **9**(3): e91188. doi:10.1371/journal.pone.0091188

Kim J.-H., Kim H.-C., Kim J.-I., Hyun C.-U., Jung J.-W., Kim Y.-S., Chung H. & Shin H.C. 2018. Application of aerial photography for ecological survey and habitat management of Adélie penguins. Paper prepared for WG-EMM-18/38 25 June 2018.

Raymond, M.R., Wharton, D.A. & Marshall, C.J. 2013. Factors determining nematode distributions at Cape Hallett and Gondwana station, Antarctica. *Antarctic Science* **25**(3): 347-57.

Rudolph, E.D. 1963. Vegetation of Hallett Station area, Victoria Land, Antarctica. *Ecology* **44**: 585–86.

Ruprecht, U., Lumbsch, H.T., Brunauer, G., Green, T.G.A. & Türk, R. 2012. Insights into the diversity of Lecanoraceae (Lecanorales, Ascomycota) in continental Antarctica (Ross Sea region). *Nova Hedwigia* **94**(3): 287–306. doi:10.1127/0029-5035/2012/0017

Sinclair, B.J., M.B. Scott, C.J. Klok, J.S. Terblanche, D.J. Marshall, B. Reyers & S.L. Chown. 2006. Determinants of terrestrial arthropod community composition at Cape Hallett, Antarctica. *Antarctic Science* **18**(3): 303-12.

Smykla, J., Krzewicka, B., Wilk, K., Emslie, S.D. & Sliwa, L. 2011. Additions to the lichen flora of Victoria Land, Antarctica. *Polish Polar Research* **32**(2): 123-38.

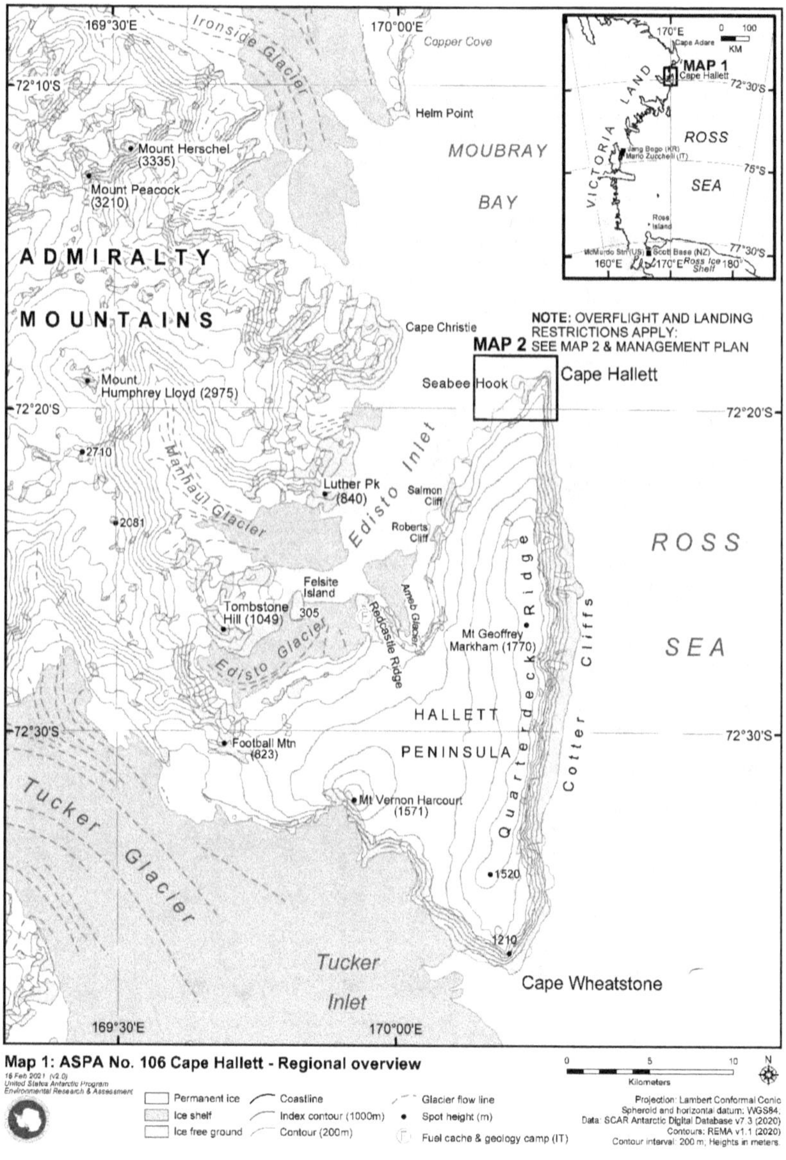

Map 1: ASPA No. 106 Cape Hallett - Regional overview

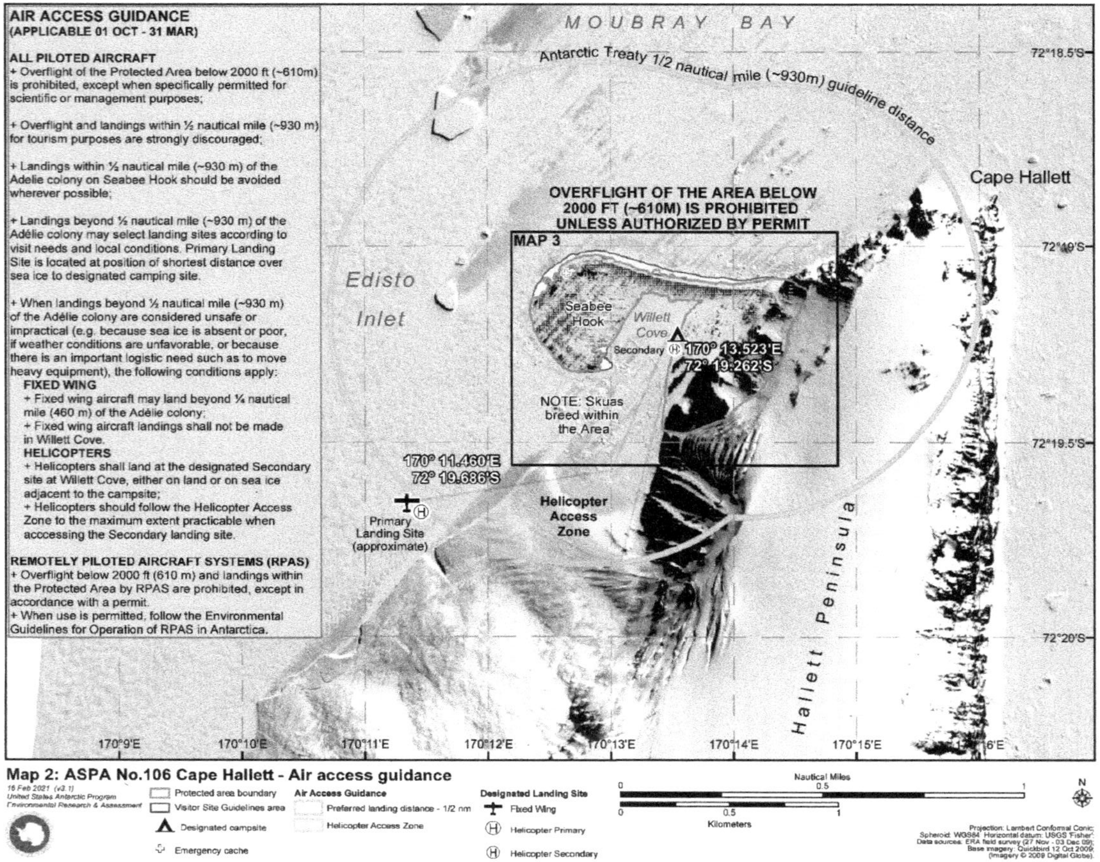

Map 2: ASPA No.106 Cape Hallett - Air access guidance

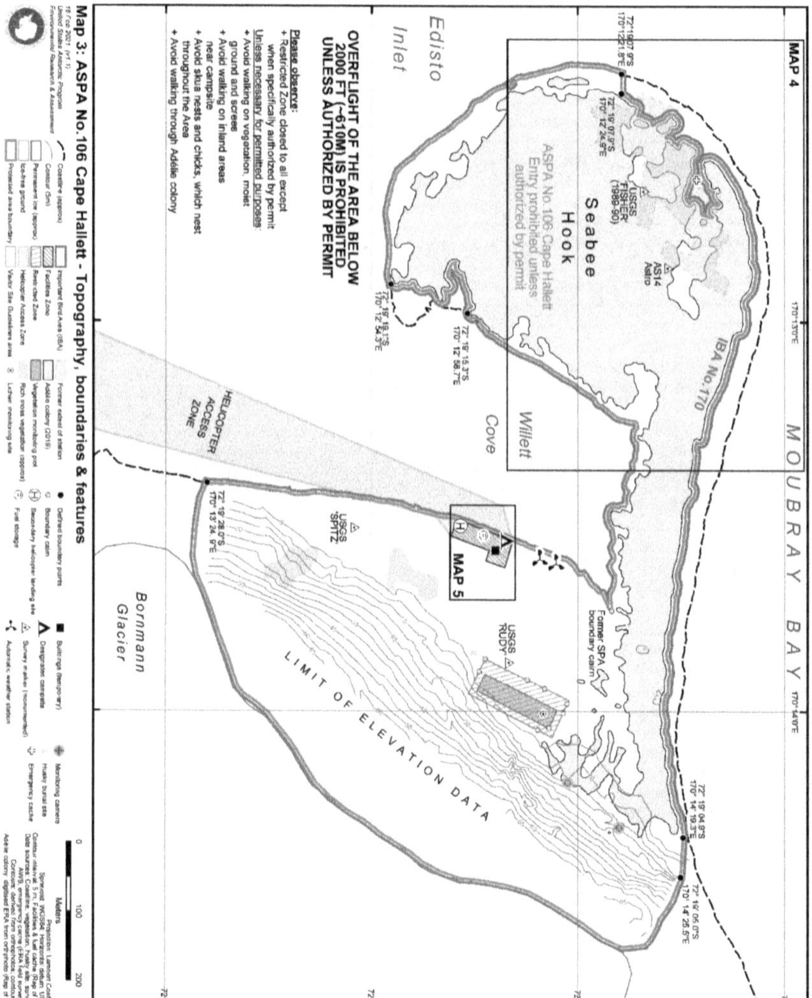
Map 3: ASPA No.106 Cape Hallett - Topography, boundaries & features
OVERFLIGHT OF THE AREA BELOW 2000 FT (~610M) IS PROHIBITED UNLESS AUTHORIZED BY PERMIT
Please observe:
+ Restricted Zone closed to all except when specifically authorized by permit
Unless necessary for permitted purposes:
+ Avoid walking on vegetation, moist ground and screes
+ Avoid walking on inland areas near campsite
+ Avoid skua nests and chicks, which nest throughout the Area
+ Avoid walking through Adélie colony
MAP 4
MAP 5
Seabee Hook
ASPA No.106 Cape Hallett
Entry prohibited unless authorized by permit
IBA No.170
MOUBRAY BAY
Willett Cove
Edisto Inlet
Bornmann Glacier
HELICOPTER ACCESS ZONE
LIMIT OF ELEVATION DATA
USGS FISHER (1989-90)
AS14 Astro
USGS "SPITZ"
USGS RUDY
Former SPA boundary cairn
Meters
0
100
200

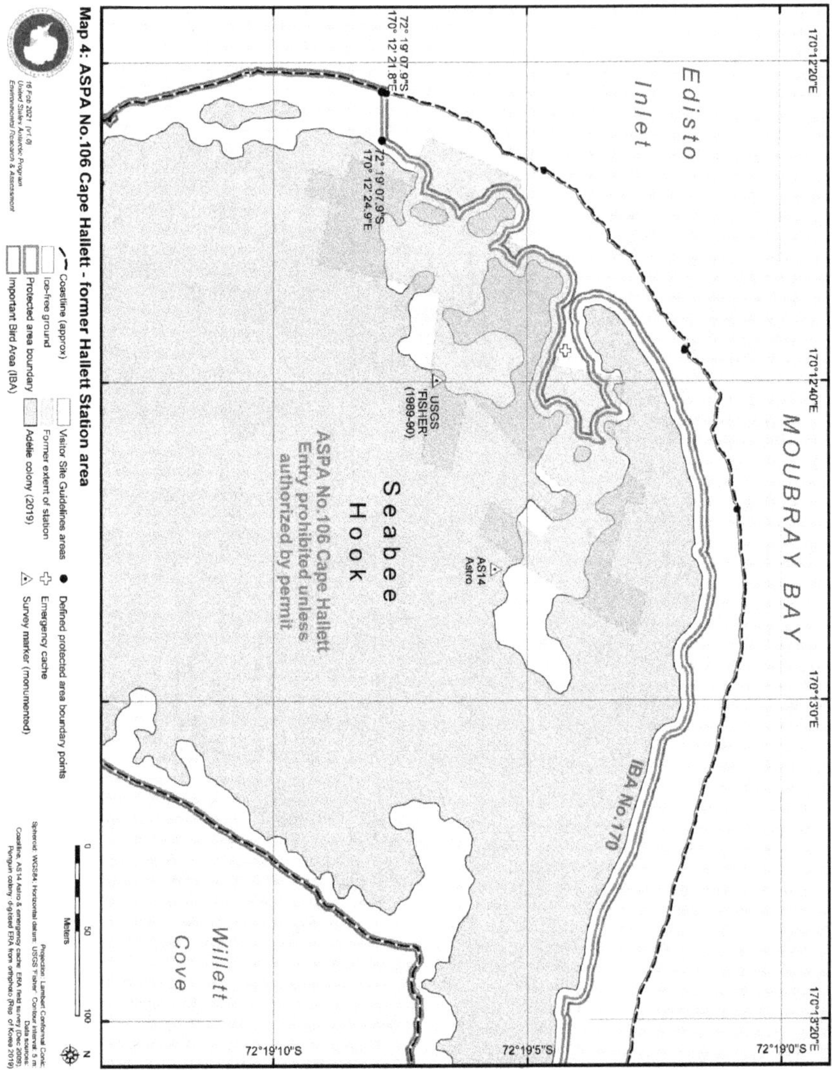

Map 4: ASPA No.106 Cape Hallett - former Hallett Station area
Edisto Inlet
MOUBRAY BAY
Seabee Hook
ASPA No.106 Cape Hallett Entry prohibited unless authorized by permit
IBA No.170
Willett Cove
USGS 'FISHER' (1989-90)
AS14 Astro
72° 19' 07.9"S 170° 12' 21.8"E
72° 19' 07.9"S 170° 12' 24.9"E
170°12'20"E
170°12'40"E
170°13'0"E
170°13'20"E
72°19'0"S
72°19'5"S
72°19'10"S
Coastline (approx)
Ice-free ground
Protected area boundary
Important Bird Area (IBA)
Visitor Site Guidelines areas
Former extent of station
Adélie colony (2019)
Defined protected area boundary points
Emergency cache
Survey marker (monumented)
Meters
0
50
100
N

Map 5: ASPA No.106 Cape Hallett - Facilities Zone

План управления
Особо охраняемым районом Антарктики № 120

МЫС ЖЕОЛОЖИ, АРХИПЕЛАГ ЖЕОЛОЖИ, ЗЕМЛЯ АДЕЛИ

Острова Жан-Ростан, Ле-Моген (Le Mauguen, бывший Алекси-Каррель), Ламарк и Клод-Бернар, нунатак Бон-Доктер и место размножения императорских пингвинов

Введение

Архипелаг Жеоложи (Земля Адели) состоит из 8 основных островов, сгруппированных вместе на площади менее 2,4 км², примерно в 5 км от Антарктиды. На самом большом из этих островов - Петрель, расположена французская научная станция Дюмон-д'Юрвиль (66°39′46″ ю.ш., 140°0′07″ в.д.).

Уникальность этого архипелага заключается в том, что здесь размножаются восемь из девяти видов птиц, гнездящихся на побережье Антарктиды, а также один из четырех видов тюленей, обитающих в Антарктике. Из этих восьми видов птиц четыре принадлежат к семейству *буревестниковых*, два – к семейству *пингвиновых*, один – к семейству *поморниковых* и еще один – к семейству *качурковых*. В частности, здесь обитают императорские пингвины, представители одного из характерных для Антарктики видов птиц. Их зимняя колония находится в нескольких сотнях метров от базы Дюмон-д'Юрвиль.

Четыре острова, нунатак и место размножения императорских пингвинов были классифицированы в 1995 г. (КСДА XIX, мера 3) как особо охраняемая территория Антарктики, так как являют собой типичный пример экосистемы континентальной ее части в том, что касается биологии, геологии и эстетики.

В Резолюции 3 (2008) сказано, что «Анализ экологических доменов Антарктического континента» служит динамической моделью для определения Особо охраняемых районов Антарктики (см. также Морган и др., 2007). Согласно этой модели, ООРА 120 относится к экологическому домену L (Ледяная шапка прибрежной зоны континента).

Резолюция 6 (2012) аналогичным образом постановила, что понятие «заповедные биогеографические регионы Антарктики» должно использоваться совместно с понятием «анализ экологических доменов» при квалификации регионов, в которых создаются ООРА, и в соответствии с понятием «систематических эколого-географических рамок», упомянутым в пункте 2 статьи 3 Приложения V к Протоколу по охране окружающей среды к Договору об Антарктике. Таким образом, архипелаг Жеоложи соотносится с заповедным биогеографическим регионом Антарктики № 13 «Земля Адели» (см. Теродс и др., 2016), одним из самых небольших биогеографических заповедников (178 км²).

Следует также отметить, что район Жеоложи был определен как ключевая орнитологическая территория (КОТ № 150) в соответствии с критериями A1 (места обитания видов, находящихся под глобальной угрозой исчезновения) и A4iii (участки, известные или считающиеся местами регулярного скопления не менее 10 000 пар морских птиц одного или нескольких видов) (Харрис и др., 2015).

Особо охраняемый район Антарктики № 120 «Мыс Жеоложи» (далее именуемый Район), соответствует периметру, обозначенному в пункте 6 (i) и отмеченному на карте 2.

1. Описание охраняемых ценностей

Экологическая ценность

Район представляет собой одну из самых характерных для Земли Адели береговых зон в том, что касается фауны, и имеет научный интерес. Он имеет исключительную экологическую и научную ценность благодаря тому, что в его пределах размножается большое количество видов птиц и морских млекопитающих, таких как:

- Тюлень Уэдделла (*Leptonychotes weddellii*)
- Императорский пингвин (*Aptenodytes forsteri*)
- Южнополярный поморник (*Catharacta maccormicki*)
- Пингвин Адели (*Pygoscelis adeliae*)
- Качурка Вильсона (*Oceanites oceanicus*)
- Южный гигантский буревестник (*Macronectes giganteus*)
- Снежный буревестник (*Pagodroma nivea*)
- Капский голубок (*Daption capense*)

Научная ценность

Программы исследований и постоянных наблюдений за этими видами ведутся в течение многих лет (с 1952 г. либо с 1964 г. в зависимости от вида). В настоящее время они осуществляются при поддержке Французского полярного института имени Поля-Эмиля Виктора (IPEV) и Национального центра научных исследований (CNRS). Таким образом, удалось создать демографическую базу данных, имеющую исключительную ценность с точки зрения продолжительности наблюдений и количества наблюдаемых видов и особей. Национальный центр научных исследований назвал эти долгосрочные наблюдения «Зонами антарктических исследовательских групп», что позволяет их отнести к Международным долгосрочным исследованиям экосистем («iLTsER»). Это своего рода обсерватории, предназначенные для наблюдения за биологическими процессами, подобно тем, что изучают физические процессы, происходящие в окружающей среде. В частности, исследовательские программы вносят вклад в Программу экологического мониторинга Конвенции по сохранению морских живых ресурсов Антарктики (АНТКОМ) (Европейская программа мониторинга окружающей среды).

Присутствие человека в Районе во многом связано с реализацией научных программ, осуществляющих такой мониторинг. Количество человек, одновременно присутствующих в Районе, обычно составляет 2, а в исключительных случаях доходит до 4. Частота посещений варьируется от года к году. В среднем она составляет менее одного раза в сутки.

Среди 61 зарегистрированного места размножения императорских пингвинов (Фретвелл и Тратан, 2020) Жеоложи является одним из немногих, расположенных в непосредственной близости от постоянной базы. Таким образом, это место является особенно подходящим для изучения этого вида и его среды обитания. В связи с этим необходимо уделять особое внимание тому, чтобы вблизи базы не нарушался покой птиц.

2. Цели и задачи

Целями управления особо охраняемым районом «Мыс Жеоложи» являются следующие:

- предотвращение обесценивания или риска обесценивания ценностей Района;
- обеспечение проведения научных исследований, которые не могут быть осуществлены в другом месте, минимизируя при этом их потенциальное воздействие, в частности, насколько это возможно, путем все большего использования средств, позволяющих уменьшить присутствие человека на участке;
- предотвращение повреждения окружающей среды и нарушения покоя животных и птиц; недопущение неоправданного присутствия человека в Районе;
- снижение количества случаев нарушения покоя, вызываемого присутствием людей вблизи Района, в частности, связанного с присутствием вблизи базы Дюмон-д'Юрвиль и с проводимыми на ней операциями по материально-техническому обеспечению;
- сведение к минимуму риска ввоза на территорию Района неэндемичных растений, животных или микробов.

3. Административно-управленческая деятельность

Для защиты ценностей Района будут осуществляться следующие виды административно-управленческой деятельности:

- Данный План управления регулярно пересматривается с целью обеспечения мониторинга мер по защите ценностей ООРА.
- Будет начато рассмотрение возможности создания базы данных о биоразнообразии ООРА и состоянии его сохранности, что в конечном итоге позволит проводить регулярный мониторинг изменений экологических ценностей.
- В соответствии со статьей 7 Приложения V к Протоколу по охране окружающей среды к Договору об Антарктике для доступа в Район необходимо получить разрешение от компетентного органа. Это правило действительно в течение всего года.
- Вся деятельность научного или управленческого характера, осуществляемая в Районе, должна оцениваться с точки зрения ее воздействия на окружающую среду в соответствии с требованиями, изложенными в Приложении I к Протоколу по охране окружающей среды к Договору об Антарктике.
- В соответствии с Приложением III к Протоколу по охране окружающей среды к Договору об Антарктике отходы или отработанные материалы должны удаляться, насколько это возможно, при условии, что их вывоз не окажет отрицательного воздействия на окружающую среду и ценности Района.
- Все лица, проживающие постоянно или временно на станции Дюмон-д'Юрвиль, должны быть надлежащим образом проинформированы о существовании ООРА, его географических пределах, регулируемых условиях доступа к нему и в принципе об этом Плане управления. С этой целью на станции Дюмон-д'Юрвиль и на борту корабля «Astrolabe» вывешен информационный щит с картой Района и с указанием ограничений и конкретных мер по управлению, которые применяются в отношении к нему. Осуществляются мероприятия по повышению осведомленности о проблемах биоразнообразия, связанных с ООРА.
- На станции Дюмон-д'Юрвиль находятся копии данного Плана управления, переведенного на четыре языка стран – участников Договора об Антарктике. Информация, относящаяся к каждому отдельному случаю присутствия на территории ООРА, а именно *как минимум*: виды предпринимаемой деятельности или причина присутствия, количество присутствующих лиц,

продолжительность пребывания и конкретные результаты наблюдений, регистрируется начальником станции Дюмон-д'Юрвиль и вносится в базу данных.

- Деятельность вблизи ООРА (развитие станции Дюмон-д'Юрвиль, управление энергопотреблением и ликвидацией сточных вод и отходов, логистика, обеспечение продовольствием, проезд автотранспортных средств, полеты на вертолетах и т. д.) осуществляется в максимально возможной степени с учетом чувствительности окружающей местности и обитающих на территории ООРА видов животных и птиц к нарушению покоя. Это делается с целью снижения потенциального воздействия, вызванного нарушением покоя животных, загрязнением и ввозом посторонних видов животных и возбудителей заболеваний.

4. Срок действия

Район определен как Особо охраняемый район Антарктики (ООРА) на неопределенный срок.

5. Карты

На карте 1 показано географическое положение Земли Адели на территории Антарктиды и расположение архипелага Жеоложи в береговой зоне Земли Адели.

На карте 2 архипелага Жеоложи указаны расположение основных колоний птиц и пунктирными линиями границы Особо охраняемого района Антарктики № 120 в пределах этого архипелага.

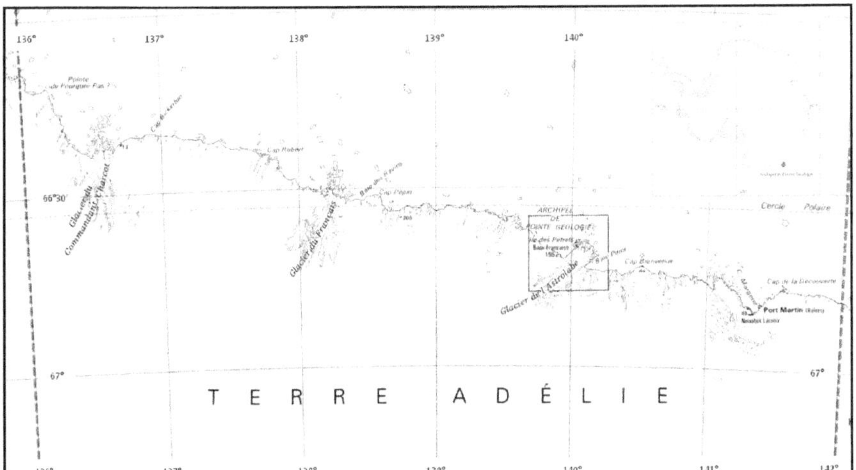

Карта 1. Расположение архипелага Жеоложи на Земле Адели (Антарктика)

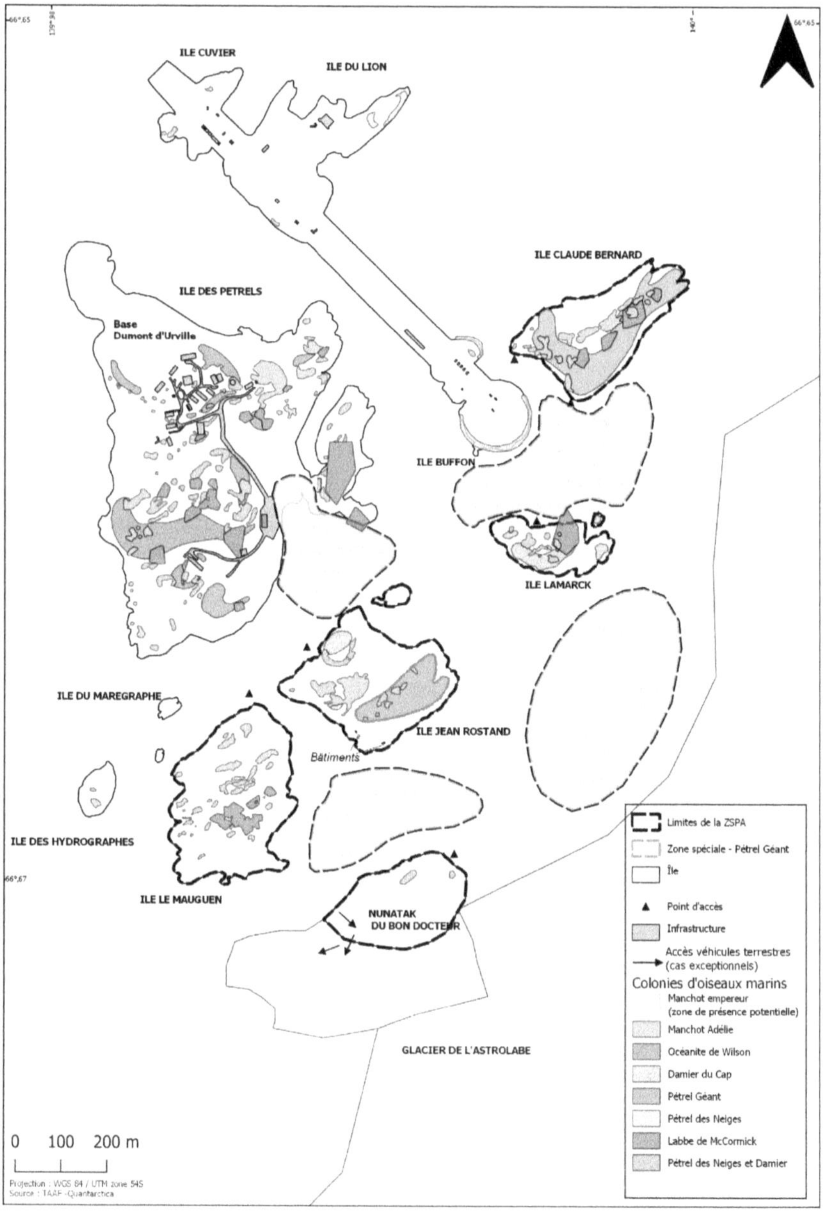

Карта 2. Расположение колоний птиц на территории ООРА и архипелага Жеоложи. Пунктирными линиями обозначены границы ООРА. Императорские пингвины, находящиеся здесь с марта до середины декабря, основывают свои колонии на льдинах между островами, их местоположение меняется.

6. Описание Района и обозначение участков

6 (i). Географические координаты, границы и природные особенности

ГРАНИЦЫ И КООРДИНАТЫ

ООРА № 120 находится на побережье Земли Адели, в самом сердце архипелага Жеоложи (от 140° до 140°02' в. д.; от 66°39' 30" до 66°40' 30" ю. ш.). В его состав входят следующие участки:

- остров Жан-Ростан,
- остров Ле-Моген (бывший Алекси-Каррель),
- остров Ламарк,
- остров Клод-Бернар,
- нунатак Бон-Доктер,
- место размножения императорских пингвинов, граница которого определяется наличием одной или нескольких групп императорских пингвинов и установленной вокруг этого места санитарно-защитной зоной шириной 40 м[1].

Суммарно площадь выходящих на поверхность скал не превышает 2 км². Самые высокие точки расположены вдоль хребта NE-SO (остров Клод-Бернар: 47,60 м; остров Жан-Ростан: 36,39 м; остров Ле-Моген (бывший Алекси-Каррель): 28,24 м, нунатак Бон-Доктер: 28,50 м).

В течение лета в южном полушарии морской лед между островами иногда исчезает, только северные склоны островов частично покрывает фирновый снег. В это время границы ООРА хорошо защищены благодаря своим природным особенностям (очертаниям островов и виднеющимся скалам).

На территории Района нет ни дорог, ни тропинок.

ОБЩЕЕ ОПИСАНИЕ РАЙОНА

Климат

Погодные условия (средние показатели, температура: –10,8 °C, давление: 987,3 гПа, скорость ветра: 9,5 м/с, преимущественное направление ветра: 120–160°) (König-Langlo *et al.* 1998) и сезонность на краю ледяной шапки играют фундаментальную роль в накоплении снега, его таянии, а также в обширности морского льда вблизи континента. Сезонность характеризуется продолжительной зимой с мая по октябрь, коротким летом с ноября по январь и чрезвычайно короткими периодами между двумя сезонами (Périard & Pettré 1993). Значительная разница температур в зависимости от сезонности (–15 °C зимой, –0,5 °C летом в среднем) подразумевает, что таяние происходит только с декабря по февраль, что влияет на состояние снежного покрова на различных нунатаках, а также на ледоход в море вокруг архипелага. Это – прямой результат колебаний энергии солнечной радиации, которая сильна летом, и «ночным» радиационным похолоданием на антарктическом плато,, в связи с чем устанавливаются стабильные атмосферные слои, являющиеся источником катабатического ветра (Gallée & Pettré 1998; König-Langlo *et al.* 1998). Сильный и стойкий катабатический ветер является главной особенностью климата в районе архипелага (Périard & Pettré 1993). Тем не менее в этом районе часто возникают системы низкого давления, идущего с северо-запада (King & Turner 1997). Летом и зимой наблюдается

---

[1] В случае если группы или колония пингвинов располагаются на расстоянии менее 40 м от существующих населенных пунктов на островах Петрель или Льон, определяется *специальный* порядок действий в соответствии с положениями Мадридского протокола и Приложения II к нему.

более высокое давление, но осадки выпадают круглый год, без четкого сезонного цикла (König-Langlo *et al.* 1998). Случаи значительного выпадения снега ограничиваются несколькими сильными снегопадами, которые не зависят от времени года (Turner *et al.* 2019). Это вызвано интенсивным переносом влаги из средних широт. Эти явления происходят в условиях блокирующего антициклона, который вызывает значительное повышение температуры и сильные осадки и может стать причиной дождей, редких в этом районе (Favier *et al.* 2011 ; Wille *et al.* 2021). Выпадение осадков в виде дождя в течение первых недель жизни пингвинов Адели, хотя и редко, может значительно сказаться на возможности их дальнейшего размножения (Ropert-Coudert *et al.* 2015). Изменение температуры в этом районе в течение следующего столетия превысит наблюдаемое изменение в глобальном масштабе (согласно сценариям выбросов парниковых газов, весь континент нагреется от 1,3 ± 0,5 °C до 4,8 ± 1,2 °C (Bracegirdle *et al.* 2020 ; Krinner *et al.* 2019). Это потепление напрямую повлияет на сообщества птиц и млекопитающих, обитающих на архипелаге. Тем не менее межгодовая климатическая вариативность в этом районе чрезвычайно сильна и зависит в первую очередь от крупномасштабной метеорологической ситуации, в основном от интенсивности южного кольцевого режима (например, Marshall *et al.* 2017), а также от климатических условий региона (например, от протяженности морского льда (например, Goursaud *et al.* 2019 ; Krinner *et al.* 2014). Поэтому в этом районе не ожидается появления антропогенного глобального потепления до середины XXI века (Mora et al. 2013).

Геология

Хорошо обозначенные уступы имеют асимметричные поперечные профили, пологие на севере и более крутые на юге. Местность испещрена многочисленными разломами и трещинами. Породы основания, преимущественно состоящие из гнейсов, богатых силлиманитом, кордиеритом и гранатами, прорезаны густой сетью прожилок розового цвета, образовавшихся в процессе анатексиса. Наиболее низинные части островов покрыты моренами с неоднородной зернистостью (блоки диаметром от нескольких сантиметров до более одного метра).

Наземные органические сообщества

Флора и беспозвоночные животные

В Районе не обитают сосудистые растения и макрочленистоногие. Только *Prasiola crispa*, космополитный вид водорослей, присутствует здесь и может покрывать значительные по местным меркам площади в связи с наличием птичьего помета.

Животный мир

На архипелаге Жеоложи размножаются семь видов птиц и один вид морского млекопитающего (тюлень Уэдделла). Изучением их популяций занимаются с 1950-х и 1960-х годов. В таблице 1 представлена информация о численности наблюдаемых морских птиц; в таблице 2 – о периодах присутствия различных их видов в Районе, а в таблице 3 – о предполагаемой уязвимости каждого из них. Тюлень Уэдделла не размножается на территории Района, а только на льдинах за его пределами. Его численность в конце октября колеблется от 70 до 170 экземпляров в зависимости от года, в том числе от 30 до 50 детенышей (неопубликованные данные Центрально-европейского медико-биологического конгресса (CEBC) и Национального центра научных исследований (CNRS).

Среди видов птиц, которые регулярно посещают Район, фигурируют антарктический буревестник, *Thalassoica antarctica*, и антарктический пингвин, *Pygoscelis antarctica*. Несколько видов морских млекопитающих регулярно посещают архипелаг, но не размножаются там. В их числе четыре вида тюленя (морской леопард *Hydrurga leptonyx*, тюлень-крабоед *Lobodon carcinophaga*, южный морской слон *Mirounga leonina*, тюлень Росса *Ommatophoca rossii*) и два вида китообразных (косатка *Orcinus orca* и южный малый полосатик *Balaenoptera bonaerensis*).

Угроза исчезновения и неблагоприятное влияние

Открытие станции Дюмон-д'Юрвиль привело к значительному сокращению популяции гигантских буревестников в пределах архипелага Жеоложи. Гнездовые колонии, расположенные на острове Петрель, почти полностью исчезли в конце 1950-х годов, в первые годы после открытия базы в непосредственной близости от этих колоний (увеличение количества зданий, интенсивность полетов на вертолетах, установка и замена топливных резервуаров, прямое преследование). В настоящее время от 95 до 100 % популяции гигантского буревестника архипелага Жеоложи гнездится в ООРА в юго-восточной части острова Ростан. Одна пара регулярно гнездится на острове Петрель на горе Мон-де-Жеан (Mount of Giants).

Проводившиеся в период с 1984 г. по 1993 г. работы по соединению островов Буффон, Кювье и Дю Лион с целью создания взлетно-посадочной полосы привели к разрушению мест гнездования примерно 3000 пар пингвинов Адели, 210 пар снежных буревестников, 170 пар Капских голубков, 180 пар качурок Вильсона и 3 пар южнополярных поморников (Миколь & Жувентин, 2001). Относительно большая часть пар пингвинов Адели переместилась в ООРА, в отличие от других видов (Миколь & Жувентин, 2001, неопубликованные данные Центрально-европейского медико-биологического конгресса, CEBC).

Значительное сокращение численности императорских пингвинов в конце 1970-х годов, по-видимому, связано с продолжительной климатической аномалией, имевшей место между 1976 и 1982 годами и приведшей к значительному сокращению площади морского льда (Барбро и Веймерскирх, 2001; Барбро и др., 2011; Женуврие и др., 2009, 2012). Другие кумулятивные эффекты, такие как строительные работы на станции, строительство взлетно-посадочной полосы –острова Льон и проведение научных работ в то время, также сказались на популяции Жеоложи и вынудили некоторых птиц мигрировать на другие колонии, в частности, в Мерц (Mertz) (Кристофари и др., 2016). В течение последних пятнадцати лет размножающаяся популяция императорских пингвинов была стабильной или несколько увеличивалась параллельно с увеличением площади морского льда в Районе Земли Адели (Барбро и др., 2020, таблица 3).
Тем не менее требуется бдительность в связи с наблюдаемыми в последнее время изменениями (см. ниже).

Среди видов птиц, обитающих на архипелаге Жеоложи, императорский пингвин и гигантский буревестник размножаются исключительно в пределах ООРА (за исключением одной пары гигантских буревестников, обитающих на острове Петрель). С момента создания данного ООРА в 1995 г. численность этих двух видов остается стабильной или незначительно увеличивается (таблица 3). Однако прогнозирование в долгосрочной перспективе требует сохранения за ними статуса «находящиеся под охраной» путем реализации данного Плана управления.

В районе архипелага Жеоложи пока не наблюдается значительной тенденции к изменению температуры и количества осадков. На самом деле этот район отличается прежде всего очень высокой межгодовой метеорологической вариативностью, с одной стороны, а с другой – тем, что состояние морского льда меняется в значительной степени от года к году. С 2010 г. в районе архипелага Жеоложи наблюдаются особенно обширные площади морского льда. Это, вероятно, связано с тем, что к Земле Адели приблизился гигантский айсберг B9B. К этому состоянию морского льда в Жеоложи можно добавить два года более интенсивных, чем обычно, метеорологических явлений (дождь, температуры), в связи с которыми у ряда популяций морских птиц, чья пищевая экология зависит от морского льда, наблюдалось полное отсутствие репродукции, особенно это касалось пингвинов Адели (Барбро и др., 2015; Роперт-Кудерт и др., 2015, 2018). Однако последние сезоны предполагают, что состояние морского льда будет изменяться и станет более благоприятным для пингвинов и некоторых буревестников с более быстрым переходом в летний сезон.

Климатические прогнозы Межправительственной группы экспертов по изменению климата (МГЭИК) предполагают уменьшение протяженности и концентрации морского льда у побережья Земли Адели начиная с середины XXI века. Это уменьшение, скорее всего, окажет негативное воздействие на ряд видов морских птиц, гнездящихся в пределах архипелага, таких как императорский пингвин (Женовье и др., 2009, 2014), пингвин Адели (Иль и др., 2020) или южнополярный поморник (Пакуро и др., 2019), но мало повлияет на другие, такие как снежный буревестник (Барбро и др., 2011; Сосе и др., 2021).

Установки, оборудованные растяжными кабелями, такие как ионосферная мачта на острове Петрель (неиспользуемая уже в течение нескольких лет), а также провода воздушных линий электропередачи между зданиями представляют серьезную угрозу для нескольких видов птиц. Действительно, в течение нескольких лет регулярно наблюдаются случаи столкновения с ними и гибели летающих птиц (согласно неопубликованным данным Центрально-европейского медико-биологического конгресса (CEBC) и Национального центра научных исследований (CNRS) с 1999 г. в результате столкновения с этими кабелями погибло не менее 70 особей, в том числе 45 южнополярных поморников и 14 гигантских буревестников). Это указывает на беззащитность данных видов перед воздушными кабелями и наводит на мысль, что установка новых кабелей в районах, используемых летающими морскими птицами, приведет к негативным последствиям. Такие биологические виды, как южнополярный поморник, серебристо-серый буревестник, гигантский буревестник, имеют очень низкую численность в Жеоложи, и дополнительная смертность этих долгоживущих видов может практически немедленно отрицательно сказаться на их популяции.

Дополнительную угрозу для целого ряда видов представляют загрязняющие вещества. Действительно, несколько типов загрязнителей антропогенного происхождения (ртуть, стойкие органические загрязнители, такие как гексахлорбензол, полихлорированные дифенилы, полибромдифенилы, хлорорганические соединения) были обнаружены у нескольких видов птиц (императорский пингвин, пингвин Адели, снежный буревестник, южнополярный поморник), размножающихся в этом районе (Гутт и др., 2013; Тартю и др., 2014; Карравьери и др. 2020). Было продемонстрировано, как некоторые загрязняющие вещества, такие как ртуть, отрицательно воздействуют на репродукцию видов с потенциальным влиянием на динамику популяции (Гутт и др., 2014, 2018).

Таблица 1. Количество пар морских птиц, гнездящихся в ООРА № 120 (подсчет в течение репродуктивного цикла 2019–2020 гг.). Упоминается также доля популяции, размножающейся в пределах данного ООРА, по сравнению с аналогичной популяцией всего архипелага Жеоложи(PG) (Источник: неопубликованные данные Центрально-европейского медико-биологического конгресса (CEBC) и Национального центра научных исследований (CNRS о репродуктивном цикле 2019-2020 гг., за исключением качурок Вильсона, данные от 2016 г. у Барбро и др., 2018)

Место	Императорский пингвин	Пингвин Адели	Южно-полярный поморник	Снежный буревестник	Капский голубок	Качурка Вильсона	Южный гигантский буревестник
Остров Клод-Бернар	—	4201	10	132	99	106	—
Остров Ламарк	—	1445	2	27	11	32	—
Остров Жан-Ростан		5396	8	44	20	83	19
Остров Ле-Моген (бывший Алекси-Каррель)	—	4396	18	15	11	63	—
Нунатак Бон-Доктер	—	1461	3	2	—	43	—
Зимний морской лед между островами	3727	—	—	—	—	—	—
Всего ООРА	3727	16899	41	220	141	327	19
Итого по Жеоложи	3727	41151	78	856	266	793	20
% ООРА / Жеоложи	100 %	41 %	53 %	26 %	53 %	41 %	95 %

Таблица 2. Присутствие птиц в местах размножения

	Императорский пингвин	Пингвин Адели	Южнополярный поморник	Снежный буревестник	Капский голубок	Качурка Вильсона	Южный гигантский буревестник
Первое прибытие	Март	Октябрь	Октябрь	Сентябрь	Октябрь	Ноябрь	Июль
Первый нерест	Май	Ноябрь	Ноябрь	Декабрь	Декабрь	Декабрь	Октябрь
Последний отлет	Конец декабря	Март	Март	Март	Март	Март	Апрель

Таблица 3. Чувствительность к нарушению покоя, вызванному присутствием человека, и тенденции популяций птиц архипелага Жеоложи (Источники: неопубликованные данные Центрально-европейского медико-биологического конгресса (CEBC) и Национального центра научных исследований (CNRS), Барбро и др., 2020; Пакуро и др., 2019; Сосе и др., 2021; Барбро и др., 2018, данные о Качурках Вильсона).

		Императорский пингвин	Пингвин Адели	Южнополярный поморник	Снежный буревестник	Капский голубок	Качурка Вильсона	Южный гигантский буревестник	Тюлень Уэдделла
Чувствительность		высокая	средняя	средняя	высокая	высокая	высокая	высокая	средняя
Тенденции	**1952–1984 гг.**	снижение	?	?	?	?	?	снижение	?
	1984-2000 гг.	стабильность	увеличение	увеличение	стабильность	стабильность	снижение	стабильность	стабильность

	2000-2019 гг.	увеличение	стабильность	увеличение	стабиль-ность	стабиль-ность	?	небольшое увеличение	снижение

6 (ii). Установки в пределах Района

Вошедший в историю приют Прево и убежище расположены на острове Ростан, в отличие от других построек в этом Районе. Эти здания в основном используются учеными для укрытия в случае ухудшения метеорологических условий во время проведения операций по мониторингу популяций.

6 (iii). Местонахождение других близлежащих охраняемых районов

Ближайшим к ООРА № 120 охраняемым районом является ООРА № 166 «Пор-Мартен», расположенный в 60 км к востоку.

6 (iv). Особые зоны на территории ООРА

Места гнездования гигантских буревестников на острове Ростан

На территории ООРА места размножения гигантских буревестников расположены исключительно в юго-восточной части острова Ростан. Все места гнездования этого вида на острове Ростан находятся в специальной зоне, призванной обеспечить им усиленную охрану. Периметр этой зоны указан на карте 2.

Доступ в эту специальную зону разрешен только тем лицам, в разрешении на доступ в ООРА которых, выдаваемом в соответствии со ст. 7, это явно указано. Разрешены посещения исключительно в научных целях. Для всех программ может быть разрешено не более пяти посещений в год.

7. Условия выдачи разрешений

- Доступ в Район запрещен, если только разрешение не было выдано компетентным государственным органом, назначенным в соответствии со ст. 7 Приложения V к Протоколу по охране окружающей среды к Договору об Антарктике. Чтобы избежать конфликтов между операциями в ООРА и обеспечить возможность оценки потенциального кумулятивного воздействия до начала деятельности, компетентный государственный орган, выдающий разрешение, должен как можно скорее проинформировать начальника станции Дюмон-д'Юрвиль и/или компетентный государственный орган Франции.
- Разрешения могут быть выданы на деятельность, предусмотренную в параграфе 7(ii) настоящего документа. В разрешениях для каждого посещения указываются запланированные мероприятия, их продолжительность, количество посещений, а также максимальное количество человек, которое может войти в Район (обладатели разрешений и любые сопровождающие лица, необходимые по профессиональным соображениям либо соображениям безопасности и выбираемые учеными в соответствии с их опытом).

7 (i). Доступ в Район и передвижение в его пределах

Доступ в Район разрешен исключительно пешком либо на небольшой лодке (летом).

Полеты

- Вертолет не может приземляться на территории ООРА (за исключением случаев чрезвычайных ситуаций).

- Полеты над Районом запрещены любым воздушным судам (за исключением случаев чрезвычайных ситуаций). Полет и посадка в Районе беспилотных авиационных систем (дронов) разрешены только в рамках мероприятий, предусмотренных в пункте 7(ii), и на основании разрешения, выданного компетентным государственным органом. Использование дронов в пределах Района должно соответствовать Экологической директиве по эксплуатации беспилотных авиационных систем (RPAS, Remotely Piloted Aircraft System) в Антарктике (Резолюция 4, 2018 г.).

Наземный транспорт

- Переезды наземным транспортом между станцией Дюмон-д'Юрвиль, расположенной на острове Петрель, и находящейся на материке станцией Кап-Прюдомм зимой обычно осуществляются кратчайшим путем, по льду. В очень редких случаях, когда из-за состояния морского льда эти поездки опасны, в виде исключения начальник станции Дюмон-д'Юрвиль может разрешить проезд через западный склон нунатака Бон-Доктер, как это показано на карте 2.
- Во всех случаях наземные транспортные средства, движущиеся вблизи скоплений мператорских пингвинов, должны держаться от них на расстоянии не менее 40 м.

Передвижение в пешем порядке

- Передвижение уполномоченных лиц в пределах Района должно осуществляться с особой бдительностью во избежание нарушения покоя птиц, а также ухудшения условий в местах гнездования и доступа к ним.

7 (ii). Деятельность, осуществляемая или разрешенная к осуществлению в Районе с ограничениями по времени и месту

- Деятельность, направленная на достижение основных научных целей, которая не может быть выполнена в другом месте.
- Деятельность, направленная на охрану окружающей среды либо присутствующих на территории биологических видов.
- Необходимая деятельность по управлению и материально-техническому обеспечению. В заявке на разрешение в этом случае должно быть указано, что никакая другая альтернатива доступу в Район невозможна.
- Образовательная деятельность либо научная популяризация (кинематографические съемки, фотосъемки, звукозапись и т. д.), которая не может быть осуществлена в другом месте.

7 (iii). Установка, модификация или демонтаж сооружений

- Возведение новых построек или постоянных установок запрещено. На территории Района можно устанавливать только временные сооружения или устройства, необходимые по важным научным причинам, а также для хозяйственной либо природоохранной деятельности, разрешенной компетентным государственным органом.
- Любая модификация или демонтаж оборудования, имеющегося в настоящее время на острове Ростан, может производиться только с разрешения.

7 (iv). Расположение полевых лагерей

Запрещено разбивать лагерь в Районе. Исключение может быть сделано только из соображений безопасности, в частности, при проведении научных или природоохранных экспедиций. В этом случае палатки следует ставить так, чтобы они создавали как можно меньше помех в окружающем пространстве.

7 (v). Ограничение на ввоз материалов или организмов в Район[2]

- В соответствии с положениями Приложения II к Протоколу по охране окружающей среды к Договору об Антарктике преднамеренный ввоз живых животных или растений в Район запрещен.
- Во избежание непреднамеренного завоза микробов, беспозвоночных или растений из других участков Антарктики, включая станции, либо из других регионов за пределами Антарктики все материалы, ввозимые в Район, включая научное оборудование, должны быть очищены или стерилизованы.
- Обувь, одежда, сумки и в целом все, ввозимое в Район, должны предварительно пройти тщательную очистку.
- В Район не разрешается ввозить продукты птицеводства, включая отходы этих продуктов, а также продукты, содержащие яичный порошок.
- Присутствие химических веществ в Районе не допускается. Исключение составляют вещества, которые ввозятся для научной деятельности в соответствии с условиями, указанными в выданных разрешениях. Все химические вещества должны быть вывезены из Района не позднее окончания деятельности, на которую были выданы разрешения.
- Хранение топлива, пищевых продуктов или любых других материалов запрещено, за исключением случаев, когда это необходимо для осуществления деятельности, на которую выданы разрешения. Все эти ввезенные материалы изымаются, как только перестают быть необходимыми. Их постоянное хранение запрещено.

7 (vi). Взятие проб и вмешательства в местную флору и фауну

- Любое взятие проб или вмешательство в местную флору и фауну запрещено при отсутствии специального на это разрешения. В случае, когда взятие проб или взаимодействие с биологическими видами разрешено, в качестве минимального стандарта необходимо пользоваться правилами поведения при использовании животных в научных целях, установленными Научным комитетом по исследованию Антарктики (КСДА XLII — XXII Комитет по охране окружающей среды, Резолюция 4).
- Мертвые или больные представители местной флоры или фауны могут быть вывезены из Района только в случае, если это прямо указано в разрешении.

7 (vii). Сбор или вывоз предметов или материалов, которые не были ввезены в Район держателем разрешения

- Сбор и вывоз предметов или материалов, которые были ввезены в Район лицами, не имеющими разрешения, запрещены, за исключением случаев, указанных в разрешении.
- Мусор, оставленный человеком, может быть удален из Района при условии, что его сбор не нанесет вред окружающей среде и ценностям Района.

7 (viii). Удаление отходов

---

[2] Дополнительные указания по этому вопросу содержатся в руководстве Комитета по охране окружающей среды по неэндемичным биологическим видам и Контрольных перечнях для ответственных за обеспечение поставок для национальных антарктических программ для снижения риска ввоза неместных биологических видов, составленных Комитетом национальных антарктических программ и Научным комитетом по исследованию Антарктики.

Все образующиеся отходы должны вывозиться из Района как минимум после каждого его посещения в соответствии с положениями Приложения III к Протоколу по охране окружающей среды к Договору об Антарктике.

7 (ix). Меры, которые могут быть необходимы для достижения целей и задач данного Плана управления

- Посещение Района строго ограничено видами деятельности, предусмотренными в пункте 7 (ii), и осуществляется при наличии соответствующего разрешения.
- Деятельность научного характера должна осуществляться в соответствии с правилами поведения при проведении научных исследований на территории Антарктики, установленными Научным комитетом по исследованию Антарктики (КСДА XXXII – XII Комитет по охране окружающей среды IP004) и правилами поведения при использовании животных в научных целях, принятыми Научным комитетом по исследованию Антарктики (КСДА XXXIV – XIV Комитет по охране окружающей среды IP53).

7 (x). Отчеты о посещениях

Стороны должны обеспечить соблюдение следующего требования: основной владелец каждого выданного разрешения обязан предоставлять компетентному органу отчет о деятельности, осуществленной в Районе. Отчет, предоставляемый в конце каждой операции, должен включать, в случае необходимости, информацию, указанную в форме отчета о посещении. Данная форма размещена в «Руководстве по подготовке Планов управления Особо охраняемыми районами Антарктики» (Резолюция 2, 2011).

Данные отчеты содержат, в соответствующих случаях, информацию о посещенных местах и собранных данных, необходимых для экологического мониторинга Района (в частности, размер и распределение популяций).

В случае необходимости внутригосударственный орган должен направить копию отчета о посещении Стороне, предложившей План управления, чтобы она могла использовать его в целях надлежащего управления Районом или изучения Плана управления.

Насколько это возможно, Сторонам следует хранить оригиналы или копии оригинальных отчетов о посещениях в доступном для общественности архиве с целью сохранения рабочего архива, который будет использоваться при рассмотрении Плана управления и в процессе подготовки Района к проведению научных исследований.

8. Справочные документы

Barbraud, C. et Weimerskirch. H. 2001. Emperor penguins and climate change. *Nature*, 411: 183-186.

Barbraud, C., Rivalan, P., Inchausti, P., Nevoux, M., Rolland, V. & Weimerskirch, H. 2011. Contrasted demographic responses facing future climate change in Southern Ocean seabirds. *Journal of Animal Ecology* 80 : 89-100.

Barbraud C., Delord K., Weimerskirch H. 2015. Extreme ecological response of a seabird community to unprecedented sea ice cover. *Royal Society Open Science*, 2: 140456.

Barbraud, C., Vasseur, J. & Delord, K. 2018. Using distance sampling and occupancy rate to estimate abundance of breeding pairs of Wilson's Storm Petrel (*Oceanites oceanicus*) in Antarctica. *Polar Biology* 41:313-322.

Barbraud, C., Delord, K., Bost, C.A., Chaigne, A., Marteau C. & Weimerskirch, H. 2020. Population trends of penguins in the French Southern Territories. *Polar Biology* 43: 835-850.

Bracegirdle, T. J., Krinner, G., Tonelli, M.; Haumann, F. A., Naughten, K. A., Rackow, T., Roach, L. A., & Wainer, I., 2020. Twenty first century changes in Antarctic and Southern Ocean surface climate in CMIP6. *Atmospheric Sci. Lett.*, 21, e984.

Carravieri, A., Bustamante, P., Labadie, P., Budzinski, H., Chastel, O. & Cherel, Y. 2020. Trace elements and persistent organic pollutants in chicks of 13 seabird species from Antarctica to the subtropics. Environmental International 134: 105225.

Cristofari, R., Bertorelle, G., Ancel, A., Benazzo, A., Le Maho, Y., Ponganis, P.J., Stenseth, N.C., Trathan, P.N., Whittington, J.D., Zanetti, E., Zitterbart, D.P., *Le Bohec, C. & *Trucchi, E. 2016. Full circumpolar migration ensures evolutionary unity in the Emperor penguin. *Nature Communications* 7:11842.

FrethwellFavier, V., Agosta, C., Genthon, C., Arnaud, L., Trouvillez, A. & Gallée, H., 2011. Modeling the mass and surface heat budgets in a coastal blue ice area of Adelie Land, Antarctica. *J. Geophys. Res. Earth Surf.*, 116, F03017.

Fretwell, P.T., et Trathan, P.T., 2020. Discovery of new colonies by Sentinel2 reveals good and bad news for new emperor penguins. *Remote sensing in Ecology and Conservation.*

Gallée, H., & Pettré, P. 1998. Dynamical Constraints on Katabatic Wind Cessation in Adélie Land, Antarctica. *J. Atmospheric Sci.*, 55, 1755–1770.

Goursaud, S., Masson-Delmotte, V., Favier, V., Preunkert, S., Legrand, M., Minster, B., & Werner, M., 2019. Challenges associated with the climatic interpretation of water stable isotope records from a highly resolved firn core from Adélie Land, coastal Antarctica. *The Cryosphere*, 13, 1297–1324.

Goutte, A., Chevreuil, M., Alliot, F., Chastel, O., Cherel, Y., Eléaume, M. & Massé, G. 2013. Persistent organic pollutants in benthic and pelagic organisms off Adélie Land, Antarctica. *Marine Pollution Bulletin* 77:82-89.

Goutte, A., Bustamante, P., Barbraud, C., Delord, K., Weimerskirch, H. & Chastel, O. 2014. Demographic responses to mercury exposure in two closely related Antarctic top predators. *Ecology* 95:1075-1086.

Goutte, A., Meillère, A., Barbraud, C., Budzinski, H., Labadie, P., Peluhet, L., Weimerskirch, H., Delord, K. & Chastel, O. 2018. Demographic, endocrine and behavioral responses to mirex in the South polar skua. *Science of the Total Environment* 631-632:317-325.

Harris, C.M., Lorenz, K., Fishpool, L.D.C., Lascelles, B., Cooper, J., Croxall, J.P., Emmerson, L.M., Fijn, R., Fraser, W.L., Jouventin, P., LaRue, M.A., Le Maho, Y., Lynch, H.J., Naveen, R., Patterson-Fraser, D.L., Peter, H.-U., Poncet, S., Phillips, R.A., Southwell, C.J., van Franeker, J.A., Weimerskirch, H., Wienecke, B., & Woehler, E.J. 2015. *Zones importantes pour la conservation des oiseaux en Antarctique 2015 Résumé*. BirdLife International and Environmental Research & Assessment Ltd., Cambridge.

Iles, D., Lynch H., Ji, R., Barbraud, C., Delord, K. & Jenouvrier, S. 2020. Sea ice predicts long-term trends in Adélie penguin population growth, but not annual fluctuations: Results from a range-wide multi-scale analysis. *Global Change Biology* 26:3788-3798.

Jenouvrier, S., Caswell, H., Barbraud, C., Holland, M., Stroeve, J. & Weimerskirch, H. 2009. Demographic models and IPCC climate projections predict the decline of an emperor penguin population. *Proceedings of the National Academy of Sciences USA* 106: 1844-1847.

Jenouvrier, S., Holland, M., Stroeve, J., Barbraud, C., Weimerskirch, H., Serreze, M. et Caswell, H. 2012. Effects of climate change on an emperor penguin population: analysis of coupled demographic and climate models. *Global Change Biology*, 18, 2756-2770.

Jenouvrier, S., Holland, M., Stroeve, J., Serreze, M., Barbraud, C., Weimerskirch, H. & Caswell, H. 2014. Projected continent-wide declines of the emperor penguin under climate change. *Nature Climate Change* 4: 715-718.

King, J. C., & Turner, J., 1997. *Antarctic Meteorology and Climatology*. Camb. Core.

König-Langlo, G., King, J. C., & Pettré, P., 1998. Climatology of the three coastal Antarctic stations Dumont d'Urville, Neumayer, and Halley. *J. Geophys. Res. Atmospheres*, 103: 10935–10946.

Krinner, G., Largeron, C., Ménégoz, M., Agosta, C., & Brutel-Vuilmet, C., 2014. Oceanic Forcing of Antarctic Climate Change: A Study Using a Stretched-Grid Atmospheric General Circulation Model. *J. Clim.*, **27**, 5786–5800.

Krinner, G., Beaumet, J., Favier, V., Déqué, M., & Brutel-Vuilmet, C., 2019. Empirical Run-Time Bias Correction for Antarctic Regional Climate Projections with a Stretched-Grid AGCM. *J. Adv. Model. Earth Syst.*, 11, 64–82.

Marshall, G. J., Thompson, D. W. J., & van den Broeke, M. R., 2017. The Signature of Southern Hemisphere Atmospheric Circulation Patterns in Antarctic Precipitation. *Geophys. Res. Lett.*, **44**, 11,580-11,589.

Micol, T. et Jouventin, P. 2001. Long-term population trends in seven Antarctic seabirds at Pointe Géologie (Terre Adélie). *Polar Biology*, 24, 175-185.

Mora, C., Frazier, A. G, Longman, R. J., Dacks, R. S., Walton, M. M., Tong, E. J., Sanchez, J. J., Kaiser, L. R., Stender, Y. O., Anderson, M., Ambrosino, C. M., Fernandez-Silva, I., Giuseffi, L. M. & Giambelluca, T. W., 2013. The projected timing of climate departure from recent variability. *Nature*, 502, 183–187.

Morgan, F., Barker, G., Briggs, C., Price, R. et Keys, H. 2007. *Environmental Domains of Antarctica Version 2.0 Final Report*, Manaaki Whenua Landcare Research New Zealand Ltd. 89 pp.

Pacoureau, N., Delord, K., Jenouvrier, S. & Barbraud, C. 2019. Demographic and population responses of an apex predator to climate and its prey: a long-term study of south polar skuas. *Ecological Monographs*.

Périard, C., & Pettré, P., 1993. Some aspects of the climatology of Dumont d'Urville, Adélie land, Antarctica. *Int. J. Climatol.*, 13, 313–328.

RCTA XXXIV-CPE XIV IP53 2011. *SCAR's Code of Conduct for the Use of Animals for Scientific Purposes in Antarctica.*

Ropert-Coudert Y., Kato A., Meyer X., Pellé M., Macintosh A., Angelier F., Chastel O., Widmann M., Arthur B., Raymond B., Raclot T. 2015. A complete breeding failure in an Adélie penguin colony correlates with unusual and extreme environmental events. *Ecography*, 38, 111-113.

Ropert-Coudert Y., Kato A., Shiomi K., Barbraud C., Angelier F. Delord K., Poupart T., Koubbi P., Raclot T. 2018. Two recent massive breeding failures in an Adelie penguin colony call for the creation of a marine protected area in D'Urville Sea/Mertz. *Frontiers in Marine Science*, 264.

Sauser, C., Delord, K. & Barbraud, C. 2021. Demographic sensitivity to environmental forcings: a multi-trait, multi-colony approach. *Oikos.*

Tartu, S., Bustamante, P., Goutte, A., Cherel, Y., Weimerskirch, H., Bustnes, J.O. & Chastel, O. 2014. Age-related mercury contamination and relationship with luteinizing hormone in a long-lived Antarctic bird. *PLoS ONE* 9(7):e103642.

Terauds, A., Lee, J.R. 2016. Antarctic biogeography revisted: updating the Antarctic Conservation Biogeographic Regions. *Diversity and Distributions*, 22, 836-840.

Turner, J., Phillips, T., Thamban, M., Rahaman, W., Marshall, G. J., Wille, J. D., Favier, V., Winton, V. H. L., Thomas, E., Wang, Z., van den Broeke, M., J. Scott Hosking, Lachlan-Cope, T., 2019. The Dominant Role of Extreme Precipitation Events in Antarctic Snowfall Variability. *Geophys. Res. Lett.*, 46, 3502–3511.

Wille, J. D., Favier, V., Gorodetskaya, I. V., Agosta, C., Kittel, C., Beeman, J. C., Jourdain, N. C., Lenaerts, J. T. M., Codron, F., 2021. Antarctic Atmospheric River Climatology and Precipitation Impacts. *J. Geophys. Res. Atmospheres*, 126, e2020JD033788.

План управления
Особо охраняемым районом Антарктики (ООРА) № 121
«МЫС РОЙДС», ПОЛУОСТРОВ РОССА

Введение

Мыс Ройдс (166°09'56" в. д., 77°33'20" ю. ш.) расположен на западной оконечности полуострова Росса (залив Мак-Мёрдо). Приблизительная площадь ООРА составляет 0,66 км^2. Основной причиной определения Района в качестве ООРА является то, что здесь обитает самая южная на данный момент из всех колоний пингвинов Адели (*Pygoscelis adeliae*), для которой имеются уникальные и самые длинные в Антарктике временные ряды популяционных данных, представляющие исключительное научное значение. Кроме того, на территории Района находятся важные ценности, связанные с наземной и пресноводной экосистемами, включая тот факт, что это – самый южный участок, где проводятся наблюдения снежных водорослей, типичный участок, где находятся некоторые впервые описанные виды водорослей, и местонахождение необычной формы растворенного органического вещества практически полностью микробного происхождения.

Район был первоначально определен в качестве Участка особого научного интереса (УОНИ) № 1 по предложению Соединенных Штатов Америки на основании Рекомендации VIII-4 (1975 г.). Статус УОНИ был продлен на основании Рекомендации X-6 (1979 г.), Рекомендации XII-5 (1983 г.), Резолюции 7 (1995 г.) и Меры 2 (2000 г.). Изменение было принято согласно Рекомендации XIII-9 (1985 г.). Название и номер участка были изменены на Особо охраняемый район Антарктики (ООРА) № 121 согласно Решению 1 (2002 г.). Пересмотренный План управления был принят согласно Мере 1 (2002 г.) и затем согласно Мере 5 (2009 г.) после уменьшения размера морского компонента, а также согласно Мере 2 (2014 г.).

Район находится в пределах Экологического домена P (шельфовые ледники Росса и Ронне-Фильхнера) согласно Анализу экологических доменов Антарктики и Резолюции 3 (2008 г.) и в Регионе 9 (южная часть Земли Виктории) согласно Заповедным биогеографическим регионам Антарктики и Резолюции 3 (2017 г.).

1. Описание ценностей, нуждающихся в охране

Территория площадью около 300 м^2 в районе мыса Ройдс была первоначально определена в качестве Участка особого научного интереса по предложению Соединенных Штатов Америки на основании Рекомендации VIII-4 (1975 г., УОНИ № 1) ввиду того, что здесь обитает и регулярно заселяется самая южная из всех известных колоний пингвинов Адели (*Pygoscelis adeliae*). Самая южная и постоянно заселяемая колония находится на мысе Барн (Cape Barne) в бухте Бакдор на расстоянии ~1,4 км от мыса Ройдс (1988–2001 гг.); по всей вероятности, демографическое увеличение колонии на мысе Ройдс. Популяция пингвинов Адели на мысе Ройдс сокращалась с 1956 г. до начала 1960 г. в результате вмешательства человека в период, когда из-за толстого слоя морского льда колония испытывала особые трудности с восстановлением популяции. В 1963 г. правительства Соединенных Штатов Америки и Новой Зеландии согласились ограничить свою деятельность и разработать План управления для Района в целях охраны научных ценностей, связанных с изучением пингвинов. На этой территории был введен режим особой охраны для создания возможности восстановления популяции и охраны действующих научных программ. Популяция начала расти, достигнув почти 4000 пар особей к 1999 г., в основном из-за естественных вариаций площади местного морского ледяного покрова. Позднее колония подверглась воздействию жестких условий морского льда (включая потери популяции на мысе Барн), главным образом в 2001–2005 гг. Начиная с 2005 г., колония пингвинов на мысе Ройдс восстанавливается.

Уникальные длинные временные ряды популяционных данных о колонии пингвинов на мысе Ройдс имеют исключительное научное значение, поскольку они позволяют изучать долгосрочные биологические взаимодействия с внешними факторами воздействия и ответную реакцию на эти факторы. Колония по-прежнему представляет большую научную и экологическую ценность и как таковая заслуживает сохранения долгосрочного режима особой охраны, особенно с учетом того, что сейчас мыс Ройдс посещают сотрудники близлежащих станций и группы туристов.

Первоначальная территория Района была расширена в 1985 г. по предложению Новой Зеландии (Рекомендация XIII-9) с охватом прибрежной полосы моря шириной 500 м в целях охраны подступов к морю и прибрежной кормовой территории пингвинов Адели, а также запланированных научных исследований прибрежной морской экосистемы мыса Ройдс. На этой прибрежной территории рядом с мысом Ройдс проводились исследования структуры и динамики популяций рыб семейства нототениевых. Более поздние исследования кормового поведения обитающих на мысе Ройдс пингвинов Адели, которые были проведены с момента утверждения морского компонента в составе Района, показали, что участок моря, определенный в качестве охраняемого, не имеет большого значения как кормовая территория пингвинов, т. к. кормовая территория этих птиц больше, чем считалось ранее. Кроме того, запланированные исследования прибрежной морской экосистемы в районе мыса Ройдс состоялись не в тех масштабах, которые изначально предполагались, и сейчас в районе мыса Ройдс проводятся только немногочисленные исследования популяции рыб семейства нототениевых. С учетом вышеизложенного, а также ввиду того, что с морской средой, граничащей с мысом Ройдс, связаны конкретные ценности, которые до сих пор не описаны, согласно Мере 5 (2009 г.) была изменена морская граница, которая теперь более четко ограничивает территорию, непосредственно примыкающую к колонии пингвинов Адели. Морской компонент, непосредственно граничащий с колонией пингвинов на мысе Ройдс, был сохранен, поскольку здесь находятся основные подступы пингвинов к колонии, которые в противном случае могли бы подвергаться излишним нарушениям со стороны посетителей и вертолетов, совершающих местные полеты в окрестностях Района.

Как показали научные исследования, проведенные в течение нескольких последних десятилетий, на территории Района есть важные ценности, связанные с наземной и пресноводной экосистемами. Озеро Пони является типичным участком, где находятся некоторые впервые описанные виды водорослей, собранные Британской антарктической экспедицией Шеклтона в 1907–1909 гг. Район является самым южным из всех участков, где когда-либо проводились наблюдения снежных водорослей, среди которых доминирует *Chlamydomonas*. Кроме того, согласно последним исследованиям, фульвокислоты, присутствующие в озере Пони в форме растворенного органического вещества (РОВ), имеют практически исключительно микробное происхождение, что считается необычным явлением. Поскольку эти вещества плохо изучены, для научных исследований необходимы изолированные эталонные образцы: проба, отобранная в озере Пони, стала важным вкладом как эталон, используемый Международным обществом по изучению гуминовых веществ. Наконец, было отмечено, что очень ограниченное разнообразие почвенных организмов на этой территории определяет ее ценность как участка для сравнения с другими, более благоприятными средами обитания.

В 170 метрах к северо-востоку от колонии пингвинов Адели находится хижина Шеклтона (Исторический памятник № 15, расположенный на территории ООРА № 157 «Бухта Бакдор»), которая, наряду с самой колонией, имеет большое эстетическое и образовательное значение для посетителей. Регулярные и частые посещения мыса Ройдс означают, что человек может легко нанести ущерб этому Району, если ему не будет обеспечена надлежащая охрана. Научные и экологические ценности Района требуют долгосрочной защиты от возможных неблагоприятных воздействий, связанных с осуществляемой деятельностью. Однако с учетом признания ценности колонии пингвинов Адели как самой доступной колонии пингвинов для посетителей и участников национальной программы в южной части моря Росса, введено положение, регулирующее доступ к двум наблюдательным площадкам, которые находятся рядом с ООРА, но за его пределами, чтобы посетители мыса Ройдс могли наблюдать за колонией, не оказывая существенного воздействия. Такие посещения регулируются Правилами поведения, принятыми на основании Резолюции 3 (2021 г.).

В западной части гнездовья пингвинов (166°09'35,2" в. д., 77°33'14,3" ю. ш., карта 2) на месте небольшого склада есть реликвии, оставшиеся от путешествий Шеклтона. Этот склад имеет историческое значение, и его нельзя трогать, за исключением проведения консервационных работ или осуществления мер управления на основании разрешения.

Границы Района охватывают всю колонию пингвинов Адели, южную часть озера Пони и морскую среду на расстоянии до 500 м от берега вокруг мыса Флэгстафф. Таким образом, сухопутная часть имеет площадь 0,05 км^2, морская часть – 0,61 км^2, а общая площадь составляет 0,66 км^2.

2. Цели и задачи

Управление на мысе Ройдс осуществляется в следующих целях:

- недопущение деградации или возникновения значительной угрозы для ценностей Района за счет предотвращения излишнего нарушения Района человеком и чрезмерного отбора образцов;
- создание условий для проведения научных исследований экосистемы Района, особенно его орнитофауны, а также наземной и пресноводной экосистем при условии, что это не нанесет ущерба ценностям, ради которых осуществляется охрана Района;
- обеспечение возможности проведения других исследований и посещений в образовательных и информационно-просветительских целях (таких как документальная отчетность (фотоснимки, аудио- или письменные отчеты) или создание образовательных ресурсов или услуг при условии, что такие действия не могут быть осуществлены в каком-либо ином месте и не поставят под угрозу ценности Района;
- минимизация возможности интродукции чужеродных растений, животных или микроорганизмов на территории Района;
- минимизация возможности интродукции патогенных микроорганизмов, которые могут вызвать болезни в популяциях фауны Района;
- учет возможного значения любых артефактов как культурно-исторического наследия до того, как они будут вывезены и (или) ликвидированы, наряду с созданием условий для надлежащей расчистки и восстановления территории, если это будет необходимо;
- организация посещений для целей управления в поддержку целей Плана управления.

3. Деятельность по управлению

Для охраны ценностей Района необходимо осуществление указанной ниже деятельности по управлению.

- Вертолетная площадка рядом с охраняемой территорией должна быть размечена яркими указателями, которые хорошо видны с воздуха и не представляют большой опасности для окружающей среды (карты 1 и 2).
- В соответствующих местах на границах Района должны быть установлены знаки с изображением расположения и границ Района и четким описанием ограничений на вход во избежание случайного попадания на его территорию. Кроме того, каждый сезон в первое посещение устанавливаются флажки, обозначающие подъездной путь по морскому льду и зону парковки в бухте Бакдор, чтобы посетители, которые въезжают на территорию мыса Ройдс по морскому льду, видели, где находится морская граница Района и не пересекали ее. Флажки убираются в конце каждого сезона непосредственно перед закрытием маршрута по морскому льду.

- На видных местах должны быть установлены знаки с указанием расположения Района (и особых ограничений, действующих на его территории), а во всех исследовательских помещениях на мысе Ройдс должны быть копии настоящего Плана управления.
- Копии этого Плана управления должны находиться на всех судах и самолетах, посещающих и/или осуществляющих деятельность в окрестностях мыса Ройдс, и весь персонал (состав сотрудников национальной программы, руководители полевых и туристических экспедиций, пилоты и капитаны судов), осуществляющий деятельность в окрестностях Района, на его территории или над Районом, должен быть проинформирован его национальной программой, туристическим оператором или соответствующим национальным органом о расположении, границах и ограничениях, касающихся доступа к Району или пролета над ним.
- Национальные программы должны предпринять меры для обеспечения того, чтобы границы Района и ограничения, действующие на его территории, были отмечены на соответствующих картах и навигационных/аэронавигационных картах.
- Указатели, знаки или сооружения, установленные на территории Района для проведения научных исследований или в целях управления, должны быть надежно закреплены, поддерживаться в хорошем состоянии и вывозиться, когда необходимость в них отпадает.
- Национальные антарктические программы, работающие в Районе, должны вести учет всех новых указателей, знаков и сооружений, возведенных в пределах Района.
- Посещать Район следует по мере необходимости (не менее одного раза в пять лет), чтобы установить, продолжает ли он служить тем целям, ради которых он был определен, и чтобы убедиться в достаточности мер, принимаемых для управления и содержания Района.
- Национальные антарктические программы, осуществляющие деятельность в этом регионе, должны проводить совместные консультации, чтобы обеспечить соблюдение вышеизложенных требований.

4. Период определения

Определен на неограниченный период времени.

5. Карты и фотоснимки

Карта 1: ООРА № 121 Местоположение «Мыс Ройдс».

Проекция: равноугольная коническая проекция Ламберта. Стандартные параллели: 1-я 77°33'10" ю. ш.; 2-я 77°33'30" ю. ш.; центральный меридиан: 166°10'00" в. д.; начало отсчета широты: 78°00'00" ю. ш.; сфероид: WGS84.
Источники данных:
Схематическая карта и горизонтали составлены на основе ортофотоснимка, полученного при аэросъемке Службой геологической разведки США/DoSLI (SN7847) 16 ноября 1993 г., масштаб 1:2500 с позиционной точностью ±1,25 м (по горизонтали) и ±2,5 м (по вертикали), и наземной разрешающей способностью 0,4 м. Указательные столбы: UNAVCO (январь 2014 г.). Границы ООРА: ERA (январь 2014 г.). Геодезические знаки: LINZ (2011 г.). Наблюдательные площадки и автоматические погодные станции (приблиз.): ERA (январь 2014 г.). Тропы и якорные стоянки согласно Плану управления ООРА № 157. Приблизительная территория гнездовья пингвинов оцифрована с аэроснимка с привязкой к местности, сделанного 19 января 2005 г. и предоставленного П. Лайвер, (P. Lyver, pers. comm. 2014), обновлено Д. Эйнли (D. Ainley pers. comm. 2019). Горизонтали (интервал 10 м) и другая инфраструктура предоставлены «Гейтвэй Антарктика» (2009 г.).
Врезка 1: район моря Росса с указанием местонахождения врезки 2.
Врезка 2: район полуострова Росса с указанием местонахождения карты 1, станции Мак-Мёрдо (США) и станции Скотт-Бейс (Новая Зеландия).

Карта 2: ООРА № 121 «Мыс Ройдс» – доступ по воздуху. Спецификация карты аналогична спецификации карты 1.

Карта 3: ООРА № 121 – топография, доступ, объекты и дикие животные. Характеристики карты – согласно карте 1, за исключением интервала горизонтали, который составляет 2 м.

6. Описание Района

6(i) Географические координаты, отметки на границах и природные особенности

Обзор

Мыс Ройдс (166°09'56" в. д., 77°33'20" ю. ш.) расположен на западной оконечности острова Росса (залив Мак-Мёрдо) и занимает свободную от ледникового покрова прибрежную полосу шириной около 8 км на более низких западных склонах горы Эребус (карта 1, врезки). Район занимает небольшую часть мыса Ройдс, включая и наземные, и морские компоненты.

В состав сухопутного компонента Района входит свободный от ледникового покрова участок земли на расстоянии около 350 м от мыса Флэгстафф (77°33'21" ю. ш., 166°09'55" в. д.), где в сезон размножения находится гнездовая колония пингвинов Адели (*Pygoscelis adeliae*). Граница Района охватывает всю территорию, заселенную гнездящимися пингвинами, а также два основных маршрута, по которым пингвины идут к морю – бухты Аррайвал и Бакдор. Морской компонент включает участок моря протяженностью 500 м вдоль береговой линии мыса Ройдс, охватывающий основной маршрут, по которому пингвины идут к колонии.

Границы и координаты

Северная граница сухопутной части Района идет на протяжении 53 м от небольшого залива в северо-западном углу Района в виде прямой линии, направленной на северо-восток, к геодезическому знаку, указанному на более ранних новозеландских картах как IT2 (77°33'11,1" ю. ш., 166°09'33,8" в. д.). Он представляет собой железную трубку, вкопанную в землю. Оттуда граница простирается на протяжении 9 м в восточном направлении от геодезического знака IT2 к указательному столбу (77°33'11,2" ю. ш., 166°09'35,2" в. д.) и далее еще 30 м на восток-северо-восток к указательному столбу (77°33'10,9" ю. ш., 166°09'39,4" в. д.) на полпути вниз по склону небольшого холма. От этого указательного столба граница проходит в юго-восточном направлении на 133 м до указательного столба (77°33'11,8" ю. ш., 166°09'59,0" в. д.) к востоку от озера Пони. Оттуда граница идет на протяжении 42 м в юго-восточном направлении к указательному столбу (77°33'12,9" ю. ш., 166°10'01,9" в. д.) и далее еще 74 м к указательному столбу (77°33'15,2" ю. ш., 166°10'05,7" в. д.), расположенному на южном конце площадки для наблюдения за пингвинами. Далее граница простирается на 18 м к берегу бухты Аррайвал (77°33'15,8" ю. ш., 166°10'06,6" в. д.). Затем северо-восточная граница идет вдоль линии берега бухты Аррайвал к мысу Деррик. От озера Пони (указательный столб 77°33'11,8" ю. ш.,
166°09'59,0" в. д.) до мыса Деррик граница совпадает с южной границей ООРА № 157 «Залив Бакдор», определенного в качестве охраняемой территории для охраны исторической хижины Шеклтона и связанных с ней артефактов (Историческое место и памятник № 15).

Морской компонент Района охватывает территорию в пределах 500 м береговой линии среднего уровня высоких вод мыса Флэгстафф, граница на протяжении 500 м идет в юго-западном направлении от мыса Деррик (77°33'14,1" ю. ш., 166°10'22" в. д.) на восток, оттуда идет на запад и простирается на расстоянии 500 м от берега до точки с координатами 77°33'11,8" ю. ш., 166°08'10" в. д., после чего проходит на протяжении 500 м строго на восток к берегу до северо-западного угла Района (77°33'11,8" ю. ш., 166°09'25" в. д.).

Климат

Автоматическая метеорологическая станция (АМС) установленная в 1,75 км к северо-востоку от Района, регистрирует данные с 2004 г. Данные сохранены и находятся в Центре антарктических метеорологических исследований университета Висконсин-Мэдисон по адресу ftp://amrc.ssec.wisc.edu/pub/aws/spawar/ (доступ 30 марта 2020 г.). Данные о температуре воздуха, полученные на мысе Ройдс и возле станции Мак-Мёрдо, которая расположена приблизительно в 35 км к юго-востоку от мыса Ройдс, показывают, что самым теплым месяцем является декабрь, а самым холодным месяцем считается июль. На мысе Ройдс преобладает юго-восточный ветер, который разносит по всему Району брызги морской воды (Broady 1989a). Данные, полученные в 1973–2004 гг. на станции Мак-Мёрдо, свидетельствуют о том, что средняя скорость ветра составляет около 10 узлов, а зарегистрированный максимум достигал 112,3 узла (Центр антарктических метеорологических исследований, 2009 г.).

Данные долгосрочных климатических наблюдений свидетельствуют о том, что в 1960-е годы значения температуры воздуха и скорости ветра, зарегистрированные на станции Скотт-Бейс были довольно низкими, после чего в начале 1970-х годов наступило потепление (Ainley *et al.* 2013). С начала 1980-х годов во всем районе пролива Мак-Мёрдо наступило заметное потепление (Blackburn *et al.* 1991), а данные со станции Мак-Мёрдо говорят о том, что к концу 80-х годов температура воздуха достигла своего пика, после которого минимальная температура продолжала расти (LaRue et al. 2013).

Геология и почвы

Сухопутная часть Района – это скалистая поверхность, покрытая неровными потоками лавы, вулканическим гравием и темным красноватым вулканическим шлаком, и ограниченная со стороны моря небольшой скалой высотой приблизительно 10–20 м. Здесь есть минеральные почвы и песок, а также соляные корки и уплотненные орнитогенные почвы, ассоциирующиеся с колонией пингвинов Адели (Cowan and Casanueva 2007).

Гнездящиеся птицы

Район в настоящее время является самым южным из всех известных на планете участков, где обитает колония пингвинов Адели (*Pygoscelis adeliae*). Ее ежегодная численность в период примерно с середины октября по середину февраля сейчас колеблется от 2500 до 4000 гнездящихся пар (рисунок 1). Считалось, что в 1959 г. численность этой популяции была на уровне 1909 г., и не было никаких данных о том, что она могла быть больше когда-либо в исторический период (Ainley 2002). Затем она сократилась и в 1963 г. составила менее 1000 гнездящихся пар, что было связано с суровыми ледовыми условиями, которые обострили чувствительность птиц к помехам, вызванным посетителями и полетами вертолетов (Thompson 1977). После введения ограничений на посещение Района и переноса вертолетной площадки в более отдаленное место от колонии в 1996 г. численность популяции пингвинов выросла в четыре раза (Ainley *et al.* 2005; Taylor and Wilson 1990). Достигнув пика в 1987 г., численность пингвинов Адели на мысе Ройдс резко сократилась в 1988 и 1989 гг., а затем опять восстановилась, достигнув уровня, сопоставимого с численностью этой колонии в конце 1980-х годов. К 1998 г. популяция пингвинов Адели на мысе Ройдс насчитывала 4000 гнездящихся пар, после чего ее численность сократилась до 2400 пар к 2000 г. (Ainley *et al.* 2004).

Колебания численности популяции пингвинов Адели на мысе Ройдс связаны с целым рядом климатических и экологических факторов. Резкое увеличение популяции в 80-х годах связано с полосатиками Минке в секторе море Росса, численность которых уменьшилась за счет «научных китобойных экспедиций»; рост популяции пингвинов прекратился с остановкой китобойных экспедиций и восстановлением популяции полосатиков Минке (Ainley *et al.* 2007). По сравнению с восстановлением популяции китов на уменьшение численности колоний пингвинов в большей степени повлиял постоянный шквал ветров в проливе Мак-Мёрдо и распространение полыньи на мысе Ройдс в секторе море Росса (и за пределами моря Росса) (Ainley *et al.* 2005, 2010). Всего в течение сравнительно коротких промежутков времени Уилсон и соавторы (Wilson et al. 2001) обнаружили сильную обратную корреляцию между ежегодным изменением численности пингвинов Адели и площадью морского ледяного покрова в зимнее время: когда морской ледяной покров больше (т. е. охватывает более северные участки моря), снижается выживаемость птенцов, поскольку ледяной покров ограничивает доступ к более продуктивным кормовым территориям. В результате реакция общей численности пингвинов Адели на мысе Ройдс на изменение концентрации морского льда запаздывала на пять лет. Влияние морского ледяного покрова на численность пингвинов Адели стало еще заметнее после того, как перед началом сезона гнездования 2001 г. у северного побережья острова Росса застрял крупный айсберг (включая айсберг под названием B15A) (Arrigo *et al.* 2002; Ainley *et al.* 2003). Затор, вызванный айсбергами, стал причиной необычно большой площади морского ледяного покрова в 2001–2005 гг., за исключением 2003 г. Число гнездящихся пар и число оперившихся птенцов существенно сократилось, и значительная часть птиц переместилась на мыс Берд (Dugger *et al.* 2014). После исчезновения айсбергов в 2005 г. режим морского ледяного покрова вернулся в «нормальное» состояние, а число гнездящихся пар начало постепенно восстанавливаться и в 2019 г. достигло уровня, аналогичного тому, который был до события с айсбергами (рисунок 1).

Рисунок 1. Число гнездящихся пар пингвинов Адели на мысе Ройдс в 1958/1959–2019/2020 гг. (Источники: Stonehouse 1965; Taylor *et al.* 1990; Woehler 1993; Woehler pers. comm. 1999; Ainley *et al.* 2004; Lyver *et al.* 2014; Ainley 2014, Ainley pers. comm. 2019).

Начиная с 1957 г. в Районе регулярно проводится мониторинг, а с 1981 г. во время инкубационной фазы гнездования ежегодно проводится аэрофотосъемка Района. Это происходит примерно 1 декабря каждого года, когда присутствуют одиночные птицы, высиживающие детенышей. Ежегодные оценочные данные о размере популяции пингвинов Адели на острове Росса (регион моря Росса) за период с 1959 по 2019 гг. представляют собой один из самых длинных временных рядов морских биологических данных во всей Антарктике (Taylor and Wilson 1990; Taylor *et al.* 1990; Wilson *et al.* 2001). Таким образом, длительные научные наблюдения на мысе Ройдс дают редкую возможность провести оценку популяции за большие периоды времени.

Согласно результатам исследования кормового поведения пингвинов Адели в течение южнополярных летних сезонов 1997/1998–2014/2015 гг., средняя протяженность кормового путешествия от мыса Ройдс составляла от 9,70 км до 12,09 км (Ainley *et al.* 2004; Ford *et al.* 2015; публикации Saenz *et al.*), и, как показали наблюдения, в пределах 200 м от берега птицы практически не добывали пищу (Ainley pers. comm. 2008). Кормовой ареал пингвинов из колонии на мысе Ройдс во многом совпадает (на 30–75 %) с кормовыми ареалами птиц, обитающих на мысе Берд и острове Бофорт (Ainley *et al.* 2004). Окольцованные пингвины с мыса Ройдс, мыса

Берд и острова Бофорт нередко встречаются в других колониях (LaRue *et al.* 2013, Dugger *et al.* 2014).

Помимо колонии пингвинов Адели на мысе Ройдс, вблизи ООРА есть большая гнездовая популяция южнополярных поморников (*Catharacta maccormicki*) с определенным количеством гнезд около границы. В 1981 г. насчитывалось в общей сложности 76 гнездящихся пар (Ainley *et al.* 1986). В то время как большинство поморников гнездятся на мысе Ройдс, а не на станции Мак-Мёрдо, некоторое количество добывает пищу в колонии пингвинов Адели (Young 1962a). При этом, однако, было замечено, что поморники редко охотятся на молодых пингвинов и что не все поморники, гнездящиеся на мысе Ройдс, добывают корм на территории колонии пингвинов Адели (Young 1962b). Популяция поморников сократилась на мысе Ройдс (и мысе Эванс) после того, как обитатели станции Мак-Мёрдо в 80-х годах перестали выбрасывать бытовые отходы. В настоящее время численность поморников составляет менее 30 пар на всем мысу (Wilson *et al.* 2016). На данный момент насчитывается 9–11 пар, гнездящихся в пределах или вблизи Района.

Биология моря и океанография

Морская экосистема в Районе и около его границ была исследована в 2012–2014 гг. (публикации Saenz *et al.*). Главная добыча пингвинов – серебрянка и ледяной криль – имеются в большом количестве вдоль припая в проливе Мак-Мёрдо, который обычно простирается на запад от мыса Ройдс через пролив. При интенсивном потреблении в пищу пингвинами и полосатиками Минке криль становится менее доступен на мелкой глубине, и пингвины переходят на употребление серебрянки (Ainley *et al.* 2006; публикации Saenz et al.). Пробы дна, отобранные в нескольких километрах к северу от мыса Ройдс, состояли из крупного вулканического гравия и разных по размеру валунов (от небольших до крупных). Проведенные исследования популяции семейства нототениевых и ее структуры в окрестностях Района говорят о том, что этот участок богат рыбными ресурсами, причем наиболее распространенным видом в тот период был *Trematomus bernacchii*. Кроме того, как показали эти исследования, здесь находятся *Trematomus hansoni, T. centronotus, T. nicolai* и *Gymnodraco acuticeps*. Проведенные исследования позволили установить присутствие беспозвоночных, таких как иглокожие, морские звезды (например, *Odontaster validus*), змеехвостки, глубоководные пауки (например, *Pentanymphon antarcticum, Colossendeis robusta*), крылоногие, веслоногие, амфиподы, изоподы, пиявки, мшанки, полихеты, гребневики, моллюски и медузы. На несколько километров на юг в направлении залива Эребус фауна рыб меняет направление в период тяжелых ледовых условий, связанных с застреванием крупных айсбергов, когда дышащие воздухом хищники (в особенности тюлени) не могут туда попасть. В течение 2005 г. наблюдались только *T. bernacchi*. Однако при наступлении более «нормальных условий» морского льда появлялись и другие виды (Buckley 2013). Доминируют беспозвоночные особи бентоса, называемые группой фауны «бассейна» (Barry *et al.* 2003). Локальные морские течения зарождаются в восточной части континентального шельфа моря Росса и направляются на запад вдоль шельфового ледника Росса мимо мыса Крозиер, а затем поворачивают на север вдоль берега Земли Виктории. Это течение разделяется у острова Бофорт, откуда меньший по величине рукав отклоняется к югу, проходя мимо мысов Берд и Ройдс (Jacobs et al. 1970; Barry 1988). Теплое океаническое течение, двигающееся в южном направлении вдоль западного берега острова Росса приносит выброс фитопланктона из моря Росса (Barry & Dayton 1988, публикации Saenz *et al.*).

Наземные и пресноводные экосистемы

Расположенные на территории Района водоемы, включая озеро Пони, богаты питательными веществами и являются местом обитания многочисленных и разнообразных сообществ водорослей, адаптировавшихся к высоким концентрациям питательных веществ и высокому уровню солености. Среди них доминируют фитопланктон, диатомеи и осциллятории, образующие донный войлок (Broady 1987). Некоторые виды водорослей были впервые официально описаны после того, как они были взяты из озера Пони (West and West 1911), что делает эту территорию «типичным участком». На небольших пятнах снега, лежащих на припае вблизи колонии пингвинов, обитают снежные водоросли, среди которых доминирует вид *Chlamydomonas*. Это самое южное из всех известных местообитаний снежных водорослей (Broady 1989a).

Как было установлено, озеро Пони является важным источником растворенного органического вещества (РОВ) микробного происхождения (Brown *et al.*2004). Один из видов РОВ – фульвокислоты – образуется в результате разложения растительных материалов и деятельности микроорганизмов. Фульвокислоты, присутствующие в озере Пони, являются важным конечным продуктом, поскольку они имеют практически исключительно микробное происхождение. Фульвокислоты оказывают влияние на химию, круговорот и биологическую доступность химических элементов в наземных и водных средах. Поскольку эти вещества плохо изучены, для научных исследований необходимы изолированные эталонные образцы. В озере Пони была отобрана эталонная проба фульвокислоты, которая используется в качестве конечного микробного продукта для распространения через Международное общество по изучению гуминовых веществ. Богатство РОВ в озере Пони и его удобное расположение по отношению к станции Мак-Мёрдо делают его идеальным местом для проведения натурных исследований.

Начиная с 1990 г. на мысе Ройдс проводятся исследования популяций наземных беспозвоночных (нематод) в орнитогенных почвах. В отличие от большого разнообразия беспозвоночных в Сухих долинах, на мысе Ройдс был обнаружен только один вид нематод (*Panagrolaimus davidi*) (Porazinska *et al.* 2002). Очень высокие концентрации питательных веществ в почвах мыса Ройдс обусловливают низкий уровень биоразнообразия почвенных организмов, что определяет чувствительность Района к локальным и глобальным антропогенным нарушениям. Мыс Ройдс является также участком для сравнения с местообитаниями, которые исследуются в Сухих долинах Мак-Мёрдо.

Лишайников на территории Района мало, хотя в других местах мыса Ройдс можно встретить разные формы лишайников (корковые, листоватые и кустистые). Они распространены в трех разных зонах, которые, как считается, зависят от поведения морских аэрозолей и характера снегонакопления (Broady 1989a, 1989b).

Деятельность и воздействие человека

Изменения в популяции пингвинов Адели на мысе Ройдс, которые как минимум отчасти связаны с посетителями и движением вертолетов, рассматривались ранее в разделе, посвященном гнездящимся птицам.

Персонал национальных программ с близлежащих станций Мак-Мёрдо (США) и Скотт-Бейс (Новая Зеландия), а также группы туристов регулярно направляются на мыс Ройдс для посещения хижины Шеклтона и колонии пингвинов Адели. Визиты на мыс Ройдс строго контролируются национальными органами, а вход на территорию охраняемых районов возможен только на основании разрешения, и разрешения на вход в ООРА № 121 выдаются только на условиях, изложенных в Разделе 7(i) ниже. Количество посетителей в разные годы может быть разным в зависимости от ряда факторов, таких как морской лед, погодные условия, доступный транспорт и количество туроператоров.

Площадки для наблюдения за пингвинами расположены за пределами Района, на севере и востоке от существующих границ (карта 3). Посещения осуществляются под строгим контролем, посетителей инструктируют и они, как правило, не нарушают границ Района.

6(ii) Доступ в Район

К Району можно добраться, совершив переход по суше или морскому льду, а также по морю или по воздуху на расположенные поблизости посадочные вертолетные площадки, находящиеся за пределами Района. Для входа в Район рекомендуются особые маршруты, действуют ограничения по пролету и высадке с воздушных судов, особые условия которых изложены в нижеприведенном Разделе 7(ii).

6(iii) Места расположения сооружений в пределах и вблизи Района

Примерно в 70 м от северо-восточного пограничного знака сухопутной части Района находится хижина Шеклтона (ООРА № 157 и Историческое место и памятник № 15) (77°33'10,7" ю. ш., 166°10'06,4" в. д.), а в 100 м к северо-востоку от знака расположено небольшое укрытие для проведения научных исследований (Новая Зеландия) (77°33'07,5" ю. ш., 166°10'10,6" в. д.) (карта 2). Автоматическая погодная станция (AWS) и камера дистанционного наблюдения расположены на расстоянии 10 м в пределах восточной границы Района (карта 2) и на расстоянии 80 м от хижины Шеклтона (апрель 2020 г.). На территории Района есть два геодезических знака: знак IT2 находится на северной границе сухопутной части Района, который описан выше и знак IT3 (77°33'19,7" ю. ш., 166°09'52,7" в. д.), который представляет собой вкопанную в землю железную трубку и находится в 45 м к северо-западу от мыса Флэгстафф. В небольшом заливе на западном краю гнездовья пингвинов есть небольшой склад с реликвиями, которые относятся к эпохе путешествий Шеклтона (77°33'14,3" ю. ш., 166°09'35,2" в. д.; карта 2). Склад нельзя трогать, за исключением проведения консервационных работ или осуществления мер управления на основании разрешения.

6(iv) Местонахождение других близлежащих охраняемых районов

Ближайшими к мысу Ройдс охраняемыми территориями являются: бухта Бакдор (ООРА № 157 и ИМП № 15), который соседствует с Районом и имеет с ним общую северную границу; мыс Эванс (ООРА № 155), расположенный в 10 км к югу; гряда Трэмвей (ООРА № 130), которая находится рядом с вершиной горы Эребус в 20 км к востоку; долина Нью-Колледж (ООРА № 116), расположенная в 35 км к северу на мысе Берд; высоты Аррайвал (ООРА № 122), которые находятся рядом со станцией Мак-Мёрдо в 35 км к югу. В 75 км к востоку на острове Росса находится мыс Крозиер (ООРА № 124).

6(v) Особые зоны на территории Района

Особые зоны на территории Района отсутствуют.

7. Условия выдачи разрешений для доступа

7(i) Общие условия выдачи разрешений

Доступ в Район возможен только на основании разрешения, выданного соответствующим национальным органом. Разрешение на посещение Района может быть выдано на следующих условиях:

- разрешение выдается только в целях научного исследования, в частности исследования орнитофауны в Районе, либо в целях неотложной научной, образовательной или информационно-просветительской деятельности, которая не может быть осуществлена в каком-либо ином месте, или же в связи с важной деятельностью по управлению Районом;
- разрешенные действия соответствуют Плану управления;
- разрешенная деятельность будет проводиться с должным вниманием к постоянной охране экологических и научных ценностей данного Района через процесс оценки воздействий на окружающую среду;

- должно соблюдаться расстояние, на которое можно приблизиться к представителям животного мира, за исключением научных проектов, для которых требуется иной подход, и при условии, что это указано в соответствующем разрешении;
- разрешение выдается на ограниченный срок;
- при нахождении в Районе необходимо иметь при себе оригинал или копию разрешения.

7(ii) Доступ в Район и передвижение по его территории или над ней

Войти на территорию сухопутной части Района можно только пешком: использование транспортных средств запрещено. Доступ к морской части Района должен осуществляться пешком, на транспортном средстве при наличии морского льда, на корабле или маломерном судне, когда море не покрыто льдом. Пеший доступ в Район должен выполняться со стороны посадочной вертолетной площадки. В случае прибытия по морскому льду или на лодке доступ осуществляется через бухту Бакдор и затем в пешем порядке по тропам, указанным на картах 1 и 3.

Пеший доступ и передвижение по территории Района

Передвигаться по суше на территории Района следует пешком. Пешеходы должны соблюдать минимальную дистанцию 5 м от диких животных, за исключением случаев, когда необходимо подойти ближе для целей, предусмотренных в разрешении. Посетители должны проявлять осторожность с тем, чтобы свести к минимуму воздействие на флору, фауну, почвы и водоемы. Пешеходы должны обходить колонии пингвинов и не должны заходить в субколонии гнездящихся пингвинов, если этого не требуют цели научных исследований или управления. Необходимо проявлять особую осторожность, с тем чтобы избежать вытаптывания гнезд при передвижении по территориям поморников. Движение пешеходов должно быть сведено к минимуму, необходимому для достижения целей любой разрешенной деятельности; при этом следует принимать все возможные меры для минимизации воздействий.

Доступ с корабля и маломерного судна

Кораблям и маломерным судам разрешается входить в морской компонент Района только при наличии разрешения. Корабли, принимающие пассажиров, должны находиться как минимум в 300 м от берега, вход посетителей при использовании маломерного судна или по морскому льду должен осуществляться на посадочную площадку на северо-западном берегу бухты Бакдор (карты 1 и 3).

Доступ на воздушных судах и полеты над территорией Района

Воздушные суда могут использоваться и приземляться на территории Района и около нее при условии строгого соблюдения указанных ниже требований (карта 2).

1) Посадка вертолетов в пределах Района запрещается.

2) Запрещены полеты над Районом на пилотируемых воздушных судах на высоте менее 2000 футов (~610 м) над поверхностью земли, за исключением случаев, когда имеется разрешение, выданное соответствующей национальной инстанцией.

3) Настоятельно рекомендуется избегать полетов и посадок любых воздушных судов в пределах ½ морской мили (~930 м) от ООРА № 121, за исключением случаев, когда это необходимо для научных исследований или в целях управления (карта 2).

4) Вертолеты должны приземляться на главной посадочной площадке (77°33,06' ю. ш., 166°10,38' в. д.) (карты 1–3), расположенной в 250 м к северо-востоку от хижина Шеклтона и в 125 м к северу от новозеландской хижины-укрытия.

5) Запасная посадочная площадка находится в точке с координатами 77°33,11' ю. ш., 166°10,24' в. д., в ~100 м к юго-западу от главной посадочной площадки (карты 2 и 3), которой не следует пользоваться в период нахождения в колонии пингвинов (с 1 ноября по 1 марта). Еще одна запасная посадочная площадка, которая может использоваться круглый год, прилегает к сезонному полевому лагерю (США) в ~200 м к северу от главной посадочной площадки.

6) Полеты над Районом на высоте менее 2000 футов (610 м) и посадки на территории Района дистанционно пилотируемых авиационных систем (ДПАС) запрещаются, за исключением случаев, когда имеется разрешение, выданное соответствующей национальной инстанцией. Применение ДПАС в пределах Района должно соответствовать требованиям положений Руководства по экологическим аспектам использования дистанционно пилотируемых авиационных систем (ДПАС) в Антарктике (Резолюция 4 (2018 г.).

7(iii) Разрешаемая деятельность в Районе

- Научные исследования, не представляющие угрозы для экосистемы или научных ценностей Района.
- При наличии веских оснований – образовательная и (или) информационно-просветительская деятельность (такая как документальная отчетность (видео-, аудио- или письменные отчеты) или создание образовательных ресурсов или услуг), которая не может быть осуществлена в каком-либо ином месте. Деятельность образовательного и (или) информационно-просветительского характера не включает в себя туризм.
- Деятельность, направленная на сохранение или охрану исторических ресурсов, которые находятся на территории Района.
- Важнейшие меры управления, включая мониторинг и инспекции.

7(iv) Возведение, реконструкция и удаление сооружений/оборудования

- Возведение сооружений на территории Района допускается только в соответствии с разрешением, а возведение постоянных сооружений или установок запрещено, за исключением постоянных геодезических знаков и указателей.
- Все сооружения, научное оборудование и указатели, устанавливаемые на территории Района, должны быть санкционированы в разрешении и подлежат четкой идентификации с указанием страны, наименования основной исследовательской организации, года установки и даты предполагаемого удаления. Все указанные объекты не должны содержать организмов, пропагул (например, семян, яиц) и нестерильной почвы и должны быть выполнены из материалов, способных выдерживать условия окружающей среды и представляющих минимальную опасность загрязнения или нанесения ущерба ценностям Района.
- Возведение/установка (включая выбор площадки), техническое обслуживание, реконструкция или удаление сооружений или оборудования должны производиться таким образом, чтобы свести к минимуму нарушения флоры и фауны, и по возможности не должны выполняться во время основного сезона гнездования (с 1 октября по 31 марта).
- Удаление конкретных сооружений или оборудования с истекшим сроком размещения является обязанностью той инстанции, которая выдала первоначальное разрешение, и должно быть оговорено в условиях разрешения.

7(v) Размещение полевых лагерей

Размещение полевых лагерей на сухопутной территории Района запрещено. Размещение полевых лагерей в морской части Района, где есть морской лед, возможно на основании разрешения. Такие лагеря нельзя разбивать на путях передвижения пингвинов в пределах 200 м от гнездовой колонии, однако в остальном никаких ограничений на их размещение не существует. За пределами Района новозеландская лагерная стоянка прилегает к укрытию (Новая Зеландия) в 175 м к северо-востоку от Района, а лагерная стоянка США расположена в ~350 м к северу от укрытия и выше него (карты 1 и 3).

7(vi) Ограничения на ввоз в Район материалов и организмов

В дополнение к требованиям Протокола по охране окружающей среды к Договору об Антарктике на Район распространяются указанные ниже ограничения на ввоз материалов и организмов.

- Преднамеренный ввоз на территорию Района животных, растительных материалов, микроорганизмов и нестерильной почвы запрещается. Должны приниматься специальные меры предосторожности для предотвращения непреднамеренной интродукции животных, растительных материалов, микроорганизмов и нестерильной почвы из других биологических регионов (находящихся как в пределах, так и вне пределов района действия Договора об Антарктике).
- Посетители должны обеспечить чистоту оборудования для отбора проб и указателей, ввозимых в Район. Насколько это возможно, одежда, обувь и оборудование, используемые на территории Района или привезенные в Район (включая, например, рюкзаки, сумки для переноски снаряжения, палатки, альпинистское снаряжение, штативы и т. д.) должны проходить тщательную очистку до входа на территорию Района. Посетители должны также изучить и соответствующим образом соблюдать рекомендации, содержащиеся в Руководстве по неместным видам, разработанном Комитетом по охране окружающей среды (Резолюция 4 (2016 г.); заседание КООС 2019 г.), и в Экологическом кодексе поведения при проведении наземных полевых исследований в Антарктике (Резолюция 5 (2018 г.);
- Запрещается ввозить на территорию Района любую домашнюю птицу и птицепродукты, включая продукты, содержащие сырой яичный порошок. Вся домашняя птица, привезенная в близлежащие хижины, на объекты и/или в береговые лагеря, включая все части, продукты и/или отходы от домашней птицы, которые не были употреблены или использованы, должны быть вывезены или утилизированы путем сжигания или аналогичными способами, не подвергающими риску местную флору и фауну.
- Ввоз в Район пестицидов или гербицидов не допускается.
- Все остальные химические вещества, включая радионуклиды и стабильные изотопы, которые могут ввозиться для оговоренных в разрешении научных исследований или в целях управления, подлежат вывозу из Района сразу после или до завершения деятельности, на которую было выдано разрешение.
- Хранение горючего, пищевых продуктов, химических веществ и других материалов на территории Района не допускается, за исключением случаев, особо указанных в Разрешении. Способы хранения и обращения с этими веществами должны обеспечивать сведение к минимуму их непреднамеренное внедрение в окружающую среду.
- Все материалы ввозятся только на оговоренный срок и подлежат вывозу до окончания или по истечении этого срока.
- Порядок хранения всех материалов и обращения с ними должен обеспечивать сведение к минимуму риска их попадания в окружающую среду.
- Если случается утечка, которая может причинить вред ценностям Района, ее устранение рекомендуется только в тех случаях, когда вред от устранения не будет превышать вред от того, что материал останется на месте.

7(vii) Изъятие местной флоры и фауны или вредное воздействие на них

Изъятие или вредное воздействие на местную флору и фауну запрещены, за исключением случаев, когда это производится согласно разрешению, выданному в соответствии со Статьей 3 Приложения II к Протоколу по охране окружающей среды к Договору об Антарктике. В случае изъятия или вредного вмешательства в жизнь животных следует соблюдать разработанный

СКАР «Кодекс поведения при использовании животных в научных целях в Антарктике», который является минимальным стандартом.

7(viii) Сбор и вывоз объектов, которые не были ввезены в Район держателем разрешения

- Сбор и вывоз материалов из Района допускается только в соответствии с разрешением и ограничивается минимумом, необходимым для выполнения научных задач или задач управления. Сюда входят биологические образцы, образцы пород и почвы, а также исторические материалы.
- Материалы антропогенного происхождения, которые могут нанести ущерб ценностям Района и которые не были ввезены в Район держателем разрешения или санкционированы иным образом, могут быть вывезены из любой части Района, за исключением ситуаций, когда последствия вывоза могут превзойти последствия пребывания материала на месте. В этом случае следует направить уведомление в компетентный орган и получить разрешение.
- Если это специально не оговорено в разрешении, посетителям запрещается трогать, брать в руки, изымать или наносить ущерб любым историческим артефактам, найденным на территории Района. Если посетитель заметит какие-либо новые артефакты, он должен сообщить об этом компетентному национальному органу. Перемещение или вывоз артефактов в целях их сохранения, охраны или восстановления исторической точности возможны только на основании разрешения.

7(ix) Удаление отходов

Все отходы, включая отходы жизнедеятельности человека, подлежат вывозу из Района.

7(x) Меры по поддержанию реализации целей и задач Плана управления

Разрешения на доступ в Район могут выдаваться для:

1) проведения мониторинга и действий по инспектированию Района, что может включать сбор небольшого количества образцов или данных для анализа или изучения;

2) установки или технического обслуживания указательных столбов, указателей, сооружений или научного или важного логистического оборудования;

3) проведения охранных мероприятий;

4) проведения исследований или управления таким способом, который не допускает вмешательства в действия по долгосрочному исследованию и мониторингу или возможное дублирование деятельности. Лица, планирующие новые проекты в Районе, должны перед началом работы ознакомиться с принятыми и действующими на территории Района программами, например программами США и Новой Зеландии.

7(xi) Требования к отчетам

- По каждому посещению Района основной держатель разрешения должен по завершении такого посещения представить отчет в соответствующую национальную инстанцию в порядке, предусмотренном национальным законодательством.
- Эти отчеты должны содержать, в зависимости от конкретного случая, информацию, указанную в форме отчета о посещении, приведённой в Руководстве по подготовке Планов управления Особо охраняемыми районами Антарктики (Резолюция 2 (2011 г.). Если таковое применимо, национальный компетентный орган должен также направить копию отчета о посещении Сторонам, предложившим План управления, с тем чтобы помочь в управлении Районом и пересмотре Плана.
- Сторонам рекомендуется по возможности размещать оригиналы или копии отчетов о посещении в общедоступном архиве для учета пользования материалами в целях какого-

либо пересмотра Плана управления и в качестве организационной меры по использованию Района в научных целях.

- В компетентный орган следует сообщать о любых видах деятельности и мерах, осуществленных в исключительном порядке, и (или) о любых материалах, которые попали в окружающую среду и не были удалены из нее, если это не было указано в выданном разрешении.

8. Подтверждающая документация

Ainley, D.G. 2002. The Adélie penguin: bellwether of climate change. Columbia University Press, New York.

Ainley, D.G. 2014. Hatching eggs. Data from graph showing Adélie penguin breeding pairs at Cape Royds 1996-2007, accessed Feb 2014 at http://icestories.exploratorium.edu/dispatches/hatching-eggs/.

Ainley, D.G., Ballard, G., Ackley, S., Blight, L.K., Eastman, J.T., Emslie, S.D., Lescroël, A., Olmastroni, S., Townsend, S.E., Tynan, C.T., Wilson, P. & Woehler, E. 2007. Paradigm lost, or is top-down forcing no longer significant in the Antarctic marine ecosystem? *Antarctic Science* **19**(3): 283–290.

Ainley, D.G., Ballard, G., Barton, K.J. & Karl, B.J. 2003. Spatial and temporal variation of diet within a presumed metapopulation of Adélie penguins. *Condor* **105**: 95–106.

Ainley, D.G., Clarke, E.D., Arrigo, K., Fraser, W.R., Kato, A., Barton, K.J. & Wilson, P.R. 2005. Decadal-scale changes in the climate and biota of the Pacific sector of the Southern Ocean, 1950s to the 1990s. *Antarctic Science* **17**: 171–82.

Ainley, D.G., Morrell, S.H. & Wood R. C. 1986. South polar skua breeding colonies in the Ross Sea region, Antarctica. *Notornis* **33**(3): 155–63.

Ainley, D.G., Ribic, C.A., Ballard, G., Heath, S., Gaffney, I., Karl, B.J., Barton, K.J., Wilson, P.R. & Webb, S. 2004. Geographic structure of Adélie penguin populations: overlap in colony-specific foraging areas. *Ecological Monographs* **74**(1):159–78.

Ainley, D.G., Russell, J., Jenouvrier, S., Woehler, E., Lyver, P. O'B., Fraser, W.R. & Kooyman, G.L. 2010. Antarctic penguin response to habitat change as earth's troposphere reaches 2°c above pre-industrial levels. *Ecological Monographs* **80**: 49-66.

Arrigo, K. R., van Dijken, G.L., Ainley, D.G., Fahnestock, M.A. & Markus, T. 2002. Ecological impact of a large Antarctic iceberg. *Geophysical Research Letters* **29**(7): 1104.

Barry, J. 1988. Hydrographic patterns in McMurdo Sound, Antarctica and their relationship to local benthic communities. *Polar Biology* **8**: 377–91.

Barry, J.P. & Dayton, P.K. 1988. Current patterns in McMurdo Sound, Antarctica and their relationship to local biotic communities. *Polar Biology* **8**:367-76.

Barry, J.P., Grebmeier, J., Smith, J. & Dunbar, R.B. 2003. Bathymetric versus oceanographic control of benthic megafaunal patterns in the Ross Sea, Antarctica. Antarctic Research Series **78**: 327-54.

Blackburn, N., Taylor, R.H. & Wilson, P.R. 1991. An interpretation of the growth of the Adelie penguin rookery at Cape Royds, 1955-1990.New Zealand Journal of Ecology **15**(2): 117-21.

Broady PA 1987. Protection of terrestrial plants and animals in the Ross Sea regions, Antarctica. *New Zealand Antarctic Record* **8** (1): 18-41.

Broady PA 1989a. Broadscale patterns in the distribution of aquatic and terrestrial vegetation at three ice-free regions on Ross Island, Antarctica. In Vincent, W. & Ellis-Evans, C. (eds) *High latitude limnology*. Kluwer, Dordrecht. *Developments in Hydrobiology* **49**: 77-95.

Broady PA 1989b. The distribution of *Prasiola calophylla* (Carmich.)Menegh. (Chlorophyta) in Antarctic freshwater and terrestrial habitats. *Antarctic Science* **1** (2): 109-18.

Brown, A., McKnight, D.M., Chin, Y.P., Roberts, E.C. & Uhle, M. 2004. Chemical characterization of dissolved organic material in Pony Lake, a saline coastal pond in Antarctica. *Marine Chemistry* **89** (1-4): 327-37.

Buckley, B.A. 2013. Rapid change in shallow water fish species composition in an historically stable Antarctic environment. *Antarctic Science* **25**(5), 676–680 doi:10.1017/S0954102013000114

CEP (Committee for Environmental Protection). 2019. Non-Native Species Manual: Revision 2019. Secretariat of the Antarctic Treaty, Buenos Aires.

Cowan, D.A. & Casanueva, A. 2007. Stability of ATP in Antarctic mineral soils. *Polar Biology* **30** (12): 1599-1603.

Dugger, K.M., Ballard, G., Ainley, D.G., Lyver, P.O'B. & Schine, C. 2014. Adélie penguins coping with environmental change: results from a natural experiment at the edge of their breeding range. *Frontiers in Ecology and Evolution* **2**: 68. doi: 10.3389/fevo.2014.00068.

Ford, R.G., Ainley, D.G., Lescroël, A., Lyver, P.O'B., Toniolo, V. & Ballard, G. 2015. Testing assumptions of central place foraging theory: a study of Adélie penguins *Pygoscelis adeliae* in the Ross Sea. *Journal of Avian Biology* **46**: 193-205. doi: 10.1111/jav.00491

Jacobs, S.S., Amos, A.F. &. Bruchhausen, P.M. 1970. Ross Sea oceanography and Antarctic bottom water formation. *Deep-Sea Research* **17**: 935–62.

LaRue, M.A., Ainley, D.G., Swanson, M., Dugger, K.M., Lyver, P.O., Barton K. & Ballard, G. 2013. Climate change winners: receding ice fields facilitate colony expansion and altered dynamics in an Adélie Penguin metapopulation. PLoS ONE 8(4): e60568. doi:10.1371/journal.pone.0060568

Lyver, P.O'B., M. Barron, K.J. Barton, D.G. Ainley, A. Pollard, S. Gordon, S. McNeill, G. Ballard, and P.R. Wilson. 2014. Trends in the breeding population of Adélie penguins in the Ross Sea, 1981–2012: a coincidence of climate and resource extraction effects. *PLOS ONE* **9** (3): e91188. https://doi.org/10.1371/journal.pone.0091188

Martin, L. 1991. Cumulative environmental change: case study of Cape Royds, Antarctica. Unpublished M.Sc. thesis, University of Auckland.

Porazinska, D.L., Wall, D.H. &Virginia R.A. 2002. Invertebrates in ornithogenic soils on Ross Island, Antarctica. *Polar Biology* **25** (8): 569-74.

Saenz, B.L., Ainley, D.G., Daly, K.L., Ballard, G., Conlisk, E., Elrod, M.L. & Kim, S.L. In press. Predation structuring of an Antarctic marginal-ice-zone food web. *Scientific Reports*.

Sladen, W.J.L. & Leresche, R.E. 1970. New and developing techniques in Antarctic ornithology. In Holdgate, W.M. (ed) *Antarctic ecology I*. Academic Press, London: 585-96.

Stonehouse, B. 1963. Observations on Adélie penguins (*Pygoscelis adeliae*) at Cape Royds, Antarctica. *Proceedings XIIIth International Ornithological Congress, 1963:* 766-79.

Stonehouse, B. 1965. Counting Antarctic animals. *New Scientist* (July 29): 273-76.

Taylor, R.H. & Wilson, P.R. 1990. Recent increase and southern expansion of Adelie penguin populations in the Ross Sea, Antarctica, related to climatic warming. *New Zealand Journal of Ecology* **14**: 25-29.

Taylor, R.H., Wilson, P.R. & Thomas, B.W. 1990. Status and trends of Adélie penguin populations in the Ross Sea region. *Polar Record* **26** (159): 293-304.

Thomson, R.B. 1977. Effects of human disturbance on an Adélie penguin rookery and measures of control. In Llano, G.A. (ed) *Adaptations within Antarctic ecosystems. Proceedings of the Third SCAR Symposium on Antarctic Biology*. Smithsonian Institution, Washington, DC: 1177-80.

West, W. & West, G.S. 1911. Freshwater algae. *Reports on the scientific investigations: Biology, by the British Antarctic Expedition 1907-1909* **1:** 263-298; Plates 24-26.

Wilson, P.R., Ainley, D.G., Nur, N. Jacobs, S.S., Barton, K.J.., Ballard, G. & Comiso, J.C., 2001. Adélie penguin population change in the Pacific sector of Antarctica: relation to sea-ice extent and the Antarctic Circumpolar Current. *Marine Ecology Progress Series* **213**: 301-09.

Wilson, D.J., Lyver P. O'B., Greene, T.C., Whitehead, A.L., Dugger, K.M., Karl, B.J., Barringer, J.R.F., McGarry, R., Pollard A.M. & Ainley, D.G. 2016. South Polar Skua breeding populations in the Ross Sea assessed from demonstrated relationship with Adélie Penguin numbers. *Polar Biology* doi 10.1007/s00300-016-1980-4.

Woehler, E.J. (ed) 1993. *The distribution and abundance of Antarctic and subantarctic penguins*. SCAR, Cambridge.

Young, E.C. 1962a. The breeding behaviour of the south polar skua *Catharacta maccormicki*. *Ibis* **105** (2): 203–33.

Young, E.C. 1962b. Feeding habits of the south polar skua *Catharacta maccormicki*. *Ibis* **105** (3): 301–18.

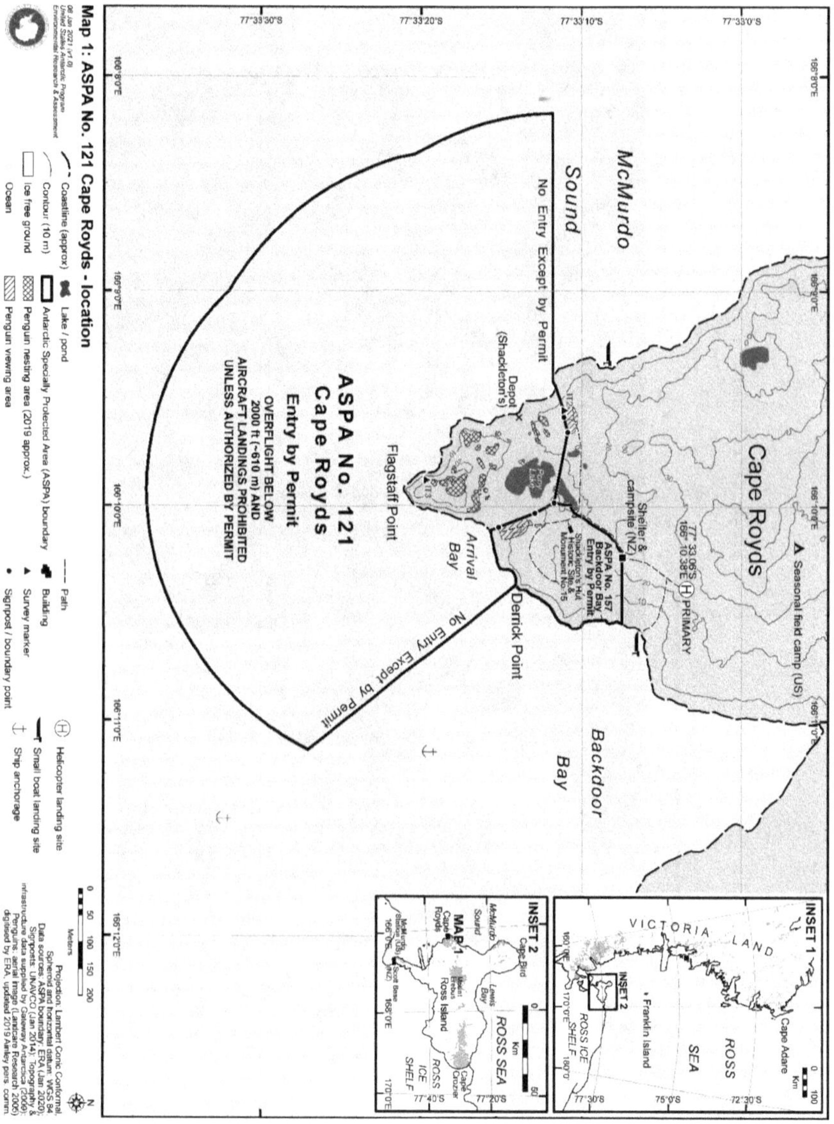
Map 1: ASPA No. 121 Cape Royds - location
McMurdo Sound
Cape Royds
Backdoor Bay
Arrival Bay
Flagstaff Point
Derrick Point
No Entry Except by Permit
No Entry Except by Permit
Depot (Shackleton's)
Seasonal field camp (US)
Shelter & campsite (NZ)
PRIMARY
ASPA No. 157 Backdoor Bay Entry by Permit
ASPA No. 121 Cape Royds
Entry by Permit
OVERFLIGHT BELOW 2000 ft (~610 m) AND AIRCRAFT LANDINGS PROHIBITED UNLESS AUTHORIZED BY PERMIT
Coastline (approx)
Contour (10 m)
Ice free ground
Ocean
Lake / pond
Antarctic Specially Protected Area (ASPA) boundary
Penguin nesting area (2019 approx.)
Penguin viewing area
Path
Building
Survey marker
Signpost / boundary point
Helicopter landing site
Small boat landing site
Ship anchorage
INSET 1
VICTORIA LAND
ROSS SEA
Cape Adare
Franklin Island
ROSS ICE SHELF
INSET 2
ROSS SEA
Ross Island
ROSS ICE SHELF
Cape Bird
Cape Crozier
McMurdo Sound
Lewis Bay
MAP 1

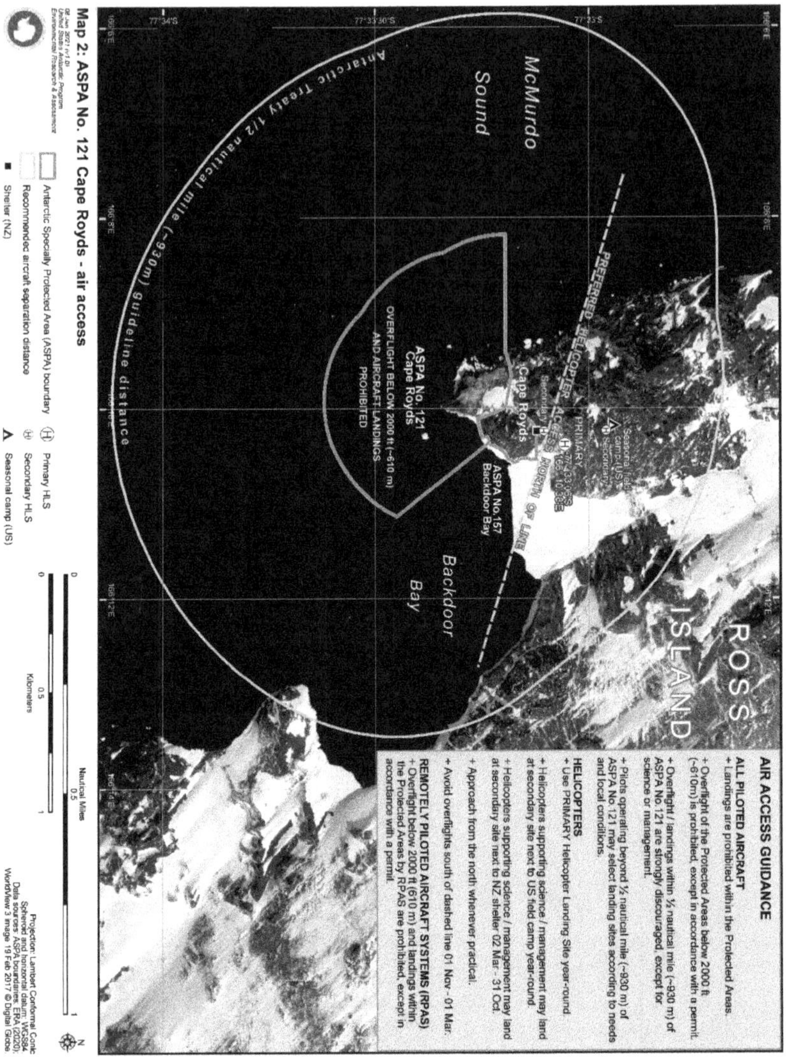
AIR ACCESS GUIDANCE
ALL PILOTED AIRCRAFT
+ Landings are prohibited within the Protected Areas.
+ Overflight of the Protected Areas below 2000 ft (~610m) is prohibited, except in accordance with a permit.
+ Overflight / landings within ½ nautical mile (~930 m) of ASPA No.121 are strongly discouraged, except for science or management.
+ Pilots operating beyond ½ nautical mile (~930 m) of ASPA No.121 may select landing sites according to needs and local conditions.
HELICOPTERS
+ Use PRIMARY Helicopter Landing Site year-round.
+ Helicopters supporting science / management may land at secondary site next to US field camp year-round.
+ Helicopters supporting science / management may land at secondary site next to NZ shelter 02 Mar - 31 Oct.
+ Approach from the north whenever practical.
+ Avoid overflights south of dashed line 01 Nov - 01 Mar.
REMOTELY PILOTED AIRCRAFT SYSTEMS (RPAS)
+ Overflight below 2000 ft (610 m) and landings within the Protected Areas by RPAS are prohibited, except in accordance with a permit.
ROSS ISLAND
McMurdo Sound
Backdoor Bay
Cape Royds
ASPA No. 121 Cape Royds
OVERFLIGHT BELOW 2000 ft (~610 m) AND AIRCRAFT LANDINGS PROHIBITED
ASPA No.157 Backdoor Bay
PREFERRED HELICOPTER ACCESS NORTH OF LINE
PRIMARY
Secondary
Seasonal field camp (US)
Antarctic Treaty 1/2 nautical mile (~930m) guideline distance
77°33'S
77°33'30"S
77°34'S
166°6'E
166°8'E
166°10'E
166°12'E
166°14'E
Map 2: ASPA No. 121 Cape Royds - air access
Antarctic Specially Protected Area (ASPA) boundary
Recommended aircraft separation distance
Shelter (NZ)
Primary HLS
Secondary HLS
Seasonal camp (US)
Nautical Miles
0
0.5
1
Kilometers
0
0.5
1
N
Projection: Lambert Conformal Conic
Spheroid and horizontal datum: WGS84
Data sources: ASPA boundaries: ERA (2020);
WorldView 3 image 19 Feb 2017 © Digital Globe

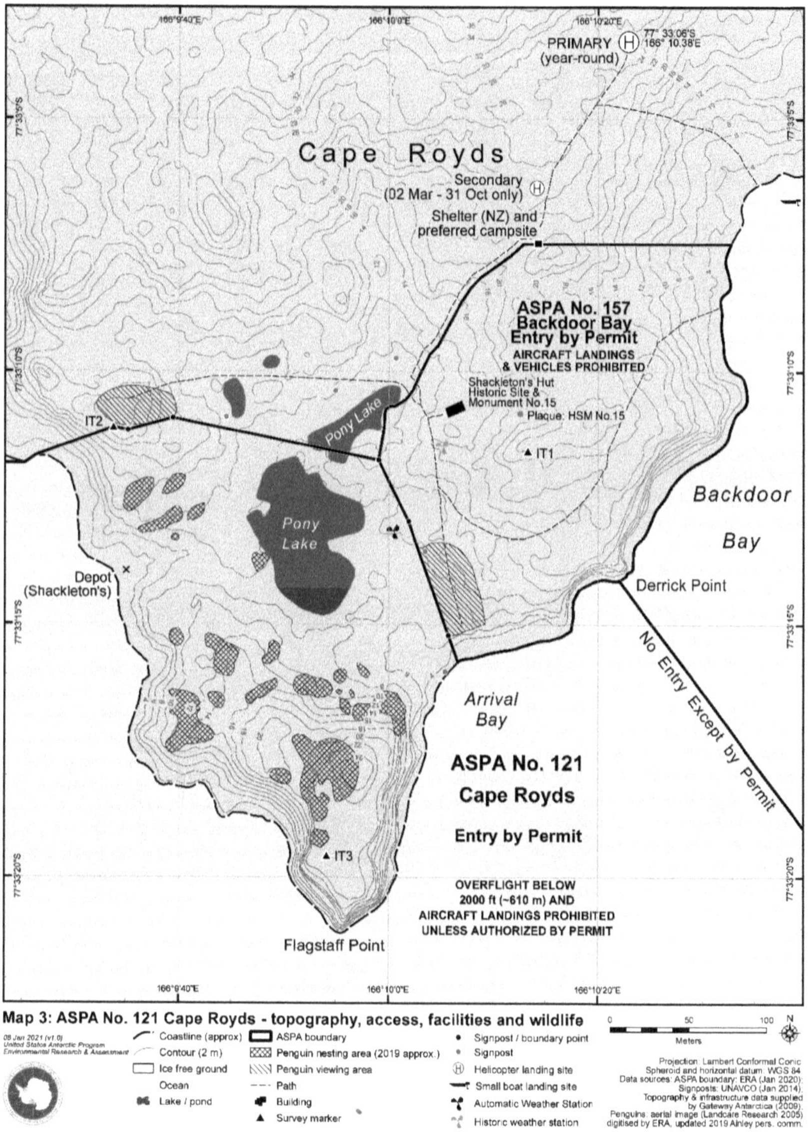

Map 3: ASPA No. 121 Cape Royds - topography, access, facilities and wildlife

План управления Особо охраняемым районом Антарктики № 131 «ЛЕДНИК КАНАДА» (ОЗЕРО ФРЮКСЕЛЛЬ, ДОЛИНА ТЕЙЛОР, ЗЕМЛЯ ВИКТОРИИ)

1. Описание ценностей, нуждающихся в охране

Территория площадью приблизительно 1 $км^2$, расположенная между восточной стороной ледника Канада и озером Фрюкселль, был первоначально определен в качестве УОНИ № 12 Рекомендацией XIII-8 (1985 г.) по предложению Новой Зеландии на основании того, что на его территории находится самый богатый растительный покров (бриофиты, водоросли) в Сухих Долинах Мак-Мёрдо. Район предназначен в первую очередь для сохранения экологических и научно-исследовательских ценностей.

Границы Района были расширены на основании Меры 3 (1997 г.) с тем, чтобы включить в него биологически богатые колонии, которые раньше в него не входили. На основании Решения 1 (2002 г.) Район повторно определен как Особо охраняемый район Антарктики (ООРА) № 131, а пересмотренный План управления был принят на основании Меры 1 (2006 г.), Меры 6 (2011 г.) и Меры 6 (2016 г.).

Экологические ценности Района обусловлены наличием богатых растительных сообществ, которые в основном встречаются на увлажненных участках (называемых «зоной смыва») вблизи ледника в центральной части Района. Район расположен на наклонной, свободной от ледникового покрова территории, на которой в летний период образуются водоемы и по которой стекают небольшие ручейки талой воды, спускающиеся от ледника Канада в озеро Фрюкселль. Состав и распространение сообществ мхов, лишайников, цианобактерий, бактерий и водорослей в Районе тесно связаны с водным режимом. Таким образом, направление русла водотоков и качество воды определяют экологическую ценность Района.

Район хорошо изучен и описан, что увеличивает его научную ценность. Растительные сообщества, в частности бриофиты, чувствительны к нарушениям в результате вытаптывания или сбора образцов. Восстановление поврежденных участков протекает очень медленно. Нарушенные в прошлом участки зарегистрированы, что имеет большое значение, так как эта территория является одним из немногих районов Сухих Долин, где можно изучать долгосрочные последствия воздействий и скорость восстановления.

Район является территорией регионального значения и имеет исключительную научную ценность для экологических исследований. Принимая во внимание возрастающую научную, логистическую и туристическую деятельность в Районе, а также его уязвимость к таким воздействиям, как вытаптывание, сбор образцов, загрязнение или интродукция чужеродных видов, ценности на территории Района нуждаются в постоянной защите.

2. Цели и задачи

Управление Районом «Ледник Канада» осуществляется в следующих целях:

- предупреждение ухудшения или значительного риска ухудшения состояния ценностей Района путем предотвращения излишнего антропогенного воздействия, в том числе избыточного отбора проб;
- создание условий для проведения иных научных исследований в Районе только при предоставлении убедительных причин того, что они не могут быть проведены в другом месте;
- предотвращение или минимизация интродукции в Район чужеродных растений, животных и микроорганизмов; а также
- создание условий для посещения в целях управления в поддержку задач Плана управления.

3. Меры по управлению

Для охраны ценностей Района необходимо осуществление следующей деятельности по управлению:

- обеспечение наличия копий настоящего Плана управления, в том числе карт Района, на близлежащих научно-исследовательских станциях и исследовательских сооружениях, расположенных в долине Тейлор в радиусе 20 км от Района;
- в соответствующих местах на границе Района должны быть размещены пирамиды из камней или знаки, показывающие местонахождение и границы, с четкими указаниями относительно ограничений на доступ, что поможет предотвратить случайный доступ;
- Указатели, знаки или иные сооружения, установленные на территории Района в научных целях или в целяx управления, должны быть надежно закреплены, поддерживаться в надлежащем состоянии и удаляться, как только в них отпадет необходимость.
- посещения Района должны осуществляться по мере необходимости (но не реже одного раза в пять лет), чтобы установить, продолжает ли он служить тем целям, ради которых был определен, и чтобы убедиться в достаточности принимаемых мер по его управлению;
- Стороны, осуществляющие свою деятельность в Районе в рамках национальных антарктических программ, должны проводить взаимные консультации с целью обеспечения реализации вышеуказанных мер управления.

4. Период определения

Определен на неограниченный период времени.

5. Карты

Карта 1: ООРА № 131 - Ледник Канада Карта региона.

Карта 2: ООРА № 131 - Ледник Канада Зона доступа для вертолетов.

Карта 3: ООРА № 131 - Ледник Канада Карта плотности растительности».

Характеристики карты: Равноугольная коническая проекция Ламберта. Стандартные параллели: 1-я – 77°35'00" ю. ш.; 2-я 77°38'00" ю. ш. Центральный меридиан - 163°00'00" в. ш., 78°00'00" ю.ш.; сфероид - WGS84. Горизонтали составлены на основе ортофотоснимка и полученного со спутника LandSat изображения. Точные границы зон влажного грунта в пределах зоны смыва подлежат сезонным и годовым изменениям.

6. Описание Района

6(i) Географические координаты, специальные знаки и характерные естественные признаки, определяющие границы Района

Ледник Канада расположен в долине Тейлор в Сухих Долинах Мак-Мёрдо. Район, определенный в качестве ООРА, охватывает большую часть территории, с восточной стороны прилегающей к нижней части ледника Канада на северном берегу озера Фрюкселль (77°37' ю. ш., 163°03' в. д., карта 1). Он охватывает свободные ото льдов склоны с наклоном от небольшого до умеренного на высоте от 20 до 220 м с сезонными озерами и водотоками, образованными талой водой, стекающей с ледника Канада в озеро Фрюкселль.

Южная граница Района пролегает по береговой линии озера Фрюкселль до кромки воды. В настоящее время уровень воды в озере повышается. Граница проходит на северо-восток приблизительно на 1 км вдоль береговой линии от места, где ледник Канада примыкает к озеру Фрюкселль (77°37,20' ю. ш.,

163°3,64' в. д.) до юго-восточного угла границы, отмеченного пирамидой (77°36,83' ю. ш.,163°4,88' в. д.) вблизи небольшого острова на озере Фрюкселль. Ранее остров был частью небольшого полуострова, выходящего в озеро Фрюкселль, но в результате повышения уровня воды в озере он превратился в остров (см. карту 3). Ранее на полуострове существовала отметка в виде большой расколотой скалы, окруженной камнями, которая служила опорной отметкой во время исследования Новой Зеландией первоначального УОНИ в 1985 г., но в настоящее время она уже не видна. Деревянная мачта на острове, отмечающая участок № 7 Программы бурения в зоне Сухих Долин (1973 г.), по-прежнему различима.

Моренная гряда, поднимающаяся от юго-восточного угла границы на север, служит восточной границей Района. На одной из вершин этой гряды в 450 м от юго-восточного угла границы установлена пирамида из камней (77°36,68' ю. ш., 163°4,40' в. д.). Гряда резко обрывается, прежде чем примкнуть к относительно ровному склону основной стены долины Тейлор. На этом обрыве находится северо-восточный угол границы Района, отмеченный пирамидой из камней (77°36,43' ю. ш., 163°3,73' в. д.).

От пирамиды из камней на северо-востоке северная граница полого поднимается вверх и углубляется на запад на 1,7 км к леднику Канада до места вытекания ручья из ледника и снежного поля по видимому узкому пролому в морене (77°36,42' ю. ш., 162°59,69' в. д.).

Западная граница проходит вдоль края ледника на расстояние около 1 км вниз по склону боковой морены со сравнительно равномерным уклоном до юго-западного угла границы, где ледник примыкает к берегу озера (77°37,20' ю. ш., 163°3,64' в. д.).

Зона смыва на леднике Канада считается наибольшей территорией с высокой плотностью растительности в Сухих Долинах Мак-Мёрдо (см. карту 3). Основное влияние на местоположение популяций мхов, лишайников, цианобактерий, бактерий и водорослей оказывает летний водоток в сочетании с микротопографией. Передняя часть ледника также защищает участок от разрушительных ветров, которые могут сдувать обледеневшие засохшие мхи, а также от повреждений переносимой ветром пылью.

Зона находится рядом с краем ледника. На территории расположено два основных покрытых растительностью участка, разделенных на северный и южный небольшим мелководным прудом (карта 3). Зона смыва имеет небольшой уклон и становится очень увлажненной в летний период с участками влажного грунта и большим количеством небольших прудов и ручьев. Склоны над этим участком более сухие, но вдоль нескольких небольших водотоков, проходящих параллельно леднику с верхней границы Района вниз к зоне смыва, встречаются колонии растений. Волнообразные морены способствуют скоплению постоянных пятен снега на склоне, которые обеспечивают влагу для роста растительности. Водотоки и связанная с ними растительность становятся менее заметными по мере продвижения от ледника (карта 3). Ручей Канада протекает на юго-восток по этим склонам и центральной зона смыва. До 1983 г. ручей Канада имел неофициальное название «ручей Фрюкселль».

На территории зоны смыва обнаружены четыре вида мхов: доминируют *Bryum argenteum* (ранее упоминался как *Bryum subrotundifolium*) и *Hennediella heimii* (ранее упоминался как *Pottia heimii*) с небольшими включениями *Bryum pseudotriquetrum* и *Syntrichia sarconeurum* (ранее известен как Sarconeurum glaciale). *B. argenteum* встречается в основном на участках вблизи водотоков и местах инфильтрации. В местах протекания воды значительная доля популяции этих мхов также заселена связанными с ним сообществами эпифитных лишайников *Nostoc.* На участках, расположенных ближе к проточной воде или на возвышенностях преобладает *Hennediella heimii.* На этом участке встречаются сопрофиты вида *Hennediella heimii*, что может являться одним из самых южных зарегистрированных местообитаний мхов.

Популяция лишайников в Районе незначительна, но на небольшом участке в районе стока из озера вблизи ледника Канада встречаются эпилитические лишайники *Carbonea vorticosa, Sarcogyne privigna, Lecanora expectans, Rhizoplaca melanophthalma* и *Caloplaca citrina.* Кроме того, на многих валунах на влажном участке обитают хазмолитические лишайники.

На участке было зафиксировано свыше 37 видов пресноводных водорослей и цианобактерий. Верховье ручья Канада внешне кажется практически лишенным растительности, но на боках и нижней поверхности камней и валунов произрастают сообщества корковых лишайников с преобладанием цианобактерий. Цианобактерии *Chamaesiphon subglobosus* и зеленая водоросль вида *Prasiola*, первоначально идентифицированный как *P. Calophylla,* но впоследствии определенная как новый вид *P. glacialis,* наблюдались только в этой верхней части ручья. *Prasiola glacialis, растущие густыми зелеными лентами под камнями в ручье, как правило, могут быть обнаружены, только если камни перевернуты.* Обширные покровы цианобактерий, включающие разнообразные сообщества видов (в том числе *Oscillatoria, Pseudanabaena, Leptolyngbya, Phormidium, Gloeocapsa, Calothrix* и *Nostoc*) и гетеротрофные бактерии, расположены в среднем и нижнем течении ручья и более разнообразны по составу, чем покровы в верхнем течении. Слизистые колонии водорослей *Nostoc commune* преобладают в стоячей воде в центральном влажном участке, на увлажненных участках вдоль водотоков на мхах произрастают эпифитные лишайники, а большая часть мелких горных пород и гальки в зоне проточной воды покрыта цианобактериями. В среднем течение ручья наблюдаются зеленые нитчатые водоросли *Binuclearia.* Нижнее течение подобно по составу растительности верхнему, хотя, согласно имеющимся данным, в нем в изобилии встречались водоросли *Tribonema elegans* и *Binuclearia*, но отсутствовали *Prasiola glacialis. Трибонема elegans* редко встречаются в данном районе Антарктики.

В Районе зарегистрированы шесть типов беспозвоночных: основными группами являются коловратки, нематоды и тихоходки, но также встречаются и простейшие, плоские гельминты и членистоногие. Сведения о наличии в Районе ногохвосток отсутствуют, хотя по некоторым данным они встречаются вблизи Района за его пределами.

Растительность зоны смыва Канады была определена как изобильная, но лишенная разнообразия, по сравнению с иными богатыми растительностью участками Антарктики. По крайней мере, отчасти это может быть вызвано олиготрофными условиями данного участка. Вода в ручье подобна по составу талому ледниковому льду с электропроводностью порядка 35,32 мкСм/см на декабрь 2014 г. от точки выхода из ледника до дельты, где ручей впадает в озеро. Преобладание способствующих фиксации азота цианобактерий (виды *Nostoc* и *Calothrix*) также подтверждают теорию о скудности питательного режима.

Ледник Канада расположен в пределах Экологической среды S: геология Мак-Мёрдо – южная часть Земли Виктории, исходя из Анализа экологических доменов по Антарктике (Резолюция 3 (2008 г.), и в Регионе 9 – южная часть Земли Виктории, исходя из документа «Заповедные биогеографические регионы Антарктики» (Резолюция 6 (2012 г.).

На территории Района заметны следы предшествующей человеческой деятельности. Последствия человеческой деятельности могут быть обнаружены в почвах, прилегающих к первоначальным новозеландской хижине и вертолетной посадочной площадке. Они могут представлять собой локальные участки с остатками нефтехимических продуктов и питательными элементами почвы. В пределах зоны смыва заметны повреждения растительности, включая тропы и отпечатки следов, участки экспериментального отбора керновых проб и большие участки снятия мохового торфа. На территории зоны смыва также находится несколько старых отметок.

На территории Района рядом с влажным участком была построена пластмассовая теплица, которая функционировала с 1979 по 1983 гг., для проведения исследований и экспериментального выращивания садовых овощей. Это сооружение вывозилось в конце каждого сезона до 1983 года, когда оно использовалась для хранения оборудования в зимний период. Сооружение было разрушено во время шторма той зимой. Остатки теплицы, обнаруженные с того момента в Районе, были вывезены с его территории.

Вблизи зоны смыва был расположен первый участок новозеландской хижины на леднике Канада, на котором находились тропы, помеченные цепочкой камней, расчищенные площадки для лагерных стоянок, старая вертолетная площадка и несколько невысоких каменных сооружений. Рядом с участком были также выкопаны по крайней мере четыре мелкие ямы глубиной около 1 м. В 1989 г. этот участок был перенесен в другое место, а на его месте были проведены меры по восстановлению. На территории второго участка с хижиной находилось два небольших здания, несколько новых лагерных стоянок и вертолетная площадка. В течение сезона 1995/96 г. здания были полностью снесены. Вертолетная площадка остается и является единственной вертолетной площадкой в Районе. Территория лагеря была снесена в 2021 году, однако дорожки, обозначенные линиями скал, и территории, ранее использовавшиеся в качестве кемпингов, все еще присутствуют.

В ручье Канада построена дамба (см. Раздел 6 (iii)). Согласно гидрологическим данным, собранным в ручье, средняя скорость излива воды в ручье Канада в период с ноября 2014 г. по февраль 2015 г. составляла 22,13 л/с [мин. = 0,0 л/с и макс. = 395,76 л/с]. Средняя температура воды за данный период составляла 1,99 °C [мин.= -1,1 °C и макс. = 11,34 °C] (http://www.mcmlter.org/).

Тропа из зоны сооружений лагеря на озере Фрюкселль проходит между берегом озера и плотиной на ручье Канада (Карты 2, 3). Имеется альтернативный маршрут от выделенной площадки для посадки вертолета до края ледника Канада, проходящий через влажный участок с растительностью, но не указанный на карте. Маршрут доступа также пролегает между зоной сооружений лагеря Лейк-Хоар и зоной сооружений лагеря Лейк-Фрюкселль, непосредственно над северной границей (карты 1, 2 и 3).

6(ii) Особые зоны на территории Района

Отсутствуют.

6(iii) Места расположения сооружений в пределах и вблизи Района

На узком участке ручья Канада в сезоне 1981/82 г. была построена каменная дамба, которая была полностью разобрана в конце сезона. В 1990 г. вблизи от предыдущей была построена более солидная дамба и проведен подводной канал с водомером шириной 9 дюймов (карта 3). Подводной канал выложен черным стекловолокном. Дамба построена из полиэфирных мешков, заполненных мелкой галькой, взятой с прилегающих к руслу ручья территорий. Нарушения, возникшие в процессе строительства, были устранены и по прошествии одного сезона перестали быть различимы. Напорная сторона дамбы обшита нейлоном с виниловым покрытием. Для выпуска воды в случае паводка дамба оборудована водосливом. Для предотвращения обратного тока воды через дамбу осуществляется сезонная уборка снега из канала. Оборудование для наблюдений и аккумуляторные батареи хранятся в фанерном ящике вблизи дамбы на северной стороне ручья. Техническое обслуживание дамбы осуществляется в рамках долгосрочного экологического научно-исследовательского проекта в Сухих Долинах Мак-Мёрдо.

Границы Района отмечены тремя пирамидами из камней.

В 1,5 км восточнее Района на полпути вдоль озера Фрюкселль на его северной стороне расположена зона сооружений Лейк-Фрюкселль (США) (20 м над уровнем моря). Приблизительно в 10 км на восток от Района на южной стороне озера Фрюкселль расположена полевая база F6 (США). В 3 км на запад от Района на западной стороне ледника Канада в основании ледника на северной стороне озера Хор расположена зона сооружений Лейк-Хор (США) (65 м над уровнем моря). К югу от Района на языке ледника Канада находится зона для посещений «Долина Тейлор» (карта 1).

6(iv) Местонахождение других близлежащих охраняемых районов

Ближайшими к леднику Канада охраняемыми районами являются:

- низовья ледника Тейлор и Кровавый водопад, долина Тейлор, Сухие Долины Мак-Мёрдо (ООРА № 172), приблизительно в 23 км на запад в долине Тейлор;
- терраса Линней, Хребет Асгард (ООРА № 138), приблизительно в 47 км на запад в долине Райт; а также
- Долины Барвик (Barwick) и Бэлем (Balham), южная часть Земли Виктории (ООРА № 123), приблизительно в 50 км на северо-запад (карта 1, врезка).

7. Условия выдачи разрешений для доступа

Доступ в Район возможен только на основании Разрешения, которое выдается соответствующим государственным органом. Условия выдачи Разрешения на посещение Района:

- наличие исключительной необходимости в научных целях, которая не может быть удовлетворена в любом другом месте или для осуществления крайне важной деятельности по управлению;
- разрешенная деятельность не поставит под угрозу экологические или ценности научных исследований Района;
- доступ на любой участок, обозначенный как имеющий плотность растений выше 21 % (карта 3) и зону в радиусе 5 метров, должен быть тщательного рассмотрен, и к Разрешению должны прилагаться особые условия доступа на подобные участки;
- все меры управления будут способствовать достижению целей Плана управления;
- разрешенная деятельность соответствует положениям Плана управления;
- во время пребывания на территории Района необходимо иметь при себе оригинал или заверенную копию Разрешения;
- отчет о посещении должен быть предоставлен в орган, указанный в Разрешении; а также
- Разрешение выдается на указанный срок.

7(i) Доступ в Район и передвижение в пределах Района или над ним

На территорию Района разрешается только пеший доступ. Доступ на вертолете возможен только по важным научным или управленческим причинам со специальным Разрешением. Использование наземных транспортных средств на территории Района запрещено, передвижение возможно только пешком.

Пешеходы, перемещающиеся вверх или вниз по склонам долины, могут заходить на территорию Района исключительно при наличии Разрешения. Заходя на территорию Района, посетители, имеющие Разрешение, должны по возможности придерживаться установленных маршрутов. Посетителям следует избегать ходьбы по сухой или влажной видимой растительности, а также по руслам водотоков. Необходимо соблюдать меры предосторожности при ходьбе по участкам с влажным грунтом, где пешее передвижение может легко привести к повреждению чувствительных почв, растительных и водорослевых сообществ и загрязнению воды. Такие участки необходимо обходить по льду или каменистому грунту или, если пересечение ручья неизбежно, ступать по валунам. Кроме того, необходимо соблюдать меры предосторожности вблизи покрытой солевыми отложениями растительности на сухих участках, поскольку она может быть незаметна для глаза. Движение пешеходов должно быть сведено к минимуму, необходимому для достижения целей любой разрешенной деятельности. При этом следует принимать все возможные меры для минимизации воздействий.

По определению вертолеты должны по возможности садиться на существующих посадочных площадках на ближайших полевых базах (Озеро Хор и Озеро Фрюкселль). Доступ в Район на вертолете возможен только в порядке исключения и только при наличии специального Разрешении. Посадка вертолетов должна осуществляться исключительно на специально выделенной площадке (163°02,88' в. д, 77°36,97' ю. ш.: карта 2). Пилоты должны придерживаться Зоны доступа для вертолетов, чтобы добраться до назначенной площадки для посадки (карта 2). Полеты над Районом ниже 300 футов (около 100 м) запрещены. Исключения из вышеуказанных ограничений по совершению полетов могут быть сделаны только в исключительных случаях в научных целях или в целях управления и должны быть особо оговорены в Разрешении. На территории Района запрещается использовать вертолетные дымовые шашки, за исключением случаев, когда это абсолютно необходимо в целях безопасности; после этого все шашки должны быть вывезены из Района.

Пилотам, экипажам воздушных судов и другим пассажирам запрещено выходить за пределы территории, непосредственно примыкающей к месту высадки во время посадки. Это может делать только персонал, получивший Разрешение.

7(ii) Разрешаемая деятельность в Районе

- Научные исследования, которые нельзя осуществить ни в каком ином месте и которые не ставят под угрозу экосистему Района.
- Осуществление жизненно важной деятельности по управлению, включая мониторинг и инспекции.

Ввиду важности водного режима для данной экосистемы любая деятельность должна осуществляться таким образом, чтобы свести к минимуму нарушения водотоков и качества воды. Деятельность за пределами Района (например, на леднике Канада), которая может повлиять на объем и качество воды, должна планироваться и осуществляться с учетом возможных отрицательных воздействий в нижнем течении. Кроме того, лица, осуществляющие деятельность в пределах Района, должны принимать во внимание вероятность отрицательных воздействий на водотоки ниже по течению на территории Района и бессточное озеро Фрюкселль.

При проведении деятельности, которая приводит к нарушению зоны смыва, необходимо учитывать низкую скорость восстановления растительности на этом участке. В частности, следует учитывать необходимость сведения к минимуму объемов и количества отбираемых образцов, а также режим пробоотбора, который обеспечивал бы высокую вероятность полного восстановления растительного сообщества.

Использование дистанционно пилотируемых авиационных систем (ДПАС) в Районе запрещено, за исключением случаев, когда имеется Разрешение. Применение ДПАС в пределах Района должно соответствовать требованиям положений Руководства по экологическим аспектам использования дистанционно пилотируемых авиационных систем (ДПАС) в Антарктике (Резолюция 4 (2018 г.).

7(iii) Возведение, реконструкция или удаление сооружений

На территории Района запрещается возводить какие-либо сооружения или устанавливать научное оборудование, за исключением неотложных научных мероприятий или деятельности по управлению, указанных в Разрешении. Все указатели, сооружения или научное оборудование, возводимые (устанавливаемые) на территории Района, должны быть оговорены в Разрешении и подлежат четкой идентификации для распознавания с указанием страны, наименования основной исследовательской организации, года возведения (установки) и даты планируемого сноса. На всех таких объектах не должно быть организмов, пропагул (например, семян, яиц) и нестерильной почвы; они должны быть изготовлены из материалов, которые представляют минимальный риск загрязнения Района. Одним из условий выдачи Разрешения является требование удаления конкретных сооружений или оборудования с истекшим сроком действия Разрешения. Строительство капитальных сооружений или установок запрещено.

7(iv) Размещение полевых лагерей

Разбивка лагерей на территории Района запрещена. В качестве баз для работы в Районе следует использовать ближайшие полевые лагеря за пределами Района (карту 1).

7(v) Ограничения на ввоз в Район материальных ресурсов и организмов

Преднамеренный ввоз в Район живых животных, растительных материалов или микроорганизмов не допускается, а в целях предотвращения случайной интродукции необходимо соблюдать меры предосторожности, перечисленные в пункте 7(ix). Ввоз в Район гербицидов или пестицидов запрещен. Любые другие химикаты, включая радиоизотопы или стабильные изотопы, которые могут быть ввезены на территорию Района для проведения научных исследований или осуществления мер управления, указанных в Разрешении, подлежат вывозу из Района сразу после или до завершения деятельности, на которую выдано Разрешение. На территории Района нельзя хранить топливо или другие химикаты. Любые другие материалы ввозятся только на указанный срок, подлежат вывозу сразу по истечении или до истечения указанного срока, а порядок их хранения и эксплуатации должен гарантировать минимизацию риска их попадания в окружающую среду.

7(vi) Изъятие местной флоры и фауны или вредное воздействие на них

Изъятие местной флоры и фауны или вредное воздействие на них запрещается, если иное не оговорено в отдельном разрешении, выданном в соответствии с требованиями Приложения II к Протоколу по охране окружающей среды к Договору об Антарктике. В случае изъятия или вредного вмешательства в жизнь животных следует соблюдать разработанный СКАР Кодекс поведения при использовании животных в научных целях в Антарктике, который является минимальным стандартом.

Сбор или вывоз материалов с территории Района разрешается только при наличии разрешения и ограничивается минимальным объемом проб, необходимым для выполнения научных задач или достижения целей управления. Отбор образцов следует производить способами, которые приводят к минимальным нарушениям на территории Района и обеспечивают полное восстановление растительности после отбора образцов.

7(vii) Сбор или вывоз материалов, не ввезенных держателем разрешения

Материалы антропогенного происхождения, которые могут нанести ущерб ценностям Района и которые не были ввезены в Район держателем Разрешения или санкционированы иным образом, могут быть вывезены, за исключением ситуаций, когда существует вероятность того, что последствия вывоза превзойдут последствия пребывания материала на месте. В этом случае следует уведомить соответствующий орган и получить разрешение перед вывозом данных материалов.

7 (viii) Удаление отходов

Все отходы, включая отходы человеческой жизнедеятельности, подлежат вывозу из Района.

7(ix) Меры по поддержанию реализации целей и задач Плана управления

Разрешения на доступ в Район могут выдаваться в следующих случаях:

- осуществление биологического мониторинга и инспектирования Района, причем эта деятельность может включать отбор небольшого количества образцов и сбор данных для проведения анализа или пересмотра;
- возведение или обслуживание указательных знаков, отметок, сооружений или научного оборудования;
- проведение охранных мероприятий;

Все участки, специально предназначенные для проведения долгосрочного мониторинга, должны быть соответствующим образом обозначены на месте и на картах Района. Для всех участков необходимо получить GPS информацию, которую компетентный национальный орган направляет в систему Генерального антарктического каталога.

В целях сохранения экологических и научных ценностей растительных сообществ Района посетители должны принимать особые меры предосторожности во избежание интродукции. Особую опасность представляет интродукция микроорганизмов или растений, занесенных из почв других районов Антарктики, включая станции, или из регионов, находящихся за пределами Антарктики. Перед посещением Района посетители должны тщательно очистить обувь и оборудование (особенно пробоотборное оборудование и указатели), предназначенное для использования на территории Района, в целях минимизации риска интродукции.

7(x) Требования к отчетам

По каждому посещению Района основной держатель разрешения должен представить отчет в соответствующую национальную инстанцию в возможно короткий срок, но не позднее чем через шесть месяцев после завершения посещения. Эти отчеты о посещениях должны содержать, в зависимости от конкретного случая, информацию, указанную в рекомендуемой форме отчета о посещении, приведенную в Приложении 4 к Руководству по подготовке Планов управления Особо охраняемыми районами Антарктики, приложенному к Резолюции 2 (1998 г.), доступному на сайте Секретариата Договора об Антарктике www.ats.aq.

В случае необходимости национальному органу рекомендуется направить экземпляр отчета о посещении также Стороне, которая подготовила План управления, в качестве вспомогательного материала для управления Районом и пересмотра Плана управления. Стороны должны вести учет такой деятельности и предоставлять о ней отчеты в рамках ежегодного обмена информацией. Сторонам следует по возможности размещать оригиналы или копии таких отчетов о посещении в общедоступном архиве для учета пользования материалами в целях какого-либо пересмотра Плана управления и в качестве организационной меры по использованию Района в научных целях.

8. Библиография

Broady, P.A. 1982. Taxonomy and ecology of algae in a freshwater stream in Taylor Valley, Victoria Land, Antarctica. Archivs fur Hydrobiologia 32 (Supplement 63 (3), Algological Studies): 331-349.

Conovitz, P.A., McKnight, D.M., MacDonald, L.H., Fountain, A.G. and House, H.R. 1998. Hydrologic processes influencing stream flow variation in Fryxell Basin, Antarctica. Ecosystem Processes in a Polar Desert: The McMurdo Dry Valleys, Antarctica. Antarctic Research Series 72: 93-108.

Downes, M.T., HowardWilliams, C. and Vincent, W.F. 1986. Sources of organic nitrogen, phosphorus and carbon in Antarctic streams. Hydrobiologia 134: 215225.

Fortner, S.K., Lyons, W.B. and Munk, L. 2013. Diel stream geochemistry, Taylor Valley, Antarctica. Hydrological Processes 27: 394-404.

Fortner, S.K., Lyons, W.B. and Olesik, J.W. 2011. Eolian deposition of trace elements onto Taylor Valley Antarctic glaciers. Applied Geochemistry 26: 1897-1904.

Fountain, A. G., Fernandez-Diaz, J. C., Obryk, M., Levy, J., Gooseff, M., Van Horn, D. J., ... & Shrestha, R. (2017). High-resolution elevation mapping of the McMurdo Dry Valleys, Antarctica, and surrounding regions. Earth System Science Data, 9(2), 435.

Green, T.G.A., Seppelt, R.D. and Schwarz, A-M.J. 1992. Epilithic lichens on the floor of the Taylor Valley, Ross Dependency, Antarctica. Lichenologist 24(1): 57-61.

HowardWilliams, C., Priscu, J.C. and Vincent, W.F. 1989. Nitrogen dynamics in two Antarctic streams. Hydrobiologia 172: 5161.

HowardWilliams, C. and Vincent, W.F. 1989. Microbial communities in Southern Victoria Land streams I: Photosynthesis. Hydrobiologia: 172: 2738.

HowardWilliams, C., Vincent, C.L., Broady, P.A. and Vincent, W.F. 1986. Antarctic stream ecosystems: Variability in environmental properties and algal community structure. Internationale Revue der gesamten Hydrobiologie 71: 511544.

Levy, J.L., Cary, S.C., Joy, K. and Lee, C.K. 2020 Detection and community-level identification of microbial mats in the McMurdo Dry Valleys using drone-based hyperspectral reflectance imaging. Antarctic Science 32(5): 361-381. doi:10.1017/S0954102020000243

Lewis, K.J., Fountain, A.G. and Dana, G.L. 1999. How important is terminus cliff melt? A study of the Canada Glacier terminus, Taylor Valley, Antarctica. Global and Planetary Change 22(1-4): 105-115.

Lewis, K.J., Fountain, A.G. and Dana, G.L. 1998. Surface energy balance and meltwater production for a Dry Valley glacier, Taylor Valley, Antarctica. International Symposium on Antarctica and Global Change: Interactions and Impacts, Hobart, Tasmania, Australia, July 13-18, 1997. Papers. Edited by W.F. Budd, et al; Annals of glaciology, Vol.27, p.603-609. United Kingdom.

McKnight, D.M. and Tate, C.M. 1997. Canada Stream: A glacial meltwater stream in Taylor Valley, South Victoria Land, Antarctica. Journal of the North American Benthological Society 16(1): 14-17.

Pannewitz, S., Green, T.G.A., Scheiddegger, C., Schlensog, M. and Schroeter, B. 2003. Activity pattern of the moss *Hennediella heimii* (Hedw.) Zand. in the Dry Valleys, Southern Victoria Land, Antarctica during the mid-austral summer. Polar Biology 26(8): 545-551.

Seppelt, R.D. and Green, T.G.A. 1998. A bryophyte flora for Southern Victoria Land, Antarctica. New Zealand Journal of Botany 36: 617-635.

Seppelt, R.D., Green, T.G.A., Schwarz, A-M.J. and Frost, A. 1992. Extreme southern locations for moss sporophytes in Antarctica. Antarctic Science 4: 37-39.

Seppelt, R.D., Turk, R., Green, T.G.A., Moser, G., Pannewitz, S., Sancho, L.G. and Schroeter, B. 2010. Lichen and moss communities of Botany Bay, Granite Harbour, Ross Sea, Antarctica. Antarctic Science 22(6): 691-702.

Schwarz, A.-M. J., Green, J.D., Green, T.G.A. and Seppelt, R.D. 1993. Invertebrates associated with moss communities at Canada Glacier, southern Victoria Land, Antarctica. Polar Biology 13(3): 157-162.

Schwarz, A-M. J., Green, T.G.A. and Seppelt, R.D. 1992. Terrestrial vegetation at Canada Glacier, South Victoria Land, Antarctica. Polar Biology 12: 397-404.

Sjoling, S. and Cowan, D.A. 2000. Detecting human bacterial contamination in Antarctic soils. Polar Biology 23(9): 644-650.

Skotnicki, M.L., Ninham, J.A. and Selkirk, P.M. 1999. Genetic diversity and dispersal of the moss *Sarconeurum glaciale* on Ross Island, East Antarctica. Molecular Ecology 8(5): 753-762.

Strandtmann, R.W. and George, J.E. 1973. Distribution of the Antarctic mite *Stereotydeus mollis* Womersley and Strandtmann in South Victoria Land. Antarctic Journal of the USA 8:209-211.

Vandal, G.M., Mason, R.P., McKnight, D.M. and Fitzgerald, W. 1998. Mercury speciation and distribution in a polar desert lake (Lake Hoare, Antarctica) and two glacial meltwater streams. Science of the Total Environment 213(1-3): 229-237.

Vincent, W.F. and HowardWilliams, C. 1989. Microbial communities in Southern Victoria Land Streams II: The effects of low temperature. Hydrobiologia 172: 3949.

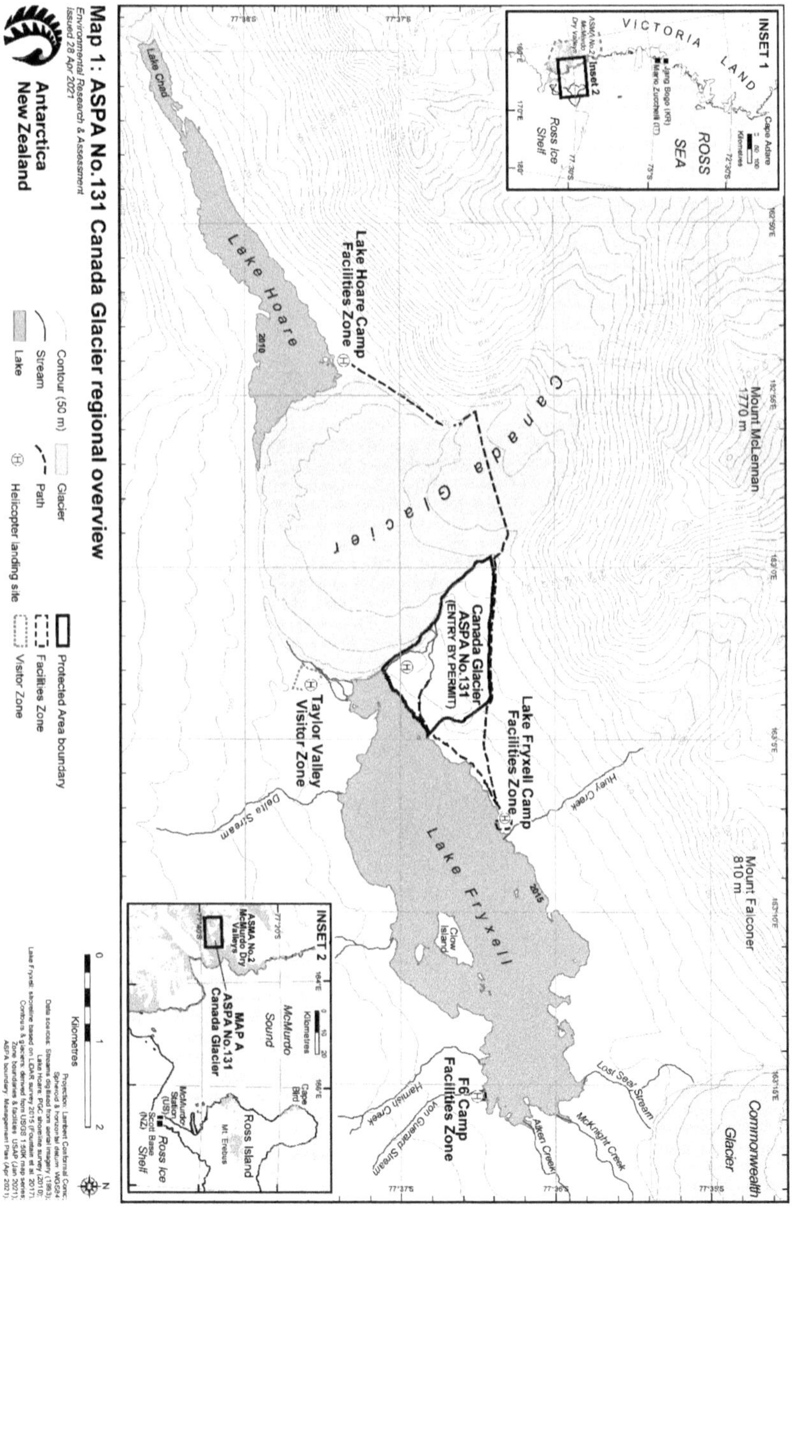
Map 1: ASPA No.131 Canada Glacier regional overview
Environmental Research & Assessment
Issued 28 Apr 2021
Antarctica New Zealand
Contour (50 m)
Stream
Lake
Glacier
Path
Helicopter landing site
Protected Area boundary
Facilities Zone
Visitor Zone
INSET 1
VICTORIA LAND
ROSS SEA
Cape Adare
Ross Ice Shelf
INSET 2
McMurdo Sound
Ross Island
Mt Erebus
Cape Bird
ASMA No.2 McMurdo Dry Valleys
MAP A ASPA No.131 Canada Glacier
Mount McLennan 1770 m
Mount Falconer 810 m
Commonwealth Glacier
Canada Glacier
Canada Glacier ASPA No.131 (ENTRY BY PERMIT)
Lake Hoare
Lake Chad
Lake Fryxell
Lake Hoare Camp Facilities Zone
Lake Fryxell Camp Facilities Zone
F6 Camp Facilities Zone
Taylor Valley Visitor Zone
Huey Creek
Delta Stream
Lost Seal Stream
McKnight Creek
Aiken Creek
Von Guerard Stream
Harnish Creek
Clow Island
Kilometres

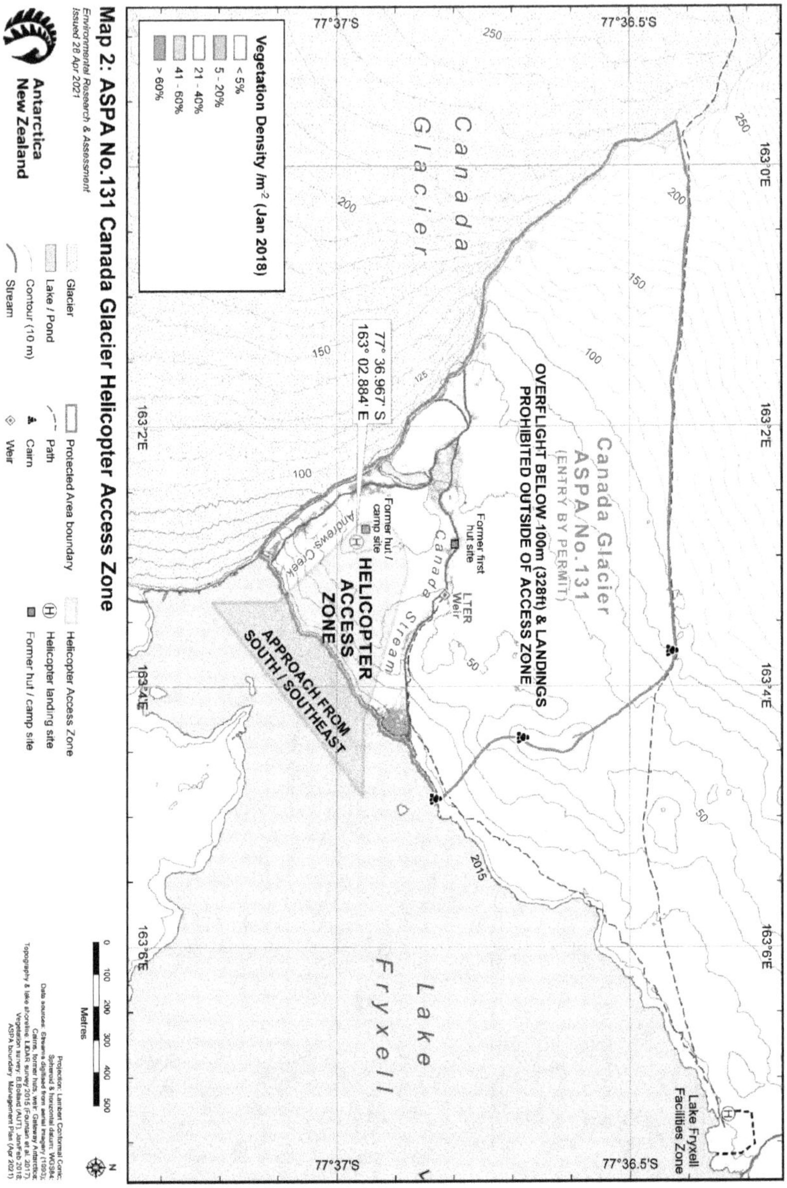
Map 2: ASPA No.131 Canada Glacier Helicopter Access Zone
Environmental Research & Assessment
Issued 28 Apr 2021
Antarctica New Zealand
Vegetation Density /m² (Jan 2018)
< 5%
5 - 20%
21 - 40%
41 - 60%
> 60%
Glacier
Lake / Pond
Contour (10 m)
Stream
Protected Area boundary
Path
Cairn
Weir
Helicopter Access Zone
Helicopter landing site
Former hut / camp site
Canada Glacier
ASPA No.131
(ENTRY BY PERMIT)
OVERFLIGHT BELOW 100m (328ft) & LANDINGS PROHIBITED OUTSIDE OF ACCESS ZONE
HELICOPTER ACCESS ZONE
APPROACH FROM SOUTH / SOUTHEAST
77° 36.967' S
163° 02.884' E
Former first hut site
Former hut / camp site
LTER Weir
Andrews Creek
Canada Stream
Lake Fryxell
Lake Fryxell Facilities Zone
77°37'S
77°36.5'S
163°0'E
163°2'E
163°4'E
163°6'E
Metres
0 100 200 300 400 500

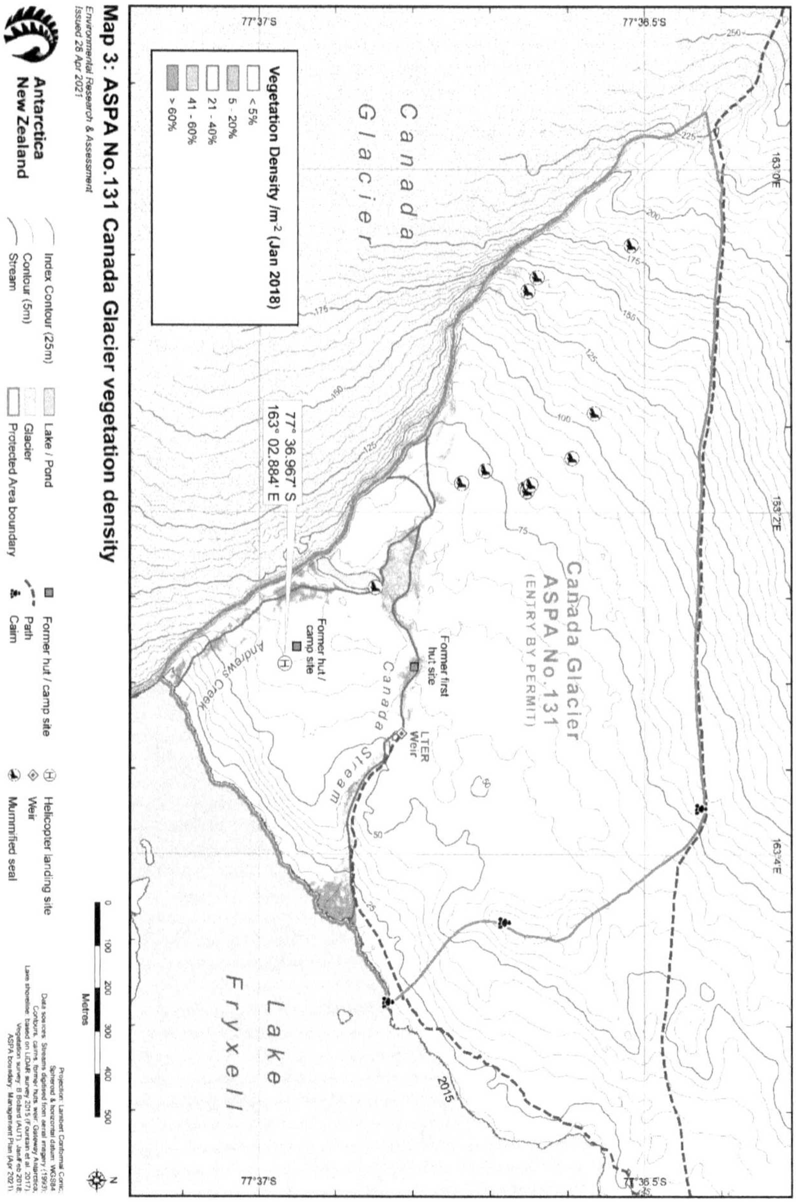

Map 3: ASPA No.131 Canada Glacier vegetation density
Environmental Research & Assessment
Issued 26 Apr 2021
Antarctica New Zealand
Vegetation Density /m² (Jan 2018)
< 5%
5 - 20%
21 - 40%
41 - 60%
> 60%
Canada Glacier
Canada Glacier ASPA No.131 (ENTRY BY PERMIT)
Lake Fryxell
77° 36.967' S 163° 02.884' E
Former first hut site
Former hut/ camp site
LTER Weir
Canada Stream
Andrews Creek
2015
77°37'S
77°36.5'S
163°0'E
163°2'E
163°4'E
Index Contour (25m)
Contour (5m)
Stream
Lake / Pond
Glacier
Protected Area boundary
Former hut / camp site
Path
Cairn
Helicopter landing site
Weir
Mummified seal
Metres
0 100 200 300 400 500

План управления Особо охраняемым районом Антарктики № 134

МЫС СЬЕРВА И ШЕЛЬФОВЫЕ ОСТРОВА, БЕРЕГ ДАНКО, АНТАРКТИЧЕСКИЙ ПОЛУОСТРОВ

Введение

Впервые этот Район был определен как Участок особого научного интереса (УОНИ) № 15 по предложению Аргентины (Рекомендация КСДА XIII-8, КСДА XIII, Брюссель, 1985 г.) из-за большого разнообразия растительности и наличия гнездящихся колоний как минимум 10 видов птиц.

На XXI Консультативном совещании по Договору об Антарктике (Крайстчерч, 1997 г.) был принят пересмотренный План управления Районом в формате, соответствующем Приложению V Мадридского протокола и Мере 3 (1997 г.). На XXV Консультативном совещании по Договору об Антарктике (Варшава, 2002 г.), после того как Приложение V вступило в силу, *Участок особого научного интереса* № 15 Решением 1 (2002 г.) был преобразован в *Особо охраняемый район Антарктики* № 134. Впоследствии План управления был пересмотрен и на XXIX Консультативном совещании по Договору об Антарктике (Эдинбург, 2006 г.), в соответствии с Мерой 1 (2006 г.), был принят в новой редакции. План был снова пересмотрен, и на XXXVI КСДА (Брюссель, 2013 г.) предыдущая редакция была утверждена посредством Меры 5 (2013 г.), которая теперь заменена настоящей.

Первоначальные основания для определения этого Района в качестве охраняемого не утратили своей актуальности, а в последние годы к ним добавились и другие причины, придавая еще большую целесообразность определению. Район обладает большой научной ценностью благодаря необычайному биоразнообразию: здесь встречаются многочисленные виды птиц, растений и беспозвоночных. Уникальная топография Района, наряду с обилием и разнообразием растительности, создает благоприятные условия для формирования различных микросред, которые, в свою очередь, обеспечивают развитие биоразнообразия и придают Району исключительную ландшафтную ценность.

В настоящее время требуется увеличить объем исследований, относящихся к численности и воспроизводимости морских птиц и млекопитающих, принимая во внимание, что они могут быть использованы как индикаторы экологических процессов в глобальном масштабе и особенностей экосистем (Costa et al, 2019; Croxall *et al* 1998). В этом отношении географическое положение ООРА № 134 является основополагающим для проведения такого типа исследований, а также других сравнительных наблюдений между его фауной и фауной, населяющей другие районы Антарктики. Климатические и океанографические изменения оказали воздействие на популяции морских птиц в целом со значительными последствиями, такими как сокращение успешного воспроизведения и изменение в циклах спаривания некоторых видов (Chambers *et al.* 2011; Krüger *et al*, 2018; Warwick-Evans *et al*, 2021).

Район Антарктического полуострова – это одно из мест на планете, где наблюдается наиболее обширное воздействие глобального изменения климата. Это изменение напрямую влияет на формирование и продолжительность существования морского льда и, как результат, на всю пищевую цепочку (Morley *et al*, 2020; Turner *et al*, 2009). Недавние исследования показали, что факторы изменения в экосистемах Южного океана влекут повышение температуры в западном регионе Антарктического полуострова, сокращение объема морского льда и увеличение, среди прочего, вероятности проникновения других видов (Morley *et al*, 2020). В частности, некоторые авторы указывают, что район мыса Сьерва – это регион, который пострадал от потепления больше остальных территорий полуострова (Wilhelm, Bockheim y Haus, 2016). Стабильность в позитивной фазе ЮКР (Южного кольцевого режима) оказала воздействие на ветра, циркуляцию воды и распространение морского льда (Stammerjohn *et al.* 2008; Thompson and Solomon 2002) и имеет последствия для флоры и фауны Антарктики.

В этом контексте ООРА № 134 является районом с незначительным антропогенным воздействием, что позволяет проводить сравнительные исследования с популяциями, которые населяют районы с частым антропогенным воздействием (накопление отходов, загрязнение, туризм и рыбный промысел) (Woehler *et al.* 2001, Patterson et al. 2008). В последние годы наблюдается тенденция к увеличению численности некоторых популяций, населяющих ООРА, как в случае с пингвинами, в противоположность тому, что наблюдается в других районах, где частота антропогенного воздействия пропорциональна сокращению разнообразия некоторых популяций (Woehler *et al* 2001, Lynch *et al.* 2008, Gonzalez-Zeballos *et al.* 2013). Кроме того, в ближайшие годы следует оценить влияние туризма как источника отрицательного воздействия на территорию ООРА и его возможное влияние на обитающие там популяции птиц и млекопитающих. Кроме того, важно изучить в ООРА последствия таких процессов, как повышение температуры, которые напрямую влияют на расширение свободных ото льда участков и последующее образование почв, что имеет важное значение для динамики территории.

Статус ООРА гарантирует, что ход текущих долгосрочных исследовательских программ не будет нарушен случайным вмешательством человека, разрушением растительности и почвы, загрязнением водоемов и нарушением жизнедеятельности птиц, особенно в периоды, совпадающие с процессом репродукции.

В настоящее время в ООРА проводится целый ряд исследовательских антарктических программ. Среди прочего, основные научные интересы связаны с изучением динамики колоний пингвинов в дополнение к изучению их репродуктивной динамики. Кроме того, проводится мониторинг наличия морского мусора и микрочастиц пластмасс в изучаемых колониях и видах. В других проектах изучаются процессы отступления ледников и почвообразования в регионе. Важной темой является регистрация различных водно-болотных угодий, расположенных на мысе Сьерва, а также описание их характеристик и последующий мониторинг. Проводятся исследования разнообразия видов и популяций водорослей и фитопланктона, а также имеющейся растительности.

В нескольких проектах изучается влияние изменения климата на популяции ластоногих, а также на определенные виды морских птиц. Например, ведется работа с *Arctocephalus gazella, Leptonychotes weddellii, Hydrurga leptonyx*, изучается потенциальное влияние на них наличия корки льда в Районе и глобальных явлений, таких как Южное колебание Эль-Ниньо (ЭНСО), через оценку воздействия этих хищников на морские ресурсы, их стратегии добычи пищи и взаимосвязь этих стратегий с наличием добычи. Что касается связи пищевого поведения антарктических птиц с очевидными последствиями глобального потепления, то изучаются вариации различных параметров популяций птиц, подверженных воздействию различных местных условий, анализируется их реакция на наблюдаемые изменения. Наконец, стоит упомянуть выполняемые сейчас исследования динамики изменения вечной мерзлоты в этом регионе.

1. Описание ценностей, нуждающихся в охране

Побережье является домом для значительного количества колоний птиц, детных залежек морских млекопитающих и обширной растительности. Покровы мхов, лишайников и сообществ, в которых преобладают травы, очень обширны на мысе Сьерва. Ценности Района, к которым относятся разнообразие флоры и фауны и его топографические характеристики, усиливаются высокой ценностью ландшафта. Береговая линия очень крута, а скалистые приливные зоны не очень многочисленны. Имеется большое разнообразие видов, как животных, так и растений, и обилие некоторых из них в ряде случаев является уникальным. Большое разнообразие рельефов, береговых линий, обширный и разнообразный растительный покров создают необычайно живописные для Антарктики пейзажи, что придает этому региону значительную ландшафтную ценность. Поэтому он и был признан Особо охраняемым районом Антарктики (Santos, 2014). Здесь встречается 18 видов мхов, 70 видов лишайников, 2 печеночника, около 20 видов грибов и 12 видов гнездящихся птиц.

Хотя Антарктида считается одним из немногих незагрязненных районов нашей планеты, поскольку она относительно изолирована и удалена от крупных промышленных центров и городов, на севере полуострова недавно было обнаружено чрезмерное количество загрязняющих веществ, связанных с деятельностью человека, в местах, которые должны быть неприкосновенными (Olalla, Moreno & Valcárcel, 2020).

Все вышесказанное подтверждает, что особое географическое расположение этого ООРА на северо-западе Антарктического полуострова придает важность многочисленным научно-исследовательским программам, которые проводятся в Районе, в их попытке объяснить, хотя бы частично, изменения в экосистемах Антарктики, вызванные изменением климата и/или вмешательством людей.

Как указано в работе Morgan et al. (2007), ООРА № 134 представляет собой экологический домен «Геология северных районов Антарктического полуострова», и, как указано в работе Terauds *et al.* (2012), Район расположен в биогеографическом регионе «Северо-запад Антарктического полуострова». Кроме того, согласно «Ключевым орнитологическим территориям в Антарктике 2015 г.» (Harris *et al*, 2015) мыс Сьерва и шельфовые острова (карта 4, рисунок 7) составляют ключевую орнитологическую территорию (IBA) ANT081.

Более детальная информация о характеристиках Района приведена в пункте 6 этого документа.

2. Цели и задачи

Управление ООРА № 134 осуществляется в следующих целях:

- сохранение естественной экосистемы и предотвращение излишнего человеческого вмешательства в Район;
- осуществление любых научных исследований, если они не ставят под угрозу ценности этого Района;
- предотвращение серьезных изменений в структуре и составе комплекса флоры и фауны;
- сохранение флоры Района в качестве эталонных организмов, не подвергшихся воздействию человека;
- предотвращение или минимизация интродукции в Район неместных растений, животных и микроорганизмов;
- сведение к минимуму возможности интродукции патогенных микроорганизмов, способных вызывать заболевания среди популяций фауны данного Района;
- недопущение занесения, производства и распространения химических загрязняющих веществ, которые могут повлиять на территорию;
- защита биоразнообразия Района, недопущение значительных изменений в структуре и составе фауны и флоры;
- недопущение ненужного антропогенного воздействия;
- создание условий для проведения научных исследований, которые не могут проводиться ни в каком ином месте, и продолжения долгосрочных биологических исследований в этом Районе, а также для осуществления любых других научных исследований, которые не поставят под угрозу ценности, являющиеся основанием для охраны Района;
- недопущение или минимизация непреднамеренной интродукции пропагул, растений, животных или микробов, а также потенциально вредных для фауны и флоры патогенных микроорганизмов;
- создание условий для проведения исследований и мониторинга в целях оценки прямых и косвенных последствий деятельности, осуществляемой на близлежащей научной станции (база Примавера).

3. Деятельность по управлению

Для охраны ценностей Района должны осуществляться следующие меры управления.

- Сотрудники базы Примавера (Аргентина), в частности персонал, имеющий право доступа в ООРА, должен пройти специальный инструктаж относительно требований настоящего Плана управления.
- На базе Примавера должны находиться копии Плана управления этим районом.

- Передвижение должно быть ограничено участками, не имеющими растительного покрова, и не следует приближаться к животным, за исключением ситуаций, когда это необходимо для выполнения научных проектов и когда имеются разрешения на осуществление такого вмешательства.
- Необходимо соблюдать дистанцию приближения к представителям фауны, за исключением случаев, когда этого требуют научные проекты и когда были выданы соответствующие разрешения.
- Отбор проб должен быть ограничен минимумом, необходимым для осуществления утвержденных планов научных исследований.
- Посещения должны проводиться для того, чтобы убедиться в адекватности мер по управлению и техническому обслуживанию.
- Все знаки и другие сооружения, установленные на территории Района в научных целях или в целях управления, должны быть надежно закреплены и поддерживаться в хорошем состоянии.
- В целях ограничения передвижения пешеходные тропинки, ведущие к местам проведения научных исследований, должны быть обозначены указателями.
- В соответствии с требованиями Приложения III к Протоколу по охране окружающей среды к Договору об Антарктике, все брошенные или вышедшие из употребления оборудование или материалы подлежат удалению, даже если они не оказывают неблагоприятного воздействия на окружающую среду.
- План управления следует пересматривать не реже чем раз в 5 лет и при необходимости обновлять.
- Все лица, ответственные за эксплуатацию воздушных судов в Районе, должны быть проинформированы о местонахождении, границах и ограничениях, которые применяются при допуске в Район или пролете над ним.
- Должны быть приняты превентивные меры для предотвращения интродукции неместных видов и для контроля над истреблением интродуцированного в этот ООРА вида *Poa pratensis*.
- В соответствии с Резолюцией 5 (2019 г.) персоналу базы Примавера и всем посещающим ООРА исследователям следует напоминать о запрете на использование средств личной гигиены, содержащих микрочастицы пластика.
- Следует осуществлять необходимые посещения (не реже чем раз в 5 лет) для определения того, продолжает ли Район служить тем целям, для которых он был предназначен, а также для того, чтобы убедиться в адекватности мер по управлению и техническому обслуживанию.
- В рамках действующих в регионе национальных антарктических программ необходимо проводить консультации с целью гарантировать выполнение вышеуказанных положений.

4. Срок определения

Неограниченный период времени.

5. Карты

На карте 1 (рисунок 4) показано общее расположение ООРА № 134. На карте 2 (рисунок 5) показано местонахождение ООРА на берегу Данко. Затененная область обозначает группу территорий, составляющих ООРА № 134 (сублиторальная морская зона между континентальной и островными частями Района не включена в состав ООРА). На карте 3 (рисунок 6) подробно показана территория вокруг базы Примавера (исключенная из состава ООРА № 134). На карте 4 (рисунок 7) подробно показаны участки, включенные в ООРА № 134, границы IBA ANT081 и общее расположение различных колоний птиц на территории ООРА.

6. Описание Района

6(i) Географические координаты, границы и природные особенности

Мыс Сьерва (64°10'1,05" ю. ш., 60°56'38,06" з. д.) находится на южном берегу бухты Сьерва к северу от залива Хьюс, между берегом Данко и берегом Палмера, в северо-западной части Антарктического полуострова. В состав этой территории входит свободный от ледникового покрова участок между юго-западным берегом бухты Сьерва и северо-восточным берегом бухты Сантуччи (Santucci Cove). Кроме того, в состав Района входят острова Апендис (Apéndice Island) (64°11'41,99" ю. ш., 61°1'3,25" з. д.) и Хосе-Эрнандес (José Hernández) (64°10'10,06" ю. ш., 61°6' 11,34" з. д.), а также островки Мосс (64°10'2.22" ю. ш., 61°1'49,43" з. д.) и Пенгуин (64°8'35,90" ю. ш., 60°59'11,43" з. д.) (таблица 1), которые находятся к западу или юго-западу от мыса Сьерва. Хотя литоральная зона каждого из этих участков включена в состав Района, сублиторальная морская зона в него не входит. База Примавера (Аргентина) и все связанные с ней сооружения, а также территория пляжа, используемая для подхода к базе, исключены из состава Района.

Таблица 1. Сводка координат территорий, включенных в ООРА.

Localidad	*Latitud*	*Longitud*
Punta Cierva	64° 10' 1.05"S	60° 56' 38.06"O
Ite. Pingüino o Mar	64° 8' 35.90"S	60° 59' 11.43"O
Ite. Musgo	64° 10' 2.22"S	61° 1' 49.43"O
I. José Hernández	64° 10' 10.06"S	61° 6' 11.34"O
I. Apéndice	64° 11' 41.99"S	61° 1' 3.25"O

6(ii) Природные характеристики

Район отличается большим видовым разнообразием фауны и флоры, причем численность некоторых из этих видов иногда носит исключительный характер. Кроме того, Район имеет огромную ландшафтную ценность благодаря широкому разнообразию рельефов и форм побережья, присутствию разных литологических разновидностей пород и четко выраженной системе разломов. В дополнение к этому обширный и разнообразный растительный покров создает необычную для окружающей среды Антарктики живописность.

Мыс Сьерва имеет сравнительно простую структуру. Здесь доминируют три вершины – холмы Те-Мохон, Эскомбрера и Чато (The Mojón, Escombrera and Chato hills), которые располагаются в направлении с востока на запад, имеют крутые склоны, обращенные на юг, постоянно укрытые снегом, а также довольно пологие склоны, обращенные на север, свободные от снежного покрова летом. На этих склонах имеется очень развитая растительность с участками сплошного покрова моховидных трав и лишайников, а также многочисленные виды птиц, включая поселение колонии пингвинов *Papua* (Novatti 1978, Agraz *et al*, 1994). Эти характеристики придают Району особую научную и эстетическую ценность.

В предыдущих исследованиях Аграц *и др.* (1994) разделили Мыс Сьерва на две природные зоны в соответствии с типом субстратного и растительного покрова: (1) скалистая стена (или береговая зона) и (2) открытый склон. Скалистая стена – это полоса береговой линии с крутыми склонами, скалистой поверхностью с осыпью, состоящей из фрагментов разной величины. На некоторых участках подлежащий слой неустойчивый и изрезан многочисленными ущельями. Основная его часть свободна от снега на протяжении лета в Южном полушарии. Растительность очень скудная, с лишайниками и травами. Между скалами много природных пустот. Эта первая зона является районом гнездования пяти видов птиц. Вторая зона, открытая сторона, включает большое разнообразие видов и ландшафтов, от побережья до вершин. Склоны от умеренных до крутых, скалы разных размеров, объединенные и разрозненные, поверхность которых свободна ото льда на протяжении лета в Южном полушарии. На самых высоких участках находятся ледники, которые летом дают начало многочисленным небольшим водным потокам. Они подпитывают низины, где растительность наиболее развита.

Климат

Метеорологических данных для этой территории за длительный период времени не имеется, так как здесь нет стационарной метеостанции. Однако Quintana (2001) регистрировал метеорологические данные на мысе Сьерва летом 1992/93 г. Тогда среднемесячная температура варьировалась от 1,8 °С до 2,2 °С, относительная влажность составляла в среднем 79 %, а средняя скорость ветра была 7,9 км/ч. Общие данные показывают, что максимальная и минимальная температура составляют 13 °С и –20 °С. Среди зарегистрированных ветров преобладали северо-западные со средней скоростью 45 км/ч. Согласно Wilhelm y col (2016), климат здесь холодный морской со среднегодовой температурой воздуха около –3,2 °С и годовым количеством осадков от 400 до 1100 мм. Высота снежного покрова зимой может превышать 1 м, однако летом основная часть этого сезонного снежного покрова полностью тает. Исследуемый район в основном имеет уклон к северу, поэтому летом он подвержен сильному воздействию солнечного излучения (Wilhelm, Bockheim & Haus, 2016).

Что касается ожидаемого изменения климата в этом районе, конкретных данных нет, но согласно Turner *et al* (2005) с 1950-х годов температура воздуха в западной части Антарктического полуострова повышалась на 0,56 °С каждые 10 лет. Это повышение температуры привело к быстрому отступлению ледников и обнажению почвы. Тенденции температуры земной поверхности свидетельствуют о значительном потеплении на Антарктическом полуострове и в меньшей степени в западной части Антарктики с начала 1950-х годов. При этом на остальной части континента наблюдаются лишь небольшие изменения. Наибольшие тенденции к потеплению имеются в западной и северной частях Антарктического полуострова, в районе, к которому относится территория мыса Сьерва. Некоторые данные указывают на потепление на 0,20 °С каждые 10 лет, а также на то, что потепление в западной части полуострова было более значительным зимой, при этом зимние температуры повышались на 1,03 °С каждые 10 лет с 1950 по 2006 год.

Геология и почвы

Коренная порода мыса Сьерва имеет интрузивное магматическое происхождение. Самые северные низменности сложены гранодиоритами с очень крупными долеритовыми ксенолитами (> 1 м). В центре полуострова (на возвышенных участках с южной стороны) преобладают кристаллизованные ортоклазовые полевошпатовые граниты. Оба участка гранитоидов содержат дайки, сложенные долеритом. В зоне контакта гранодиорита с гранитом имеются признаки контактного метаморфизма. В восточной части полуострова, рядом с южными вершинами преобладают базальты, содержащие кристаллы оливина и кварца.

Гладкая коренная порода, гребни и небольшие изогнутые трещины в коренной породе по всему полуострову указывают на то, что почти весь этот регион в какой-то период был покрыт ледниками. Судя по нынешнему положению ледника, вполне вероятно, что весь склон был покрыт ледником всего пару сотен лет назад. В настоящее время основная часть полуострова свободна ото льда, однако в восточной части преобладает крупный, быстро отступающий ледник. Рельеф мыса Сьерва обрывистый с несколькими естественными террасами. Уклон меняется от 0 до 20 % на берегах и от 30 до 60 % на скалистых обрывах. На террасах есть несколько постоянных прудов и участки с рыхлой поверхностью и почвами, образованными из эродированных коренных пород. Эти террасы большую часть года заняты субантарктическими пингвинами (*Pygoscelis papua*).

Что касается почв ООРА, то больше всего информации относится к мысу Сьерва. Wilhelm, Bockheim & Haus (2016) описали 27 почв, сгруппированных в четыре категории: кислые (pH<5), нейтральные (pH>5), с преобладанием мха (высокое содержание органических веществ) и орнитогенные (высокое содержание фосфора). Нейтральные почвы являются новообразованными, наименее развитыми и расположены ближе к краю ледника. Кислые почвы расположены дальше от края ледника, что способствует большему вымыванию питательных веществ. Эти почвы имеют чрезвычайно низкие значения pH (всего 3,5), но не содержат много фосфора, в отличие от орнитогенных почв, и не содержат много углерода, в отличие от почв, обнаруженных на участках с преобладанием мха. В регионе с быстро отступающими ледниками, таком как Антарктический полуостров, близость к краю ледника становится важным фактором, определяющим свойства почвы. Почвы, находящиеся дальше от ледника, больше времени подвергались воздействию выщелачивания, активности пингвинов и нарастания мха.

Почвы берегов, населенных пингвинами, считаются орнитогенными из-за большого количества гнездовий, обнаруженных в регионе. К характеристикам орнитогенных почв относятся высокое содержание фосфора и кальция, а также сильная кислотность. Орнитогенные почвы обычно встречаются на тех территориях, где пингвины могут гнездиться и получать удобный доступ к пище, например на слегка приподнятых участках, расположенных достаточно далеко от воды, что позволяет отложениям гуано сохраниться (Wilhelm, Bockheim & Haus, 2016).

Некоторые из самых толстых покровов мха на Антарктическом полуострове находятся на мысе Сьерва. Почвы, поросшие мхом, отличаются темными горизонтами со значительным содержанием органических веществ, особенно на поверхности (Wilhelm, Bockheim & Haus, 2016).

Что касается вечной мерзлоты, то Ramos Marín (2018) отмечает, что на мысе Сьерва верхняя часть вечной мерзлоты обнаруживается на глубинах 0,4, 1 и 5 м, а температура в данной местности на этих глубинах составляет –1,4 °C, –2,6 °C и 1,2 °C. В тех местах, до которых доходит верхняя часть вечной мерзлоты, по оценкам, глубина верхней части вечной мерзлоты колебалась от 0,4 до 5 м, а температура – от –0,2 °C до –2,6 °C. Ramos Martín (2018) отмечает, что если бы средняя температура повысилась на 1 °C, то почти 50 % вечной мерзлоты в этом районе исчезло бы, и делает вывод о том, что деградация вечной мерзлоты на мысе Сьерва может оказать значительное влияние на местную экосистему.

Флора и фауна

Флора очень распространена как на влажной, так и на засушливой территории. Во влажных районах преобладают мхи в виде коврового покрова (*Drepanocladus uncinatus*) и дерна (*Polytrychum alpestre*). В засушливых местах, на скалах, доминируют лишайники родов *Usnea* и *Xanthoria*. Кроме того, в изобилии растет трава *Deschampsia Antarctica*.

Покров мхов, лишайников и трав очень обширен. Наиболее заметными растительными сообществами являются ассоциации доминирующих лишайников, моховой дерн, в котором преобладают *Polytrichum alpestre* и *Chorisodontium aciphillum*, а также субформация *Deschampsia colobanthus*. Моховой дерн покрывает территорию более ста квадратных метров, а его глубина составляет в среднем около 80 см. В состав флоры входят 2 вида антарктических цветущих растений, 18 видов мхов, 70 видов лишайников, 2 печеночника, а также 20 видов грибов. Здесь необычайно многочисленны неморские микроводоросли, особенно на островах Мосс и Пенгуин. Наземные членистоногие также весьма многочисленны и иногда встречаются в приливо-отливных водоемах литоральной зоны Района.

Следует отдельно упомянуть регистрацию неместной травы, *Poa pratensis*. Трава была завезена на мыс Сьерва непреднамеренно во время эксперимента, который включал пересаживание *Nothofagus antarctica* и *N. pupilo* в 1954-1955 годах (Ross et al 1996, Corte 1961, Smith 1996). Начиная с 1995 года, площадь, занимаемая этим видом, увеличивалась. Вероятно, его распространение связано с экологическими изменениями, отмеченными в Районе. В результате исследований *Poa pratensis*, распространяемых также на сообщества, с которыми связана эта трава, была определена стратегия уничтожения с минимальным воздействием на экосистему (см. Информационный документ 13, представленный на XXXV Консультативном совещании по Договору об Антарктике).

Подводя итог, можно отметить, что описание статуса колонизации неместного растения Poa pratensis и последующий процесс его искоренения был рассмотрен на КСДА XXXV в IP13 «Статус колонизации неместного растения Poa pratensis на мысе Сьерва, береге Данко, Антарктическом полуострове», на КСДА XXXVI в IP35 «Неместное растение Poa pratensis на мысе Сьерва, береге Данко, Антарктическом полуострове – текущие исследования и планы по искоренению» и на КСДА XXXVIII в IP29 «Успешное искоренение Poa pratensis на мысе Сиева, береге Данко, Антарктическом полуострове».

Наконец, на протяжении лета в Южном полушарии в 2014-2015 гг. было осуществлено искоренение этого нетипичного для мыса Сьерва растения. В ходе данной операции было извлечено более 500 кг почвы и растительного материала. Затем, в феврале 2016 года, через год, был выполнен контроль над искоренением, в ходе которого возобновление роста неместных растений не было замечено, однако были обнаружены небольшие побеги местной антарктической травы *Deschampsia antarctica* у основания участка земли, на котором раньше росло неместное растение (Pertierra *et al*, 2017). Эти наблюдения позволили сделать вывод о некотором возрождении естественной растительности и об отсутствии восстановления *Poa pratensis* из не полностью извлеченных растений, а также о том, что наличие сохранившихся семян маловероятно (Pertierra et al. 2013).

Относительно местной флоры Santos (2014) отмечает, что покрытие из мхов, лишайников и трав является очень плотным. Наиболее заметными растительными сообществами являются ассоциации лишайников, моховой дерн, в котором преобладает *Polytrichum-Chorisodontium*, и субформация *Deschampsia-Colobanthus*, которые покрывают площади более 100 квадратных метров и имеют среднюю глубину 80 см. Зарегистрирован также 61 вид микроводорослей. Лучше всего представлены группы Cyanobacteria (22 вида) и Chlorophyta (28 видов). В последней преобладают жгутиковые формы. В целом, крупнейшие острова (Мосс и Пенгуин) отличаются значительным общим богатством видов (29 и 36 видов соответственно) (Mataloni & Pose, 2001).

Что касается морских млекопитающих, то было установлено, что воды у побережья ООРА № 134 ежегодно, особенно в летние месяцы, посещают многочисленные особи китообразных и ластоногих. Среди зарегистрированных китообразных встречается горбатый кит (*Megaptera novaeangliae*), причем за один сезон (январь и февраль) по характерной окраске брюшной поверхности хвостового плавника или хвоста было идентифицировано около 40 особей этого вида, включая молодь и потомство. Таким же образом в этих водах по отличительным признакам спинного плавника было идентифицировано более 15 особей южного малого полосатика (*Balaenoptera bonaerensis*). Кроме того, в этих водах наблюдались группы косаток (*Orcinus orca*) численностью до 13 особей. Все эти виды обитают как в бухтах, расположенных в этом районе (Сьерва, Сантуччи и Эскондида), так и в водах, окружающих острова, входящие в состав ООРА.

Что касается видов ластоногих, то встречаются особи тюленя Уэдделла (*Leptonychotes weddellii*), кергеленского морского котика (*Arctocephalus gazella*), южного морского слона (*Mirounga leonina*), тюленя-крабоеда (*Lobodon carcinophaga*) и морского леопарда (*Hydrurga leptonyx*). Представители трех упомянутых видов встречаются в большом количестве в течение лета в Южном полушарии, так как здесь они находят необходимые условия для линьки (свободные побережья с защищенными пляжами и/или большие айсберги, дрейфующие в спокойных водах). В ходе исследований, проведенных по программе изучения морских млекопитающих Антарктическим институтом Аргентины, было обнаружено, что эти виды ежегодно посещают данный Район в течение последних 16 лет (Javier Negrete, неопубликованные данные).

В свою очередь, программа мечения и повторной поимки, выполнявшаяся в течение последних 10 лет, подтвердила, что и тюлени Уэдделла, и морские леопарды демонстрируют высокую степень привязанности к одному участку, поскольку в ходе наблюдений были выявлены экземпляры, которые возвращаются в одно и то же место из года в год (Meade *et al* 2015, Negrete *et al* 2014). Эта популяция морских леопардов отличается особыми пищевыми привычками: некоторые из обнаруженных там особей потребляют много криля в процентном отношении (Botta *et al* 2018, Guerrero *et al* 2014, 2016, Rogers *et al* 2014). Принимая во внимание наличие большого количества китообразных в этом районе и характер использования среды обитания ластоногими, которые основную часть времени проводят в воде, добывая себе пищу, или на айсбергах в период линьки (Bobinac *et al* 2014 и Javier Negrete в стадии подготовки), очень важно, чтобы в ближайшем будущем эта морская зона рассматривалась в рамках охраняемой территории. Тем более это важно, если принять во внимание увеличение количества туристических судов, посещающих этот район, и количество судов, которые разворачиваются там, поскольку они могут побеспокоить этих животных и/или привести к несчастным случаям с ними.

Что касается наличия птиц на территории ООРА, то исследования показали, что здесь гнездятся 10 видов птиц: антарктический пингвин (*Pygoscelis antarctica*), субантарктический пингвин (*P. papua*), южный гигантский буревестник (*Macronectes giganteus*), капский голубь (*Daption capense*), качурка

Вильсона (*Oceanites oceanicus*), бра́нсфидский бакла́н (*Leucocarbo atriceps bransfieldensis*), белая ржанка (*Chionis alba*), поморники (преобладающий вид *Catharacta maccormickii*), доминиканская чайка (*Larus dominicanus*) и антарктическая крачка (*Sterna vittata*) (Gonzalez *et al*, 2013). Наиболее многочисленны колонии антарктических пингвинов (*Pygoscelis antarctica)*, субантарктических пингвинов (*P. papua)*, качурок Вильсона (*Oceanites oceanicus)*, южнополярных поморников (*Catharacta maccormickii)* и доминиканских чаек (*Larus dominicanus)*. Согласно последним наблюдениям, колонии птиц (особенно пингвинов) в ООРА имеют тенденцию к увеличению числа особей в популяции. Эта ситуация подчеркивает важность охраняемой территории для защиты природных ценностей, которыми она обладает.

Отмечается, что состояние популяций морских птиц может служить важным индикатором условий их среды питания и гнездования по отношению к процессам глобального масштаба. Gonzalez *et al* (2013) указывают, что изменения климата и океанографических условий влияют на морских птиц, зачастую приводя к таким серьезным последствиям, как снижение репродуктивного успеха и изменение репродуктивных циклов некоторых видов. В частности, в случае с ООРА было показано, что этот Район отличается большим разнообразием видов животных и растений, но наиболее распространены в нем птицы, особенно пингвины. Поэтому можно начать с колоний *Pygoscelis papua*, которые являются наиболее многочисленными в ООРА. Данные, приведенные в таблице 2 и на рисунке 1, показывают, что колонии имеют тенденцию к росту с течением времени, а также увеличивается зона их обитания.

Таблица 2. Количество репродуктивных пар Pygoscelis papua по местонахождению (данные взяты из Gonzalez-Zeballos et al. 2013).

Publicación	***Novatti (1978)***		***Poncet & poncet (1987)***	***Quintana et al (1998)***		***Favero et al (2000)***	***Gonzalez Zeballos et al (2013)***	***Juarez (2021)****
Año	1954	1958	1984-1987	1991	1996	1998	2011	2019
Punta Cierva	559	614	600	800	1041	593	2680	7000
Isla Apéndice			450			905	2795	
Total ZAEP	559	614	1050	800	1041	1498	5475	7000

* Datos aproximados del tamaño de las colonias de la ZAEP aún no publicados.

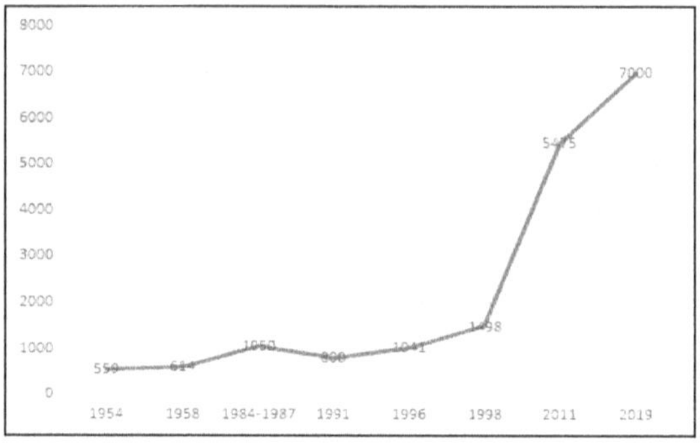

Рисунок 1. Временной ряд репродуктивных пар Pygoscelis papua в ООРА (данные взяты из Gonzalez-Zeballos et al. 2013).

Таблица 3. Количество репродуктивных пар Pygoscelis antarctica по местонахождению (данные взяты из Gonzalez-Zeballos et al. 2013).

Publicación	***Muller-Schwarze (19759***	***Poncet & poncet (1987)***	***Favero et al (2000)***	***Gonzalez Zeballos et al (2013)***	***Juarez (2021)****
Año	1971	1984-1987	1998	2011	2019
Ite. Pingüino o Mar	2060	500	1553	2763	4000
I. José Hernández		200	546	180	
I. Apéndice		1100	152	33	
Total ZAEP	2060	1800	2251	2976	4000

* Datos aproximados del tamaño de las colonias de la ZAEP aún no publicados.

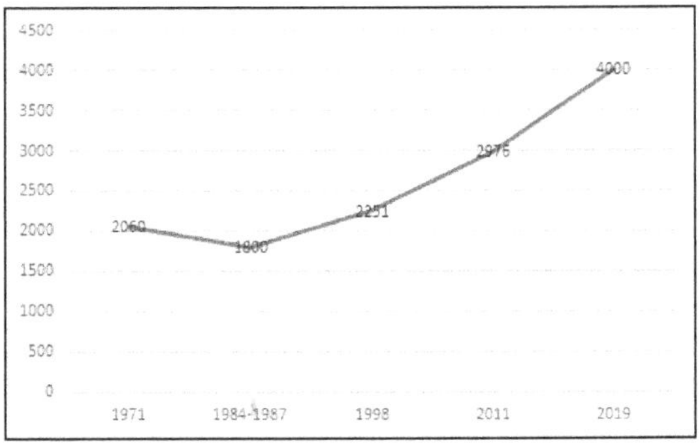

Рисунок 2. Временной ряд репродуктивных пар Pygoscelis antarctica по местонахождению (данные взяты из Gonzalez-Zeballos et al. 2013).

Для *Pygoscelis antárctica* (таблица 3 и рисунок 2) во временных рядах также была отмечена тенденция к увеличению общего количества репродуктивных пар в ООРА. В этом конкретном случае в таблице 2 можно увидеть, что хотя колония на острове Пенгуин или Мар показывает значительную тенденцию к увеличению, другие колонии сокращаются. В ближайшие годы будет важно определить причины такого поведения. Что касается других видов морских птиц, то в таблице 4 и на рисунке 3 можно увидеть территории, где они обитают в ООРА, а также последние данные о количестве репродуктивных пар. Согласно недавним наблюдениям, популяция большинства из них увеличивается, однако ведется работа над получением актуальных данных для точной оценки состояния имеющихся колоний.

Таблица 4. Количество репродуктивных пар по видам и местонахождению. PB: Phalacrocorax bransfieldensis, MG: Macronectes giganteus, DP: Daption capense, CA:Chionis alba, SM: Stercorarius maccormicki, LD: Larus dominicanus, SV: Sterna vittata (данные взяты из Gonzalez-Zeballos et al. 2013).

Especie	PB		MG		DP		CA		SM		LD		SV	
Año	1997-98	2010-11	1997-98	2010-11	1997-98	2010-11	1997-98	2010-11	1997-98	2010-11	1997-98	2010-11	1997-98	2010-11
Punta Cierva	0	0	0	0	7	3	2	1	145	166	158	73	45	57
Ite. Pingüino o Mar	0	0	0	0	1	0	3	1	3	3	8	10	0	3
Ite. Musgo	0	0	35	42	28	17	3	4	10	26	120	70	15	19
I. José Hernández	21	21	0	0	0	0	1	1	0	17	15	9	35	11
I. Apéndice	0	0	5	41	23	11	1	2	2	12	68	12	15	12
Total ZAEP	21	21	40	83	59	31	10	9	160	224	369	174	110	102

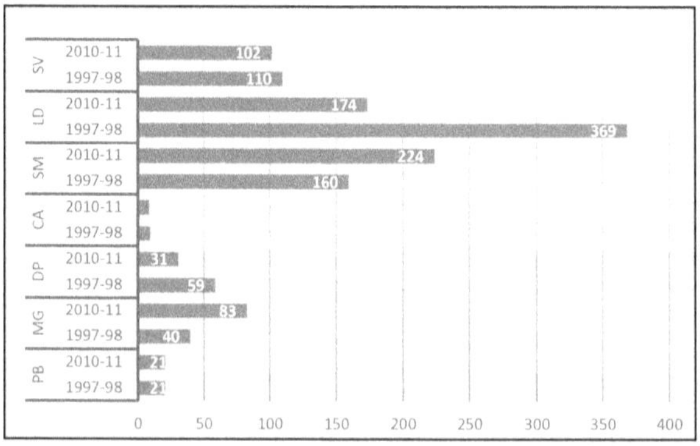

Рисунок 3. Сравнение количества репродуктивных пар по видам и местонахождению. PB: Phalacrocorax bransfieldensis, MG: Macronectes giganteus, DP: Daption capense, CA:Chionis alba, SM: Stercorarius maccormicki, LD: Larus dominicanus, SV: Sterna vittata (данные взяты из Gonzalez-Zeballos et al. 2013).

Деятельность человека и ее влияние

Одним из наиболее значительных видов деятельности человека в этом Районе является туризм. Природные особенности местности, а также рост и диверсификация туризма на антарктическом континенте ставят район бухты Сьерва в число 20 наиболее посещаемых мест, выбранных туроператорами. Несмотря на то, что территория этого ООРА закрыта для туризма и других рекреационных видов деятельности, из года в год в туристический сезон в близлежащей морской зоне наблюдается рост числа туристов, участвующих в различных мероприятиях. Среди наиболее популярных – катание на лодках (Small Boat Cruising), каякинг (Kayaking), купание в ледяной воде (Polar Plunge), сапсёрфинг (Stand Up Paddle Surf), сноркелинг (Snorkeling) и подводное плавание с аквалангом (Scuba Diving).

Для обеспечения надлежащей охраны ценностей ООРА как сами посетители, так и персонал, ответственный за туристический контингент, должны строго соблюдать рекомендации и ограничения, предусмотренные в Плане управления, во избежание любых вмешательств или нарушений. Хотя эти данные являются приблизительными, но согласно статистике Международной ассоциации туристических операторов Антарктики (IAATO) в районе бухты Сьерва вблизи ООРА в последние сезоны было зарегистрировано в среднем от 9500 до 13 000 туристов, что подразумевает значительное влияние на данный Район.

6(ii) Доступ на территорию Района.

В Район можно попасть пешком со стороны базы Примавера только в случае разрешенных исключений. На прилегающие острова можно добираться на маленьких лодках. Этот доступ морем разрешен к любой точке островов, включенных в территорию Района. Следует избегать доступа в Район через пляжи в случае наличия животной фауны, особенно в период размножения.

Более подробная информация представлена в разделе *7(ii)*.

6(iii) Сооружения, расположенные на территории Района и в его окрестностях.

Сооружения на территории Района

На территории Района нет сооружений.

Сооружения в окрестностях Района

В окрестностях ООРА, но за его пределами, расположена база Примавера (Аргентина, 64°09' ю. ш. 60°58' з. д.), которая находится на северо-западе мыса Сьерва и прилегает к Району. База Примавера открыта только в летние месяцы. Она состоит из восьми строений и специальной посадочной площадки для вертолетов. Между строениями проложены пешеходные дорожки для предотвращения нанесения вреда растительности.

6(iv) Наличие других охраняемых территорий в непосредственной близости от Района

- *ООРА № 152 «Западная Часть Пролива Брансфилд», в 90 км к северо-западу от ООРА № 134 (острова Лоу (Южные Шетландские острова). Он расположен на запад и юг от побережья острова Лоу, между 63°15' ю. ш. и 63°30' ю. ш. и между 62°00' з. д. и 62°45' з. д.*
- *ООРА № 153 «Восточная Часть Бухты Далльманн», в 90 км к западу от ООРА № 134, у западного берега острова Брабант, архипелаг Палмер. Он расположен между 64°00' ю. ш. и 64°20' ю. ш. и от 62°50' з. д. на восток до западного побережья острова Брабант (примерно 520 км^2).*

6(v) Особые зоны в пределах Района.

В Районе нет особых зон.

7. Условия выдачи разрешений на въезд

7(i) Общие условия выдачи разрешений.

Доступ в Район возможен только на основании разрешения, выданного соответствующим национальным органом.

Ниже приведены условия выдачи разрешения на посещение Района.

- *Разрешение выдается только для выполнения научных задач, соответствующих целям настоящего Плана управления, которые не могут быть выполнены ни в каком ином месте.*
- *Разрешенная деятельность не нанесет вред природной экосистеме Района.*
- *Разрешение выдается для выполнения задач управления (инспекция, содержание объектов или оценка), которые осуществляются в соответствии с целями настоящего Плана управления.*
- *Разрешенная деятельность соответствует настоящему Плану управления.*
- *Во время пребывания на территории Района главный исследователь должен иметь при себе само разрешение или его заверенную копию.*
- *Отчет о посещении должен быть представлен в компетентный национальный орган, указанный в разрешении.*
- *Туристическая или другая рекреационная деятельность запрещена.*

7(ii) Доступ в Район и передвижение по его территории

Доступ в Район возможен на основании разрешения, выданного компетентным органом только для осуществления деятельности, соответствующей настоящему Плану управления.

Единственная площадка, на которой могут приземляться вертолеты, находится за пределами Района, на участке, расположенном рядом с базой Примавера. Посадка вертолетов разрешена только на обозначенном участке к востоку-юго-востоку от базы. Приближаться к Району и удаляться от него воздушные суда могут только с северной стороны. Полеты воздушных судов над территорией Района должны выполняться как минимум с соблюдением требований, изложенных в Резолюции 2 (2004 г.) «Руководство по осуществлению воздушных операций вблизи скоплений птиц в Антарктике». Как правило, ни одно воздушное судно не должно летать над территорией ООРА на высоте менее 610 м (2000 футов), за исключением чрезвычайных ситуаций или случаев, когда речь идет о безопасности полета. Передвигаться по территории Района следует таким образом, чтобы не потревожить флору и фауну, особенно в период размножения.

Движение любых наземных транспортных средств запрещено.

7(iii) Разрешенная деятельность на территории Района

- Научные исследования, которые не могут проводиться ни в каком ином месте и которые не поставят под угрозу экосистему Района.
- Важные меры управления, включая мониторинг.
- Если это будет сочтено необходимым в научных или природоохранных целях, в период между концом октября и началом декабря могут быть установлены дополнительные ограничения на доступ к определенным гнездовьям птиц и колониям млекопитающих. Считается, что это период повышенной чувствительности, поскольку он совпадает с пиком кладки яиц у гнездящихся птиц Района.
- Использование инструментов роботизированной автоматизации процессов (RPA) в пределах ООРА не разрешается, если оно не было предварительно проанализировано в каждом конкретном случае в процессе оценки воздействия на окружающую среду. Их можно использовать только в том случае, если это указано в разрешении на въезд и при соблюдении установленных в нем условий. В процессе анализа и выдачи разрешений следует принимать во внимание действующие положения Договора об Антарктике.

7(iv) Возведение, реконструкция и удаление сооружений

Строительство каких-либо новых сооружений или установка дополнительного оборудования на территории Района возможны только для осуществления важной научной деятельности или мер управления, которые должны быть оформлены соответствующими разрешениями.

Любое научное оборудование, а также любые научные указатели, которые устанавливаются на территории Района, должны быть упомянуты в разрешении и иметь четкую идентификацию с указанием страны, ФИО главного исследователя и года установки. Все они должны быть изготовлены из материалов, представляющих минимальную опасность с точки зрения загрязнения Района или нарушения растительности или фауны.

Научные указатели не могут оставаться на территории Района по истечении срока действия разрешения. Если конкретный проект не может быть завершен в течение установленного периода времени, необходимо получить разрешение на продление периода пребывания определенного объекта на территории Района.

7(v) Размещение лагерей

Стороны, которые осуществляют деятельность в этом Районе, как правило, могут размещаться на базе Примавера при условии предварительного согласования с Аргентинской антарктической программой. Установка палаток возможна только для хранения оборудования или научных материалов либо для размещения персонала, который проводит наблюдения.

7(vi) Ограничения на ввоз материалов и организмов в Район

- Преднамеренный ввоз в Район живых животных или растительных материалов не допускается. Следует утвердить все рекомендации, необходимые для предотвращения намеренной интродукции неместных видов на территорию Района. В этом отношении необходимо учитывать, что эти виды часто завозятся людьми. Одежда, личное оборудование, научные и рабочие инструменты могут интродуцировать личинки насекомых, семена, ростки и т. д. Более детальную информацию можно найти в Пособии по неместным видам – КООС 2011.
- На территорию Района нельзя приносить сырые сельскохозяйственные продукты.
- Ввоз на территорию Района гербицидов и пестицидов не допускается. Все остальные химические вещества, которые необходимо ввезти на основании соответствующего разрешения, подлежат

вывозу из Района сразу после завершения деятельности, на которую выдано разрешение. Использование и тип химических веществ должны быть как можно более четко задокументированы в целях информирования других исследователей.

- Хранение топлива, продуктов питания и других материалов на территории Района возможно только в том случае, если это необходимо для осуществления важной деятельности, на которую выдано разрешение.

7(vii) Изъятие или вредное вмешательство в жизнь местной флоры и фауны

Изъятие или вредное вмешательство в жизнь местной флоры и фауны допускаются только на основании разрешения. В случае такого разрешенного изъятия или вредного вмешательства в жизнь животных следует соблюдать *разработанный СКАР Кодекс поведения при использовании животных в научных целях в Антарктике*, который является минимальным стандартом.

Информация об изъятии или вредном вмешательстве подлежит обмену в рамках Системы обмена информацией по Договору об Антарктике и регистрируется как минимум в *Каталоге антарктических данных* или в *Национальном центре антарктических данных* в Аргентине.

Во избежание риска возможного дублирования исследователи, отбирающие какие-либо образцы, должны консультироваться с Системой электронного обмена информацией Договора об Антарктике (СЭОИ) и/или связываться с соответствующими национальными антарктическими программами, которые могут быть вовлечены в отбор образцов в Районе.

7(viii) Сбор и вывоз материалов, которые не были ввезены в Район держателем разрешения

Сбор и вывоз любых материалов с территории Района возможны только на основании соответствующего разрешения. Сбор мертвых биологических образцов в научных целях не должен достигать того уровня, который может привести к ухудшению кормовой базы местных животных-падальщиков. Это зависит от собираемых видов, и при необходимости до выдачи разрешения должно быть получено экспертное заключение.

7(ix) Удаление отходов

Любые отходы, не являющиеся продуктами жизнедеятельности человека, подлежат вывозу из Района.

Для сточных вод и жидких бытовых отходов на станции Примавера (Аргентина) есть очистные сооружения, когда она открыта. Если проводятся исследовательские работы на прилегающих островах, сточные воды могут сбрасываться в океан в соответствии со статьей 5 Приложения III к Мадридскому протоколу.

Отходы, возникающие в результате научно-исследовательской деятельности, осуществляемой на территории Района, могут временно храниться на базе Примавера до того момента, когда они будут вывезены. Такие отходы должны храниться в соответствии с положениями Приложения III к Мадридскому протоколу, быть промаркированы как мусор и надлежащим образом упакованы во избежание случайных потерь.

7(x) Меры, которые могут потребоваться для дальнейшего выполнения целей и задач Плана управления

Разрешения на доступ в Район могут выдаваться для проведения биологического мониторинга и инспекций, что может предусматривать отбор образцов растений и животных для научных целей, возведение или техническое обслуживание указателей или осуществление других мер управления. Все сооружения и указатели, установленные на территории Района в научных целях, должны быть перечислены в разрешении с четким указанием страны, ФИО главного исследователя и года установки.

7(xi) Требования к отчетности о посещениях Района

По завершении деятельности основной держатель каждого выданного разрешения направляет отчет о действиях, предпринятых на территории Района, соблюдая при этом формат, который он получил вместе с разрешением. Этот отчет направляется в орган, выдавший разрешение.

Информация о выданных разрешениях и отчетах о посещениях, касающихся ООРА, подлежит распространению среди остальных Консультативных сторон в рамках Системы обмена информацией в соответствии с пунктом 1 статьи 10 Приложения V.

Разрешения и отчеты должны храниться и выдаваться любой заинтересованной Стороне, СКАР, АНТКОМ и КОМНАП, с целью информирования о деятельности человека в этом Районе и обеспечения необходимого управления.

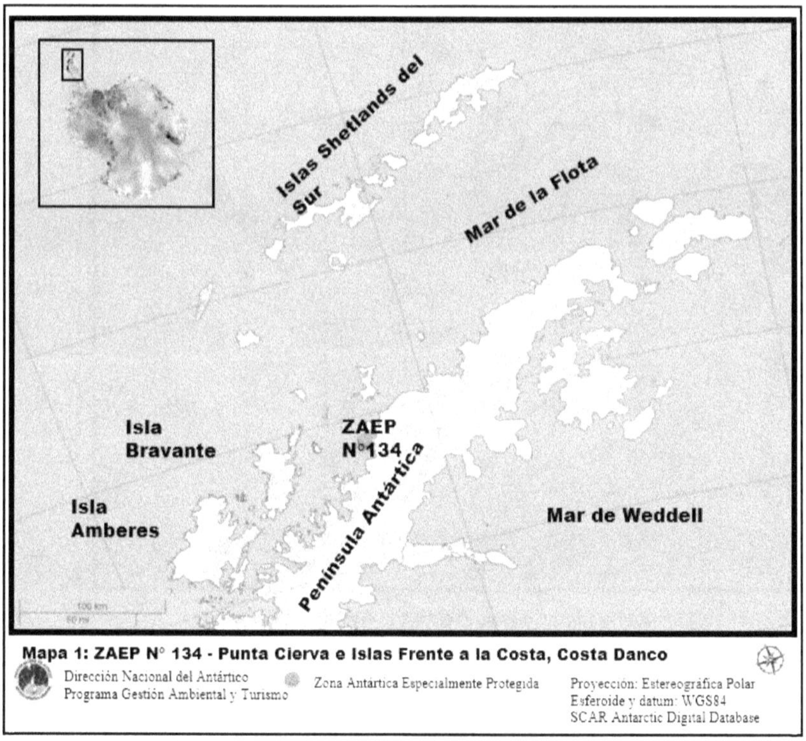

Рисунок 4. Общее расположение Особо охраняемого района Антарктики № 134, мыс Сьерва и шельфовые острова, берег Данко, Антарктический полуостров.

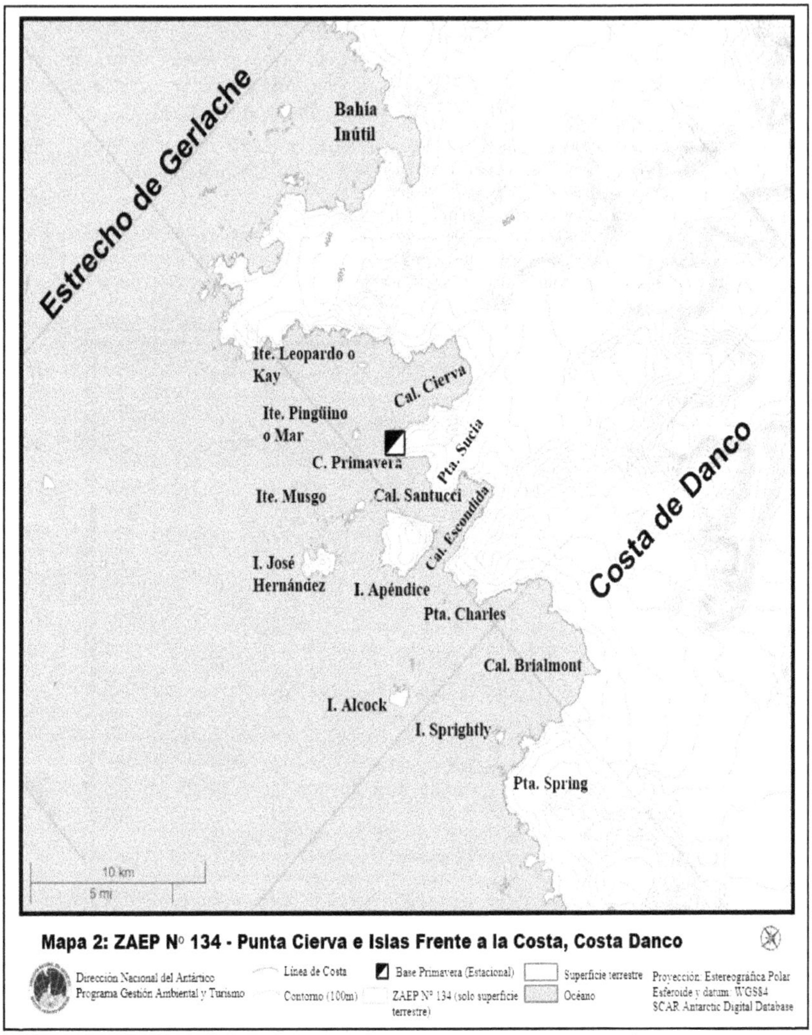

Рисунок 5. Особо охраняемый район Антарктики № 134, мыс Сьерва и шельфовые острова, берег Данко, Антарктический полуостров. Затененная область обозначает группу территорий, составляющих ООРА № 134 (сублиторальная морская зона между континентальной и островными частями Района не включена в состав ООРА).

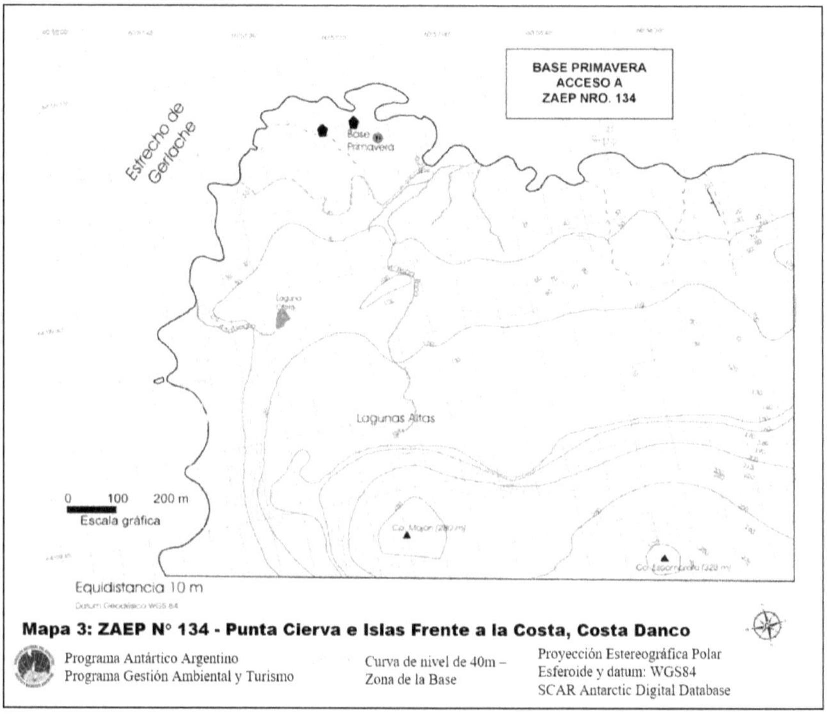

Рисунок 6. Территория мыса Сьерва, на которой находится база Примавера (серая пунктирная линия выше 40-метровой контурной линии обозначает территорию базы, которая исключена из состава ООРА № 134).

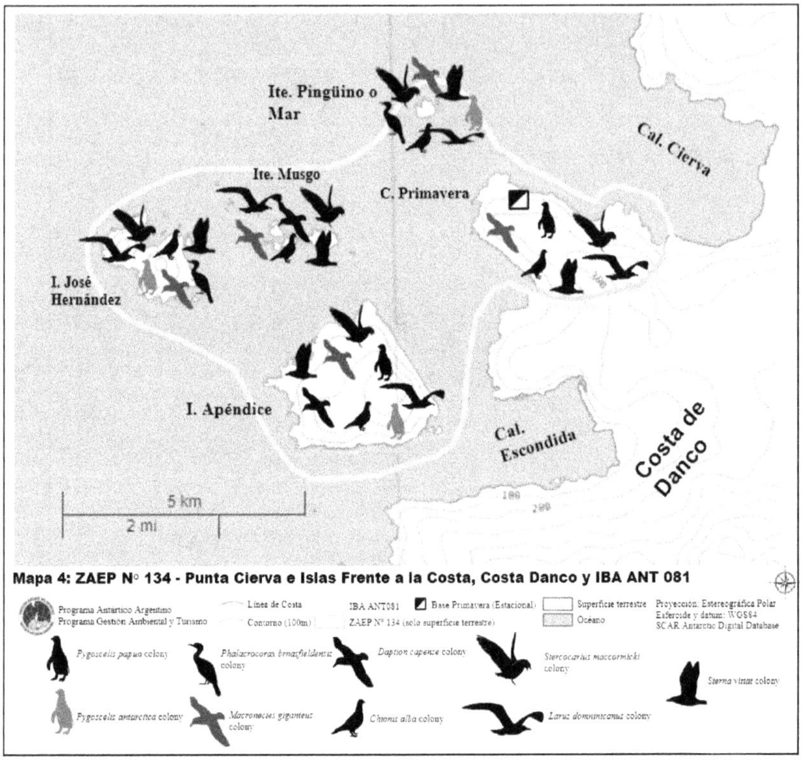

Рисунок 7. Детализация границ территорий, входящих в состав ООРА № 134, и ключевой орнитологической территории (IBA) ANT081. Кроме того, показано общее расположение на заповедных территориях различных колоний птиц.

8. Библиография

Agraz, J. L., Quintana, R.D. y Acero, J. M. 1994. Ecología de los ambientes terrestres en Punta Cierva (Costa de Danco, Península Antártica). *Contrib. Inst. Ant. Arg.*, 439, 1-32.

ATCM XXXV IP 13. Colonisation status of the non-native grass Poa pratensis at Cierva Point, Danco Coast, Antarctic Peninsula.

Bobinac M.A., Negrete J, Poljak S., Carlini P., Galliari J., Márquez M.E.I, Mennucci J.A. y Leonardi M.S. (2014). El comportamiento de la foca cangrejera (Lobodon carcinophaga) como determinante de la infección de piojos: ¿Por qué los juveniles son los piojosos? XXVII *Jornadas Argentinas de Mastozoología.*

Botta S., Secchi E.R., Rogers T.L., Prado J.H., de Lima R.C., Carlini P., Negrete J. (2018). Isotopic niche overlap and partition among three Antarctic seals from the Western Antarctic Peninsula. *Deep Sea Research Part II: Topical Studies in Oceanography* 149: 240-249.

Chambers L.E., Devney C.A., Congdon B.C., Dunlop N., Woehler E.J. & Dann P. 2011. Observed and predicted effects of climate on Australian seabirds. *Emu* 111: 235-251.

Convey P. y Quintana. R.D.1997. The terrestrial arthropod fauna of Cierva Point SSSI, Danco Coast, northern Antartic Peninsula. *European Journal of Soil Ecology*, 33 (1): 19-29.

Corte, A. 1961. La primera fanerogama adventicia hallada en el continente Antártico. *Contribucion del Instituto Antártico Argentino* 62, 1–14.

Costa, E. S., Santos, M. M., Coria, N. R., Torres, J. P. M., Olaf, M. A. L. M., & dos Santos Alves, M. A. (2019). Antarctic Skuas as bioindicators of local and global mercury contamination. Revista Eletrônica Científica da UERGS, 5(3), 311-317.

Croxall, J.P., Prince, P.A. Rothery, P. & Wood, A.G. 1998. Population changes in albatrosses at South Georgia. In: Robertson, G. & Gales, R. (Eds). Albatross biology and conservation. Chipping Norton: Surrey Beatty. pp. 69–83.

Favero M., Coria N.R. & Beron M.P. 2000. The status of breeding birds at Cierva Point and surroundings, Danco Coast, Antarctic Peninsula. *Polish Polar Research* 21, 181_187.

Guerrero A.I., Negrete J., Márquez M.E.I., Mennucci J., Zaman K. y Rogers T. (2014). Fatty acid composition suggests leopard seals are no longer apex predators in the Western Antarctic Peninsula ecosystem. *XXXIII SCAR Biennial Meetings and Open Science Conference.* Auckland.

Guerrero A.I., Negrete J., Márquez M.E.I, Mennucci J., Rogers T.L. (2016) Fatty acid composition and stratification of blubber in leopard seals *Hydrurga leptonyx*: implications for diet analysis. *Journal of Experimental Marine Biology and Ecology* Vol.478: 54-61.

González-Zevallos, D., Santos, M., Rombola, E. F. Juáres, M., Coria, N. 2013. Abundance and breeding distribution of seabirds in the northern part of the Danco Coast, Antarctic Peninsula. Polar Research, 32, 11133, http://dx.doi.org/10.3402/polar.v32i0.11133

Guidelines for the Operation of Aircrafts. Resolution 2. 2004 – ATCM XXVII - CEP VII, Cape Town (available at http://www.ats.aq/documents/recatt/Att224_e.pdf)

Harris, C., Lorenz, K., & van Franeker, J. A. (2015). Important bird areas in Antarctica 2015. BirdLife Int. and Env. Research & Assessment.

Krüger, L., Ramos, J. A., Xavier, J. C., Grémillet, D., González-Solís, J., Petry, M. V., Phillips, R. A., Wanless, R. M. & Paiva, V. H. (2018). Projected distributions of Southern Ocean albatrosses, petrels and fisheries as a consequence of climatic change. Ecography, 41(1), 195-208.

Lynch H.J., Naveen R. & Fagan W.F. 2008. Censuses of penguin, blue-eyed shag *Phalacrocorax atriceps* and southern giant petrel *Macronectes giganteus* populations on the Antarctic Peninsula, 2001_2007. *Marine Ornithology* 36: 83-97.

Mataloni, G., & Pose, M. (2001). Non-marine algae from islands near Cierva Point, Antarctic Peninsula. Cryptogamie Algologie, 22(1), 41-64.

Meade J., Ciaglia M.B., Slip D.J., Negrete J., Márquez M.E.I., Rogers T. (2015) Spatial patterns in activity of leopard seals Hydrurga leptonyx in relation to sea ice. Marine Ecology Progress Series 521: 265–275.

Morgan, F., Barker, G., Briggs, C., Price, R. and Keys H. 2007. Environmental Domains of Antarctica version 2.0 Final Report, Manaaki Whenua Landcare Research New Zealand Ltd, pp. 89.

Morley, S. A., Abele, D., Barnes, D. K., Cárdenas, C. A., Cotté, C., Gutt, J., Henley, S. F., Höfer, J., Hughes, K. A., Martin, S. M., Moffat, C., Raphael, M., Stammerjohn, S. E., Suckling, C. C., Tulloch, V. J. D., Waller, C. L. and Constable, A. J.(2020). Global drivers on Southern Ocean ecosystems: changing physical environments and anthropogenic pressures in an Earth system. Frontiers in Marine Science, 7, 1097.

Muller-Schwarze C. & Muller-Schwarze D. 1975. A survey of twenty-four rookeries of pygoscelid penguins in the Antarctic Peninsula region. In B. Stonehouse (ed.): The biology of penguins. Pp. 309_320. London: Macmillan.

Negrete J., Depino E.A., Carlini P., Galliari J.G., Leonardi S., Bobinac M., Loza C.M., Márquez M.E.I., Mennucci J.A. y Rogers T.(2014). Fidelidad al sitio de muda de la foca leopardo (*Hydrurga leptonyx*) en Costa Danco, Península Antártica. XXVII Jornadas Argentinas de Mastozoología.

Novatti R. 1978. Notas ecológicas y etológicas sobre las aves de Cabo Primavera, Costa de Danco, Península Antártica. (Ecological and ethological notes on birds in Spring Point, Danco Coast, Antarctic Peninsula.) Contribución Instituto Antártico Argentino 237. Buenos Aires: Argentine Antarctic Institute. Olalla, A., Moreno, L., & Valcárcel, Y. (2020). Prioritisation of emerging contaminants in the northern Antarctic Peninsula based on their environmental risk. *Science of The Total Environment*, 742, 140417.

Patterson D.L., Woehler E.J., Croxall J.P., Cooper J., Poncet S., Peter H.-U., Hunter S. & Fraser W.R. 2008. Breeding distribution and population status of the northern giant petrel *Macronectes halli* and the southern giant petrel *M. Giganteus. Marine Ornithology* **36:** 115-124.

Pertierra, L. R., Hughes, K. A., Tejedo, P., Enríquez, N., Luciañez, M. J., & Benayas, J. (2017). Eradication of the non-native Poa pratensis colony at Cierva Point, Antarctica: A case study of international cooperation and practical management in an area under multi-party governance. Environmental Science & Policy, 69, 50-56.

Poncet S. & Poncet J. 1987. Censuses of penguin populations of the Antarctic Peninsula, 1983_87. *British Antarctic Survey Bulletin* 77, 109_129.

Quintana R.D., Cirelli V. & Orgeira J.L. 1998. Abundance and spatial distribution of bird populations at Cierva Point, Antarctic Peninsula. Marine Ornithology 28, 21_27.

Ramos Marín, S. (2018). Spatial modelling of the temperature at the top of Permafrost in Cierva Point (Antarctic Peninsula) (Doctoral dissertation).

Rogers, T., Ciaglia, M., O'Connell, T., Slip, D., Meade, J., Carlini, A., Márquez, M.2012. WAP Antarctic top predator behaves differently: whiskers reveals WAP leopard seals are krill-feeding specialist. XXXII SCAR Open Science Conference and XXIV COMNAP AGM, Portland, Oregon.

Ross M.R., Hofmann E.E., Quetin L. B. 1996. Foundations for Ecological Research West of the Antarctic Peninsula. *American geophysical union.* 448 pp.

Santos, M. M. (2014). Ecología trófica y áreas de forrajeo del escúa polar del sur, Stercorarius maccormicki, en dos localidades antárticas (Doctoral dissertation, Universidad Nacional de La Plata).

SCAR's Code of Conduct for the Use of Animals for Scientific Purposes (available at *http://www.scar.org/treaty/atcmxxxiv/ATCM34_ip053_e.pdf*).

Smith, R. I. L. 1996. Introduced plants in Antarctica: potential impacts and conservations issues. *Biological Conservation*, 76, 135–146.

Stammerjohn, S.E., Martinson, D.G., Smith, R.C., Yuan, X., Rind, D., 2008. Trends in Antarctic annual sea ice retreat and advance and their relation to El Niño–Southern Oscillation and Southern Annular Mode variability. *J. Geophys. Res.*, 113:C03S90.

Terauds, A., Chown, S., Morgan, F., Peat, H., Watts, D., Keys, H., Convey, P. and Bergstrom, D. 2012. Conservation biogeography of the Antarctic. *Diversity and Distributions*, 22 May 2012, DOI: 10.1111/j.1472-4642.2012.00925.x

Trivelpiece, W.Z., Hinke, J.T. Miller, A.K. Reiss, C.S. Trivelpiece, S.G., Watters, G.M., 2010. Variability in krill biomass links harvesting and climate warming to penguin population changes in Antarctica. *Proc. Natl. Acad. Sci.*, doi/10.1073/pnas.1016560108.

Turner, J., Bindschadler, R., Convey, P., Di Prisco, G., Fahrbach, E., Gutt, J., Hodgson, D., Mayewski, P. & Summerhayes, C. (2009). Antarctic climate change and the environment. SCAR

Thompson, D. W. J. y Solomon, S. 2002. Interpretation of recent Southern Hemisphere climate change. *Science* 296**:**895–899.

Warwick-Evans, V., A Santora, J., Waggitt, J. J., & Trathan, P. N. (2021). Multi-scale assessment of distribution and density of procellariiform seabirds within the Northern Antarctic Peninsula marine ecosystem. ICES Journal of Marine Science.

Wilhelm, K. R., Bockheim, J. G., & Haus, N. W. (2016). Properties and processes of recently established soils from deglaciation of Cierva Point, Western Antarctic Peninsula. Geoderma, 277, 10-22.

Woehler E.J. 1993. The distribution and abundance of Antarctic and Subantarctic penguins. Cambridge: Scientific Committee on Antarctic Research.

Woehler E.J., Cooper J., Croxall J.P., Fraser W.R., Kooyman G.L., Millar G.D., Nel D.C., Patterson D.L., Peter H.-U., Ribic C.A., Salwicka K., Trivelpiece W.Z. & Weimerskirch H. 2001. A statistical assessment of the status and trends of Antarctic and Subantarctic seabirds. Cambridge: Scientific Committee on Antarctic Research.

План управления Особо охраняемым районом Антарктики № 148 «ГОРА ФЛОРА» (БУХТА ХОП, АНТАРКТИЧЕСКИЙ ПОЛУОСТРОВ)

Введение

Основной причиной определения горы Флора (бухта Хоп, Антарктический полуостров) (63°25' ю. ш., 57°01' з. д., 0,3 км^2) в качестве Особо охраняемого района Антарктики (ООРА) является защита научных ценностей, связанных с наличием в Районе богатой ископаемой флоры.

Гора Флора была первоначально определена в качестве Участка особого научного интереса в рамках Рекомендации XV-6 (1989 г., УОНИ № 31) по предложению Великобритании. Основанием для такого определения послужило то, что «этот участок имеет исключительное научное значение, обусловленное богатством его ископаемой флоры. Эта ископаемая флора была открыта одной из первых в Антарктике и с тех пор играла важную роль в выяснении геологической истории Антарктического полуострова. Давняя история посещений этого района в силу его доступности и огромное количество ископаемых остатков, встречающихся в глубине каменистой осыпи, делают его уязвимым перед лицом собирателей сувениров, а объем материалов для серьезного научного изучения существенно сократился. План управления был существенно пересмотрен в 2002 г. (Мера 1), при этом были внесены изменения в границы района. Последний пересмотр Плана проводился в 2015 г. (Мера 8), в него были внесены незначительные изменения или поправки.

Геолог Йохан Гуннар Андерссон (Johann Gunnar Andersson), чья первоначальная каменная хижина (Историческое место и памятник № 39) по-прежнему находится на близлежащем мысе Сил в бухте Хоп, обнаружил гору Флора в ходе шведской южно-полярной экспедиции 1901–1904 гг.[1] Отто Норденшельд (Otto Nordenskjöld), руководитель экспедиции, назвал эту гору Флора по результатам геологических наблюдений Андерссона, признав ее первым важным ископаемым районом, обнаруженным в Антарктике. Впоследствии район приобрел огромное научное значение с точки зрения интерпретации ключевых геологических взаимосвязей в этом регионе.

Район находится приблизительно в трех километрах к юго-востоку от станции Эсперанса (Аргентина) и станции Руперто-Эличирибети (Уругвай). Среди научных исследований, проводимых в настоящее время в Районе, – проект «Стратиграфия и палеоботаника юрского периода северной части Антарктического полуострова», осуществляемый Аргентинским антарктическим институтом; его целью является проведение подробных петрографических и палеоботанических исследований юрских осадочных отложений и/или выходов вулканов на севере Антарктического полуострова.

[1] В состав экспедиции, возглавляемой Отто Норденшельдом и Карлом Антоном Ларсеном, входили геолог Йохан Гуннар Андерссон, ботаник Карл Скоттсберг, зоолог Аксель Олин, военно-морской ученый Хосе Мария Собрал и художник Фрэнк Уилберт Стокс.

Район вписывается в общую систему охраняемых районов Антарктики как один из нескольких ООРА, охраняющих главным образом геологические ценности. Резолюция 3 (2008 г.) рекомендует использование принципов Анализа экологических доменов антарктического континента в качестве динамической модели для идентификации районов, которые могут быть определены в качестве Особо охраняемых районов Антарктики в пределах систематических эколого-географических рамок, оговоренных в Статье 3(2) Приложения V к Протоколу по охране окружающей среды (см. также Morgan et al., 2007). По данной модели ООРА № 148 относится к Экологическому домену А (геология северных районов Антарктического полуострова) (Morgan et al., 2007). ООРА № 148 относится к Заповедному биогеографическому региону Антарктики (ЗБРА) № 1, северо-восточная часть Антарктического полуострова. В Резолюции 5 (2015 г.) Стороны признали полезность перечня Ключевых орнитологических территорий Антарктики (КОТ) при планировании и осуществлении деятельности в Антарктике. Ключевая орнитологическая территория ANT074 «Бухта Хоп» представляет собой свободный ото льда участок на восточной стороне бухты Хоп к северу от ООРА № 148. КОТ определена на основании наличия большой колонии пингвинов Адели (*Pygoscelis adeliae*).

1. Описание ценностей, нуждающихся в охране

После посещения ООРА руководящими органами в области окружающей среды из Аргентины в январе 2011 г. и январе 2013 г. ранее определенные ценности были пересмотрены и вновь подтверждены. Научный персонал, посетивший гору Флора в 2017 и 2019 гг., еще раз подтвердил конкретные ценности ООРА, а также упомянул о будущей необходимости оценки новых территорий рядом с Районом с видимыми выходами пород после отступления ледников. Ценности Района:

- Гора Флора обладает важными научными и историческими ценностями, связанными с этим важным наследием геологических открытий в Антарктике.
- Для горы Флора характерно наличие трех разных геологических формаций: формации бухты Хоп (группа полуострова Тринити), которая отделена от лежащих поверх нее слегка наклоненных растительных слоев формации горы Флора (группа залива Ботани (Botany Bay Group) несогласным залеганием отложений, а поверх второй формации, в свою очередь, находятся игнимбриты и вплавленные туфы формации ледника Кенни (вулканическая группа Антарктического полуострова). Взаимосвязи этих формаций имели решающее значение для определения возраста растительных слоев, что было крайне необходимо для интерпретации геологии Антарктического полуострова.
- Исторически этот участок играл важную роль при сравнении с другими участками флоры южного полушария.
- В этом регионе, о котором подобная информация скудна, ископаемая флора была важным источником палеоклиматических данных, относящихся к мезозойской эре.
- На горе Флора находятся одни из немногих известных в Антарктике представителей флоры юрского периода, и это – единственный участок, относительно хорошо изученный и задокументированный. В состав сообществ мезозойских растений горы Флора входят представители сфенофитов, папоротников, цикадофитов (цикадовых и беннеттитов), птеридосемянных и хвойных. Образцы этих ископаемых растений служат одним из основных источников для многих сравнительных палеоботанических исследований юрского и мелового периодов.
- Помимо важной ископаемой флоры, недавние исследования выявили новые данные, подтверждающие присутствие в ископаемых пресноводных двустворчатых моллюсков юрского периода на горе Флора.

2. Цели и задачи

Управление на горе Флора осуществляется в следующих целях:

- недопущение ухудшения состояния или возникновения существенного риска для ценностей Района путем предотвращения излишнего нарушения среды Района в результате человеческой деятельности и отбора образцов в результате неконтролируемого доступа и недопустимого сбора геологического материала;
- создание условий для проведения научных геологических и палеонтологических исследований и обеспечение защиты от чрезмерно интенсивного отбора образцов;
- создание условий для проведения других научных исследований на территории Района при условии, что они не нанесут ущерба ценностям, ради которых осуществляется охрана Района;
- создание условий для проведения научных исследований в Районе при предоставлении убедительных причин того, что они не могут быть проведены в другом месте;
- создание условий для посещения Района с целью осуществления мер управления в поддержку целей Плана управления.

3. Меры управления

Для обеспечения охраны ценностей Района предусматривается осуществление следующей деятельности по управлению:

- На станции Эсперанса (Аргентина) и станции Руперто-Эличирибети (Уругвай) должна быть выставлена на всеобщее обозрение карта, показывающая местонахождение Района (с описанием действующих на его территории особых ограничений), и должны храниться копии настоящего Плана управления.
- Желающие подняться на гору Флора должны быть проинформированы о запрете на вход на территорию Района без разрешения, выданного уполномоченным органом.
- Указатели, знаки и другие сооружения, установленные на территории Района для проведения научных исследований или в целях управления, должны быть надежно закреплены и поддерживаться в хорошем состоянии.
- Бесхозное оборудование или материалы следует вывозить из Района, насколько это возможно, при условии, что это не окажет неблагоприятного воздействия на ценности Района.
- Район по мере необходимости должны посещать эксперты, чтобы установить, продолжает ли он служить тем целям, ради которых был определен, и чтобы убедиться в достаточности мер управления и технического обслуживания. Необходимо также провести кабинетное исследование и рассмотреть отчеты после посещения ООРА и имеющуюся информацию о собранных в Районе ископаемых остатках.
- Отступление ледникового льда в последние годы выявило новые выходы на поверхность окаменелых пород в окрестностях горы Флора. Необходимо периодически обновлять границы, чтобы гарантировать включение этих обнаженных пород в ООРА, если научные исследования продемонстрируют их палеонтологическую ценность. Это может потребовать пересмотра Плана управления в течение следующих нескольких лет.
- Учет коллекций ископаемых остатков, собранных на горе Флора, будет вестись на основании отчетов о посещениях для лучшей оценки результатов выдачи разрешений и сведения к минимуму излишнего отбора образцов (см. раздел 7, пункты *(iii)*, *(x)* и *(xi)*).

4. Период определения

Определен на неограниченный период времени.

5. Карты

Карта 1: Расположение ООРА № 148 «Гора Флора» относительно бухты Хоп (полуостров Тринити) и группы Южных Шетландских островов с указанием местонахождения ближайших Охраняемых районов. Здесь также показано расположение станций Эсперанса (Аргентина) и

Руперто-Эличирибети (Уругвай). Врезка: расположение горы Флора на Антарктическом полуострове.

Карта 2: Топографическая карта ООРА № 148 «Гора Флора» (бухта Хоп). Характеристики карты: Проекция: равноугольная коническая проекция Ламберта. Стандартные параллели: 1-й 76°40' ю. ш.; 2-й центральный меридиан 63°20' ю. ш.: 57°02' з. д.; широта происхождения: 70°00' ю. ш.; сфероид: WGS84. Начало отсчета высоты: средний уровень моря. Высота сечения: 25 м. Точность по горизонтали и вертикали неизвестна. Примечание. В основе топографии и позиций лежат данные первоначальных обследований, проведенных в 1950-х годах; известно, что действительные позиции показаны с погрешностью до 500 м. Границы ледников указаны на основе данных аэрофотосъемки 1999 года.

Карта 3: Географическая карта ООРА № 148 «Гора Флора» составлена по материалам работы «Mapa Geológico de Bahía Esperanza Antártida», опубликованной Институтом геологии и минералов Испании (Intituto Geológico y Minero de España) и Антарктическим институтом Аргентины (Instituto Antártico Argentino) (масштаб 1:10 000).

6. Описание Района

6(i) Географические координаты, специальные и характерные естественные признаки, определяющие границы

ОБЩЕЕ ОПИСАНИЕ
Гора Флора (63°25' ю. ш., 57°01' з. д., 0,3 км^2) находится у юго-восточной границы бухты Хоп на северной оконечности полуострова Тринити, Антарктический полуостров (карта 1). Вершина горы Флора (520 м) находится на расстоянии около 1 км от южного берега бухты Хоп. Гору Флора окружают четыре ледника. Ледник Флора простирается на протяжении одного километра в северо-восточном направлении от кара, расположенного под вершиной горы Флора, до того места, где он вливается в более крупный ледник, окаймляющий восточный и южный склоны горы Флора и простирающийся на северо-восток от Те-Пирамид (565 м) (карта 2). Западные склоны горы Флора скованы ледником Кенни, который перед тем, как влиться в бухта Хоп, соединяется с ледником Депо. Те-Пирамид – это заметный пик высотой 1,5 км, расположенный к юго-юго-востоку от горы Флора. К северу от Района находятся свободная ото льда долина Файв-Лэйкс (Five Lakes Valley) и холмы Скар, а к северо-востоку – озеро Буэккелла (Boeckella).

ГРАНИЦЫ
Границы, определенные в первоначальном Плане управления, были изменены в 2002 г. во время пересмотра Плана управления с тем, чтобы обеспечить охват всех известных обнаженных слоев с остатками ископаемых растений на северных склонах горы Флора. Граница ООРА была снова изменена в 2021 г., чтобы включить все слои формации горы Флора к северу Района. Верхняя гряда и самый высокий пик горы Флора (520 м), которые раньше были на территории Района, состоят из вулканических пород, не содержащих ископаемые организмы, и потому исключены из состава Района. Граница проходит от северной вершины горы Флора (516 м) – высшей точки границы – на запад вниз по гребню до ледника Кенни (Kenney). Затем граница проходит по восточной окраине ледника Кенни на север до 100-метрового сечения, затем на восток по осыпным склонам вдоль 100-метрового сечения на протяжении 1200 м. В этом месте граница проходит на юго-юго-запад на 100 м в сторону северо-западной окраины ледника Флора. Отсюда южная граница Района проходит по северо-западной окраине ледника Флора на юго-запад до хребта, ведущего на запад к северной вершине горы Флора (см. карту 3). Границы ледников, выходы пород на более низких высотах, западная гряда и северная вершина горы Флора являются визуально заметными объектами, обозначающими границы. Никаких других указателей на границах Района нет.

Координаты границ Района начиная от северной вершины горы Флора и далее по часовой стрелке, представлены в таблице 1.

Таблица 1. Координаты границ ООРА № 148 «Гора Флора» (бухта Хоп, Антарктический полуостров)

Номер	Широта	Долгота
1	63°24'53'' ю. ш.	057°01'26'' з. д.
2	63°24'56'' ю. ш.	057°02'02'' з. д.
3	63°24'49'' ю. ш.	057°02'10'' з. д.
4	63°24'38'' ю. ш.	057°00'50'' з. д.
5	63°24'41'' ю. ш.	057°00'47'' з. д.
6	63°24'45'' ю. ш.	057°01'05'' з. д.
7	63°24'51'' ю. ш.	057°01'10'' з. д.

КЛИМАТ

Для горы Флора нет никаких климатических данных, однако местные условия указываются по данным для станции Эсперанса. Летом (декабрь, январь и февраль) средняя максимальная температура колеблется в пределах от 2,6 °C до 3,2 °C, а средняя минимальная температура – в пределах от –2,9 °C до –1,8 °C. Во время этого сезона температура может достигать 18,4 °C, как в 2020 году, или понижаться до –12,0 °C, как в 1985 году. Зимой средняя максимальная температура равна примерно –6,0 °C, а средняя минимальная – примерно –15,0 °C. В исключительных случаях температура может подниматься до 13,0 °C или опускаться до –32,3 °C, как в 1975 году. Температуры на горе Флора, скорее всего, будут ниже из-за большей высоты над уровнем моря. Наименее ветреные месяцы – декабрь и январь (средняя скорость ветра – 20–22 км/ч$^{-1}$); в мае, июле, августе и сентябре ветры усиливаются (средняя скорость ветра >30 км/ч$^{-1}$). В апреле и мае зарегистрированы порывы ветра, скорость которых превышала 380 км/ч$^{-1}$, которые были вызваны катабатическими ветрами, дующими со стороны местного ледника. На протяжении всего года наблюдались сильные ветры (43 км/ч$^{-1}$ и более) с частотой примерно 15 дней в месяц. В среднем каждый год бывает 181 день со снегом. В течение года снегопады происходят в среднем 13–16 дней каждый месяц, меньше всего в июне – в среднем 13 дней. В среднем сплошная облачность наблюдается летом (23 дня в январе), в зимние месяцы сплошная облачность меньше (примерно 13 дней в месяц). В течение года среднее количество дней с ясным небом низкое – от одного до пяти дней в месяц. (Национальная служба метеорологии (Servicio Meteorológico Nacional), Аргентина).

ГЕОЛОГИЯ, ПОЧВЫ И ПАЛЕОНТОЛОГИЯ

Геологию Района определяют три главные формации: формация бухты Хоп, формация горы Флора и формация ледника Кенни. Толщина основания формации бухты Хоп (группа полуострова Тринити) превышает 1 200 м, а сама формация характеризуется наличием силикластического турбидита и песчаника. На основании предполагаемых спор каменноугольного периода (Grikurov and Dibner 1968) и рубидиево-стронциевого изотопного анализа гравелитов и аргиллитов (281±16 млн лет; Pankhurst 1983) ее относят к пермо-карбоновому периоду, однако возрастные признаки здесь немногочисленны и не защищены от тенденциозной интерпретации (Smellie and Millar 1995). Формация бухты Хоп отделена от расположенной сверху формации горы Флора угловым несогласным залеганием отложений и длинным стратиграфическим перерывом. Формация горы Флора (группа залива Ботани) состоит главным образом из песчаников, конгломератов и сланцев и включает наиболее значительные слои с ископаемыми растениями. Расположенная сверху формация ледника Кенни (вулканическая группа Антарктического полуострова), которая также отделена от формации горы Флора угловым несогласным залеганием отложений, состоит из игнимбритов и вплавленных туфов. По поводу возраста формации горы Флора высказывались разные точки зрения (Andersson 1906, Halle 1913, Bibby 1966, Thomson 1977, Farquharson 1984,

Francis 1986, Gee 1989, Rees 1990); последние палеоботанические и радиометрические данные подтверждают мнение тех, кто относит гору Флора к раннему или среднему юрскому периоду (Rees 1993a, b, Rees and Cleal 1993, Riley and Leat 1999). На северной стороне горы Флора заметны разломы (Birkenmajer 1993a), которые нанесены на карту как граница группы полуострова Тринити и формации горы Флора (Smellie pers. comm. 2000).

Толщина формации горы Флора составляет около 230–270 м, а саму формацию можно подразделить на более старую пачку Пяти озер и верхнюю пачку ледника Флора, где находятся наиболее значительные остатки ископаемых растений. Пачка Пяти озер имеет в толщину около 170 м и состоит из крупнозернистых осадочных брекчий, конгломератов и песчаников с остатками растений. В литологическом плане (особенно в нижней части последовательности) доминируют кластические валунные конгломераты (Farquharson 1984). Эта пачка сильно обнажена на северных и северо-восточных склонах горы Флора между ледником Флора и долиной Пяти озер. Нижней границей этой пачки является угловатое несогласное залегание отложений, отделяющее ее от формации бухты Хоп. Фазораздел между формацией горы Флора и формацией бухты Хоп покрыт каменистой осыпью. Предполагается, что около 50 м базального основания пачки Пяти озер остаются необнаженными. Верхняя часть пачки Пяти озер сильно обнажена у основания, отделяющего ледник Флора от долины Пяти озер (Martín Serrano et al. 2005, Montes et al. 2004).

Пачка ледника Флора состоит из конгломерато-песчаникового комплекса толщиной 60–100 м, поверх которого в отдельных местах находится сланцевый комплекс толщиной до 10 м, являющийся главной зоной залегания ископаемых растений. Она больше всего обнажена у основания, отделяющего кар ледника Флора от долины Пяти озер на высоте около 350 м. В верхней части сланцев, вблизи фазораздела с формацией ледника Кенни находится пластовая интрузия метровой толщины. В ассоциации песчаника доминируют циклы, для которых характерно уменьшение размера частиц ближе к поверхности. Их толщина составляет от 2,5 до 11,5 м (Farquharson 1984). Труднодоступные, но значительные обнажения пачки ледника Флора находятся также на крутых склонах горы Флора выше долины Пяти озер. Они тянутся в западном направлении до границы ледника Кенни. Толщина этого элемента возрастает от 50–60 м у основания до 100 м у границы ледника. Вулканогенные отложения образуют небольшую по площади, но важную часть формации горы Флора. Единый игнимбрит толщиной 26 м образует бледную полосу, пересекающую северную сторону горы Флора, приблизительно на середине осадочной последовательности (Farquharson 1984). Над формацией горы Флора, обнаженной в самой высокой части горы Флора, находятся вулканические породы формации ледника Кенни. Сама формация несогласованно лежит поверх формации бухты Хоп в районе восточного отрога Те-Пирамид (Smellie, pers. comm. 2000). Эта незавершенная формация представляет собой комплекс, состоящий главным образом из риолито-дацитовых лав, игнимбритов, агломератов и туфов (Birkenmajer 1993a & b). Фарkварсон (Farquharson (1984 г.) обнаружил здесь туфы, мелкозернистые агломераты и вплавленные туфы. Наиболее значительные выходы слоев с ископаемыми остатками находятся на северной и северо-западной сторонах горы Флора.

Лучше всего изучены образцы, обнаруженные на относительно доступной северной стороне. Впервые эта ископаемая флора была всесторонне описана в работе Халле (Halle) (1913 г.) и с тех пор считается эталоном для флористических и биостратиграфических исследований Гондваны мезозойской эры (Rees and Cleal 1993). Первоначально Халле (Halle 1913) описал 61 вид ископаемых растений; позднее эта цифра была пересмотрена и сокращена до 43 видов (Gee 1989), затем до 38 видов (Rees 1990) и позднее до 32 видов (Baldoni, 1986, Morel et al. 1994; Rees and Cleal 2004). Совсем недавно был описан 41 таксон (Ociepa 2007; Birkenmajer and Ociepa 2008; Ociepa and Barbacka 2011). Также были исследованы ископаемые древесные остатки, найденные в ООРА (Torres et al. 2000).

Флора обычно представлена небольшими чешуеподобными листьями печеночников (Hepatophyta), фрагментами стеблей и шишечек сфенофитов (*Equisetaceae, Equisetum*), листвой нескольких семейств папоротников (*Dipteridaceae, Matoniaceae, Dicksoniaceae, Osmundaceae*), а также листьями и древесными остатками голосеменных (кейтониевых, цикадовых, беннеттитовых, птеридоспермовых и хвойных). Кроме того, здесь сохранились чешуйки шишек цикадофитов и хвойных, семена и другие неопознанные стволы, листья и облиственные ветви (Taylor, no date; Rees pers. comm. 1999). Другие растительные фрагменты были интерпретированы как плодовые листы папоротников или опыленные органы хвойных, однако остается невыясненным, как данный вид относится к другим таксонам, поскольку на сегодняшний день из материала не получены никакие споры или пыльца (Ociepa and Barbacka, 2011). В целом, неопределяемые палиноморфы из растительных слоев формации горы Флора извлечь было невозможно (Rees and Cleal 2004; Ociepa and Barbacka 2011). В небольшом образце сланца с горы Флора, также содержавшего ископаемые растения, были обнаружены четыре элитры (наружных скелета) жуков (отряда Coleoptera) (Zeuner 1959). Они были идентифицированы как *Grahamelytron crofti* и *Ademosynoides antarctica*. *G. crofti*, возможно, является представителем семейства жужелиц (Carabidae), хотя и напоминает листоеда (семейство Chrysomelidae), а вид *A. antarctica* может быть отнесен к жужелицам (Carabidae), чернотелкам (Tenebrionidae), щелкунам (Elateridae) или ископаемому семейству пермозинид (Permosinidae) (Zeuner, 1959). Недавние исследования подтвердили наличие старейших ископаемых останков пресноводных моллюсков из Антарктиды *Antediplodon esperanzaensis* в выходах юрского периода, возникших из-за отступающих ледников к востоку от района (Martinez et al, 2019). Никаких других образцов ископаемой фауны здесь не обнаружено. Насколько это известно, на территории Района нет никаких остатков морской ископаемой флоры или фауны.

Потепление климата привело к массовому отступлению ледников в северной части Антарктического полуострова. Например, на севере полуострова Тринити площадь незамерзающего грунта увеличилась на 40 км^2. В частности, в районе бухты Хоп, который включает ООРА № 148, свободная ото льда площадь, увеличилась на 4,5 км^2 (Sotille, 2015). В результате формирование почвы и колонизация растительности увеличились по всей территории, что свидетельствует о происходящих в регионе динамических процессах, которые имеют важное научное значение (Poeiras, 2011).

БИОЛОГИЯ НАЗЕМНОЙ И ПРЕСНОЙ ВОДЫ

Живая флора на территории Района немногочисленна и имеет очаговое распределение. Несмотря на отсутствие полномасштабных флористических исследований, здесь были обнаружены несколько видов мхов и лишайников. К числу идентифицированных видов мхов относятся: *Andreaea gainii, Bryum argenteum, Ceratodon purpureus, Hennediella heimii, Pohlia nutans, Sanionia uncinata, Schistidium antarctici* и *Syntrichia princeps*. Среди лишайников были идентифицированы виды: *Acarospora macrocyclos, Buellia anisomera, виды Buellia*, виды *Caloplaca, Candelariella vitellina, Cladonia pocillum, Haematomma erythromma, Physcia caesia, Pleopsidium chlorophanum, Pseudephebe minuscula, Rhizocarpon geographicum, Rhizoplaca aspidophora, Stereocaulon antarcticum, Tremolecia atrata, Umbilicaria antarctica, Umbilicaria decussata, Umbilicaria kappeni, Usnea antarctica, Xanthoria candelaria* и *Xanthoria elegans*. На территории Района нет постоянных водотоков или озер. Данные о фауне беспозвоночных или сообществах микроорганизмов на горе Флора отсутствуют.

ГНЕЗДЯЩИЕСЯ ПТИЦЫ

Данные о сообществах птиц на горе Флора немногочисленны, хотя в одном из отчетов о точном расположении гнездовий некоторых видов отмечалось, что гнездование птиц на территории Района маловероятно (Marshall 1945). Тем не менее птицы, гнездящиеся в бухте Хоп, в целом хорошо изучены. Например, Аргентина проводила мониторинг колоний пингвинов в КОТ ANT074 с начала 1990-х годов. Примерно в 500 м к северо-востоку от Района находится часть одной из крупнейших колоний пингвинов Адели (*Pygoscelis adeliae*) на Антарктическом полуострове, насчитывающая около 104 139 пар (Santos et al. 2018) (карта 2). Среди других птиц, гнездящихся в бухте Хоп, около 500 пар папуанских пингвинов (*Pygoscelis papua*) (Аргентинская программа мониторинга), бурых поморников (*Catharacta loennbergi*), южнополярных поморников (*Catharacta maccormicki)*, антарктических крачек (*Sterna vittata*), качурок Вильсона (*Oceanites oceanicus*), доминиканских чаек (*Larus dominicanus*) и белых ржанок (*Chionis alba*). Более подробную информацию о численности птиц, гнездящихся в окрестностях горы Флора, можно найти в данных Аргентины (1997 г.), в работе Santos et al. (2013), а также Coria and Montalti (1993).

ДЕЯТЕЛЬНОСТЬ И ВЛИЯНИЕ ЧЕЛОВЕКА
Гора Флора была обнаружена в 1903 г. Йоханном Гуннаром Андерссоном (Johann Gunnar Andersson), членом шведской южно-полярной экспедиции 1901–1904 гг., который исследовал и нанес на карты значительную территорию северной части Антарктического полуострова. Сев на мель в бухте Хоп и ожидая спасателей в течение зимы 1903 г., Андерссон собрал на горе Флора образцы ископаемой флоры и минералов. Андерссон и его товарищи перезимовали в каменной хижине (Историческое место и памятник № 39). Руководителем этой экспедиции был Отто Норденскьольд (Otto Nordenskjöld), который дал название горе Флора с учетом геологических находок Андерссона. В 1945 г. Великобритания основала в бухте Хоп Базу D в рамках операции «Табарин». Эта станция работала вплоть до февраля 1964 г. В зимний период ее персонал состоял из 7–19 человек. В 1997 г. База D была передана Великобританией Уругваю и получила новое название – станция Лейтенант де Навио Руперто Эличирибети. 31 декабря 1951 г. Аргентина открыла станцию Эсперанса и с тех пор постоянно эксплуатирует ее. Персонал станции составляют около 50 человек в зимний сезон до 70 человек летом, которые занимаются различными научными исследованиями в таких областях, как сейсмология, геология, геоморфология, а также мониторингом различных параметров экосистемы и вопросами загрязнения.

Район бухты Хоп посещают туристы: от 1500 до 3000 туристов в год посещают местные достопримечательности, включая станцию Эсперанса и близлежащую колонию пингвинов в Игл-Коув (КОТ Ant074). В 1989 г. гора Флора была определена как Участок особого научного интереса, поскольку появились опасения, что случайные посетители могут забрать лучшие образцы ископаемых остатков, в результате чего они будут потеряны для науки. Туристическая или другая рекреационная деятельность запрещена в Районе, хотя доступ к участкам считается трудным и делает такие посещения маловероятными.

6(ii) Доступ в Район
На территорию Района разрешается только пеший доступ. На нижние склоны горы Флора легко добраться пешком от обеих местных научно-исследовательских станций и от бухты Хоп. Однако дорога до границы ООРА и перемещение по его территории окажутся более сложными из-за пересеченной местности. Чтобы попасть в Район, необходимо пройти по относительно плоской местности к югу от станции Эсперанса и к озеру Бекелла. Затем необходимо следовать по маршруту на юг к восточному концу ООРА, откуда можно попасть в Район по наименее крутой местности (см. карту 2). Посадка вертолетов в пределах Района запрещается, за исключением чрезвычайных ситуаций, когда использование вертолетов может рассматриваться как соответствующее условиям, изложенным в разделе *7(ii) Доступ в Район и передвижение по его территории.*

6(iii) Места расположения сооружений в пределах и вблизи Района
На территории Района никаких сооружений нет. Ближайшими научно-исследовательскими станциями являются станция Эсперанса (Аргентина) (63°24' ю. ш., 56°59' з. д.,) и станция Руперто-Эличирибети (Уругвай) (63°24' ю. ш., 56°59' з. д.,); обе находятся приблизительно в полутора километрах к северо-востоку от Района. В 300 м к северо-востоку от уругвайской станции находятся остатки британской базы, сгоревшей при пожаре в 1948 г. На небольшом мысе примерно в 300 м к северу от уругвайской базы находятся могилы двух британцев, погибших во время этого пожара. К востоку от горы Флора расположены два укрытия, обслуживаемые Аргентиной (63º25'10" ю. ш., 56º59'50" з. д. и 63º27'36" ю. ш., 57º11'14" з. д.).

6(iv) Наличие других охраняемых территорий в окрестностях Района
Ближайшими к горе Флора охраняемыми территориями являются полуостров Поттер (ООРА № 132), западный берег залива Адмиралти (ООРА № 128), Лайонз-Рамп (ООРА № 151) и мыс Наребски, полуостров Бартон (ООРА № 171), которые находятся на острове Кинг-Джордж, Южные Шетландские острова, примерно в 150 км к западу (карта 1). В окрестностях станции Эсперанса (карта 2) расположены каменная хижина (Историческое место и памятник № 39), построенная членами шведской антарктической экспедиции, бюст генерала Сан-Мартина, грот со статуей Луханской Девы и флагшток, установленные Аргентиной в 1955 г., а также кладбище со стелой в память членов аргентинских экспедиций, погибших в этом Районе (Историческое место и памятник № 40).

6(v) Специальные зоны на территории Района
Отсутствуют.

7. Условия выдачи разрешений для доступа

7(i) Общие условия выдачи разрешений
Доступ в Район запрещен, за исключением случаев на условиях разрешения, выданного соответствующей национальной инстанцией, в соответствии с положениями Статьи 7 Приложения V к Протоколу по охране окружающей среды к Договору об Антарктике.

Разрешение на посещение Района выдается на следующих условиях:
- Разрешение выдается только для достижения неотложных научных целей, которые не могут быть достигнуты ни в каком ином месте, или для ключевых целей управления Районом.
- Все меры управления способствуют достижению целей Плана управления.
- Разрешенные действия соответствуют положениям Плана управления.
- Разрешенная деятельность должна проводиться с учетом оценки воздействий на окружающую среду в контексте поддержания охраны научных и исторических ценностей Района.
- Если заявитель на получение разрешения планирует собирать образцы пород, то еще до выдачи разрешения он должен доказать соответствующему национальному органу, что запланированные исследования не могут быть должным образом проведены с помощью ранее собранных образцов, которые хранятся в коллекциях разных стран мира.
- Во время пребывания на территории Района необходимо иметь при себе оригинал или заверенную копию разрешения.
- Отчет о посещении должен быть предоставлен в орган, указанный в разрешении.
- Разрешения выдаются на ограниченный срок.
- Соответствующий компетентный орган должен быть поставлен в известность о любых предпринимаемых действиях или мерах, которые не включены в официальное разрешение.

7(ii) Доступ в Район и передвижение по его территории
- Доступ на территорию Района или перемещение в его пределах разрешается только пешком.
- Из-за крутизны местности, что делает технически сложным приземление вертолета на территории Района, доступ в Район на вертолете не разрешен, за исключением чрезвычайных ситуаций. В случае чрезвычайной ситуации, если позволяют условия ветра, вертолету разрешается полет на территорию ООРА (желательно без посадки) для выполнения спасательной операции. Если это необходимо или целесообразно для данной аварийной ситуации, вертолет может осуществлять посадку на леднике Флора. При возникновении чрезвычайной ситуации, которая вызывает необходимость

использования вертолета, рекомендуется следовать маршрутам полета, показанным на карте 2. Кроме того, посадка вертолета на окружающей местности не рекомендуется из-за высокой концентрации птиц, гнездящихся в непосредственной близости от горы Флора. В качестве места посадки вертолета рекомендуется вертолетная площадка на станции Эсперанса (см. карту 2). Следует также пользоваться «Руководством по осуществлению воздушных операций вблизи скоплений птиц в Антарктике», приложенным к Резолюции 2 (2004 г.).
- Использование наземных транспортных средств на территории Района запрещается.
- Движение пешеходов должно быть сведено к минимуму, необходимому для осуществления разрешенной деятельности; при этом следует принимать все возможные меры для минимизации таких последствий вытаптывания, как разрушение пород (особенно пород на месте).
- Пролет дистанционно-пилотируемых авиационных систем (ДПАС) над колониями птиц в пределах Района не допускается, за исключением случаев, когда это необходимо в научных или операционных целях согласно разрешению, выданному соответствующей национальной инстанцией.

7(iii) Разрешенная деятельность на территории Района

Разрешенная деятельность на территории Района включает в себя:
- научные исследования, которые не могут быть выполнены в другом месте;
- научные исследования, не представляющие угрозы для научных ценностей Района;
- основные управленческие мероприятия, включая мониторинг.

В случае взятия геологических образцов в качестве минимального стандарта следует руководствоваться следующими принципами:
1. Взятие образцов необходимо выполнять с минимально возможным нарушением.
2. Взятие образцов должно быть сведено к минимуму, необходимому для достижения целей исследования.
3. Необходимо оставлять достаточно материала или образцов для будущих исследователей, чтобы они могли понимать контекст материала.
4. На местах взятия образцов не должно оставаться маркировки (краски, бирок и т.д.).
5. После окончания проекта образцы должны храниться в специально выделенном хранилище.
6. Подробные данные GPS о расположении участков сборов, данные об объеме, весе и типе собираемого материала, а также о местах хранения материала должны фиксироваться в отчетах о посещении, представляемых в соответствующий национальный орган.
7. Копия этих данных должна также предоставляться Сторонам-инициаторам для облегчения пересмотра плана управления, а также для предоставления консультаций другим Сторонам в отношении наличия материалов в геологических хранилищах в целях сведения к минимуму излишней новой или дополнительной выборки образцов.

7(iv) Возведение, реконструкция или удаление сооружений

Возводить сооружения или устанавливать научное оборудование на территории Района запрещается, за исключением случаев, когда это необходимо для выполнения неотложных научных задач или мер управления и на заданный период в соответствии с разрешением. Строительство капитальных сооружений или установок запрещено. Все указатели, сооружения или научное оборудование, возводимые (устанавливаемые) на территории Района, подлежат четкой идентификации с указанием страны, наименования основной исследовательской организации или агентства, года возведения (установки) и даты планируемого удаления. На всех таких объектах не должно быть организмов, пропагул (например, семян, яиц) и нестерильной почвы; они должны быть изготовлены из материалов, которые способны выдержать условия окружающей среды и которые представляют минимальный риск загрязнения Района. Одним из требований разрешения должен быть вывоз из Района конкретного оборудования, на которое истек срок действия разрешения.

7(v) Размещение полевых лагерей

Размещение лагерей на территории Района запрещается.

7(vi) Ограничения на ввоз материалов и организмов на территорию Района

Помимо требований Протокола по охране окружающей среды к Договору об Антарктике, вводятся следующие ограничения на ввоз в Район указанных ниже материалов и организмов:

- Преднамеренный ввоз животных, растительных материалов, микроорганизмов и нестерильной почвы на территорию Района запрещается. Следует принимать необходимые меры предосторожности по предотвращению непреднамеренного внедрения животных, растительных материалов, микроорганизмов и нестерильной почвы из других биологически отличающихся регионов (подпадающих и не подпадающих под действие Договора об Антарктике). Кроме того, перед ввозом в Антарктику должны быть тщательно очищены все инструменты (буры, ледорубы, лопаты, геологические молотки т. п.), особенно те инструменты, которые ранее использовались на больших высотах и в областях высоких широт за пределами Района Договора об Антарктике.
- Ввоз в Район гербицидов или пестицидов запрещен.
- Любые другие химикаты, включая радиоизотопы или стабильные изотопы, которые могут быть ввезены на территорию Района для проведения научных исследований или осуществления мер управления, указанных в разрешении, подлежат вывозу из Района сразу после или до завершения деятельности, на которую выдано разрешение.
- Хранение топлива и химических веществ на территории Района не допускается, за исключением случаев, предусмотренных особыми условиями разрешения. Способы хранения и обращения с этими веществами должны обеспечивать сведение к минимуму вероятности их непреднамеренного попадания в окружающую среду.
- Ввоз материалов на территорию Района разрешается только на оговоренный срок, и они подлежат удалению к концу установленного срока. В случае попадания в окружающую среду материалов, представляющих возможную опасность для ценностей Района, их удаление следует производить только в том случае, если ущерб от действий по удалению не будет превышать ущерба от оставления этих материалов на месте.
- Соответствующая инстанция должна быть проинформирована о попадании в окружающую среду и неудалении каких-либо материалов, не оговоренных в выданном разрешении.

7(vii) Изъятие местной флоры и фауны или вредное воздействие на них

Изъятие местной флоры и фауны или вредное воздействие на них запрещено, если иное не оговорено в разрешении, выданном в соответствии с требованиями Приложения II к Протоколу по охране окружающей среды к Договору об Антарктике. В случае изъятия или вредного вмешательства в жизнь животных следует соблюдать разработанный СКАР Кодекс поведения при использовании животных в научных целях в Антарктике, который является минимальным стандартом.

7(viii) Сбор или вывоз чего-либо, не ввезенного в Район держателем Разрешения

Сбор и вывоз материалов из Района допускается только в соответствии с разрешением и должен ограничиваться минимумом, необходимым для выполнения научных задач или достижения целей управления (см. Разделы *7(iii) Разрешенная деятельность в Районе* и *7(x) Меры по поддержанию реализации целей и задач Плана управления*). Разрешения не должны выдаваться при наличии обоснованных опасений того, что предполагаемый отбор образцов приведет к изъятию, вывозу или повреждению такого объема пород, содержащих остатки ископаемых растений, что это серьезно скажется на их количестве на горе Флора. Прочие материалы антропогенного происхождения, которые могут нанести ущерб ценностям Района и которые не были ввезены в Район держателем разрешения или санкционированы иным образом, могут быть вывезены при условии, что воздействие на окружающую среду при их удалении не будет превышать ущерба от оставления этих материалов на месте; в этом случае необходимо проинформировать соответствующий национальный орган и получить его одобрение.

7(ix) Удаление отходов

Все отходы, включая все отходы жизнедеятельности человека, подлежат вывозу из Района в соответствии с Приложением III (Удаление и управление ликвидацией отходов) к Протоколу по охране окружающей среды к Договору об Антарктике (1998 г.).

7(x) Меры по поддержанию реализации целей и задач Плана управления

С учетом того, что отбор геологических образцов оказывает и постоянное, и кумулятивное воздействие, в целях защиты научных ценностей Района необходимо принять следующие меры:

- Посетители, которые вывозят из Района геологические образцы, обязаны заполнить документ с указанием геологической категории, количества собранных образцов и места, где они были взяты; этот документ должен храниться как минимум в национальном центре антарктических данных или Генеральном каталоге антарктических данных.
- в целях минимизации дублирования посетители, планирующие собирать образцы на территории Района, должны доказать, что они ознакомились с собранными ранее коллекциями. Коллекции образцов имеются в хранилищах самых разных стран мира, в том числе в указанных ниже местах.

Хранилища	***Информационные сайты и сайты хранилищ***
Музей естественных наук имени Б. Ривадавиа (Буэнос-Айрес, Аргентина)	http://wander-argentina.com/natural-sciences-museum-buenos-aires/
Музей естественных наук (Ла-Плата, Аргентина)	http://www.welcomeargentina.com/laplata/museum-natural-sciences.html
Музей естественной истории (Лондон, Великобритания)	https://www.nhm.ac.uk/our-science/collections/palaeontology-collections.html
Антарктическое управление Великобритании (BAS) (Кембридж, Великобритания)	https://www.bas.ac.uk/data/our-data/collections/geological-collections/
Шведский музей естественной истории (Стокгольм)	http://www.nrm.se/english.16_en.html
Хранилище полярных пород Центра полярных исследований имени Бэрда (Огайо, США)	http://bprc.osu.edu/rr/
Институт геологических наук Польской академии наук (Краков, Польша)	https://www.ing.pan.pl/en/
Отделение геологии Института наук о Земле Федерального университета Рио-де-Жанейро (Бразилия)	http://www.ufrgs.br/english/the-university/institutes-faculty-and-schools/institute-of-geoscience
Антарктическое хранилище палеонтологических и геологических коллекций Аргентинского антарктического института, Буэнос-Айрес, Аргентина	https://www.cancilleria.gob.ar/es/iniciativas/dna/instituto-antartico-argentino/repositorio-de-fosiles

7(xi) Требования к отчетам

По каждому посещению Района основной держатель разрешения должен представить отчет в соответствующий национальный орган в максимально короткий срок, но не позднее чем через шесть месяцев после завершения посещения.

Насколько это уместно, в состав такого отчета должна входить информация, указанная в рекомендуемой *Форме отчета о посещении Особо охраняемого района Антарктики,* представленной в *Руководстве по подготовке Планов управления Особо охраняемыми районами Антарктики* (см. Приложение 2). Среди прочих сведений отчет о посещении должен содержать информацию, требуемую согласно пункту 6 раздела *7(iii) Разрешаемая деятельность в Районе* настоящего Плана управления. При наличии возможности национальный компетентный орган должен также направить копию отчета о посещении Сторонам-инициаторам с тем, чтобы содействовать в управлении Районом и рассмотрении Плана управления. Сторонам следует по возможности размещать оригиналы или копии таких отчетов о посещении в общедоступном архиве для учета пользования материалами в целях какого-либо пересмотра Плана управления и в качестве организационной меры по использованию Района в научных целях.

8. Справочная документация

Andersson, J.G. 1906. On the geology of Graham Land. *Bulletin of the Geological Institution of the University of Upsala* **7**:19-71.

Argentina. 1997. Environmental review of Argentine activities at Esperanza (Hope) Bay, Antarctic Peninsula. *ATCM XXI, Information Paper 36.*

Baldoni, A.M. 1986. Características generales de la megaflora, especialmente de la especie *Ptilophyllum antarcticum*, en el Jurásico Superior-Cretácico Inferior de Antártida y Patagonia, Argentina. *Boletim IG-USP, Instituto de Geociencias, Universidade de Sao Paulo* **17**: 77-87.

Bibby, J.S. 1966. The stratigraphy of part of north-east Graham Land and the James Ross Island group. *British Antarctic Survey Scientific Report* **53**.

Birkenmajer, K. 1992. Trinity Peninsula Group (Permo-Triassic?) at Hope Bay, Antarctic Peninsula. *Polish Polar Research* **13**(3-4): 215-240.

Birkenmajer, K. 1993a. Jurassic terrestrial clastics (Mount Flora Formation) at Hope Bay, Trinity Peninsula (West Antarctica). *Bulletin of the Polish Academy of Sciences: Earth Sciences* **41**(1): 23-38.

Birkenmajer, K. 1993b. Geology of late Mesozoic magmatic rocks at Hope Bay, Trinity Peninsula (West Antarctica). *Bulletin of the Polish Academy of Sciences: Earth Sciences* **41**(1): 49-62.

Birkenmajer, K. and Ociepa, A.M. 2008. Plant-bearing Jurassic strata at Hope Bay, Antarctic Peninsula (West Antarctica); geology and fossil plant description. In: K. Birkenmajer (ed.) Geological Results of the Polish Antarctic Expeditions, Part 15. *Studia Geologica Polonica* **128**: 5–96.

Coria, N. R., and Montalti, D. 1993. Flying birds at Esperanza Bay, Antarctica. *Polish Polar Research* **14**(4): 433-439.

Croft, W.N. 1946. Notes on the geology of the Hope Bay area. Unpublished report, British Antarctic Survey Archives Ref AD6/2D/1946/G1.

Farquharson, G.W. 1984. Late Mesozoic, non-marine conglomeratic sequences of Northern Antarctic Peninsula (Botany Bay Group). *British Antarctic Survey Bulletin* **65**: 1-32.

Francis, J.E. 1986. Growth rings in Cretaceous and Tertiary wood from Antarctica and their palaeoclimatic implications. *Palaeontology* **29**(4): 665-684.

Gee, C.T. 1989. Revision of the late Jurassic/early Cretaceous flora from Hope Bay, Antarctica. *Palaeontographica* **213**(4-6): 149-214.

Grikurov, G.E. and Dibner, A.F. 1968. Novye dannye o Serii Triniti (C1-2) v zapadnoy Antarktide. [New data on the Trinity Series (C1-2) in West Antarctica.] *Doklady Akademi Nauk SSSR*: **179**, 410-412. (English translation: *Proceedings of the Academy of Science SSSR (Geological Sciences)* **179**: 39-41).

Halle, T.G. 1913. The Mesozoic flora of Graham Land. *Wissenschaftliche ergebnisse der Schwedischen Südpolar-expedition 1901-1903* **3**(14).

Harris, C.M., Lorenz, K., Fishpool, L.D.C., Lascelles, B., Cooper, J., Coria, N.R., Croxall, J.P., Emmerson, L.M., Fijn, R.C., Fraser, W.L., Jouventin, P., LaRue, M.A., Le Maho, Y., Lynch, H.J., Naveen, R., Patterson-Fraser, D.L., Peter, H.-U., Poncet, S., Phillips, R.A., Southwell, C.J., van Franeker, J.A., Weimerskirch, H., Wienecke, B., and Woehler, E.J. 2015. *Important Bird Areas in Antarctica 2015*. BirdLife International and Environmental Research & Assessment Ltd., Cambridge.

Hathway, B. 2000. Continental rift to back-arc basin: stratigraphical and structural evolution of the Larsen Basin, Antarctic Peninsula. *Journal of the Geological Society of London* **157**: 417-432.
Marshall, N.B. 1945. Annual report. Base D. Biology and Hydrography. Unpublished report, British Antarctic Survey Archives Ref AD6/1D/1945/N2. Nathorst, A.G. 1906. On the upper Jurassic flora of Hope Bay, Graham Land. *Compte Rendus, 10th International Geological Congress, Mexico* **10**(2):1269-1270.

Martínez, S., Scasso, R. A., Elgorriaga, A., Capelli, I., del Valle, R., Puerta, P., Lirio, J.M, and Amenábar, C. R. 2020. The (truly) first fossil freshwater molluscs from Antarctica. *Paläontologische Zeitschrift* **94**(3): 513-518.

Martín-Serrano, A., Montes, M., Martín, F. N., and Del Valle, R. 2005. Geomorfología de la costa austral de Bahía Esperanza (Península Antártica). *Geogaceta* **38**: 95-98.

Montes, M. Martin-Serrano, A., Nozal, F. 2005. Geología de la Costa austral de Bahia Esperanza (Península Antárctica). *Geogaceta* **38**: 91-94.

Montes, M. J., Martín-Serrano, A., and del Valle, R. A. 2004. Mapa Geológico de la costa austral de Bahía Esperanza y el Monte Flora, Peninsula Antartica. In S. Marenssi (Ed.), 5°1° Simposio Argentino Latinoamericano sobre Investigaciones Antárticas. Buenos Aires: Instituto Antártico Argentino.

Montes, M., Martin-Serrano, A., Nozal, F., Rodríguez Fernández, L. R., and Del Valle, R. 2013. Mapa geológico de Bahía Esperanza. Antártica; scale 1:10,000. 1st edition. Serie Cartográfica Geocientifica Antártica. Madrid: Instituto Geológico y Minero de España, Buenos Aires: Instituto Antártico Argentino.

Morel, E. M., Artabe, A. E., Ganuza, D. G., and Brea, M. 1994. Las plantas fósiles de la Formación Monte Flora, en Bahía Botánica, Península Antártica, Argentina. 1. Dipteridaceae. *Ameghiniana* **31**: 23-31.

Morgan, F., Barker, G., Briggs, C., Price, R. and Keys, H. 2007. Environmental Domains of Antarctica Version 2.0 Final Report, Manaaki Whenua Landcare Research New Zealand Ltd. 89 pp.

Nozal, F., Martin-Serrano, A., Montes, M., and Del Valle, R. 2013. Mapa geomorfológico de Bahía Esperanza. Antártica; scale 1:10,000. 1st edition. Serie Cartográfica Geocientifica Antártica. Madrid: Instituto Geológicao y Minero de España, Buenos Aires: Instituto Antártico Argentino.

Ociepa, A. M. 2007. Jurassic liverworts from Mount Flora, Hope Bay, Antarctic Peninsula. *Polish Polar Research* **28**(1): 31–36.

Ociepa, A. M. and Barbacka, M. 2011. *Spesia antarctica* gen. et sp. nov. – a new fertile fern spike from the Jurassic of Antarctica. *Polish Polar Research* **32**(1): 59-66.

Pankhurst, R.J. 1983. Rb-Sr constraints on the ages of basement rocks of the Antarctic Peninsula. In Oliver, R.L., James, P.R. and Jago, J.B. eds. *Antarctic Earth Science*. Canberra, Australian Academy of Science: 367-371.

Pankhurst, R.J., Leat, P.T., Sruoga, P., Rapela, C.W., Marquez, M., Storey, B.C., and Riley, T.R., 1998. The Chon Aike province of Patagonia and related rocks in West Antarctica: a silicic large igneous province. *Journal of Volcanology and Geothermal Research* **81**: 113-136.

Poeiras, L. M. 2011. Vegetation and environments in Lions Rump e Hope Bay, Maritime Antarctic. (Thesis). Universidade Federal de Viçosa, Viçosa.

Rees, P. M. 1990. Palaeobotanical contributions to the Mesozoic geology of the northern Antarctic Peninsula region. Unpublished PhD thesis, Royal Holloway and Bedford New College, University of London.

Rees, P. M. 1993a. Dipterid ferns from the Mesozoic of Antarctica and New Zealand and their stratigraphical significance. *Palaeontology* **36**(3): 637-656.

Rees, P. M. 1993b. Caytoniales in early Jurassic floras from Antarctica. *Geobios* **26**(1): 33-42.

Rees, P.M., 1993c. Revised interpretations of Mesozoic palaeogeography and volcanic arc evolution in the northern Antarctic Peninsula region. *Antarctic Science* **5**: 77-85

Rees, P.M. and Cleal, C.J. 1993. Marked Polymorphism in *Archangelskya furcata*, a pteridospermous frond from the Jurassic of Antarctica. *Special papers in Palaeontology* **49**: 85-100.

Rees, P.M. and Cleal, C.J. 2004. Lower Jurassic floras from Hope Bay and Botany Bay, Antarctica. *Special Papers in Palaeontology* **72**: 5-89.

Riley, T.R and Leat, P.T. 1999. Large volume silicic volcanism along the proto-Pacific margin of Gondwana: lithological and stratigraphical investigations from the Antarctic Peninsula. *Geological Magazine* **136** (1): 1-16.

Santos, M. M., Hinke, J. T., Coria, N. R., Fusaro, B., Silvestro, A., & Juáres, M. A. 2018. Abundance estimation of Adélie penguins at the Esperanza/Hope Bay mega colony. *Polar Biology*, **41**(11), 2337-2342.Smellie, J.L., and Millar, I.L. 1995. New K-Ar isotopic ages of schists from Nordenskjold Coast, Antarctic Peninsula: oldest part of the Trinity Peninsula Group? *Antarctic Science* **7**: 191-96.

Sotille, M. E. 2015. Avanço e retração de área glacial no extremo norte da península Trinity, Antártica, entre 1988 e 2015. (Thesis). Universidade Federal do Río Grande do Sul, Porto Alegre.

Terauds, A., and Lee, J. R. 2016. Antarctic biogeography revisited: updating the Antarctic Conservation Biogeographic Regions. *Diversity and Distribution* **22**: 836-840.

Taylor, B.J. [no date]. Middle Jurassic plant material from Mount Flora, Hope Bay. Unpublished report, British Antarctic Survey Archives Ref ES3/GY30/6/1.

Thomson, M.R.A. 1977. An annotated bibliography of the paleontology of Lesser Antarctica and the Scotia Ridge. *New Zealand Journal of Geology and Geophysics* **20**(5): 865-904.

Torres, T., Galleguillos, H., and Philippe, M. 2000. Maderas fósiles en el Monte Flora, Bahía Esperanza, Península Antártica. In: Congreso Geológico Chileno, No. 9, Actas, Vol. 2, p. 386-390. Puerto Varas.

Truswell, E.M., 1991. Antarctica: a history of terrestrial vegetation. In: Tingey, R.J., ed. *The geology of Antarctica.* Oxford: Clarendon Press, 499-537.

Woehler, E.J. (ed) 1993. The distribution and abundance of Antarctic and sub-Antarctic penguins. SCAR, Cambridge.

Zeuner, F.E. 1959. Jurassic beetles from Graham Land, Antarctica. *Palaeontology* **1**(4): 407-409.

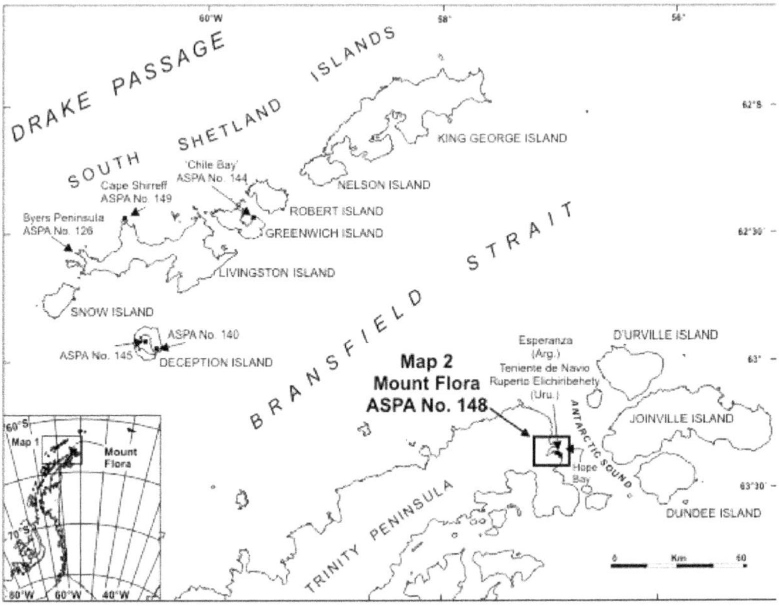

Map 1. Mount Flora (ASPA No. 148), Hope Bay, Antarctic Peninsula, location map. Inset: location of Mount Flora on the Antarctic Peninsula

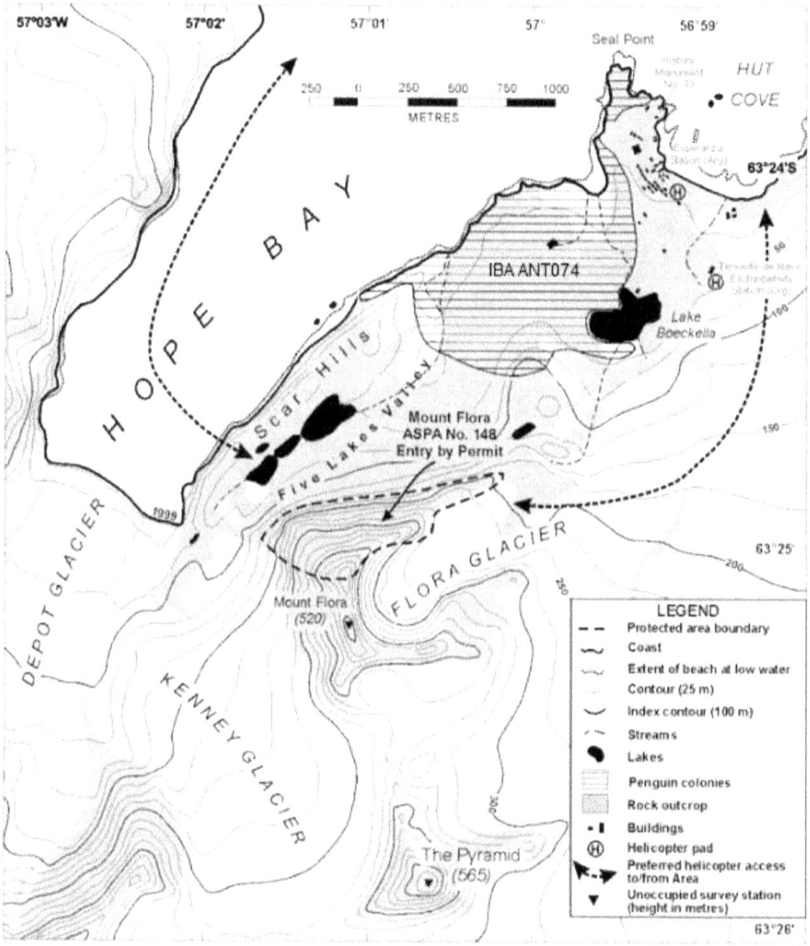

Map 2. Mount Flora (ASPA No. 148), Hope Bay, topographic map

Карта 3: географическая карта ООРА № 148 «Гора Флора» составлена по материалам работы «Mapa Geológico de Bahía Esperanza Antártida», опубликованной Институтом геологии и минералов Испании (Intituto Geológico y Minero de España) и Антарктическим институтом Аргентины (Instituto Antártico Argentino) (масштаб 1:10 000). Верхняя часть схематической карты ориентирована по северу. Карта показывает приблизительно 1,5 км по горизонтали. Условные обозначения: 4. Массивные конгломераты различной толщины. 5. Песчаники, конгломераты и черные сланцы с остатками растений. 5a. Фрагменты вулканических пород. 6. Вплавленные туфы с чередующимися слоями песчаников, вулканической брекции и вплавленными слоями игнимбритов. 6a. Красноватый термоконтакт 7. Брекции, песчаники и алевролиты с чередующимися слоями вулканических игнимбритов. 8. Вплавленные туфы, перемежающиеся вплавленными игнимбритами и слоями брекции и песчаника. 8a. Вулканические слоистые алевролиты, песчаники и вулканические слои базальтовой лавы. 8b. Красноватый термоконтакт. 9. Брекции и песчаники с чередующимися слоями вулканических игнимбритов. 10. Угловатые валуны с песчано-илистой породой. Фоновые отложения и морены. 11. Угловатые валуны. Склоны, наносы и веерообразные отложения, γ: дайка, палеоботанические останки.

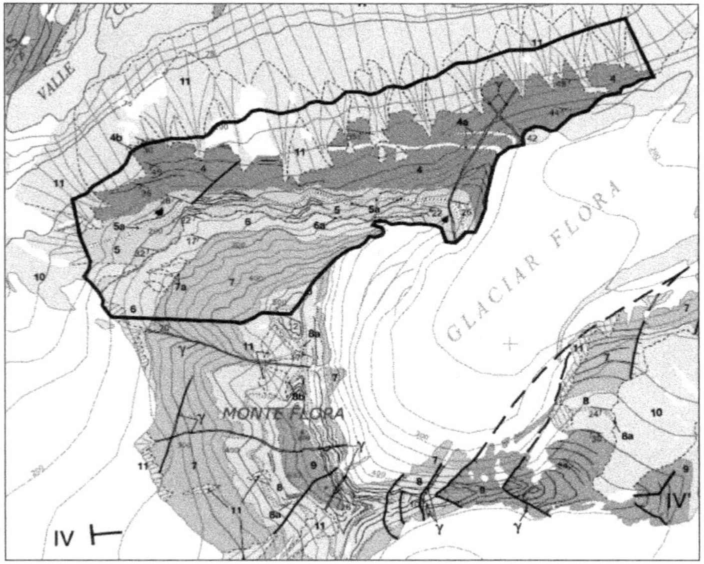

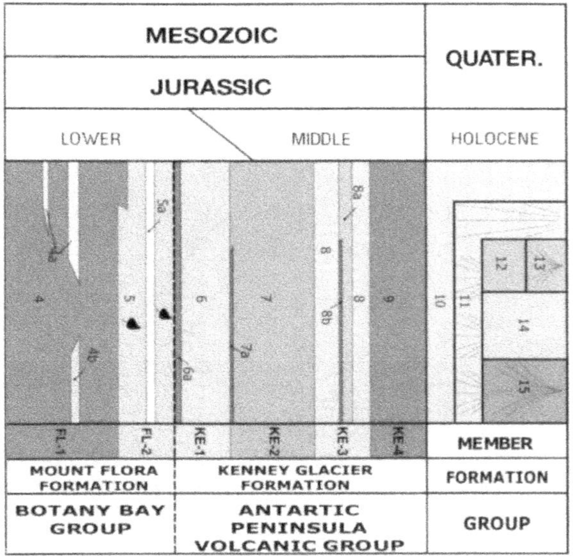

План управления Особо охраняемым районом Антарктики № 155 «МЫС ЭВАНС», ПОЛУОСТРОВ РОССА

(включая Исторические места и памятники № 16 и №17 – историческую хижину капитана Роберта Фалкона Скотта «Терра Нова» и ее окрестности и Крест на холме Уинд-Вейн)

Введение

Район находится на северо-западном берегу мыса Эванс, полуостров Росса, 77°38'12" ю. ш., 166°25'15" в. д. Площадь территории составляет приблизительно 5,5 га между холмом Уинд-Вейн (Wind Vane Hill), озером Скуа (Skua Lake) и пляжем Хоум-Бич (Home Beach). Район был изначально определен как имеющий большое историческое значение с хижиной, построенной членами Британской антарктической экспедиции (*Терра Нова)* (1910–1913 гг.) под руководством капитана Королевского флота Роберта Фалкона Скотта (Robert Falcon Scott). Хижина включена в перечень Исторических мест и памятников (ИМП) под номером 16. В состав Исторического места и памятника № 17 входит крест на холме Уинд-Вейн. Оба исторических памятника были определены на основании Рекомендации VII-9 (1972). Район был обозначен в качестве Особо охраняемого района № 25 на основании Меры 2 (1997 г.) и переименован и перенумерован в Особо охраняемый район Антарктики (ООРА) № 155 согласно Решению 1 (2002 г.). Пересмотренный План управления был принят на основании Меры 2 (2005 г.), Меры 12 (2008 г.), Меры 8 (2010 г.) и Меры 11 (2015 г.).

1. Описание ценностей, нуждающихся в охране

Хижина «Терра Нова» (ИМП № 16) на мысе Эванс (карта 1) является самой большой исторической хижиной в регионе моря Росса. Она была построена в январе 1911 г. членами Британской антарктической экспедиции «Терра Нова» (1910–1913 гг.) под руководством капитана Королевского флота Роберта Фалкона Скотта, ВМФ Великобритании. Впоследствии ее использовали в качестве базы члены отряда «Моря Росса» Королевской трансантарктической экспедиции 1914-1917 годов под руководством сэра Эрнеста Шеклтона (Ernest Shackleton).

Крест на холме Уинд-Вейн (ИМП № 17) был установлен в память о трех членах партии Шеклтона «Море Росса», погибших в 1916 году, Энеасе Макинтоше, Викторе Хейворде и Арнольде Спенсер-Смите. Кроме того, на этой территории находятся два якоря судна «Аврора» Королевской трансантарктической экспедиции, два сарая для инструментов (один – на холме Уинд-Вейн, а второй – рядом с хижиной «Терра Нова»), несколько складов для хранения запасов и собачьих будок, а также многочисленные артефакты, разбросанные по всей территории этого участка (карта 2).

Мыс Эванс – одно из главных мест, связанных с первыми шагами человека в Антарктике. Это – важный символ Героической эпохи освоения Антарктики, и как таковой он имеет большое историческое значение. С экспедицией «Терра Нова», база которой находилась на этой территории, связаны некоторые из самых ранних достижений в области наук о земле, метеорологии, а также исследований флоры и фауны Антарктики. Полученные данные могут быть использованы в качестве ориентира для сравнения с результатами современных измерений. История этой деятельности и вклад, который она внесла в понимание и изучение Антарктики, обусловливают большое научное, эстетическое и историческое значение этого района.

Мыс Эванс расположен в пределах Экологической среды S: геология Мак-Мёрдо – южная часть Земли Виктории, исходя из Анализа экологических доменов по Антарктике (Резолюция 3 (2008 г.), и в

Регионе 9 – южная часть Земли Виктории, исходя из документа «Заповедные биогеографические регионы Антарктики» (Резолюция 6 (2012 г.).

2. Цели и задачи

Целью настоящего Плана управления является охрана этого района и его достопримечательностей с тем, чтобы обеспечить сохранение этих ценностей. Цели Плана управления заключаются в следующем:

- недопущение ухудшения состояния или возникновения существенного риска для ценностей района;
- сохранение исторических ценностей района за счет реализации продуманной программы мер по их консервации, в состав которой могут входить:
    a) ежегодная программа поддержания сохранности «на месте»;
    b) программа мониторинга состояния артефактов и сооружений, а также факторов, которые на них влияют;
    c) программа сохранения территории, зданий и артефактов, которая может осуществляться как на территории, так и за ее пределами;
    d) картографирование и иная регистрация местонахождения исторических предметов в окрестностях хижины; а также
    e) регистрация прочих важных исторических данных;
- сведение к минимуму антропогенного воздействия на Район, его особенностей и артефактов, позволяя сохранить доступ к хижине Скотта «Терра Нова» и другим участкам Района; а также
- создание условий для посещения района с целью осуществления мер управления в поддержку целей Плана управления.

3. Меры управления

Для обеспечения охраны ценностей района предусматривается осуществление следующей деятельности по управлению:

- На видных местах всегда должна предусматриваться информация о расположении Района (с указанием особых ограничений, действующих на его территории), а постоянные научные станции, расположенные на полуострове Росса, должны обеспечиваться экземпляром настоящего Плана управления.
- Копии этого Плана управления должны быть доступны основному получателю разрешения всех групп, посещающих Район, и (или) руководителю всех групп, посещающих прилегающие районы на мысе Эванс.
- Национальные программы должны обеспечить наличие знаков, определяющих границы района, и информации об ограничениях, действующих на территории района, на соответствующих картах местности, морских навигационных и аэронавигационных картах.
- Персонал (участники национальных программ, полевых экспедиций, руководители туристических групп и летчики), осуществляющий деятельность в окрестностях района, доступ в район или пролет над районом, должен пройти специальный инструктаж, обеспечиваемый руководством соответствующей национальной программы, туроператором или соответствующим национальным органом по соблюдению положений и требований Плана управления, в том числе быть осведомлен о местоположениях, границах и действующих ограничениях на приземление в указанном районе.
- Указатели или знаки, возведенные в пределах района или недалеко от его границы, должны быть надежно закреплены, поддерживаться в надлежащем состоянии и удаляться по мере утраты необходимости в них.

- На территории Района должна проводиться программа регулярных работ по консервации хижины «Терра Нова» и связанных с ней артефактов.
- Организация регулярного мониторинга с целью оценки воздействий посетителей и учета результатов этого мониторинга, а также любых соответствующих рекомендаций по предельному количеству допускаемых посетителей в любое время или в данный период времени при пересмотре настоящего Плана управления.
- Заинтересованные национальные антарктические программы и соответствующие группы и организации должны совместно консультироваться и координировать свои действия, чтобы обеспечить:
    a) разработку и использование навыков и ресурсов, особенно связанных с методами сохранения, для помощи в защите исторических ценностей района;
    b) установление лимита на количество посетителей; а также
    c) реализацию вышеуказанной управленческой деятельности.

4. Период определения

Определен на неограниченный период времени.

5. Карты

Карта 1: ООРА № 155 «Мыс Эванс», топографическая карта.

Проекция: равноугольная коническая проекция Ламберта. Стандартные параллели: 1-я – 77° 38' ю. ш., 2-я – 77° 39' ю. ш.: Центральный меридиан: 166°25'30"в. д.; начало отсчета широты: 78° 00'00" ю.ш .: Сфероид: WGS84. Сечение горизонталей: 5 м.

Источники данных: Береговая линия, Данные береговой линии, топографии и инфраструктуре ООРА предоставлены Антарктикой, Новая Зеландия (2019 г.). Обследование исторических объектов получено из Земельного информационного центра Новой Зеландии (LINZ).

Врезка 1: район моря Росса, с указанием местонахождения Врезки 2.

Врезка 2: Район полуострова Росса с указанием местонахождения Карты 1, мыса Эванс, станции Мак-Мёрдо (США) и станции Скотт-Бейс (Новая Зеландия).

Карта 2: ООРА № 155 «Мыс Эванс»: исторические достопримечательности. Спецификация карты аналогична спецификации карты 1.

6. Описание района

6(i) Географические координаты, специальные знаки и характерные естественные признаки, определяющие границы района

Обзор

Мыс Эванс – это небольшая, свободная ото льда треугольная территория, площадью около 125 га, на юго-западе полуострова Росса в 10 км к югу от мыса Ройдс и в 24 км к северу от полуострова Хат-Пойнт на острове Росс (карта 1).

Эта свободная ото льда территория состоит из базальтовых коренных пород, покрытых моренными отложениями. Район, находится на северо-западном берегу мыса Эванс рядом с пляжем Хоум-Бич, а его центром является хижина Скотта «Терра Нова» (карта 2).

Южнополярные поморники (*Stercorarius maccormicki*) гнездятся на мысе Эванс, а пингвины Адели (*Pygoscelis adeliae*) иногда переходят Район. Тюлени Уэдделла (*Leptonychotes weddellii*) иногда выходят на пляж Хоум-Бич.

Границы

Границы Района по часовой стрелке от юго-западного угла холма Уинд-Вейн, включают:

Юго-запад: линия, простирающаяся на 182 м к северо-западу от юго-западного угла Района на 77°38'15.47" ю. ш., 166°25'9.48" в. д., которая проходит на 20 м к югу от креста на холме Уинд-Вейн по гребню небольшой гряды, спускающейся в северо-западном направлении к береговой точке с координатами 77°38'11,50" ю. ш., 166°24'49,47" в. д.

Северо-запад: линия, простирающаяся на 188 м к северу от западного угла Района, следуя вдоль береговой линии пляжа Хоум-Бич в точке с координатами 77°38'7,5" ю. ш., 166°25'9,1" в. д.

Северо-восток: линия, простирающаяся на 186 м к югу от северо-западного угла Района до русла водотока, вытекающего из озера Скуа по направлению к северо-восточному углу с координатами 77°38' ,37" ю. ш., 166°25'35,74" в. д.

Восток: линия, простирающаяся на 193 м на юг от северо-восточного угла Района до юго-восточного угла нс координатами 77°38'15,6" ю. ш., 166°25'35,68" в. д., а также

Юг: линия, простирающаяся на 174 м на запад от юго-восточного угла Района до юго-западного угла на холме Уинд-Вейн.

Деятельность человека

Многолетняя программа регулярных работ по консервации хижины Скотта «Терра Нова» проводилась Новой Зеландией с 1950-х годов. Неправительственный траст-фонд Новой Зеландии «Антарктическое наследие» проводил консервацию хижины Скотта «Терра Нова» и связанных с ней артефактов в течение более 30-ти лет в сотрудничестве с национальными антарктическими программами, действующими в регионе.

Персонал национальных программ станции Мак-Мёрдо (США) и станции Скотт-Бейс (Новая Зеландия), а также группы туристов регулярно посещают хижину Скотта «Терра Нова» и близлежащие районы. Количество посетителей и туроператоров может меняться в зависимости от диапазона факторов, включая систему морских льдов, погодные условия и доступную логистику, в каждом году.

6(ii) Доступ в район

К району можно добраться в окрестности за пределами границ района на вертолете, транспортном средстве, небольшом судне или пешком. Доступ в Район и на его территорию обычно осуществляется пешком, хотя транспортные средства могут использоваться в целях, указанных в Разрешении. Конкретные маршруты доступа в район не определены. Особые условия доступа пешеходов, маломерных судов, транспортных средств, пролетов и посадок летательных аппаратов изложены в разделе 7(ii).

6(iii) Места расположения сооружений в пределах и вблизи района

Все сооружения, расположенные на территории Района, имеют историческое происхождение, за исключением установленной примерно в 15 м к западу от хижины в память ИМП № 16 мемориальной доски на холме Уинд-Вейн с подробным описанием предполагаемой надписи на мемориальном кресте и временного современного защитного сооружения, ограждение которого было размещено около магнитной хижины в качестве меры предосторожности, поскольку в хижине находится рыхлый асбест. Главной достопримечательностью Района является хижина Скотта «Терра Нова» (ИМП № 16), расположенная на северо-западном побережье мыса Эванс на пляже Хоум-Бич (карта 2). Вокруг хижины находятся многочисленные исторические реликвии, в том числе два якоря с судна «Аврора», скелеты собак и тюленей, сарай для инструментов, две собачьи упряжи, упряжка для пони, метеорологический экран, склад топлива, магнитная хижина, угольные ящики и флагшток. Экспериментальная каменная хижина/свалка представляет собой историческое каменное сооружение, связанное с «худшим путешествием в мире» на мыс Крозиер зимой 1911 г. (Cherry-Garrard 1922), в которой находится небольшая коллекция артефактов. На вершине холма Уинд-Вейн установлен мемориальный крест в память о трех членах отряда «Моря Росса» под руководством Шеклтона, который работал здесь в 1914–17 гг. (ИМП № 17). Все эти достопримечательности находятся в пределах Района.

Примерно в 250 м к юго-западу от Района расположены новозеландская хижина-укрытие, место для разбивки лагерей и вертолетная площадка.

В период с 1987 по 1992 годы к северо-востоку от хижины Скотта «Терра Нова» располагалась бывшая круглогодичная база Гринпис Уорлд-Парк-Бейс. Сейчас видимых признаков этой базы нет.

Ближайшими к Району постоянными научными станциями являются Мак-Мёрдо (США) и станции Скотт (Новая Зеландия), которые расположены в 24 км к югу от Района (карта 1, врезка 2).

6(iv) Местонахождение других близлежащих охраняемых районов

Ближайшие охраняемые территории, все они расположены на острове Росс (карта 1, врезка 2):

- ООРА № 121 «Мыс Ройдс» и ООРА № 157 «Бухта Бакдор» (мыс Ройдс), ~ 11 км к северу от мыса Эванс; а также
- ООРА № 158 «Мыс Хат» и ООРА № 122 «Высоты Аррайвал» на полуострове Хат примерно в 24 км к югу от мыса Эванс.

6(v) Особые зоны на территории Района

На территории района нет особых зон.

7. Условия выдачи разрешений для доступа

7(i) Общие условия выдачи разрешений

Доступ в район возможен только на основании разрешения, которое выдается соответствующим национальным органом власти. Компетентный государственный орган может выдать разрешение на несколько посещений в течение одного сезона. Условия выдачи разрешения на доступ в район:

- деятельность связана с проведением консервационных работ, научных исследований и мониторинга, или с важными мероприятиями по управлению районом, или с выполнением образовательных и рекреационных задач, включая туристическую деятельность, при условии, что они не противоречат целям настоящего Плана управления;
- разрешаемая деятельность соответствует настоящему Плану управления;
- разрешаемая деятельность будет уделять соответствующее внимание непрерывной охране исторических ценностей района с помощью процесса оценки воздействия на окружающую среду;
- разрешение выдается на указанный срок;
- разрешение или его копия должны находиться у основного получателя разрешения или его назначенного представителя при посещении района.

7(ii) Доступ в район и передвижение по его территории

Доступ в Район осуществляется пешком или на транспортном средстве. Посадка вертолетов на территории Района запрещается.

Доступ в район и передвижение по его территории пешком

1) Доступ в Район, как правило, должен осуществляться пешком.
2) Конкретные пути или маршруты доступа не определены (карты 1 и 2).
3) Передвижение в пределах района должно соответствовать кодексу поведения, содержащемуся в Разделе 7(iii).
4) Следует проявлять осторожность при передвижении около хижины Скотта «Терра Нова» или поблизости, поскольку на земле могут быть уязвимые артефакты, скрытые тонким снежным покровом, которые будет трудно заметить.

Доступ на маломерных судах

1) Добраться до берега мыса Эванс необходимо на маломерных суднах (в отсутствие ледового покрова) и оттуда добраться пешком (карты 1 и 2).

Доступ для автотранспорта

1) Доступ на транспортных средствах к Району запрещен, за исключением случаев специального в Разрешении для проведения консервационных работ или выполнения задач управления.
2) Если было выдано Разрешение на въезд транспортных средств в Район, которое может включать, помимо прочего, очистку снега и льда, представляющие угрозу для исторической хижины и других артефактов, следует учитывать необходимость:
   a) использования транспортного средства минимального размера, необходимого для работы;
   b) оператор транспортного средства должен быть полностью подготовлен и знать положения настоящего Плана управления, а также о том, насколько уязвим район; и
   c) все передвижения транспортного средства по этой территории должны тщательно Планироваться и контролироваться, чтобы не нанести ущерб ни самой хижине, ни артефактам, погребенным под слоем снега и льда.
3) Транспортные средства, не имеющие Разрешений на въезд в Район, могут приближаться к береговой линии мыса Эванс, либо Южной Бухты, либо в Северного залива, где они могут быть припаркованы на морском льду и не должны выводиться на сушу (карта 1).

Доступ в район на летательных аппаратах и полеты над районом

С учетом исторических ценностей, полеты воздушных суда на территории и вблизи Района должны работать в строгом соответствии со следующими условиями:

1) Посадка вертолетов на территории района запрещена. При посадке вертолета омывается несущий винт, что может привести к повреждению исторических памятников.
2) Полеты над районом на высоте менее 2000 футов (610 м) дистанционно пилотируемых авиационных систем (ДПАС) запрещаются, за исключением случаев, когда имеется разрешение от соответствующего национального органа.
3) Вертолеты должны приземляться за пределами Района в месте основной посадки (77°38,32' ю. ш., 166°24,45' в. д.) (карта 1) и примерно в 50 м к югу от новозеландских хижин-укрытий. Вторичная посадочная площадка находится на 77°38,11' ю. ш., 166°25,22' в. д., на 110 м к северо-востоку от хижины Скотта «Терра Нова» и на 30 м за северо-восточной границей Района (карты 1 и 2). Вспомогательную площадку для посадки вертолетов следует использовать только в целях консервационных работ и управления.
4) Полеты над районом на высоте менее 2000 футов (610 м) и посадки на территории района дистанционно пилотируемых авиационных систем (ДПАС) запрещаются, за исключением случаев, когда имеется разрешение от соответствующего национального органа. Применение ДПАС в пределах района должно соответствовать требованиям положений Руководства по экологическим аспектам использования дистанционно пилотируемых авиационных систем (ДПАС) в Антарктике (Резолюция 4 (2018 г.).

Ограничения по количеству людей, одновременно находящихся на территории района

Контроль количества людей и передвижения на территории района как в любой момент времени, так и в совокупности с течением времени необходим для сведения к минимуму ущерба и учета ухудшения состояния, вызванных:

a) физическим пешеходным движением посетителей через уязвимые достопримечательности Района и в особенности в области хижины Скотта «Терра Нова»; и
b) измеримые изменения условий окружающей среды (например, температуры и влажности) внутри хижины Скотта «Терра Нова».

- Максимальное количество людей, которые могут одновременно находиться на территории района (включая гидов и тех, кто находится внутри хижины), составляет **40 человек.**
- Максимальное количество людей, которые могут одновременно находиться в хижине (включая гидов), составляет **8 человек.**
- Максимальное ежегодное количество посетителей – **2000 человек.**
- Наблюдаемое воздействие зарегистрированного количества посетителей предполагают, что значительные неблагоприятные воздействия могут быть вызваны превышением максимальных значений, указанных выше.
- Эти ограничения установлены с учетом наиболее разумных рекомендаций, предоставленных консультационными ведомствами, которые занимаются вопросами консервации (в этих организациях работают специалисты по консервации, археологи, историки, музееведы и другие профессионалы в области охраны наследия). Эти пределы должны пересматриваться при каждом рассмотрении Плана управления, когда предельные значения могут быть скорректированы на основе отслеживаемых воздействий на участках.
- Любыми посещениями, организованными в образовательных, информационно-просветительских или рекреационных целях (включая туризм), должны руководить опытные гиды, назначенные оператором (см. раздел 7(x). С целью недопущения ущерба, причиняемого скоплением людей и действиями, не соответствующими Кодексу поведения, изложенному в разделе 7(iii), необходим надлежащий контроль посещения района.

7(iii) Разрешаемая деятельность в районе:

- посещения в целях проведения консервационных работ и управленческой деятельности;
- проведение визитов в образовательных, информационно-просветительских или рекреационных целях, включая туризм; а также
- проведение научных исследований, не оказывающих отрицательного влияния на ценности района.

Посетители участков должны всегда соблюдать обязательный кодекс поведения, за исключением указанных в разрешении случаев природоохранной, исследовательской, мониторинговой или управленческой деятельности.

Обязательный кодекс поведения

- Курение или использование открытого огня на территории Района, особенно в районе хижины Скотта «Терра Нова» или рядом с ним, строго запрещена, так как пожар представляет большую опасность.
- На объекте присутствуют опасные материалы, такие как асбест, химикаты, плесень и т. д. Нельзя трогать что-либо в пределах охраняемой территории и хижин.
- В целях минимизации абразивного истирания пола перед входом в хижину Скотта «Терра Нова» необходимо тщательно очистить обувь от песчинок, грязи, гуано, льда и снега с помощью щеток, предусмотренных для этой цели. Для больших групп рекомендуется постелить брезент снаружи, чтобы обувь и личные вещи оставались чистыми во время ожидания у входа в сооружение.

- Следует снимать одежду, пропитавшуюся морской водой, и очищать обувь от крошек морского льда, поскольку частицы соли ускоряют процесс коррозии металлических предметов.
- Нельзя трогать, перемещать или сидеть на каких-либо вещах или предметах мебели, находящихся внутри хижин, – это может нанести ущерб артефактам.
- Поскольку многие уголки хижины забиты вещами и можно случайно повредить артефакты, внутри хижины нельзя носить сумки или ранцы, нельзя делать селфи и пользоваться моноподом для фотографий, а когда в хижине одновременно находится максимально допустимое количество посетителей (8 человека), запрещено использовать треноги или штативы.
- Следует использовать только штативы или треноги с плоским резиновым низом, а не на металлических шипах, которые могут повредить пол хижины.
- При передвижении по этим участкам необходимо соблюдать осторожность, чтобы не наступить на какие-либо артефакты, которые могут находиться под снегом.
- Посещения должны регистрироваться в предоставленной книге посетителей. Это позволяет соотнести сроки посещений и количество посетителей с показателями температуры и влажности, которые автоматически измеряются внутри хижины.

7(iv) Возведение, реконструкция и удаление сооружений

- Нельзя модифицировать имеющиеся сооружения, а строительство новых сооружений или установка научного оборудования на территории района запрещены, за исключением того, что необходимо для проведения консервационных, образовательных или научных работ, которые не оказывают отрицательного влияния на ценности района, как указано в разделе 1.
- Нельзя вывозить исторические объекты из района, если это не оговорено в Разрешении, выданном в соответствии с положениями раздела 7(vii).

7(v) Размещение полевых лагерей

- Хижину Скотта «Терра Нова» другие хижины на территории Района не должны использоваться для проживания.
- Размещение лагерей на территории района запрещается.
- Разрешается разбивать лагерь на территории двух новозеландских полевых укрытий примерно в 250 м к юго-западу от Района, что является предпочтительным местом для лагеря (карта 1). Альтернативный полевой лагерь находится примерно в 30 м к северу от Района, недалеко от места посадки второго вертолета рядом с пляжем Хоум-Бич (карты 1 и 2).

7(vi) Ограничения на ввоз материалов и организмов на территорию Района

Помимо требований Протокола по охране окружающей среды к Договору об Антарктике, вводятся следующие ограничения на ввоз в район указанных ниже материалов и организмов:

- Преднамеренный ввоз на территорию района животных, растительных материалов, микроорганизмов или почвы запрещается.
- Посетители должны принимать меры предосторожности для предотвращения случайного ввоза животных, растительного материала, микроорганизмов и почв и следить за тем, чтобы оборудование, ввозимое в район, было чистым. Перед осуществлением доступа в район вся обувь и другое снаряжение, используемые или ввозимые в район (включая сумки, рюкзаки и палатки), подлежат тщательной очистке в максимально возможной степени.
- Нельзя употреблять пищу на территории района.
- Хранение горючего, пищевых продуктов, химических веществ и других материалов на территории Района не допускается, за исключением случаев, особо оговоренных в разрешении для достижения важных целей, имеющих отношение к консервации исторических сооружений или связанных с

ними реликвий. Способы хранения и обращения с этими веществами должны обеспечивать сведение к минимуму вероятности их непреднамеренного попадания в окружающую среду.

- Ввоз любых материалов на территорию района разрешается только на оговоренный срок, и они подлежат удалению к концу установленного срока.
- Ввоз материалов для целей сохранения наследия может быть включен и инкорпорирован в цели Района; он может осуществляться сторонами, которые имеют соответствующий опыт в области сохранения наследия и определили, что ввозимые материалы соответствуют целям и задачам Плана по управлению и общему плану по проведению консервационных работ на участке.
- В случае попадания в окружающую среду материалов, представляющих возможную опасность для ценностей района, их удаление следует производить только в том случае, если ущерб от действий по удалению не будет превышать ущерба от оставления этих материалов на месте.

7(vii) Изъятие местной флоры и фауны или вредное воздействие на них

Изъятие или вредное вмешательство в жизнь местной флоры и фауны допускаются только на основании разрешения, выданного в соответствии со Статьей 3 Приложения II Протокола по охране окружающей среды к Договору об Антарктике. Если разрешенная деятельность включает в себя изъятие животных или вредное воздействие на них, в качестве минимально применимого стандарта следует руководствоваться Кодексом поведения при использовании животных в научных целях в Антарктике, разработанным СКАР.

7(viii) Сбор и вывоз материалов, которые не были ввезены в район держателем разрешения

1) Сбор и вывоз материалов для выполнения консервационных или научных задач, соответствующих целям настоящего Плана управления, допускаются только на основании Разрешения, выданного компетентным национальным органом.
2) Материалы, представляющие угрозу историческим ценностям Района, окружающей среде или здоровью людей, могут быть вывезены из Района на основании Разрешения с целью их последующей ликвидации, если они удовлетворяют одному или нескольким из следующих критериев:
   i. артефакт представляет угрозу историческим ценностям, окружающей среде, дикой природе или здоровью и безопасности человека;
   ii. он находится в таком плохом состоянии, что его консервация становится объективно невозможной;
   iii. артефакт не вносит сколько-нибудь значимого вклада в расширение знаний о хижине, ее обитателях, других артефактов или истории освоения Антарктики;
   iv. артефакт не способствует улучшению визуального восприятия данной территории или хижины либо ухудшает его; и (или)
   v. артефакт не является уникальным или раритетным;

   и если такой вывоз:

   vi. осуществляют организации, обладающие необходимыми знаниями и опытом в области консервации объектов наследия; а также
   vii. является составной частью общего плана консервационных работ на данной территории.
3) Национальные органы должны следить за тем, чтобы вывоз любых артефактов и оценку их соответствия вышеуказанным критериям осуществляли сотрудники, обладающие необходимыми знаниями и опытом в области консервации объектов наследия.
4) Артефакты, которые имеют большое историческое значение, но консервацию которых невозможно провести на месте с помощью современных технологий, можно вывезти на основании Разрешения для дальнейшего хранения в регулируемых условиях до тех пор, пока не появится возможность благополучно возвратить их на территорию Района, что является предпочтительным действием, если нет высокого риска повредить или нарушить целостность артефакта.

5) Образцы почвы и других природных материалов могут быть изъяты для научных целей только в соответствии с разрешением, выданным соответствующим национальным органом.

7(ix) Удаление отходов

Все отходы жизнедеятельности человека, бытовые сточные воды и прочие отходы, образовавшиеся в результате работы экспедиций или деятельности посетителей, подлежат вывозу из района.

7(x) Меры по поддержанию реализации целей и задач Плана управления

- Все посетители должны быть ознакомлены с требованиями настоящего Плана управления.
- Если консервационные работы, научные исследования, процедуры мониторинга или меры управления не требуют иного, все посетители обязаны соблюдать кодекс поведения, изложенный в разделе 7(iii).
- До начала летнего сезона операторы, организующие посещения района в образовательных, информационно-просветительских или рекреационных целях (включая туризм), назначают людей, обладающих практическими знаниями в отношении данной территории и настоящего Плана управления, чтобы при посещении района они выступали в роли гидов и проводили обучение в соответствии с занимаемой должностью.
- Любыми посещениями, организованными в образовательных, рекреационных и информационно-просветительских целях (включая туризм), руководят назначенные гиды, которые отвечают за то, чтобы посетители были ознакомлены с Кодексом поведения и положениями настоящего Плана управления, и следят за их полным соблюдением. Гид(ы) должен(ны) активно контролировать деятельность посетителей на территории Района, в частности в пределах хижины Скотта «Терра Нова», и предпринять корректирующие действия против любых потенциальных или фактических нарушений Плана управления и Кодекса поведения.

7(xi) Требования к отчетам

- По каждому посещению района основной получатель разрешения должен представить отчет в соответствующую национальную инстанцию в максимально короткий срок после его завершения в порядке, предусмотренном национальным законодательством и условиями выдачи разрешения.
- Эти отчеты должны содержать, в зависимости от конкретного случая, информацию, указанную в форме отчета о посещении, приведенной в Руководстве по подготовке Планов управления Особо охраняемыми районами Антарктики (Резолюция 2 (2011 г.). Национальный орган также должен предоставить копию отчета о посещении и подтверждение о количестве посетителей Стороне, предложившей План управления в целях оказания содействия в управлении районом и пересмотра Плана управления.
- Должна быть представлена подробная информация о вывозе любых материалов, который был произведен в соответствии с разделом 7(viii), включая основания для вывоза и сведения о том, где сейчас находятся эти предметы, или о том, когда они были ликвидированы. Кроме того, необходимо сообщать о возврате таких предметов в Район.
- Сторонам следует по возможности размещать оригиналы или копии таких отчетов о посещении в общедоступном архиве для учета пользования материалами в целях какого-либо пересмотра Плана управления и в качестве организационной меры по использованию района в научных целях.
- Соответствующие компетентные органы должны быть уведомлены о любых, не предусмотренных в выданном разрешении действиях, или предпринятых мерах, и/или любых материалах, которые попали в окружающую среду и не были удалены.

8. Справочная документация

Antarctic Heritage Trust 2018. *Antarctic historic huts of the Ross Sea region.* NZ Antarctic Heritage Trust, Christchurch.

Antarctic Treaty Parties. Guidelines for handling of pre-1958 historic remains whose existence or present location is not known. Resolution 5 (2001).

Antarctic Treaty Parties. Guidelines for the designation and protection of Historic Sites and Monuments. Resolution 3 (2009)

Antarctic Treaty Parties. Guidelines for the assessment and management of heritage in Antarctica. Resolution 2 (2018).

Cherry-Garrard, A. 1922. The worst journey in the world: Antarctic 1910-13. Penguin Books, London.

Список граничных координат

Юго-западный угол: 77°38'15,47" ю. ш., 166°25'9,48" в. д.

Западный угол: 77°38'11,50" ю. ш., 166°24'49,47" в. д.;

Северо-западный угол: 77°38'7,5" ю. ш., 166°25'9,1" в. д.;

Северо-восточный угол: 77°38'9,37" ю. ш., 166°25'35,74" в. д.;

Юго-восточный угол: 77°38'15,6" ю. ш., 166°25'35,68" в. д.

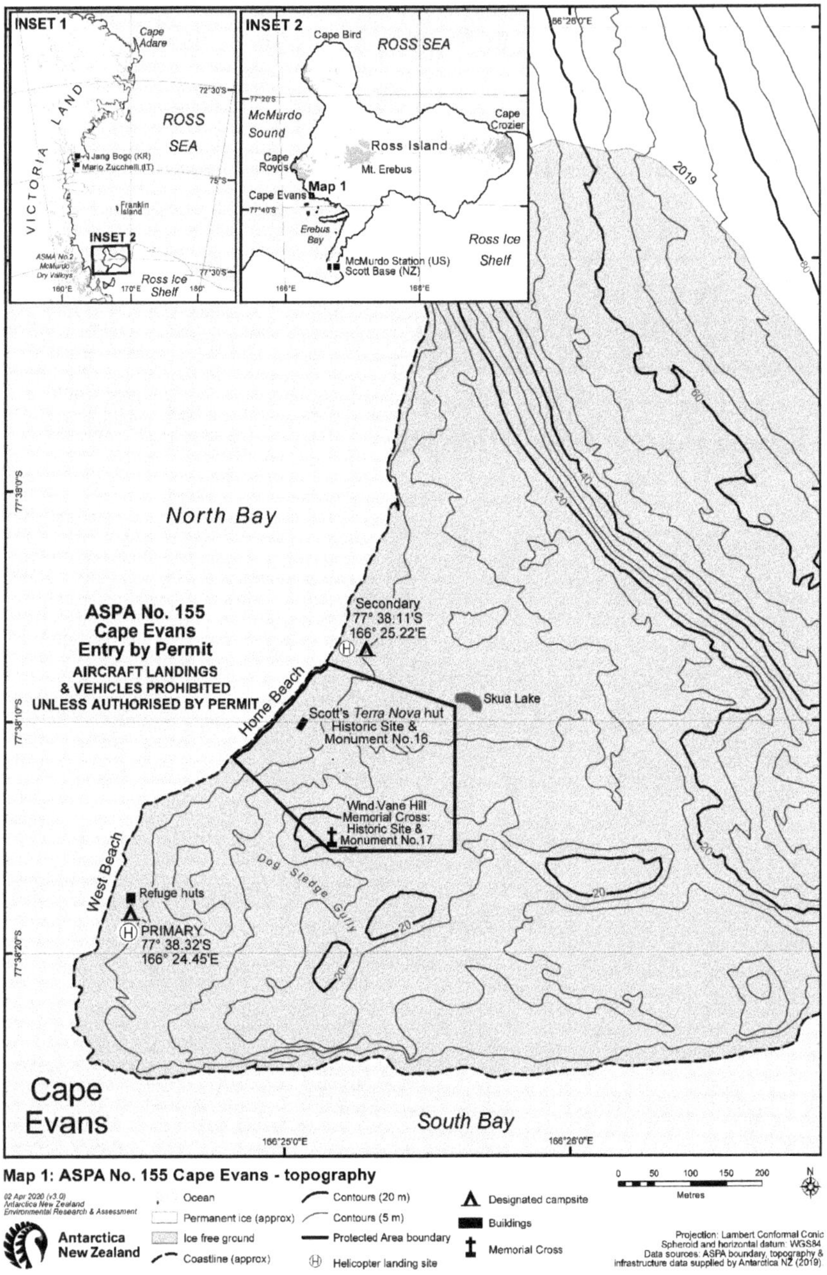
INSET 1
Cape Adare
ROSS SEA
VICTORIA LAND
Jang Bogo (KR)
Mario Zucchelli (IT)
Franklin Island
INSET 2
Ross Ice Shelf
INSET 2
Cape Bird
ROSS SEA
McMurdo Sound
Cape Crozier
Ross Island
Mt. Erebus
Cape Royds
Cape Evans
Map 1
Erebus Bay
McMurdo Station (US)
Scott Base (NZ)
Ross Ice Shelf
North Bay
ASPA No. 155
Cape Evans
Entry by Permit
AIRCRAFT LANDINGS
& VEHICLES PROHIBITED
UNLESS AUTHORISED BY PERMIT
Secondary
77° 38.11'S
166° 25.22'E
Home Beach
Skua Lake
Scott's Terra Nova hut
Historic Site &
Monument No.16
Wind Vane Hill
Memorial Cross:
Historic Site &
Monument No.17
Dog Sledge Gully
West Beach
Refuge huts
PRIMARY
77° 38.32'S
166° 24.45'E
Cape Evans
South Bay
166°25'0"E
166°26'0"E
Map 1: ASPA No. 155 Cape Evans - topography
02 Apr 2020 (v3.0)
Antarctica New Zealand
Environmental Research & Assessment
Antarctica New Zealand
Ocean
Permanent ice (approx)
Ice free ground
Coastline (approx)
Contours (20 m)
Contours (5 m)
Protected Area boundary
Helicopter landing site
Designated campsite
Buildings
Memorial Cross
Metres
Projection: Lambert Conformal Conic
Spheroid and horizontal datum: WGS84
Data sources: ASPA boundary, topography & infrastructure data supplied by Antarctica NZ (2019)

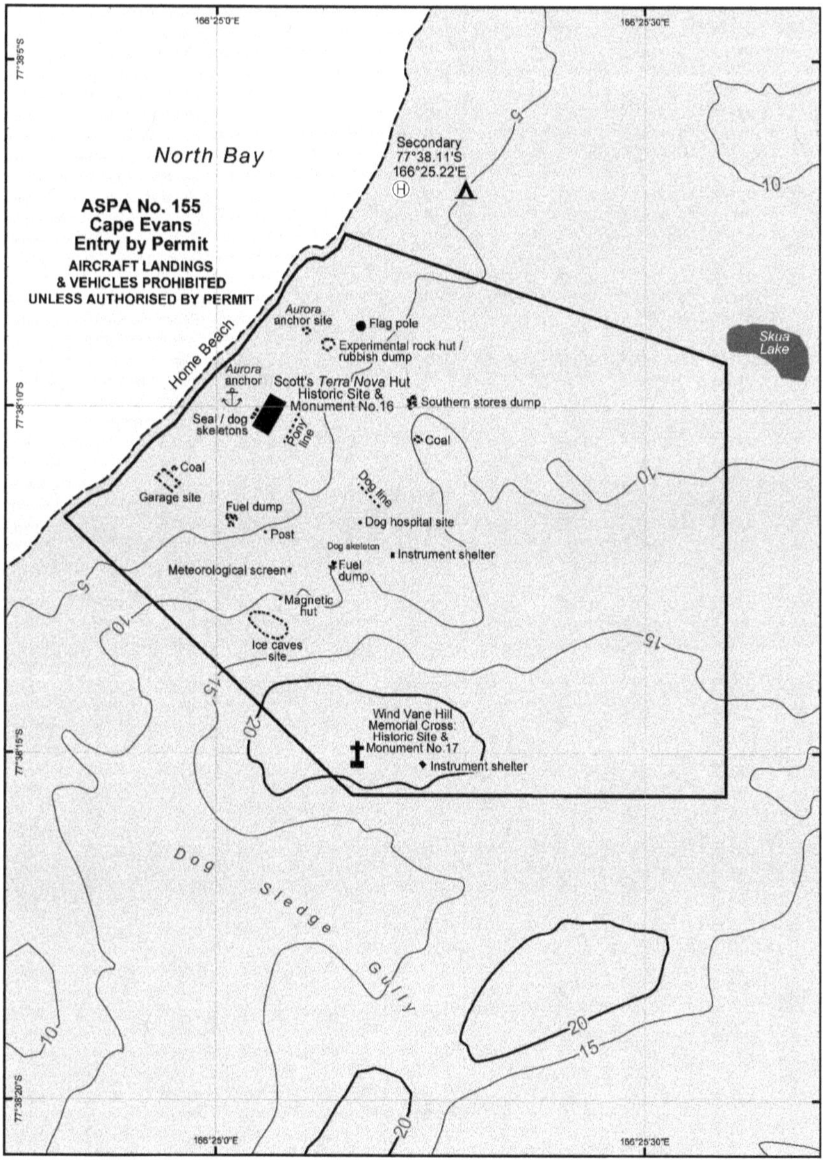

Map 2: ASPA No. 155 Cape Evans - Historic features

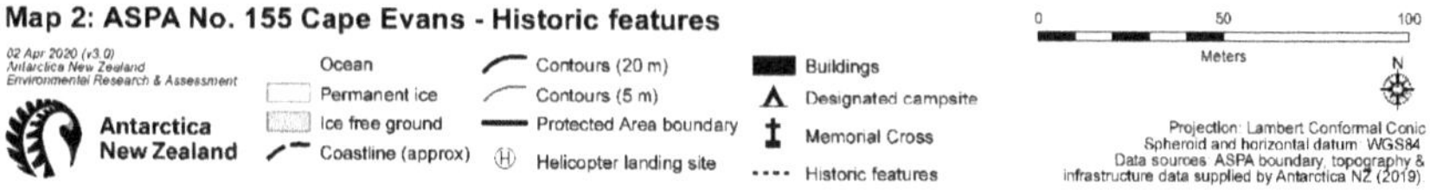

План управления Особо охраняемым районом Антарктики № 157 «БУХТА БАКДОР» (МЫС РОЙДС, ПОЛУОСТРОВ РОССА)

(включая Историческое место и памятник № 15 – историческую хижину «Нимрод» сэра Эрнеста Шеклтона и ее окрестности)

Введение

Район расположен в заливе Бакдор на мысе Ройдс, полуострова Росса и занимает площадь около 4 га с центром в точке с координатами 166°10'16" в. д., 77°33'11" ю. ш. Район был изначально определен как имеющий большое историческое значение с хижиной, построенной, членами Британской антарктической экспедиции (*Нимрод)* (1907–1909 гг.) под руководством сэра Эрнеста Шеклтона (Ernest Shackleton). Хижина включена в перечень Исторических мест и памятников (ИМП) под номером 15 в Рекомендации 9 (1972 г.). Район был обозначен в качестве Особо охраняемого района № 27 на основании Меры 1 (1998 г.) и переименован и перенумерован в Особо охраняемый район Антарктики (ООРА) № 157 согласно Решению 1 (2002 г.). Пересмотренный План управления был принят на основании Меры 1 (2002 г.), Меры 2 (2005 г.), Меры 9 (2010 г.) и Меры 12 (2015 г.).

1. Описание ценностей, нуждающихся в охране

Хижина (Историческое место и памятник № 15), являющаяся центром этого Района, была построена на мысе Ройдс (карты 1 и 2) в феврале 1908 г. членами Британской антарктической экспедиции «Нимрод» (1907–1909 гг.) под руководством сэра Эрнеста Шеклтона. Кроме того, ее периодически использовали члены отряда «Моря Росса», входившего в состав Королевской трансантарктической экспедиции Шеклтона 1914–1917 гг.

С хижиной связаны такие сооружения, как конюшни, собачьи будки, отхожее место и гараж, построенный для первого в Антарктике автотранспортного средства. К числу других важных реликвий Района относятся сарай для инструментов, склады для хранения запасов и мусорная свалка. На территории Района имеется множество других артефактов.

Мыс Ройдс – одно из основных мест, связанных с первыми шагами человека в Антарктике. Это важный символ Героической эпохи освоения Антарктики, и как таковой он имеет большое историческое значение. С экспедицией *«Нимрод»*, база которой находилась в этом месте, связаны одни из первых достижений в области наук о земле, метеорологии, изучения флоры и фауны Антарктики. История этой деятельности и вклад, который она внесла в понимание и изучение Антарктики, обусловливают большое научное, эстетическое и историческое значение этого Района.

Мыс Хат расположен в пределах Экологической среды S: геология Мак-Мёрдо – южная часть Земли Виктории, исходя из Анализа экологических доменов по Антарктике (Резолюция 3 (2008 г.), и в Регионе 9 – южная часть Земли Виктории, исходя из документа «Заповедные биогеографические регионы Антарктики» (Резолюция 6 (2012 г.).

2. Цели и задачи

Целью настоящего Плана управления является охрана этого Района и его достопримечательностей с тем, чтобы обеспечить сохранение этих ценностей. Цели Плана управления заключаются в следующем:

- недопущение ухудшения состояния или возникновения существенного риска для ценностей Района;

- сохранение исторических ценностей Района за счет реализации продуманной программы мер по их консервации, в состав которой могут входить:
    a. ежегодная программа технического обслуживания «на месте»;
    b. программа мониторинга состояния артефактов и сооружений, а также факторов, которые на них влияют;
    c. программа сохранения территории, зданий и артефактов, которая может осуществляться как на территории, так и за ее пределами;
    d. картографирование и иная регистрация местонахождения исторических предметов в окрестностях хижины; а также
    e. регистрация прочих важных исторических данных;
- сведение к минимуму антропогенного воздействия на Район, его особенностей и артефактов, позволяя сохранить доступ к хижине Шеклтона «Нимрод» и другим участкам Района; а также
- создание условий для посещения Района с целью осуществления мер управления в поддержку целей Плана управления.

3. Меры управления

Для обеспечения охраны ценностей Района предусматривается осуществление следующей деятельности по управлению:

- На видных местах всегда должна предусматриваться информация о расположении Района (с указанием особых ограничений, действующих на его территории), а постоянные научные станции, расположенные на полуострове Росса, должны обеспечиваться экземпляром настоящего Плана управления.
- Копии этого Плана управления должны быть доступны основному получателю разрешения всех групп, посещающих Район, и/или руководителям всех групп, работающих в прилегающих окрестностях на мысе Эванс.
- Национальные программы должны обеспечить наличие знаков, определяющих границы Района, и информации об ограничениях, действующих на территории Района, на соответствующих картах местности, морских навигационных и аэронавигационных картах.
- Персонал (участники национальных программ, полевых экспедиций, руководители туристических групп и летчики), осуществляющий деятельность в окрестностях, имеющих доступ в Район или пролет над Районом, должен пройти специальный инструктаж, обеспечиваемый руководством соответствующей национальной программы, туроператором или соответствующим национальным органом по соблюдению положений и требований Плана управления, включая местоположения, границы и действующие ограничения на приземление в указанном Районе.
- Указатели или знаки, возведенные в пределах Района или недалеко от его границы, должны быть надежно закреплены, поддерживаться в надлежащем состоянии и удаляться по мере утраты необходимости в них.
- На территории Района должна проводиться программа регулярных работ по консервации хижины Шеклтона «Нимрод» и связанных с ней артефактов.
- Организация регулярного мониторинга с целью оценки воздействий посетителей и учета результатов этого мониторинга, а также любых соответствующих рекомендаций по предельному количеству допускаемых посетителей в данный период времени при пересмотре настоящего Плана управления.
- Заинтересованные национальные антарктические программы и соответствующие группы и организации должны совместно консультироваться и координировать свои действия, чтобы обеспечить:
    a) разработку и использование навыков и ресурсов, особенно связанных с методами сохранения, для помощи в защите исторических ценностей Района;

b) установление лимита на количество посетителей; а также

c) реализацию вышеуказанной управленческой деятельности.

4. Период определения

Определен на неограниченный период времени.

5. Карты

Карта 1: ООРА № 157 «Бухта Бакдор»: обзор.

Проекция: равноугольная коническая проекция Ламберта. Стандартные параллели: 1-я – 77°33'10" ю. ш., 2-я – 77°33'30" ю. ш.: Центральный меридиан: 166°10'00" в. д.; Начало отсчета широты: 78°00'00" ю. ш.: Сфероид: WGS84.

Источники данных: Схематическая карта и горизонтали составлены на основе ортофотоснимка, полученного при аэросъемке Службой геологической разведки США/DoSLI (SN7847) 16 ноября 1993 г., масштаб 1:2500 с позиционной точностью ±1,25 м (по горизонтали) и ±2,5 м (по вертикали), и наземной разрешающей способностью 0,4 м. Указательные столбы: UNAVCO (январь 2014 г.). Границы ООРА: ERA (январь 2014 г.). Геодезические знаки: LINZ (2011 г.). Наблюдательные площадки и автоматические погодные станции (приблиз.): ERA (январь 2014 г.). Приблизительная территория гнездовья пингвинов оцифрована с аэроснимка с привязкой к местности, сделанного 19 января 2005 г. и предоставленного P. Lyver pers. comm. 2014, updated D. Ainley pers. comm. 2019. Горизонтали (интервал 10 м) и другая инфраструктура предоставлены «Гейтвэй Антарктика» (2009 г.).

Врезка 1: регион моря Росса, с указанием местонахождения Врезки 2.

Врезка 2: регион полуострова Росса с указанием местонахождения карты 1, мыса Ройдс, станции Мак-Мёрдо (США) и базы Скотт (Новая Зеландия).

Карта 2: ООРА № 157 «Бухта Бакдор»: доступ по воздуху.

Карта 3: ООРА № 157 «Бухта Бакдор»: топография. Характеристики карты согласно карте 1, за исключением интервала горизонтали, который составляет 2 м.

6. Описание Района

6(i) Географические координаты, специальные знаки и характерные естественные признаки, определяющие границы Района

Обзор

Мыс Ройдс – это не имеющая ледникового покрова территория на западной оконечности полуострова Росса примерно в 40 километрах к югу от мыса Берд и в 35 километрах к северу от полуострова Хат-Пойнт. Эта свободная ото льда территория состоит из базальтовых коренных пород, покрытых моренными отложениями. Район, определенный в качестве ООРА, находится к северо-востоку от мыса Ройдс рядом с бухтой Бакдор. Он примыкает с востока к ООРА № 121 (колония пингвинов Адели). Хижина экспедиции Шеклтона «Нимрод» находится примерно в 30 м от западной границы Района.

В окрестностях Района гнездятся южнополярные поморники (*Stercorarius maccormicki*), а через его территорию часто проходят пингвины Адели (*Pygoscelis adeliae*) из соседней колонии на мысе Ройдс.

Границы

Восточная и южная граница состоит из береговой линии восточного побережья мыса Ройдс от необозначенной точки в бухте Бакдор (77°33'07.5" ю. ш., 166°10'32.6" в. д.) до необозначенной точки в бухте Эррайвал (77°33'15.8" ю. ш., 166°10'06.6" в. д.).

Западная граница проходит вдоль границы ООРА № 121 от береговой линии в бухте Эррайвал (77°33'15,8" ю. ш., 166°10'06,6" в. д.) в 18 метрах к северо-западу до указательного столба на южном конце площадки для наблюдения за пингвинами (77°33'15,2" ю. ш., 166°10'05,7" в. д.), далее на 74 метра до указательного столба (77°33'12,9" ю. ш., 166°10'01,9" в. д.) на северном конце площадки для наблюдения за пингвинами и еще на 42 метра к указательному столбу (77°33'11,8" ю. ш., 166°09'59,0" в. д.) к востоку от озера Пони.

Затем граница идет на северо-запад от указательного столба на востоке от озера Пони (77°33'11,8" ю. ш., 166°09'59,0" в.д.) вдоль лощины до необозначенной точки с координатами (77°33'07,5" ю. ш., 166°10'12,9" в.д.) рядом с новозеландской хижиной-укрытием.

Северная граница тянется строго на восток от новозеландского укрытия (от необозначенной точки с координатами 77°33'07,5" ю. ш.) до береговой линии бухты Бакдор (77°33'07,5" ю. ш., 166°10'32,6" в. д.).

Деятельность человека

Многолетняя программа регулярных работ по консервации хижины Шеклтона «Нимрод» проводилась Новой Зеландией с 1950-х годов. Неправительственный новозеландский траст-фонд «Антарктическое наследие» проводил консервацию хижины Шеклтона «Нимрод» и связанных с ней артефактов в течение более 30-ти лет в сотрудничестве с национальными антарктическими программами, действующими в регионе.

Персонал национальных программ станции Мак-Мёрдо (США) и станции Скотт-Бейс (Новая Зеландия), а также группы туристов регулярно посещают хижину Шеклтона «Нимрод» и близлежащие окрестности. Количество посетителей и туроператоров может меняться в зависимости от диапазона факторов, включая систему морских льдов, погодные условия и доступную логистику, в каждом году.

6(ii) Доступ в Район

К Району можно добраться через окрестности за пределами границ Района на вертолете, транспортном средстве, маломерном судне или пешком. Проход в Район и внутри его осуществляется пешком. Для доступа в Район обозначены определенные маршруты. Особые условия доступа пешеходов, транспортных средств, маломерных судов и авиасредств изложены в Разделе 7(ii).

6(iii) Места расположения сооружений в пределах и вблизи Района

Основной достопримечательностью Района является хижина экспедиции Шеклтона «Нимрод», расположенная в защищенной котловине недалеко от западной границы на 77°33'10,68" ю. ш., 166°10'6,37" в. д. Вокруг хижины находится множество других исторических реликвий, в том числе сарай для инструментов, склады для хранения запасов и мусорная свалка. На территории участка имеется множество других артефактов. Все сооружения, расположенные на территории Района, имеют историческое происхождение, за исключением бронзового диска, установленного в память ИМП № 15 примерно в 35 м к востоку от хижины Шеклтона «Нимрод» в точке с координатами 77°33'10,87" ю. ш., 166°10'12.54" в.д.

Около северо-западного угла Района за его пределами находятся новозеландская хижина-укрытие и площадка для разбивки лагеря (карта 3).

Ближайшими к Району постоянными научными станциями являются Мак-Мёрдо (США) и Скотт-Бейс (Новая Зеландия), которые расположены в 35 км к югу от Района (карта 1, врезка 2).

6(iv) Местонахождение других близлежащих охраняемых районов

Ближайшие охраняемые территории, все они расположены на полуострове Росса (карта 1, врезка 2):

- ООРА № 121 «Мыс Ройдс», непосредственно примыкает к Району и служит для сохранения колонии пингвинов.
- ООРА № 155 «Мыс Эванс», расположен в 11 км к югу от мыса Ройдс.

- ООРА № 158 «Хат-Пойнт» и ООРА № 122 «Высоты Эррайвал», которые расположены на полуострове Хат-Пойнт, примерно в 35 км к югу от мыса Ройдс.

6(v) Особые зоны на территории Района

На территории Района нет особых зон.

7. Условия выдачи разрешений для доступа

7(i) Общие условия выдачи разрешений

Доступ в Район возможен только на основании разрешения, которое выдается соответствующим национальным органом власти. Компетентный государственный орган может выдать разрешение на несколько посещений в течение одного сезона. Условия выдачи разрешения на доступ в Район:

- деятельность связана с проведением консервационных работ, научных исследований и мониторинга, или с важными мероприятиями по управлению Районом, или с выполнением образовательных и рекреационных задач, включая туристическую деятельность, при условии, что они не противоречат целям настоящего Плана управления;
- разрешаемая деятельность соответствует настоящему Плану управления;
- разрешаемая деятельность будет уделять соответствующее внимание непрерывной защите исторических ценностей Района с помощью процесса оценки воздействия на окружающую среду;
- разрешение выдается на указанный срок;
- разрешение или его копия должны находиться у основного получателя разрешения или его назначенного представителя при посещении Района.

7(ii) Доступ в Район и передвижение по его территории

Доступ в Район осуществляется пешком. Высадка с транспортных средств и посадка самолетов на территории Района запрещены.

Доступ в Район и передвижение по его территории пешком

1) Пешеходный доступ в Район должен осуществляться с севера Района по установленному маршруту или маршруту от обозначенных площадок для посадки вертолетов или от обозначенных площадок для высадки с маломерных судов в бухте Бакдор (карты 1 и 3). Путь или маршрут проходит от этой возвышенности мимо хижины-укрытия (Новая Зеландия) и предпочитаемого места разбивки лагеря, примерно в 100 м вниз по неглубокой долине, параллельной западной границе Района, к точке доступа к северо-востоку от озера Пони, примерно в 30 м к северо-западу от хижины Шеклтона «Нимрод».
2) Передвижение в пределах Района должно соответствовать кодексу поведения, содержащемуся в Разделе 7(iii).
3) Доступ к хижине Шеклтона «Нимрод» должен осуществляться с фасада здания. Следует проявлять осторожность при передвижении около хижины Шеклтона «Нимрод» или поблизости, поскольку на земле могут быть уязвимые артефакты, скрытые тонким снежным покровом, которые будет трудно заметить.
4) Пешеходы могут следовать по обозначенному маршруту на юг мимо хижины Шеклтона «Нимрод» в специально отведенном месте для наблюдения за пингвинами на границе с ООРА № 121 (карта 3).
5) Альтернативный пешеходный доступ к/из бухты Бакдор может быть осуществлен по обозначенной тропе, проходящей через южные склоны невысокого холма на юго-восток и выше хижины Шеклтона «Нимрод» (карта 3), продвигаясь к мысу Деррик и к побережью бухты Бакдор, примерно в 100 м к югу от обозначенной площадки для посадки небольших суден.

6) Альтернативный пешеходный доступ к Району или из него может осуществляться при высадке небольшого судна на береговой линии пролива Мак-Мёрдо (ООРА № 121 (карта 1). Доступ к Району должен осуществляться по обозначенному маршруту, идущему от зоны наблюдения за пингвинами, расположенной к северу от ООРА № 121 (карта 3).

Доступ для маломерных судов и транспортных средств

1) Добраться до берега мыса Эванс можно на маломерных суднах (в отсутствие ледового покрова) или наземным транспортом (при наличии безопасных ледовых условий на море) с береговой линии в бухте Бакдор в точке с координатами 77°33,106' ю. ш., 166°10,59' в.д., которая находится за пределами Района, а оттуда доступ должен осуществляться пешком по обозначенным маршрутам (карты 1 и 3).
2) Альтернативная площадка для высадки с маломерных судов расположена на участке с координатами 77°33,14' ю. ш. 166°09.35' в.д. на западном берегу мыса Ройдс в 100 м к северу от северной границы ООРА № 121 «Мыс Ройдс».
3) Маломерные судна могут быть выгружены на берег или пришвартованы в бухте Бакдор или на альтернативном месте высадки на западном берегу мыса Ройдс. Им нельзя заходить в морскую зону ООРА № 121 без разрешения (карта 1).
4) В случаях, когда ледовые условия не позволяют использовать рекомендованные места для высадки, можно произвести высадку альтернативному месту в бухте Бакдор в 100 м к югу. От участка начинается обозначенный пешеходный маршрут: см. Пункт (5) выше о пешеходном доступе в Район. На западном берегу побережья мыса Ройдс можно найти альтернативные места для высадки дальше к северу от рекомендованного места, указанного на карте 1.
5) Транспортные средства не должны вывозиться на сушу и должны быть припаркованы на морском льду в бухте Бакдор, за исключением наличия на это веских оснований, связанных с выполнением задач по управлению. Запрещается въезд транспортных средств в морскую зону ООРА № 121 даже при наличии морского льда без разрешения (карта 1).

Доступ в Район авиасредств и полеты над Районом

С учетом исторических ценностей, а также местной численности гнездящихся птиц, полеты воздушных суда на территории и вблизи Района должны работать в строгом соответствии со следующими условиями (см. карту 2):

1) Посадка вертолетов на территории Района запрещена. При посадке вертолета возникает сильная турбулентность воздуха, что может привести к повреждению исторических памятников.
2) Запрещены полеты над Районом на пилотируемых авиасредствах на воздушной высоте менее 2000 футов (~610 м) над поверхностью земли, за исключением случаев на условиях разрешения, выданного соответствующей национальной инстанцией.
3) Полеты / посадки всех воздушных судов в пределах ½ морской мили (~930 м) от ООРА № 121 категорически не рекомендуются, за исключением научных исследований или в целях управления (карта 2).
4) Вертолеты должны приземляться на Главной вертолетной площадке (77°33.06' ю. ш., 166°10.38' в.д.) (карты 1–3), расположенной в 250 м к северо-востоку от хижины Шеклтона «Нимрод» и в 125 м к северу от новозеландской хижины-укрытия.
5) Запасная посадочная площадка находится в точке с координатами 77°33,11' ю. ш., 166°10,24' в.д., в 100 м к юго-западу от Главной посадочной площадки (карты 2 и 3). В период нахождения в колонии пингвинов (с 1 ноября по 1 марта) пользоваться ею не следует. Альтернативная вспомогательная площадка, которая может использоваться круглый год, прилегает к сезонному полевому лагерю (США) в 200 м к северу от Главной посадочной площадки.
6) Полеты над Районом на высоте менее 2000 футов (610 м) и посадки на территории Района дистанционно пилотируемых авиационных систем (ДПАС) запрещаются, за исключением случаев, когда имеется разрешение от соответствующего национального органа. Применение ДПАС в

пределах Района должно соответствовать требованиям положений Руководства по экологическим аспектам использования дистанционно пилотируемых авиационных систем (ДПАС) в Антарктике (Резолюция 4 (2018 г.).

Ограничения по количеству людей, одновременно находящихся на территории Района

Контроль количества людей и передвижения на территории Района как в любой момент времени, так и в совокупности с течением времени необходим для сведения к минимуму ущерба и учета ухудшения состояния, вызванных:

a) физическим пешеходным движением посетителей через уязвимые достопримечательности Района и в особенности в области хижины Шеклтона «Нимрод»; и; а также
b) измеримые изменения условий окружающей среды (например, температуры и влажности) внутри хижины Шеклтона «Нимрод».

- Максимальное количество людей, которые могут одновременно находиться на территории Района (включая гидов и тех, кто находится внутри хижины), составляет **40 человек.**
- Максимальное количество людей, которые могут одновременно находиться в хижине (включая гидов), составляет **8 человек.**
- Максимальное ежегодное количество посетителей составляет **2000 человек.**
- Наблюдаемые воздействия от зарегистрированного количества посетителей предполагают, что значительные неблагоприятные воздействия могут быть вызваны превышением максимальных значений, указанных выше.
- Эти ограничения установлены с учетом наиболее разумных рекомендаций, предоставленных консультационными ведомствами, которые занимаются вопросами консервации (в этих организациях работают специалисты по консервации, археологи, историки, музееведы и другие профессионалы в области охраны наследия). Эти пределы должны пересматриваться при каждом рассмотрении Плана управления, когда лимит может быть скорректирован на основе отслеживаемых воздействий на участках.
- Любыми посещениями, организованными в образовательных, информационно-просветительских или рекреационных целях (включая туризм), должны руководить опытные гиды, назначенные оператором (см. раздел 7(x). С целью недопущения ущерба, причиняемого скоплением людей и действиями, не соответствующими Кодексу поведения, изложенному в разделе 7(iii), необходим надлежащий контроль посещения Района.

7(iii) Разрешаемая деятельность в Районе:

- посещения в целях проведения консервационных работ и управленческой деятельности;
- проведение визитов в образовательных, информационно-просветительских или рекреационных целях, включая туризм; а также
- проведение научных исследований, не оказывающих отрицательного влияния на ценности Района.

Посетители участков должны всегда соблюдать обязательный кодекс поведения, за исключением указанных в разрешении случаев природоохранной, исследовательской, мониторинговой или управленческой деятельности.

Обязательный кодекс поведения

- Курение или использование открытого огня на территории Района, особенно в районе хижины Шеклтона «Нимрод» или рядом с ним, строго запрещена, так как пожар представляет большую опасность.
- На объекте присутствуют опасные материалы, такие как асбест, химикаты, плесень и т. д. Нельзя трогать что-либо в пределах охраняемой территории и хижин.
- В целях минимизации абразивного истирания пола перед входом в хижину Шеклтона «Нимрод» необходимо тщательно очистить обувь от песчинок, грязи, гуано, льда и снега с помощью щеток,

предусмотренных для этой цели. Для больших групп рекомендуется постелить брезент снаружи, чтобы обувь и личные вещи оставались чистыми во время ожидания у входа в сооружение.

- Следует снимать одежду, пропитавшуюся морской водой, и очищать обувь от крошек морского льда, поскольку частицы соли ускоряют процесс коррозии металлических предметов.
- Нельзя трогать, перемещать или сидеть на каких-либо вещах или предметах мебели, находящихся внутри хижин, – это может нанести ущерб артефактам.
- Поскольку многие уголки хижины забиты вещами и можно случайно повредить артефакты, внутри хижины нельзя носить сумки или ранцы, нельзя делать селфи и пользоваться моноподом для фотографий, а когда в хижине одновременно находится максимально допустимое количество посетителей (8 человек), запрещено использовать треноги или штативы.
- Следует использовать только штативы или треноги с плоским резиновым низом, а не на металлических шипах, которые могут повредить пол хижины.
- При передвижении по этим участкам необходимо соблюдать осторожность, чтобы не наступить на какие-либо артефакты, которые могут находиться под снегом.
- Необходимо использовать предпочтительные пешеходные маршруты; и
- Посещения должны регистрироваться в предоставленной книге посетителей. Это позволяет соотнести сроки посещений и количество посетителей с показателями температуры и влажности, которые автоматически измеряются внутри хижины.

7(iv) Возведение, реконструкция и удаление сооружений

- Нельзя модифицировать имеющиеся сооружения, а строительство новых сооружений или установка научного оборудования на территории Района запрещены, за исключением того, что необходимо для проведения консервационных, образовательных или научных работ, которые не оказывают отрицательного влияния на ценности Района, как указано в разделе 1.
- Нельзя вывозить исторические объекты из Района, если это не оговорено в Разрешении, выданном в соответствии с положениями раздела 7(vii).

7(v) Размещение полевых лагерей

- Хижина Шеклтона «Нимрод» не должна использоваться для проживания.
- Размещение лагерей на территории Района запрещается.
- Размещение лагерей разрешено на территории новозеландского укрытия на северо-западной границе Района (карта 3).
- Сезонный полевой лагерь (США), используемый для научных исследований, расположен примерно в 300 м к северу от Района.
- В соответствии с национальными процедурами разбивка лагерей также разрешена поблизости на других участках, при условии, что они находятся за пределами Района.

7(vi) Ограничения на ввоз материалов и организмов на территорию Района

Помимо требований Протокола по охране окружающей среды к Договору об Антарктике, вводятся следующие ограничения на ввоз в Район указанных ниже материалов и организмов:

- Преднамеренный ввоз на территорию Района животных, растительных материалов, микроорганизмов или почвы запрещается.
- Посетители должны принимать меры предосторожности для предотвращения случайного ввоза животных, растительного материала, микроорганизмов и почв и следить за тем, чтобы оборудование, ввозимое в Район, было чистым. Перед осуществлением доступа в Район вся обувь и другое снаряжение, используемые или ввозимые в Район (включая сумки, рюкзаки и палатки), подлежат тщательной очистке в максимально возможной степени.

- Нельзя употреблять пищу на территории Района.
- Хранение горючего, пищевых продуктов, химических веществ и других материалов на территории Района не допускается, за исключением случаев, особо оговоренных в разрешении, для достижения важных целей, имеющих отношение к консервации исторических сооружений или связанных с ними реликвий. Способы хранения и обращения с этими веществами должны обеспечивать сведение к минимуму вероятности их непреднамеренного попадания в окружающую среду.
- Ввоз любых материалов на территорию Района разрешается только на оговоренный срок, и они подлежат удалению к концу установленного срока.
- Внесение материалов для целей сохранения наследия может быть включено и инкорпорировано в ценности Района; он может осуществляться сторонами, которые имеют соответствующий опыт в области сохранения наследия и определили, что вносимые материалы соответствуют целям и задачам Плана управления и общему плану по проведению консервационных работ на участке.
- В случае попадания в окружающую среду материалов, представляющих возможную опасность для ценностей Района, их удаление следует производить только в том случае, если ущерб от действий по удалению не будет превышать ущерба от оставления этих материалов на месте.

7(vii) Изъятие местной флоры и фауны или вредное воздействие на них

Изъятие или вредное вмешательство в жизнь местной флоры и фауны допускаются только на основании разрешения, выданного в соответствии со Статьей 3 Приложения II Протокола по охране окружающей среды к Договору об Антарктике. Если разрешенная деятельность включает в себя изъятие животных или вредное воздействие на них, в качестве минимально применимого стандарта следует руководствоваться Кодексом поведения при использовании животных в научных целях в Антарктике, разработанным СКАР.

7(viii) Сбор чего-либо не ввезенного держателем разрешения

1) Сбор и вывоз материалов для выполнения консервационных или научных задач, соответствующих целям настоящего Плана управления, допускаются только на основании Разрешения, выданного компетентным национальным органом.
2) Материалы, представляющие угрозу историческим ценностям Района, окружающей среде или здоровью людей, могут быть вывезены из Района на основании разрешения с целью их последующей ликвидации, если они соответствуют одному или нескольким из следующих критериев:
    i. артефакт представляет угрозу историческим ценностям, окружающей среде, дикой природе или здоровью и безопасности человека;
    ii. он находится в таком плохом состоянии, что его невозможно сохранить;
    iii. артефакт не вносит сколько-нибудь значимого вклада в расширение знаний о хижине, ее обитателях, других артефактов или истории освоения Антарктики;
    iv. артефакт не способствует улучшению визуального восприятия данной территории или хижины либо ухудшает его;
    v. артефакт не является уникальным или раритетным;

и если такой вывоз:

   vi. осуществляют организации, обладающие необходимыми знаниями и опытом в области сохранения объектов наследия; а также
   vii. является составной частью общего плана консервационных работ на данной территории.

3) Национальные органы должны следить за тем, чтобы вывоз любых артефактов и оценку их соответствия вышеуказанным критериям осуществляли сотрудники, обладающие необходимыми знаниями и опытом в области сохранения объектов наследия.
4) Артефакты, которые имеют большое историческое значение, но консервацию которых невозможно провести на месте с помощью современных технологий, можно вывезти на основании Разрешения

для дальнейшего хранения в регулируемых условиях до тех пор, пока не появится возможность благополучно возвратить их на территорию Района, что является предпочтительным действием, если нет высокого риска повредить или нарушить целостность артефакта.

5) Образцы почвы и других природных материалов могут быть изъяты для научных целей только в соответствии с разрешением, выданным соответствующим национальным органом.

7(ix) Удаление отходов

Все отходы жизнедеятельности человека, бытовые сточные воды и прочие отходы, образовавшиеся в результате работы экспедиций или деятельности посетителей, подлежат вывозу из Района.

7(x) Меры по поддержанию реализации целей и задач Плана управления

- Все посетители должны быть ознакомлены с требованиями настоящего Плана управления.
- Если консервационные работы, научные исследования, процедуры мониторинга или меры управления не требуют иного, все посетители обязаны соблюдать кодекс поведения, изложенный в разделе 7(iii).
- До начала летнего сезона операторы, организующие посещения Района в образовательных, информационно-просветительских или рекреационных целях (включая туризм), назначают людей, обладающих практическими знаниями в отношении данной территории и настоящего Плана управления, чтобы при посещении Района они выступали в роли гидов и проводили обучение в соответствии с занимаемой должностью.
- Любыми посещениями, организованными в образовательных, рекреационных и информационно-просветительских целях (включая туризм), руководят назначенные гиды, которые отвечают за то, чтобы посетители были ознакомлены с Кодексом поведения и положениями настоящего Плана управления, и следят за их полным соблюдением. Гид(ы) должен(ны) активно контролировать деятельность посетителей на территории Района, в частности в пределах хижины Шеклтона «Нимрод», и предпринять корректирующие действия против любых потенциальных или фактических нарушений Плана управления и Кодекса поведения.

7(xi) Требования к отчетам

- По каждому посещению Района основной получатель разрешения должен представить отчет в соответствующую национальную инстанцию в максимально короткий срок после его завершения в порядке, предусмотренном национальным законодательством и условиями выдачи разрешения.
- Эти отчеты должны содержать, в зависимости от конкретного случая, информацию, указанную в форме отчета о посещении, приведенной в Руководстве по подготовке Планов управления Особо охраняемыми районами Антарктики (Резолюция 2 (2011 г.). В случае необходимости национальному органу рекомендуется направить экземпляр отчета о посещении также Стороне, которая подготовила План управления, в качестве вспомогательного материала для управления Районом и пересмотра Плана управления.
- В отчете должна быть представлена подробная информация о вывозе любых материалов, который был произведен в соответствии с разделом 7(viii), включая основания для вывоза и сведения о том, где сейчас находятся эти предметы или когда они были ликвидированы. Кроме того, необходимо сообщать о возврате таких предметов в соответствующий национальный орган.
- Сторонам следует по возможности размещать оригиналы или копии таких отчетов о посещении в общедоступном архиве для учета пользования материалами в целях какого-либо пересмотра Плана управления и в качестве организационной меры по использованию Района в научных целях.
- Соответствующие компетентные органы должны быть уведомлены о любых, не предусмотренных в выданном разрешении действиях, или предпринятых мерах, и/или любых материалах, которые попали в окружающую среду и не были удалены.

8. Справочная документация

Antarctic Heritage Trust 2003. *Conservation Report: Shackleton's Hut British Antarctic Expedition 1907-1909*. NZ Antarctic Heritage Trust, Christchurch.

Antarctic Heritage Trust 2018. *Antarctic historic huts of the Ross Sea region*. NZ Antarctic Heritage Trust, Christchurch.

Antarctic Treaty Parties. Guidelines for handling of pre-1958 historic remains whose existence or present location is not known. Resolution 5 (2001).

Antarctic Treaty Parties. Guidelines for the designation and protection of Historic Sites and Monuments. Resolution 3 (2009).

Antarctic Treaty Parties. Guidelines for the assessment and management of heritage in Antarctica. Resolution 2 (2018).

Список граничных координат

Юго-западный угол (бухта Эррайвал): 77°33'15,8" ю. ш., 166°10'06,6" в.д.;

Западный угол (озеро Пони): 77°33'11,8" ю. ш., 166°09'59,0" в.д.;

Северо-западный угол (укрытие (Новая Зеландия)): 77°33'07,5" ю. ш., 166°10'12,9" в.д.;

Северо-восточный угол (бухта Бакдор): 77°33'07,5" ю. ш., 166°10'32,6" в.д.;

Юго-восточный угол (мыс Деррик): 77°33'14,1" ю. ш., 166°10'22" в. д.

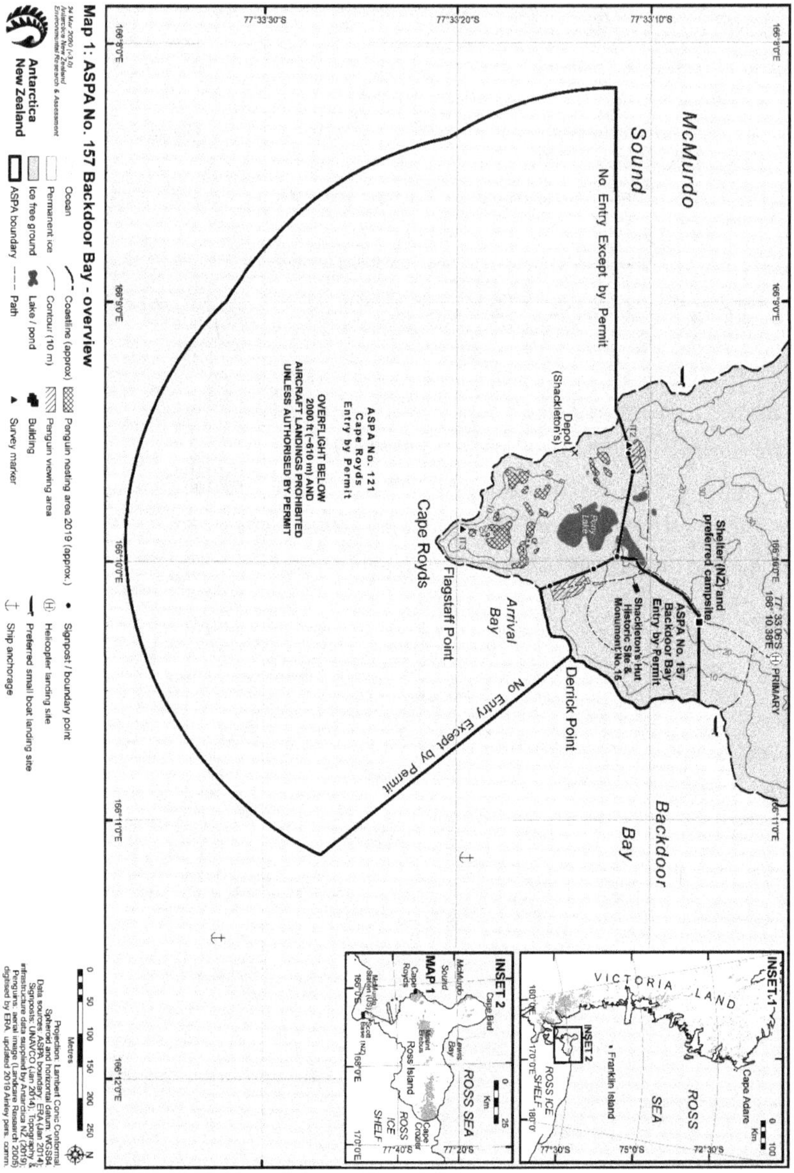
Map 1: ASPA No. 157 Backdoor Bay - overview
Antarctica New Zealand
McMurdo Sound
No Entry Except by Permit
Depot X (Shackleton's)
Shelter (NZ) and preferred campsite
77°33.06'S 166°10.38'E PRIMARY
ASPA No. 157 Backdoor Bay Entry by Permit
Shackleton's Hut Historic Site & Monument No.15
Pony Lake
Cape Royds
Flagstaff Point
Arrival Bay
Derrick Point
Backdoor Bay
ASPA No. 121 Cape Royds Entry by Permit
OVERFLIGHT BELOW 2000 ft (~610 m) AND AIRCRAFT LANDINGS PROHIBITED UNLESS AUTHORISED BY PERMIT
No Entry Except by Permit
77°33'10"S
77°33'20"S
77°33'30"S
166°8'0"E
166°9'0"E
166°10'0"E
166°11'0"E
166°12'0"E
Ocean
Permanent ice
Ice free ground
ASPA boundary
Coastline (approx)
Contour (10 m)
Lake / pond
Path
Penguin nesting area 2019 (approx.)
Penguin viewing area
Building
Survey marker
Signpost / boundary point
Helicopter landing site
Preferred small boat landing site
Ship anchorage
INSET 1
VICTORIA LAND
Cape Adare
ROSS SEA
Franklin Island
INSET 2
ROSS ICE SHELF
INSET 2
Cape Bird
McMurdo Sound
Lewis Bay
ROSS SEA
Mount Erebus
Ross Island
Cape Crozier
Cape Royds
MAP 1
ROSS ICE SHELF
Metres
Projection: Lambert Conic Conformal
Spheroid and horizontal datum: WGS84

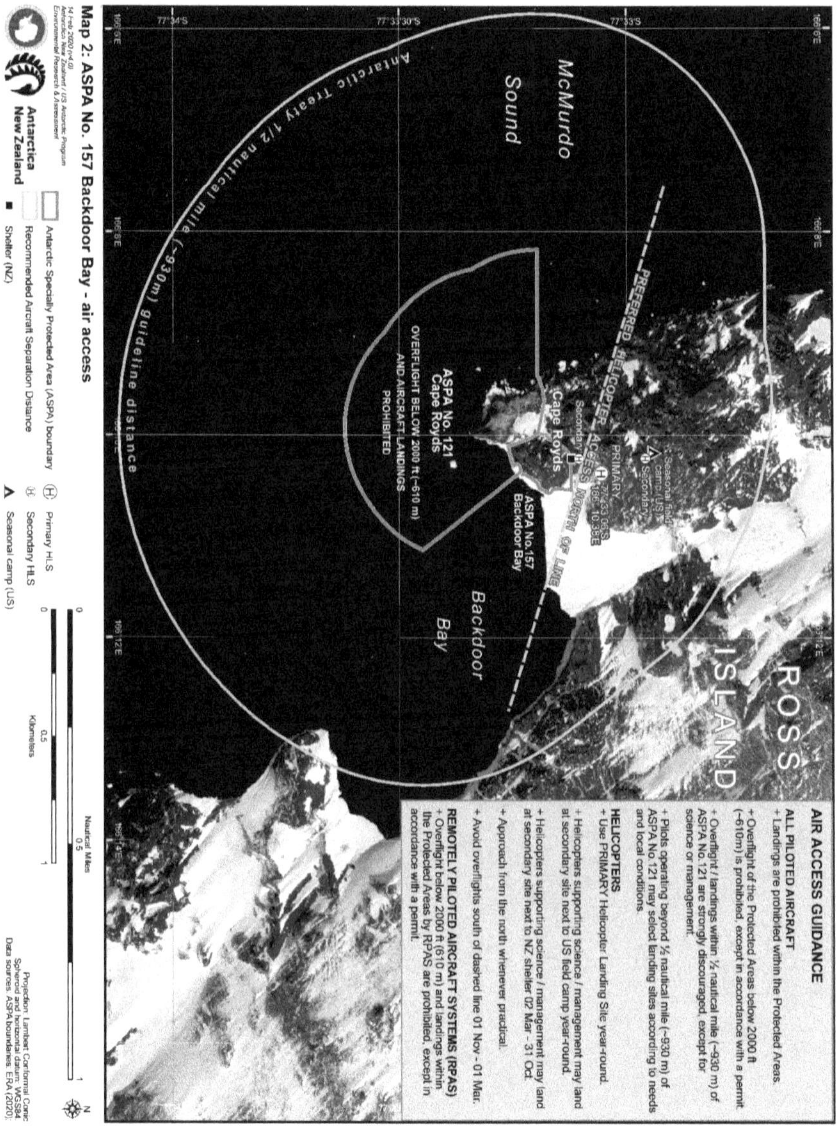
ROSS ISLAND
McMurdo Sound
Backdoor Bay
Cape Royds
ASPA No. 121 Cape Royds
OVERFLIGHT BELOW 2000 ft (~610 m) AND AIRCRAFT LANDINGS PROHIBITED
ASPA No.157 Backdoor Bay
PREFERRED HELICOPTER ACCESS NORTH OF LINE
PRIMARY
Secondary
Antarctic Treaty 1/2 nautical mile (~930m) guideline distance
77°33'S
77°33'30"S
77°34'S
AIR ACCESS GUIDANCE
ALL PILOTED AIRCRAFT
+ Landings are prohibited within the Protected Areas.
+ Overflight of the Protected Areas below 2000 ft (~610m) is prohibited, except in accordance with a permit.
+ Overflight / landings within ½ nautical mile (~930 m) of ASPA No.121 are strongly discouraged, except for science or management.
+ Pilots operating beyond ½ nautical mile (~930 m) of ASPA No.121 may select landing sites according to needs and local conditions.
HELICOPTERS
+ Use PRIMARY Helicopter Landing Site year-round.
+ Helicopters supporting science / management may land at secondary site next to US field camp year-round.
+ Helicopters supporting science / management may land at secondary site next to NZ shelter 02 Mar - 31 Oct.
+ Approach from the north whenever practical.
+ Avoid overflights south of dashed line 01 Nov - 01 Mar.
REMOTELY PILOTED AIRCRAFT SYSTEMS (RPAS)
+ Overflight below 2000 ft (610 m) and landings within the Protected Areas by RPAS are prohibited, except in accordance with a permit.
Map 2: ASPA No. 157 Backdoor Bay - air access
Antarctic Specially Protected Area (ASPA) boundary
Recommended Aircraft Separation Distance
Shelter (NZ)
Primary HLS
Secondary HLS
Seasonal camp (US)
Nautical Miles
Kilometers
Antarctica New Zealand

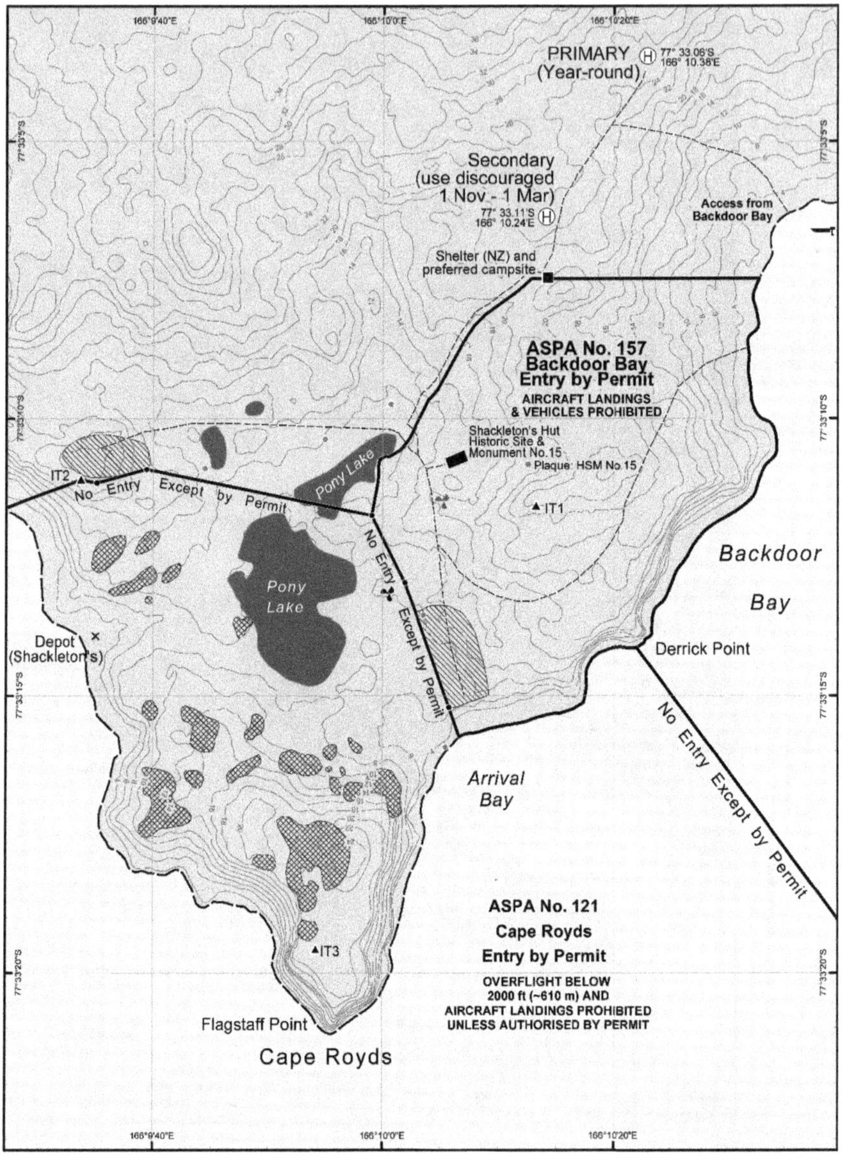

Map 3: ASPA No. 157 Backdoor Bay - topography

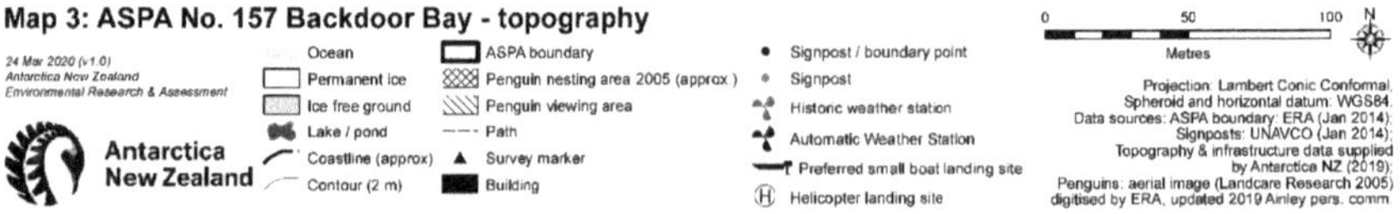

План управления Особо охраняемым районом Антарктики № 158 «Мыс Хат» (полуостров Росса)

(включая Историческое место и памятник № 18 - историческую хижину "Дискавери" капитана Роберта Фалкона Скотта)

Введение

Район расположен примерно в 500 м к западу от станции Мак-Мёрдо (США) на южной оконечности мыса Хат, полуостров Хат-Пойнт, полуостров Росса. Район был изначально определен как имеющий большое историческое значение с хижиной, построенной, членами Британской национальной антарктической экспедиции («Дискавери») (1901–1904 гг.) под руководством капитана Королевского флота Роберта Фалкона Скотта (Robert Falcon Scott). Хижина включена в перечень Исторических мест и памятников (ИМП) под номером 18 на основании Рекомендации VII-9 (1972). Район включает хижину «Дискавери» и связанные с ней артефакты, расположенные в координатах 77°50'44,7" ю. ш., 166°38'30,3" в. д. Район был обозначен в качестве Особо охраняемого района № 28 на основании Меры 1 (1998 г.) и переименован и перенумерован в Особо охраняемый район Антарктики (ООРА) № 158 согласно Решению 1 (2002 г.). Пересмотренный План управления был принят на основании Меры 2 (2005 г.), Меры 10 (2010 г.) и Меры 13 (2015 г.).

1. Описание ценностей, нуждающихся в охране

Хижина была построена в феврале 1902 года членами Британской национальной антарктической экспедиции («Дискавери») (1901–1904 гг.) под руководством капитана Королевского флота Роберта Фалкона Скотта (Robert Falcon Scott) и известна под названием хижина «Дискавери» (карта 1). Британская антарктическая экспедиция «Терра Нова» (1910–1913 гг.) под руководством капитана Скотта впоследствии использовала хижину как удобный передовой перевалочный пункт для путешествий по «Барьеру» (шельфовый ледник Росса). Кроме того, хижину использовал сэр Эрнест Шеклтон (Ernest Shackleton) во время Британской антарктической экспедиции «Нимрод» в 1907–1909 гг., а затем его отряд «Моря Росса», оказавшийся в затруднительном положении во время Королевской трансантарктической экспедиции в 1914–1917 гг. Здание было изготовлено в Австралии в стиле диких степей «аутбэк» ('outback') и с трех сторон окружено верандами. Все артефакты на верандах входят в охраняемую территорию.

Мыс Хат – одно из основных мест, связанных с первыми шагами человека в Антарктике. Это – важный символ Героической эпохи освоения Антарктики, и как таковой он имеет большое историческое значение. С экспедицией «Дискавери», база которой находилась в этом месте, связаны одни из первых достижений в области науки о земле, метеорологии, изучения и флоры и фауны Антарктики. История этой деятельности и вклад, который она внесла в понимание и изучение Антарктики, обусловливают большое научное, эстетическое и историческое значение этого Района.

Мыс Хат расположен в пределах Экологической среды S: геология Мак-Мёрдо – южная часть Земли Виктории, исходя из Анализа экологических доменов по Антарктике (Резолюция 3 (2008 г.), и в Регионе 9 – южная часть Земли Виктории, исходя из документа «Заповедные биогеографические регионы Антарктики» (Резолюция 6 (2012 г.).

2. Цели и задачи

Целью настоящего Плана управления является охрана этого Района и его достопримечательностей с тем, чтобы обеспечить сохранение этих ценностей. Цели Плана управления заключаются в следующем:

- недопущение ухудшения состояния или возникновения существенного риска для ценностей района;
- сохранение исторических ценностей Района за счет реализации продуманной программы мер по их консервации, в состав которой могут входить:
    a) ежегодная программа поддержания сохранности «на месте»;
    b) программа мониторинга состояния артефактов и сооружений, а также факторов, которые на них влияют;
    c) программа сохранения территории, зданий и артефактов, которая может осуществляться как на территории, так и за ее пределами;
    d) картографирование и иная регистрация местонахождения исторических предметов в окрестностях хижины; а также
    e) регистрация прочих важных исторических данных;
- сведение к минимуму антропогенного воздействия на Район, его особенностей и артефактов, позволяя сохранить доступ к хижине «Дискавери»; а также
- создание условий для посещения Района с целью осуществления мер управления в поддержку целей Плана управления.

3. Меры управления

Для обеспечения охраны ценностей Района предусматривается осуществление следующей деятельности по управлению:

- На видных местах всегда должна предусматриваться информация о расположении Района (с указанием особых ограничений, действующих на его территории), а постоянные научные станции, расположенные на полуострове Росса, должны обеспечиваться экземпляром настоящего Плана управления.
- Копии этого Плана управления должны быть доступны основному получателю разрешения всех групп, посещающих Район;
- Национальные программы должны обеспечить наличие знаков, определяющих границы Района, и информации об ограничениях, действующих на территории Района, на соответствующих картах местности, морских навигационных и аэронавигационных картах.
- Национальные антарктические программы, действующие в непосредственной близости от Района, должны предпринять шаги для ознакомления персонала станций и программ с научными ценностями на участках и необходимостью соблюдения применяемых специальных мер защиты.
- Персонал (участники национальных программ, полевых экспедиций и руководители туристических групп), осуществляющий доступ в Район, должен пройти специальный инструктаж, обеспечиваемый руководством соответствующей национальной программы, туроператором или соответствующим национальным органом по соблюдению положений и требований Плана управления, включая местоположения, границы и действующие ограничения в Районе.
- В соответствующих местах на границе поверхностного участка Района должны быть размещены указатели или знаки, показывающие местонахождение и границы, с четкими указаниями относительно ограничений на доступ.

- Указатели, знаки или другие сооружения, возведенные в пределах Района или недалеко от его границы, должны быть надежно закреплены, поддерживаться в надлежащем состоянии и удаляться по мере утраты необходимости в них.
- На территории Района должна проводиться программа регулярных работ по консервации хижины «Дискавери» и связанных с ней артефактов, находящихся на территории Района.
- Организация регулярного мониторинга с целью оценки воздействий посетителей и учета результатов этого мониторинга, а также любых соответствующих рекомендаций по предельному количеству допускаемых посетителей в любое время или в данный период времени при пересмотре настоящего Плана управления.
- Заинтересованные национальные антарктические программы и соответствующие группы и организации должны совместно консультироваться и координировать свои действия, чтобы обеспечить:
  a) разработку и использование навыков и ресурсов, особенно связанных с методами сохранения, для помощи в защите исторических ценностей Района;
  b) установление лимита на количество посетителей; а также
  c) реализацию вышеуказанной управленческой деятельности.

4. Период определения

Определен на неограниченный период времени.

5. Карты

Карта 1: ООРА № 158, хижина «Дискавери», мыс Хат, полуостров Росса.

Основная карта – расположение Хат-Пойнт на южной оконечности полуострова Хат-Пойнт, станции Мак-Мёрдо (США) и Скотт-Бейс (Новая Зеландия), ИМП № 20 крест Скотта на горе Обсервейшен и близлежащих охраняемых районов.

Проекция: равноугольная коническая проекция Ламберта. Стандартные параллели: 1-я – 77°45' ю. ш., 2-я – 77°56' ю. ш. Центральный меридиан: 166°45' в. д.; начало отсчета широты: 78°00' ю. ш.: Сфероид: WGS84; Горизонтальная точка отсчета: геодезическая опорная сеть пролива Мак-Мёрдо.

Источники данных: Схематическая карта и горизонтали составлены на основе цифрового ортофотоснимка, полученного при аэросъемке Службой геологической разведки США/DoSLI в ноябре 1993 г., масштаб 1:2500 и 1:10000 с позиционной точностью ±1 м (по горизонтали) и ±2 м (по вертикали), и наземной разрешающей способностью 0,25 м и 1,0 м соответственно. Сооружения: Съемка RPSC (февраль 2009 г.). Другие характеристики получены из полевых исследований USAP (февраль 2009 г.) и ERA (ноябрь 2009 г.). Приблизительная протяженность постоянного льда, оцифрованная по ортофотоснимку Quickbird, сделанному 15 октября 2005 г. (Изображения © 2005 Digital Globe). Высота сечения: Основная карта – 20 м; Врезка 3 – 2 м.

Врезка 1: Полуостров Росса в море Росса.

Врезка 2: Станция Мак-Мёрдо (США) и станция Скотт-Бейс (Новая Зеландия) на полуострове Росса.

Врезка 3: Хижина «Дискавери» (ИМП № 18) на южной оконечности Хат-Пойнт и местонахождение креста Винса ИМП № 19.

6. Описание Района

6(i) Географические координаты, специальные знаки и характерные естественные признаки, определяющие границы Района

Обзор

Мыс Хат – это небольшая, не имеющая ледникового покрова территория на полуострове Хат-Пойнт, которая вдается в море в юго-западном направлении и находится на 500 м к западу от станции Мак-Мёрдо (США). В состав Района, определенного в качестве ООРА, входит только сама хижина «Дискавери» (77°50’44,7" ю. ш., 166°38'30,3’ в. д.), расположенная вблизи юго-западной оконечности мыса Хат, и связанные с ней артефакты.

Границы

Граница Района – это небольшой выступ (т. е. след) здания, включая веранды.

Деятельность человека

Многолетняя программа регулярных работ по консервации хижины «Дискавери» проводилась Новой Зеландией с 1950-х годов. Неправительственный траст-фонд Новой Зеландии «Антарктическое наследие» проводил консервацию хижины «Дискавери» и связанных с ней артефактов в течение более 30-ти лет в сотрудничестве с национальными антарктическими программами, действующими в регионе.

Персонал национальных программ станции Мак-Мёрдо (США) и станции Скотт-Бейс (Новая Зеландия), а также группы туристов регулярно посещают хижину «Дискавери» и близлежащие районы. Количество посетителей и туроператоров может меняться в зависимости от диапазона факторов, включая систему морских льдов, погодные условия и доступную логистику, в каждом году.

6(ii) Доступ в Район

Доступ на мыс Хат может осуществляться на транспортном средстве, пешком или на маломерном судне. Доступ в Район обычно осуществляется по дороге от станции Мак-Мёрдо (карта 1). Дорога заканчивается примерно в 50 м к северо-востоку от хижины «Дискавери», где были заложены большие бетонные блоки для предотвращения проезда транспортных средств за пределы этой точки. Доступ к хижине «Дискавери» возможен только пешком или с помощью подходящего приспособления для инвалидов, если это необходимо. Особые условия доступа пешеходов, транспортных средств, небольших судов и авиасредств изложены в Разделе 7(ii) ниже.

6(iii) Места расположения сооружений в пределах и вблизи Района

Район, определенный в качестве ООРА, состоит исключительно из одного сооружения – исторической хижины «Дискавери» и связанных с ней артефактов (Историческое место и памятник № 18). ИМП № 19, крест на мысе Хат, установленный в феврале 1904 г. членами Британской антарктической экспедиции 1901–1904 годов в память Джорджа Т. Винса, члена экспедиции, погибшего в этом районе, находится на расстоянии 75 метров к западу от хижины. Крест на горе Обсервейшен (ИМП № 20), примерно в 1,4 км к югу Района установлен в январе 1913 г. членами Британской антарктической экспедиции 1910-1913 годов в память членов экспедиции капитана Роберта Ф. Скотта, погибших при возвращении с Южного полюса в марте 1912 г. (карта 1).

Временные вспомогательные сооружения иногда устанавливаются рядом с хижиной «Дискавери» для облегчения работ по консервации.

Ближайшими к Району постоянными научными станциями являются Мак-Мёрдо (США) и станция Скотт-Бейс (Новая Зеландия), которые расположены, соответственно, в 500 м и 3 км к востоку от Района (карта 1).

6(iv) Местонахождение других близлежащих охраняемых районов

- ООРА № 122 «Высоты Аррайвал» находится в 1,4 км к северу от мыса Хат на полуострове Хат-Пойнт (карта 1).

- ООРА № 121 «Мыс Ройдс» и ООРА № 157 бухта Бакдор, мыс Ройдс, расположены примерно в 34 км к северу от мыса Хат (карта 1, врезка 2).
- ООРА № 155 «Мыс Эванс» находится примерно в 24 км к северу от мыса Хат (карта 1, врезка 2).

6(v) Особые зоны на территории Района

На территории Района нет особых зон.

7. Условия выдачи разрешений для доступа

7(i) Общие условия выдачи разрешений

Доступ в Район возможен только на основании разрешения, которое выдается соответствующим национальным органом власти. Компетентный государственный орган может выдать разрешение на несколько посещений в течение одного сезона. Условия выдачи разрешения на доступ в Район:

- Деятельность связана с проведением консервационных работ, научных исследований и мониторинга, с важными мероприятиями по управлению Районом или с выполнением образовательных и рекреационных задач, включая туристическую деятельность, при условии, что они не противоречат целям настоящего плана управления.
- Разрешаемая деятельность соответствует настоящему Плану управления.
- Разрешаемая деятельность будет уделять соответствующее внимание непрерывной защите исторических ценностей Района с помощью процесса оценки воздействия на окружающую среду.
- Разрешение выдается на указанный срок.
- Разрешение или его копия должны находиться у основного получателя разрешения или его назначенного представителя при посещении Района.

7(ii) Доступ в Район и передвижение по его территории

Доступ на мыс Хат может осуществляться на транспортном средстве, пешком или на маломерном судне. Конкретных маршрутов для доступа на мыс Хат не предусмотрено, хотя доступ обычно осуществляется по дороге от станции Мак-Мёрдо (США) (карта 1, врезка 3). Доступ к мысу Хат во время судовых снабженческих операций в бухте Уинтер-Куортерс (Winter Quarters Bay) должен быть согласован с руководством станции Мак-Мёрдо.

Доступ в Район и передвижение по его территории пешком

1) Доступ к хижине «Дискавери» возможен только пешком или с помощью подходящего приспособления для инвалидов, если это необходимо (карта 1, врезка 3).
2) Передвижение в пределах хижины «Дискавери» должно соответствовать Кодексу поведения в Разделе 7(iii).

Доступ для автотранспорта

1) Транспортные средства, приближающиеся к Району по дороге от станции Мак-Мёрдо (США) или станции Скотт-Бейс (Новая Зеландия), не должны выезжать за большие бетонные блоки, расположенные в конце дороги в 50 м к северо-востоку от хижины «Дискавери», за исключением случаев, оговоренных в разрешении, направленных на поддержание, консервацию или управление Районом или ИМП № 19 (карта 1, врезка 3).

Доступ на маломерных судах

1) На маломерном судне (в отсутствие ледового покрова) можно добраться до станции Мак-Мёрдо, до бухты Уинтер-Куортерс или к береговой линии пролива Мак-Мёрдо в 100 м к северо-западу от Района, примерно на 77°50'42" ю. ш., 166°38'23" в. д. (карта 1, врезка 3).

Доступ в Район в Район авиасредств и полеты над Районом

Воздушные суда могут использоваться и приземляться на территории Района при условии строго соблюдения указанных ниже требований.

1) Посадка вертолетов в пределах 100 м от Района запрещена. При посадке вертолета сильный турбулентный поток воздуха может привести к повреждению хижины «Дискавери».
2) Следует в максимально возможной степени избегать пролета вертолетов над Районом.
3) Полеты над Районом на высоте менее 2000 футов (610 м) и посадки на территории Района дистанционно пилотируемых авиационных систем (ДПАС) запрещаются, за исключением случаев, когда имеется разрешение от соответствующего национального органа. Применение ДПАС вблизи Района или над ним должно соответствовать требованиям положений Руководства по экологическим аспектам использования дистанционно пилотируемых авиационных систем (ДПАС) в Антарктике (Резолюция 4 (2018 г.).

Ограничения по количеству людей, одновременно находящихся на территории Района

Контроль количества людей и передвижения на территории Района как в любой момент времени, так и в совокупности с течением времени необходим для сведения к минимуму ущерба и учета ухудшения состояния, вызванных:

a) физическим пешеходным движением посетителей через уязвимые достопримечательности Района и особенно скоплением людей внутри хижины «Дискавери»; и
b) измеримые изменения условий окружающей среды (например, температуры и влажности) внутри хижины «Дискавери».

- Максимальное количество людей, которые могут одновременно находиться в хижине (включая гидов), составляет **8 человек**.
- Максимальное ежегодное количество посетителей составляет **2 000 человек**.
- Наблюдаемые воздействия зарегистрированного количества посетителей предполагают, что значительные неблагоприятные воздействия могут быть вызваны превышением максимальных значений, указанных выше.
- Эти ограничения установлены с учетом наиболее разумных рекомендаций, предоставленных консультационными ведомствами, которые занимаются вопросами сохранения (в этих организациях работают специалисты по консервации, археологи, историки, музееведы и другие профессионалы в области охраны наследия). Эти пределы должны пересматриваться при каждом рассмотрении Плана управления, когда предельные значения могут быть скорректированы на основе отслеживаемых воздействий на участках.
- Любыми посещениями, организованными в образовательных, информационно-просветительских или рекреационных целях, должны руководить опытные гиды, назначенные оператором (см. раздел 7(x). С целью недопущения ущерба, причиняемого скоплением людей и действиями, не соответствующими Кодексу поведения, изложенному в разделе 7(iii), необходим надлежащий контроль посещения Района.

7(iii) Разрешаемая деятельность в Районе:

- посещения в целях проведения консервационных работ и управленческой деятельности;
- проведение визитов в образовательных, информационно-просветительских или рекреационных целях, включая туризм;
- проведение научных исследований, не оказывающих отрицательного влияния на ценности Района.

Посетители участков должны всегда соблюдать обязательный кодекс поведения, за исключением указанных в разрешении случаев природоохранной, исследовательской, мониторинговой или управленческой деятельности.

Обязательный кодекс поведения

- Курение или использование открытого огня на территории Района, особенно в районе хижины «Дискавери» или рядом, строго запрещены, так как пожар представляет большую опасность.
- На объекте присутствуют опасные материалы, такие как асбест, химикаты, плесень и т. д. Нельзя трогать что-либо в пределах охраняемой территории и хижин.
- В целях минимизации абразивного истирания пола перед входом в хижину «Дискавери» необходимо тщательно очистить обувь от песчинок, грязи, гуано, льда и снега с помощью щеток, предусмотренных для этой цели. Для больших групп рекомендуется постелить брезент снаружи, чтобы обувь и личные вещи оставались чистыми во время ожидания у входа в сооружение.
- Следует снимать одежду, пропитавшуюся морской водой, и очищать обувь от крошек морского льда, поскольку частицы соли ускоряют процесс коррозии металлических предметов.
- Нельзя трогать, перемещать или сидеть на каких-либо вещах или предметах мебели, находящихся внутри хижин, – это может нанести ущерб артефактам.
- Поскольку многие уголки хижины забиты вещами и можно случайно повредить артефакты, внутри хижины нельзя носить сумки или ранцы, нельзя делать селфи и пользоваться моноподом для фотографий, а когда в хижине одновременно находится максимально допустимое количество посетителей (8 человека), запрещено использовать треноги или штативы.
- Следует использовать только штативы или треноги с плоским резиновым низом, а не на металлических шипах, которые могут повредить пол хижины.
- При передвижении по этим участкам необходимо соблюдать осторожность, чтобы не наступить на какие-либо артефакты, которые могут находиться под снегом.
- Посещения должны регистрироваться в предоставленной книге посетителей. Это позволяет соотнести сроки посещений и количество посетителей с показателями температуры и влажности, которые автоматически измеряются внутри хижины.

7(iv) Возведение, реконструкция и удаление сооружений

- Нельзя модифицировать имеющиеся сооружения или установленное научное оборудование, за исключением того, что необходимо для проведения консервационных, образовательных или научных работ, которые не оказывают отрицательного влияния на ценности Района, как указано в разделе 1.
- Нельзя вывозить исторические объекты из Района, если это не оговорено в Разрешении, выданном в соответствии с положениями раздела 7(vii).

7(v) Размещение полевых лагерей

- Хижина «Дискавери» не может быть использована для проживания.

7(vi) Ограничения на ввоз материалов и организмов на территорию Района

Помимо требований Протокола по охране окружающей среды к Договору об Антарктике, вводятся следующие ограничения на ввоз в Район указанных ниже материалов и организмов:

- Преднамеренный ввоз на территорию Района животных, растительных материалов, микроорганизмов или почвы запрещается.
- Посетители должны принимать меры предосторожности для предотвращения случайного ввоза животных, растительного материала, микроорганизмов и почв и следить за тем, чтобы оборудование, ввозимое в Район, было чистым. Насколько это возможно, обувь и оборудование, используемые на территории Района или привезенные в Район (включая сумки для оборудования), должны проходить тщательную очистку до входа на территорию Района.
- Нельзя употреблять пищу на территории Района.

- Хранение горючего, пищевых продуктов, химических веществ и других материалов на территории Района не допускается, за исключением случаев, особо оговоренных в разрешении для достижения важных целей, имеющих отношение к консервации исторических сооружений или связанных с ними реликвий. Способы хранения и обращения с этими веществами должны обеспечивать сведение к минимуму вероятности их непреднамеренного попадания в окружающую среду.
- Ввоз любых материалов на территорию Района разрешается только на оговоренный срок, и они подлежат удалению к концу установленного срока.
- Ввоз материалов для целей сохранения наследия может быть включен и инкорпорирован в цели Района; он может осуществляться сторонами, которые имеют соответствующий опыт в области сохранения наследия и определили, что ввозимые материалы соответствуют целям и задачам плана по управлению и общему плану по проведению консервационных работ на участке.
- В случае попадания в окружающую среду материалов, представляющих возможную опасность для ценностей Района, их удаление следует производить только в том случае, если ущерб от действий по удалению не будет превышать ущерба от оставления этих материалов на месте.

7 (vii) Изъятие местной флоры и фауны или вредное воздействие на них

На территории Района, определенного в качестве ООРА, нет никакой местной флоры или фауны.

7(viii) Сбор чего-либо не ввезенного держателем разрешения

1) Сбор и вывоз материалов для выполнения консервационных или научных задач, соответствующих целям настоящего Плана управления, допускаются только на основании Разрешения, выданного компетентным национальным органом.
2) Материалы, представляющие угрозу историческим ценностям Района, окружающей среде или здоровью людей, могут быть вывезены из Района на основании Разрешения с целью их последующей ликвидации, если они удовлетворяют одному или нескольким из следующих критериев:
   i. артефакт представляет угрозу историческим ценностям, окружающей среде, дикой природе или здоровью и безопасности человека;
   ii. он находится в таком плохом состоянии, что его невозможно сохранить;
   iii. артефакт не вносит сколько-нибудь значимого вклада в расширение знаний о хижине, ее обитателях, других артефактов или истории освоения Антарктики;
   iv. артефакт не способствует улучшению визуального восприятия данной территории или хижины либо ухудшает его; и (или)
   v. артефакт не является уникальным или раритетным;

и если такой вывоз:

   vi. осуществляют организации, обладающие необходимыми знаниями и опытом в области сохранения объектов наследия; а также
   vii. является составной частью общего плана консервационных работ на данной территории.

3) Национальные органы должны следить за тем, чтобы вывоз любых артефактов и оценку их соответствия вышеуказанным критериям осуществляли сотрудники, обладающие необходимыми знаниями и опытом в области консервации объектов наследия.
4) Артефакты, которые имеют большое историческое значение, но консервацию которых невозможно провести на месте с помощью современных технологий, можно вывезти на основании Разрешения для дальнейшего хранения в регулируемых условиях до тех пор, пока не появится возможность благополучно возвратить их на территорию Района, что является предпочтительным действием, если нет высокого риска повредить или нарушить целостность артефакта.

7(ix) Удаление отходов

Все отходы жизнедеятельности человека, бытовые сточные воды и прочие отходы, образовавшиеся в результате работы экспедиций или деятельности посетителей, подлежат вывозу из Района.

7(x) Меры по поддержанию реализации целей и задач Плана управления

- Все посетители должны быть ознакомлены с требованиями настоящего плана управления.
- Если консервационные работы, научные исследования, процедуры мониторинга или меры управления не требуют иного, все посетители обязаны соблюдать кодекс поведения, изложенный в разделе 7(iii).
- До начала летнего сезона операторы, организующие посещения Района в образовательных, информационно-просветительских или рекреационных целях (включая туризм), назначают людей, обладающих практическими знаниями в отношении данной территории и настоящего Плана управления, чтобы при посещении Района они выступали в роли гидов и проводили обучение в соответствии с занимаемой должностью.
- Любыми посещениями, организованными в образовательных, рекреационных и информационно-просветительских целях (включая туризм), руководят назначенные гиды, которые отвечают за то, чтобы посетители были ознакомлены с Кодексом поведения и положениями настоящего Плана управления, и следят за их полным соблюдением. Гид(ы) должен(ны) активно контролировать деятельность посетителей на территории Района, в частности в пределах хижины «Дискавери», и предпринять корректирующие действия против любых потенциальных или фактических нарушений Плана управления и Кодекса поведения.

7(xi) Требования к отчетам

- По каждому посещению Района основной получатель разрешения должен представить отчет в соответствующую национальную инстанцию в максимально короткий срок после его завершения в порядке, предусмотренном национальным законодательством и условиями выдачи разрешения.
- Эти отчеты должны содержать, в зависимости от конкретного случая, информацию, указанную в форме отчета о посещении, приведенной в Руководстве по подготовке Планов управления Особо охраняемыми районами Антарктики (Резолюция 2 (2011 г.). Национальный орган также должен предоставить копию отчета о посещении и подтверждение о количестве посетителей Стороне, предложившей План управления в целях оказания содействия в управлении Районом и пересмотра Плана управления.
- В отчете должна быть представлена подробная информация о вывозе любых материалов, который был произведен в соответствии с разделом 7(viii), включая основания для вывоза и сведения о том, где сейчас находятся эти предметы или когда они были ликвидированы. Кроме того, необходимо сообщать о возврате таких предметов в соответствующий национальный орган.
- Сторонам следует по возможности размещать оригиналы или копии таких отчетов о посещении в общедоступном архиве для учета пользования материалами в целях какого-либо пересмотра Плана управления и в качестве организационной меры по использованию Района в научных целях.
- Соответствующие компетентные органы должны быть уведомлены о любых, не предусмотренных в выданном разрешении действиях, или предпринятых мерах, и/или любых материалах, которые попали в окружающую среду и не были удалены.

8. Справочная документация

Antarctic Heritage Trust 2018. *Antarctic historic huts of the Ross Sea region*. NZ Antarctic Heritage Trust, Christchurch.

Antarctic Treaty Parties. Guidelines for handling of pre-1958 historic remains whose existence or present location is not known. Resolution 5 (2001).

Antarctic Treaty Parties. Guidelines for the designation and protection of Historic Sites and Monuments. Resolution 3 (2009).

Antarctic Treaty Parties. Guidelines for the assessment and management of heritage in Antarctica. Resolution 2 (2018).

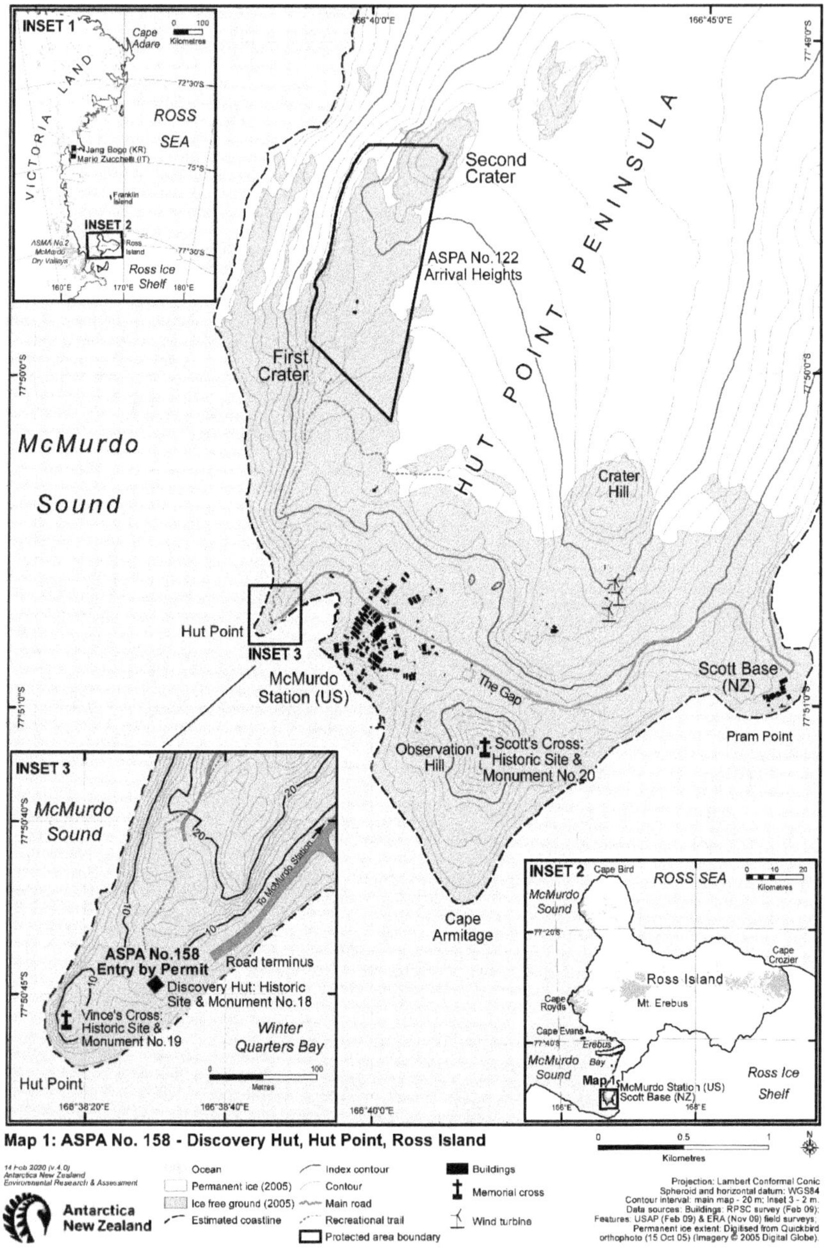

Map 1: ASPA No. 158 - Discovery Hut, Hut Point, Ross Island

План управления
Особо охраняемым районом Антарктики № 159
«МЫС АДЭР» (БЕРЕГ БОРКГРЕВИНКА)

(включая Историческое место и памятник № 22 «Исторические хижины Карстена Боркгревинка и «Северного» отряда Скотта, а также их окрестности»)

Введение

Район площадью ~2,4 га расположен на 71°18'26,2" ю. ш., 170°11'28,3" в. д. на северо-западном побережье мыса Адэр, на северной оконечности полуострова Адэр, Земля Виктории, берег Боркгревинка, море Росса. Район был изначально определен как имеющий большое историческое значение из-за хижины, построенной членами Британской национальной антарктической экспедиции («Южный крест») 1898–1900 гг. под руководством Карстена Э. Боркгревинка (Carsten E. Borchgrevink). Эта хижина включена в перечень Исторических мест и памятников (ИМП) под номером 22 на основании Рекомендации VII-9 (1972 г.). Оставшаяся часть хижины «Терра Нова», построенной «Северным» отрядом Скотта в ходе Британской антарктической экспедиции 1910–1913 гг. находится рядом. Район был обозначен в качестве Особо охраняемого района № 29 на основании Меры 1 (1998 г.) и переименован и перенумерован в Особо охраняемый район Антарктики (ООРА) № 159 согласно Решению 1 (2002 г.). Пересмотренный План управления был принят на основании Меры 2 (2005 г.), Меры 11 (2010 г.) и Меры 14 (2015 г.).

1. Описание ценностей, нуждающихся в охране

В Районе находятся три основных сооружения (карта 1, врезка 3). Две хижины были построены в феврале 1899 г. членами Британской антарктической экспедиции («Южный крест») под руководством Карстена Э. Боркгревинка (1898–1900 гг.). Одна хижина использовалась как жилье, а другая – как склад. Они прослужили в течение первой зимы, проведенной на антарктическом континенте. Развалины третьей хижины, построенной в феврале 1911 г. для «Северного» отряда под руководством Виктора Л. А. Кемпбелла, который входил в состав Британской антарктической экспедиции «Терра Нова» Роберта Фалкона Скотта в 1910–1913 гг., находятся в 20 метрах к северу от жилой хижины Боркгревинка. В 1911 г. в этой хижине зимовал «Северный» отряд.

Помимо этих достопримечательностей в Районе имеется множество других исторических реликвий. К ним относятся склады для хранения запасов, отхожее место, два якоря с судна «Южный крест», ледяной якорь с судна «Терра Нова» и запасы угольных брикетов. Остальные исторические предметы на территории Района погребены под слоем гуано. Вместе все три хижины и связанные с ними исторические реликвии определены как ИМП № 22. Могила участника Британской антарктической экспедиции «Южный крест» расположена примерно в 1,5 км к северо-востоку от Района и внесена в список ИМП № 23.

Мыс Адэр – одно из основных мест, связанных с первыми шагами человека в Антарктике, поскольку здесь находится первое здание, построенное на Антарктическом континенте. Это важный символ Героической эпохи освоения Антарктики, и как таковой он имеет большое историческое значение. С двумя самыми ранними экспедициями, база которых находилась в этом месте, связаны одни из первых достижений в области наук о земле, метеорологии, изучения флоры и фауны Антарктики. История этой деятельности и вклад, который она внесла в понимание и изучение Антарктики, обусловливают большое научное, эстетическое и историческое значение этого Района.

Мыс Адэр расположен в пределах Природной среды U «Геология северной части Земли Виктории», исходя из Анализа экологических доменов по Антарктике (Резолюция 3 (2008 г.) и в Регионе 8

«Северная часть Земли Виктории», исходя из документа «Заповедные биогеографические регионы Антарктики» (Резолюция 6 (2012 г.).

2. Цели и задачи

Целью настоящего Плана управления является охрана этого Района и его достопримечательностей с тем, чтобы обеспечить сохранение этих ценностей. Цели Плана управления заключаются в следующем:

- недопущение ухудшения состояния или возникновения существенного риска для ценностей Района;
- сохранение исторических ценностей Района за счет реализации продуманной программы мер по их консервации, в состав которой могут входить:
    a. поддержание сохранности «на месте»;
    b. мониторинг состояния артефактов и сооружений и факторов, которые на них влияют;
    c. консервация участка, зданий и артефактов, которая может осуществляться как на участке, так и за его пределами;
    d. картографирование и иная регистрация местонахождения исторических предметов в окрестностях хижины; а также
    e. регистрация прочих важных исторических данных;
- сведение к минимуму антропогенного воздействия на Район, его особенности и артефакты с возможностью управляемого доступа к хижине Боркгревинка и другим участкам Района; а также
- создание условий для посещения Района с целью осуществления мер управления в поддержку целей Плана управления.

3. Меры управления

Для обеспечения охраны ценностей Района предусматривается осуществление следующей деятельности по управлению:

- Копии этого Плана управления должны быть доступны основному получателю разрешения для всех групп, посещающих Район, и/или руководителю всех групп, посещающих прилегающие окрестности на мысе Адэр.
- Национальные программы должны обеспечить наличие знаков, определяющих границы Района, и информации об ограничениях, действующих на территории Района, на соответствующих картах местности, морских навигационных и аэронавигационных картах.
- Персонал (участники национальных программ, полевых экспедиций, руководители туристических групп и летчики), осуществляющий деятельность в окрестностях Района, доступ в Район или пролет над Районом, должен пройти специальный инструктаж, обеспечиваемый руководством соответствующей национальной программы, туроператором или соответствующим национальным органом по соблюдению положений и требований Плана управления, в том числе быть осведомлен о местоположениях, границах и действующих ограничениях на приземление в указанном Районе.
- Указатели или знаки, возведенные в пределах Района или недалеко от его границы должны быть надежно закреплены, поддерживаться в надлежащем состоянии и удаляться по мере утраты необходимости в них.
- На территории Района должна проводиться программа работ по консервации исторических хижин, а также соответствующих сооружений и артефактов, находящихся на территории Района.
- Должен проводиться регулярный мониторинг с целью оценки воздействий посетителей и учета результатов этого мониторинга, а также при пересмотре настоящего Плана управления в него должны быть включены соответствующие рекомендации по предельному количеству допускаемых посетителей в любое время или в данный период времени.

- Заинтересованные национальные антарктические программы и соответствующие группы и организации должны совместно консультироваться и координировать свои действия, чтобы обеспечить:
  a. разработку и использование навыков и ресурсов, особенно связанных с методами сохранения, для помощи в защите исторических ценностей Района;
  b. установление лимита на количество посетителей; а также
  c. реализацию вышеуказанной управленческой деятельности.

4. Период определения

Определен на неограниченный период времени.

5. Карты

Карта 1: ООРА № 159 «Мыс Адэр» — региональный обзор. Врезка: регион моря Росса.

Проекция: равноугольная коническая проекция Ламберта. Стандартные параллели: 1-я 71°20' ю. ш., 2-я 71°30' ю. ш. Центральный меридиан: 170°20' в. д. Начало отсчета широты: 72° ю. ш. Сферические и горизонтальные координаты: WGS84. Высота сечения: 200 м. Источник данных: Антарктическая цифровая база данных СКАР, версия 7.1 (2019 г.).

Карта 2: ООРА № 159 «Мыс Адэр» — топография и исторические достопримечательности.

Врезка: ИМП № 22, на котором показаны основные исторические особенности Района.

Проекция: равноугольная коническая проекция Ламберта. Стандартные параллели: 1-я 71°17' ю. ш., 2-я 71°19' ю. ш. Центральный меридиан: 170°12' в. д. Начало отсчета широты: 72° ю. ш. Сфероид: WGS84. Высота сечений основной карты: 100 футов (сечение 15 футов показано на пляже Ридли) — сечения пространственно скорректированы для приблизительного положения на снимке.

Источники данных: береговая линия, водоемы и ручьи оцифрованы со снимков WorldView-2 (© Digital Globe, 05 декабря 2019 г.). Ортофотоснимок подготовлен Корейским институтом полярных исследований (JH Kim pers. comm. Mar 2020). Исторические достопримечательности, определенные Л. Мик (L. Meek), новозеландский траст-фонд «Антарктическое наследие» (pers. comm. Mar 2020).

6. Описание Района

6(i) Географические координаты, специальные знаки и характерные естественные признаки, определяющие границы Района

Обзор

Мыс Адэр — это мыс вулканического происхождения с неровным рельефом на северной оконечности полуострова Адэр, Земля Виктории, берег Боркгревинка, море Росса (карта 1, врезки 1 и 2). Мыс поднимается на высоту более 350 м (~1150 футов) (карта 1). Залив Робертсон находится к западу от полуострова Адэр. Район расположен примерно в ~1,7 км к юго-западу от мыса Адэр на южном берегу пляжа Ридли, который представляет собой большую плоскую осадочную гальку примерно треугольной формы, занимающую площадь примерно ~100 га. От западной оконечности пляжа Ридли простирается Южный пляж примерно на ~1,5 км на юго-восток в сторону Боулдер-Рок (Boulder Rock), а пляж Норт-Бич (North Beach) простирается примерно на такое же расстояние на северо-восток в сторону мыса Адэр.

Весь пляж Ридли и нижние западные склоны мыса Адэр заняты одной из крупнейших в Антарктике колоний пингвинов Адели (*Pygoscelis adeliae*). В 2018 г. популяция гнездящихся птиц насчитывала

504 332 пары (F. Shanhun, pers. comm. 2020). Колония была определена как Ключевая орнитологическая территория Антарктики № 165 (Harris et al. 2015). Пингвины занимают большую часть Района, и доступ к историческим хижинам часто ограничен, чтобы не беспокоить гнездящихся птиц.

Примерно 300 пар южнополярных поморников (*Stercorarius maccormicki*) гнездятся на пляже Ридли и на полуострове Адэр (Harris et al. 2015). Вдоль береговой линии пляжа Ридли также находятся залежки тюленей Уэдделла (*Leptonychotes weddellii*). Также можно встретить южного гигантского буревестника (*Macronectes giganteus*), южнополярного поморника (*Pagodroma nivea*), качурку Вильсона (*Oceanites oceanicus*) и антарктического буревестника (*Thalassoica antarctica*), императорских пингвинов (*Aptenodytes forsteri*) и патагонских пингвинов (*A. patagonicus*), морских леопардов (*Hydrurga leptonyx*), морских слонов (*Mirounga leonina*) и морских котиков (*Arctocephalus gazella*).

Границы

Границы района, обозначенные по часовой стрелке от северо-западного угла:

- Север: линия, проходящая на на 110 м вдоль линии 71° 18' 23" ю. ш. от северо-западного угла района на 71° 18' 23" ю. ш., 170° 11' 23" в. д. до северо-восточного угла с координатами 71° 18' 23" ю. ш., 170° 11' 34" в. д. Северная граница проходит примерно в 115 метрах к северу от хижины «Северного» отряда Скотта.
- Восток: линия, простирающаяся на ~250 м вдоль линии 170°11'34" в. д. от северо-восточного угла Района до юго-восточного угла с координатами 71°18'31" ю. ш., 170°11'34" в. д. Восточная граница проходит примерно в 50 м к востоку от хижины-склада Боркгревинка.
- Юг: линия, простирающаяся на ~124 м от юго-восточного угла Района до юго-западного угла с координатами 71°18'29" ю. ш. 170°11'23" в. д., следующая по средней линии полной воды вдоль побережья пляжа Саут-Бич (South Beach).
- Запад: линия, простирающаяся на ~190 м по линии 170°11'23" в. д. от юго-западного угла Района до северо-западного угла. Западная граница проходит примерно в 55 м к западу от жилой хижины Боркгревинка.

Деятельность человека

Из-за сложных условий доступа к участку на сегодняшний день Новой Зеландией ведется ограниченная реставрация исторических объектов на мысе Адэр. Неправительственный новозеландский траст-фонд «Антарктическое наследие» запланировал программу более существенной консервации хижин Боркгревинка и Скотта и также связанных с ними артефактов, а также полную реставрацию в сотрудничестве с национальными антарктическими программами, действующими в регионе.

Группы туристов регулярно посещают эту историческую достопримечательность и близлежащие окрестности. Количество посетителей и туроператоров может меняться в зависимости от диапазона факторов, включая систему морских льдов, погодные условия и доступную логистику, в каждом году.

6(ii) Доступ в Район

В Район можно добраться через окрестности за пределами его границ на воздушном транспортном средстве, небольшом судне или пешком. Доступ самолетов к морскому льду в заливе Робертсон возможен, хотя из-за перемены условий может быть трудно подлететь к Району, не потревожив пингвинов и поморников. Доступ в сам Район и перемещение по его территории осуществляется пешком. Конкретные маршруты доступа в Район не определены. Особые условия доступа пешеходов, маломерных судов, транспортных средств, пролетов и посадок летательных аппаратов изложены в разделе 7(ii).

6(iii) Места расположения сооружений в пределах и вблизи Района

Основными достопримечательностями Района являются жилая хижина и не имеющая крыши складская хижина экспедиции «Южный крест» под руководством Боркгревинка. В основном разрушенная хижина «Северного» отряда Скотта расположена примерно в 20 м к северо-западу от жилой хижины Боркгревинка. Все сооружения на территории Района имеют историческое происхождение, за исключением временного цеха для хранения, построенного в 2018 г. (см. ниже), и латунной памятной таблички, установленной примерно в 7 м к западу от складской хижины Боркгревинка в память об ИМП № 22.

На территории Района имеется множество исторических артефактов. К ним относятся склады для хранения запасов, отхожее место, два якоря с судна «Южный крест», ледяной якорь с судна «Терра нова» и запасы угля. Многие из этих предметов частично или полностью покрыты гуано пингвинов Адели, которые гнездятся на территории Района.

Могила норвежского биолога Николая Хансона, члена Британской антарктической экспедиции «Южный крест», расположена примерно в 1,5 км к северо-востоку от Района на возвышенности в 1000 футов (300 м) на полуострове Адэр и обозначена ИМП № 23 (карта 1). Хансон, умерший в возрасте 28 лет, был первым человеком, похороненным на антарктическом континенте. Могила расположена примерно на 71°18'04" ю. ш., 170°13'51" в. д. и отмечена крупным валуном с железным крестом, медной памятной табличкой и белым крестом, выложенным из кварцевой гальки. Первоначально имя Хансона было обведено кварцевой галькой, хотя недавние фотографии показывают, что теперь это видно менее отчетливо. На поверхности могилы лежит старый ледоруб. Луи Берначчи красноречиво написал об этом месте: «Там, среди глубокой тишины и покоя, нет ничего, что могло бы нарушить этот вечный сон, кроме полета морских птиц. В долгую темную зимнюю ночь сияющее и таинственное полярное сияние проносится по небу и образует восхитительную световую арку над мысом и могилой. Летом на него постоянно светят ослепительные лучи солнечного света» (Bernacchi 1901 г.).

Склад провизии был построен под выступом камня у подножия скал за пляжем Ридли после пожара в хижинах Боркгревинка 24 июля 1899 года. Склад посетил Р. Пристли из «Северного» отряда Скотта в 1911 г., а затем П. Уилсон в 1982 и 1990 гг. Поиск склада был произведен в 2015 г., но его не удалось найти, и его точное местонахождение в настоящее время неизвестно (L. Meek, Antarctic Heritage Trust, pers. comm. Mar 2020).

Второй склад, созданный «Северным» отрядом Скотта в 1911 г., расположен на полуострове Адэр примерно в 100 м к северо-западу от могилы Хансона (ИМП № 23). Его наличие было зафиксировано в 1982 г., а затем в 1990 г. Харроуфилдом (L. Meek, pers. comm. 2020).

Временные сооружения для проведения работ по консервации были установлены на мысе Адэр в 2018 г. (карта 2 и врезка). К ним относятся жилые и складские помещения на Южном пляже примерно в 100 м к востоку от Района, а также мастерская, установленная для проведения ремонтных работ примерно в10 м к западу от хижин Боркгревинка. Ожидается, что работы по консервации будут проводиться в течение нескольких сезонов.

Две автоматические метеорологические станции установлены за пределами Района: одна на Южном пляже, а вторая на гребне полуострова Адэр на высоте примерно 350 м (карта 2).

Ближайшими к Району постоянными научными станциями являются Марио Дзуккелли (Италия) и Джанг Бого (Республика Корея), которые расположены в ~330 км к югу от Района (карта 1, вставка 1).

6(iv) Местонахождение других близлежащих охраняемых районов

Ближайший охраняемый район – ООРА № 106 «Мыс Халлетт», расположенный на северной оконечности полуострова Халлетт, примерно в 115 км к югу от Района.

6(v) Особые зоны на территории Района

На территории Района нет особых зон.

7. Условия выдачи разрешений для доступа

7(i) Общие условия выдачи разрешений

Доступ в Район возможен только на основании разрешения, которое выдается соответствующим национальным органом власти. Компетентный государственный орган может выдать разрешение на несколько посещений в течение одного сезона. Условия выдачи разрешения на доступ в Район:

- Деятельность связана с проведением консервационных работ, научных исследований и мониторинга, с важными мероприятиями по управлению Районом или с выполнением образовательных и рекреационных задач, включая туристическую деятельность, при условии, что они не противоречат целям настоящего Плана управления.
- Разрешаемая деятельность соответствует настоящему Плану управления.
- Разрешаемая деятельность будет уделять соответствующее внимание непрерывной защите исторических ценностей Района с помощью процесса оценки воздействия на окружающую среду.
- Разрешение выдается на указанный срок.
- Разрешение или его копия должны находиться у основного получателя разрешения или его назначенного представителя при посещении Района.

7(ii) Доступ в Район и передвижение по его территории

Доступ в Район осуществляется пешком. Высадка с транспортных средств и посадка самолетов на территории Района запрещены. Доступ в Район и пляж Ридли и любое передвижение по нему не должны беспокоить птиц и млекопитающих.

Доступ в Район и передвижение по его территории пешком

1) Пешеходный доступ в Район обычно осуществляется с Южного пляжа (карта 2), хотя конкретные пути или маршруты доступа не определены, поскольку места посадки могут варьироваться в зависимости от условий.
2) Передвижение в пределах Района должно соответствовать кодексу поведения, содержащемуся в Разделе 7(iii).
3) Следует проявлять осторожность при передвижении в Районе, поскольку на земле могут быть уязвимые артефакты, скрытые тонким снежным покровом, которые будет трудно заметить.

Доступ на маломерных судах

1) Доступ на маломерном судне (в отсутствие ледового покрова) должен проводиться через береговую линию пляжа Ридли, а оттуда пешком (карта 2). На расположение места посадки будут влиять местные морские и ледовые условия; конкретные участки доступа не определены.

Доступ в Район на летательных аппаратах и полеты над Районом

С учетом исторических ценностей, а также местной численности гнездящихся птиц, полеты на территории и вблизи Района должны осуществляться в строгом соответствии со следующими условиями:

1) Посадка вертолетов на территории Района запрещена. При посадке вертолета омывается несущий винт, что может привести к повреждению исторических памятников.
2) Запрещены полеты над Районом на пилотируемых авиационных системах на воздушной высоте менее 2000 футов (~610 м), за исключением случаев на условиях разрешения, выданного соответствующей национальной инстанцией.
3) Летательные аппараты могут приземляться за пределами Района на морской лед в заливе Робертсон, если позволяют условия, и вблизи могилы Хансона (ИМП № 23) (карта 1). Настоятельно рекомендуется избегать пролетов над территорией и посадок туристических

воздушных судов в пределах ½ морской мили (~930 m) от пляжа Ридли, кроме случаев, когда это необходимо для научных исследований или в целях управления. При доступе на вертолете к могиле Хансона следует избегать пролета и приземления к западу и северу от могилы, а по возможности производить высадку на юге. Воздушные операции рядом с территорией Района должны в максимальной степени соответствовать требованиям Руководства по осуществлению воздушных операций вблизи скоплений птиц в Антарктике (Резолюция 2 (2004 г.).

4) Полеты над Районом на высоте менее 2000 футов (610 м) и посадки на территории Района дистанционно пилотируемых авиационных систем (ДПАС) запрещаются, за исключением случаев, когда имеется разрешение от соответствующего национального органа. Применение ДПАС в пределах Района должно соответствовать требованиям положений Руководства по экологическим аспектам использования дистанционно пилотируемых авиационных систем (ДПАС) в Антарктике (Резолюция 4 (2018 г.).

Ограничения по количеству людей, одновременно находящихся на территории Района

Контроль количества людей и передвижения на территории Района как в любой момент времени, так и в совокупности с течением времени необходим для сведения к минимуму ущерба и учета ухудшения состояния, вызванных:

a) физическим пешеходным движением посетителей через уязвимые достопримечательности Района, особенно скоплением людей внутри хижины внутри хижин Боркгревинка; и

b) измеримыми изменениями условий окружающей среды (например, температуры и влажности) внутри хижины Боркгревинка.

- Максимальное количество людей, которые могут одновременно находиться на территории Района (включая гидов и тех, кто находится внутри хижины): **40 человек.**
- Максимальное количество людей, которые могут одновременно находиться в хижине Боркгревинка в любое время (включая гидов): **4 человек.**
- Максимальное ежегодное количество посетителей: **2000 человек.**
- Наблюдаемое воздействие зарегистрированного количества посетителей в исторических местах в регионе моря Росса предполагает, что значительные неблагоприятные воздействия могут быть вызваны превышением максимальных значений, указанных выше.
- Эти ограничения установлены с учетом наиболее разумных рекомендаций, предоставленных консультационными ведомствами, которые занимаются вопросами консервации (в этих организациях работают специалисты по консервации, археологи, историки, музееведы и другие профессионалы в области сохранения наследия). Эти пределы должны пересматриваться при каждом рассмотрении Плана управления, когда предельные значения могут быть скорректированы на основе отслеживаемых воздействий на участках.
- Любыми посещениями, организованными в образовательных, информационно-просветительских или рекреационных целях (включая туризм), должны руководить опытные гиды, назначенные оператором (см. раздел 7(x)). С целью недопущения ущерба, причиняемого скоплением людей и действиями, не соответствующими Кодексу поведения, изложенному в разделе 7(iii), необходим надлежащий контроль посещения Района.

7(iii) Разрешаемая деятельность в Районе:

- посещения в целях проведения консервационных работ и управленческой деятельности;
- проведение визитов в образовательных, информационно-просветительских или рекреационных целях, включая туризм;
- проведение научных исследований, не оказывающих отрицательного влияния на ценности Района.

Посетители участков должны всегда соблюдать обязательный кодекс поведения, за исключением указанных в разрешении случаев природоохранной, исследовательской, мониторинговой или управленческой деятельности.

Обязательный кодекс поведения

- Курение или использование открытого огня на территории Района, особенно в Районе хижины Боркгревинка, или рядом с ним строго запрещено, так как пожар представляет большую опасность.
- На объекте присутствуют опасные материалы, такие как асбест, химикаты, плесень и т. д. Нельзя трогать что-либо в пределах охраняемой территории и хижин.
- Для сведения к минимуму абразивного истирания пола перед входом в хижину Боркгревинка необходимо тщательно очищать обувь от песчинок, грязи, гуано, льда и снега с помощью имеющихся для этого щеток. Для больших групп рекомендуется постелить брезент снаружи, чтобы обувь и личные вещи оставались чистыми во время ожидания у входа в сооружение.
- Следует снимать одежду, пропитавшуюся морской водой, и очищать обувь от крошек морского льда, поскольку частицы соли ускоряют процесс коррозии металлических предметов.
- Нельзя трогать, перемещать или сидеть на каких-либо вещах или предметах мебели, находящихся внутри хижин, – это может нанести ущерб артефактам.
- Поскольку многие уголки хижины забиты вещами и можно случайно повредить артефакты, внутри хижины нельзя носить сумки или ранцы, нельзя делать селфи и пользоваться моноподом для фотографий, а когда в хижине одновременно находится максимально допустимое количество посетителей (4 человека), использовать треноги или штативы запрещено.
- Следует использовать только штативы или треноги с плоским резиновым низом, а не на металлических шипах, которые могут повредить пол хижины.
- При передвижении по этим участкам необходимо соблюдать осторожность, чтобы не наступить на какие-либо артефакты, которые могут находиться под снегом.
- Посещения должны регистрироваться в предоставленной книге посетителей. Это позволяет соотнести сроки посещений и количество посетителей с показателями температуры и влажности, которые автоматически измеряются внутри хижины.

7(iv) Возведение, реконструкция и удаление сооружений

- Нельзя изменять имеющиеся и строить новые сооружения или устанавливать научное оборудования на территории Района, за исключением того, что необходимо для проведения консервационных, образовательных или научных работ, которые не оказывают отрицательного влияния на ценности Района, как указано в разделе 1.
- Нельзя вывозить исторические объекты из Района, если это не оговорено в Разрешении, выданном в соответствии с положениями раздела 7(vii).

7(v) Размещение полевых лагерей

- Хижины Боркгревинка и другие хижины на территории Района не должны использоваться для проживания.
- Размещение лагерей на территории Района запрещается.
- На Южном пляже, примерно в 100 м к востоку от Района (карта 2) был разбит временный лагерь, который следует использовать при необходимости для проведения консервационных работ или выполнения научных исследований. Для сведения к минимуму воздействия работы лагерей, установленных на пляже Ридли, при необходимости и насколько это возможно следует повторно использовать объекты.

7(vi) Ограничения на ввоз материалов и организмов на территорию Района

Помимо требований Протокола по охране окружающей среды к Договору об Антарктике, вводятся следующие ограничения на ввоз в Район указанных ниже материалов и организмов:

- Преднамеренный ввоз на территорию Района животных, растительных материалов, микроорганизмов или почвы запрещается.
- Посетители должны принимать меры предосторожности для предотвращения случайного ввоза животных, растительного материала, микроорганизмов и почв и следить за тем, чтобы оборудование, ввозимое в Район, было чистым. Перед осуществлением доступа в Район вся обувь и другое снаряжение, используемые или ввозимые в Район (включая сумки, рюкзаки и палатки), подлежат тщательной очистке в максимально возможной степени.
- Нельзя употреблять пищу на территории Района.
- Хранение горючего, пищевых продуктов, химических веществ и других материалов на территории Района не допускается за исключением случаев, особо оговоренных в разрешении для достижения важных целей, имеющих отношение к консервации исторических сооружений или связанных с ними реликвий. Способы хранения и обращения с этими веществами должны обеспечивать сведение к минимуму вероятности их непреднамеренного попадания в окружающую среду.
- Ввоз любых материалов на территорию Района разрешается только на оговоренный срок, и они подлежат удалению к концу установленного срока.
- Ввоз материалов для целей сохранения наследия может быть включен и инкорпорирован в цели Района; он может осуществляться сторонами, которые имеют соответствующий опыт в области сохранения наследия и определили, что ввозимые материалы соответствуют целям и задачам Плана по управлению и общему плану по проведению консервационных работ на участке.
- В случае попадания в окружающую среду материалов, представляющих возможную опасность для ценностей Района, их удаление следует производить только в том случае, если ущерб от действий по удалению не будет превышать ущерба от оставления этих материалов на месте.

7(vii) Изъятие местной флоры и фауны или вредное воздействие на них

Изъятие или вредное вмешательство в жизнь местной флоры и фауны допускаются только на основании разрешения, выданного в соответствии со Статьей 3 Приложения II Протокола по охране окружающей среды к Договору об Антарктике. Если разрешенная деятельность включает в себя изъятие животных или вредное воздействие на них, в качестве минимально применимого стандарта следует руководствоваться Кодексом поведения при использовании животных в научных целях в Антарктике, разработанным СКАР.

7(viii) Сбор всего, что не ввезено в Район держателем разрешения

1) Сбор и вывоз материалов для выполнения консервационных или научных задач, соответствующих целям настоящего Плана управления, допускаются только на основании разрешения, выданного компетентным национальным органом.
2) Материалы, представляющие угрозу историческим ценностям Района, окружающей среде или здоровью людей, могут быть вывезены из Района на основании разрешения с целью их последующей ликвидации, если они соответствуют одному или нескольким из следующих критериев:
    i. артефакт представляет угрозу историческим ценностям, окружающей среде, дикой природе или здоровью и безопасности человека;
    ii. он находится в таком плохом состоянии, что его сохранить невозможно;
    iii. артефакт не вносит никакого значимого вклада в расширение знаний о хижинах, их жителях, других артефактах или истории освоения Антарктики;
    iv. артефакт не способствует улучшению визуального восприятия данной территории или хижины либо ухудшает его; и (или)
    v. артефакт не является уникальным или раритетным;

и если такой вывоз:

vi. осуществляют организации, обладающие необходимыми знаниями и опытом в области консервации объектов наследия; а также

vii. является составной частью общего плана консервационных работ на данной территории.

3) Национальные органы должны следить за тем, чтобы вывоз любых артефактов и оценку их соответствия вышеуказанным критериям осуществляли сотрудники, обладающие необходимыми знаниями и опытом в области консервации объектов наследия.

4) Артефакты, которые имеют большое историческое значение, но консервацию которых невозможно провести на месте с помощью современных технологий, можно вывезти на основании Разрешения для дальнейшего хранения в регулируемых условиях до тех пор, пока не появится возможность благополучно возвратить их на территорию Района, что является предпочтительным действием, если нет высокого риска повредить или нарушить целостность артефакта.

5) Образцы почвы и других природных материалов могут быть изъяты для научных целей только в соответствии с разрешением, выданным соответствующим национальным органом.

7(ix) Удаление отходов

Все отходы жизнедеятельности человека, бытовые сточные воды и прочие отходы, образовавшиеся в результате работы экспедиций или деятельности посетителей, подлежат вывозу из Района.

7(x) Меры по поддержанию реализации целей и задач Плана управления

- Все посетители должны быть ознакомлены с требованиями настоящего Плана управления.
- Если консервационные работы, научные исследования, процедуры мониторинга или меры управления не требуют иного, все посетители обязаны соблюдать кодекс поведения, изложенный в разделе 7(iii).
- До начала летнего сезона операторы, организующие посещения Района в образовательных, информационно-просветительских или рекреационных целях (включая туризм), назначают людей, обладающих практическими знаниями в отношении данной территории и настоящего Плана управления, чтобы при посещении Района они выступали в роли гидов и проводили обучение в соответствии с занимаемой должностью.
- Любыми посещениями, организованными в образовательных, рекреационных и информационно-просветительских целях (включая туризм), руководят назначенные гиды, которые отвечают за то, чтобы посетители были ознакомлены с кодексом поведения, и следят за его полным соблюдением. Гиды должны активно контролировать деятельность посетителей на территории Района, в частности в пределах исторических хижин, и предпринимать корректирующие действия против любых потенциальных или фактических нарушений Плана управления и кодекса поведения.

7(xi) Требования к отчетам

- По каждому посещению Района основной получатель разрешения должен представить отчет в соответствующую национальную инстанцию в максимально короткий срок после его завершения в порядке, предусмотренном национальным законодательством и условиями выдачи разрешения.
- Эти отчеты должны содержать, в зависимости от конкретного случая, информацию, указанную в форме отчета о посещении, приведенной в Руководстве по подготовке Планов управления Особо охраняемыми районами Антарктики (Резолюция 2 (2011 г.). Национальный орган также должен предоставить копию отчета о посещении и подтверждение о количестве посетителей Стороне, предложившей План управления в целях оказания содействия в управлении районом и пересмотра Плана управления.
- В отчете должна быть представлена подробная информация о вывозе любых материалов, который был произведен в соответствии с разделом 7(viii), включая основания для вывоза и сведения о том,

где сейчас находятся эти предметы или когда они были ликвидированы. Кроме того, необходимо сообщать о возврате таких предметов в соответствующий национальный орган.

- Сторонам следует по возможности размещать оригиналы или копии таких отчетов о посещении в общедоступном архиве для учета пользования материалами в целях какого-либо пересмотра Плана управления и в качестве организационной меры по использованию Района в научных целях.
- Соответствующие компетентные органы должны быть уведомлены о любых не предусмотренных в выданном разрешении действиях или предпринятых мерах и/или любых материалах, которые попали в окружающую среду и не были удалены.

8. Справочная документация

Antarctic Heritage Trust 2018. *Antarctic historic huts of the Ross Sea region.* NZ Antarctic Heritage Trust, Christchurch.

Antarctic Treaty Parties. Guidelines for handling of pre-1958 historic remains whose existence or present location is not known. Resolution 5 (2001).

Antarctic Treaty Parties. Guidelines for the designation and protection of Historic Sites and Monuments. Resolution 3 (2009).

Antarctic Treaty Parties. Guidelines for the assessment and management of heritage in Antarctica. Resolution 2 (2018).

Bernacchi, L. 1901. To the South Polar regions: Expedition of 1898-1900. Hurst and Blackett, London.

Harris, C.M., Lorenz, K., Fishpool, L.D.C., Lascelles, B., Cooper, J., Coria, N.R., Croxall, J.P., Emmerson, L.M., Fijn, R.C., Fraser, W.L., Jouventin, P., LaRue, M.A., Le Maho, Y., Lynch, H.J., Naveen, R., Patterson-Fraser, D.L., Peter, H.-U., Poncet, S., Phillips, R.A., Southwell, C.J., van Franeker, J.A., Weimerskirch, H., Wienecke, B. & Woehler, E.J. 2015. Important Bird Areas in Antarctica 2015. BirdLife International and Environmental Research & Assessment Ltd., Cambridge.

Harrowfield, D.L.1982.Report on Canterbury Museum Antarctic Expedition Event K22 Cape Adare. March 1982 report to the Antarctic Division, DSIR, Christchurch.

Список граничных координат

Северо-западный угол: 71°18'30" ю. ш. 170°11'33" в. д.

Северо-восточный угол: 71°18'30" ю. ш. 170°11'44" в. д.

Юго-западный угол: 71°18'35,5" ю. ш. 170°11'33" в. д.

Юго-восточный угол: 71°18'38" ю. ш. 170°11'44" в. д.

Максимальная северная протяженность: 71°18'30" ю. ш.

Максимальная южная протяженность: 71°18'38" ю. ш.

Максимальная западная протяженность: 170°11'33" в. д.

Максимальная восточная протяженность: 170°11'44" в. д.

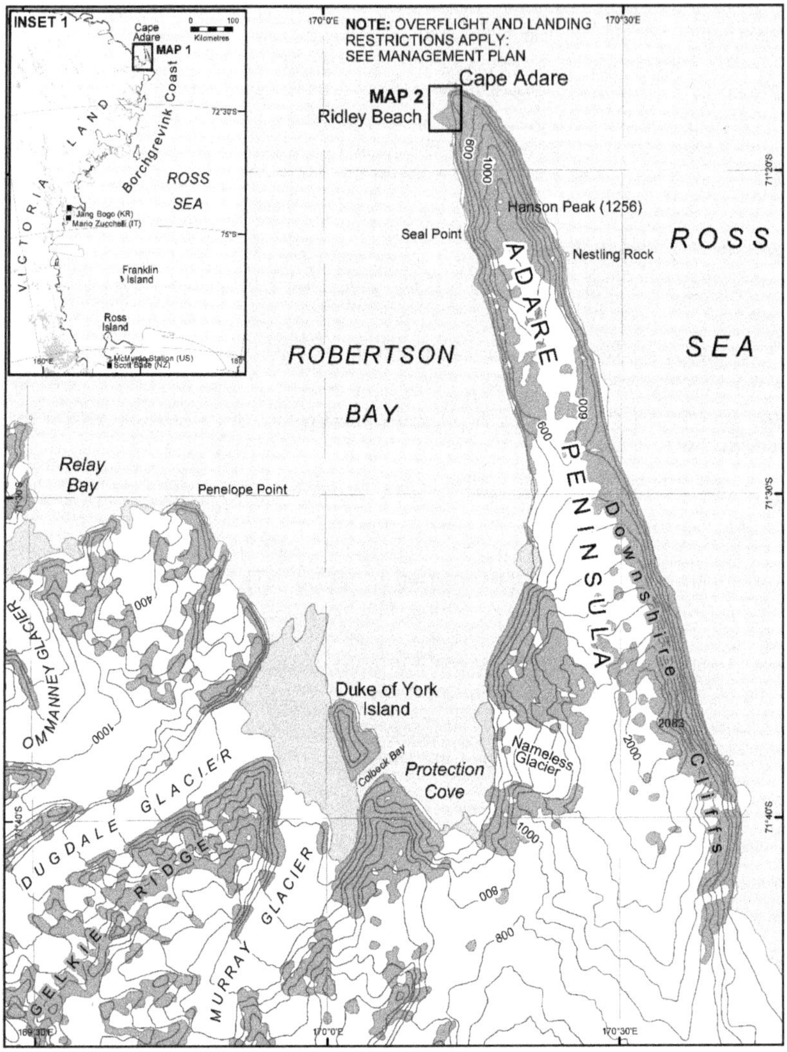

Map 1: ASPA No. 159 Cape Adare - Regional overview

23 Mar 2020 (v4.0)
Antarctica New Zealand
Environmental Research & Assessment

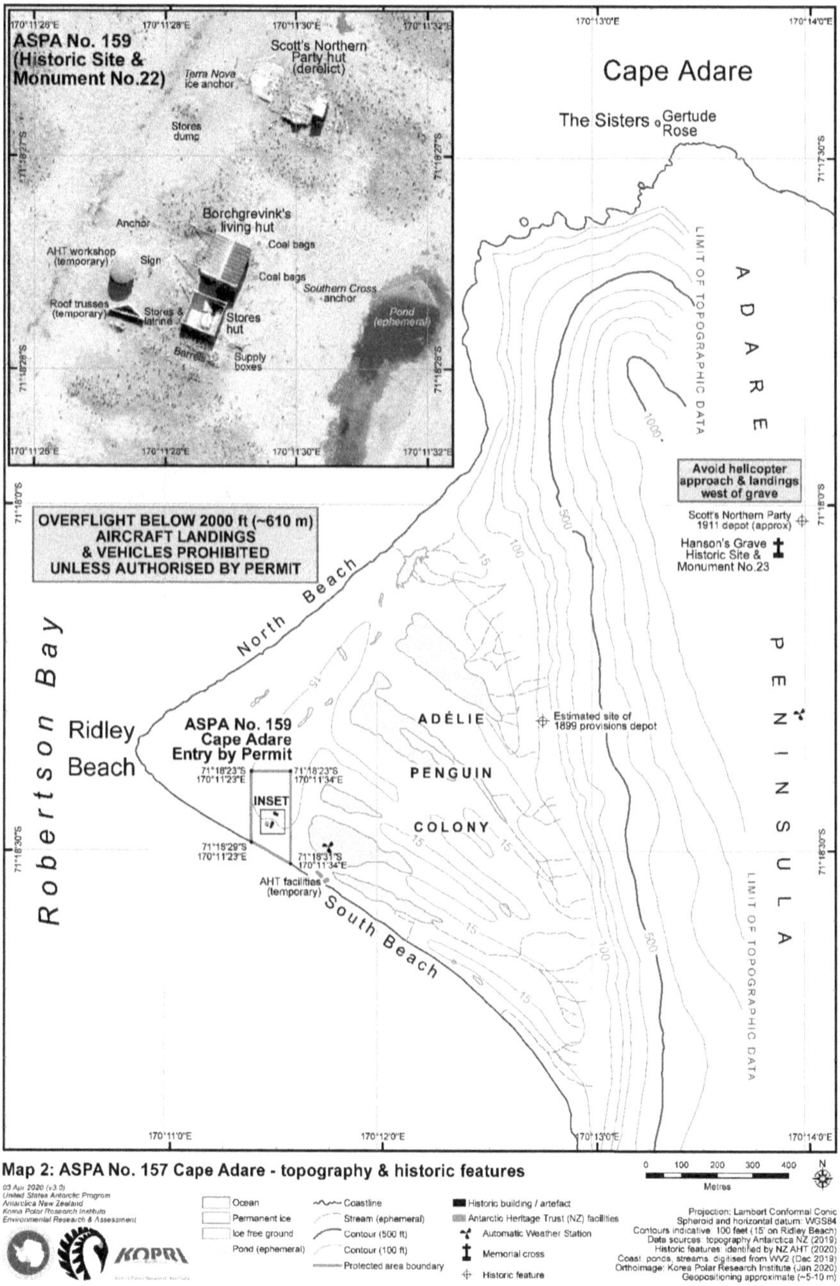

Map 2: ASPA No. 157 Cape Adare - topography & historic features

План управления Особо охраняемым районом Антарктики (ООРА) № 163: «Ледник Дакшин-Ганготри», Земля Королевы Мод

Введение

Индия представила на XXV КСДА Рабочий документ (WP 47) по проекту Плана управления предлагаемым участком особого научного интереса – устьем ледника Дакшин-Ганготри, оазис Ширмахера, Земля Королевы Мод. Комитет отметил, что его следует называть ООРА, а не УОНИ. Поэтому на XXVI КСДА Индия представила проект Плана управления Особо охраняемым районом Антарктики (XXVI КСДА/WP-38), а затем представила пересмотренный План управления на XXVII КСДА (WP 33). На XXVIII КСДА этот План управления был принят на основании Меры 2 (2005 г.), и Район был определен как ООРА № 163 (WP 25). Этот План управления был подвергнут дальнейшему пересмотру через пять лет с внесением незначительных изменений, был представлен на XXXIII КСДА (WP055 rev1.) и принят на основании Меры 12 (2010 г.). После этого План управления был рассмотрен через 5 лет и с небольшими изменениями представлен на XXXVIII КСДА (WP 42), а затем принят на основании Меры 15 (2015 г.).

Ледник Дакшин-Ганготри имеет большое значение с точки зрения мониторинга отступления ледников. Мониторинг устья проводится с 1983 г. с целью изучения влияния изменения климата на ледники. Этот Район также важен для изучения водорослей, мхов, цинобактерий и лишайников, которые широко распространены в оазисе Ширмахера и особенно на территории ООРА. Цинобактерии вносят значительный вклад в азотфиксацию, и в этой области было идентифицировано большое множество видов. Кроме того, в рамках исследования, которое проводится с 2003 г., здесь идентифицированы многие виды лишайников.

1. Описание ценностей, нуждающихся в охране

Историческая ценность

Ледник Дакшин-Ганготри представляет собой небольшой язык полярного ледникового покрова, пересекающего оазис Ширмахера в центральной части Земли Королевы Мод. Он был обнаружен членами Второй индийской антарктической экспедиции в 1982–1983 гг., и с тех пор в его устье проводится систематический мониторинг отступления и наступления ледника.

Научная ценность

С учетом огромного количества данных, полученных за последние двадцать лет, этот Район стал ценным участком для наблюдения изменений в движении антарктического ледникового покрова под влиянием глобального потепления. Прежде всего, этот участок имеет научное значение для гляциологов и специалистов в области окружающей среды. Учитывая научную ценность этого Района и характер научных исследований, осуществляемых на его территории, он определен как Особо охраняемый район Антарктики в соответствии с положениями Статей 2, 3, 5 и 6 Приложения V Протокола по охране окружающей среды к Договору об Антарктике во избежание нарушения хода текущих и планируемых научных исследований.

В течение южнополярного лета 2003 и 2004 гг. были проведены измерения с помощью глобальной системы позиционирования (GPS), чтобы получить представление о распределении скорости движения и скорости деформации на границе континентального ледникового щита, пересекающего южную часть оазиса Ширмахера в центральной части Земли Королевы Мод. Данные GPS собирались в течение двух лет на 21 участке, после чего они были проанализированы с целью определения координат, исходных условий на этих участках и скоростей движения ледников. Горизонтальная скорость движения ледников на этих участках колеблется от 1,89±0,01 до 10,88±0,01 м в год в северном/северо-восточном направлении, а их средняя скорость движения составляет 6,21±0,01 м в год. Основные скорости деформации обеспечивают количественное измерение скоростей растяжения, которые варьируются от (0,11±0,01) × 10-3 до (1,48±0,85) × 10-3 в год, и скоростей сокращения, которые варьируются от

(0,04±0,02) × 10-3 до (0,96±0,16) × 10-3 в год (Sunil et al., 2007).

Экологическая ценность

Разведка в указанном районе показала богатое разнообразие фауны наземных беспозвоночных, обитающих во мхах. Кроме того, район оазиса Ширмахера отличается большим разнообразием водорослей и цианобактерий. На холмах Ширмахера довольно широко распространены наземные мхи, заселяющие широкий спектр местообитаний. Мхи из-за их пойкилогидрической природы и альтернативной стратегии адаптации являются одной из немногих групп растений, произрастающих в Антарктике. Мхи играют определенную роль в видоизменении сред обитания и круговороте питательных веществ, а также обеспечивают защиту и безопасность обитающим в них беспозвоночным. Исследования мхов на территории оазиса Ширмахера показали, что они наиболее распространены в центральной части и в пределах ООРА и в меньшей степени на востоке и на западе Района.

Проведено исследование распространения водорослей и цианобактерий на территории ООРА, а также флоры пресных водотоков района оазиса Ширмахера. Обнаружены *G. magma, Chaemosiphon subglobosus, Oscillatoria limosa, O. limnetica, P. frigidum, P. autumnale, Nostoc commune, N. punctiforme, Calothrix gracilis, C. brevissima, Uronema sp.* и *Cosmarium leave*. Что касается цианобактерий, встречающихся в водотоках в районе оазиса Ширмахера, то виды, способствующие фиксации азота, могут играть важную роль в экономном расходе азота экосистемой. В районе оазиса Ширмахера проводились также исследования полярных поморников, которые свидетельствуют об успехе их гнездования и размножения в окрестностях указанного участка.

Дополнительные исследования лишайников, проводившиеся на территории охраняемого района с 2003-2004 гг., доказали присутствие таких видов, как *Acarospora geynnii*, C.W.Dodge & E.D.Rudolph, *Acarospora williamsii*, Filson, *Amandinea punctata* (Hoffm.) Coppins & Scheid, *Buellia frigida*, Darb., *Buellia grimmiae*, Filson, *Candelaria murrayi*, Poelt, *Candelariella flava*, (C.W.Dodge & G.E. Baker), Castello & Nimis, *Carbonea vorticsa*, (Florke) Hertel, *Lecanora expectans*, Darb., *Lecanora fuscobrunnea*, C.W. Dodge & G.E. Baker, *Lecanora geophila* (Th. Fr.) Poelt, *Lecidea andersonii*, Filson, *Lecidea cancriformis*, C.W.Dodge & G.E. Baker, *Lecidella siplei*, (C.W. Dodge & G.E. baker) May., *Lepraria cacuminum*, (A. Massal.) Lohtander, *Physcia caesia*, (Hoffm.) Furnr., *Pseudephebe minuscule*, (Nyl. Ex Arnold) Brodo & D. Hawksw., и *Rhizoplaca melanophtalma*, (Ram.) Luckert & Poelt (Olech et al. 2010).

2. Цели и задачи

Управление на леднике Дакшин-Ганготри осуществляется в следующих целях:

- предотвращение деградации ценностей Района путем недопущения неоправданного вмешательства человека;
- создание условий для проведения гляциологических и экологических научных исследований наряду с защитой точности наблюдений от любого антропогенного влияния;
- недопущение отрицательного воздействия деятельности человека на периферийные участки Района, расположенные вдоль устья ледника;
- сохранение Района в качестве эталонного участка для изучения характера движения этой части ледникового щита Антарктики под влиянием глобального потепления;
- организация посещений для осуществления мер управления в поддержку целей Плана управления Районом;
- сведение к минимуму вероятности интродукции чужеродных растений, животных и микроорганизмов на территорию Района.

3. Меры управления

Для обеспечения охраны ценностей Района будут предприняты следующие меры управления:

- Подробная карта с изображением расположения и границ Района и указанием особых ограничений, действующих на его территории, должна быть выставлена на всеобщее обозрение на исследовательских станциях Мейтри (Индия) и Новолазаревская (Россия); кроме того, на обеих станциях должны быть копии настоящего Плана управления.

- На видных местах скал около обеих точек доступа в долину – с восточной и юго-восточной стороны Района – должны быть установлены два знака с изображением расположения и границ Района и четким указанием ограничений на вход во избежание случайного попадания на его территорию.
- Всем морским и воздушным судам, посещающим Район, должны предоставляться копии настоящего Плана управления, а также карты с изображением расположения и границ Района.
- Указатели, знаки, пирамиды из камней и другие сооружения, установленные на территории Района для проведения научных исследований или в целях управления, должны быть надежно закреплены и поддерживаться в хорошем состоянии; когда необходимость в них отпадает, они убираются.
- Посещать Район следует по мере необходимости (но не реже одного раза в год), чтобы установить, продолжает ли он служить тем целям, ради которых был определен в качестве ООРА, и чтобы убедиться в достаточности принимаемых мер управления и содержания Района.
- План управления должен пересматриваться не реже одного раза в пять лет и при необходимости обновляться.

4. Период определения

ООРА определен на неопределенный срок.

5. Карты и фотографии

В качестве иллюстрации к описанию Района и предлагаемому Плану управления прилагаются следующие карты и фотографии:

Карта 1: Расположение оазиса Ширмахера в центральной части Земли Королевы Мод (Восточная Антарктика)

Карта 2: Карта оазиса Ширмахера с изображением расположения исследовательской станции Мейтри (Индия) и исследовательской станции Новолазаревская (Россия) и границы ООРА-163

Карта 3: Классификация и нумерация озер в районе оазиса Ширмахера (по Ravindra et al, 2001) Карта 4: Топографическая карта Района (высота сечения 10 м)

Карта 5: Траектории движения ископаемых ледников в районе оазиса Ширмахера (по Beg et al, 2000)
Изображение 1: Фотография с изображением указателей, показывающих границу ООРА
Изображение 2: Устье ледника Дакшин-Ганготри, вид с воздуха

6. Описание Района

i. Географические координаты, пограничные знаки и природные объекты

Оазис Ширмахера – это скалистый горный массив, протяженностью около 17 км в направлении ВЗ (ограничен восточной долготой 11°22'40" и 11°54'20") и шириной от 0,7 до 3,3 км (ограничен южными широтами 70°43'50" и 70°46'40"). Высота его колеблется от 0 до 228 м над уровнем моря. Это – часть центральной Земли Королевы Мод в Восточной Антарктике. Предлагаемая территория является фрагментом западной части оазиса Ширмахера.

Район, предлагаемый в качестве ООРА, ограничен на востоке и западе меридианами 11°33'30" в. д. и 11°36'30" в. д., а на севере и юге – параллелями 70°44'10" ю. ш. и 70°45'30" ю. ш. Измеренная с воздуха площадь Района составляет 4,53 кв. км. Северо-восточные и северо-западные углы Района находятся на шельфовом льду, а юго-западная оконечность – на полярном ледяном покрове. Юго-восточная оконечность находится на скалистом выходе породы.

С топографической точки зрения Район можно разделить на четыре четко отличающихся друг от друга части: южный континентальный ледниковый щит, склоны скалистых оазиса, огромное центральное предледниковое плотинное озеро (Озеро B7, Сбросовое озеро) и северный волнообразный шельфовый ледник.

Самый южный ледяной покров представляет собой голый «голубой лед», нисходящий со 180-метрового контура до 10-метрового контура у устья ледника. Он изрезан трещинами, а с северо-востока на юго-запад и с северо-северо-востока на юго-юго-запад его пересекают глубокие разломы.
Два небольших пересыхающих супраледниковых водотока протекают по устью в северо-северо-

восточном направлении.

Скалистая местность неоднородна, а минимальная ширина оазиса Ширмахера составляет менее 50 м у устья ледника. Восточные и западные склоны оазиса плавно спускаются к устью, образуя широкую долину. Высотные изолинии идут вниз со 150 м до уровня моря на северной границе скалистых обнажений.

Центральную часть Района занимает озеро В7. Озеро имеет ледниковое происхождение. Размеры озера примерно 500 × 300 м.

Самая северная часть Района представлена шельфовым ледником с гребнями высокого давления, разломами и глубокими трещинами. Стык между шельфовым ледником и восточными скалистыми склонами отмечен отчетливым 3-километровым линеаментом, пролегающим с северо-северо-востока на юго-юго-запад. Разломы во льду также расположены параллельно этому линеаменту.

Оазис Ширмахера представляют собой обнаженный метаморфический комплекс гранулит-амфиболитовых фаций. Коренные породы представлены чарнокитами, эндербитами, гранат-силлиманитовыми гнейсами, гранат-биотитовыми гнейсами, кварц-фельдшпатовыми очковыми гнейсами с некоторым добавлением листоватых структур лампрофиров, амфиболитов, долерита, метагаббро и метабазальта. Горные геологические свиты преимущественно относятся к гренвильским (1000 млн лет назад) и панафриканским (550 млн лет назад) событиям. Отчетливо различимы три фазы деформации.

Район в основном представлен чарнокит-хондалитовым типом пород (кварц-гранат-силлиманит-пертит–графитовые гнейсы) с некоторым количеством залегающих между ними гранат-силлиманитовых кварцитов, гнейсов силиката кальция и мафитовых гранулитов. Отчетливо развиты две группы разломов (N30E и N50E). Один из таких крупных разломов проходит от северо-восточного угла Района, пересекая все три геоморфологические зоны: шельфовый ледник, скалы и континентальный ледниковый щит.

Метеорологические данные, полученные на близлежащей индийской научно-исследовательской станции Мейтри, показывают, что Район относится к зоне сухого полярного климата. Диапазон температур в самые теплые и самые холодные месяцы составляет от 7,4 до –34,8°C. Среднегодовая температура составляет –10,2°C. Декабрь является самым теплым месяцем в году, август – самым холодным. Во время снежных бурь скорость ветра достигает 90–95 узлов; среднегодовая скорость ветра составляет 18 узлов. Доминируют восточные/юго-восточные ветры. В зимние месяцы часто идет снег, однако штормовые ветры выметают снег с поверхностей скал, и снегонакопление происходит с подветренной стороны оазиса.

С 1983 по 1996 г. здесь проводились гляциологические наблюдения с двух фиксированных точек («G» и «H») с использованием электронного дальномера или теодолита. Результаты наблюдений показали, что ледник постоянно отступает, и средняя скорость его отступления составляет 70 см в год.

В 1996 г. для повышения точности наблюдений были размечены 19 периферийных точек вокруг устья ледника. Среднегодовая скорость отступления ледника в период с 1997 по 2002 г. составляла 48,7 см, 74,9 см, 69,5 см, 65,8 см и 62,7 см соответственно. Таким образом, общая среднегодовая скорость отступления ледника в период с 1996 по 2002 г. составляла 65,3 см в год, что согласуется с наблюдениями за предыдущий период (1983–1996 гг.), согласно которым скорость отступления ледника составляет 7 м за 10 лет.

Согласно данным последующего мониторинга, среднегодовое отступление в 2003, 2004, 2005 и 2006 гг. постепенно увеличивалось до 68,0, 69,4, 71,3, 72,8 см в год. Однако в 2006-2007 гг. средняя скорость отступления полярного ледникового фронта в районе Дакшин-Ганготри составила всего лишь 0,6 м; при этом данные, полученные у западной границы оазиса Ширмахера, свидетельствовали об отступлении со среднегодовой скоростью около 1,4 м в течение 2006–2007 гг. В 2008 г. была зарегистрирована среднегодовая скорость отступления устья ледника Дакшин-Ганготри около 1 м, при том что среднегодовая скорость отступления западного края полярного ледникового фронта составила около 2 м. Максимальное отступление было зарегистрировано в точке 14, где общее отступление за десять лет (1996–2006 гг.) составило 17,21 м.

После 2008–2009 гг. наблюдения проводились ежегодно по нынешний день. Результаты показывают, что годовое отступление устья ледника составляет 1,1 м, 0,26 м, 0,59 м, 0,33 м, 0,92 м, 0,29 м и 1,31 м соответственно. Согласно значениям отступления, рассчитанным с 1996-1997 гг. до настоящего времени, минимальное отступление имело место в 2009-2010 гг. (0,26 м), а максимальное – в 2014-2015 гг. (1,31 м).

Зоны ограниченного доступа и особого управления на территории Района

В феврале 1996 г. по периферии ледника Дакшин-Ганготри были размечены 19 точек для проведения наблюдений. С помощью этих точек можно было регистрировать движение ледника с точностью до 1 см. Данные мониторинга с точностью до 1 см имеются также за период с 1996 по 2002 г. Доступ в эту зону следует ограничить. Для обеспечения точности научных наблюдений предлагается определить зону ограниченного доступа в радиусе 100 м вдоль всей периферии ледника.

ii. Сооружения на территории и в окрестностях Района

На территории Района нет сооружений, за исключением двух пирамид из камней («G» и «H»), обозначающих места проведения гляциологических и топографических обследований.

В дальнейшем здесь будут установлены несколько знаков и пирамид из камней, уведомляющих об охранном статусе Района.

iii. Расположение других охраняемых территорий в непосредственной близости от Района

Других охраняемых районов на территории оазиса Ширмахера нет.

7. Условия выдачи разрешений для доступа

i. Доступ в Район и передвижение по нему или над ним

Доступ в Район должен быть возможен только на основании разрешения, выданного компетентным национальным органом в соответствии со Статьей 7 Приложения V к Протоколу по охране окружающей среды к Договору об Антарктике.

Разрешение на посещение Района выдается только для проведения научных исследований или осуществления важных мер управления, соответствующих целям и положениям Плана управления, при условии, что разрешенная деятельность не поставит под угрозу научные и экологические ценности Района и не помешает проведению текущих научных исследований. Доступ на территорию Района разрешен только пешком, использование наземного автотранспорта и посадка вертолетов на его территории запрещены.

Пролет дистанционно пилотируемых авиационных систем (ДПАС) над колониями птиц в пределах Района не допускается, за исключением случаев, когда это необходимо в научных или операционных целях согласно разрешению, выданному соответствующим национальным органом.

ii. Осуществляемая или разрешенная деятельность на территории Района, включая ограничения по времени и пространству

На территории Района разрешаются следующие виды деятельности:

- программы научных исследований, соответствующие Плану управления Районом (в том числе изучение ценностей, из-за которых Район был определен в качестве охраняемого), которые не могут проводиться в других местах и не поставят под угрозу экосистему Района;
- важные меры управления, включая мониторинг.

iii. Возведение, реконструкция и снос сооружений

Возведение сооружений на территории Района допускается только на основании разрешения. Оборудование может устанавливаться в Районе, только если это необходимо для проведения важных научных исследований или осуществления мер управления, и это должно быть оговорено в разрешении. Любое научное оборудование, устанавливаемое в Районе, должно иметь четкую идентификацию с указанием страны, Ф. И. О. главного исследователя, года установки и предполагаемого срока завершения исследования. Подробности должны быть указаны в отчете о посещении. Все это оборудование должно быть изготовлено из материалов, наименее опасных с точки зрения загрязнения, и подлежит вывозу сразу после завершения исследования. Вывоз конкретного оборудования, у которого истек срок действия разрешения, является одним из условий выдачи разрешения.

iv. Размещение полевых лагерей

Разбивка лагерей на территории Района не допускается. Полевые экспедиции могут разбивать лагеря либо с восточной стороны «озера Калика» на площадке «Ви-Кей-Граунд», либо за пределами западной границы Района.

v. Ограничения по ввозу материалов и организмов на территорию Района

- Преднамеренный ввоз в Район живых животных, растительных материалов или микроорганизмов не допускается; в целях предотвращения случайной интродукции необходимо соблюдать меры предосторожности.
- Пестициды, гербициды, химические вещества и радиоизотопы могут ввозиться в Район только для научных исследований или в целях управления, оговоренных в разрешении, и подлежат вывозу из Района сразу после завершения соответствующей деятельности.
- Посетители должны также изучить и соответствующим образом соблюдать рекомендации, содержащиеся в Руководстве по неместным видам Комитета по охране окружающей среды (КООС, 2011 г.) и Экологическом кодексе поведения при проведении наземных полевых исследований в Антарктике (СКАР, 2009 г.).
- Хранение топлива в Районе допускается только в том случае, если это связано с деятельностью, оговоренной в разрешении. Сооружение постоянных хранилищ на территории Района запрещается.
- Все материалы должны ввозиться в Район только на указанный период и должны быть удалены по окончании этого периода или раньше.

vi. Изъятие или вредное вмешательство в жизнь местной флоры и фауны

Любое вмешательство в жизнь местной флоры и фауны Района осуществляется в соответствии с требованиями Статьи 3 Приложения II к Протоколу по охране окружающей среды к Договору об Антарктике (1991 г.). В случае изъятия или вредного вмешательства в жизнь животных следует соблюдать разработанный СКАР Кодекс поведения при использовании животных в научных целях в Антарктике, который является минимальным стандартом.

vii. Сбор и вывоз объектов, которые не были ввезены в Район получателем разрешения

Сбор или вывоз материалов из Района допускается только в соответствии с разрешением и ограничивается минимумом, необходимым для выполнения научных задач или целей управления.

Материалы антропогенного происхождения, которые не были ввезены в Район получателем разрешения и могут нанести ущерб ценностям Района, могут быть вывезены из Района, за исключением ситуаций, когда существует вероятность того, что последствия вывоза превзойдут последствия пребывания материала на месте. В этом случае необходимо направить уведомление в соответствующий компетентный орган.

viii. Удаление отходов

Все отходы, включая отходы жизнедеятельности человека, подлежат вывозу из Района.

ix. Меры, необходимые для обеспечения дальнейшего выполнения целей и задач Плана управления

- Разрешения на доступ в Район могут выдаваться для проведения биологического мониторинга и осмотра территории.
- На участках для долгосрочного мониторинга должны быть соответствующие указатели, а полученные GPS-координаты этих участков будут заноситься в систему каталогов антарктических данных через компетентный национальный орган.

x. Требования к отчетности

Основной получатель разрешения должен представить компетентному национальному органу отчет о посещении с описанием деятельности, предпринятой в соответствии с разрешением. Эти отчеты должны представляться по возможности в кратчайшие сроки по окончании действия разрешения и содержать информацию, указанную в предложенной СКАР форме отчета о посещении или соответствующую требованиям национального законодательства. Компетентный орган ведет учет такой деятельности и предоставляет эту информацию заинтересованным Сторонам.

8. Вспомогательная литература

ASTHANA R., GAUR M.P., CHATURVEDI, A. (1996): Notes on Pattern of Snow Accumulation/ablation on ice shelf and Secular Movement of Dakshin Gangotri Glacier Snout in Central Dronning Maud Land, East Antarctica. *In: scientific Report of the Twelfth Indian Scientific Expedition to Antarctica,* Tech. Pub. No. 10 D.O.D., Govt. of India, New Delhi, pp.111-122.

BEG M.J., PRASAD A.V.K., CHATURVEDI, A. (2000): Interim Report on Glaciological Studies in the Austral Summer of 19th Indian Antarctic Expedition. In: *Scientific Report of Nineteenth Indian Expedition to Antarctica,* Tech. Pub. No. 17, D.O.D., Govt. of India, New Delhi, pp. 121-126.

BEJARNIYA B.R., RAVIKANT V., KUNDU A. (2000): Glaciological Studies in Schirmacher Hill and on Ice Shelf during XIV Antarctica Expedition. In: *Scientific Report of Sixteenth Indian Expedition to Antarctica,* Tech. Pub. No. 14, D.O.D., Govt. of India, New Delhi, pp. 121-126.

CHATURVEDI A., SINGH A., GAUR M.P., KRISHNAMURTHY, K.V., BEG M.J. (1999): A confirmation of Polar Glacial Recession by Monitoring the Snout of Dakshin Gangotri Glacier in Schirmacher Range. In: *Scientific Report of Fifteenth Indian Expedition to Antarctica,* Tech. Pub. No. 13, D.O.D., Govt. of India, New Delhi, pp. 321-336.

D'SOUZA M.J., KUNDU A. (2000): Glaciological studies during the Seventeenth Antarctic Expedition. In: *Scientific Report of Seventeenth Indian Expedition to Antarctica*, Tech. Pub. No. 15, D.O.D., Govt. of India, New Delhi, pp.67-72.

KASHYAP A.K. (1988.): Studies on Algal flora of Schirmacher Oasis, Dronning Maud land, Antarctica . In: *Proceedings of Workshop on Antarctic Studies,* D.O.D.,CSIR, Govt. of India, New Delhi, pp.435-439

KAUL M.K., CHAKRABORTY S.K., RAINA V.K. (1985): A Note on the snout of the Dakshin Gangotri Glacier, Antarctica. In: *Scientific Report of Second Indian Expedition to Antarctica*, Tech. Pub. No. 2, D.O.D., Govt. of India, New Delhi, pp. 91-93.

KAUL M.K., SINGH R.K., SRIVASTAVA D., MUKERJI S., JAYARAM S. (1998): Observations on the Changes in the Snout of Dakshin Gangotri Glacier, Antarctica. In: *Scientific Report of the Fifth Indian Expedition to Antarctica,* Tech. Pub. No. 5, D.O.D., Govt. of India, New Delhi, pp. 205-209.

MUKERJI S., RAVIKANT V., BEJARNIYA B.R., OBEROI L.K., NAUTIYAL S.C. (1995): A Note on the Glaciological Studies Carried Out During Eleventh Indian Expedition to Antarctica. In: *Scientific Report of Eleventh Indian Expedition to Antarctica,* Tech. Pub. No. 9, D.O.D., Govt. of India, New Delhi, pp. 153-162.

OLECH M., SINGH S.M. (2010) : Lichens and Lichenicolous Fungi of Schirmacher Oasis, Antarctica. *Monograph*, National Centre for Antarctic and Ocean Research, India. NISCAIR, New Delhi (In press).

PANDEY K.D., KASHYAP A.K. (1995): Diversity of Algal Flora in Six Fresh Water Streams of Scirmacher Oasis, Antarctica. In: *Scientific Report of Tenth Indian Expedition to Antarctica,* Tech. Pub. No. 8, D.O.D., Govt. of India, New Delhi, pp. 218-229.

RAVINDRA R., CHATURVEDI A. AND BEG M.J. (2001): Melt Water Lakes of Schirmacher Oasis - Their Genetic Aspects and Classification. In: *Advances in Marine and Antarctic Science,* Ed. Sahu, DB and Pandey, PC, Dariyaganj, New Delhi, pp. 301-313.

RAVINDRA R., SRIVASTAVA V.K., SHARMA B.L., DEY A., BEDI, A.K. (1994): Monitoring of Icebergs in Antarctic Waters and a Note on the Secular Movement of Dakshin Gangotri Glacier. In: *Scientific*

Report of Ninth Indian Expedition to Antarctica, Tech. Pub. No. 6, D.O.D., Govt. of India, New Delhi, pp. 239-250.

RAVINDRA, R. (2001): Geomorphology of Schirmacher Oasis, East Antarctica. *Proc. Symp. on Snow, Ice and Glaciers*, Geol. Sur. India, Spl. Pub. No. 53, pp. 379-390.

SINGH D.K., SEMWAL R.C. (2000): Bryoflora of Schirmacher Oasis,East Antarctica: A Preliminary Study. In: *Scientific Report of Sixteenth Indian Expedition to Antarctica,* Tech. Pub. No. 14, D.O.D., Govt. of India, New Delhi, pp.173-186

SUNIL P.S., REDDY C.S., PONRAJ M., DHAR A., JAYAPAUL D. (2007) : GPS Determination of the Velocity and Strain-Rate Fields on Schirmacher Glacier, Central Dronning Maud Land, Antarctica. *Journal of Glaciology*, vol. 53, pp. 558-564.

VENKATARAMAN K. (1998): Studies on Phylum Tardigrada and Other Associated Fauna, South Polar Skua and Bird and Mamal Ligging during 1994-1995 Expedition. In: *Scientific Report of Fourteenth Indian Expedition to Antarctica,* Tech. Pub. No. 12, D.O.D., Govt. of India, New Delhi, pp.220-243

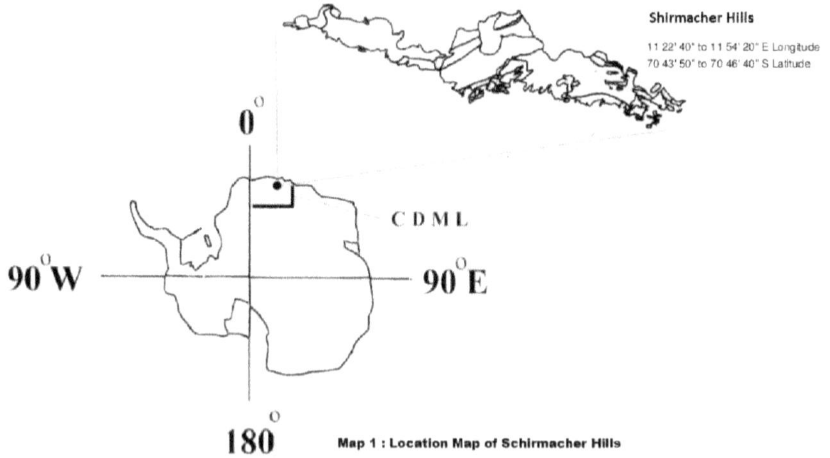

Map 1 : Location Map of Schirmacher Hills

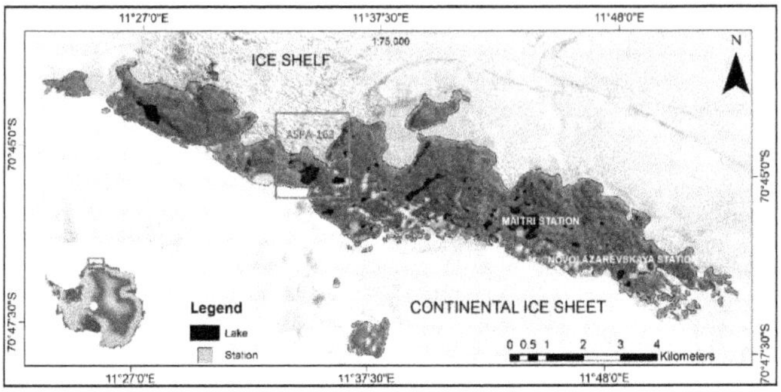

MAP 2: MAP SHOWING LOCATION OF MAITRI STATION, NOVOLAZAREVSKAYA STATION AND ASPA-163 BOUNDARY

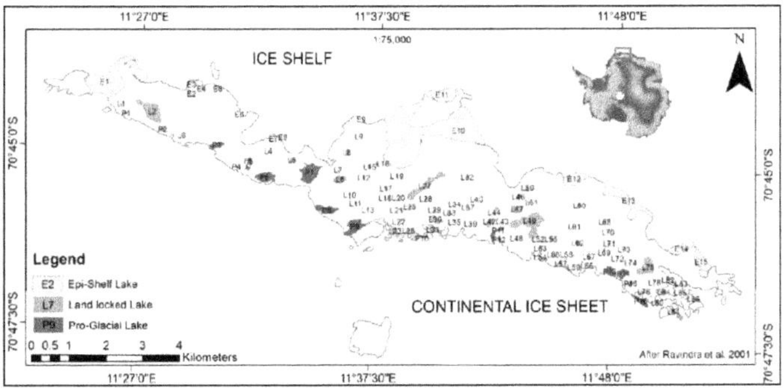

MAP 3: CLASSIFICATION AND NUMBERING OF LAKES, SHIRMACHER HILLS

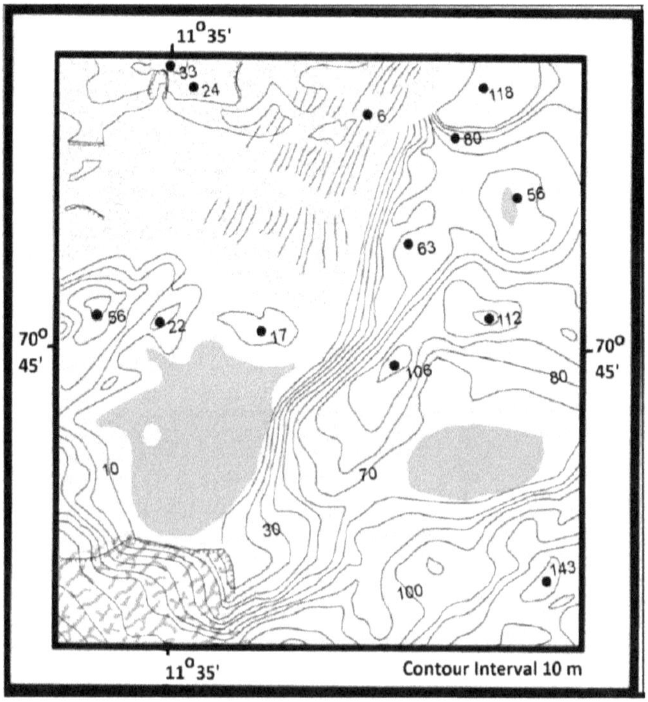

MAP 4: TOPOGRAPHIC MAP OF THE AREA

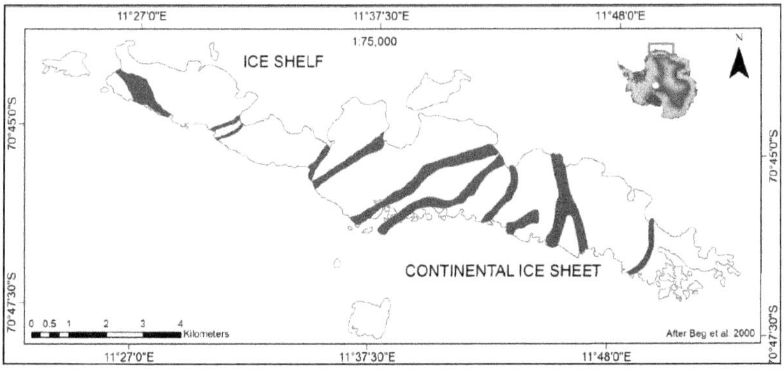

MAP 5: PATHS OF FOSSIL GLACIERS IN SCHIRMACHER HILLS

Figure 1: Images of Secured Markers at two Locations at the Boundary of ASPA-163

MAP-6: DAKSHIN GANGOTRI SNOUT (MARCH 2013)

План управления Особо охраняемым районом Антарктики № 167 «Остров Хокер» (Земля Принцессы Елизаветы)

Введение

Остров Хокер (68°38' ю. ш., 77°51' в. д., карта А) находится в 7 км к юго-западу от австралийской станции Дейвис (оазис Вестфолл, Берег Ингрид Кристенсен, Земля Принцессы Елизаветы, Восточная Антарктика). Остров был определен в качестве Особо охраняемого района Антарктики (ООРА) № 167 согласно Мере 1 (2006 г.) вслед за предложением Австралии, направленным в первую очередь на охрану самой южной гнездящейся колонии южных гигантских буревестников (*Macronectes giganteus*) (карта В). Район является одним из всего лишь четырех известных гнездовий южных гигантских буревестников на побережье Восточной Антарктики, все из которых были определены в качестве Особо охраняемых районов Антарктики (ООРА): ООРА № 102 «Острова Рукери» (бухта Холме, Земля Мак-Робертсона) (67°36' ю. ш., 62°53' в. д.) – вблизи станции Моусон; ООРА № 160 «Острова Фрейжер» (Земля Уилкса) (66°13' ю. ш. 110°11' в. д.) — вблизи станции Кейси и ООРА № 120 «Мыс Жеоложи» (Земля Адели) (66°40' ю. ш., 140°01' в. д.) – вблизи станции Дюмон д'Юрвиль На острове Хокер также находятся колонии пингвинов Адели (*Pygocelis adeliae*), южнополярных поморников (*Catharacta maccormicki*) и капских буревестников (*Daption capense*). На южных берегах периодически устраивают лежки южные морские слоны (*Mirounga leonina*), а рядом с осевшими айсбергами щенятся тюлени Уэдделла (*Leptonychotes weddellii*).

1. Описание ценностей, нуждающихся в охране

Общая популяция южных гигантских буревестников в Восточной Антарктике в настоящее время неизвестна, но, вероятно, составляет менее 1 % глобальной гнездящейся популяции. В Восточной Антарктике есть четыре известных колонии. На острове Хокер в январе 2020 г. было 31 взрослая птица, 27 цыплят и 3 годовалых цыпленка (не размножающихся, возраст 1 год). В январе 2010 г. на острове Гигантеус (ООРА № 102 «Острова Рукери») насчитывалось не более 4 гнезд (одно с птенцом). Последняя оценка в 2001 г. показала примерно 250 пар на островах Фрейжер (ООРА № 160), и включала цифры только для одного из трех островов. На Мысе Жеоложи (ООРА № 120) в 2016 г. было зарегистрировано 19 гнездящихся пар. Южные гигантские буревестники также гнездятся на островах в южной части Индийского и Атлантического океанов, а также на Антарктическом полуострове.

Колония южных гигантских буревестников была обнаружена на острове Хокер в декабре 1963 г.; в это время в ней насчитывалось 40–50 гнезд, некоторые с кладками яиц, но неясно, сколько гнезд было занято. В период между 1963 и 2007 г. проводился периодический учет взрослых особей, яиц и птенцов на различных этапах цикла размножения. Из-за непостоянства времени проведения учета и отсутствия стандартных единиц учета долгосрочную тенденцию для данной популяции установить невозможно. Ранее в данной колонии отмечалось малое количество птенцов, поскольку учитывались только те птенцы, которые были окольцованы в определенный год, а не общее количество птенцов.

Гнездящиеся южные гигантские буревестники чувствительны к нарушениям гнезд. Ограничения на виды деятельности, разрешенные в районах гнездовий около австралийских станций, включая запрет на кольцевание, были введены в середине 1980-х годов.

На острове Хокер также находятся колонии пингвинов Адели (*Pygocelis adeliae*), южнополярных поморников (*Catharacta maccormicki*), капских буревестников (*Daption capense*) и иногда тюлени Уэдделла (*Leptonychotes weddellii*).

2. Цели и задачи

Управление ООРА «Остров Хокер» осуществляется в следующих целях:

- охрана гнездящейся колонии южных гигантских буревестников и других видов животного мира;

- предупреждение антропогенного влияния с продолжением научных исследований или другие мероприятия, соответствующие Плану управления данным Районом;.
- сохранение ценностей острова Хокер в качестве эталонного участка для проведения дальнейших исследований с целью сравнения с другими гнездовыми популяциями южных гигантских буревестников;
- сведение к минимуму возможности интродукции чужеродных растений, животных или микроорганизмов на территорию острова Хокер;
- создание условий для посещения в целях управления в поддержку задач Плана управления.

3. Меры по управлению

Для обеспечения охраны ценностей Района будут предприняты следующие меры управления:

- Необходимо разрешить посещения с целью оценки популяционного уровня и тенденций в колонии южных гигантских буревестников и/или колониях других представителей фауны. По возможности необходимо отдавать предпочтение мерам и методикам с минимальным нарушением гнездовых колоний (например, использование автоматических камер).
- По возможности производить посещение Района не в сезоны гнездования южного гигантского буревестника (т. е. в период с середины апреля до середины сентября), а по мере необходимости, чтобы установить, продолжает ли он служить тем целям, ради которых был определен, и чтобы убедиться в достаточности мер управления Районом.
- Данные о расположении Района (с указанием применимых ограничений) должны быть подготовлены, а копии данного Плана управления должны быть в наличии на ближайших станциях. Информационные материалы и План управления должны быть предоставлены всем, кто посещает окрестности.
- Не реже одного раза в пять лет следует производить пересмотр Плана управления и его обновление по мере необходимости.

4. Период определения

Определен на неограниченный период времени.

5. Карты

- Карта A: Особо охраняемый район Антарктики «Остров Хокер» (оазис Вестфолл, берег Ингрид Кристенсен, Земля Принцессы Елизаветы, Восточная Антарктика).
- Карта B: Особо охраняемый район Антарктики «Остров Хокер» (оазис Вестфолл, берег Ингрид Кристенсен, Земля Принцессы Елизаветы, Восточная Антарктика) — биота, топография и физические особенности.

Спецификации карт:

- Проекция: UTM, зона 49
- Горизонтальная линия приведения: WGS84

6. Описание Района

6(i) Географические координаты, специальные и характерные естественные признаки, определяющие границы Района

Остров Хокер расположен в координатах 68°38' ю. ш., 77°51' в. д. приблизительно в 300 м от побережья оазиса Вестфолл. Оазис (холмы) Вестфолл представляет собой свободную от ледникового покрова территорию примерно треугольной формы площадью около 512 км^2, представленную горными породами, ледниковыми наносами, озерами и водоемами. С востока холмы Вестфолл ограничиваются ледниковым плато, с юга – ледником Серсдала и с запада – заливом Прюдс. Они состоят из низких холмов (максимальная высота в районе холма Боулдер (Boulder Hill) составляет 158 м) и долин и изрезаны глубокими фьордами и озерами. Побережье холмов Вестфолл окаймляют многочисленные острова, и остров Хокер расположен на юго-западе между островом Мулей и полуостровом Мулей (Брейднесмулен).

Остров Хокер представляет собой остров неправильной формы с небольшой высотой над уровнем моря (максимальная высота около 40 м) с двумя параллельными грядами холмов, которые простираются с севера на юг и в южной части заканчиваются двумя небольшими полуостровами. Третий полуостров расположен строго на западе и заканчивается 40-метровым холмом с крутыми скалами, уходящими в море с западной и южной сторон. В северной части острова между грядами холмов расположено несколько небольших пресноводных озер, еще несколько небольших озер находится на более плоской поверхности восточной части острова. Максимальная протяженность острова составляет 2 км с севера на юг и 1,7 км с востока на запад.

Район включает в себя всю территорию острова Хокер, морская граница которого проходит по нижней отметке уровня воды (карта B). Площадь острова Хокер составляет около 1,9 км². Знаки границ отсутствуют.

Экологические домены; Заповедные биогеографические регионы Антарктики; Ключевые орнитологические территории

В соответствии с Анализом экологических доменов Антарктики (Резолюция 3 (2008 г.)) гнездовье Тейлор относится к Природной среде D «Геология прибрежных районов Восточной Антарктики». По классификации Заповедных биогеографических регионов Антарктики (Резолюция 3 (2017 г.)) остров Хокер находится на территории Биогеографического региона 7 «Восточная Антарктика». Остров Хокер не определен как Ключевая орнитологическая территория Антарктики согласно Резолюции 5 (2015 г.).

История человеческой деятельности

Оазис Вестфолл впервые обнаружил Дуглас Моусон во время экспедиции БАНЗАРЭ на судне «Дискавери» 9 февраля 1931 г. Четыре года спустя 20 февраля 1935 г. капитан танкера «Торсхавн» компании «Ларс Кристенсен» Клариус Миккельсен увидел этот район и высадился здесь на сушу. Он назвал многие объекты и сам район холмами Вестфолл в честь своей родной провинции в Норвегии. Миккельсен вновь посетил оазис Вестфолл в начале 1937 г. при проведении аэросъемки побережья.

Следующее документально подтвержденное посещение оазиса Вестфолл совершили в январе 1939 г. американский исследователь Линкольн Эллсуорт и его австралийский консультант сэр Хуберт Уилкинс на теплоходе «Уайетт Эрп». Эллсуорт пролетел на самолете около 400 км над материковой территорией суши. В начале 1947 г. военный корабль США «Карритак» посетил берег Ингрид Кристенсен в ходе операции «Хайджамп». Были проведены специальные полеты для фотосъемки береговой линии.

Первая Австралийская национальная антарктическая научно-исследовательская экспедиция (ANARE) под руководством д-ра Филлипа Ло на судне «Киста Дан» достигла оазиса Вестфолл 1 марта 1954 г. В январе 1956 г. участники Первой Советской антарктической экспедиции высадились на берегу Ингрид Кристенсен в рамках подготовки к МГГ и создания станции Мирный в 595 км к востоку от этого района. В 1957 г. Австралия открыла в оазисе Вестфолл станцию Дейвис. Остров Хокер был назван в честь А. К. Хокера, радиоинженера, работавшего на станции Дейвис в 1957 г.

Климат

Практически единственным источником метеоданных для этого района являются наблюдения на станции Дейвис, расположенной в 7 км к северо-западу от острова Хокер. Климат в районе оазиса Вестфолл полярный морской, для которого характерны низкие температуры, низкая влажность и сильные ветры. Летние дни, как правило, солнечные; температура в середине дня колеблется от –1 до +2,9 °C (летний максимум составляет +5 °C), однако в течение большей части года температура не достигает 0 °C, а зимой падает до −40,7 °C. Максимальная температура, зарегистрированная на станции Дейвис в период с 1957 по 2001 г., равна +13 °C. В течение года наблюдаются длительные периоды относительно спокойной ясной погоды. Ветры обычно слабые; среднегодовая скорость составляет около 20 км/ч. Сильный ветер и метель могут начаться внезапно и были зарегистрированы порывы со скоростью более 200 км/ч. Количество выпавшего снега в среднем составляет 78 мм/год, большая часть годового накопления снежных осадков наносится ветрами. За исключением нескольких постоянных ледниковых полей холмы оазиса Вестфолл практически свободны от снега летом и лишь слегка покрыты снегом зимой. Данные наблюдений соответствуют сезонным колебаниям климата высоких широт, однако в среднем район станции Дейвис теплее районов расположения других антарктических станций, которые находятся на тех же широтах. Это объясняется наличием «скалистого оазиса», обусловленного низким альбедо скалистой поверхности по сравнению со льдом, что означает поглощение большего количества солнечной энергии, которая повторно излучается в виде тепла.

Геология

Холмы Вестфолл состоят из архейского гнейса, поверх которого во впадинах залегают тонкие и часто содержащие окаменелости плиоценовые и четвертичные отложения. Самым старым из известных кайнозойских слоев в районе холмов Вестфолл является среднеплиоценовая формация Серсдал, содержащая разнообразные ископаемые остатки флоры и фауны. Другие, более молодые кайнозойские слои свидетельствуют о неоднократно повторявшихся оледенениях и нескольких морских трансгрессиях и регрессиях. Три основные литологические структуры оазиса Вестфолл – это (в возрастном порядке) парагнейс Челнок, гнейс Моссел (Mossel) и гнейс озера Крукватнет (Crooked). Эти структурные единицы повторяются в направлении с востока-северо-востока на запад-юго-запад. В их составе встречаются группы мафических даек, приблизительно ориентированные с севера на юг. Эти дайки являются одной из основных характеристик холмов Вестфолл. Остров Хокер представляет собой продолжение гнейса озера Крукватнет, составляющего северную часть полуострова Мулей (Брейднесмулен) выше бухточки Латернула (Laternula Inlet). Подобно архейским гнейсам оазиса Вестфолл, гнейс озера Крукватнет на острове Хокер изрезан глубокими долеритовыми дайками, относящимися к среднему и раннему периодам протерозойской эры.

Южные гигантские буревестники

Колония южных гигантских буревестников на острове Хокер обитает в северной части острова на пологом и неровном участке. Восточная сторона гнездовья образует небольшой гребень на высоте около 20 м над уровнем моря (карта B). Буревестники гнездятся на той же территории с момента их первого обнаружения в 1963–1964 гг. Небольшой гребень обеспечивает хорошую площадку для взлета при преобладающих северо-восточных ветрах.

Сезон размножения южных гигантских буревестников на острове Хокер начинается в конце сентября – начале октября, а яйца откладываются во второй половине октября. После инкубационного периода продолжительностью около 60 дней во второй половине декабря начинается вылупление птенцов. Вылупление продолжается в течение трех-четырех недель до середины января. Примерно через 14–16 недель после вылупления, с конца марта до начала мая оперившиеся птенцы покидают колонию. На основании анализа изображений с автоматических фотоаппаратов, работающих круглый год, стало известно, что небольшое количество особей присутствует в данном месте не только в сезон размножения. В связи с этим требование о посещении Района в любое время года должно реализовываться с учетом обеспечения минимального антропогенного нарушения.

В середине 1980-х годов для всех трех гнездовий, расположенных в окрестностях австралийских станций в Восточной Антарктиде, была принята стратегия управления, направленная на сведение к минимуму антропогенного нарушения гнездовых колоний южных гигантских буревестников. Ранее Австралийская антарктическая служба ввела ограничения на посещение Района с целью учета численности, так чтобы он проводился один раз в 3–5 лет, и ввела жесткий административный контроль над всеми посещениями. В то время считалось, что такая частота посещений обеспечивает приемлемый компромисс между опасностью нарушения колоний и необходимостью получения значимой информации о популяции. В настоящее время в связи с развитием новых технологий (таких как автоматические камеры), можно получать детальную информацию во время периода гнездования с минимальным присутствием человека или даже в его отсутствие в течение всего года.

В марте 2011 г. на территории Района наблюдались 23 птенца и 64 взрослые особи. Из наблюдаемых взрослых птиц четыре были окольцованы, две из которых были окольцованы в районе Кейси (в 1985 г.), а две — на острове Хокер (в 1986 г.). Две птицы, окольцованные в районе Кейси, не посещали птенцов, но их присутствие в колонии предполагает, что иммиграция может происходить из колонии вылупившихся птенцов. В январе 2020 г. наблюдались 31 взрослая особь, 3 годовалых птенца и 27 птенцов.

Другие птицы

Пингвины Адели гнездятся вдоль береговой линии оазиса Вестфолл и по крайней мере на 25 прибрежных островах, включая остров Хокер. Общая численность пингвинов Адели в районе оазиса Вестфолл составляла 324 000 пары в 2009–2010 гг. Колония на острове Хокер расположена недалеко от небольшого холма, на полпути на западной стороне острова, и в 2009–2010 гг. насчитывала около 5000 пар. Первые пингвины Адели обычно появляются в этом районе в середине октября, а яйца откладываются примерно через четыре недели. Интервал между кладкой первого и второго яйца составляет от 2 до 4 дней, а инкубационный период длится от 32 до 35 дней. Последние взрослые особи, у которых закончилась линька, покидают остров Хокер к концу марта.

Небольшая колония капских буревестников (12 пар в 2017–2018 гг.) обитает на южной оконечности юго-западного полуострова. Капские буревестники не зимуют на острове. Они возвращаются в места гнездований в течение октября, откладывают яйца с конца ноября по начало декабря, а появившиеся птенцы оперяются в конце февраля и начале марта.

Южнополярные поморники часто встречаются возле колонии пингвинов Адели и могут гнездиться поблизости.

Тюлени

Тюленей Уэдделла можно увидеть круглый год в небольшом количестве по всему оазису Вестфолл. Они размножаются в основном в районе фьорда Лонг (Long Fjord), фьорда Трайн (Tryne Fjord) и островов Уайетт Эрп (Wyatt Earp Islands), а иногда и в юго-восточной части острова Хокер. Тюлени появляются в конце сентября и начале октября, рождение детенышей продолжается с середины октября до конца ноября. В течение лета тюлени Уэдделла во время линьки часто встречаются на остатках припая и очень редко выходят на сушу. Количество тюленей, которых можно увидеть в районе оазиса Вестфолл, варьируется в зимний и летний сезон.

Не выводящие потомство группы южных морских слонов (*Mirounga leonina*) в течение летних месяцев (с декабря по апрель) устраивают лежбища у острова Хокер вблизи юго-западного полуострова и в нескольких других местах вдоль южного побережья оазиса Вестфолл (например, на станции Олд Уэллоу (Old Wallow). Как и в Олд Уэллоу, в районах линьки на острове Хокер находятся слоистые отложения волос и экскрементов, накопившиеся за несколько тысяч лет, и эти районы можно рассматривать как уникальные и уязвимые места.

Растительность

Флора оазиса Вестфолл представлена не менее чем 82 видами наземных водорослей, шестью видами мхов и, как минимум, 23 видами лишайников. Современный генетический анализ позволяет предположить, что более высокое разнообразие будет обнаружено в сублитических сообществах.

Мхи и лишайники в основном произрастают в восточной или материковой части сектора, и характер их распространения зависит от наличия снежных наносов, периода времени после выхода субстрата на поверхность ледникового плато и последнего оледенения, высоты над уровнем моря и близости соленых вод. Мхи и лишайники крайне редко встречаются в засоленной прибрежной полосе, включая остров Хокер, низкий рельеф которого плотно покрыт обширными песчаными отложениями и моренами.

Наземные водоросли широко распространены в оазисе Вестфолл и являются основными первичными продуцентами для этого района. На острове Хокер отмечены сублитические (или гиполитические) водоросли, обитающие на подземных поверхностях прозрачных кварцевых камней, частично погруженных в почву. Доминирующим видом являются цианобактерии, особенно осцилаторные виды *Chroococidiopsis* sp. и *Aphanothece* sp., которые с большой частотой встречаются вместе с хлорофитами *Desmococcus* sp.A и *Prasiococcus calcarius*. Эдафическая водоросль *Prasiola crispa*, образуя неровные зеленые полосы, произрастает в талых водотоках, где обычно присутствуют диатомовая водоросль *Navicula muticopsis* и осцилаторные водоросли. Есть данные о том, что на острове Хокер в местах, связанных с гнездовьями морских птиц, встречается орнитофильный лишайник *Candelariella flava*.

Беспозвоночные

В 1981 г. в районе оазиса Вестфолл было проведено большое исследование наземных тихоходок, во время которого были обнаружены четыре рода и четыре вида тихоходок. Несмотря на то что тихоходки не были обнаружены в образцах, собранных с острова Хокер, они могут встречаться и в других прибрежных районах с аналогичной экологией вместе с водорослью *Prasiola crispa*, поскольку два вида тихоходок, *Hypsibius allisonii* и *Macrobiotus fuciger*, были обнаружены в районе Уолкэбаут Рокс (Walkabout Rocks). Клещ *Tydeus erebus* встречается на острове вблизи гнездовий пингвинов Адели.

6(ii) Доступ в Район

В зависимости от состояния морского льда подобраться к Району можно на наземном транспорте, маломерном морском судне или воздушном судне, при этом любое из таких транспортных средств должно оставаться за пределами Района. Наземные и воздушные транспортные средства, приближающиеся к Району по морскому льду, должны соблюдать дистанцию и стараться не беспокоить представителей фауны.

6(iii) Места расположения сооружений в пределах и вблизи Района

На территории и в окрестностях Района нет постоянных сооружений. В момент написания данного материала вблизи колонии южных гигантских буревестников были установлены три автоматические камеры с целью организации постоянного мониторинга популяции (карта B).

6(iv) Местонахождение других близлежащих охраняемых районов

Следующая охраняемая территория находится недалеко от острова Хокер:

«Равнина Марин», Особо охраняемый район Антарктики № 143 (68°36' ю. ш., 78°07' в. д.).

6(v) Особые зоны на территории Района

Какие-либо особые зоны в Районе отсутствуют.

7. Условия выдачи разрешений для доступа

7(i) Общие условия

Доступ на территорию Района запрещен, за исключением случаев, когда компетентным национальным органом выдано разрешение. Разрешения на доступ в Район могут быть выданы только для проведения неотложных научных исследований, которые не могут быть проведены ни в одном другом месте, или для осуществления важных мер управления, соответствующих задачам и положениям настоящего Плана управления. Разрешение на посещение Района выдается только при условии, что разрешенная деятельность не поставит под угрозу научные и экологические ценности Района и не помешает проведению текущих научных исследований.

Разрешения должны включать условие о том, что во время пребывания на территории Района необходимо иметь при себе само разрешение или его копию. Орган, выдающий сертификат, может включать дополнительные условия, соответствующие целям и положениям Плана управления. Основной держатель каждого выданного разрешения должен представить выдавшему его государственному органу отчет о посещении с подробным описанием всех видов деятельности, предпринятой на территории Района, и изложением всех данных учета численности, полученных во время пребывания в Районе.

Приветствуется сотрудничество с другими национальными программами, чтобы уменьшить дублирование исследований и свести к минимуму вмешательства в жизнедеятельность колонии южных гигантских буревестников. Национальным антарктическим программам, планирующим исследования в этом Районе, рекомендуется связаться с Австралийской антарктической службой, которая поддерживает регулярную программу мониторинга популяции на острове, для выяснения информации о других проектах, которые могут быть реализовываться в этом сезоне.

7(ii) Доступ в Район и передвижение по его территории

- Использование транспортных средств на территории Района запрещено.
- В зависимости от состояния морского льда подход к Району может быть обеспечен наземным транспортным средством (включая квадроциклы), маломерным морским судном или воздушным судном, при этом любое из таких средств должно оставаться за пределами Района. Наземные и воздушные транспортные средства, приближающиеся к Району по морскому льду, должны соблюдать дистанцию и стараться не беспокоить представителей фауны. Морские транспортные средства, используемые для доставки на острова, следует оставлять у береговой линии.
  - Транспортные средства должны оставаться на морском льду на расстоянии не менее 150 м (квадроциклы) или 250 м (другие колесные транспортные средства) от края колонии южных гигантских буревестников (см. таблицу 1).
- В пределах Района можно передвигаться только пешком. Место высадки или стоянки могут покидать только те сотрудники, которые должны проводить научные исследования или осуществлять меры управления на территории Района.
- В таблице 1 указаны минимальные (самые близкие) расстояния, на которые можно приближаться к диким животным. Если какая-либо деятельность нарушает жизнь представителей фауны, то безопасное расстояние должно быть увеличено, либо необходимо изменить поведение до тех пор, пока такое нарушение не будет устранено, за исключением случаев, когда это приближение оговорено в разрешении.
- Лица, которым разрешено приближаться к южным гигантским буревестникам для учета их численности или получения биологических данных, должны держаться от них на максимально возможном отдалении.
- Уровень шума, включая словесное общение, должен быть минимальным, чтобы как можно меньше беспокоить диких животных. В период размножения южных гигантских буревестников (с середины сентября по середину апреля) на территории Района запрещается применение инструментов с двигателем и осуществление любых других видов деятельности, которые могут создать шум и тем самым потревожить гнездящихся южных гигантских буревестников и других гнездящихся птиц.
- Пролет воздушных судов над островом в период размножения южных гигантских буревестников запрещен за исключением тех случаев, когда это осуществляется в научных целях или в целях управления Районом с указанием в разрешении. Такие пролеты должны производиться на высоте не менее:
  - 930 м (3050 футов) для одномоторных вертолетов;
  - 930 м (3050 футов) для двухмоторных самолетов;
  - 1500 м (5000 футов) для двухмоторных вертолетов;
- Облет птичьих колоний на территории Района с помощью дистанционно пилотируемых авиационных систем (ДПАС) запрещен, за исключением случаев, когда это необходимо для убедительных научных или управленческих целей. Такие облеты производятся в соответствии с *Руководством по экологическим аспектам использования дистанционно пилотируемых авиационных систем (ДПАС) в Антарктике*.
- В случае возникновения чрезвычайной ситуации в Район допускаются наземные транспортные средства или самолеты.

Таблица 1. Минимальное расстояние, на которое можно приближаться к представителям фауны, на территории острова Хокер

Вид	Расстояние (м)			
	Люди пешком или на лыжах (за исключением случаев, когда это оговорено в разрешении)	Квадроцикл или мотосани	Вездеход и т. п.	Маломерное водное судно
Южные гигантские буревестники	100 м	На территории Района запрещено. Стоянка должна осуществляться на морском льду не менее чем в 150 м от колоний представителей фауны.	На территории Района запрещено. Стоянка должна осуществляться на морском льду не менее чем в 250 м от колоний представителей фауны.	При пересечении Района водные суда должны причаливать на расстоянии не менее 50 м от представителей фауны, в особенности от колонии пингвинов Адели на восточном побережье. Необходимо соблюдать осторожность, находясь в непосредственной близости от острова.
Колония пингвинов Адели Пингвины во время линьки Тюлени с детенышами Детеныши тюленей без взрослых Южнополярные поморники на гнездах	30 м			
Пингвины на морском льду Взрослые тюлени, не выводящие потомство	5 м			

7(iii) Осуществляемая или разрешаемая деятельность в Районе, включая ограничения по времени и пространству

На территории Района с 15 апреля по 15 сентября (вне сезона гнездования южного гигантского буревестника), допускаются следующие указанные в разрешении виды деятельности:

- научные исследования, которые соответствуют настоящему Плану управления, не могут быть проведены ни в каком ином месте и не поставят под угрозу ценности, ради которых был определен Район, или экосистемы Района;
- основные управленческие мероприятия, включая мониторинг;
- отбор образцов, который должен быть минимумом, необходимым для утвержденных исследовательских программ.

Деятельность в период размножения южных гигантских буревестников может быть разрешена только в том случае, если она не приводит к вторжению в жизнь птиц и если она не может по обоснованным причинам проводиться вне периода размножения.

7(iv) Возведение, реконструкция или снос сооружений

- Строительство капитальных сооружений или установок запрещено.
- Временные сооружения или оборудование, включая камеры, должны устанавливаться только в тех местах на территории Района, которые оговорены в разрешении.
- Разрешается возведение небольших временных убежищ, укрытий, засидок или завес с целью проведения научных исследований.
- Работы по возведению (включая выбор площадки), сносу, реконструкции или техническому обслуживанию сооружений или оборудования должны выполняться с учетом обеспечения минимального воздействия на размножающихся птиц и окружающую среду. По возможности эти работы следует проводить с 15 апреля по 15 сентября (вне сезона размножения южных гигантских буревестников).
- Установка (в том числе выбор площадки), вывоз, модификация или техническое обслуживание сооружений должны осуществляться таким образом, чтобы как можно меньше тревожить гнездящихся птиц.
- Указатели, знаки или другое оборудование, установленные на территории Района для научных и управленческих целей, должны быть укреплены, содержаться в хорошем состоянии и подлежат сносу после использования на основании разрешения. Все такие элементы должны быть выполнены из материалов, которые несут минимальную угрозу вреда представителям фауны или загрязнения окружающей среды Района.

7(v) Размещение полевых лагерей

- Разбивка лагерей на территории Района допускается только в чрезвычайной ситуации. По мере возможности аварийный лагерь должен располагаться в стороне от скоплений представителей фауны.

7(vi) Ограничения на ввоз материалов и организмов на территорию Района

- Складирование топлива на территории Района запрещено. Дозаправка маломерных водных судов разрешается в местах высадки на берег. Допускается доставка небольшого количества топлива на территорию Района для заправки обогревателя в чрезвычайной ситуации.
- Ввоз на территорию Района продуктов из домашней птицы, включая пищевые концентраты, содержащие яичный порошок, не допускается.
- Ввоз гербицидов и пестицидов на территорию Района не допускается.
- Все химические вещества, которые могут ввозиться на территорию Района для проведения неотложных научных исследований в соответствии с разрешением, подлежат вывозу из Района сразу после или до завершения деятельности, на которую выдано разрешение. Применение радионуклидов и стабильных изотопов запрещено.
- Преднамеренный ввоз в Район живых животных, растительных материалов или микроорганизмов не допускается. В целях предотвращения непреднамеренного ввоза необходимо соблюдать соответствующие меры предосторожности: перед тем, как войти на территорию Района, необходимо тщательно очистить все оборудование и одежду (особенно обувь).
- Все материалы, ввозимые в Район на указанный период времени, подлежат вывозу из сразу после или до истечения указанного периода, а способы хранения и обращения с этими веществами должны обеспечивать сведение к минимуму риска их попадания в окружающую среду.

7(vii) Изъятие местной флоры и фауны или вредное воздействие на них

- Изъятие местной флоры и фауны и вредное воздействие на них запрещается, за исключением случаев, оговоренных в разрешении, выданном в соответствии со Статьей 3 Приложения II к Протоколу по охране окружающей среды к Договору об Антарктике. Такое разрешение должно четко оговаривать рамки и условия такой деятельности, которая, за исключением случаев чрезвычайных ситуаций, должна осуществляться только после получения одобрения соответствующего комитета по этике обращения с животными.

- Необходимо разрешить посещения с целью оценки популяционного уровня и тенденций в колонии южных гигантских буревестников и/или колониях других представителей фауны. По возможности необходимо отдавать предпочтение тем мерам и методикам, которые минимизируют нарушения гнездовых колоний (например, использование автоматических камер).
- Исследования ограничиваются деятельностью, которая не является инвазивной и разрушительной по отношению к южным гигантским буревестникам, гнездящимся на территории Района.
- Следует избегать или сводить в минимуму действия, которые могут побеспокоить южных гигантских буревестников или других представителей фауны.

7(viii) Сбор или вывоз чего-либо, что не было ввезено в Район держателем разрешения.

- Сбор или вывоз из Района материалов должны осуществляться только в соответствии с условиями разрешения, и данные действия должны быть сведены к минимуму, необходимому для удовлетворения научных потребностей и требований по управлению.
- Материалы антропогенного происхождения, которые могут нанести ущерб ценностям Района и которые не были ввезены в Район держателем разрешения или санкционированы иным образом, могут быть вывезены, за исключением случаев, когда существует вероятность того, что последствия вывоза превзойдут последствия пребывания материала на месте. При обнаружении таких материалов об этом необходимо сообщить в компетентный государственный орган.

7(ix) Удаление отходов

- Все отходы, включая отходы жизнедеятельности человека, подлежат вывозу из Района.

7(x) Меры по поддержанию реализации целей и задач Плана управления

- Для конкретных участков долгосрочного мониторинга, которые сообщаются в систему каталогов антарктических данных через компетентный национальный орган, должны быть получены данные GPS.
- Разрешения на доступ в Район могут выдаваться для проведения биологического мониторинга и обеспечения мер управления, что может предусматривать уборку мусора или отбор образцов для анализа или изучения, возведение или техническое обслуживание научного оборудования, возведение или техническое обслуживание временно размещенного научного оборудования, сооружений и указательных знаков или осуществление других мер охраны.
- В целях сохранения экологических и научных ценностей Района посетители должны принимать специальные меры предосторожности во избежание интродукции чужеродных организмов. Особую опасность представляет интродукция болезнетворных организмов, микроорганизмов или растительности, перенесенных из почв, флоры или фауны других Районов Антарктики, включая научные станции, или регионов за пределами Антарктики. С целью минимизации риска интродукции перед входом в Район посетители должны тщательно очистить обувь и все оборудование, которое будет использоваться на его территории, особенно пробоотборное оборудование и указатели.

7(xi) Требования к отчетам

Стороны должны сделать так, чтобы основной получатель каждого выданного разрешения представлял соответствующему национальному органу отчет о проведенной деятельности. Эти отчеты должны содержать, в зависимости от конкретного случая, информацию, указанную в форме отчета о посещении, приведенной в *Руководстве по подготовке планов управления Особо охраняемыми районами Антарктики.*

Стороны должны вести учет деятельности, осуществляемой на территории Района и в рамках ежегодного обмена информацией представлять краткие описания мероприятий, проведенных лицами, которые находятся под их юрисдикцией. Эти описания должны содержать достаточно подробные сведения, чтобы можно было провести оценку эффективности настоящего Плана управления.

По мере возможности Стороны должны сдавать оригиналы отчетов или их копии в открытый архив для ведения учета использования участка. Эти отчеты будут использоваться как при пересмотре Плана управления, так и в процессе организации использования Района в научных целях.

Один экземпляр такого отчета направляется национальному органу, отвечающему за разработку настоящего Плана управления, для оказания содействия в управлении Районом и мониторинга популяций птиц и других представителей фауны. Кроме того, в отчеты о посещении включаются также подробные данные, такие как численность, сведения о местонахождении новых, ранее не зарегистрированных колоний или гнезд, краткое описание результатов проведенных научных исследований и копии фотографий, сделанных на территории Района.

7 (xii) Положения о действиях в чрезвычайных ситуациях

Как указано в Статье 11 Приложения V к Протоколу по охране окружающей среды к Договору об Антарктике, ограничения, изложенные в настоящем Плане управления, не распространяются на чрезвычайные ситуации. Отчет о любых таких действиях должен быть предоставлен соответствующему национальному органу.

8. Справочная документация

Некоторые или все данные, использованные в настоящем Плане управления, были получены в Австралийском центре антарктических данных (IDN Node AMD/AU), который является подразделением Австралийской антарктической службы (Австралийский союз).

Adamson, DA & Pickard, J 1986, 'Cainozoic history of the Vestfold Hills', in J Pickard (ed), *Antarctic Oasis, Terrestrial environments and history of the Vestfold Hills*, Academic Press, Sydney, pp. 63–97.

Adamson, DA & Pickard, J 1986, 'Physiology and geomorphology of the Vestfold Hills', in J. Pickard (ed), *Antarctic oasis: terrestrial environments and history of the Vestfold Hills*, Academic Press, Sydney, pp. 99–139.

Agreement on the Conservation of Albatrosses and Petrels (ACAP) 2012, ACAP Species assessment southern giant petrel *Macronectes giganteus*. (https://www.acap.aq/resources/acap-species/288-southern-giant-petrel/file) Downloaded on 13 April 2021.

Department of the Environment and Energy, 2019, Environmental Code for Participants in the Australian Antarctic Program, Australian Antarctic Division, Hobart.

BirdLife International (2018), Species fact sheet: southern giant petrel *Macronectes giganteus*, http://datazone.birdlife.org/species/factsheet/southern-giant-petrel-macronectes-giganteus/details Downloaded on 20 March 2021.

Cooper, J, Woehler, E & Belbin, L 2000, Guest editorial, Selecting Antarctic Specially Protected Areas: Important Bird Areas can help, *Antarctic Science* vol. 12, p. 129.

Department of Sustainability, Environment, Water, Population and Communities 2011a, *Background paper: population status and threats to albatrosses and giant petrels listed as threatened under the Environment Protection and Biodiversity Conservation Act 1999*, Commonwealth of Australia, Hobart, accessed 27 January 2021.

Department of Sustainability, Environment, Water, Population and Communities 2011b, *National Recovery Plan for threatened albatrosses and giant petrels: 2011–2016*, Commonwealth of Australia, Hobart, accessed 27 January 2021.

Fabel, D, Stone, J, Fifield, LK & Cresswell, RG 1997, 'Deglaciation of the Vestfold Hills, East Antarctica; preliminary evidence from exposure dating of three subglacial erratics', in CA Ricci (ed), *The Antarctic region: geological evolution and processes, Museo Nazionale dell'Antartide, Siena*, pp. 829–834.

Garnett, ST, Szabo, JK & Dutson, G 2010, *The Action Plan for Australian Birds 2010*, CSIRO Publishing, Collingwood VIC.

Gore, DB 1997, Last glaciation of Vestfold Hills; extension of the East Antarctic ice sheet or lateral expansion of Sørsdal Glacier. *Polar Record*, vol. 33, pp. 5–12.

Hirvas, H, Nenonen, K & Quilty, P 1993, Till stratigraphy and glacial history of the Vestfold Hills area, East Antarctica, *Quaternary International*, vol. 18, pp. 81–95.

IUCN (2018), IUCN *Red List Categories: Version 3.1*, IUCN Species Survival Commission, IUCN, Gland, Switzerland and Cambridge, UK, (https://www.iucnredlist.org/species/22697852/132608499) accessed 13 April 2021.

Jouventin, P, & Weimerskirch, H 1991, *'Changes in the population size and demography of southern seabirds: management implications'*, in CM Perrins, JD Lebreton, & GJM Hirons (eds), Bird population studies: Relevance to conservation and management, Oxford University Press, pp. 297–314.

Johnstone, GW, Lugg, DJ & Brown, DA 1973, The biology of the Vestfold Hills, Antarctica. Melbourne, Department of Science, Antarctic Division, ANARE Scientific Reports, Series B(1) *Zoology*, Publication No. 123.

Law P 1958, Australian Coastal Exploration in Antarctica, *The Geographical Journal* CXXIV, pp. 151–162.

Leishman, MR & Wild, C 2001, Vegetation abundance and diversity in relation to soil nutrients and soil water content in Vestfold Hills, East Antarctica, *Antarctic Science*, vol. 13, Issue 2, pp. 126–134

Micol, T & Jouventin, P 2001, Long-term population trends in seven Antarctic seabirds at Point Géologie (Terre Adélie), Human impact compared with environmental change, *Polar Biology*, vol. 24, pp. 175–185.

Miller, JD., Heatwole, H., Miller, W.R., Bridges, L. and Horne, P. 1984, A survey of the terrestrial Tardigrada of the Vestfold Hills, Antarctica, in J Pickard (ed), *Antarctic Oasis, Terrestrial environments and history of the Vestfold Hills*, Academic Press, Sydney, pp. 197–208.

Orton, MN 1963, Movements of young Giant Petrels bred in Antarctica, *Emu*, vol. 63, p. 260.

Otovic, S., Riley, M., Hay, I., McKinlay, J., van den Hoff, J., Wienecke, B. (2018), The annual cycle of Southern Giant Petrels *Macronectes giganteus* in East Antarctica. *Marine Ornithology*, 46: 129-138.

Patterson, DL, Woehler, EJ, Croxall, JP, Cooper, J, Poncet, S & Fraser, WR 2008, Breeding distribution and population status of the Northern Giant Petrel *Macronectes halli* and the Southern Giant Petrel *M. giganteus*, *Marine Ornithology*, vol. 36, pp. 115–124.

Pickard, J (ed) 1986, *Antarctic oasis: terrestrial environments and history of the Vestfold Hills*, Academic Press, Sydney.

Puddicombe, RA & Johnstone, GW 1988, 'Breeding season diet of Adélie penguins at Vestfold Hills, East Antarctica', in JM Ferris, HR Burton, GW Johnstone, & IAE. Bayly (eds) *Biology of the Vestfold Hills, Antarctica*, New York: Springer, 239–253.

Rounsevell, DE & Horne, PA 1986, 'Terrestrial, parasitic and introduced invertebrates of the Vestfold Hills', in J Pickard (ed), *Antarctic Oasis, Terrestrial environments and history of the Vestfold Hills*, Academic Press, Sydney, pp.309–331.

Stattersfield, AJ & Capper, DR 2000, *Threatened Birds of the World*, Barcelona and Cambridge U. K, Lynx Edicions and Birdlife International.

van den Hoff, J. (2017), Sightings of ringed southern giant petrels *Macronectes giganteus* in East Antarctica: a tale of missed opportunity. *Marine Ornithology*, 45: 191–194.

van den Hoff, J. (2020), Environmental constraints on the breeding phenology of Giant Petrels *Macronectes spp.*, with emphasis on Southern Giant Petrels *M. giganteus. Marine Ornithology*, 48: 33–40.

Wienecke, B, Leaper, R, Hay, I & van den Hoff, J 2009, Retrofitting historical data in population studies: southern giant petrels in the Australian Antarctic Territory, *Endangered Species Research*, 8, pp. 157–164.

Woehler, EJ, Cooper, J, Croxall, JP, Fraser, WR, Kooyman, GL, Miller, GD, Nel, DC, Patterson, DL Peter, H-U, Ribic, CA, Salwicka, K, Trivelpiece, WZ & Weiemerskirch, H 2001, *A Statistical Assessment of the Status and Trends of Antarctic and Subantarctic Seabirds*, SCAR/CCAMLR/NSF, 43 pp.

Woehler, E 2001, Breeding populations of Southern Giant Petrels at Heard Island, the McDonald Islands and within the AAT, Australian Antarctic Data Centre, SnoWhite Metadata <https://data.aad.gov.au/metadata/records/SOE_seabird_candidate_sp_SGP>, Downloaded on 17 January 2011.

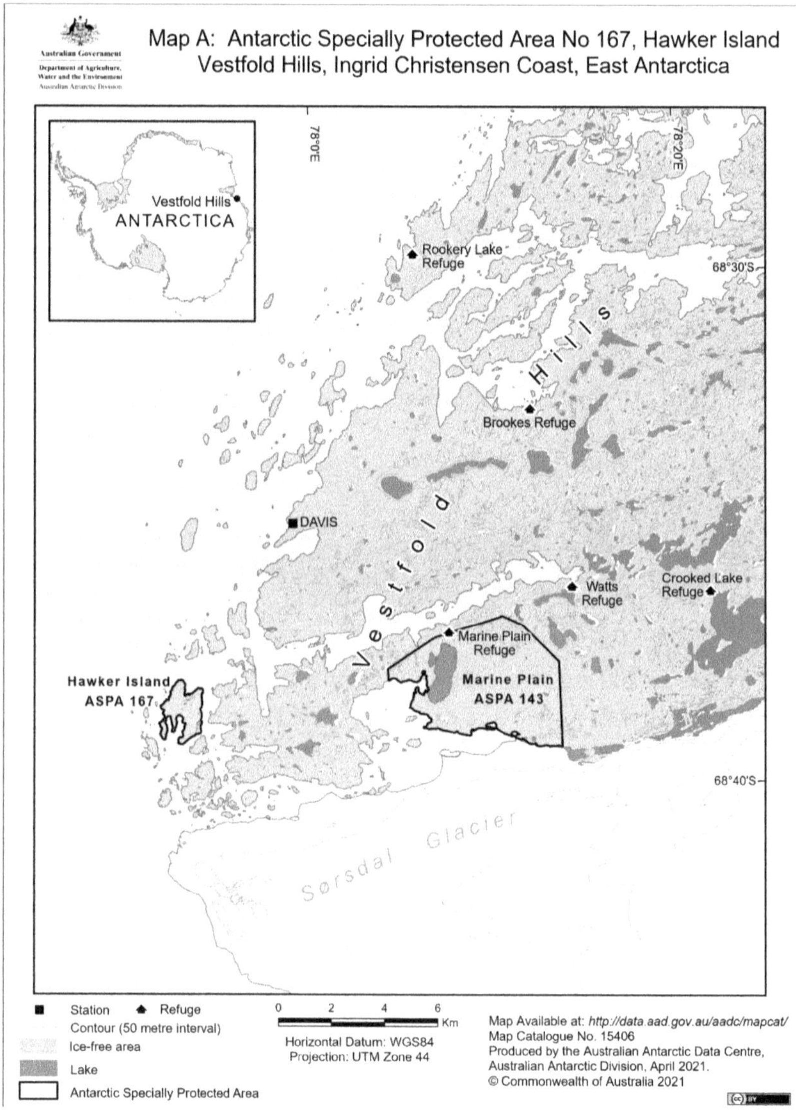
Australian Government
Department of Agriculture, Water and the Environment
Australian Antarctic Division
Map A: Antarctic Specially Protected Area No 167, Hawker Island
Vestfold Hills, Ingrid Christensen Coast, East Antarctica
Vestfold Hills
ANTARCTICA
78°0'E
78°20'E
68°30'S
68°40'S
Rookery Lake Refuge
Brookes Refuge
Vestfold Hills
DAVIS
Watts Refuge
Crooked Lake Refuge
Marine Plain Refuge
Marine Plain ASPA 143
Hawker Island ASPA 167
Sørsdal Glacier
Station
Refuge
Contour (50 metre interval)
Ice-free area
Lake
Antarctic Specially Protected Area
0 2 4 6 Km
Horizontal Datum: WGS84
Projection: UTM Zone 44
Map Available at: http://data.aad.gov.au/aadc/mapcat/
Map Catalogue No. 15406
Produced by the Australian Antarctic Data Centre, Australian Antarctic Division, April 2021.
© Commonwealth of Australia 2021

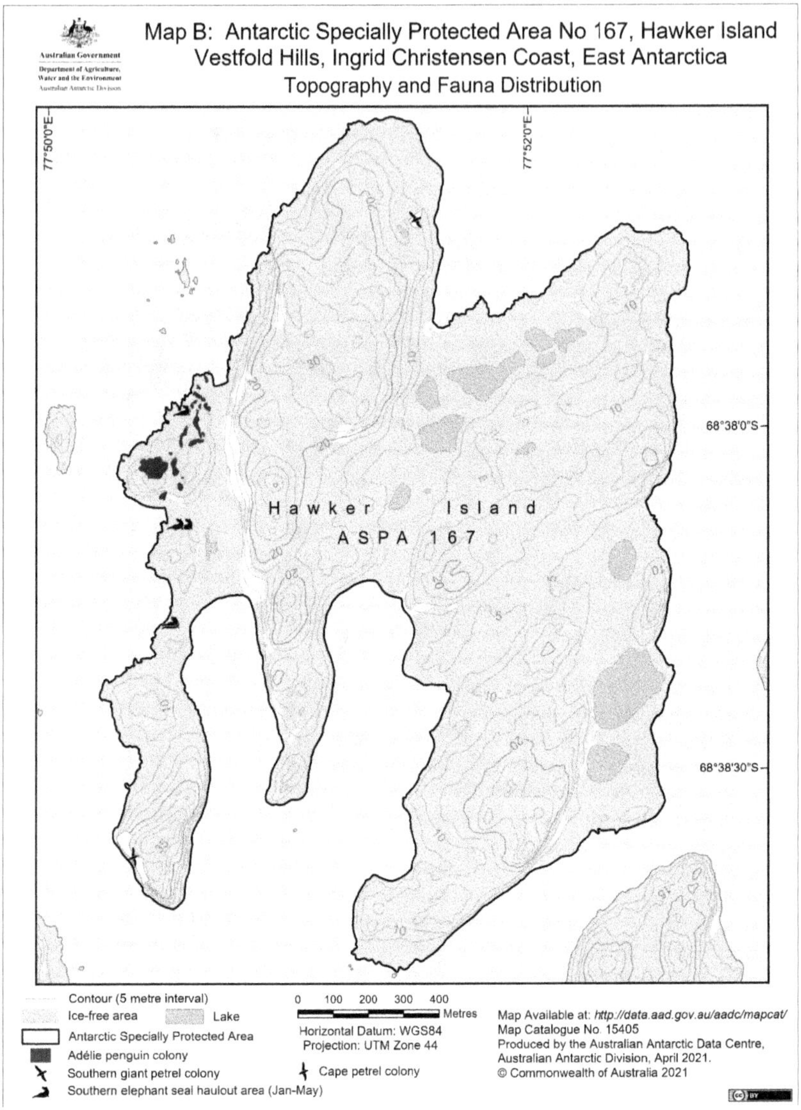
Australian Government
Department of Agriculture, Water and the Environment
Australian Antarctic Division
Map B: Antarctic Specially Protected Area No 167, Hawker Island
Vestfold Hills, Ingrid Christensen Coast, East Antarctica
Topography and Fauna Distribution
77°50'0"E
77°52'0"E
68°38'0"S
68°38'30"S
Hawker Island
ASPA 167
Contour (5 metre interval)
Ice-free area
Lake
Antarctic Specially Protected Area
Adélie penguin colony
Southern giant petrel colony
Southern elephant seal haulout area (Jan-May)
0 100 200 300 400 Metres
Horizontal Datum: WGS84
Projection: UTM Zone 44
Cape petrel colony
Map Available at: http://data.aad.gov.au/aadc/mapcat/
Map Catalogue No. 15405
Produced by the Australian Antarctic Data Centre, Australian Antarctic Division, April 2021.
© Commonwealth of Australia 2021

План управления Особо охраняемым районом Антарктики (ООРА) № XXX ОСТРОВА РОЗЕНТАЛЬ, ОСТРОВ АНВЕРС, АРХИПЕЛАГ ПАЛМЕР

Введение

Острова Розенталь расположены на западном побережье острова Анверс в архипелаге Палмер, Антарктический полуостров, на 64°36' ю. ш., 64°15' з. д. Особо охраняемый Район Антарктики (ООРА) включает в себя прилегающие острова и полуострова, его площадь составляет примерно 111 км^2. Основными причинами определения Района в качестве особо охраняемого являются его большие и разнообразные колонии гнездящихся птиц, которые представляют исключительный экологический и научный интерес, его явно обширные растительные сообщества, редко посещаемое и почти нетронутое состояние, а также его потенциальная роль в качестве эталонного Района для сравнения с местностями, испытавшими влияние деятельности человека. Чтобы признать эти ценности, Район впервые был определен как Зона ограниченного доступа в Особо управляемом Районе Антарктики (ОУРА) № 7 «Юго-Западная Часть Острова Анверс и Бассейн Палмера» в 2008 г. Определение в качестве ООРА заменяет Зону ограниченного доступа, и хотя границы Района выходят за пределы первоначальной Зоны ограниченного доступа, Район полностью остается в пределах ОУРА № 7.

В Районе обитает не менее восьми видов гнездящихся птиц. Среди них есть как минимум семь колоний пингвинов трех видов: длиннохвостые пингвины (Адели (*Pygoscelis adeliae*), антарктические пингвины (*P. antarctica*) и папуанские пингвины (*P. papua*)) общей численностью 9000 пар. Кроме того, есть гнездовые колонии южного гигантского буревестника (*Macronectes giganteus*), антарктической крачки (*Sterna vittata*), голубоглазого баклана (*Leucocarbo atriceps bransfieldensis*), южнополярного поморника (*Stercorarius maccormicki*) и доминиканской чайки (*Larus dominicanus*). Обычно наблюдаются в этом Районе и размножаются качурки Вильсона (*Oceanites oceanicus*), а также белые ржанки (*Chionis alba*), которые соседствуют с колониями пингвинов и бакланов. Колония голубоглазых бакланов необычна, потому что, судя по всему, с момента первого обследования в 1975 г. в ней, в отличие от региональной тенденции к сокращению популяции этого вида, сохраняется постоянная размножающаяся популяция.

Об экологии суши островов Розенталь известно немного, хотя спутниковое дистанционное зондирование с высоким разрешением указывает на обширный растительный покров на некоторых островах, не занятых размножающимися пингвинами. Растительность включает многочисленные виды мхов и лишайников, многие из которых остаются не установленными. В них, вероятно, входят цветущие антарктические щучки (*Deschampsia antarctica*) и менее распространенная антарктическая мшанка *(Colobanthus quitensis)*, которая встречается в Районе острова Анверс.

В качестве ООРА этот Район был предложен США ввиду выдающегося разнообразия и количества гнездящихся птиц, которые являются репрезентативными для региона; его исключительной важности для орнитологических и экологических исследований; его ценности в качестве эталонного места для сравнительных исследований и долгосрочного мониторинга, поскольку он редко посещался и находится почти в первозданном состоянии; его исключительных эстетических качеств и природных ценностей.

Ключевая орнитологическая территория Антарктики № 088 входит в состав Района. В соответствии с Анализом экологических доменов антарктического континента (Резолюция 3 (2008 г.) Район находится в пределах Экологического домена B (геология среднеширотных районов Антарктического полуострова) и Экологического домена E (Антарктический полуостров, остров Александр и другие острова). На территории Района располагаются свободные ото льда участки, относящиеся к Региону 3 (северо-западная часть Антарктического полуострова) согласно классификации Заповедных биогеографических регионов Антарктики (Резолюция 3 (2017 г.).

1. Описание ценностей, нуждающихся в охране

Острова Розенталь (64°36' ю. ш., 64°15' в. д., 111 км^2), остров Анверс, архипелаг Палмер, Антарктический полуостров, были определены на основании того, что в Районе имеются крупные и разнообразные гнездящиеся колонии морских птиц, очевидно обширные растительные сообщества, он редко посещался и находится в почти нетронутом состоянии. Район имеет исключительную экологическую и научную ценность и является ценным эталонным участком для сравнительных исследований и долгосрочного мониторинга, особенно для сравнения с более интенсивно изучаемыми участками вблизи станции Палмер, а также с участком программы долгосрочных экологических исследований на станции Палмер (PAL-LTER).

Острова Розенталь представляют особую ценность для орнитологических исследований, поскольку на территории Района гнездятся как минимум восемь видов птиц, что делает его также одним из самых разнообразных и репрезентативных участков гнездования птиц в регионе. Здесь проводятся исследования экологии морских птиц и долгосрочный мониторинг колоний пингвинов Адели (*Pygoscelis adeliae*), антарктических пингвинов (*P. antarctica*), папуанских пингвинов (*P. papua*) и южных гигантских буревестников (*Macronectes giganteus*) (Fraser, pers. comm. 2018). Колонии на островах Розенталь представляют особый интерес для сравнения с популяциями птиц в Районе бухты Артур, где проводятся подробные и долгосрочные исследования изменений в структуре, функционировании и динамике экосистемы, многие из которых проводились и продолжают проводиться в рамках программы PAL-LTER. Район островов Розенталь был изолирован от активного посещения людьми и поэтому представляет особую ценность для сравнения с участками, подверженными более высокому уровню антропогенного воздействия (Fraser, pers. comm. 2018). Ключевая орнитологическая территория (КОТ) Антарктики № 088 определена из-за большой колонии папуанских пингвинов, которая находится на территории Района (карта 3).

Колония голубоглазых бакланов необычна тем, что постоянная размножающаяся популяция в 2016 г., по-видимому, оставалась на том же уровне с момента первого мониторинга в 1975 г., что контрастирует с общей региональной тенденцией к сокращению популяции этого вида с 1970-х годов.

Наблюдения за многочисленными видами представителей фауны и их кормодобывающим поведением, в том числе за морскими млекопитающими, в относительно глубоком заливе непосредственно к югу от островов Розенталь позволяют предположить, что это может быть Район со сравнительно высокой продуктивностью, поддерживающий богатую и разнообразную морскую экосистему. Хотя необходимы дополнительные исследования этого аспекта, эта бухта была включена в состав Района в качестве предупредительной меры, учитывая ее потенциально важную роль в поддержке местной экосистемы.

Район включает группу островов Розенталь, в том числе прилегающую береговую линию острова Анверс и ряд близлежащих прибрежных островов и незамерзающих полуостровов, простирающихся от северной границы на 64°33' ю. ш. примерно на 16 км (карта 3). Граница включает нижние ледяные поля на острове Анверс в пределах 1 км от береговой линии, морской Район на расстоянии до 1 км к морю от внешних берегов островов Розенталь и залив непосредственно к югу от островов Розенталь. Этот Район охватывает все острова группы Розенталь, где сосредоточены многочисленные виды представителей фауны. Ширина Района составляет ~9 км в самой широкой части, ~14,6 км с севера на юг, а его общая площадь – 111 км^2.

В Районе также имеются важные ценности, связанные с богатой наземной и морской экологией, хотя они еще и не были изучены и подробно описаны; они отмечены в настоящем Плане управления для принятия мер по охране этих потенциальных ценностей.

Таким образом, Район на островах Розенталь обладает высокой ценностью, благодаря своим уникальным:

- разнообразным и репрезентативным для региона орнитологическим сообществам с несколькими крупными колониями гнездящихся видов морских птиц, являющихся предметом долгосрочных сравнительных исследований и мониторинга;
- качествам эталонной области, где человеческая деятельность исторически была исключительно низкой, а местная среда остается практически нетронутой непосредственной деятельностью человека и находится в почти первозданном состоянии и где влияние природных процессов на

экологию и демографию может быть изучено, если свести к абсолютному минимуму потенциальное антропогенное вмешательство;

- эстетическим ценностям и первозданной природе, сохранившимся благодаря отдаленности и труднопроходимости островов.

Для защиты ценностей Района важно и в дальнейшем сохранять низкий уровень его посещаемости и тщательно регулировать посещения в целях, предусмотренных Планом управления.

2. Цели и задачи

Цели управления на островах Розенталь и в их окрестностях:

- предотвращение деградации или возникновения существенного риска для ценностей Района за счет недопущения излишнего вмешательства человека и отбора образцов в этом Районе;
- обеспечение возможности проведения научных исследований экосистемы и физической среды на территории Района при условии, что они необходимы для достижения неотложных целей, которые не могут быть достигнуты ни в каком ином месте и не наносят ущерба охраняемым ценностям Района;
- сведение к минимуму вероятности интродукции чужеродных растений, животных и микроорганизмов на территорию Района;
- сведение к минимуму вероятности интродукции патогенных организмов, способных вызвать заболевания у представителей фауны, населяющих территорию Района;
- создание условий для посещения Района с целью осуществления мер управления в поддержку целей Плана управления.

3. Меры управления

Для обеспечения охраны ценностей Района предусматривается осуществление следующей деятельности по управлению:

- Уведомления с указанием местоположения Района и применяемых особых ограничений должны быть вывешены на видном месте на станции Палмер (США) на острове Анверс, на станции Ельчо (Чили) на острове Доумер и на Базе А (станция Порт-Локрой) в Порт-Локрой на о-ве Гудье (Goudier), где также должны быть доступны копии настоящего Плана управления и карты Района.
- Экземпляры настоящего Плана управления должны быть в наличии на всех морских и воздушных судах, посещающих Район, и соответствующий национальный орган должен проинформировать весь персонал, работающий в окрестностях Района, осуществляющий доступ к Району или летающий над ним, о его местонахождении, границах и ограничениях, применимых к въезду в Район и полетам над ним.
- Национальные программы должны обеспечить наличие знаков, определяющих границы Района, и информации об ограничениях, действующих на территории Района, на соответствующих картах местности, морских навигационных и аэронавигационных картах.
- Запрещается устанавливать указатели, опознавательные знаки или другие сооружения на территории Района, за исключением наличия на это веских оснований, связанных с выполнением научных задач или задач по управлению. Если они установлены, они должны быть зарегистрированы, закреплены, поддерживаться в надлежащем состоянии и удаляться по мере утраты необходимости в них ответственной Национальной антарктической программой.
- По мере необходимости эксперты должны посещать Район, чтобы установить, продолжает ли он служить тем целям, ради которых был определен, и чтобы убедиться в достаточности мер управления и технического обслуживания. Эти оценки должны проводиться не реже одного раза в пять лет, хотя ввиду нечастых посещений и трудностей доступа могут проводиться с более длительными интервалами, если это необходимо.

4. Период определения

Определен на неограниченный период времени.

5. Карты и фотоснимки

Карта 1: ООРА № xxx «Острова Розенталь», остров Анверс – карта расположения.
Проекция: конформная коническая Ламберта; центральный меридиан: 64°00' з. д.; стандартные параллели: 64°40' ю. ш., 65°00' ю. ш.; начало отсчета широты: 66°00' ю ш.; сферические и горизонтальные координаты: WGS84; высота сечения: на суше 250 м, в море 200 м.
Источники данных: линия берега и топография – Антарктическая база цифровых данных СКАР (версия 4.1, 2005 г.). Батиметрия: ИБКСО (версия 1, 2013 г.). Охраняемые Районы: ERA (август 2018 г.). Станции: КОМНАП (август 2018 г.).
Врезка: расположение острова Анверс и архипелага Палмер на Антарктическом полуострове.

Карта 2: ООРА № xxx «Острова Розенталь», остров Анверс – карта расположения.
Проекция: равноугольная коническая проекция Ламберта. Центральный меридиан: 64°25' з. д.; стандартные параллели: 64°38' ю. ш., 64°44' ю. ш.; начало отсчета широты: 63°45' ю. ш.; сферические и горизонтальные координаты: WGS84; высота сечения: 100 м. Береговая линия определена по ERA (2014 г.) возле станции Палмер и оцифрована на основе спутниковых изображений с географической привязкой (GeoEye 13 марта 2013 г.; WV3 25 февраля 2016 г.; изображения © Digital Globe). Колонии птиц и другие характерные особенности: из изображений, GPS-съемки (ERA 13 декабря 2016 г.) и Fraser/Patterson-Fraser pers. comms. 2018.

Карта 3: ООРА № xxx «Острова Розенталь», остров Анверс – топографическая карта.
Спецификация карты аналогична спецификации карты 2, за исключением центрального меридиана: 64°15' з. д.; стандартные параллели: 64°34' ю. ш., 64°40' ю. ш.; начало отсчета широты: 64°00' ю. ш.

6. Описание Района

6(i) Географические координаты, специальные знаки и характерные естественные признаки, определяющие границы Района

Обзор

Острова Розенталь (64°36' ю. ш., 64°15' з. д.) расположены в южной части западного побережья острова Анверс, в архипелаге Палмер к западу от Антарктического полуострова (карта 1). Они расположены примерно в 15 км к северу от мыса Монако и примерно в 22 км от станции Палмер (США) (карта 2). Группа островов Розенталь включает приблизительно 80 мелких островов; самым большим из них является остров Жерлаш, который возвышается приблизительно на 100 м и имеет размеры примерно 2,5 км на 1,2 км (карта 3). Все острова меньшего размера имеют высоту менее 100 м и обычно менее 500 м в поперечнике. Остров Жерлаш почти полностью покрыт постоянной ледниковой шапкой, в то время как более мелкие острова, как правило, свободны ото льда. Ряд мысов простираются от прилегающей береговой линии острова Анверс, многие из них также частично свободны ото льда. Сам остров Анверс покрыт толстой постоянной ледниковой шапкой, известной как ледник Марр-Айс-Пьемонт (Marr Ice Piedmont), который простирается в Районе островов Розенталь до высоты около 500 м в пределах 7 км от побережья (карта 2). Кроме того, много небольших островов и полуостровов окаймляют побережье острова Анверс как на севере, так и на юге до мыса Монако (карта 2).

Относительно глубоководный залив отделяет острова Розенталь от небольшой группы, состоящей примерно из 35 островов и полуостровов, расположенных приблизительно в 6 км к югу от побережья острова Анверс, и все они входят в состав Района (карта 3). Эти более южные острова и полуострова являются средой обитания для множества гнездящихся птиц. Точные физические характеристики залива еще не описаны, хотя более глубокий канал, вероятно, был сформирован ледником, истощающим прилегающий водосбор на острове Анверс, в то время когда лед занимал более обширную территорию. Наблюдения за относительно интенсивным размножением диких животных на соседних островах и пищедобывающим поведением в этом заливе, в частности за морскими млекопитающими, позволяют предположить, что это может быть Район глубоководного апвеллинга, обеспечивающий относительно высокие уровни продуктивности у поверхности, что поддерживает близлежащую богатую и разнообразную экосистему птиц и морских млекопитающих (Fraser pers. comm. 2018).

Острова и полуострова на территории Района, как правило, скалистые, неровные и выходят на поверхность, а острова, расположенные ближе к морю, обычно более крутые, береговые линии недоступны ни для кого, кроме летающих птиц. Береговая линия неровная, с многочисленными прибрежными островками и скалами, большинства из которых нет на карте. Ряд островов и полуостровов недалеко от острова Анверс имеют более пологий рельеф и более доступные береговые линии, что делает их подходящими для создания колоний пингвинами; на некоторых из них есть пляжи, где обитают и устраивают лежки млекопитающие, такие как морские слоны (*Mirounga leonina*), тюлени Уэдделла (*Leptonychotes weddellii*) и антарктические морские котики (*Arctocephalus gazella*).

Острова Розенталь были впервые нанесены на карту немецкой антарктической экспедицией 1873/74 г., возглавляемой Даллманном и названной в честь тогдашнего директора Немецкого общества полярной навигации. Более подробно они были нанесены на карту Французской антарктической экспедицией Шарко 1903–1905 гг., которая обозначила их и назвала на тот момент мысом Жерлаш, частью острова Анверс; сегодня это – остров Жерлаш. Первые зарегистрированные люди, ступившие на острова Розенталь, были членами британской геологической группы, обследовавшей западное побережье острова Анверс в мае 1956 г.

Неофициальная система нумерации используется для облегчения идентификации основных островов и полуостровов на территории Района (Fraser and Patterson-Fraser, pers. comms. 2018) (карта 3). Система нумерации была разработана для удовлетворения потребностей текущих орнитологических и экологических исследований и использовалась по мере необходимости для идентификации конкретных участков в настоящем Плане управления. Эта система нумерации официально не принята и может быть изменена по мере развития потребностей исследований.

Границы и координаты

Район простирается на ~14 км с севера на юг и на ~9 км с востока на запад, его общая площадь составляет 111 км^2. Граница Района была обозначена таким образом, чтобы охватить все острова, входящие в группу Розенталь; залив, непосредственно простирающийся на юг; группу островов, окаймляющих южную сторону этого залива; а также окружающую морскую среду (карта 3). В качестве меры предосторожности для защиты объектов на территории Района граница определяется как буферная зона, простирающаяся внешне примерно на 1 км от береговой линии.

Северная граница проходит через параллель 64°33' ю. ш., которая также определяет северную часть ОУРА № 7 к юго-западу от острова Анверс и бассейна Палмер. Восточная граница также разделяет границу ОУРА, которая простирается на юг от 64°06 'з. д., 64°33' ю. ш. на 3 км, а затем проходит на юг параллельно береговой линии острова Анверс на ~13 км, находясь на расстоянии 1 км вглубь суши от берега. Южная граница проходит примерно на 3 км через небольшой залив, а затем простирается на северо-запад на 7 км через главный залив к югу от островов Розенталь. Западная граница проходит по буферной линии длиной 1 км, параллельной береговой линии внешних островов группы Розенталь.

Климат

По островам Розенталь нет метеорологических сведений, хотя имеются долгосрочные данные по близлежащей станции Палмер, где, как ожидается, условия будут аналогичными, хотя, возможно, менее экстремальными.

Региональные данные около станции Палмер свидетельствуют о том, что температура в Районе является относительно мягкой в силу местных океанографических условий и частой и устойчивой облачности в районе бухты Артур (Lowry 1975). Среднегодовая температура воздуха, зарегистрированная на станции Палмер за период с 1974 по 2012 г., свидетельствует о явной тенденции потепления, хотя также демонстрирует значительные межгодовые колебания. В период с 2010 по 2017 г. среднегодовая температура на станции Палмер составляла –1,8 °C при средней месячной температуре –5,94 °C в августе и 1,72 °C в январе. Максимальная температура, зарегистрированная в период с апреля 1989 г. по октябрь 2018 г., составила +11,6 °C 8 марта 2010 г., при этом минимальная температура достигла –26,0 °C 24 августа 1995 г. На станции Палмер часто бывают штормы и осадки, а также устойчивые ветры (как правило, от легких до умеренных по силе), которые дуют преимущественно с северо-востока, хотя местные ветровые условия могут отличаться от ветровых условий на станции Палмер. Здесь часто наблюдается значительная облачность, а высота облачного покрова нередко составляет менее 300 м. В период с 1989 по 2018 г. среднегодовое количество осадков составило 636 мм водного эквивалента при среднегодовой глубине снегопада 344 см.

Острова Розенталь будут иметь незначительные климатические различия в результате местной географии, в частности из-за положения, более уязвимого к западным ветрам и океанским волнам. Есть некоторые построенные на отдельных наблюдениях свидетельства того, что снежный покров может быть более устойчивым на островах Розенталь, чем в районе бухты Артур (Gantz *et al.* 2018).

Геология, геоморфология и почвы

В Районе островов Розенталь были описаны три основные группы скал (Hooper 1962). Выходы горных пород на острове Анверс напротив острова Жерлаш включают мыс Монако в бухте Гранит, а острова группы Розенталь состоят из вулканических пород верхнеюрского периода. Мыс Монако в бухте Гранит занимает узкую, прерывистую полосу шириной ~8 км и длиной ~60 км, простирающуюся вдоль западной окраины острова Анверс от островов Жубен, о которых Hooper (1962:50) предположил, что они образовались вдоль разлома, идущего параллельно северо-западной береговой линии острова Анверс. На территории Района к югу от набережной островов Розенталь выходы горных пород на полуостровах и близлежащих островах состоят из неизмененного тоналита андской плутонической свиты. Геоморфология и характеристики почв островов Розенталь еще предстоит описать.

Экология земных организмов

Пресноводная среда на территории Района еще не описана. Учитывая ограниченную протяженность доступного, свободного ото льда грунта, ручьев и прудов будет, вероятно, немного, и они будут относительно небольшими и сезонными. Например, на спутниковых снимках (10 марта 2013 г.) на островах 201 и 202 видно несколько небольших прудов, которые, вероятно, обогащены питательными веществами от местных гнездящихся пингвинов. Исследование с помощью спутниковых снимков высокого разрешения (25 февраля 2016 г.) выявило лишь небольшое количество пресноводных водоемов или ручьев на свободной ото льда территории в других частях Района.

Растительность островов Розенталь еще не описана подробно, хотя несколько видов были идентифицированы на островах 202 и 205 (Приложение 1, таблица 1). Эти наблюдения проводятся с островов, которые густо заселены размножающимися пингвинами, где относительно мало подходящей среды обитания для растительности. Более того, наблюдения, сделанные на нескольких участках, носили условный характер, а не проводились в рамках систематической съемки, и поэтому эти результаты представляют собой абсолютный минимум возможных видов.

Предварительные наблюдения с использованием спутникового дистанционного зондирования с высоким разрешением указывают на более широкое распространение растительного покрова на некоторых других островах и полуостровах, особенно на тех, которые не заселены колониями размножающихся пингвинов. Остров 206 имеет более обширный растительный покров, чем некоторые другие острова, особенно на его северо-восточных склонах. Цветущие растения *Deschampsia antarctica*, а также *Colobanthus quitensis* относительно распространены на свободных ото льда участках вдоль южного побережья острова Анверс (Greene & Holtom, 1971), причем первые наблюдаются примерно в 5 км к югу от Района на мысе Монако и острове Дрим (Komárková *et al.* 1985). Несмотря на то, что еще не было возможности пронаблюдать и исследовать виды и их численность на территории Района, ожидается, что многие из присутствующих видов, вероятно, будут аналогичны присутствующим на участках, где есть растительность, т. е. на близлежащих участках на юге острова Анверс и прибрежных островах.

Предварительное изучение наземных членистоногих на территории Района было проведено 13 декабря 2016 г. (Gantz *et al.*, 2018). Съемка проводилась только на 201, 202 и 205 о-вах, все из которых интенсивно заселены размножающимися пингвинами. Отбор проб проводился по краю колоний морских птиц (где особое внимание уделялось орнитогенной почве под камнями), а также на участках со мхом и видом *P. crispa*, которые были недоступны для гнездящихся морских птиц. Другие незамерзающие острова и полуострова на территории Района, многие из которых имеют растительный покров и могут обеспечить среду обитания, подходящую для популяций беспозвоночных, еще не исследованы.

В ходе предварительного исследования было выявлено два вида ногохвосток (*Cryptopygus antarcticus* и *Friesea grisea*), четыре вида клещей (*Alaskozetes antarcticus*, *Hydrogamasellus racovitzai*, *Tectopenthalodes villosus* и *Rhagidia*) и звонец *Belgica antarctica*. Клещ *A. antarcticus* и ногохвостка *C.*

antarcticus обычно образуют большие скопления и иногда наблюдаются на поверхности гуано пингвинов без растительного покрова. Несмотря на изобильное количество клеща *A. antarcticus* и ногохвостки *C. Antarcticus*, их распространение неравномерно. Звонец *Belgica antarctica* менее распространен и был обнаружен только на участках с растительностью в одном месте на каждом из островов 201 и 202. Предварительные результаты Gantz *et al.* (2018 г.) показывают, что разнообразие членистоногих на островах Розенталь аналогично таковому на станции Палмер. Никакой дополнительной информации о скоплениях беспозвоночных в Районе нет. Данных о местных сообществах бактерий или грибков нет.

Размножающиеся птицы и млекопитающие

На островах Розенталь гнездятся как минимум восемь видов птиц: пингвин Адели (*Pygoscelis adeliae*), антарктический пингвин (*Pygoscelis antarctica*), папуанский пингвин (*Pygoscelis papua*), южный гигантский буревестник (*Macronectes giganteus*), антарктическая крачка (*Sterna vittata*), голубоглазый баклан (*Leucocarbo atriceps bransfieldensis*), доминиканская чайка (*Larus dominicanus*) и южнополярный поморник (*Stercorarius maccormicki*) (Приложение 1, таблица 2). Обычно наблюдаются в этом Районе и размножаются качурки Вильсона (*Oceanites oceanicus*). Белые ржанки (*Chionis alba)* в небольшом количестве присутствуют в колониях пингвинов и бакланов, и, хотя гнездование не наблюдалось, они также могут размножаться на территории Района. Малые снежные буревестники (*Pagodroma nivea*) часто встречаются, хотя, как известно, они не размножаются в этом Районе. На территории Района наблюдались некоторые гнездящиеся птицы, которые изначально были окольцованы около станции Палмер (Fraser pers. comm. 2018). Имеющиеся данные о численности популяции морских птиц обобщены в Приложении 1, таблица 2.

Гнездящиеся морские птицы обитают почти на всех крупных незамерзающих островах и полуостровах Района, хотя, как правило, они сконцентрированы в более защищенных местах недалеко от острова Анверс; при этом на островах, расположенных ближе к морю, популяции южнополярных поморников, доминиканской чайки и антарктических крачек с низкой плотностью находятся только на юге (Fraser *et al.* 2016). Острова и полуострова с наибольшим количеством морских птиц: 201, 202, 203, 204, 205, 303, 306 и 307. На спутниковых снимках с высоким разрешением есть некоторые свидетельства того, что колонии могут существовать на других островах в пределах Района, например на нескольких островах в северо-восточной оконечности, хотя присутствие здесь гнездящихся морских птиц еще не подтверждено и данные отсутствуют, поскольку острова еще не посещались людьми.

Колония голубоглазых бакланов весьма необычна тем, что постоянная гнездящаяся популяция из 65 пар на о-ве 205 в 2016 г. мало изменилась по сравнению с 70 парами, наблюдавшимися при первой съемке в 1975 г. (Приложение 1, таблица 2). Это резко контрастирует с общей тенденцией к сокращению популяции этого вида в других областях западной части Антарктического полуострова с 1970-х гг. (Fraser *et al.* 2016). Есть свидетельства того, что по крайней мере некоторые птицы зимуют в Районе (Vicknair *et al.* 2015) (Приложение 1, таблица 2). Точно так же численность пингвинов Адели, гнездящихся на острове 202, снизилась относительно меньше, чем в других местах в регионе; при этом сокращение на 40 % со 153 пар в 1975 г. до 92 пар в 2016 г. составляет примерно половину процентного сокращения, наблюдаемого у этого вида вблизи станции Палмер (Fraser *et al.* 2016). Причины, лежащие в основе сравнительного постоянства размножения на островах Розенталь, еще не поняты, хотя могут быть связаны с такими факторами, как местные ледовые условия и наличие добычи, и это является предметом текущих исследований.

С другой стороны, у антарктических и папуанских пингвинов наблюдалось значительное увеличение гнездовой численности на островах Розенталь с 1975 г., что частично может быть связано с появлением подходящей среды обитания в результате отступления ледников (Fraser *et al.* 2016). В настоящее время количество гнездящихся пар антарктических пингвинов составляют от 4000 до 5000 на всей территории Района, что аналогично численности, зарегистрированной в 1979, 1985 и 1987 гг., но значительно больше, чем 1140 пар, зарегистрированных в 1975 г. (Fraser *et al.* 2016 and pers. comm. 2018). Популяция папуанских пингвинов, по-видимому, увеличилась более существенно: в 2012-2013 гг. было зарегистрировано ~7324 пары по сравнению с всего лишь 811 парами в 1975 г. (Fraser *et al.* 2016 and pers. comm. 2018) (Приложение 1, таблица 2). Особенности сокращения численности гнездовой популяции пингвинов Адели на островах Розенталь и увеличение численности гнездовой популяции папуанских пингвинов соответствуют недавним наблюдениям за колониями на близлежащей станции Палмер (Ducklow *et al.* 2013) и в других Районах региона Антарктического полуострова (Hinke *et al.* 2007). Недалеко от станции Палмер проводились долгосрочные исследования экологии морских птиц в рамках программы PAL-LTER, и наблюдения на островах Розенталь представляют собой важную область для сравнения и ориентир для этих исследований.

Численность южных гигантских буревестников также значительно выросла: исследование в феврале 2016 г. показало примерно 320–350 особей, рассеянных по всему Району, при этом остров 303 в настоящее время является ключевым местом размножения этого вида; только ~35 особей присутствовали на всей территории Района в 1975 г. (Fraser *et al.* 2016).

Антарктические крачки также гнездятся на территории Района, и в результате случайных наблюдений 13 декабря 2016 г. было выявлено около 24 особей, находящихся на крутом скалистом гребне небольшого острова в 50 м к востоку от острова 205, некоторые из которых, по-видимому, гнездятся, и еще около 25 особей было отмечено на близлежащих скалах у ватерлинии.

Наблюдался один перемещающийся императорский пингвин (*Aptenodytes forsteri*) 11 февраля 2016 г. (Fraser pers. comm. 2018; он был ошибочно идентифицирован как королевский пингвин у Pickett 2016). Дополнительная информация о перемещении недоступна.

Ключевая орнитологическая территория (КОТ) № 088 была определена из-за большой колонии папуанских пингвинов, расположенной на юге Района (Harris *et al.* 2015) (карта 3). Обновленные и улучшенные картографические данные показывают, что это место находится не на острове 303, а на полуострове 306. В пределах единицы управления, определенной границей охраняемого Района, количество гнездящихся пар папуанских пингвинов, имевшихся в 2012-2013 г. (7324; Приложение 1, таблица 2), квалифицирует Район как КОТ (критерий КОТ А4: «Известно или считается, что это место регулярно или предсказуемо содержит конгрегации ≥1 % мировой популяции одного или нескольких видов»). Данные, полученные в феврале 2016 г. по отдельным островам (Приложение 1, таблица 2), показывают, что значительное количество папуанских пингвинов продолжают размножаться, хотя общую численность по Району невозможно назвать, поскольку учет в этом году был неполным. По этой причине статус КОТ Района подтвержден на основе данных за 2012-2013 гг. В границы первоначального КОТ были внесены изменения для соответствия границам Района, и они были представлены в Международную ассоциацию по защите птиц для включения в глобальную базу данных КОТ.

Небольшое количество антарктических морских слонов *(Mirounga leonina)*, тюленей Уэдделла *(Leptonychotes weddellii)* и негнездящихся антарктических морских котиков (*Arctocephalus gazella*) летом наблюдались на пляжах Района, при этом их количество, как правило, увеличивалось ближе к острову Анверс (Fraser *et al.* 2016). Дополнительная информация о численности и размножении этих или других видов тюленей отсутствует. Киты двух видов (малые полосатики (*Balaenoptera bonaerensis*) и киты-горбачи (*Megaptera novaeangliae*)) наблюдались в окрестностях Района. Нет данных и о состоянии местной морской среды.

Деятельность и воздействие человека

Человеческая деятельность на территории Района была минимальной. Члены британской геологической группы, исследующей западное побережье острова Анверс, первыми ступили на остров Розенталь в мае 1956 г. (Hooper 1956, 1962). Эта группа путешествовала по суше на собачьих упряжках с Базы N в бухте Артур, чтобы посетить мыс Жерлаш (сегодня это остров Жерлаш) и полуостров «в четырех милях от мыса Монако» (т.е. полуостров 306), где они провели геологические наблюдения, обследовали береговую линию и наблюдали «значительное количество папуанских пингвинов и южных гигантских буревестников» (Hooper 1956).

Следующие зарегистрированные посещения островов Розенталь были совершены летом 1974/75 г. (Fraser pers. Comm 2018), затем 3 февраля 1979 г., 8 декабря 1984 г. (вертолетом, без приземлений) и 2 января 1985 г. (Parmelee *et al.* 1987) при участии НЭС *Hero*, исследовательского катера береговой охраны США *Glacier* и вертолета. Посещение на яхте было совершено 8 февраля 1987 г. (Poncet & Poncet 1987). По оценкам, за 32-летний период с 1956 по 1988 г. острова Розенталь посетили менее 20 человек.

За тридцатилетний период с 1988 г. зафиксировано одно туристическое судно, посетившее острова Розенталь в течение сезона 2010/11 г., – 6 человек на яхте *Golden Fleece* (статистика туризма МААТО, 2010/11 г.), а также несколько других посещений на яхте с 1980-х годов для съемок документальных фильмов, примерно в феврале (J. Poncet pers. comm. 2018). Краткие орнитологические съемки исследовательскими группами со станции Палмер проводились летом 2012/13 г., 11 февраля 2016 г. и 13 декабря 2016 г. Во время этого последнего посещения большой рыболовецкий поплавок (диаметром около 1 м) был обнаружен во льду на восточном берегу острова 201, который был вынесен из Района. По оценкам, за последний период Район посетили еще менее 40 человек.

Учитывая чрезвычайно низкое количество и короткую продолжительность посещений людей (по оценкам, его когда-либо посещали менее 60 человек), предполагается, что местное антропогенное воздействие на Район было очень низким. Поэтому Район считается практически нетронутым, и такой низкий уровень антропогенного воздействия является важной ценностью Района, которую необходимо поддерживать.

6(ii) Доступ в Район

Доступ в Район может осуществляться на маломерных судах, пилотируемом или дистанционно пилотируемом летательном аппарате или пешком. Посадка пилотируемых летательных аппаратов запрещена, и в отношении полетов над территорией Района применяются ограничения. Конкретные условия доступа изложены в Разделе 7(ii) ниже.

До 2016 г. доступ к островам Розенталь обычно осуществлялся на резиновых надувных небольших лодках (до ~6 м (~20 футов) в длину) с близлежащего морского судна, с редкими посещениями надувных лодок со станции Палмер. С 2016 г. за пределами станции Палмер эксплуатируются надувные лодки с жестким корпусом (RHIB) длиной ~10 м (33,5 фута), с дальностью прохождения до ~32 км (~20 миль); их использование привело к большей доступности острова Розенталь со станции Палмер, чем это было раньше.

Сезонный морской лед в юго-западной части острова Анверс изменчив, его образование обычно начинается в период с марта по май, и с 1979 по 2004 г. он сохранялся от пяти до 12 месяцев (Stammerjohn *et al.*, 2008). Плотный паковый лед часто встречается у берега, что может затруднить доступ небольших судов.

6(iii) Места расположения сооружений в пределах и вблизи Района

Насколько известно, какие-либо сооружения, инструменты, запасы провианта или указатели на территории Района или рядом с ним отсутствуют.

6(iv) Местонахождение других близлежащих охраняемых районов

Охраняемые территории вблизи островов Розенталь: Остров Личфилд (ООРА № 113) примерно в 12 км к юго-востоку от бухты Артур; Мыс Биско (ООРА № 139) примерно в 26 км к юго-востоку на юге острова Анверс; и Южная бухта (ООРА № 146) примерно в 37 км к юго-востоку у острова Доумер (карта 1).

6(v) Специальные зоны на территории Района

На территории Района нет специальных зон. Ближайшими зонами ограниченного доступа в пределах ОУРА № 7 «Юго-Западная Часть Острова Анверс и Бассейн Палмер» являются острова Жубен (~10 км к югу) и остров Дрим (Dream) (~5 км к югу) (карта 2).

7. Условия выдачи разрешений для доступа

7(i) Общие условия выдачи разрешений

Доступ в Район возможен только на основании разрешения, которое выдается соответствующим национальным органом власти. Разрешение на посещение Района выдается на следующих условиях:

- исключительно для проведения научных исследований, которые не могут быть реализованы в каком-либо другом месте, и, в частности, для проведения исследований морской или наземной экосистемы или фауны Района или же в связи с важной деятельностью по управлению Районом;
- разрешенные действия соответствуют положениям Плана управления;

- разрешенная деятельность будет проводиться с учетом оценки воздействий на окружающую среду в контексте постоянной охраны экологических и научных ценностей данного Района;
- в целях обязательной образовательной или информационно-просветительской деятельности, которая не может быть осуществлена в каком-либо ином месте и не противоречит целям настоящего Плана управления;
- на определенный срок;
- обязательное наличие при себе оригинала или копии разрешения при посещении Района.

7(ii) Доступ в Район и передвижение по его территории

Доступ в Район осуществляется на маломерном судне, воздушном судне или пешком. Доступ автотранспортом запрещен.

Доступ в Район и передвижение по его территории пешком

Передвигаться по территории Района можно только пешком. Лицам, прибывшим на лодках, запрещено выходить за пределы зоны, непосредственно прилегающей к месту посадки/высадки или доступа, если это специально не оговорено в Разрешении.

Пешеходы должны соблюдать минимальное расстояние, на которое можно приближаться к диким животным, за исключением случаев, когда необходимо подойти ближе в целях, предусмотренных разрешением:

- Южные гигантские буревестники (*Macronectes giganteus*) – 50 м
- Антарктические морские котики – 15 м
- Другие птицы и тюлени – 5 м.

Посетители должны проявлять осторожность с тем, чтобы свести к минимуму воздействие на флору, фауну, почвы и водоемы. Пешеходы должны по мере возможности передвигаться по снегу или каменистой равнине, стараясь при этом не повредить лишайники. При передвижении в пешем порядке следует обходить колонии пингвинов и не входить в подгруппы гнездующихся пингвинов, если этого не требуется для проведения научных исследований или осуществления мер управления. Пешее передвижение должно быть сведено к минимуму, необходимому для достижения целей любой разрешенной деятельности, с принятием всех надлежащих мер для максимального снижения воздействия на окружающую среду.

Доступ на маломерных судах

Особых маршрутов для маломерных судов для входа в Район не определено, и ввиду очень низкого уровня посещаемости и различных условий нет ограничений для маршрутов доступа маломерных судов или посадочных площадок. Однако лучше всего передвигаться на маломерных судах параллельно береговой линии острова Анверс и на расстоянии от ~800 м до 1 км, в зависимости от ледовых и ветровых условий (карта 3). Рядом с островами 201–203 и 303–309, а также за пределами Района на островах Госслер (Gossler) и возле мыса Монако можно найти ряд относительно защищенных небольших заливов, обеспечивающих некоторое прикрытие для небольших судов (карта 2).

На территории Района имеется большое количество неизведанных островов и затопленных или частично затопленных скал и отмелей, которые могут представлять опасность для судоходства. Имеющаяся батиметрическая информация для Района и его окрестностей недостаточна и ненадежна. Ледовые условия, частые и нередко значительные волнения океана и воздействие западных и/или кабатических ветров, дующих с острова Анверс, также могут повлиять на работу лодок в Районе.

Доступ в Район на авиасредствах и полеты над Районом

Ограничения на полеты воздушных судов действуют круглый год, и пилоты должны управлять воздушными судами над Районом при строгом соблюдении следующих условий:

1) Посадка пилотируемых авиасредств, в том числе вертолетов, на территории Района запрещена.

2) Полеты над Районом на высоте менее 2000 футов (610 м) дистанционно пилотируемых авиационных систем (ДПАС) запрещаются, за исключением случаев, когда имеется разрешение от соответствующего национального органа. Воздушные операции над территорией Района должны соответствовать требованиям Руководства по осуществлению воздушных операций вблизи скоплений птиц в Антарктике, содержащегося в Резолюции 2 (2004 г.).
3) Полеты над Районом на высоте менее 2000 футов (610 м) и посадки на территории Района дистанционно пилотируемых авиационных систем (ДПАС) запрещаются, за исключением случаев, когда имеется разрешение от соответствующего национального органа. Применение ДПАС в пределах Района должно соответствовать требованиям положений Руководства по экологическим аспектам использования дистанционно пилотируемых авиационных систем (ДПАС) в Антарктике (Резолюция 4 (2018 г.).

7(iii) Деятельность, которая может проводиться в Районе:

- Научные исследования, не подвергающие опасности экосистему или ценности Района.
- Деятельность в образовательных и/или информационно-просветительских целях (таких как документальная отчетность (визуальные, аудио- или письменные отчеты) или создание образовательных ресурсов или услуг) при наличии веских оснований, которые не могут быть удовлетворены в каком-либо ином месте. Деятельность образовательного и/или информационно-просветительского характера не включает в себя туризм.
- Осуществление жизненно важной деятельности по управлению, включая мониторинг и инспекции.

7(iv) Возведение, реконструкция и удаление сооружений

- Возведение сооружений на территории Района допускается только в соответствии с разрешением, а возведение постоянных сооружений или установок запрещено, за исключением геодезических знаков.
- На все устанавливаемые на территории Района сооружения, научное оборудование или указатели требуется соответствующее разрешение, при этом на них должно быть нанесено четкое опознавательное обозначение с указанием страны, фамилии главного исследователя или названия исследовательской организации, года установки и даты предполагаемого удаления. Все указанные позиции не должны содержать организмов, стадий, служащих для размножения (например, семена, яйца) и должны быть выполнены из материалов, способных выдерживать условия окружающей среды и представляющих минимальную опасность загрязнения окружающей среды Района.
- Возведение/установка (включая выбор площадки), техническое обслуживание, реконструкция или удаление сооружений или оборудования должны производиться таким образом, чтобы свести к минимуму нарушения флоры и фауны, и по возможности не должны выполняться во время основного сезона гнездования (с 1 октября по 31 марта).
- Ответственность за удаление конкретных сооружений и/или оборудования, в отношении которых истек срок разрешения, несет инстанция, выдавшая исходное разрешение, что должно быть оговорено в разрешении.

7(v) Размещение полевых лагерей

На территории Района разрешено размещение временных лагерей. Конкретные места для разбивки лагерей еще предстоит определить и обозначить, хотя любые лагеря должны предпочтительно располагаться на пляжном гравии, снежной поверхности или каменистой почве. Запрещается разбивка лагерей на поверхностях с развитым растительным покровом.

7(vi) Ограничения на ввоз материалов и организмов на территорию Района

Помимо требований Протокола по охране окружающей среды к Договору об Антарктике, вводятся следующие ограничения на ввоз в Район указанных ниже материалов и организмов.

- Преднамеренный ввоз на территорию Района животных, растительных материалов, микроорганизмов и нестерильной почвы запрещается. Следует принимать необходимые меры предосторожности по предотвращению непреднамеренной интродукции животных, растительных материалов, микроорганизмов и нестерильной почвы из других биологически отличающихся регионов (подпадающих и не подпадающих под действие Договора об Антарктике).

- Посетители должны обеспечить чистоту оборудования для отбора проб и/или указателей. Перед доступом в Район одежда, обувь и другое снаряжение (включая, например, сумки, рюкзаки, палатки, палки для ходьбы, штативы и т. д.) подлежат тщательной очистке. Посетители должны также изучить и соответствующим образом соблюдать рекомендации, содержащиеся в Руководстве по неместным видам, разработанном Комитетом по охране окружающей среды (Резолюция 4 (2016 г.); заседание КООС 2019 г.) и Экологическом кодексе поведения при проведении наземных полевых исследований в Антарктике, разработанном СКАР (Резолюция 5 (2018 г.).
- Запрещается ввозить на территорию Района любую домашнюю птицу и птицепродукты.
- Ввоз в Район пестицидов и гербицидов не допускается.
- Любые другие химические вещества, включая радионуклиды и стабильные изотопы, которые могут ввозиться в целях научных исследований или управления, оговоренных в разрешении, подлежат вывозу из Района сразу после или до завершения деятельности, на которую было выдано разрешение.
- Хранение топлива, продовольствия и прочих материалов на территории Района допускается только в том случае, если это требуется для важных целей, связанных с деятельностью, на которую было выдано разрешение. Как правило, все материалы ввозятся только на оговоренный срок и подлежат вывозу до или в момент истечения этого срока.
- Порядок хранения всех материалов и обращения с ними должен обеспечивать сведение к минимуму риска их попадания в окружающую среду.
- В случае попадания в окружающую среду материалов, представляющих возможную опасность для ценностей Района, их удаление следует производить только в том случае, если ущерб от действий по удалению не будет превышать ущерба от оставления этих материалов на месте.

7(vii) Изъятие или вредное вмешательство в жизнь местной флоры или фауны

Изъятие или вредное вмешательство в жизнь местной флоры и фауны допускаются только на основании разрешения, выданного в соответствии со Статьей 3 Приложения II Протокола по охране окружающей среды к Договору об Антарктике. Если разрешенная деятельность включает в себя изъятие животных или вредное воздействие на них, в качестве минимально применимого стандарта следует руководствоваться Кодексом поведения при использовании животных в научных целях в Антарктике, разработанным СКАР.

7(viii) Сбор или вывоз материалов, не ввезенных в Район держателем разрешения

- Сбор и вывоз материалов из Района допускается только на основании разрешения и ограничивается минимумом, необходимым для выполнения научных задач или целей управления. Это распространяется на биологические образцы и обломки пород и образцы почв.
- Материалы антропогенного происхождения, которые могут нанести ущерб ценностям Района и которые не были ввезены в Район держателем разрешения или санкционированы иным образом, могут быть вывезены из любой части Района, за исключением ситуаций, когда существует вероятность того, что последствия вывоза превзойдут последствия пребывания материала *на месте*. В этом случае необходимо направить уведомление в компетентный орган и получить разрешение.
- В случае удаления из Района любых предметов, которые не были ввезены держателем разрешения, необходимо направить соответствующее уведомление в компетентный государственный орган.

7(ix) Удаление отходов

Все отходы, включая отходы жизнедеятельности человека, подлежат вывозу из Района.

7(x) Меры по поддержанию реализации целей и задач Плана управления

Разрешения на доступ в Район могут выдаваться в следующих случаях:

1) для проведения мониторинга и инспектирования Района, что может включать в себя сбор небольшого количества образцов или данных для анализа или изучения;
2) для установки или технического обслуживания указателей, знаков, сооружений или научного оборудования;
3) для проведения охранных мероприятий;
4) для проведения исследований или осуществления мер управления способом, который бы не допускал вмешательства в программу долгосрочного исследования и мониторинга, а также возможного дублирования усилий. Перед началом работ лица, планирующие новые проекты в Районе, должны проконсультироваться с определенными программами, работающими в пределах Района, такими как, например, программы США.

7(xi) Требования к отчетам

- В отношении каждого посещения Района основной получатель разрешения должен подавать отчет в соответствующий национальный орган в максимально короткий срок после завершения посещения в порядке, предусмотренном национальным законодательством.
- Эти отчеты должны содержать, в зависимости от конкретного случая, информацию, указанную в форме отчета о посещении, приведенной в Руководстве по подготовке Планов управления Особо охраняемыми Районами Антарктики (Резолюция 2 (2011 г.). В случае необходимости национальной инстанции рекомендуется направлять экземпляр отчета о посещении также Стороне, подготовившей План управления, в качестве вспомогательного материала по управлению Районом и пересмотру Плана управления.
- Сторонам следует по возможности размещать оригиналы или копии таких отчетов о посещении в общедоступном архиве для учета пользования материалами в целях какого-либо пересмотра Плана управления и в качестве организационной меры по использованию Района в научных целях.
- В компетентный орган следует сообщать о любых осуществленных видах деятельности и принятых мерах, а также о любых удаленных материалах и/или материалах, попавших в окружающую среду и не удаленных из нее, которые не были указаны в выданном разрешении.

8. Справочная документация

CEP (Committee for Environmental Protection). 2019. Non-Native Species Manual: Revision 2019. Secretariat of the Antarctic Treaty, Buenos Aires.

Ducklow, H.W., Fraser, W.R., Meredith, M.P., Stammerjohn, S.E., Doney, S.C., Martinson, D.G., Sailley, S.F., Schofield, O.M., Steinberg, D.K., Venables, H.J. & Amsler, C.D. 2013. West Antarctic Peninsula: An ice-dependent coastal marine ecosystem in transition. *Oceanography* **26**(3):190–203.

Fraser, W.R., Farry, S., McAtee, C., Cook, B., Roberts, D. and Greto, C. 2016. A survey of the Rosenthal Islands during LMG Cruise 16-01. Unpublished report submitted to the Division of Polar Programs, National Science Foundation, Arlington, VA.

Gantz, J.D., Spacht, D.E. & Lee, R.E. 2018. A preliminary survey of the terrestrial arthropods of the Rosenthal Islands, Antarctica. *Polar Research* **37**(1). DOI: 10.1080/17518369.2018.1500266.

Greene, D.M. & Holtom, A. 1971. Studies in *Colobanthus quitensis* (Kunth) Bartl. and *Deschampsia antarctica* Desv.: III. Distribution, habitats and performance in the Antarctic botanical zone. *British Antarctic Survey Bulletin* **26**: 1-29.

Harris, C.M., Lorenz, K., Fishpool, L.D.C., Lascelles, B., Cooper, J., Coria, N.R., Croxall, J.P., Emmerson, L.M., Fijn, R.C., Fraser, W.L., Jouventin, P., LaRue, M.A., Le Maho, Y., Lynch, H.J., Naveen, R., Patterson-Fraser, D.L., Peter, H.-U., Poncet, S., Phillips, R.A., Southwell, C.J., van Franeker, J.A., Weimerskirch, H., Wienecke, B., & Woehler, E.J. 2015. *Important Bird Areas in Antarctica 2015*. BirdLife International and Environmental Research & Assessment Ltd., Cambridge.

Hinke, J.T., Salwicka, K., Trivelpiece, S.G., Watters, G.M. & Trivelpiece, W.Z. 2007. Divergent responses of Pygoscelis penguins reveal a common environmental driver. *Oecologia* **153** (4) (October): 845–55.

Hooper, P.R. (ed) 1956. Sledge reports 1956 Base 'N' Anvers Island. Unpublished Report, Ref AD6/2N/1956/K. Archives of the British Antarctic Survey, Cambridge.

Hooper, P.R. 1962. The petrology of Anvers Island and adjacent islands. *FIDS Scientific Reports* **34**.

Komárková, V., Poncet, S. & Poncet, J. 1985. Two native Antarctic vascular plants, *Deschampsia antarctica* and *Colobanthus quitensis*: a new southernmost locality and other localities in the Antarctic Peninsula area. *Arctic and Alpine Research* **17**(4): 401-416.

Müller-Schwarze, C. & Müller-Schwarze, D. 1975. A survey of twenty-four rookeries of pygoscelid penguins in the Antarctic Peninsula region. In Stonehouse, B. (ed) *The biology of penguins*. Macmillan Press, London.

Parmelee, D.F., Fraser, W.R. & Neilson, D.R. 1987. Birds of the Palmer Station area. *Antarctic Journal of the United States* **12**(1-2): 15-21.

Parmelee, D.F. & Parmelee, J.M. 1987. Revised penguin numbers and distribution for Anvers Island, Antarctica. *British Antarctic Survey Bulletin* **76**: 65-73.

Pickett, E. 2016. The finale: the Rosenthal Islands. Accessed online 20 Aug 2018 at: http://blogs.oregonstate.edu/ltercetaceans/2016/02/15/the-finale-the-rosenthal-islands/

Poncet, S. & Poncet, J. 1987. Censuses of penguin populations of the Antarctic Peninsula, 1983-87. *British Antarctic Survey Bulletin* **77**: 109-29.

Stammerjohn, S.E., Martinson, D.G., Smith, R.C. & Iannuzzi, R.A. 2008.Sea ice in the western Antarctic Peninsula region: Spatio-temporal variability from ecological and climate change perspectives. *Deep-Sea Research II* **55:** 2041-58.

Vicknair, K., Lewis, M., Chin, A., Holloway, C., Mowatt, J., Moret, S. & Dalberth, M. 2015. Rosenthal Island Report from LMG 15-05. Unpublished ASC Report, Centennial, CO.

Список граничных координат

Северо-западный угол: 64°33' ю. ш., 64°15' з. д.

Северо-восточный угол: 64°33' ю. ш., 64°06' з. д.

Максимальная северная протяженность: 64°33' ю. ш.

Максимальная южная протяженность: 64°40'54" ю. ш.

Максимальная восточная протяженность: 64°06' з. д.

Максимальная западная протяженность: 64°21'24" з. д.

Северная граница:	совпадает с границей ОУРА № 7 «Юго-Западная Часть Острова Анверс и Бассейн Палмер».
Восточная граница:	1 км буферная зона вглубь суши от западного побережья острова Анверс, совпадающая с границей ОУРА № 7 «Юго-Западная Часть Острова Анверс и Бассейн Палмер».
Западные и южные границы:	1 км буферная зона от западных береговых линий островов в пределах и к югу от группы островов Розенталь.

Приложение первое

Зарегистрированные виды

Таблица 1. Виды растительности, обнаруженные на островах Розенталь [1]

Место расположения	**Вид**	**Описание**
Остров 202	*Sanionia uncinata*	Мох. На скалистом уступе, на крутом склоне, на юге острова, рядом с гнездящимися пингвинами.
	Prasiola crispa	Водоросли. Как указано выше.
	Staurothele gelida (?)	Лишайник. Как указано выше, на скале, прилегающей ко мху/водорослям. Идентификация не установлена.
	Caloplaca cirrochrooides	Лишайник. Как указано выше, менее обширно.
	Turgidosculum complictulum	Лишайник. Как указано выше на отдельных участках.
	Xanthoria elegans	Лишайник. Обширное ярко-оранжевое покрытие на скалах к югу от острова.
Остров 205	*Turgidosculum complictulum*	Лишайник. На скале в северной части колонии пингвинов.
	Xanthoria candelaria	Лишайник. Как и выше, на расщелине скалы с *T. complictulum*
	Acarospora macrocyclos	Лишайник. Как указано выше.
	Staurothele gelida (?)	Лишайник. Как указано выше. Идентификация не установлена.

1. Идентификационные данные R.I. Lewis Smith, pers. comm. 2018, из фотографий К. Харриса (C. Harris) (13 декабря 2016 г.).

Таблица 2. Количество гнездящихся пингвинов, голубоглазых бакланов и южных гигантских буревестников на островах Розенталь и в окрестностях, 1975–2017 гг.

Место расположения		*Пингвин Адели Pygoscelis adeliae*			*Антарктический пингвин Pygoscelis antarctica*			*Папуанский пингвин Pygoscelis papua*			*Голубоглазый баклан Leucocarbo atriceps bransfieldensis*			*Южный гигантский буревестник Macronectes giganteus*		
Дата	**Объект**	**Пары**	**Тип[1]**	**Источник[2]**	**Пары**	**Тип[1]**	**Источник[2]**	**Пары**	**Тип[1]**	**Источник[2]**	**Пары**	**Тип[1]**	**Источник[2]**	**Пары**	**Тип[1]**	**Источник[2]**
1974–1975	202	153	N1	4												
	205										70	N1	4			
	Общее[3]				1140	N1	4	811	N1	4				35	A	4
03 февраля 1979 г.	201/202				4000	A5	1	2000	A5	1						
	306							950	C1	1						
02 января 1985 г.	201	1	N1	1	1500	N5	1	873	N1	1						
	202	170	N1	1	1000	N5	1	150	N1	1						
…	203				500	N5	1									
08 февраля 1987 г.	205				4000		3									
	306				2		3	3000	C3	3						
2012–2013	Итого	124	C1	4	5163	C1	4	7324	C1	4						
05 июня 2015 г.											10[4]	A1	5			
11 февраля 2016 г.	201				1005	C1	4	1123	C1	4						
	202	92	C1	4	2005	C1	4	471	C1	4						
	203				62	C1	4									
	205				1410	C1	4				65		4			
	306							2442	C1	4						
	307							483	C1	4						
	Итого													350	A	4
13 декабря 2016 г.	201			6	437	N1		1329	N1							
	202	76	N1		1848	N1		677	N1							
	203				17	N1										
	205				1388	N1										
	306															

1. N = гнездо, C = птенец, A = взрослая особь; 1 = < ± 5 %, 2 = ± 5–10 %, 3 = ± 10–15 %, 4 = ± 25–50 % (классификация по данным Уолера (Woehler), 1993 г.)
2. Источник: 1. Parmelee and Parmelee 1987; 2. Parmelee, Fraser & Neilson 1987; 3. Poncet and Poncet 1987; 4. Fraser *et al* 2016; 5. Vicknair *et al* 2015. 6. Fraser pers. comm. 2018.
3. «Всего» указано, где местонахождение подсчитанных птиц на территории Района не было определено из источника данных.
4. 10 голубоглазых бакланов (гнездящихся взрослых особей) в полете группой на юго-западном краю островов Розенталь.

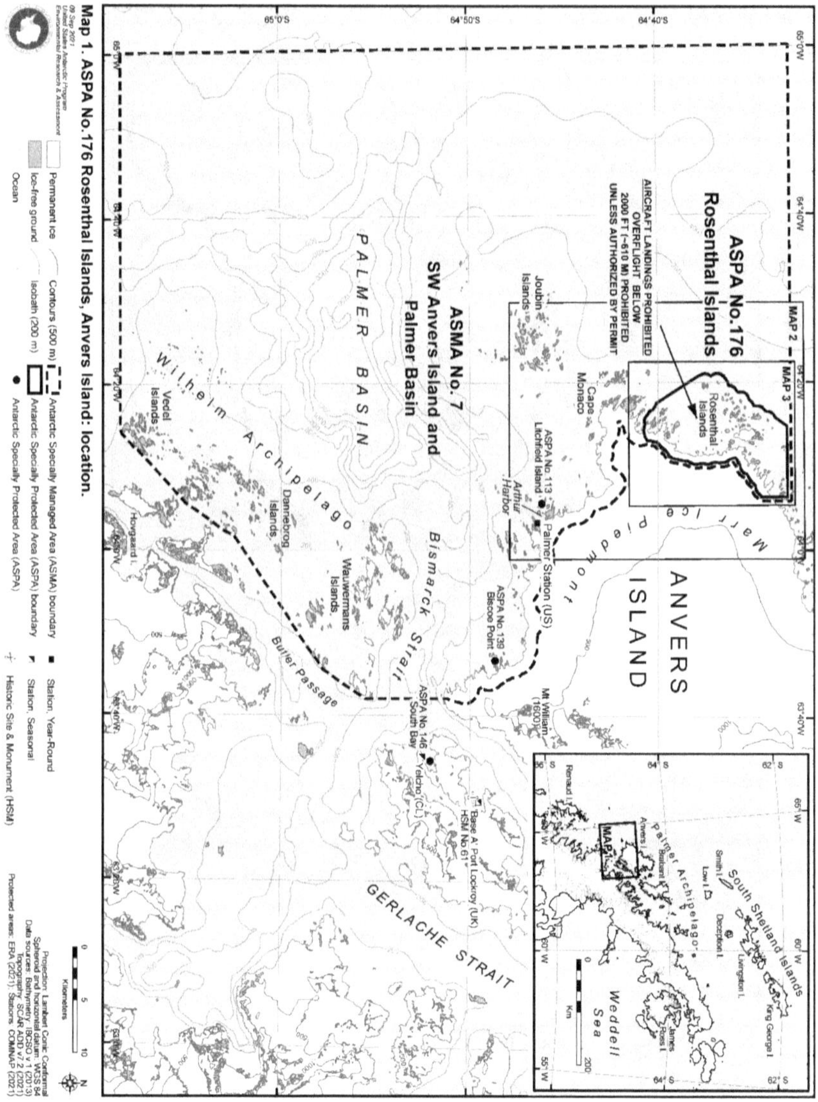

Map 1. ASPA No.176 Rosenthal Islands, Anvers Island: location.

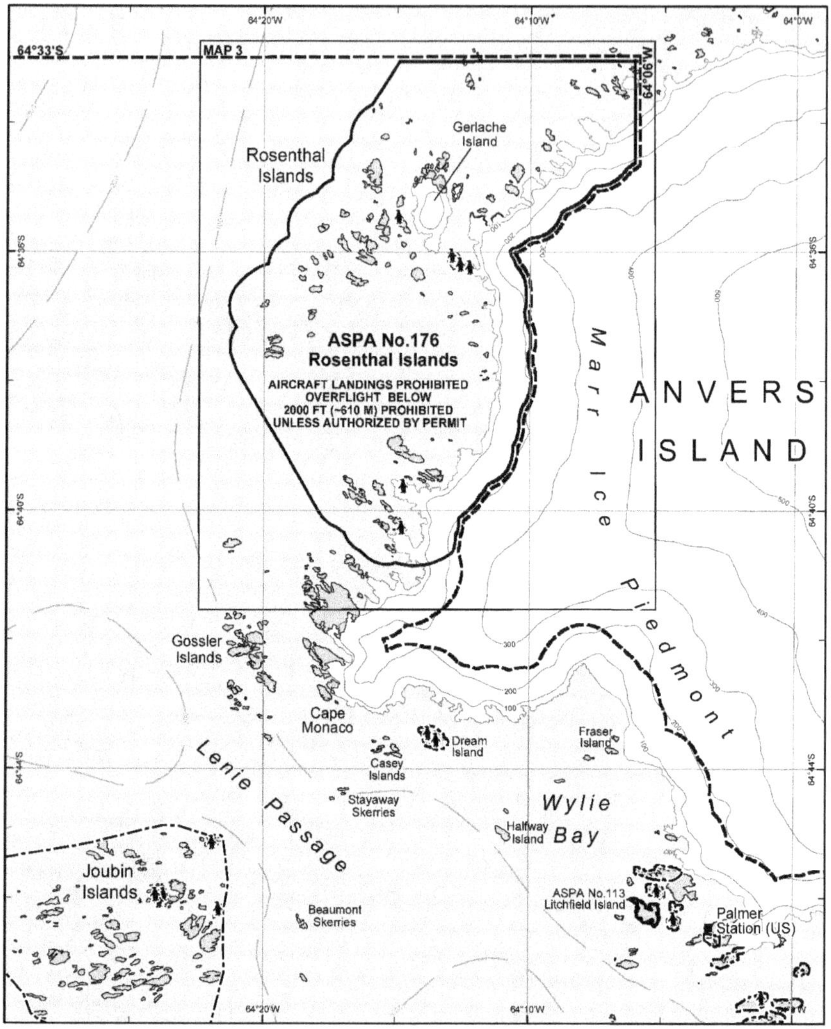

Map 2. ASPA No.176 Rosenthal Islands, Anvers Island: local region

09 Sep 2021
United States Antarctic Program
Environmental Research & Assessment

0 1 2 3 4 5
Kilometers

Permanent ice · Ice-free ground · Ocean · Contours (100 m) · Isobath (100 m) (approx) · ASMA boundary · ASPA boundary · Restricted Zone · Station, Year-Round · Penguin colony

Projection: Lambert Conformal Conic
Spheroid & horizontal datum: WGS84
Data sources: Topography SCAR ADD v7.2 (2021)
Contours: SCAR ADD 7.3 (2021) derived from REMA v1.1
Bathymetry: IBCSO v.1 (2013)
Protected areas: ERA (2021); Stations: COMNAP (Aug 2021)
Wildlife - Polar Oceans Research Group / ERA (Aug 2018)

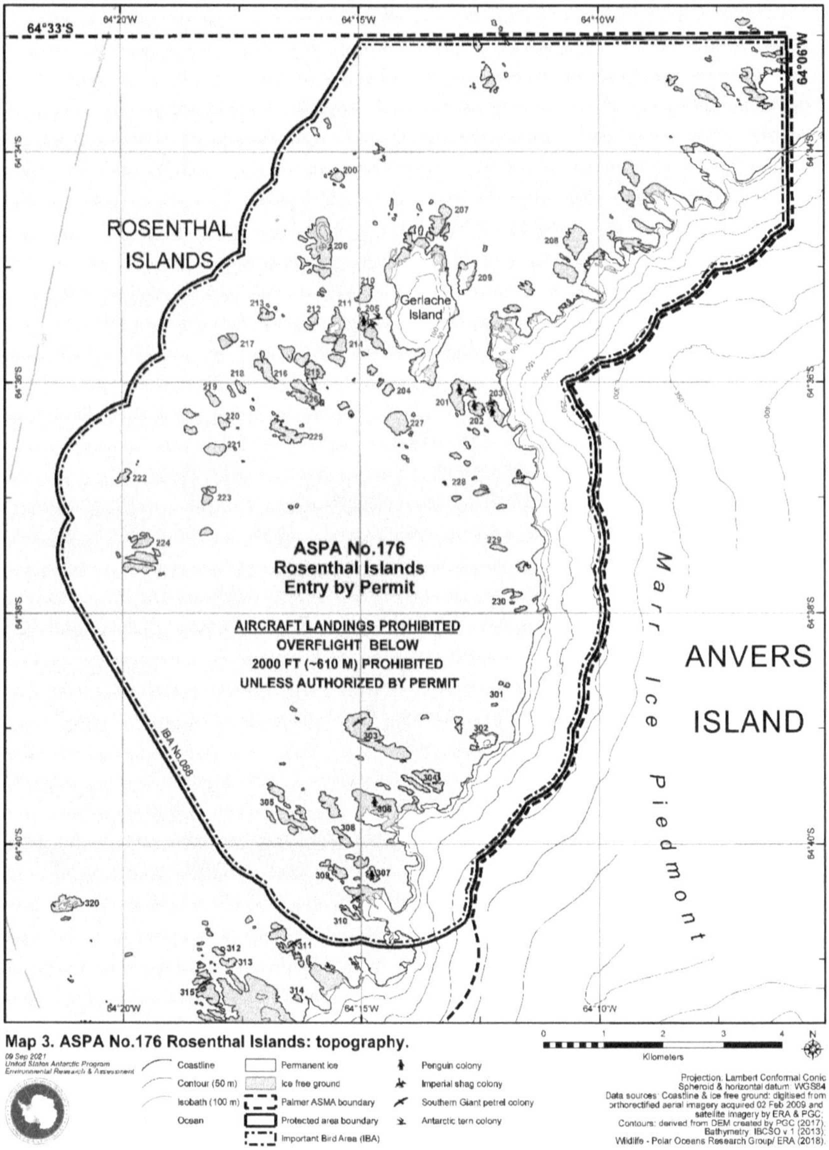

Map 3. ASPA No.176 Rosenthal Islands: topography.

План управления Особо охраняемым районом Антарктики № 177

ОСТРОВА ЛЕОНИ И ЮГО-ВОСТОЧНАЯ ЧАСТЬ ОСТРОВА АДЕЛЕЙД, АНТАРКТИЧЕСКИЙ ПОЛУОСТРОВ

Введение

Основной причиной определения шести участков, расположенных на островах Леони, бухта Райдер, и юго-восточной части острова Аделейд, Антарктический полуостров (-67,60° ю. ш., -68,23° з. д.) в качестве Особо охраняемого района Антарктики (ООРА) является охрана уникальных научных, экологических, эстетических ценностей и ценностей дикой природы, в том числе тех, которые относятся к орнитофауне и наземным биологическим сообществам Района.

Район включает в себя участки, расположенные на островах Леони в бухте Райдер, и юго-восточную часть острова Аделейд, Антарктический полуостров (см. таблицу 1). К шести участкам, определенным как компоненты ООРА, относятся: остров Анкоридж (Anchorage) (67,593° ю. ш.; 68,189° з. д.), остров Доннелли (Donnelly) (67,606° ю.ш; 68,189° з. д.), остров Ист-Лагун (East Lagoon) (67,590° ю.ш; 68,239° з. д.), террасы Уолтон (Walton Terraces), остров Леони (67,596° ю.ш.; 68,350° з. д.), остров Маклскарф (Mucklescarf) (67,594° ю. ш.; 68,261° з. д.) и ледники Хортона (Horton), Хёрли (Hurley) и Тернер (Turner) (67,58° ю. ш.; 68,49° з. д.). Общая площадь всех шести участков составляет 102,1 км^2, при этом свободная ото льда суша составляет 2,7 км^2. Район считается достаточно большим, так как он включает в себя многочисленные места гнездования птиц и значительные скопления наземной растительности, а также объекты уникальных научных, эстетических ценностей и ценностей первозданной природы.

Таблица 1. Список шести участков, входящих в ООРА № 177 «Острова Леони и Юго-Восточная Часть Острова Аделейд», Антарктический полуостров

Название участка	**Общие координаты**	**Ценности первостепенного значения**	**Площадь (га)**
Остров Анкоридж	67,593° ю. ш.; 68,189° з. д.	Научно-экологическая	60
Остров Доннелли	67,606° ю. ш.; 68,189° з. д.	Научные	12
Остров Ист-Лагун	67,590° ю. ш.; 68,239° з. д.	Экологические	20
Террасы Уолтон, остров Леони	67,596° ю. ш.;-68,350° з. д.	Окружающая среда, первозданная природа и эстетика	15
Остров Маклскарф	67,594° ю. ш.; 68,261° з. д.	Экологические	0,2
Ледники Хортона, Хёрли и Тёрнера	67,584° ю. ш.; 68,490° з. д.	Первозданная природа и эстетика	10 100

Остров Ист-Лагун, террасы Уолтон на острове Леони и остров Маклскарф включены в ООРА № 177, чтобы обеспечить сохранение содержащихся в них экологических ценностей, и поэтому посещение таких участков и воздействие на них людей должны быть сведены к минимально возможному уровню (хотя важные научные работы должны быть разрешены). Цель определения острова Анкоридж в качестве ООРА – сохранить научные ценности и по возможности, если научные работы не могут осуществляться за пределами ООРА, осуществлять их на этом, а не на других участках ООРА № 177. Остров Доннелли был определен как контрольный участок для отслеживания воздействия научно-исследовательской станции Ротера на экосистему окружающей каменистой пустыни, поэтому важно принять меры для того, чтобы посещения данного участка осуществлялись только в сопутствующих целях мониторинга окружающей среды. Ледники Хортона, Хёрли и Тёрнера и террасы Уолтон на острове Леони были выбраны из-за своих уникальных первозданных и эстетических ценностей, подлежащих охране.

Участки, входящие в состав Района, расположены на расстояниях от 3,5 до 11 км от научно-исследовательской станции Ротера. Исторически участки островов посещались туристами (включая туристов с круизных судов и небольших яхт) и персоналом национального оператора и, следовательно, подвергались риску нарушения в результате полевых исследований, логистической и рекреационной деятельности. Присвоение статуса ООРА поможет обеспечить охрану данных участков с учетом научной, логистической и рекреационной деятельности, осуществляемой в непосредственной близости от Района, а также надлежащее управление разрешенными видами деятельности для сведения к минимуму воздействий на ценности Района.

Согласно классификации экологических доменов, острова Леони и юго-восточная часть острова Аделейд относятся преимущественно к Экологическому домену B (геология северного пояса средних широт Антарктического полуострова). К другим охраняемым Районам с экологической средой типа B относятся ООРА № 108, 115, 134, 140 и 153, а также ОУРА № 4. Район относится к Заповедному биогеографическому региону Антарктики (ЗБРА) № 3 (северо-западная часть Антарктического полуострова). Острова ООРА находятся на Ключевой орнитологической территории (КОТ) № 47236 (AQ205), которая была определена в 2018 г.

Четыре остальных ООРА находятся в пределах залива Маргерит (ООРА № 107 «Остров Эмперор» (острова Дьон), ООРА № 115 «Остров Лаготельри», ООРА № 117 «Остров Авиан» и ООРА № 129 «Мыс Ротера»). Целью определения ООРА № 107 «Остров Эмперор» и ООРА № 117 «Остров Авиан» была преимущественно охрана орнитофауны Района, а целью ООРА № 115 («Остров Лаготельри») – охрана наземных сообществ и орнитофауны, в то время как ООРА № 129 «Мыс Ротера» был определен для отслеживания воздействия близлежащей станции на экосистему каменистой пустыни Антарктики. Поэтому ООРА № 177 «Острова Леони и Юго-Восточная Часть Острова Аделейд» дополняет местную сеть ООРА, в первую очередь охраняя исключительно богатые наземные биологические сообщества и многочисленные скопления гнездящейся орнитофауны. В частности, хотя и мыс Ротера, и остров Леони отличаются большим разнообразием растений, количество общих видов растений невелико, что указывает на необходимость охраны различных участков с растительным покровом в районе бухты Райдер (Cannone et al., 2018). В ООРА № 177 «Острова Леони и Юго-Восточная Часть Острова Аделейд» проживает более 8,1 % известной мировой популяции южнополярных поморников, соответственно, данный участок является местом обитания одной из самых больших в мире охраняемых популяций этого вида. Кроме того, ООРА обеспечивает охрану 2,2 % численности известной мировой популяции голубоглазых бакланов в пределах ООРА № 177 – по численности охраняемая колония будет примерно эквивалентна колониям в ООРА № 117 «Остров Авиан» и ООРА № 115 «Остров Лаготельри». Более крупная популяция обнаружена в ООРА № 107 «Остров Эмперор». ООРА также обеспечивает охрану дикой природы, представляющую уникальную эстетическую ценность и не посещаемую людьми в таких масштабах, как в соседних районах, где постоянно и зачастую интенсивно протекает человеческая деятельность, связанная с расположенными поблизости исследовательскими станциями.

1. Описание ценностей, нуждающихся в охране

Основной причиной определения данных участков в качестве ООРА является необходимость охраны уникальных научных, экологических, эстетических ценностей и ценностей дикой природы, в частности орнитофауны и наземных биологических сообществ в Районе (см. таблицу 2). Конкретные ценности Района в целом включают в себя следующее:

- Научные ценности, относящиеся к наземным экосистемам, выявленным в районе и используемым для постоянных международных научных исследований.
- Научные ценности, связанные с контрольным участком для оценки антропогенных воздействий на научно-исследовательской станции Ротера. Со времени определения ООРА № 129 «Мыс Ротера» (остров Аделейд) в 1985 г. в качестве контрольного участка, предназначенного для отслеживания воздействия научно-исследовательской станции Ротера, экологический след станции расширился, в том числе в связи со строительством взлетно-посадочной полосы с щебеночным покрытием в пределах 300 м от ООРА. Поэтому ООРА № 129, возможно, подвергается более сильному воздействию, чем предусматривалось в то время, когда Район был впервые определен в качестве охраняемой территории. Следовательно, часть Района (расположенный примерно в 5 км от станции и редко посещаемый остров Доннелли) была определена в качестве дополнительного контрольного участка для мониторинга окружающей среды.
- Экологические ценности, связанные с орнитофауной:
    - южнополярные поморники (*Stercorarius maccormicki)* – более 8,1 % мировой популяции, исходя из пересмотренной оценки общей численности популяции (Phillips et al. 2019).
    - голубоглазые бакланы (*Phalacrocorax [atriceps] bransfieldensis*) – 2,2 %, исходя из пересмотренной оценки общей численности популяции (Schrimpf et al. 2018, Phillips et al. 2019).

  Участки островов в составе ООРА относятся к Ключевой орнитологической территории (КОТ) № 47236 (AQ205), которая была определена в 2018 г.; это первая КОТ, определенная в Антарктике с начала более широкого рассмотрения участков-кандидатов авторами публикации Harris et al. (2015 г.) (см. Резолюцию 5 (2015 г.). КОТ определяется на основании наличия больших гнездящихся популяций южнополярных поморников и голубоглазых бакланов. КОТ включает в себя мыс Ротера и острова в бухте Райдер, которые в январе 2018 г. насчитывали 978 территорий, занятых южнополярными поморниками, 259 южнополярных поморников на клубных участках и 405 пар голубоглазых бакланов (Phillips et al. 2019). На основе такого расчета можно определить, что острова в окрестностях бухты Райдер являются местом обитания примерно 3,5 % всех гнездящихся голубоглазых бакланов и около 10,3 % всех гнездящихся южнополярных поморников (см. обновленную оценку общей численности популяции для обоих видов в работе Phillips et al., 2019). ООРА № 177 включает в себя примерно 80 % поморников и 62 % бакланов, гнездящихся в КОТ.

- Экологические ценности, связанные с необычайно большими участками наземной растительности. Богатые сообщества с преобладанием лишайников встречаются на островах Анкоридж и Ист-Лагун. Террасы Уолтон и остров Леони отличаются большим разнообразием растительности (включая цветущие *Deschampsia antarctica* и *Colobanthus pratensis*), также имеются участки валунов, которые являются местом произрастания типичных лишайниковых сообществ каменистой пустыни.
- Ценности дикой природы, отличающиеся уникальными для данного географического региона характеристиками благодаря очень ограниченному количеству посещений некоторых участков ООРА, по сравнению с участками, где расположена местная научная инфраструктура и научно-исследовательская станция Ротера. В соответствии с общим пониманием концепции дикой природы (Dudley 2008; Bastmeijer 2016) соответствующие участки ООРА характеризуются очень высокой степенью натуральности (неизмененные природные экосистемы) и неразработанности (отсутствие или отдаленность каких-либо постоянных или полупостоянных объектов

инфраструктуры, артефактов, транспортных маршрутов или любых других объектов, свидетельствующих о прошлом или текущем видимом присутствии человека).

- Эстетические ценности благодаря великолепному пейзажу, который открывается на участки из бухты Райдер. Эстетические ценности дополняются изумительным сочетанием гор, каскадных ледников, океана, потоков, растительности и диких животных, присутствующих в Районе.

Конкретные ценности, выявленные на каждом участке Района, перечислены в таблице 2 и описаны ниже.

Остров Анкоридж. Остров содержит сочетание уникальных научных и экологических ценностей. Он является местом проведения постоянных международных научных исследований экологии суши, которые ведутся учеными нескольких стран, например Великобритании, Германии, Италии, Малайзии и Нидерландов (см. Раздел 8 «Справочная документация»). Научные исследования на острове Анкоридж направлены на изучение возможного влияния потепления климата на функционирование антарктических экосистем суши, в том числе ответных реакций растительности, почвенного сообщества и происходящих в экосистеме процессов на повышение температуры. Проводится одно исследование с использованием камер с открытым верхом, которое продолжается уже 17 лет. В центре внимания других исследований находится влияние морских позвоночных и инвазивных видов на функционирование экосистем. Оба фактора, вероятно, реагируют на изменение климата и, возможно, оказывают большее влияние на антарктические экосистемы суши, чем одно лишь потепление. Остров Анкоридж также важен с точки зрения экологии, так как является местом гнездования около 460 пар южнополярных поморников, а также благодаря наличию локальных участков растительности с преобладанием мхов и более многочисленных участков, покрытых преимущественно лишайниками.

Остров Доннелли. Этот участок является местом охраны научных ценностей прежде всего потому, что служит эталоном при мониторинге антропогенного воздействия, связанного с близлежащей научно-исследовательской станцией Ротера (Великобритания, на расстоянии 5 км). На острове также гнездятся около 25 пар южнополярных поморников.

Остров Ист-Лагун. Остров содержит экологические ценности, включая около 150 пар гнездящихся южнополярных поморников и необычайно большой участок каменистой пустыни, покрытый преимущественно лишайниками.

Террасы Уолтон, остров Леони. Террасы Уолтон, расположенные на западной стороне острова Леони, содержат экологические ценности, включая около 160 пар южнополярных поморников и необычайно большой участок богатой и разнообразной растительности суши. Террасы Уолтон находятся на расстоянии примерно 10 км от научно-исследовательской станции Ротера за пределами прямой видимости и редко посещается по сравнению с другими участками мыса Ротера. Этот участок является одним из самых девственных в Районе и отличается богатой растительностью, водотоками и многочисленными птицами. Участок также отличается первозданной и экологической ценностью природы ввиду отсутствия на нем деятельности человека или антропогенного воздействия.

Остров Маклскарф. Этот маленький остров шириной всего 55 м содержит уникальные экологические ценности, связанные с присутствием колонии, насчитывающей 251 пару голубоглазых бакланов.

Ледники Хортона, Хёрли и Тёрнера. Эта область юго-восточной части острова Аделейд характеризуется исключительными ценностями дикой природы; она остается практически полностью непосещаемой, по сравнению с другими близлежащими участками, которые за последние 112 лет иногда становились местом интенсивной человеческой деятельности. Что касается эстетических ценностей, участок также представляет собой изумительный ландшафт, если смотреть со стороны бухты Райдер; он был изображен на картинах ряда художников, в том числе Филипа Хьюза (Philip Hughes) (род. в 1936 г., среди его работ – «Вид ледников Хёрли и Хортона с острова Лагун» (Hurley and Horton Glaciers from Lagoon Island) и «Антарктический дневник, том 4. Остров Леони» (Notebook Antarctic Volume 4. Leonie Island), Кита Гранта (Keith Grant) (род. в 1930 г.) и Сандры Чапман (Sandra Chapman) (награждена премией NESTA Dreamtime Fellowship). Сэр Питер Максвелл Дейвис (Peter Maxwell Davies), композитор, автор Антарктической симфонии (Antarctic Symphony/Symphony No. 8), описывал покрытые снегом вершины как «невыразимо красивое зрелище» и писал, что «вид через море на далекие горы потрясает».

2. Цели и задачи

Цели и задачи настоящего Плана управления заключаются в следующем:

- недопущение деградации или возникновения значительной угрозы для ценностей Района за счет предотвращения излишнего или случайного нарушения Района человеком в результате неконтролируемого доступа и недопустимого сбора геологического материала;
- недопущение существенных изменений структуры и состава наземных экосистем, в частности экосистемы каменистой пустыни и популяций гнездящихся птиц путем (i) недопущения обустройства и застройки участка, (ii) введения ограничений на посещение Района и (iii) запрет ненадлежащего сбора биологического материала;
- недопущение наличия постоянных или полупостоянных объектов инфраструктуры, артефактов, транспортных маршрутов или любых других объектов, свидетельствующих о прошлом или текущем видимом присутствии человека на участках, выбранных для охраны ценностей первозданной природы, или вблизи таких участков (см. таблицу 2);
- предотвращение интродукции неместных видов в Район;
- сведение к минимуму возможности интродукции патогенных микроорганизмов, которые могут вызвать заболевания в популяциях фауны Района;
- создание условий для проведения научных исследований в Районе при условии, что по убедительным причинам они не могут быть проведены ни в каком другом месте и что они не представляют угрозы для естественной экологической системы Района;
- сохранение естественной экосистемы Района в качестве эталонной для последующих исследований, в том числе для сравнительных исследований в экосистемах вблизи научно-исследовательской станции Ротера;
- создание условий для посещения Района с целью осуществления мер управления в поддержку целей Плана управления.

3. Меры управления

Для охраны ценностей Района необходимо осуществление следующей деятельности по управлению:

- Компетентный национальный орган должен предоставлять посещающим полевым экспедициям исчерпывающую информацию о том, какие ценности подлежат охране в пределах Района и какие меры предосторожности и смягчения воздействий предусмотрены настоящим Планом управления.
- Персонал, находящийся вблизи Района, посещающий его или пролетающий над ним, должен пройти соответствующий инструктаж со стороны своей национальной программы или соответствующего национального органа в отношении соблюдения положений и требований Плана управления.
- Посещения ледников Хортона, Хёрли и Тёрнера и террас Уолтон на острове Леони должны быть сведены к абсолютному минимуму.
- Карта местоположения Района (с указанием действующих особых ограничений) должна быть размещена на видном месте на исследовательской станции Ротера (Великобритания; -67,56944° ю. ш.; -68,12222° з. д.), станции Теньенте-Луис-Карвахал (Чили, -67,76056° ю. ш., -68,91472° з. д.) и станции Сан-Мартин (Аргентина, -68,12972° ю. ш., -67,10278° з. д.), где должны быть в наличии копии этого Плана управления.

- Копии Плана управления должны быть предоставлены на суда и самолеты, направляющиеся в окрестности Района.
- Не реже одного раза в пять лет необходимо производить пересмотр Плана управления и его обновление по мере необходимости.
- Указатели, знаки и другие сооружения, установленные на территории Района для проведения научных исследований или в целях управления, должны быть надежно закреплены и поддерживаться в хорошем состоянии.
- Бесхозное оборудование или материалы следует вывозить из Района, насколько это возможно, при условии, что это не окажет неблагоприятного воздействия на ценности Района.
- По мере необходимости эксперты должны посещать Район, чтобы установить, продолжает ли он служить тем целям, ради которых был определен, и чтобы убедиться в достаточности мер управления и технического обслуживания.
- Разрешения на посещения выдаются по мере необходимости для содействия в проведении исследований и отслеживании антропогенных изменений, которые могут повлиять на охраняемые ценности в Районе. Исследования и отслеживание воздействий должны проводиться с использованием, насколько это возможно, неинвазивных методов и, в соответствующих случаях, с использованием технологий дистанционного зондирования.
- Стороны, осуществляющие свою деятельность в Районе в рамках национальных антарктических программ, должны проводить взаимные консультации с целью обеспечения реализации вышеуказанных мер управления.

4. Период определения

Определен на неограниченный период времени.

5. Карты

Карта 1. Местоположение ООРА № 177 «Острова Леони и Юго-Восточная Часть Острова Аделейд» в окрестностях залива Маргерит. Характеристики карты: WGS84, проекция UTM зона 19S. Центральный меридиан 68° ю. ш. (врезка карты: WGS84 южнополярная стереографическая, центральный меридиан 55° з. д., стандартная параллель: 71° ю. ш.)

Карта 2. Обзорная карта ООРА № 177 «Острова Леони и Юго-Восточная Часть Острова Аделейд» (Антарктический полуостров), включающего в себя несколько участков. Участок ледников Хортона, Хёрли и Тёрнера подробно описан на карте ниже. Участок террас Уолтон на острове Леони подробно описан на карте 3. Участки острова Анкоридж, острова Ист-Лагун, острова Доннелли и острова Маклскарф подробно описаны на карте 4. Характеристики карты: WGS84, проекция UTM зона 19S. Центральный меридиан 68° з. д. Детали граничных координат можно найти в таблице 3.

Карта 3. Карта террас Уолтон, которые являются одним из участков ООРА № 177«Острова Леони и Юго-Восточная Часть Острова Аделейд» (Антарктический полуостров). Характеристики карты: WGS84, проекция UTM зона 19S. Центральный меридиан 68° з. д. Детали граничных координат можно найти в таблице 3.

Карта 4. Карта острова Анкоридж, острова Ист-Лагун, острова Доннелли и острова Маклскарф, которые являются участками ООРА № 177 «Острова Леони и Юго-Восточная Часть Острова Аделейд» (Антарктический полуостров). Характеристики карты: WGS84, проекция UTM зона 19S. Центральный меридиан 68° з. д. Детали граничных координат можно найти в таблице 3.

6. Описание Района

6(i) Географические координаты, специальные знаки и характерные естественные признаки, определяющие границы Района

Общее описание

Залив Райдер расположен в северной части залива Маргерит, имеет ширину 11 км в устье и врезается на 7 км в юго-восточную сторону острова Аделейд в юго-западной части Антарктического полуострова (см. карту 1). К востоку от бухты Райдер возвышаются пики высотой до 2315 м над уровнем моря, а три ледника (Хортона, Хёрли и Тёрнера) опускаются от основания пиков еще на километр, пока не достигнут вод бухты. Все острова Леони находятся в бухте Райдер. По оценкам экспертов, дегляциация в заливе Маргерит произошла не менее 9000 лет назад. На большинстве островов в заливе имеются постоянные пятна снега, а на острове Леони – самом большом и высоком из островов Леони – возвышается многолетняя ледниковая шапка. Острова имеют скалистый рельеф и изрезанные береговые линии, включая пляжи, крутые скалы, разбросанные камни и валуны, которые образуют обширные, свободные ото льда участки на земле и в расщелинах для гнездящихся птиц и развития наземных сообществ. Имеется несколько эфемерных пресноводных озер, каналов протаивания и небольших водотоков, особенно на острове Леони. На островах Ист-Лагун и Анкоридж имеются небольшие пруды и талые лужи. Растительность скудная, с преобладанием лишайников и мхов, хотя здесь также встречаются два местных цветковых растения – *Deschampsia antarctica* и *Colobanthus quitensis.*

Границы

Координаты границ Района указаны в таблице 3. Более подробные сведения представлены на картах 2, 3 и 4. Границы Района не обозначены никакими указателями, так как в целом сама береговая линия имеет четкие очертания с хорошо различимой границей. В противном случае присутствие указателей стало бы отвлекать от ценностей дикой природы Района.

Ниже приводятся описания границ для каждого из шести участков, входящих в состав Района.

Остров Анкоридж. Участок охватывает всю свободную от ледникового покрова сушу и области с постоянным и полупостоянным слоем льда, обнаруженные в пределах острова Анкоридж. Однако он не включает в себя морскую среду, которая тянется более чем на 10 м от берега, начиная от уровня воды при отливе, все соседние безымянные острова и островки, а также область на северо-западе острова, где находится хижина, построенная для содействия работе полевых экспедиций на острове.

Остров Доннелли. Участок включает в себя всю территорию острова Доннелли без соседних безымянных островов и островков. Участок охватывает всю свободную ото льдов территорию суши, всю территорию с постоянным или полупостоянным ледовым покровом в пределах острова Доннелли, но не включает в себя морскую окружающую среду за пределами 10-метровой зоны морской акватории от линии морского отлива.

Остров Ист-Лагун. Участок охватывает большую часть острова Ист-Лагун, но не включает в себя все соседние безымянные островки, морскую окружающую среду за пределами 10-метровой зоны морской акватории от линии морского отлива и западную область острова с координатой -68,23888° з. д. (граничные координаты 1-2 на карте 4). Знак с указанием протяженности границ участка будет установлен на острове на незамерзающей территории за пределами Района.

Террасы Уолтон, остров Леони. Участок охватывает в основном свободную ото льда сушу к западу от острова Леони, с высотными отметками до 100 м, но не включает в себя морскую окружающую среду за пределами 10-метровой зоны морской акватории от линии морского отлива. От самой северной точки участка, расположенного на северо-западном побережье острова Леони (координата границы (КГ) 1), граница идет вдоль побережья на юго-запад (КГ 2), а затем на юг, до большого пересекающего снежного склона шириной 225 м (КГ 3). Граница проходит по снежному склону вглубь суши на протяжении 250 м до высоты 100 м над уровнем моря (КГ 4). Граница следует 100-метровой горизонтальной линии в северо-северо-западном направлении до пересечения большого склона (КГ 6). Затем граница проходит вниз по склону в северном направлении до соединения с побережьем в самой северной точке участка (КГ 1). Знак, поясняющий протяженность границы участка, будет установлен на прибрежной свободной ото льда местности в самой северной точке участка за пределами границы Района.

Остров Маклскарф. Участок охватывает всю свободную ото льдов территорию суши и территорию с полупостоянным ледовым покровом в пределах острова Маклскарф, но не включает в себя морскую окружающую среду за пределами 10-метровой зоны морской акватории от линии морского отлива.

Ледники Хортона, Хёрли и Тёрнера. Участок охватывает всю свободную ото льдов территорию суши и всю территорию с постоянным или полупостоянным ледовым покровом в пределах водосборных территорий ледников Хортона, Хёрли и Тёрнера. Большая часть границы проходит по горным хребтам, ограничивающим площадь водосбора, и описывается в направлении против часовой стрелки, начиная с самой северной точки, которая расположена на вершине горы Барре (Barré) (координата границы (КГ 1; карта 2). Граница проходит вдоль юго-западного гребня горы Барре до перевала между горой Барре и горой Годри (КГ 2). Затем граница продолжается вдоль северо-восточного гребня горы Годри до вершины (КГ 4). Отсюда граница проходит на юг, а затем на юго-восток вдоль южного гребня горы Годри до ледника Херли (КГ 5 и 6). Затем граница проходит по линии на запад (в сторону КГ 7), затем на северо-запад (КГ 9) до присоединения к северо-западному гребню горы Льотар. Граница проходит по этому хребту на юг, затем с востока на юго-восток до вершины горы Льотар (КГ 11), а затем далее вниз по юго-восточному гребню горы Льотар к побережью бухты Райдер (КГ 13). Следуя вдоль береговой линии на север, граница затем пересекает океан у подножия ледника Тернера (КГ 14–15), а затем ледников Херли и Хортона (КГ 15-16) и снова доходит до береговой линии (КГ 16). Граница проходит по береговой линии на северо-восток примерно на 1 км, а затем вглубь суши (КГ 17) по нижней части северо-восточного склона юго-восточного гребня горы Барре. В точке чуть ниже половины пути вдоль юго-восточного гребня горы Барре (КГ 19) граница поднимается до соединения с хребтом и продолжается с востока на северо-восток до вершины горы Барре (КГ 1). На фронтах ледников (положение которых за последние 60 лет менялось со сдвигом до 100 м) граница проходит по постоянным свободным ото льда выходам горных пород (отмеченными КГ 14, 15 и 16); однако это означает, что в Район включена небольшая морская территория (ок. 3,3 км^2) (см. карту 2). В тех местах, где граница проходит вдоль береговой линии, участок не включает в себя морскую окружающую среду за пределами 10-метровой зоны морской акватории от линии морского отлива.

Проезд к границам Района осуществляется наземным транспортным средством, небольшой лодкой или снегоходом по морскому льду. Точки доступа к участкам острова Леони для небольших лодок описаны в разделе *6(ii) Доступ в Район.* Использование наземных транспортных средств на территории Района запрещено. Посадка самолетов и вертолетов на территории Района запрещена. Передвигаться по Району разрешается только пешком. Пешеходное движение должно быть сведено к минимуму, необходимому для соответствия целям любой разрешенной деятельности.

Климатические условия

Летом температура в бухте Райдер обычно колеблется от 0 до +5 °C, а зимой – от -5 до -20 °C, однако ввиду прибрежного местоположения Района и метеосистем низкого давления в Южном океане температуры могут варьироваться в широком диапазоне в любое время года. Морской лед может формироваться в бухте Райдер с конца мая до конца ноября, хотя для образования и затвердения льда требуются длительные периоды спокойной погоды. Здесь преобладают северные ветры, которые достигают штормовой силы примерно 70 дней в году. Хотя снег может идти в любое время года, в последние годы основные снегопады приходят в конце зимы. В летние месяцы время от времени идет дождь, а общее среднегодовое количество осадков составляет около 700 мм. Поскольку Район находится непосредственно к югу от Южного полярного круга, летом здесь светло 24 часа в сутки, а в течение нескольких недель зимой солнце вовсе не встает над горизонтом.

Геология

На территории Района нет участков уникальной геологической ценности; однако ниже приводится описание общей геологии каждого участка ООРА:

Острова Анкоридж и Доннелли. Геологические образования островов Анкоридж и Доннелли являются частью интрузивной свиты острова Аделейд, в которой преобладают гранодиориты, тоналиты и габбровые породы. На острове Анкоридж преобладают гранодиориты с незначительным количеством кварцевого диорита и диорита. Считается, что геологическая структура островов Анкоридж и Доннелли соответствует остальной части интрузивной свиты острова Аделейд, и поэтому, как полагают, ее возраст составляет примерно 48 млн лет (эоценовая эпоха). Часто встречаются диориты и андезиты, а также полевошпатно-порфировые ксенолиты, которые могут составлять 30–40 % породы. Минералогический состав гранодиоритов острова Анкоридж включает в себя плагиоклазу, кварц, амфиболит, биотит и разные количества хлорита и эпидота, сформировавшиеся вдоль трещин и стыков в породе в результате изменения пород горячими водами. Минерализация малахита (меди) также является особенностью гранодиоритов на островах Анкоридж и Доннелли. На северной оконечности острова Анкоридж в гранодиорите размещается мегакристный гранитный блок площадью 20 м^2.

Острова Ист-Лагун и Маклскарф. В восточной и западной частях острова Лагун на поверхность выходят базальтовые и андезитовые лавы и брекчии. Как правило, выветриваются гематиты серого и зеленого цвета, хотя, по некоторым обнажениям, отмечаются признаки интенсивного выветривания красно-желтых гематитовых минералов. Базальтовые скалы, обнаруженные на острове Лагун, имеют отношение к наслоениям лавы, наблюдаемым в других, более северных местах на острове Аделейд, включая нунатак Бонд и гору Велен (Vélain). Базальтовые скалы острова Ист-Лагун обычно представляют собой массивные мелкозернистые лавы, как правило, состоящие из полевошпатных порфиритов. Брекчии и аутокластические брекчии связаны с лавами, наряду с более тонкими пластами вулканокластических образований. Геологическое строение острова Маклскарф не было исследовано, но считается аналогичным геологии островов Лагун.

Террасы Уолтон, остров Леони. Западная часть острова Леони отличается от главного массива острова, в составе которого преобладают габбровые породы. Западная прибрежная область является частью формации Баттресс Бучия, которая также наблюдается в районе ледника Тёрнера на острове Аделейд. Этот участок характеризуется вулканокластическими песчаниковыми пластами со связанными с ними галечными и валунными конгломератами, типичными для отложений в условиях мелководья. Породы относятся к позднеюрскому периоду.

Ледники Хортона, Хёрли и Тёрнера. В данном Районе преобладают три различных типа пород. Формация горы Льотар выходит на поверхность на горе Льотар и участках, расположенных к северу и западу. В Районе на поверхность выходят не менее 1 800 м многочисленных андезитобазальтовых и андезитовых потоков лавы. Отдельные, полностью сформированные лавовые образования различить сложно, но там, где это возможно, в серии напластования были выявлены отдельные пласты лавы толщиной 30–40 м. Образования обычно состоят из полевошпатных порфиритов и прорезаны редкими базальтовыми силлами, а их возраст оценивается примерно в 70 миллионов лет. В составе горы Годри и области к востоку от горы Льотар доминируют эоценовые гранодиориты и гибридные габбро-гранодиоритовые интрузии (плутоны). Многие из плутонов разнородны и характеризуются концентрациями хорошо окатанных ксенолитов, которые обычно имеют более щелочной состав, чем вмещающая порода. Для прибрежных полос данного Района характерны вулканические брекчии, кварцевые туфы, вулканокластические породы и грубозернистые вулканокластические песчаниковые образования с чередующимися галечными и валунными конгломератами формации Баттресс Бучия позднеюрского периода.

Почвы

На каменистых террасах, особенно на острове Леони, замкнутые насаждения мхов и трав образовали относительно богатые суглинистые участки почвы глубиной до 25 см, которые также присутствуют на острове Анкоридж, но лишь отдельными пятнами. Скудные почвы Района иногда содержат скорлупу яиц и фрагменты костей, которые указывают на присутствие здесь в прошлом колоний пингвинов, которые также были зарегистрированы на соседнем мысе Ротера.

Наземные среды обитания и растительность

Перечень видов растений и лишайников, обнаруженных на участках, входящих в состав Района и других ООРА в окрестностях залива Маргерит, приводится в таблице 4. На различных участках произрастают отдельные массивы растений и лишайников. В частности, хотя и остров Леони, и ООРА № 129 «Мыс Ротера» отличаются большим разнообразием растений, количество общих для участков видов растений невелико, что указывает на необходимость охраны различных участков с растительным покровом в районе бухты Райдер. Значительное поступление питательных веществ, образующихся при разложении позвоночных, наблюдается на всех островах в бухте Райдер и может быть фактором, способствующим относительно богатому биологическому разнообразию Района.

Остров Анкоридж. Этот остров неправильной формы, длиной около 3 км включает в себя несколько скалистых гряд и имеет максимальную высоту 57 м над уровнем моря. На склонах этих хребтов имеются участки, покрытые мхом *Sanionia uncinata* и травой *Deschampsia antarctica.* Однако доминирующей растительностью являются лишайники. На участках с преобладанием лишайников широко распространены лишайники видов *Buellia latemarginata, Usnea antarctica, Rhizoplaca aspidophora, Acarospora macrocyclos* и *Buellia*, при этом бриофиты малочисленны или полностью отсутствуют. И, напротив, в гораздо более скудных средах обитания в изобилии произрастают мхи *Sanionia uncinata, Brachythecium austro-salebrosum, Pohlia nutans* и водоросли *Prasiola crispa*, а также в меньших количествах – печеночник *Cephaloziella varians* и лишайники *Buellia., Usnea antarctica* и *Acarospora macrocyclos.*

Остров Доннелли. Комплексные исследования растительности на острове Доннелли не проводились, но было установлено, что на многих скалистых участках основным растением является *Usnea antarctica.* На острове встречаются *Deschampsia antarctica* и *Colobanthus quitensis.* Кроме того, в лощинах были обнаружены небольшие участки буйно растущего мха. Растения и лишайники на острове Доннелли, вероятно, являются субпопуляцией тех, что растут на непосредственно примыкающем острове Анкоридж.

Остров Ист-Лагун. Большая часть острова, вплоть до скал прямо над уровнем максимального прилива, представляет собой каменистую пустыню, покрытую хорошо развитыми сообществами лишайников таких же видов, которые были обнаружены на острове Анкоридж. Однако на намывных береговых террасах на восточных склонах острова в отдельных местах доминирует трава *Deschampsia antarctica* и мох *Polytrichastrum alpinum,* в то время как западные влажные лощины и склоны покрыты моховым покровом, в котором преобладают виды *Sanionia uncinatus, Brachythecium austro-salebrosum* и *Andreaea* . Влажные поверхности скал окаймлены крупными талломами макролишайников (включая такие виды, как *Umbilicaria* и *Usnea).*

Террасы Уолтон, остров Леони. Террасы Уолтон в западной части острова Леони защищены от ветра и получают много отраженного излучения от близлежащих ледников Хёрли и Тёрнера на острове Аделейд. Кроме того, в течение лета с поздних и постоянных снежников непрерывно поступает вода, в том числе в виде небольших заметных потоков. Устойчивые террасы, скалы и лощины, расположенные на высоте примерно 100 м над уровнем моря, служат основанием для крупных пятен разнообразной растительности, в то время как более уплотненные валунные осыпи на той же высоте являются местом произрастания типичных лишайниковых сообществ каменистой пустыни. На нескольких прибрежных террасах имеются участки растительного покрова площадью 400–500 $м^2$, включая замкнутые насаждения высших растений *(Deschampsia antarctica, Colobanthus quitensis)* площадью до 10 $м^2$. К доминирующим бриофитам относятся *Andreaea* spp., *Barbilophozia hatcheri, Cephaloziella* spp., *Brachythecium austro-salebrosum, Bryum* spp., *Sanionia uncinatus, Pohlia nutans* и *Polytrichastrum alpinum.* Также в этом месте произрастают самые разнообразные лишайники (см. таблицу 4).

Остров Маклскарф. О наземной биологии острова известно мало; однако из-за небольшого размера острова, высокой плотности птиц и большого количества поверхностного гуано, наземная растительность присутствует в минимальных количествах.

Ледники Хортона, Хёрли и Тёрнера. О биологии свободной ото льда суши в пределах участка известно мало. Однако преобладание постоянного льда и ледников, большая высота над уровнем моря и свободные ото льда участки, обычно расположенные на крутых склонах, означают, что наземные биологические сообщества вряд ли многочисленны и могут быть существенно ограничены небольшими пятнами растительных сообществ с преобладанием лишайников на доступных скалистых поверхностях, лежащих на меньшей высоте.

Беспозвоночные

На островах бухты Райдер обитают необычайно разнообразные сообщества беспозвоночных. Тем не менее были отмечены различия в видовом разнообразии беспозвоночных на разных участках: самая высокая видовая насыщенность зарегистрирована на острове Леони, меньшее разнообразие отмечается на острове Анкоридж, а самое ограниченное количество видов отмечено на островах Лагун (таблица 5). На острове Леони самыми широко распространенными видами являются *Globoppia loxolineata, Gamasellus racovitzai, Eupodes minutus, Nanorchestes berryi, Stereotydeus villosus, Cryptopygus antarcticus, Cryptopygus badasa* и *Friesia grisea*. На островах Анкоридж и Ист Лагун широко распространены такие виды как *Gamasellus Racovitzai, Cryptopygus antarcticus* и *Friesia grisea. Halozetes belgicae* широко распространены на острове Ист-Лагун, а *Alaskozetes antarcticus* – на острове Анкоридж. Присутствие двух последних видов указывает на влияние прибрежной морской среды на эти низко расположенные острова. В большинстве взятых образцов субстрата обнаружены два вида хищного клеща – *Gamasellus racovitzai* и *Rhagidia gerlachei*. Кроме того, в больших количествах на поверхности каменных субстратов присутствует детритофаг – травоядный клещ *Stereotydeus villosus* (Prostigmata). Места обитания вилохвосток *C. antarcticus* и *C. badasa* на участках бухты Райдер практически не перекрываются. Последний вид в больших количествах присутствует в материале, взятом с небольших участков мха на уступах и в расщелинах на более высоких отметках (особенно на острове Леони), а первый вид более распространен в прибрежных (и, возможно, более регулярно увлажняемых) средах обитания. *F. grisea* в основном нечасто встречается в прибрежных субстратах, за исключением более сухого дерна *Polytrichastrum alpinum*, где он доминирует. Данные о беспозвоночных для островов Маклскарф и Доннелли, а также ледников Хортона, Хёрли и Тёрнера отсутствуют, хотя они, вероятно, являются субпопуляцией тех, что перечислены в таблице 5.

На острове Леони были обнаружены неместные коллемболы *Hypogastrura viatica*, которые предположительно были ввезены сюда до 1993 года. В 2015 году была сделана попытка оценить постоянное присутствие и распределение данных видов в местном районе, включая острова бухты Райдер и мыс Ротера. Среди экземпляров коллемболы из образцов, взятых с островов и мыса Ротера, *Hypogastrura viatica* не была обнаружена. При отсутствии доказательств постоянного присутствия данной неместной коллемболы на этой территории можно предположить, что вид *H. Viatica* либо вымер, либо имеет настолько ограниченное территориальное распределение, что программа мониторинга не смогла его обнаружить. В свете таких результатов меры по биологической безопасности описываются как меры предосторожности для уменьшения риска дальнейшего антропогенного распространения таких потенциально инвазивных видов (см. *7(i) Общие условия выдачи разрешений*).

Фауна позвоночных

Согласно подсчетам, проведенным в январе 2018 года, количество заселенных поморниками территорий в границах ООРА для каждого из островов составляет: остров Леони (западная часть) – 159, а также 58 поморников на клубном участке, остров Ист-Лагун – 144, остров Анкоридж – 439, а также 136 поморников на двух клубных участках и остров Доннелли – 25. Территории обитания поморников широко распределены по свободной от снега суше, за исключением осыпи, расположенной на отметке выше 100 м на острове Леони.

Голубоглазые бакланы гнездятся на острове Маклскарф (251 пара). Их колония необычно велика для данного вида: только 11 других колоний (<10 % из зарегистрированных) насчитывают 200 пар или более (Schrimpf et al. 2018). Территории, на которых обитают поморники, на острове обнаружены не были.

Еще один вид гнездящихся птиц – доминиканские чайки (*Larus dominicanus*), которые были обнаружены на острове Ист-Лагун (15–25 пар), острове Анкоридж (10–20 пар), острове Леони (20–30 пар) и острове Доннелли (10–20 пар) (все подсчеты проводились в 2018 году; неопубликованные данные Антарктического управления Великобритании). Антарктические крачки (*Sterna vittata*) в Районе не гнездятся, но около 10 пар гнездятся в других местах на острове Леони. Однако в 1990-е годы было зарегистрировано небольшое количество гнездящихся антарктических крачек на островах Лагун и Анкоридж (Milius 2000). На острове Анкоридж гнездятся качурки Вильсона (*Oceanites oceanicus*), что подтверждается данными 2018 года: в расщелинах в дневное время были замечены издающие крики взрослые особи, а также высиживающая детенышей птица. Этот вид с большой вероятностью также гнездится на острове Ист-Лагун, учитывая большую территорию подходящей среды обитания. На острове Анкоридж в период линьки в значительных количествах (от 10 до 100 птиц) присутствуют пингвины Адели (*Pygoscelis adeliae*) и в меньших количествах – в других местах Района в конце лета. Однако колонии пингвинов или гигантских буревестников в Районе отсутствуют.

На берегу поднятых пляжей на всех участках устраивают лежбища тюлени Уэдделла (*Leptonychotes weddellii*). В период линьки на острове Анкоридж, а также летом на острове Ист-Лагун появляются лежбища многочисленных (>100) морских слонов (*Mirounga leonina*), а в конце лета на островах могут находиться сотни неразмножающихся кергеленских морских котиков (*Arctocephalus gazella*). Количество морских котиков в настоящее время невелико, но может вырасти и в итоге создать наземной окружающей среде угрозу, аналогичную той, которой подвергаются участки Южных Оркнейских островов.

Деятельность и воздействие человека

Острова Леони являются местом человеческой деятельности уже более 112 лет. Первоначально острова были нанесены на карту в январе 1909 года Жаном-Батистом Огюстом Этьенном Шарко (Jean-Baptiste-Etienne-Auguste Charcot) во время французской антарктической экспедиции (1908/10 г.), а затем еще раз – членами Британской экспедиции на Землю Грейама в 1936 году, когда название самого большого острова стало названием для всей группы островов. Острова были дополнительно обследованы британской экспедицией со станции Стонингтон-Айленд (1948-50) и нанесены на карту группой гидрографических исследований судном HMS Endurance (1976-77). Люди периодически посещали острова после основания научной станции Аделейд (1961–1977 гг.) и более регулярно – после основания в 1975 г. научно-исследовательской станции Ротера (-67,56944° ю. ш.; -68,12222° з. д.), которая находится лишь в 3,5 км от ближайшего острова, входящего в состав Района. Острова Леони стали центром внимания ученых благодаря важным исследованиям наземной биологии, проведенным после строительства лаборатории Боннера на научно-исследовательской станции Ротера в 1997 г. В целом деятельность на островах была ограничена посещениями персоналом станции с целью научных исследований, а также периодическими визитами туристов, приплывавших на яхтах и более редко – на круизных судах.

Остров Анкоридж. Остров Анкоридж является объектом обширных исследований с середины 1990-х годов. Полевая хижина Анкоридж (расположенная в непосредственной близости от границ Района) в течение нескольких лет служила вспомогательной базой для местных исследователей. В 1960-х годах на самой высшей точке острова (-67,59778° ю. ш.; -68,20417° з. д.) в исследовательских целях была возведена деревянная мачта, но позже она обрушилась и в январе 2018 г. была демонтирована вместе с анкерными канатами и кольями.

Остров Доннелли. 31 января 2018 г. в целях управления окружающей средой остров Донелли посетили два человека, которые пробыли здесь один час. Насколько нам известно, до этого остров не посещался в течение 20 лет. Однако в середине 1990-х годов на остров ненадолго прибыла экспедиция, чтобы установить небольшую мемориальную доску в честь Джона П. Доннелли (John P. Donnelly), главного судового инженера Антарктического управления Великобритании, именем которого и был назван остров.

Остров Ист-Лагун. Исследования (в частности, моховых сообществ) проводятся на острове Ист-Лагун с 1990-х годов. Непосредственная близость острова Ист-Лагун к полевой хижине на острове Вест Лагун подразумевает, что участок несколько раз посещался в рекреационных целях. Два острова разделены неглубоким каналом шириной 50 м, который во время отлива можно пересечь в болотных сапогах.

Террасы Уолтон, остров Леони. Участок расположен на самой дальней от научно-исследовательской станции Ротера стороне острова Леони. Сюда иногда приходят исследователи и редко в рекреационных целях – персонал станции.

Остров Маклскарф. Благодаря своему небольшому размеру и высокой плотности гнездящихся птиц остров вызывает интерес орнитологов, которые, однако, посещают его нерегулярно (каждые несколько лет) для подсчета популяции птиц.

Ледники Хортона, Хёрли и Тёрнера. В отличие от некоторых других участков Района, которые часто посещались людьми за последние сто лет или более, на территорию ледников Хортона, Хёрли и Тёрнера нога человека практически не ступала. Геологические отряды совершали восхождения на вершины, расположенные на северной и западной границах Района, не заходя в сам Район. В 2006-2007 гг. небольшой геологический отряд высадился на восточной границе участка у отвесной скалы к югу от фронта ледника Тёрнера (-67,57778° ю. ш.; -68,38750° з. д.) и оставался там примерно около часа. О каких-либо других посещениях участка неизвестно. Неизвестно также о какой-либо постоянной или полупостоянной инфраструктуре, артефактах, транспортных маршрутах или каких-либо других свидетельствах видимого присутствия людей.

Другие близлежащие научно-исследовательские станции

В непосредственной близости расположены две круглогодичные научно-исследовательские станции: Сан-Мартин (Аргентина; -68,12972° ю. ш.; -67,10278° з. д.), которая находится в 75 км к юго-востоку, и исследовательская станция Ротера (Великобритания; -67,56944° ю. ш.; -68,12222° з. д.), которая расположена на расстоянии 3,5 км к северо-востоку. Летняя станция Теньенте-Луис-Карвахал (Чили; -67,76056° ю. ш.; -68,91472° з. д.), расположенная в 35 км к юго-западу на южной оконечности острова Аделаида, работает с 1985 года. Временная Турецкая антарктическая исследовательская станция (ТАИС; -67,829676° ю. ш.; -67,237757° в. д.) находится на острове Хорсшу в 45 км к востоку-юго-востоку от Района.

6(ii) Доступ в Район

Ввиду наличия подводных камней к каждому участку Района удобнее всего попасть на небольших мелкодонных лодках. Кроме того, после установления прочного ледового покрытия в Район можно попасть на снегоходе. Точки доступа для небольших лодок показаны на картах 3 и 4 и описаны ниже.

Остров Анкоридж. Доступ к острову лучше всего осуществлять со скал, расположенных рядом с исследовательской хижиной на северо-западном берегу острова в точке с координатами -67,60278° ю. ш.; -68,21319° з. д. Альтернативная точка доступа находится к востоку от острова -67,60167° ю. ш.; -68,20056° з. д., но возможны высадки и в других местах острова.

Остров Доннелли. Рекомендуемое место посадки находится в точке с координатами -67,61000° ю. ш.; -68,20222° в. д., но возможны высадки и в других местах острова.

Остров Ист-Лагун. Высадка возможна во многих местах на пляже к востоку от лагуны, разделяющей острова Вест Лагун и Ист-Лагун, например, в точке с координатами -67,59344° ю. ш.; -68,24003° з. д.

Террасы Уолтон, остров Леони. Поскольку участок включен в Район с целью защиты его ценностей дикой заповедной природы, доступ на него разрешен только для выполнения неотложных научных задач, которые не могут быть реализованы в каком-либо ином месте ООРА, или же в связи с важной деятельностью по управлению Районом. Лучшая точка доступа на остров Леони – его северная оконечность за пределами Района (-67,59250 ю. ш.°; -68,34139° з. д.). Возможны другие места высадки, но подводные камни представляют собой серьезную угрозу для судов.

Остров Маклскарф. Доступ к острову лучше всего осуществлять через небольшую бухту к югу от острова в точке с координатами -67,59411° ю. ш.; -68,26119° з. д. Посадка в других местах может быть затруднена из-за скал и большого количества птиц на острове.

Ледники Хортона, Хёрли и Тёрнера. Поскольку участок включен в Район с целью защиты его ценностей дикой заповедной природы, доступ на него разрешен только для выполнения неотложных научных задач, которые не могут быть реализованы в каком-либо ином месте ООРА, или же в связи с важной деятельностью по управлению Районом. Если доступ на участок требуется по таким причинам, это можно сделать на небольшой лодке из бухты Райдер или по суше, используя маршруты, проложенные через покрытые снегом горы к северу и западу от участка.

6(iii) Места расположения сооружений в пределах и вблизи Района

На территории Района никаких постоянных сооружений нет. Ближайшая научно-исследовательская станция Ротера находится в 3,5 км к северо-востоку от острова Анкоридж (см. карту 2). Укрытие, которое в настоящее время заменяется, находится на острове Анкоридж, недалеко от Района в 200 м от самой западной рекомендуемой площадки для морских судов. Научное оборудование, включая колпаки, было установлено в нескольких местах острова Анкоридж (-67,60611° ю. ш.; -68,21806° з. д.), на автоматической метеорологической станции (-67,60253° ю. ш.; -68,20292° з. д.) и для проведения экспериментов на искусственных установках (-67,60556° ю. ш.; -68,20556° з. д. и -67,64583° ю. ш.; -68,20417° з. д.). На острове Доннелли была установлена мемориальная доска с текстом «Этот остров был назван в память Джона П. Доннелли (1948–1993 гг.), главного инженера научно-исследовательского судна "Джеймс Кларк Росс"» (-67,60806° ю. ш.; -68,19667° з. д.). На острове Ист-Лагун, на террасах Уолтон на острове Леони, на острове Маклскарф и на ледниках Хортона, Хёрли и Тёрнера нет никаких построек.

6(iv) Местонахождение других близлежащих охраняемых Районов

ООРА № 129 «Мыс Ротера», залив Маргерит, расположен в 4 км к северо-востоку от острова Анкоридж. ООРА № 107 «Остров Эмперор» (острова Дьон, залив Маргерит) находится примерно в 15 км к югу от острова Аделейд. ООРА № 115 «Острова Лаготельри» (залив Маргерит) находится примерно в 11 км к югу от острова Пуркуа-Па. ООРА № 117 «Остров Авиан», залив Маргерит, находится примерно в 0,25 км к югу от юго-западной оконечности острова Аделейд. ИМП № 63 «База Y» находится на острове Хорсшу примерно в 45 км к востоку-юго-востоку от Района. Расположение этих охраняемых территорий показано на карте 1.

6(v) Специальные зоны на территории Района

Отсутствуют

7. Условия выдачи разрешений для доступа

7(i) Общие условия выдачи разрешений

Доступ в Район возможен только на основании разрешения, выданного компетентным национальным органом в соответствии с пунктом 4 Статьи 3 и положениями Статьи 7 Приложения V к Протоколу по охране окружающей среды к Договору об Антарктике.

Разрешение на посещение Района выдается на следующих условиях:

- разрешение выдается для выполнения неотложных научных задач, которые нельзя выполнить в каком-либо ином месте, или же в связи с важной деятельностью по управлению Районом;
- осуществление деятельности на участках, включенных в Район с целью охраны его ценностей дикой природы, например ледников Хортона, Хёрли и Тёрнера и террас Уолтон на острове

Леони (см. таблицу 2), разрешается только для выполнения неотложных научных задач, которые не могут быть реализованы в каком-либо ином месте ООРА, или же в связи с важной деятельностью по управлению Районом;

- разрешенная деятельность должна пройти оценку воздействия на окружающую среду в контексте поддержания охраны экологических, научных, природных и эстетических ценностей Района;
- разрешенная деятельность соответствует настоящему Плану управления;
- во время пребывания на территории Района необходимо иметь при себе оригинал или заверенную копию разрешения;
- разрешение выдается на ограниченный срок;
- в орган или органы, указанные в разрешении, направляется отчет; а также
- в компетентный орган следует сообщать о любых осуществленных видах деятельности и принятых мерах, а также о любых удаленных материалах и/или материалах, попавших в окружающую среду и не удаленных из нее, которые не были указаны в выданном разрешении.

7(ii) Доступ в Район и передвижение по его территории

Для обеспечения охраны ценностей Района вводятся следующие ограничения:

- Для охраны ценностей дикой природы Района в соответствии с целями и задачами настоящего Плана управления, посещения территории ледников Хортона, Хёрли и Тёрнера и террас Уолтон на острове Леони должны быть сведены к абсолютному минимуму.
- Доступ к границам участка Района осуществляется на маломерном судне (например, жесткой надувной лодке), снегоходе или другом наземном транспортном средстве. Точки доступа небольших лодок к участкам острова Леони описаны в разделе *6(ii) Доступ в Район* и ниже:

  Остров Анкоридж: -67,60278° ю. ш.; -68,21306° з. д. или -67,60167° ю. ш.; -68,20056° з. д.

  Остров Доннелли: -67,61000° ю. ш.; -68,20222° з. д.

  Остров Ист-Лагун: -67,59344° ю. ш.; -68,24003° з. д.

  Террасы Уолтон, остров Леони: -67,59250° ю. ш.; -68,34139° з. д.

  Остров Маклскарф: -67,59411° ю. ш.; -68,26119° з. д.

  Ледники Хортона, Хёрли и Тёрнера: доступ на лодке не рекомендуется.

- Использование наземных транспортных средств на территории Района запрещено.
- Передвижение по суше и льду на территории Района разрешается только пешком. Движение пешеходов должно быть сведено к минимуму, необходимому для достижения целей любой разрешенной деятельности. При этом следует принимать все возможные меры для сведения к минимуму вытаптывания. Трассы на территории Района отсутствуют. Посетители должны избегать участков с видимой растительностью. Следует осторожно передвигаться в местах с водонасыщенным грунтом, особенно в руслах потоков, где в процессе ходьбы можно легко повредить чувствительную почву, растения и водоросли, а также ухудшить качество воды.
- Посадка самолетов и вертолетов на территории Района запрещена.
- Взлетно-посадочная полоса научно-исследовательской станции Ротера начала эксплуатироваться в 1991 году и расположена в пределах 3,5 км от некоторых участков Района. Учитывая близость взлетно-посадочной полосы, иногда может потребоваться полет над территорией Района в операционных или научных целях. Воздушные операции над территорией Района должны в максимальной степени соответствовать требованиям *Руководства по осуществлению воздушных операций вблизи скоплений птиц*

в Антарктике, содержащегося в Резолюции 2 (2004 г.) (размещено на сайте:http://www.ats.aq/documents/recatt/Att224_e.pdf).

- Пролет дистанционно пилотируемых авиационных систем (ДПАС) над колониями птиц в пределах Района не допускается, за исключением случаев, когда это необходимо в научных или операционных целях согласно разрешению, выданному соответствующим национальным органом. Кроме того, эксплуатация ДПАС на территории Района или над ней должна осуществляться в соответствии с Руководством по экологическим аспектам использования дистанционно пилотируемых авиационных систем (ДПАС) в Антарктике (Резолюция 4 (2018 г.) (размещено на сайте: https://www.ats.aq/devAS/ats_meetings_meeting_measure.aspx?lang=e).
- Необходимо соблюдать строгие меры карантинного контроля во избежание интродукции неместных видов. Соответствующие меры предосторожности также должны применяться при передвижении между различными участками, входящими в состав Района. В частности, необходимо очистить обувь от всей прилипшей почвы или грязи, а верхнюю одежду, мешки и экспериментальное оборудование – от почвы, грязи, гуано и пропагул растений.

7(iii) Разрешенная деятельность на территории Района

Разрешенная деятельность на территории Района включает в себя:

- крайне необходимые научные исследования, которые не могут быть проведены в каком-либо другом месте;
- научные исследования, не представляющие угрозы для окружающей среды, научных или природных ценностей Района.
- Основные управленческие мероприятия, включая мониторинг.

На участках, включенных в Район с целью охраны его ценностей дикой природы, т. е. на ледниках Хортона, Хёрли и Тёрнера и террасах Уолтон на острове Леони (см. таблицу 2), осуществление деятельности разрешается только для выполнения неотложных научных задач, которые не могут быть реализованы в каком-либо ином месте ООРА, или же в связи с важной деятельностью по управлению Районом.

7(iv) Возведение, реконструкция и удаление сооружений

- Возводить сооружения или устанавливать научное оборудование на территории Района запрещается, за исключением случаев, когда это необходимо для выполнения неотложных научных задач или мер управления и на заданный период в соответствии с разрешением.
- На участках, включенных в Район с целью охраны его ценностей дикой природы, т. е. на ледниках Хортона, Хёрли и Тёрнера и террасах Уолтон на острове Леони (см. таблицу 2), установка сооружений разрешается только для выполнения неотложных научных задач, которые не могут быть реализованы в каком-либо ином месте ООРА, или же в связи с важной деятельностью по управлению Районом.
- Строительство капитальных сооружений или установок запрещено.
- Все указатели, сооружения или научное оборудование, возводимые (устанавливаемые) на территории Района, подлежат четкой идентификации с указанием страны, наименования основной исследовательской организации или агентства, года возведения (установки) и даты планируемого удаления.
- На всех таких объектах не должно быть организмов, пропагул (например, семян, яиц, спор) и нестерильной почвы; они должны быть изготовлены из материалов, которые способны

выдержать условия окружающей среды и которые представляют минимальный риск загрязнения Района.

- Удаление конкретных сооружений или оборудования с истекшим сроком размещения является обязанностью той инстанции, которая выдала первоначальное разрешение, и должно быть оговорено в условиях разрешения.
- Существующие строения на территории Района не подлежат сносу, за исключением случаев, когда имеется разрешение (см. Раздел *6(iii) Места расположения сооружений в пределах и вблизи Района*).

7(v) Размещение полевых лагерей

- Разбивка лагерей на территории Района запрещена.
- Следует изучить возможность размещения людей на научно-исследовательской станции Ротера.
- В качестве альтернативы полевые хижины/сооружения, используемые Британской антарктической службой, расположены на острове Уэст-Лагун (-67,59393° ю. ш.; -68,24311° з. д.) и на острове Анкоридж в непосредственной близости от Района (-67,60222° ю. ш.; -68,20893° з. д.) (см. карту 4).
- Разбивка лагеря за пределами территории Района на острове Леони допускается на пляже в точке с координатами 67,59361° ю. ш.; -68,34389° з. д. (см. карту 3).

7(vi) Ограничения на ввоз в Район материалов и организмов

Помимо требований Протокола по охране окружающей среды к Договору об Антарктике, вводятся следующие ограничения на ввоз в Район указанных ниже материалов и организмов.

- Преднамеренный ввоз животных, растительных материалов, микроорганизмов и нестерильной почвы на территорию Района запрещается.
- Необходимо соблюдать соответствующие меры предосторожности для предотвращения случайной интродукции животных, растительного материала, микроорганизмов и нестерильной почвы из других биологически отличных регионов (в пределах или вне области действия Договора об Антарктике). Кроме того, между различными участками, входящими в состав ООРА, были зарегистрированы существенные различия в биоразнообразии, поэтому необходимо принять меры предосторожности для предотвращения переноса видов между участками в пределах ООРА. Посетители также должны изучить и соответствующим образом соблюдать рекомендации, содержащиеся в *Руководстве КООС по неместным видам*, и в *Экологическом кодексе поведения при проведении наземных научных полевых исследований в Антарктике*. Дополнительные меры биобезопасности перечислены в Разделе *7(x)*.
- Ввоз в Район продуктов из домашней птицы, включая пищевые продукты, содержащие сырой яичный порошок, не допускается.
- Ввоз в Район гербицидов и пестицидов не допускается. Все остальные химические вещества, включая радиоактивные или стабильные изотопы, которые могут ввозиться для выполнения неотложных научных задач, оговоренных в разрешении, подлежат вывозу из Района сразу после или до завершения разрешенной деятельности. Следует не допускать непосредственного безвозвратного проникновения в окружающую среду радиоактивных и стабильных изотопов.
- Топливо, пищевые продукты и прочие материалы запрещается складировать на территории Района, за исключением случаев, когда это необходимо для достижения важных целей, связанных с деятельностью, на которую выдано разрешение. Способы хранения и обращения с этими веществами должны обеспечивать сведение к минимуму вероятности их

непреднамеренного попадания в окружающую среду. Организация постоянных складов запрещается.

- Ввоз материалов на территорию Района разрешается только на оговоренный срок, и они подлежат удалению к концу установленного срока.

7(vii) Изъятие или вредное вмешательство в жизнь местной флоры и фауны

- Изъятие местной флоры и фауны или вредное воздействие на них запрещено, если иное не оговорено в разрешении, выданном в соответствии с требованиями Приложения II к Протоколу по охране окружающей среды к Договору об Антарктике.
- В случае изъятия или вредного вмешательства в жизнь животных следует соблюдать разработанный СКАР *Кодекс поведения при использовании животных в научных целях в Антарктике*, который является минимальным стандартом.
- Объем всех отбираемых образцов воды, отложений, почвы или растительности должен быть минимально возможным для удовлетворения научных целей или задач по управлению и производиться способами и методами, обеспечивающими минимально возможное нарушение окружающей почвы, льда и биоты.

7(viii) Сбор или вывоз материалов, не ввезенных в Район держателем разрешения

Сбор и вывоз материалов допускается только в соответствии с разрешением и должен ограничиваться минимумом, необходимым для выполнения научных задач или достижения целей управления (см. разделы *7(iii) Разрешенная деятельность в Районе*, *7(x) Меры по поддержанию реализации целей и задач Плана управления* и *7(vii) Изъятие местной флоры и фауны или вредное воздействие на них*). Применительно к отбору геологических проб разрешения не должны выдаваться при наличии обоснованных опасений в отношении того, что предполагаемый отбор образцов приведет к изъятию, вывозу или повреждению такого объема пород (в том числе пород, содержащих окаменелости), который серьезно скажется на их количестве в Районе. Прочие материалы антропогенного происхождения, которые могут нанести ущерб ценностям Района и которые не были ввезены в Район держателем разрешения или санкционированы иным образом, могут быть вывезены при условии, что воздействие на окружающую среду при их удалении не будет превышать ущерб от оставления этих материалов на месте; в этом случае необходимо проинформировать соответствующий национальный орган и получить его одобрение.

7(ix) Удаление отходов

Все отходы, включая отходы жизнедеятельности человека, подлежат удалению из Района.

7(x) Меры по поддержанию реализации целей и задач Плана управления

Разрешения на доступ в Район могут выдаваться в следующих случаях:

- для проведения мониторинга и инспектирования Района, что может включать в себя сбор небольшого количества образцов или данных для анализа или изучения;
- для технического обслуживания научного оборудования и
- для проведения охранных мероприятий;
- для проведения исследований или осуществления мер управления способом, который не допускал бы вмешательства в программу долгосрочного исследования и мониторинга, а также возможного дублирования усилий. Перед началом работ лица, планирующие новые проекты в

Районе, должны проконсультироваться с определенными программами, работающими в пределах Района, такими как программы Великобритании или Нидерландов.

Все участки, специально предназначенные для проведения долгосрочного мониторинга, должны быть соответствующим образом обозначены на месте и на картах Района. Должны быть получены координаты GPS для внесения в Систему каталогов антарктических данных через компетентный национальный орган.

Чтобы сохранить экологические и научные ценности Района, посетители должны принимать особые меры предосторожности против биологических интродукций в каждом из шести участков, составляющих ООРА, и между ними. Особое беспокойство вызывает интродукция микроорганизмов, животных или растений из почв других районов Антарктики, в том числе со станций или из регионов за пределами Антарктики. Насколько это возможно, перед тем как войти на территорию Района или перед перемещением между шестью участками, составляющими Район, посетители должны тщательно очистить свою обувь, одежду и любое оборудование, особенно оборудование для отбора проб.

Район не был определен специально для охраны геологических ценностей, однако с учетом того, что отбор геологических образцов оказывает и постоянное, и кумулятивное воздействие, необходимо принять перечисленные далее меры в целях защиты научных ценностей Района:

- посетители, вывозящие из Района геологические пробы и образцы, должны составить отчет с указанием типа, количества и места отбора геологических проб и образцов и как минимум направить экземпляр такого отчета в Национальный центр антарктических данных или Генеральный каталог антарктических данных;
- в целях минимизации дублирования посетители, планирующие собирать образцы на территории Района, должны доказать, что они ознакомились с собранными ранее коллекциями.

7(xi) Требования к отчетам

- По каждому посещению Района основной держатель разрешения должен представить отчет в соответствующую национальную инстанцию в возможно короткий срок, но не позднее чем через шесть месяцев после завершения посещения.
- Эти отчеты должны содержать, в зависимости от обстоятельств, информацию, указанную в форме Отчета о посещении, приведенной в Приложении 2 Руководства по подготовке Планов управления Особо охраняемыми Районами Антарктики (Резолюция 2 (2011 г.).
- В отчете должны быть особо отмечены конкретные свободные ото льда участки, посещенные на территории Района (по возможности с указанием координат GPS), длительность нахождения в каждом месте и предпринятые действия.
- При наличии возможности национальный компетентный орган должен также направить копию отчета о посещении Стороне, предложившей План управления, с тем чтобы содействовать в управлении Районом и рассмотрении Плана управления.
- Стороны должны по возможности размещать оригиналы или копии таких отчетов о посещении в общедоступном архиве для учета пользования материалами в целях пересмотра Плана управления и в качестве организационной меры по использованию Района в научных целях.

8. Справочная документация

Bastmeijer, K. (2016). (Ed.) Wilderness Protection in Europe. The Role of International, European and National Law. Cambridge University Press.

Bentley, M.J., Hodgson, D.A., Smith, J.A., and Cox, N. J. (2005). Relative sea level curves for the South Shetland Islands and Marguerite Bay, Antarctic Peninsula. Quaternary Science Reviews 24: 1203-1216.

Black, M., Riley, T. R., Ferrier, G., Fleming, A.H., and Fretwell, P.T. (2016). Automated lithological mapping using airborne hyperspectral thermal infrared data: A case study from Anchorage Island, Antarctica. Remote Sensing of Environment 176: 225-241.

Bokhorst, S., Ronfort, C., Huiskes, A., Convey, P. and Aerts, R. (2007). Food choice of Antarctic soil arthropods clarified by stable isotope signatures. Polar Biology 30: 983-990.

Bokhorst, S., Huiskes, A.H.L., Convey, P., Sinclair, B.J., Lebouvier, M., Van de Vijver, B., Wall, D.H. (2011). Microclimate impacts of passive warming methods in Antarctica: implications for climate change studies. Polar Biology 34: 1421-1435.

Bokhorst, S., Huiskes, A., Aerts, R., Convey, P., Cooper, E.J., Dalenk, L., Erschbamer, B., Gudmundsson, J. N., Hofgaard, A., Hollister, R. D., Johnstone, J., Jonsdottir, I. S., Lebouvier, M., Van De Vijver, B., Wahren, C.-H., and Dorrepaal, E. (2013) Variable temperature effects of Open Top Chambers at polar and alpine sites explained by irradiance and snow depth. Global Change Biology 19: 64-74.

Bokhorst, S., Convey, P., Aerts, R. Nitrogen inputs by marine vertebrates drive abundance and richness in Antarctic terrestrial ecosystems. Current Biology 29: 1721-1727.

Cannone, N., Convey, P., Malfasi, F. (2018) Antarctic Specially Protected Areas (ASPA): a case study at Rothera Point providing tools and perspectives for the implementation of the ASPA network in the Antarctic Peninsula. Biodiversity and Conservation 27: 2641-2660.

Chong, C.W., Pearce, D.A., Convey, P., Yew, W.C. and Tan, I.K.P. 2012. Patterns in the distribution of soil bacterial 16S rRNA gene sequences from different regions of Antarctica. Geoderma 181: 45-55.

Committee for Environmental Protection (CEP). (2019). Non-native species manual – 2nd Edition. Manual prepared by Intersessional Contact Group of the CEP and adopted by the Antarctic Treaty Consultative Meeting through Resolution 4 (2016). Buenos Aires, Secretariat of the Antarctic Treaty.

Convey, P., and Smith, R.I.L. (1997). The terrestrial arthropod fauna and its habitats in northern Marguerite Bay and Alexander Island, maritime Antarctic. Antarctic Science 9: 12-26.

Convey, P, Barnes, D.K.A., and Morton, A. (2002). Debris accumulation on oceanic island shores of the Scotia Arc, Antarctica. Polar Biology 25: 612-617.

Davies, P. M. (2001). Notes from a cold climate: Antarctic Symphony (Symphony No. 8) Browns, London. 152 pp.

Dudley, N. (2008) (Ed.) Guidelines for Applying Protected Area Management Categories Gland: World Conservation Union/IUCN.

Fretwell, P.T., Convey, P., Fleming, A.H., Peat, H.J., and Hughes, K.A. (2011). Detecting and mapping vegetation distribution on the Antarctic Peninsula from remote sensing data. Polar Biology 34: 273-281.

Hawes, T.C., Worland, M.R., Convey, P., and Bale, J.S. (2007). Aerial dispersal of springtails on the Antarctic Peninsula: implications for local distribution and demography. Antarctic Science 19: 3-10.

Holderegger, R., Stehlik, I., Smith, R.I.L., and Abbott, R.J. (2003). Populations of Antarctic hairgrass *(Deschampsia antarctica)* show low genetic diversity. Arctic, Antarctic, and Alpine Research 35: 214-217.

Hughes, K.A., Greenslade, P., and Convey, P. (2017). The fate of the non-native Collembolon, *Hypogastrura viatica*, at the southern extent of its introduction range in Antarctica. Polar Biology 40: 2127–2131. DOI: 10.1007/s00300-017-2121-4

Huiskes, A.H.L., Boschker, H.T.S., Lud, D., and Moerdijk-Poortvliet, T.C.W. (2006). Stable isotope ratios as a tool for assessing changes in carbon and nutrient sources in Antarctic terrestrial ecosystems. In: Rozema, J., Aerts, R., Cornelissen, H. (eds) Plants and Climate Change. Tasks for Vegetation Science, vol. 41. Springer, Dordrecht.

Maslen, N.R., and Convey, P. (2006). Nematode diversity and distribution in the southern maritime Antarctic – clues to history? Soil Biology and Biochemistry 38: 3141-3151.

Milius, N. (2000). The birds of Rothera, Adelaide Island, Antarctic Peninsula. *Marine Ornithology* 28: 63–67.

Morgan, F., Barker, G., Briggs, C., Price, R., and Keys, H. (2007). Environmental Domains of Antarctica Version 2.0 Final Report. Landcare Research Contract Report LC0708/055.

Peat, H. J., Clarke, A., and Convey, P. (2007). Diversity and biogeography of the Antarctic flora. Journal of Biogeography 34: 132-146.

Phillips, R.A., Silk, J.R.D., Massey, A. and Hughes, K.A. (2019). Surveys reveal increasing and globally important populations of south polar skuas and Antarctic shags in Ryder Bay. Polar Biology 42: 423–432.

Rinnan, R., Rousk, J., Yergeau, E., Kowalchuk, G. A., and Baath, E. (2009) Temperature adaptation of soil bacterial communities along an Antarctic climate gradient: predicting responses to climate warming. Global Change Biology 15: 2615-2625.

SCAR (2018). SCAR's environmental code of conduct for terrestrial scientific field research in Antarctica. ATCM XLI WP001. Adopted by the Antarctic Treaty Consultative Meeting through Resolution 5 (2018).

SCAR (2011). SCAR code of conduct for the use of animals for scientific purposes in Antarctica. ATCM XXXIV IP53.

Schrimpf, M., Naveen, R., Lynch, H.J. (2018). Population status of the Antarctic shag *Phalacrocorax (atriceps) bransfieldensis*. Antarctic Science 30:151–159.

Terauds, A., Chown, S. L., Morgan, F., Peat, H. J., Watt, D., Keys, H., Convey, P., and Bergstrom, D. M. (2012). Conservation biogeography of the Antarctic. Diversity and Distributions 18: 726–41.

Upson, R., Newsham, K.K., and Read, D.J. (2008). Root-fungal associations of *Colobanthus quitensis* and *Deschampsia antarctica* in the maritime and sub-Antarctic. Arctic, Antarctic, and Alpine Research 40: 592-599.

Upson, R., Newsham, K.K., Bridge, P.D., Pearce, D.A., and Read, D.J. (2009). Taxonomic affinities of dark septate root endophytes of *Colobanthus quitensis* and *Deschampsia antarctica*, the two native Antarctic vascular plant species. Fungal Ecology 2: 184-196.

Yergeau, E., Bokhorst, S. Huiskes, A.H.L., Boschker, H. T. S., Aerts, R., and Kowalchuk, G. A. (2007). Size and structure of bacterial, fungal and nematode communities along an Antarctic environmental gradient. FEMS Microbiology Ecology 59: 436–451.

Yergeau, E, Newsham, K.K., Pearce, D.A., and Kowalchuk, G.A. (2007). Patterns of bacterial diversity across a range of Antarctic terrestrial habitats. *Environmental Microbiology* 9: 2670-2682.

Yergeau, E., Kang, S., He, Z., Zhou, J., and Kowalchuk, G. A. (2007). Functional microarray analysis of nitrogen and carbon cycling genes across an Antarctic latitudinal transect. The ISME Journal 1: 163–179.

Yergeau, E., and Kowalchuk, G. A. (2008) Responses of Antarctic soil microbial communities and associated functions to temperature and freeze-thaw cycle frequency. Environmental Microbiology 10: 2223-2235.

Yergeau, E., Schoondermark-Stolk, S. A., Brodie, E. L., Dejean, S., DeSantis, T. Z., Goncalves, O., Piceno, Y. M., Andersen, G. L. and Kowalchuk, G. A. (2009) Environmental microarray analyses of Antarctic soil microbial communities. ISME Journal 3: 340-351.

Yergeau E., Bokhorst S., Kang S., Zhou J. Z., Greer C. W., Aerts R. and Kowalchuk G. A. (2012) Shifts in soil microorganisms in response to warming are consistent across a range of Antarctic environments. ISME Journal 6: 692-702.

Карта 1. Местоположение ООРА № 177 «Острова Леони и Юго-Восточная Часть Острова Аделейд» в окрестностях залива Маргерит. Характеристики карты: WGS84, проекция UTM зона 19S. Центральный меридиан 68° ю. ш. (врезка карты: WGS84 южнополярная стереографическая, центральный меридиан 55° з. д., стандартная параллель: 71° ю. ш.)

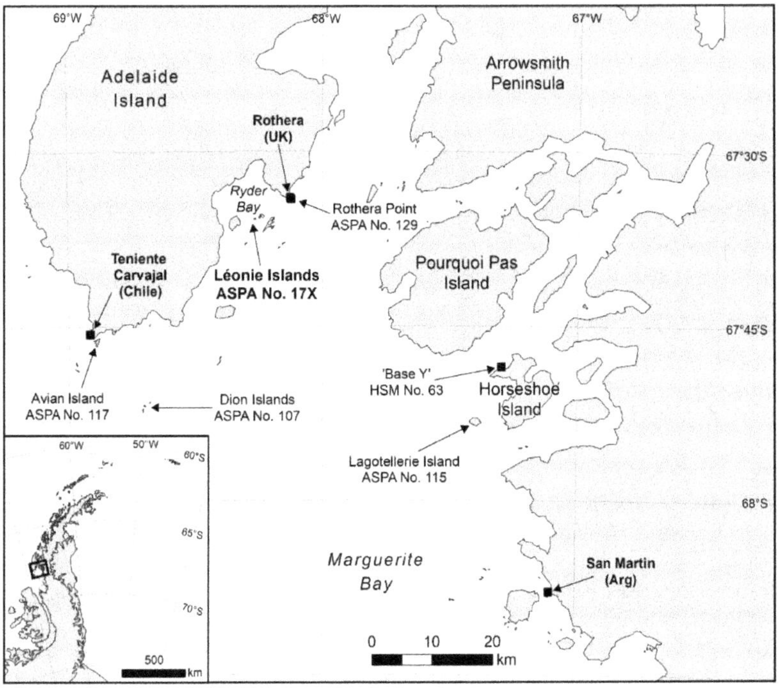

Карта 2. Обзорная карта ООРА № 177 «Острова Леони и Юго-Восточная Часть Острова Аделейд» (Антарктический полуостров), включающего в себя несколько участков. Участок ледников Хортона, Хёрли и Тёрнера подробно описан на карте ниже. Участок террас Уолтон на острове Леони подробно описан на карте 3. Участки острова Анкоридж, острова Ист-Лагун, острова Доннелли и острова Маклскарф подробно описаны на карте 4. Характеристики карты: WGS84, проекция UTM зона 19S. Центральный меридиан 68° з. д. Детали граничных координат можно найти в таблице 3.

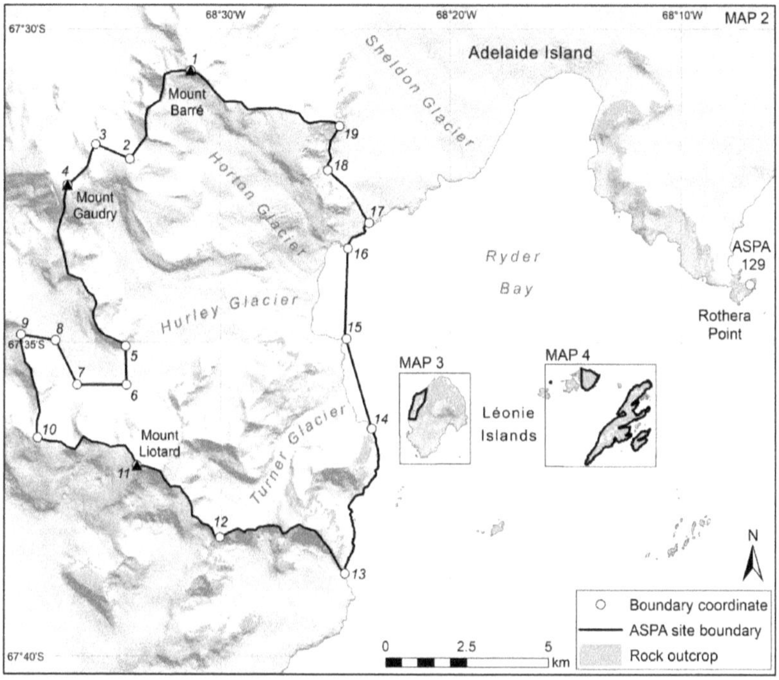

Карта 3. Карта террас Уолтон, которые являются частью ООРА № 177 «Острова Леони и Юго-Восточная Часть Острова Аделейд» (Антарктический полуостров), включающего в себя несколько участков. Характеристики карты: WGS84, проекция UTM зона 19S. Центральный меридиан 68° з. д. Детали граничных координат можно найти в таблице 3.

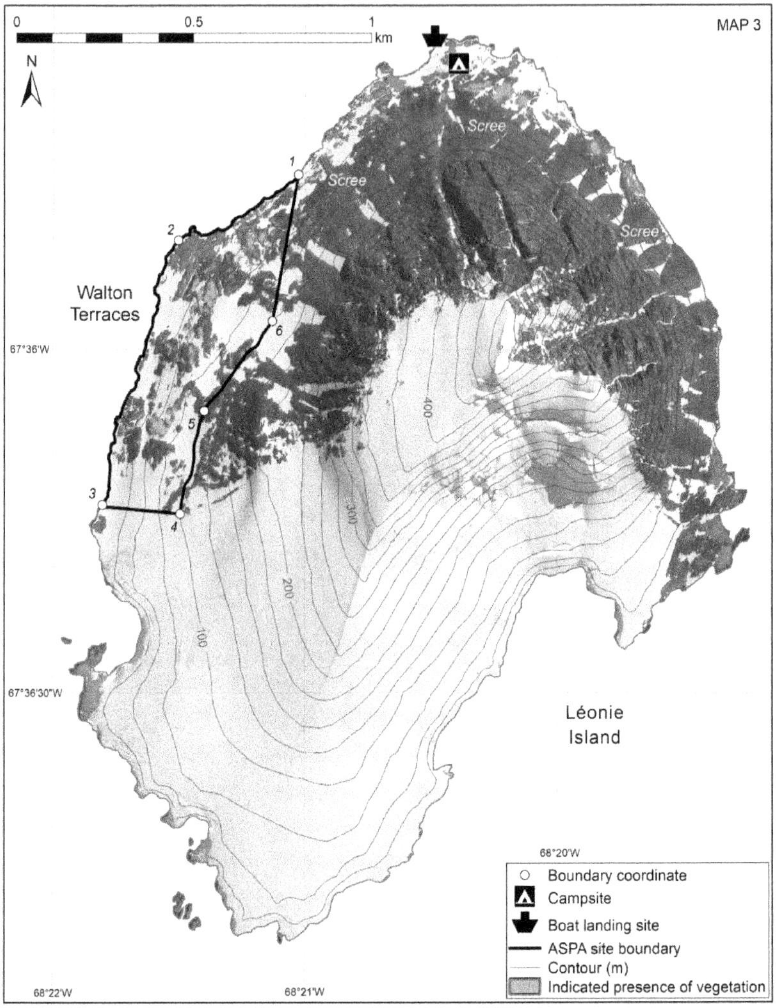

Карта 4. Карта острова Анкоридж, острова Ист-Лагун, острова Доннелли и острова Маклскарф, которые являются участками ООРА № 177 «Острова Леони и Юго-Восточная Часть Острова Аделейд» (Антарктический полуостров). Характеристики карты: WGS84, проекция UTM зона 19S. Центральный меридиан 68° з. д. Детали граничных координат можно найти в таблице 3.

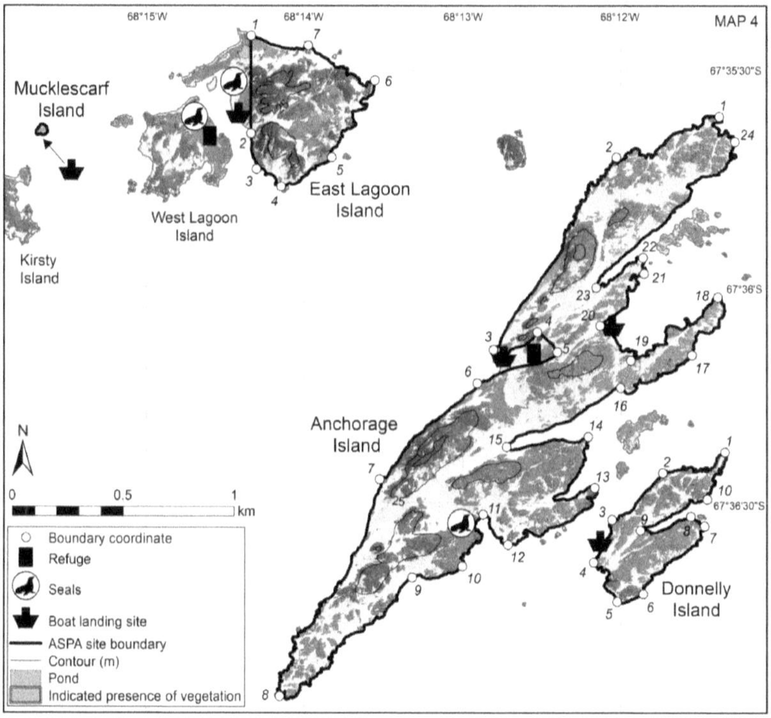

Таблица 2. Уникальные ценности, присутствующие на каждом из островов, которые образуют ООРА № 177 «Острова Леони и Юго-Восточная Часть Острова Аделейд» (Антарктический полуостров)

	Ценности					
	Научные		Экологические		Природные	Эстетические
	Исследовательская деятельность	Контрольный участок для мониторинга окружающей среды	Орнитофауна	Наземные сообщества		
Остров Анкоридж	✓		✓	✓		
Остров Доннелли		✓	✓			
Остров Ист-Лагун			✓	✓		
Террасы Уолтон, остров Леони			✓	✓	✓	✓
Остров Маклскарф			✓			
Ледники Хортона, Хёрли и Тёрнера					✓	✓

Таблица 3. Координаты границы для пяти участков, входящих в состав ООРА № 177 «Острова Леони и Юго-Восточная Часть Острова Аделейд» (Антарктический полуостров).

Участок Района	**Площадь (га)**	**Номер границы**	**Широта**	**Долгота**
Остров Анкоридж	60	1	-67,59343	-68,18966
		2	-67,59500	-68,20047
		3	-67,60244	-68,21346
		4	-67,60175	-68,20882
		5	-67,60252	-68,20673
		6	-67,60373	-68,21517
		7	-67,60744	-68,22540
		8	-67,61580	-68,23586
		9	-67,61121	-68,22198
		10	-67,61078	-68,21674
		11	-67,60879	-68,21456
		12	-67,60996	-68,21190
		13	-67,60777	-68,20280
		14	-67,60578	-68,20351
		15	-67,60617	-68,21206
		16	-67,60390	-68,20002
		17	-67,60264	-68,19252
		18	-67,60040	-68,18981
		19	-67,60285	-68,19893
		20	-67,60151	-68,20222
		21	-67,59949	-68,19752
		22	-67,59887	-68,19763
		23	-67,60003	-68,20262
		24	-67,59441	-68,18798
Остров Доннелли	12	1	-67,60637	-68,18904
		2	-67,60719	-68,19556
		3	-67,60899	-68,20094
		4	-67,61063	-68,20291
		5	-67,61216	-68,20040
		6	-67,61185	-68,19761
		7	-67,60923	-68,19119
		8	-67,60886	-68,19263
		9	-67,60940	-68,19792

		10	-67,60820	-68,19092
Остров Ист-Лагун	20	1	-67,59032	-68,23888
		2	-67,59409	-68,23888
		3	-67,59547	-68,23829
		4	-67,59615	-68,23571
		5	-67,59502	-68,23040
		6	-67,59205	-68,22590
		7	-67,59070	-68,23286
Террасы Уолтон, остров Леони	15	1	-67,59574	-68,35042
		2	-67,59734	-68,35836
		3	-67,60377	-68,36337
		4	-67,60399	-68,35826
		5	-67,60149	-68,35666
		6	-67,59930	-68,35218
Остров Маклскарф	0,2	1	-67,59410	-68,26058
		2	-67,59376	-68,26123
		3	-67,59413	-68,26170
Ледники Хортона, Хёрли и Тёрнера	10 100	1	-67,51119	-68,52134
		2	-67,53467	-68,56568
		3	-67,53070	-68,59038
		4	-67,54162	-68,61102
		5	-67,58448	-68,56908
		6	-67,59470	-68,56860
		7	-67,59465	-68,60456
		8	-67,58291	-68,62003
		9	-67,58135	-68,64524
		10	-67,60882	-68,63338
		11	-67,61618	-68,56115
		12	-67,63532	-68,50071
		13	-67,64501	-68,40963
		14	-67,60650	-68,39021
		15	-67,58256	-68,40812
		16	-67,55850	-68,40703
		17	-67,55176	-68,39190
		18	-67,53782	-68,42167
		19	-67,52601	-68,41303

Таблица 4. Виды сосудистых растений, мхов, лишайников и водорослей, встречающиеся на участках, входящих в состав ООРА № 177 «Острова Леони и Юго-Восточная Часть Острова Аделейд», а также в других ООРА в Районе залива Маргерит. Данные взяты из публикации Cannone et al. (2018 г.) и базы данных Антарктического управления Великобритании. Данные для островов Доннелли и Маклскарф отсутствуют. Однако флора острова Доннелли, вероятно, является субпопуляцией флоры острова Анкоридж, благодаря их непосредственной близости друг от друга (в самой близкой точке их разделяют лишь 115 м). Остров Маклскарф, вероятно, имеет очень ограниченное разнообразие растений вследствие высокой плотности гнездящихся там птиц, которые занимают почти всю местность, а также ограниченного размера острова (максимальная ширина – 55 м). Для ледников Хортона, Хёрли и Тёрнера данные отсутствуют, но они, вероятно, не отличаются растительным разнообразием вследствие того, что имеющиеся свободные ото льда участки земли находятся на большой высоте на крутых склонах.

Название участка	**Остров Леони***	**Остров Анкоридж**	**Острова Лагун***	**ООРА № 129 «Мыс Ротера»**	**ООРА № 117 «Остров Авиан»**	**ООРА № 115 «Остров Лаготельри»**
Источник данных	BAS	BAS	BAS	Cannone et al. (2018 г.)	BAS	BAS
Сосудистые растения						
Deschampsia antarctica	1	1	1	1		1
Colobanthus quitensis	1	1	1	1		1
Печеночные						
Barbilophozia hatchery	1					
Cephaloziella varians	1	1	1		1	1
Lophozia excisa	1		1			
Marchantia berte roana	1					
Мхи						
Andreaea depressinervis	1	1	1	1	1	
Andreaea parallela var. gainii	1					
Andreaea regularis	1	1	1			

Bartramia patens	1	1	1			1
Brachythecium austro-salebrosum	1	1	1		1	1
Bryoerythrophyllum recurvirostrum	1					
Bryum archangelicum	1	1	1			1
Bryum argenteum	1		1		1	1
Bryum pallescens	1					1
Bryum pseudotriquetrum	1				1	1
Bryum urbanskyi	1					
Ceratodon purpureus	1	1	1		1	1
Coscinodon reflexidens	1		1			
Didymodon brachyphyllus	1					
Distichium capillaceum	1					
Encalypta rhaptocarpa	1					
Grimmia plagiopodia	1					
Hennediella heimii		1				1
Hypnum revolutum	1		1			1
Orthogrimmia sessitana						
Platydictya jungermannioides	1					1
Pohlia cruda	1		1		1	
Pohlia nutans	1	1	1		1	1
Polytrichastrum alpinum	1		1			
Sanionia uncinata	1	1	1	1	1	1
Schistidium andinum	1					
Schistidium antarctici	1	1	1			
Syntrichia magellanica	1	1	1		1	1
Syntrichia sarconeurum	1					1

Tortella alpicola	1					
Warnstorfia fontinaliopsis					1	
Willia austroleucophaea						1
Лишайники						
Acarospora convoluta	1					
Acarospora macrocyclos		1		1		1
Amandinea coniops	1					
Amandinea isabellina				1		
Amandinea petermannii	1	1		1		
Bacidia tubercolata	1					
Bryonora peltata	1					
Buellia anisomera	1		1	1		
Buellia babingtonii				1		
Buellia cladocarpiza	1					
Buellia darbishirei				1		
Buellia falklandica	1					
Buellia illaetabilis				1		
Buellia latemarginata	1	1		1		
Buellia perlata				1		
Buellia pycnogonoides	1					
Buellia russa				1		
Buellia sp.				1		
Caloplaca athallina			1			
Caloplaca cirrochrooides				1		
Caloplaca isidioclada	1			1		1
Caloplaca lucens	1					
Caloplaca psoromatis	1					

Caloplaca sublobulata	1			1		
Caloplaca tiroliensis	1					
Candelariella flava	1			1		
Candelariella vitellina	1					1
Cladonia fimbriata					1	
Cladonia galindezii	1					1
Cladonia pleurota	1		1			
Cladonia pocillum						1
Cladonia pyxidata	1					
Dermatocarpon polyphyllizum	1					
Flavoparmelia gerlachei	1		1			1
Frutidella caesioatra	1					
Huea cerussata						1
Huea corallifera	1			1		
Lecania brialmontii			1			1
Lecanora dispersa agg.	1			1		
Lecanora physciella				1		
Lecanora polytropa	1			1		
Lecidea atrobrunnea	1					1
Lecidea placodiiformis	1					1
Lepraria caesioalba	1	1				
Lepraria sp.				1		
Leproloma cacuminum				1		
Leproloma vouauxii						1
Leptogium puberulum	1		1			1
Massalongia carnosa			1	1		
Mastodia tessellata	1			1		1

Megaspora verrucosa	1					
Ochrolechia frigida	1	1	1	1		
Parmelia saxatilis	1		1			
Phaeophyscia endococcina	1					
Physcia caesia	1		1	1	1	1
Physconia muscigena	1		1			1
Pleopsidium chlorophanum				1		1
Pseudephebe minuscula	1		1	1		
Pseudephebe pubescens			1	1		1
Psoroma cinnamomeum			1			
Psoroma hypnorum	1		1			
Rhizocarpon disporum	1					
Rhizocarpon distinctum				1		
Rhizocarpon geographicum	1					
Rhizocarpon grande				1		
Rhizocarpon griseolum	1					
Rhizoplaca aspidophora	1	1	1			1
Rhizoplaca melanophthalma	1		1	1		1
Rinodina olivaceobrunnea	1		1	1		
Stereocaulon alpinum	1		1			
Stereocaulon antarcticum	1			1		
Umbilicaria antartica	1	1	1			
Umbilicaria decussata	1		1	1		1
Umbilicaria kappeni			1	1		
Umbilicaria nylanderiana	1					
Umbilicaria umbilicarioides	1					
Usnea antartica	1	1	1	1	1	1

Usnea aurantiaco-atra	1	1	1			
Usnea sphacelata	1			1		1
Usnea subantarctica	1	1	1	1		
Xanthoria candelaria	1		1	1		1
Xanthoria elegans	1	1	1	1		1
Прочее						
Prasiola crispa		1		1		

* Данные могут включать в себя ряд видов на островах Леони и Лагун, обнаруженных за пределами ООРА.

Таблица 5. Микрочленистоногие, зарегистрированные на островах Анкоридж, Лагун и Леони.

	Остров Анкоридж	**Острова Лагун**	**Остров Леони**
Криптостигматы			
Austroppia crozetensis			?
Alaskozetes antarcticus	1	1	1
Halozetes belgicae	1	1	1
Globoppia loxolineata	1		1
Globoppia intermedia			?
Magellozetes antarcticus	1	1	1
Мезостигматы			
Gamasellus racovitzai	1	1	1
Простигматы			
Eupodes exiguus		1	
Eupodes minutus			1
Eupodes parvus			1
Apotriophtydeus sp.	1		
Pretriophtydeus tilbrooki	1	1	
Nanorchestes berryi	1	1	1
Nanorchestes gressitti	1		1
Nanorchestes sp.	1	1	
Stereotydeus villosus	1	1	1
Rhagidia gerlachei	1	1	1
Коллемболы			
Cryptopygus antarcticus	1	1	1
Cryptopygus badasa	1	1	1
Friesia grisea	1	1	1
Folsomotoma octo-oculatata			1

План управления Особо охраняемым районом Антарктики № 178, ОСТРОВ ИНЭКСПРЕССИБЛ И БУХТА СИВЬЮ, МОРЕ РОССА

Введение

Остров Инэкспрессибл и бухта Сивью расположены в заливе Терра-Нова, Земля Виктории, западная часть моря Росса на 74°54,2' ю. ш., 163°43,5' в. д. (карта 1). Данный ООРА (далее также именуемый Район) был предложен Китаем, Италией и Республикой Корея; его площадь составляет 3,31 тыс. $м^2$, 0,99 $км^2$ морской (35 %) и 2,32 $км^2$ наземной (65 %) площади (карта 2). Район отличается уникальностью, и основной причиной его обозначения в качестве ООРА является необходимость охраны окружающей среды и исключительных научных ценностей. В частности, в этом Районе обитает одна из старейших колоний пингвинов Адели (*Pygoscelis adeliae*) и находится важное место размножения южнополярных поморников (*Stercorarius maccormicki*). Район был определен Международной ассоциацией по защите птиц в качестве Ключевой орнитологической территории (КОТ 178) на основании наличия колонии южнополярных поморников и скопления морских птиц, в частности пингвинов Адели (Резолюция 5, 2015 г.). Его особая экосистема связана с прилегающей полыньей залива Терра-Нова и дает возможность сравнения с другими близлежащими участками с различной динамикой морского льда в течение года. Кроме того, на некоторые озера в ООРА оказывает влияние пополнение питательных веществ от гуано, в то время как другие озера не подвержены такой тенденции.

Первая задокументированная запись о гнездящейся группе пингвинов Адели в Районе была сделана в 1963 г., а непрерывный мониторинг проводился с 1980-х годов по настоящее время, и на сегодняшний день это одна из самых ранних статистических записей о пингвинах Адели в Районе моря Росса. Действующая колония пингвинов в Районе постоянно населяла территорию в течение последних ~7000 лет, и это самая старейшая существующая колония пингвинов Адели в регионе моря Росса. Насчитывается более 20 000 гнездящихся пар пингвинов Адели. Предлагаемый ООРА охватывает важнейший участок доступа пингвинов к кормовым участкам полыньи в заливе Терра-Нова. Что касается южнополярных поморников, то, хотя в 80-х годах было зарегистрировано до 60 гнездящихся пар, недавнее исследование выявило не более 30 гнездящихся пар, что привело к довольно низкому итогу размножения вида в этом Районе.

ООРА расположен в пределах Домена S (геология Мак-Мёрдо, южная часть Земли Виктории) в соответствии с Анализом экологических доменов Антарктики (Резолюция 3 (2008 г.). Кроме того, данный ООРА расположен в пределах Заповедного биогеографического региона Антарктики (ЗБРА) № 8 (северная часть Земли Виктории) (Резолюция 3 (2017 г.).

Морской район ООРА расположен в пределах Зоны общей охраны Морского охраняемого района в регионе моря Росса. Данные исследований и мониторинга, полученные в ООРА, могут помочь в научных исследованиях МОР в регионе моря Росса.

1. Описание ценностей, нуждающихся в охране

Исключительные научные и экологические ценности Района основаны на следующем:

Колония пингвинов Адели на острове Инэкспрессибл – одна из самых долго наблюдаемых (более 30 лет) популяций пингвинов Адели в регионе моря Росса (Woehler and Croxall, 1997). Расположенная в бухте Сивью (74°54'04"ю. ш., 163°43'20" в. д.) и бухте Саут (South Bay) (74°54'40"ю. ш., 163°43'31" в. д.), колония пингвинов в настоящее время состоит из более 20 000 гнездящихся пар в бухте Сивью и около 100 гнездящихся пар в бухте Саут (карта 3). Согласно последним подсчетам общее количество гнездящихся пар в 2019 г. составило 29 899 (MOE, 2020). Долгосрочный запланированный динамический мониторинг популяций будет способствовать изучению динамики размножающихся популяций пингвинов и взаимосвязи между популяциями и изменением климата.

У гнездовой колонии пингвинов Адели самая длинная история непрерывного заселения района – более 7000 лет (Baroni and Orombelli, 1991, 1994; Lambert et al., 2002; Baroni and Hall, 2004; Shepherd et al. 2005; Emslie et al, 2007; Mazgec et al., 2017). Извлечение древней ДНК из останков важно для оценки и корректировки темпов молекулярной эволюции, а также для изучения исторической динамики популяций, генетических структурных изменений и изменения климата (Lambert et al., 2002; 2010; Ritchie et al., 2004; Sheperd et al. al., 2005; Millar et al., 2008; 2012; Submaranian et al., 2009; Parks et al., 2015). Образцы окаменелых костей, которые сохраняют ДНК пингвина Адели в течение 7000 лет, были заморожены в этом районе. Фактически в нынешних местах гнездования наблюдается высокая плотность (1–5/м^2) хорошо сохранившихся мумий пингвинов разного возраста, что обеспечит богатую и уникальную библиотеку образцов для изучения исторической динамики, изменения климата и молекулярной эволюции в геологическом масштабе. В то же время гуано пингвинов в озерных отложениях также является идеальным объектом палеоэкологических исследований. Ископаемые останки антарктических морских слонов (*Mirounga leonina*) также были обнаружены в этом районе (Hall et al., 2006; Koch et al., 2019).

В заливе Терра-Нова и прилегающих районах (бухта Вуд) присутствуют три колонии пингвинов Адели: Мыс Эдмонсон (бухта Вуд), ООРА № 165), бухта Адели и остров Инэкспрессибл (около 2000, 11 000 и 25 000 пар соответственно, Lyver et al. 2014; Pezzo et al., 2007), расположенные на участке побережья протяженностью около 75 км по прямой (карта 1). Более крупная популяция пингвинов острова Инэкспрессибл, расположенная в высококачественной среде обитания рядом с полыньей, может служить источником более мелких соседних субпопуляций колоний пингвинов Адели (Olmastroni, personal communication).

Гнезда южнополярных поморников расположены вокруг колонии пингвинов Адели в ООРА (карта 3). Гнезда представляют собой неглубокие впадины на ровной поверхности среди ледниковых валунов на террасах разной высоты, образованных моренной грядой. В прошлом было зарегистрировано до 60 гнездящихся пар (Ainley et al., 1986). Совсем недавно перепись, проведенная итальянскими (2010 г.) и китайскими (2018 г.) учеными, показала, что в Районе колонии пингвинов зарегистрировано 25–29 гнездящихся пар и 17–34 неразмножающихся птиц. Долгосрочный мониторинг и исследования репродуктивной динамики популяции, экологии и межвидовых отношений всеядных южнополярных поморников верхнего трофического уровня не только поддерживают сохранение этого вида, который, как известно, имеет низкую динамику размножения в районе залива Терра-Нова (Pezzo et al., 2001), но также помогает выявить реакцию их различной добычи на изменение климата (Rehinardt et al., 2000; Hahn et al., 2008).

Близость между местами размножения пингвинов Адели и южнополярных поморников на острове Инэкспрессибл и полыньей залива Терра-Нова может повысить эффективность кормления и определить состав рациона пингвинов Адели, поскольку было показано, что наличие полыньи положительно влияет на экологию кормодобывания пингвинов Адели в других частях континента (Widmann et al., 2015). Эта близость к привлекательному участку полыньи может объяснить возможные различия в успешности размножения (Davis et al., 2017), трофическом положении и воздействии загрязняющих веществ, когда популяция острова Инэкспрессибл сравнивается с другими районами моря Росса (Ainley 2002, Ainley et al., 1998, Olmastroni et al., 2004, Signa et al., 2018, Olmastroni et al., in press). Примечательно, что ООРА «Мыс Эдмонсон» и «Мыс Халлетт» (№ 165 и № 106 соответственно), расположенные к северу в море Росса за пределами Района полыньи, охватывают колонии пингвинов Адели и южнополярных поморников, которые уже изучены итальянскими и корейскими учеными, таким образом представляя полезные объекты для сравнения с аналогичными уровнями охраняемых районов.

Этот Район является эталонным объектом для исследований морской структуры пищевой цепи и влияния динамики морского льда на бентосную и пелагическую морские экосистемы. Фактически наличие полыньи позволяет изучать ненарушенную морскую структуру пищевой цепи и функционирование в условиях отсутствия льда, позволяя проводить сравнения во времени и пространстве с тем, что наблюдается в других близлежащих Районах, где покрытие морского льда более устойчиво (Norkko et al. , 2007; Mezgec et al., 2017; Cummings et al., 2018; Calizza et al., 2018). Бентосное сообщество залива Терра-Нова (ООРА № 161) изучается в течение длительного времени и может дать возможность для сравнения. Это обеспечивает важную научную ценность острова Инэкспрессибл как объекта.

В этом Районе также есть несколько пресноводных озер в колониях пингвинов, что позволяет проводить сравнительные исследования между озерами, получающими и не получающими питательные вещества из гуано. Более высокие уровни питательных веществ в сочетании с более высокой соленостью в результате морских брызг и более высокий уровень хлорофилла создают определенные физико-химические и трофические состояния по отношению к другим олиготрофным пресноводным водоемам в континентальной Антарктиде (Barbaro et al., 2014, Borghini et al., 2007; Michaud et al., 2012; Wei et al., 2016). Богатые питательные вещества и исторические отложения гуано могут создавать различные водные сообщества с низким содержанием пикоцианобактерий и постоянно выраженным изобилием гаммапротеобактерий.

Пляжи острова Инэкспрессибл поднялись на 30 м во время голоцена (Baroni and Orombelli, 1991), а в заливе Терра-Нова находятся лучше всего сохранившиеся океанические формы рельефа (Baroni and Hall, 2004). Остров Инэкспрессибл и бухта Сивью имеют 14-уровневые прибрежные террасы на высоте 0–33 м над уровнем моря с заброшенными гнездами пингвинов и/или останками древних пингвинов, разбросанными по всем уровням в орнитогенных почвах (Orombelli et al., 1990; Baroni and Orombelli, 1991, 1994; Lambert et al., 2002; Baroni, Hall, 2004; Emslie et al., 2007). Эта уникальная геоморфологическая особенность имеет большое научное значение для изучения геологических и ледниковых изменений, эволюции распределения пингвинов и изменения климата в голоцене.

До острова Инэкспрессибл и бухты Сивью можно добраться по суше, морю и воздуху с новой планируемой китайской станции, расположенной поблизости от Района, и с близлежащих исследовательских станций в заливе Терра-Нова. В течение всего летнего сезона в регионе часто летают воздушные суда, в основном это – вертолеты.

ООРА нуждается в долгосрочной особой охране в связи с большой важностью его исключительных научных и экологических ценностей и потенциальной чувствительностью к нарушениям в результате научной, логистической и туристической деятельности в регионе.

2. Цели и задачи

Цели управления ООРА № 178, «Остров Инэкспрессибл и Бухта Сивью»:

- недопущение существенных изменений функций и экосистемы Района, деградации или возникновения значительной угрозы для его ценностей за счет предотвращения излишнего нарушения Района в результате антропогенного воздействия;
- сохранение экологических ценностей ООРА в качестве эталонного района для будущих сравнительных исследований с другими размножающимися популяциями пингвинов Адели и южнополярных поморников в заливе Терра-Нова и соседних Районах, а также для исследований и долгосрочного мониторинга наземных, морских и озерных экосистем;
- продолжение изучения исторических ключей к разгадке эволюции пингвинов Адели и других видов окаменелостей и орнитогенных почв;
- проведение научных исследований в отношении естественной экологической системы Района, способствуя международной координации, обеспечивая тем самым защиту от чрезмерного отбора проб, особенно почвы, фауны и флоры с целью снижения кумулятивного воздействия на территории Района;
- посещение района в образовательных целях при условии, что по убедительным причинам такое посещение невозможно ни в каком другом месте и что оно не представляет угрозы для естественной экологической системы Района;
- предотвращение (в максимально возможной степени) интродукции неместных видов и патогенов, которые могут поставить под угрозу или изменить местную первозданную экосистему Района.
- создание условий для посещения Района с целью осуществления мер управления в поддержку целей Плана управления.

3. Меры управления

Для обеспечения охраны ценностей Района предусматривается осуществление следующей деятельности по управлению:

- В соответствующих местах на границах Района должны быть установлены знаки с изображением расположения и границ Района (с указанием применяемых особых ограничений), которые должны быть надежно закреплены, поддерживаться в надлежащем состоянии и удаляться по мере исчезновения необходимости в них. Знаки будут размещены таким образом, чтобы в максимальной степени поддерживать эстетическую ценность ООРА.
- Копии настоящего Плана управления должны быть доступны на всех станциях в пределах 50 км от Района, а также быть в наличии на всех морских и воздушных судах, посещающих Район и/или осуществляющих деятельность в окрестностях соседних станций; при этом весь персонал, осуществляющий деятельность в регионе, должен иметь полную информацию о местонахождении Района, его границах и ограничениях по доступу в Район и полетам над Районом.
- Национальные программы должны обеспечить наличие знаков, определяющих границы Района, и информации об ограничениях, действующих на территории Района, на соответствующих картах местности, морских навигационных и аэронавигационных картах.
- Любое неиспользуемое оборудование или материалы подлежат удалению в максимально возможной степени при условии, что эти работы не будут сопряжены с отрицательным воздействием на окружающую среду и ценности Района.
- Посещать Район следует по мере необходимости (не реже одного раза в пять лет), чтобы установить, продолжает ли он служить тем целям, ради которых был определен, и чтобы убедиться в достаточности мер по управлению и поддержанию Района в надлежащем состоянии.
- Национальные антарктические программы, действующие в регионе, должны проводить совместные консультации и обмениваться информацией о планируемых мероприятиях, которые необходимо осуществить, чтобы свести к минимуму общее воздействие на Район.

4. Период определения

Определен на неограниченный период времени

5. Карты

- **Карта 1:** ООРА № 178 «Остров Инэкспрессибл и Бухта Сивью» – региональная карта.
- **Карта 2:** ООРА № 178 «Остров Инэкспрессибл и Бухта Сивью» – топографическая карта с указанием доступа и батиметрией.
- **Карта 3:** ООРА № 178 «Остров Инэкспрессибл и Бухта Сивью» – колония пингвинов Адели.

6. Описание Района

6(i) Географические координаты, специальные знаки и характерные естественные признаки, определяющие границы Района

Общее описание

ООРА расположен в средней части залива Терра-Нова (карта 1). Район расположен в южной части острова, окруженной двумя шельфовыми ледниками: ледником Нансена (Nansen Ice Sheet) на западе и шельфовым ледником Хеллз-Гейт (Hells Gate Ice shelf), который зависит от морского льда (Baroni, 1988, Sochez et al., 1991). Район включает в себя территорию без ледового покрова с несколькими озерами, обращенную к бухте Сивью и северной части бухты Саут на острове Инэкспрессибл, а также морской прибрежный район, определяющий восточную границу Района (карты 2 и 3). Сильные кабатические ветры с шельфового ледника Нансена и шельфового ледника Хеллз-Гейт открыли большую полынью в восточных водах у района гнездования пингвинов Адели, потенциально способствуя эффективности кормодобывания и, следовательно, выращиванию птенцов. Этот Район имеет особую форму рельефа с четко очерченными возвышенными пляжами, морскими отложениями, волнообразными террасами и размытыми волнами коренными породами, характерными для территории без ледового покрова (Baroni et al., 2004) и в основном включает в себя 14-уровневые прибрежные изогнутые террасы из пляжных гряд на высоте 0–33 м над уровнем моря. Это – одна из лучше всего сохранившихся форм океанического рельефа залива Терра-Нова (Salvatore et al., 1997; Baroni et al., 2005). Морские отложения размером от валуна до гравия распределены по террасам. На участках более мелких морских отложений сохранились морские субфоссильные раковины (Adamussium colbecki и Laternula elliptica), подходящие для радиоуглеродного датирования пляжных отложений.

Границы и координаты

Район расположен в восточной центральной части острова Инэкспрессибл, включая бухту Сивью и северную часть бухты Саут. Общая площадь ООРА составляет 3,31 км^2, из них 2,32 км^2 наземной и 0,99 км^2 морской территории. Общая протяженность границ составляет 7,86 км. На востоке граница ООРА в основном морская и включает пути для кормодобывания, которые пингвины интенсивно используют для выхода к морю. На западе граница граничит с нынешним районом гнездования южнополярных поморников и историческим районом распространения пингвинов Адели, включая пресноводные озера вдали от гнезд птиц.

Восточная граница Района в северо-восточном углу проходит от точки с координатами B1 на восточном побережье бухты Сивью на юг до точки B8 бухты Саут (таблица 1, карта 2). Северная граница от B1 следует вдоль береговой линии до B2, затем до B3 и B4, вдоль подножия холма до B5. Западная граница проходит от B5 до B6 (та же долгота с B5), а затем до B7 (та же широта с B8).

Таблица 1. Граничные координаты ООРА № 178 (см. карты 2 и 3 для этого участка)

Название	Широта	Долгота
B1	74°53'46,13" ю. ш.	163°45'00,00" в. д.
B2	74°53'40,41" ю. ш.	163°44'31,07" в. д.
B3	74°53' 29,99" ю. ш.	163°43'44,97" в. д.
B4	74°53'14,17" ю. ш.	163°43' 30,65" в. д.
B5	74°53'14,17" ю. ш.	163°42'11,02" в. д.
B6	74°54'28,93" ю. ш.	163°42'11,02" в. д.
B7	74°54'46,54" ю. ш.	163°43'11,11" в. д.
B8	74°54'46,54" ю. ш.	163°45'00,00" в. д.

Климат

Восемь метеостанций были установлены в южной и центральной частях острова Инэкспрессибл, две из которых находятся непосредственно в границах предлагаемого ООРА. По данным автоматической метеорологической станции Мануэла (Manuela Automatic Weather Station) (74°56'45,6” ю. ш., 163°41'13,2” в. д., 78 м над уровнем моря), среднегодовая температура в Районе составляет -18,5°C. Количество дней ниже -40°C не превышает 0,1 %, количество дней от -30 до -15 °C составляет около 63 %, а количество дней от -15 до 0°C – 33 %. Минимальная среднегодовая температура составляет -19,2 °C (1998 г.), а максимальная – -17,4 °C (2012 г.). Среднесуточная температура зимой ниже -35°C, самая низкая – -40,6 °C (2 сентября 1992 г.); среднесуточная максимальная температура летом превышает 0 °C, максимальное значение – 6,9 °C. Средняя температура в декабре была самой высокой -3,6 ± 1,26°C, самой низкой – в августе-26,66 ± 2,87°C.

Среднегодовая скорость ветра составляет 14,2 м/с, среднесуточная максимальная скорость ветра составляет 34,2 м/с (июль 1989 г.), а максимальная мгновенная скорость ветра составляет 45 м/с (февраль 1985 г.) (Bromwich, 1988). В ноябре, декабре и январе скорость ветра ниже 15 м/с составляла 90 %. Скорость ветра менялась в зависимости от сезона. Наибольшая среднемесячная скорость ветра приходится на август (16,54 м/с), наименьшая – на декабрь (5,20 м/с). Всего за 10 лет произошло 298 случаев сильного кабатического ветра, из которых 49,8 % были зимой (21 % в июле), а средняя продолжительность составила около 10 часов. Сильного кабатического ветра в декабре и январе не зафиксировано. Среднемесячная скорость ветра при сильном кабатическом ветре составляет от 25 до 30 м/с, максимальная скорость ветра превышает 40 м/с.

По данным наблюдений метеостанций (74°54′04,02″ ю. ш., 163°43′45,85″ в. д.), расположенных на территории ООРА, средняя температура в январе – -4,8 °С, средняя мгновенная скорость ветра – 5,7 м/с, а максимальная мгновенная скорости ветра – 18,1 м/с.

Морская территория и полынья

Залив Терра-Нова – один из самых глубоких бассейнов моря Росса с максимальной глубиной около 1100 м (Buffoni et al., 2002). Циркуляция океана в заливе летом движется параллельно северу через верхний слой, параллельно берегу и вращается вглубь по часовой стрелке (Vacchi et al., 2012). Сильный катабатический ветер и блокирование льдины языком шельфового ледника Дригальского образует огромную полынью в заливе Терра-Нова (Bromwich, Kurtz, 1984; Van Woert, 1999) со средней площадью около 1300 км^2 (0–5000 км^2, Kurtz and Bromwich, 1983) и до 2500 км^2 в декабре 2017 г. Соль, сбрасываемая из ледяного образования, увеличивала соленость морской воды (до 34,87 %), а температура замерзания морской поверхности составляла –1,9 °С.

Морская часть ООРА включает прибрежную зону, обращенную к колонии пингвинов Адели, протяженностью 0,99 км^2 и глубиной менее 50 метров (карта 2). Бентические сообщества этого Района малоизвестны. Предварительные исследования с помощью подводных камер указывают на обширный покров из макроводорослей, состоящий в основном из *Iridaea cordata* на глубине 5–10 м (M.C. Chiantore, pers.comm.), и связанное с ним богатое покрытие нитчатых скоплений неизвестного состава. При исследовании выявлены некоторые животные организмы. К ним относятся два вида мелких рыб *Trematomus bernacchii* и *T. pennellii*, морская звезда *Odontaster validus* и амфиподы, возможно, принадлежащие к семейству Lysianassidae (M. Vacchi and E. Calizza, pers. comm.).

Пресноводные озера и солоноватая лагуна

На территории Района расположено 6 пресноводных озер и 1 солоноватая лагуна (карта 3) на расстоянии от берега от 0,130 км до 1,16 км, а общая предполагаемая площадь поверхности составляет 17 780 м^2 (диапазон – от 97 м^2 до 8162 м^2). Некоторые из них, расположенные вблизи колонии пингвинов Адели и южнополярных поморников, зависят от притока питательного гуано, в то время как другие, расположенные на большем расстоянии, могут служить ориентиром для текущих условий и для долгосрочных сравнений (Blais et al., 2005; Borghini et al., 2007).

Шесть пресноводных озер в этом Районе были исследованы в летний сезон 2017-2018 и 2018-2019 гг., и была зафиксирована невероятно высокая концентрация питательных веществ. Концентрация NH_4-N колеблется от 0,40 мг/л до 61,22 мг/л, концентрация NO_2^- колеблется от 0,8 до 0,49 мг/л, а концентрация PO_4^{3-} в пресной воде варьируется от 0,08 до 17,72 мг/л. Концентрация TOC колеблется от 5,12 мг/л до 33,38 мг/л. Эти уровни концентрации высоки по сравнению с таковыми в других типичных ультраолиготрофных полярных озерах, в том числе в трех пресноводных озерах, выбранных на большем расстоянии за пределами Района в летний сезон 2018/2019 г. Обнаружено 42 фитопланктона, а *Bacillariophyta, Cyanophyta, Chlorophyta* были доминирующими таксонами фитопланктона. Плотность варьировалась от $1{,}65 \times 10^4$ до $\sim 1{,}02 \times 10^7$клеток/л. Виды *Prorodon viridis, Urotricha farcta, Lacrymaria minima, Trachelophyllum sigmoides, Colpoda cucullus, Vorticella.* и *Strobilidium gyrans* были доминирующими видами зоопланктона (Zhang, pers. comm.).

Птицы

Последний подсчет 2017 г. показал 25 089 гнездящихся пар пингвинов Адели (*Pygoscelis adeliae*) (MOE, 2019). Пингвины в основном распространены в центральной части бухты Сивью, а в бухте Саут насчитывается около 100 гнездящихся пар (131 гнездящаяся пара в 2017 г.) (карта 3). В соответствии с анализом однонуклеотидного полиморфизма не наблюдается значительного генетического расхождения пингвинов между бухтой Саут и бухтой Сивью (Zhang, pers. comm.). Первая задокументированная запись о пингвинах Адели с 11 000 размножающихся пар в этом Районе была опубликована в 1963 г., и это одна из самых ранних статистических записей о пингвинах Адели в море Росса (Stonehouse, 1969; Woehler and Croxall, 1997). С 80-х годов за популяцией наблюдали ученые из

Новой Зеландии, Италии, Кореи и Китая. GPS-слежение в 2019 г. показало, что пингвины распространяются по полуострову Росса в течение определенного сезона размножения (Xia and Zhang, pers. comm.).

Таблица 2. Численность популяции пингвинов Адели в ООРА № 178 (гнездящиеся пары).

Год	Численность популяции	Ссылка
1963	11 000	Stonehouse, 1969
1982	9 217	Woehler and Croxall, 1997
1983	17 120	He et al., 2017
1984	24 864	Wilson et al., 2017
1987	28 715	Woehler and Croxall, 1997
1989	23 528	Woehler and Croxall, 1997
1991	20 029	Woehler and Croxall, 1997
2001	24 142	Olmastroni et al., in press
2012	24 450	Lyver et al., 2014
2017	25 089	MOE, 2019
2019	29 899	MOE, 2020

В бухте Сивью районы гнездования пингвинов расположены на склонах шириной 10–700 м вдоль береговой линии. Место гнездования находится на высоте 0,5–33 м над уровнем моря, и более 80 % гнездящихся особей обитают на высоте 0,5–10 м над уровнем моря. Во время периода размножения пингвины Адели, неся корм, достигают основного района колонии, а затем проходит 14,4 ± 19,3 минут, чтобы достичь самого высокого района размножения. Гнезда пингвинов Адели строились вдоль террас от низких до высоких, состоящих из множества холмистых гнезд разной высоты. Позже в течение сезона на холмах формируются группы птенцов, насчитывающие от десятка до тысячи цыплят. Исследования, проведенные на пингвинах Адели, выращивающих птенцов, показали, что состав рациона в районе залива Терра-Нова состоял в основном из Антарктической серебрянки (*Pleuragramma antarctica*), а также криля (*Euphausia crystallorophias*) и антарктического криля (*E. superba*) в меньшей степени (Olmastroni et al, in press).

В бухте Саут гнездовье находится на южном склоне в 5–10 метрах от береговой линии, на высоте 3–10 метров над уровнем моря, а площадь гнездования составляет не более 1000 м^2. Цыплята образуют там единые «ясли».

Останки пингвинов вызвали научный интерес в Италии, США и других странах за последние 30 лет (Stuiver, 1981; Whitehouse et al., 1989; Orombelli et al. 1990; Baroni and Orombelli, 1987, 1991, 1994; Baroni and Hall, 2004; Lambert et al., 2002; 2010; Ritchie et al., 2004; Sheperd et al., 2005; Emslie et al., 2007; Millar et al., 2008; Submaranian et al., 2009; Lorenzini et al., 2009; 2010, 2011, 2012, 2014; Parks et al., 2015; Megzec et al., 2017).

Ученые из Италии и Новой Зеландии извлекли 15 отдельных окаменелостей пингвинов Адели, датируемых примерно 6 100 лет назад, и провели генетический анализ и филогению (Lambert et al., 2002; 2010; Ritchie et al., 2004; Shepherd et al., 2005; Millar et al., 2008; Submaranian et al., 2009). Итальянскими исследователями было собрано несколько образцов гуано и других останков пингвинов Адели, выкопанных на 14-й террасе бухты Сивью, бухты Саут и на окраинах заселенного района (Orombelli et al., 1990; Baroni and Orombelli, 1991; 1994; Baroni and Hall, 2004). Орнитогенные почвы позволили получить соответствующую информацию о прошлых условиях окружающей среды и питании пингвинов Адели в голоцене с помощью яичной скорлупы, костей и останков добычи (рыбьи кости и отолиты, кальмары и т. д.; Lorenzini et al., 2009; 2010, 2014). Китайские ученые за последние 5 лет собрали более 130 образцов (см. дополнительные материалы). Эти уникальные материалы могут дать возможность изучать изменение климата и молекулярную эволюцию.

В Районе было зарегистрировано до 60 гнездящихся пар южнополярных поморников (Ainley et al., 1986). Количество половозрелых южнополярных поморников в мире составляет 6000–15 000 (Международная ассоциация по защите птиц, 2017 г.), или 5000–8000 гнездящихся пар (de Hoyo et al., 1996). Южнополярные поморники в основном гнездятся в поясе скал вокруг гнездовой колонии пингвинов Адели, а в некоторых районах гнезда обоих видов птиц имеют мозаичное распределение (карта 3 для точек гнездования 2018 г.). Иногда встречаются группы из 20–30 южнополярных поморников. Исследования, проведенные в конце декабря 2016 и 2017 годов, показали, что в каждом гнезде южнополярных поморников было по 2 яйца и/или 2 птенца. Исследование, проведенное в январе 2018 года, показало, что в каждом гнезде было обнаружено не более одного птенца (Zhang and Xia, pers. comm.), что указывает на хищническое поведение сородичей (de Hoyo et al., 1992). Точно так же южнополярные поморники мыса Эдмонсон производят 1,9 ± 0,2 яйца, но репродуктивный успех ограничен 0,2 ± 0,4 птенцами. Хищническое агрессивное поведение, сиблицид (крупные цыплята убивают маленьких), суровая погода и поздняя кладка яиц являются основными причинами низкого репродуктивного успеха (Pezzo et al., 2001). Успех размножения и факторы, влияющие на воспроизводство поморников на острове Инекспрессибл, требуют дальнейшего изучения.

В Районе можно наблюдать императорских пингвинов (*Aptenodytes forsteri*), качурок Вильсона (*Oceanites oceanicus*), снежных буревестников (*Pagodroma nivea*), а также иногда можно встретить антарктических буревестников (*Thalassoica antarctica*). Нет данных о размножении вышеуказанных видов птиц в этом Районе.

Млекопитающие

В Районе обитают тюлени Уэдделла (*Leptonychotes weddellii*), морские леопарды (*Hydrurga leptonyx*) и реже в морской воде вблизи Района встречаются тюлени-крабоеды (*Lobodon carcinophagus*). Тюлени Уэдделла часто встречаются в колонии пингвинов. Морские леопарды регулярно охотились на пингвинов (взрослых и молодых) в морской воде перед колонией (начиная с 2001 г., Olmastroni pers. comm.). В 2017 г. было замечено два необычных нападения тюленей Уэдделла на пингвинов Адели (Miao, pers. comm.). Субфоссильные останки морских слонов указывают на большое присутствие этого вида в прошлом (Hall et al., 2006). В настоящее время очень редко можно встретить морских слонов (*Mirounga leonina*) в заливе Терра-Нова (всего одно наблюдение за последние два десятилетия).

На пляжах были обнаружены останки тюленей (кости, кожа, внутренние органы и жир) (Baroni, Hall, 2004; Hall et al., 2006; de Bruyn et al., 2009, 2014). Мумифицированные морские слоны (Mirounga leonina) в разной степени сохранности встречаются на возвышенных в эпоху голоценов пляжах и свидетельствуют о заселении Района для размножения в период голоцена, которое потерпело крах около 1000 лет назад (Koch et al., 2019).

Наземные беспозвоночные

Были зарегистрированы только *Gressittacantha terranova* (Collembola, Entognatha) в работе Fanciulli et al. (2001 г.) в первом исследовании популяционной генетики антарктических почвенных микроартропод и *Acutuncus antarcticus* (Eutardigrada, Hypsibiidae), зарегистрированные Cesari et al. (2016 г.).

Мхи и лишайники

Ученые установили, что биоразнообразие мхов и лишайников в специализированных наземных средах обитания в этом регионе было высоким (Castello, 2003; Cannone and Seppelt, 2008). Всего в 2016-2017 гг. было зарегистрировано девять различных видов лишайников, в том числе широко распространенные виды *Buellia frigida* (как конструктивный вид), и другие виды, такие как *Acarospora gwynnii, Candelariella flava, Lecanora expectans, Lecanora fuscobrunnea, Umbilicaria decussata, Xanthoria elegans, Xanthomendoza borealis.* На южном скальном гребне колонии пингвинов в бухте Сивью вид *Bryum argenteum* встречается редко. Лишайники растут на морских валунах и галечниках, при этом отдельные талломы увеличиваются в размерах в зависимости от их высоты произрастания. Максимальный размер вида талломы *Buellia* sp. >290 мм на высоте 24 м над уровнем моря, что свидетельствует об увеличении возраста возвышенных пляжей в зависимости от постепенного всплытия прибрежных территорий (Baroni, Orombelli, 1987; Baroni, 1994).

Наземные водоросли и микроорганизмы

В гуано пингвинов и почве в данном Районе были найдены холодостойкие грибки, такие как *Chrysosporium verrucosum* Tubaki, *Thelebolus microspores* Kimbrough и белые дрожжи (Del Frate and Caretta 1990). Штамм грибов, выделенный на острове Инекспрессибл, был подвергнут скринингу на предмет его способности продуцировать внеклеточные ферменты (Fenice et al., 1997). Бактерии в пяти разных озерах этого Района были зарегистрированы в летний сезон 2017-2018 гг. с помощью секвенирования Illumina Miseq, род. *Flavobacterium* у вида Bacteroidetes был наиболее распространенным во всех озерах, а представители других видов, таких как *Polaribacter* (Bacteroidetes) и цианобактерии, были найдены большом изобилии в двух из этих озер. Michaud et al. (2012 г.) задокументировали в озере острова Инекспрессибл постоянно выраженное изобилие гаммапротеобактерий (которые обычно являются морскими), отсутствие актинобактерий (которые имеют большую численность в пресноводной среде), а также низкое количество пикоцианобактерий (чьему присутствию не способствует относительно высокое соотношение N к P).

Разнообразие видов водорослей в озерах Района такое же, как в озере Гондвана и озерах Сухих долин. Типичный прокариотический (*Synechococcus*) и эукариотический (*Chlorella*) роды были установлены как с помощью проточной цитометрии, так и с использованием электронной микроскопии (Andreoli et al., 1992).

Осадочный пигмент озера подтвердил, что цианофиты были в этой экосистеме самой важной группой водорослей, после которой следовали хлорофиты и бацилляриофиты (Borghini et al., 2011). Микробные эукариоты в пяти разных озерах этого Района были зарегистрированы в летний сезон 2017-2018 г. с помощью микроскопии и секвенирования Illumina Miseq. Род *Geminigera* (Cryptophyceae) значительно преобладал в трех озерах, а в двух других озерах преобладали *Chlamydomonas* (Chlorophyta) и *Spumella* (Chrysophyta) .

Геология

Основание суши – ледниковый валун, основной тип интрузивных пород – кварцевый монцонит и небольшое количество кварцевого монцобиорита. Основными выходами на поверхность в этом Районе являются четвертичные отложения града и современные прибрежные скопления, а также интрузивные монцониты и граниты каледонского палеозоя ордовика (Wang et al., 2014). Поверхность волнистых валунов в бухте Сивью и бухте Саут была сформирована ветром в голоцене (Baroni and Hall, 2004). Прибрежная терраса образуется на высоте 0–33 метра, а береговая линия – на высоте 0–700 метров.

ИМП 14

Историческое место и памятник ИМП 14 находится недалеко от границ Района и относится к британской антарктической экспедиции «Терра Нова» Роберта Фалкона Скотта (Robert Falcon Scott) в 1910–1913 гг., в ходе которой «Северный» отряд под руководством Виктора Л. А. Кемпбелла был вынужден остаться на зимовку в 1912 г. В марте 1912 г. была вырыта снежная пещера размером 3,7×2,7 м и высотой 1,7 м, в которой экипаж провел зиму в экстремальных погодных условиях. Снежная пещера была определена как историческое место или памятник Антарктики № 14 (ИМП 14) в 1995 г. Место якорной стоянки для лодок предлагается на карте 2, а доступ к ИМП 14 осуществляется на маломерных судах. Посадка предлагается вдоль береговой линии за пределами границ ООРА. Затем до ИМП 14 можно добраться пешком от предпочтительной точки высадки. Орография участка и ледовые условия не позволяют проложить четко обозначенный маршрут.

Деятельность человека

С 80-х годов в Районе залива Терра-Нова регулярно проводились активные мероприятия. Станция Гондвана (Германия, 74°38'07″ ю. ш., 164°13'15″ в. д.), созданная в 1983 г., работает время от времени летом, вмещает около 25 человек и находится в 35 км от Района. Станция Марио-Цуккелли (Италия, 74°41'43″ ю. ш., 164°06'55″ в. д.), созданная в 1985 г., работает только летом с персоналом до 100 человек и находится в 27 км от Района. Станция Джанг-Бого (Республика Корея, 74°37'26″ ю. ш.,

164°13'40" в. д.) в 36 км от Района работает как круглогодичная станция с 17 сотрудниками зимой и до 60 летом с 2014 г. Китай намеревается создать круглогодичную научно-исследовательскую станцию (74°56'04" ю. ш., 163°42'52" в. д.) со штатом из 30 сотрудников зимой и до 80 сотрудников летом на острове Инекспрессибл в 3 км от Района.

Текущая научно-исследовательская деятельность в Районе близлежащих научных станций сосредоточена на изучении останков пингвинов и раскопках орнитогенных почв, генетическом переносе, экологии и количественном мониторинге пингвинов Адели и южнополярных поморников, молекулярной экологии, палеогеологии, планктоне, изучении биоразнообразия в наземной и морской среде, а также исследовании экологии пищевых цепочек. За последние 10 лет остров Инекспрессибл посещали в среднем 100 туристов в год в период с 2003 по 2017 год и до 480 человек в сезоне 2005-2006 годов (см. дополнительные материалы) (МААТО, https://iaato.org/tourism-statistics)

6(ii) Доступ в Район

Доступ в Район осуществляется по суше, морю или воздуху. Специального маршрута для въезда в Район по суше не существует. Рекомендуется доступ вертолетов на предлагаемые площадки для приземления (карта 2) за пределами Района. Доступ с моря возможен на маломерных судах. Перемещение через Район на маломерных судах должно быть ограничено, чтобы как можно меньше беспокоить представителей фауны. Небольшие суда, заходящие в воду, предпочтительно ставить на якорь между B1 и B2, а большие суда не должны заходить в Район. См. подробности в разделе 7(ii). Доступ всегда следует выбирать таким образом, чтобы превышать минимальное расстояние до представителей фауны и свести к минимуму их беспокойство при приближении.

6(iii) Места расположения сооружений в пределах и вблизи Района

На территории Района или рядом с ним нет постоянных сооружений. Всего на территории Района установлено четыре метеостанции, которые предоставляют подробные данные о погоде. На территории Района находятся две метеостанции из Кореи (74°54'01,00" ю. ш., 163°43'33,00" в. д.) и Китая (74°54'04,02" ю. ш., 163°43'45,85" в. д.) (см. карту 2). Две других метеостанции расположены за пределами предлагаемого региона ООРА (Мануэла - США, Вирджиния - Италии) и не могут быть показаны на картах. В Районе залива Терра-Нова другие метеостанции также расположены на близлежащих исследовательских станциях.

6(iv) Местонахождение других близлежащих охраняемых районов

- Другие охраняемые районы, расположенные поблизости (см. карту 1):
- ИМП 14 «Ледяная пещера» на острове Инэкспрессибл, 74°54' ю. ш., 163°43' в. д., на северной границе Района.
- ООРА № 161 «Залив Терра-Нова», 74°45' ю. ш., 164°01' в. д., 16 км к северу.
- ООРА № 173 «Мыс Вашингтон и Бухта Сильверфиш», 74°37'06"ю. ш., 164°57'36" в. д., 48 км к северо-западу.
- ООРА № 175 ««Высокогорные Геотермальные Участки Региона Моря Росса», гора Мелборн, 74°21' ю. ш., 164°42' в. д., 68 км к северу.
- ООРА № 165 «Мыс Эдмонсон», 74°20' ю. ш., 165°08' в. д., 76 км к северу.

Помимо вышеупомянутых охраняемых территорий АНТКОМ учредил Морской охраняемый район региона моря Росса. Морской район ООРА расположен в пределах Зоны общей охраны Морского охраняемого района «Море Росса».

6(v) Специальные зоны на территории Района

На территории Района нет специальных зон.

7. Условия выдачи разрешений для доступа

7(i) Общие условия выдачи разрешений

Доступ в Район возможен только на основании разрешения, которое выдается соответствующим национальным органом власти. Разрешение на посещение Района выдается на следующих условиях:

- разрешение выдается в целях неотложной охранной, научной, образовательной или информационно-просветительской деятельности, которая не может быть осуществлена в каком-либо ином месте, или же в связи с важной деятельностью по управлению Районом;
- разрешенная деятельность должна проводиться с учетом оценки воздействий на окружающую среду в контексте поддержания охраны научных и экологических ценностей Района;
- разрешенная деятельность соответствует настоящему Плану управления;
- разрешение выдается на определенный срок;
- оригинал или копия разрешения должны иметься при себе в период пребывания в Районе.

7(ii) Доступ в Район и передвижение по его территории

Доступ в Район разрешен пешком, на маломерном судне или вертолете только по веским причинам, если имеется выданное разрешение. Перед посещением Района необходимо тщательно очистить одежду (особенно всю обувь и верхнюю одежду), а также оборудование для работы в полевых условиях.

Пеший доступ

Для пешего доступа в Район не предусмотрено никаких специальных маршрутов, но необходимо избегать прогулок по возвышенным пляжам, если это не разрешено в убедительных научных целях. Необходимо принимать все разумные меры для сведения к минимуму нарушений. Требуется соблюдать минимальное расстояние 5 м от представителей фауны. Если какая-либо деятельность нарушает жизнь представителей фауны, то безопасное расстояние должно быть увеличено, либо необходимо изменить поведение до тех пор, пока нарушение не будет устранено. Исключение из этого правила допускается только при наличии специального разрешения на приближение к представителям фауны на более близкое расстояние.

Доступ на транспортных средствах

Использование наземных транспортных средств на территории Района запрещается.

Доступ на воздушных средствах

Необходимо всегда следовать Руководству по осуществлению воздушных операций вблизи скоплений птиц в Антарктике (Резолюция 2 (2004 г.). В зависимости от ареалов размножения в этом Районе действуют ограничения на использование вертолетов в период с 15 октября по 15 февраля включительно в соответствии со строгими условиями:

- Предпочтительный маршрут для вертолета и места посадки за пределами Района обозначены, как показано на карте 2. Пилоты должны избегать полетов над колониями пингвинов и территориями гнездящихся поморников. Пилоты должны по возможности максимально придерживаться определенного маршрута доступа и должны отменить полет, если существует вероятность того, что условия вынудят совершить пролет над колонией императорских пингвинов.
- Посадка вертолета на территории Района запрещена, за исключением случаев, когда это разрешено для выполнения целей, соответствующих настоящему Плану управления.
- Полеты над территорией Района на высоте менее 2000 футов (~610 м) запрещены, за исключением случаев, когда это оговорено в разрешении для реализации целей, предусмотренных Планом управления. Вертолеты с двумя двигателями должны соблюдать минимальную высоту полета и горизонтальное расстояние 3281 фут (1000 м), чтобы ограничить нарушения жизнедеятельности птиц.
- Если из-за погодных условий или других соображений безопасности пилоты не могут следовать по назначенному маршруту захода на посадку и приземлиться на площадки для посадки, им следует вернуться к месту взлета, если это возможно, или приземлиться за пределами Района. Приземление на территории Района разрешено только в экстренных случаях.

- Облет птичьих колоний на территории Района с помощью дистанционно пилотируемых авиационных систем (ДПАС) разрешается только в научных или в рабочих целях в соответствии с разрешением, выданным соответствующим национальным полномочным органом, а также с учетом соответствующих рекомендаций, содержащихся в Руководство по экологическим аспектам использования ДПАС в Антарктике (Решение 4, 2018 г.).

Доступ на корабле или маломерном судне

Для маломерных судов нет специальной зоны высадки для лодок вместимостью 15 или менее человек, таких как надувные шлюпки Zodiac или аналогичные по размеру. Кораблям предлагается встать на якорь за пределами Района, как показано на карте 2 (74°54'02,03" ю. ш., 163°45'52,31" в. д.). В период размножения пингвинов с 15 октября по 15 февраля маломерные суда должны высаживаться только на береговой линии к северо-востоку от бухты Сивью между пограничными точками B1 и B2. В течение этого периода высаживание с маломерных судов в других местах запрещено, за исключением случаев, когда по веским научным причинам на это имеется разрешение. Приближаться к месту посадки между пограничными точками B1 и B2 необходимо с небольшой скоростью, чтобы свести к минимуму беспокойство и избежать контакта с пингвинами.

Предлагаемая точка посадки (74°53′50,96″ ю. ш., 163°45′20,85″ в. д.) для посещения ИМП 14 показана на карте 2.

7(iii) Разрешаемая деятельность в Районе:

Деятельность на территории Района не должна ставить под угрозу научные и экологические ценности Района. Разрешенная деятельность на территории Района включает в себя:

- крайне необходимые научные исследования, которые не могут быть проведены в каком-либо другом месте;
- отбор образцов, который должен быть минимумом, необходимым для утвержденных исследовательских программ.
- осуществление жизненно важной деятельности по управлению, включая мониторинг и инспекции.
- деятельность образовательного и/или информационно-просветительского характера, такая как документальная отчетность (например, визуальная, аудио или письменная) или создание образовательных и информационных ресурсов или услуг.

7(iv) Возведение, реконструкция и удаление сооружений

- Возводить сооружения на территории Района запрещается, за исключением случаев, когда это необходимо для выполнения неотложных научных задач или мер управления и на заданный период в соответствии с разрешением.
- На всех сооружениях, научном оборудовании или указателях, устанавливаемых в Районе, должны быть четко указаны страна, наименование основной исследовательской организации, год установки и дата предполагаемого удаления. На всех таких объектах не должно быть организмов, пропагул (например, семян, яиц) и нестерильной почвы; они должны быть изготовлены из материалов, которые способны выдержать условия окружающей среды и которые представляют минимальный риск загрязнения Района.
- Работы по установке (включая выбор площадки), техническому обслуживанию, реконструкции или удалению сооружений и оборудования должны выполняться с учетом обеспечения минимального воздействия на ценности Района.
- Все конструкции и сооружения должны быть удалены, если они больше не требуются или после истечения действия разрешения, в зависимости от того, что наступит раньше.
- Ответственность за удаление конкретных сооружений и/или оборудования, в отношении которых истек срок разрешения, несет инстанция, выдавшая исходное разрешение, что должно быть оговорено в разрешении.

7(v) Размещение полевых лагерей

Размещение постоянных полевых лагерей на территории Района запрещается. Есть полевой лагерь (74°54'34,76"ю. ш., 163°42'03,22" в. д.) за пределами Района.

7(vi) Ограничения на ввоз в Район материалов и организмов

В дополнение к требованиям Протокола по охране окружающей среды к Договору об Антарктике, на ввоз в Район материальных ресурсов и организмов распространяются указанные ниже ограничения:

- Преднамеренный ввоз на территорию Района животных, растительных материалов, микроорганизмов и нестерильной почвы запрещается. Следует принимать необходимые меры предосторожности по предотвращению непреднамеренной интродукции животных, растительных материалов, микроорганизмов и нестерильной почвы из других биологически отличающихся регионов (подпадающих и не подпадающих под действие Договора об Антарктике).
- Посетители должны убедиться в чистоте пробоотборного оборудования или указателей, которые они привозят в Район. Насколько это возможно, обувь и оборудование, используемые на территории Района или привезенные в Район, включая рюкзаки, сумки и палатки, должны проходить тщательную очистку до входа на территорию Района. Посетители должны также изучить и соответствующим образом соблюдать рекомендации, содержащиеся в Руководстве по неместным видам, разработанном Комитетом по охране окружающей среды (Резолюция 4, 2016 г.) и Экологическом кодексе поведения при проведении наземных полевых исследований в Антарктике, разработанном СКАР (Резолюция 5 (2018 г.).
- Ввоз в Район свежих яиц или сырых продуктов из птицы запрещен. Прошедшие обработку отходы домашней птицы должны быть полностью удалены из Района.
- Ввоз в Район гербицидов и пестицидов не допускается.
- Хранение топлива, пищевых продуктов, химических веществ и других материалов на территории Района не допускается, за исключением случаев на особых условиях разрешения. Способы хранения и обращения с этими веществами должны обеспечивать сведение к минимуму вероятности их непреднамеренного попадания в окружающую среду.
- Ввоз любых материалов на территорию Района разрешается только на оговоренный срок, и они подлежат удалению к концу установленного срока.

7(vii) Изъятие или вредное вмешательство в жизнь местной флоры или фауны

Изъятие местной флоры и фауны или вредное воздействие на них запрещено, если иное не оговорено в разрешении, выданном в соответствии с требованиями Приложения II к Протоколу по охране окружающей среды к Договору об Антарктике.

Если разрешенная деятельность включает в себя изъятие представителей фауны или вредное воздействие на них, в качестве минимально применимого стандарта следует руководствоваться Кодексом поведения при использовании представителей фауны в научных целях в Антарктике, разработанным СКАР (Резолюция 4, 2019 г.).

7(viii) Сбор или вывоз чего-либо, что не было ввезено в Район держателем разрешения

Если это специально не оговорено в разрешении, посетителям Района запрещается нарушать целостность любого антропогенного материала, брать в руки, забирать с собой такой материал или наносить ему ущерб. Точно так же перемещение или вывоз артефактов в целях их сохранения и защиты допускается только на основании разрешения. Обо всех обнаруженных новых или вновь выявленных антропогенных материалах следует уведомлять соответствующий национальный орган.

Сбор или удаление каких-либо предметов должно производиться при соблюдении следующих условий:

- Сбор и вывоз материалов из Района допускается только на основании разрешения и ограничивается минимумом, необходимым для выполнения научных задач или целей управления.
- Материалы антропогенного происхождения, которые могут нанести ущерб ценностям Района, которые не были ввезены в Район держателем разрешения или санкционированы иным образом, могут быть вывезены при условии, что воздействие при их удалении не будет превышать ущерба от оставления этих материалов на месте; в этом случае необходимо проинформировать соответствующую инстанцию и получить ее одобрение.

7(ix) Удаление отходов

Все отходы, включая отходы жизнедеятельности человека, подлежат вывозу из Района.

7(x) Меры по поддержанию реализации целей и задач Плана управления

Разрешения на доступ в Район могут выдаваться в следующих случаях:

- для проведения мониторинга и инспектирования Района, что может включать в себя сбор/отбор небольшого количества образцов/проб или данных для анализа или изучения;
- для установки или технического обслуживания указателей, знаков, сооружений или научного оборудования;
- для проведения охранных мероприятий;

7(xi) Требования к отчетам

- Основной получатель разрешения должен подавать отчет в соответствующий национальный орган в максимально короткий срок в порядке, предусмотренном национальным законодательством.
- Эти отчеты должны содержать, в зависимости от конкретного случая, информацию, указанную в форме отчета о посещении, приведенной в пересмотренном Руководстве по подготовке планов управления Особо охраняемыми районами Антарктики (Резолюция 2 (2011 г.).
- При наличии возможности национальный компетентный орган должен также направить копию отчета о посещении Стороне, предложившей план управления, с тем чтобы содействовать в управлении Районом и рассмотрении Плана управления.
- Сторонам, работающим в Районе, рекомендуется ежегодно обмениваться информацией об отчетах о посещениях. Во всех возможных случаях Стороны должны направлять оригиналы или копии таких отчетов о посещении в общедоступные государственные архивы для ведения учета пользования в целях какого-либо пересмотра Плана управления и создания условий для использования материалов о Районе в научных целях.

8. Справочная документация

Abollino, O., Aceto, M., Buoso, S., Gasparon, M., Green, W. J., Malandrino, M., Mentasti, E. (2004). Distribution of major, minor and trace elements in lake environments of Antarctica. Antarctic Science, 16(3), 277-291.

Ainley, D.G. (2002). The Adélie penguin: Bellwether of climate change. Columbia University Press, pp 416.

Ainley, D. G., Morrell, S. H., & Wood, R. C. (1986). South polar skua breeding colonies in the Ross Sea region, Antarctica. Notornis, 33(3), 155-63.

Ainley, D. G., Wilson, P. R., Barton, K. J., Ballard, G., Nur, N., Karl, B. (1998). Diet and foraging effort of Adélie penguins in relation to pack-ice conditions in the southern Ross Sea. Polar Biology, 20(5), 311-319.

Andreoli, C., Scarabel, L., Spini, S., Grassi, C. (1992). The picoplankton in Antarctic lakes of northern Victoria Land during summer 1989–1990. Polar Biology, 11(8), 575-582.

ATCM XLII and CEP XXII (2019). Resolution 4, SCAR's Code of Conduct for the Use of Animals for Scientific Purposes in Antarctica.

Barbaro, E., Zangrando, R., Vecchiato, M., Turetta, C., Barbante, C., & Gambaro, A. (2014). D-and L-amino acids in Antarctic lakes: assessment of a very sensitive HPLC-MS method. Analytical and bioanalytical chemistry, 406(22), 5259-5270.

Baroni, C., Orombelli, G (1987). Glacial Geology and Geomorphology of Terra Nova Bay (Antarctica). In: RICCI C.A. (Ed.), Proc. meeting Geosciences in Victoria Land, Antarctica. Siena, 2-3 Sept. 1987. Mem. Soc. Geol. It., 33, 171-193.

Baroni, C. (1988). The Hells Gate and Backstairs Passage Ice Shelves, Victoria Land - Antarctica. In: RICCI C.A. (Ed.), Proceedings of the meeting Earth Science in Antarctica, Siena 27-28 September 1988. Mem. Soc. Geol. It., 43, 123-144.

Baroni, C., Orombelli, G. (1991). Holocene Raised Beaches at Terra Nova Bay, Victoria Land, Antarctic. Quaternary Research, 36: 157-177.

Baroni, C.. (1994). Notes on Late-glacial retreat of the Antarctic Ice sheet and Holocene environmental changes along the Victoria land coast.. Mem. National Institute Polar Research, Tokyo, Spec. Issue, 50, 85-87.

Baroni, C., Orombelli, G. (1994). Abandoned Penguin rookeries as Holocene paleoclimatic indicators in Antarctica. Geology, 22: 23-26.

Baroni, C., Hall, B.L. (2004). A new Holocene relative sea-level curve for Terra Nova Bay, Victoria Land, Antarctica. Journal of Quaternary Science, 19(4): 377–396.

Baroni C. (ed.), Biasini A., Bondesan A., Denton G.H., Frezzotti M., Grigioni P., Meneghel, M., Orombelli G., Salvatore M.C., Della Vedova A.M. & Vittuari L. (2005) - Mount Melbourne Quadrangle, Victoria Land, Antarctica 1:250,000 (Antarctic Geomorphological and Glaciological Map Series). In: Haeberli W., Zemp M., Hoelzle M., Frauenfelder R. & Kääb A. (eds.), 2005, Fluctuations of Glaciers 1995-2000 (Vol. VIII). IUGG (CCS) / UNEP / UNESCO, World Glacier Monitoring Service, Zurich, Switzerland: 288 pp.

BirdLife International. 2017. *Catharacta maccormicki* (amended version of 2016 assessment). The IUCN Red List of Threatened Species 2017: e.T22694218A119402983.

Blais, J. M., Kimpe, L. E., McMahon, D., Keatley, B. E., Mallory, M. L., Douglas, M. S., Smol, J. P. (2005). Arctic seabirds transport marine-derived contaminants. Science, 309(5733), 445-445.

Borghini, F., Colacevich, A., Bargagli, R. (2007). Water geochemistry and sedimentary pigments in northern Victoria Land lakes, Antarctica. Polar Biology, 30(9), 1173-1182.

Borghini, F., Colacevich, A., Caruso, T., Bargagli, R. (2011). An update on sedimentary pigments in Victoria Land lakes (East Antarctica). Arctic, Antarctic, and Alpine Research, 43(1), 22-34.

Bromwich, D.H., Kurtz, D.D. (1984). Katabatic wind forcing of the Terra Nova Bay polynya. Journal of Geophysical Research, 89 (C3): 3561–72.

Bromwich, D.H. (1988). An Extraordinary Katabatic Wind Regime at Terra Nova Bay, Antarctica. Monthly weather review (American meteorology Society), 17: 688-695.

Budillon, G., Spezie, G. (2000) Thermohaline structure and variability in Terra Nova Bay polynya, Ross Sea. Antarctic Science, 12: 493–508.

Buffoni, G., Cappelletti, A., Picco, P. (2002). An investigation of thermohaline circulation in Terra Nova Bay polynya. Antarctic Science, 14 (1): 83-92.

Cesari M., McInnes S.J., Bertolani R., Rebecchi L., Guidetti R. (2016) Genetic diversity and biogeography of the south polar water bear *Acutuncus antarcticus* (Eutardigrada : Hypsibiidae) – evidence that it is a truly pan-Antarctic species. Invertebrate Systematics, 30: 635–649.

Calizza, E., Careddu, G., Caputi, S. S., Rossi, L., Costantini, M. L. (2018). Time-and depth-wise trophic niche shifts in Antarctic benthos. PloS one, 13(3): e0194796.

Cannone, N., Seppelt, R. (2008). A preliminary floristic classification of southern and northern Victoria Land vegetation, continental Antarctica. Antarctic Science, 20(6): 553-562.

Castello, M. (2003). Lichens of Terra Nova Bay area, Northern Victoria land (continental Antarctica). Studia Geobotanica, 22: 3-54.

CEP (2016) Committee for Environmental Protection (CEP). Non-native Species Manual. Edition 2016. Buenos Aires: Secretariat of the Antarctic Treaty, 2016, 41 pp.

Cummings, V. J., Hewitt, J. E., Thrush, S. F., Marriott, P. M., Halliday, N. J., Norkko, A. M. (2018). Linking Ross Sea coastal benthic communities to environmental conditions: documenting baselines in a spatially variable and changing world. Frontiers in Marine Science, 5: art. 232.

Davis, L.B., HOFMANN, E.E., KLINCK, J.M., PIÑONES, A., DINNIMAN, M.S. 2017. Distributions of krill and Antarctic silverfish and correlations with environmental variables in the western Ross Sea, Antarctica. Marine Ecology Progress Series, 584, 10.3354/meps12347

De Bruyn M., Pinsky M.L., Hall B., Koch P., Baroni C., Hoelzel A. R. (2014) - Rapid increase in southern elephant seal genetic diversity after a founder event. Proceedings - Royal Society. Biological Sciences, 281, 20133078-20133085. doi: 10.1098/ rspb.2013.3078

De Bruyn M., Hall B.L., Chauke L.F., Baroni C., Koch P.L. & Hoelzel A.R. (2009) - Rapid Response of a Marine Mammal Species to Holocene Climate and Habitat Change. PLoS Genetics, 5(7): e1000554. doi:10.1371/journal.pgen.1000554

Del Frate, G., Caretta, G. (1990). Fungi isolated from Antarctic material. Polar Biology 11: 1- 7.

De Hoyo, J., Elliot, A., Sargatal, J. (1992). Handbook of the Birds of the World. Barcelona: Lynx Editions.". Jutglar, Francesc.

Emslie, S.D., Coats, L., Licht, K. (2007). A 45,000 yr record of Adélie penguins and climate change in the Ross Sea, Antarctica. Geology, 35(1): 61-64.

Fanciulli, P.P., Summa, D., Dallai, R., Frati, F. (2001). High levels of genetic variability and population differentiation in *Gressittacantha terranova* (Collembola, Hexapoda) from Victoria Land, Antarctica. Antarctic Science, 13 (3): 246-254.

Fenice, M., Selbmann, L., Zucconi, L., Onofri, S. (1997). Production of extracellular enzymes by Antarctic fungal strains. Polar Biology, 17(3): 275-280.

Frezzotti, M., Salvatore, M.C., Vittuari, L., Grigioni, P., De Silvestri L. (2001). Satellite Image Map: Northern Foothills and Inexpressible Island Area (Victoria Land, Antarctica). Terra Antarctica Reports n° 6, 8 p. + map - ISBN 88-900221-9-1

Guglielmo, L., Granata, A., Greco, S. (1997). Distribution and abundance of postlarval and juvenile *Pleuragramma antarcticum* (Pisces, Nototheniidae) off Terra Nova bay (Ross sea, antarctica). Polar Biology, 19(1): 37-51.

Hahn, S., Ritz, M. S., & Reinhardt, K. (2008). Marine foraging and annual fish consumption of a south polar skua population in the maritime Antarctic. Polar Biology, 31(8), 959-969.

Hall, B.L., Hoelzel A.R., Baroni C., Denton G.H., Le Boeuf B.J., Overturf B., Töpf A.L. (2006). Holocene elephant seal distribution implies warmer-than-present climate in the Ross Sea. PNAS, 103: 10213-10217

He, H., Cheng. X., Li, X.L., Zhu, R.B., Hui, F.M., Wu,W.H, Zhao, T.C., Kang, J., Tang, J.W. (2017). Aerial photography based census of Adélie Penguin and its application in CH_4 and N_2O budget estimation in Victoria Land, Antarctic. Scientific Reports 7(1): 12942.

Koch P.L., Hall B.L., de Bruyn M., Hoelzel A.R., Baroni C. & Salvatore M.C. (2019) - Mummified and skeletal southern elephant seals (mirounga leonina) from the victoria land coast, ross sea, antarctica. Marine Mammal Science, 35 (3), 934-956. doi:10.1111/mms.12581

Kurtz, D.D., Bromwich, D.H. (1983). Satellite observed behaviour of the Terra Nova Bay polynya. Journal of Geophysical Research, 88: 9717-22.

Kurtz, D.D., Bromwich, D.H. (1985) A recurring, atmospherically forced polynya in Terra Nova Bay. In: Jacobs SS (ed.) Oceanology of the Antarctic continental shelf. Antarct Res Ser 43, American Geophysical Union, Washington DC, pp 177–201.

Lambert, D., Ritchie, P., Millar, C., Holland, B., Drummond, A., Baroni. C. (2002). Rates of evolution in ancient DNA from Adélie penguins. Science, 295: 2270-2273.

Lee, W. Y., Jung, J.-W, Chung, H., Kim, J.-H. (2019) Weddell seal feeds on Adélie Penguins in the Ross Sea, Antarctica. Polar Biology, 42: 1621-1624.

Lorenzini, S., Baneschi, I., Fallick, A.E., Salvatore, M.C., Zanchetta, G., Dallai, L., Baroni, C. (2012). Insights into the Holocene environmental setting of Terra Nova Bay region (Ross Sea, Antarctica) from oxygen isotope geochemistry of Adelie penguin eggshells. Holocene, 22: 63-69.

Lorenzini, S., Baroni, C., Fallick, A.E., Baneschi, I., Salvatore, M.C., Zanchetta, G., Dallai, L., (2010). Stable isotopes reveal Holocene changes in the diet of Adélie penguins in Northern Victoria Land (Ross Sea, Antarctica). Oecologia, 164: 911-919.

Lorenzini S., Baroni C., Baneschi I., Salvatore M.C., Fallick A.E., Hall B.L. (2014) - Adélie Penguin dietary remains reveal Holocene environmental changes in the western Ross Sea (Antarctica). Palaeogeography Palaeoclimatology Palaeoecology, 395, 21 - 28. doi: 10.1016/j.palaeo.2013.12.014

Lorenzini S., Olmastroni S., Pezzo F., Salvatore M.C. & Baroni C. (2009) - Holocene Adélie Penguin diet in Victoria Land, Antarctica. Polar Biology, 32 (7), 1077-1086. doi:10.1007/s00300-009-0607-4

Lyver, P.O., Barron, M., Barton, K.J., Ainley, D.G., Pollard, A., et al. (2014). Trends in the Breeding Population of Adélie Penguins in the Ross Sea, 1981–2012: A Coincidence of Climate and Resource Extraction Effects. PLoS ONE, 9(3): e91188.

Mezgec K., Stenni B., Crosta X., Masson Delmotte V., Baroni C., Braida M., Ciardini V., Colizza E., Melis,R., Salvatore M.C., Severi M., Scarchilli C., Traversi R., Udisti R., Frezzotti M. (2017) - Holocene sea ice variability driven by wind and polynya efficiency in the Ross Sea. NATURE COMMUNICATIONS, 8, 1-12. doi: 10.1038/s41467-017-01455-x

Michaud, L., Caruso, C., Mangano, S., Interdonato, F., Bruni, V., Lo Giudice, A. (2012). Predominance of *Flavobacterium*, *Pseudomonas*, and *Polaromonas* within the prokaryotic community of freshwater shallow lakes in the northern Victoria Land, East Antarctica. FEMS microbiology ecology, 82(2): 391-404.

Millar C.D., Dodd A., Anderson J., Gibb G.C., Ritchie P.A., Baroni C., Woodhams M.D., Hendy M.D., Lambert D.M. (2008) - Mutation and Evolutionary Rates in Adélie Penguins from the Antarctic. PLoS Genetics 4(10): e1000209. doi: 10.1371/journal.pgen.1000209

Millar C.D., Subramanian S., Heupink T.H., Swaminathan S., Baroni C., Lambert D.M. (2012) - Adélie penguins and temperature changes in Antarctica: a long-term view. Integrative Zoology, 7(2), 113–120. doi: 10.1111/j.1749-4877.2012.00288.x

Ministry of Environment (MOE) 2019. Environmental monitoring and management of the Antarctic Specially Protected Areas and the Antarctic Stations (5). Korean Ministry of Environment. 292pp.

Ministry of Environment (MOE) 2020. Environmental monitoring and management of the Antarctic Specially Protected Areas and the Antarctic Stations (6). Korean Ministry of Environment. in press.

Norkko, A., Thrush, S. F., Cummings, V. J., Gibbs, M. M., Andrew, N. L., Norkko, J., Schwarz, A. M. (2007). Trophic structure of coastal Antarctic food webs associated with changes in sea ice and food supply. Ecology, 88(11): 2810-2820.

Parks M., Subramanian S., Baroni C., Salvatore M.C., Zhang G., Millar C.D., Lambert D.M. (2015). Ancient population genomics and the study of evolution. Philosophical Transactions Of The Royal Society Of London Series B: Biological Sciences (ISSN:0962-8436) p. 1 - 10 Vol. 370. doi: 10.1098/rstb.2013.0381

Olmastroni S., Pezzo F., Volpi V., Focardi S. (2004). Effects of weather and sea ice on Adélie penguin reproductive performance. CCAMLR Science 11:99-109

Olmastroni S., Fattorini N., Pezzo F., Focardi S. Gone fishing: Adélie penguin site-specific foraging tactics and breeding performance. Antarctic Science, in press.

Orombelli G., Baroni C. & Denton G.H. (1990) - Late Cenozoic glacial history of the Terra Nova Bay Region, northern Victoria Land, Antarctica. Geografia Fisica e Dinamica Quaternaria, 13 (2), 139-163.

Petz, W., Valbonesi, A., Schiftner, U., Quesada, A., Cynan Ellis-Evans, J. (2007). Ciliate biogeography in Antarctic and Arctic freshwater ecosystems: endemism or global distribution of species? FEMS Microbiology Ecology, 59(2): 396-408.

Pezzo, F., Olmastroni, S., Corsolini, S., Focardi, S.(2001). Factors affecting the breeding success of the south polar skua *Catharacta maccormicki* at Edmonson Point, Victoria Land, Antarctica. Polar Biology, 24: 389. https://doi.org/10.1007/s003000000213.

Pezzo, F., Olmastroni, S., Volpi, V., Focardi, S. (2007). Annual variation in reproductive parameters of Adélie penguins at Edmonson Point, Victoria Land, Antarctica. Polar Biology, 31: 39-45.

Reinhardt, K., Hahn, S., Peter, H. U., & Wemhoff, H. (2000). A review of the diets of Southern Hemisphere skuas. Marine ornithology, 28, 7-19.

Ritchie P.A., Millar C.D., Gibb G.C., Baroni C., & Lambert D.M. (2004) - Ancient DNA Enables Timing of the Pleistocene Origin and Holocene Expansion of Two Adélie Penguin Lineages in Antarctica. Molecular Biology and Evolution, 21 (2), 240-248. doi: 10.1093/molbev/msh012

Salvatore M.C., Bondesan A., Meneghel M., Baroni C. & Orombelli G. (1997) – Geomorphological sketch map of the Evans Cove Area (Victoria Land, Antarctica). Geografia Fisica e Dinamica Quaternaria, 20 (2), pp. 283-290

Shepherd, L. D., Millar, C. D., Ballard, G., Ainley, D. G., Wilson, P. R., Haynes, G. D., Lambert, D. M. (2005). Microevolution and mega-icebergs in the Antarctic. Proceedings of the National Academy of Sciences, 102(46): 16717-16722.

Signa, G., Calizza, E., Costantini, M. L., Tramati, C., Caputi, S. S., Mazzola, A., Rossi, L. Vizzini, S. (2018). Horizontal and vertical food web structure drives trace element trophic transfer in Terra Nova Bay, Antarctica. Environmental Pollution, 246: 772-781.

Souchez R., Meneghel M., Tison J.L., Lorrain R., Ronveaux D., Baroni C., Lozej A., Tabacco I. & Jouzel J. (1991) - Ice composition evidence of marine ice transfer along the bottom of a small Antarctic ice shelf. Geophysical Research Letters, 18 (5), 849-852. doi:10.1029/91GL01077

Stonehouse, B. (1969). Air Census of two colonies of Adélie penguins in Ross Dependency, Antarctic. Polar Record, 14: 471-475.

Stuiver, M. (1981). History of the marine ice sheet in West Antarctica during the last glaciation: a working hypothesis. The last great ice sheets, 319-436.

Subramanian S., Denver D.R., Millar C.D., Heupink T., Aschrafi A., Emslie D.S., Baroni C., Lambert D.M. (2009) - High mitogenomic evolutionary rates and time dependency. Trends in Genetics, 25 (11), 482-486. doi:10.1016/j.tig.2009.09.005

Terauds, A., Chown, S. L., Morgan, F., J. Peat, H., Watts, D. J., Keys, H., ... & Bergstrom, D. M. (2012). Conservation biogeography of the Antarctic. Diversity and Distributions, 18(7): 726-741.

Vacchi, M., DeVries, A. L., Evans, C. W., Bottaro, M., Ghigliotti, L., Cutroneo, L., Pisano, E. (2012). A nursery area for the Antarctic silverfish *Pleuragramma antarcticum* at Terra Nova Bay (Ross Sea): first estimate of distribution and abundance of eggs and larvae under the seasonal sea-ice. Polar biology, 35(10): 1573-1585.

Van Woert, M.L. (1999). Wintertime dynamics of the Terra Nova Bay polynya. Journal of Geophysical Research, 104: 1153-69.

Wang, W., Hu, J.M., Chen, H., Yu, G.W., Zhao, Y., Liu, X.C. (2014). LA-ICP-MS zircon U-Pb ages and geological constraint of intrusive rocks from the Inexpressible Island, Northern Victoria Land, Antarctica. Geological Bulletin of China, 33(12): 2023-2031.

Wei, Y., Jin Jing, Nie Y, Chen X, Wu L, Fu P, Emslie SD (2016). Sources of organic matter and paleo-environmental implications inferred from carbon isotope compositions of lacustrine sediments at Inexpressible Island, Ross Sea, Antarctica. Advances in Polar Science, 233-244.

Whitehouse, I., Chinn, T., Hoefle, H. (1989). Radiocarbon dates from raised beaches. Terra Nova Bay, Antarctica. Geologisches Jahrbuch E, 38: 321-334.

Widmann, M., Kato, A., Raymond, B., Angelier, F., Arthur, B., Chastel, O., Pellé, M., Raclot, T. Ropert-Coudert, Y. (2015). Habitat use and sex-specific foraging behavior of Adélie penguins throughout the breeding season in Adélie Land, East Antarctica. Widmann et al. Movement Ecology, 3: 30.'

Wilson, D.J., Lyver, P.O., Greene, T.C. Whitehead, A.L., Dugger, K.M., Karl, B.J., Barringer, J.R.F., McGarry, R., Pollard, A.M., Ainley, D.G. (2017). South Polar Skua breeding populations in the Ross Sea assessed from demonstrated relationship with Adélie Penguin numbers. Polar Biology. 40: 577.

Woehler, E.J., Croxall, J.P. (1997). The status and trends of Antarctic and sub-Antarctic seabirds. Marine Ornithology, 25: 43-66.

ДОПОЛНИТЕЛЬНЫЙ МАТЕРИАЛ

Дополнительный материал по предложению об определении нового Особо охраняемого Района Антарктики «Остров Инэкспрессибл и Бухта Сивью» (море Росса) можно найти по ссылке, включая *Резюме датированного гуано пингвина и его останков на острове Инэкспрессибл* и рисунок с количеством посетителей острова Инэкспрессибл с 2003 г. http://www.chinare.org.cn/en/difDetailPublic/?id=9800

Карта 1. ООРА № 178: «Остров Инэкспрессибл и Бухта Сивью» – региональная карта

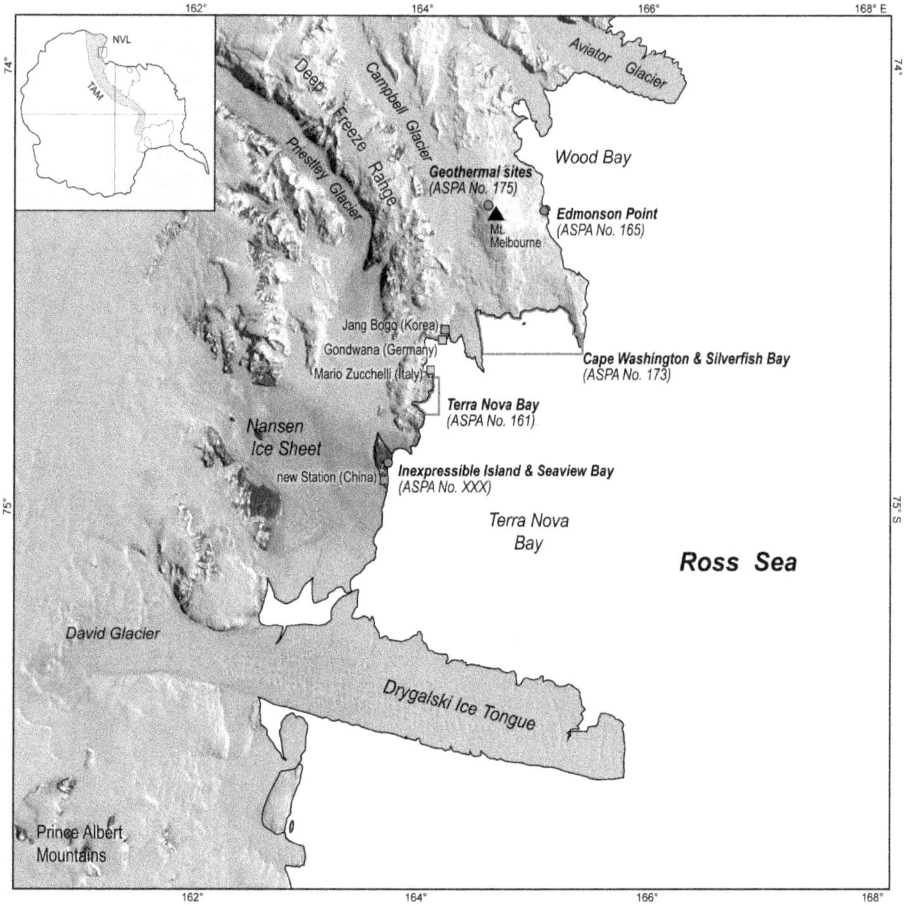

Map 1: ASPA No. XXX - Inexpressible Island & Seaview Bay - Regional Map

ASPA

Year round Station

Summer Station

0 10 20 30 40 50 km

Projection: Polar Stereographic
Spheroid and horizontal datum: WGS84
Vertical datum: Mean Sea Level
Straight-vertical Longitude from Pole: 0
Standard Parallel: -71
False Easting: 0
False Northing: 0
Data sources: LIMA

Карта 2. ООРА № 178 «Остров Инэкспрессибл и Бухта Сивью» – топографическая карта с указанием доступа и батиметрией

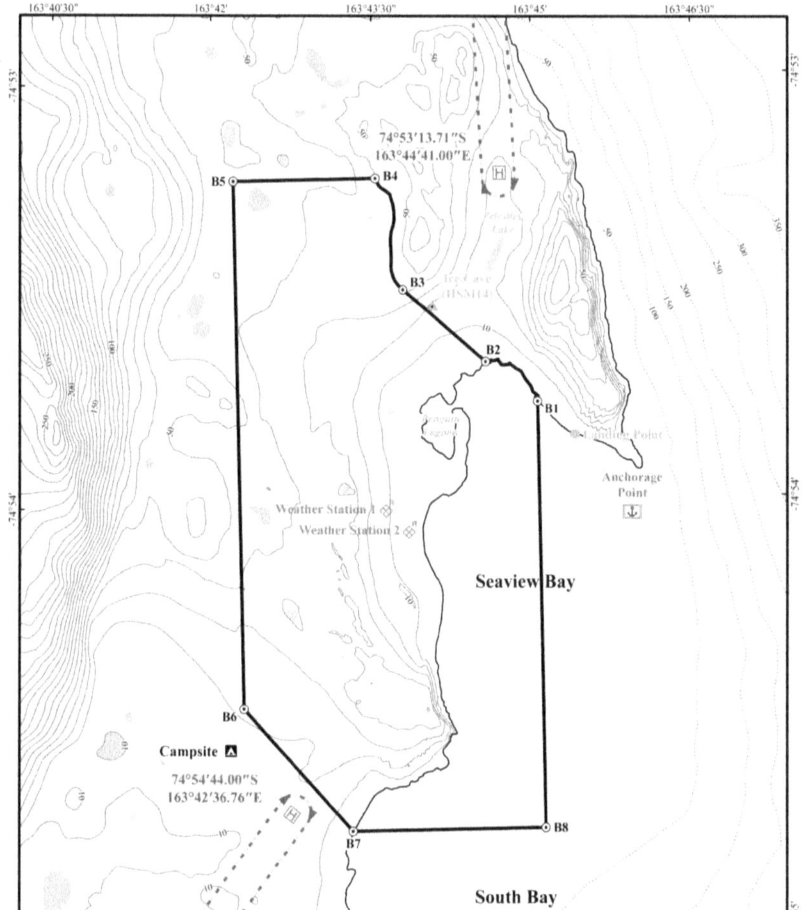

Map2:ASPA XXX–Seaview Bay and South Bay – topographic map with access guidance and bathymetry

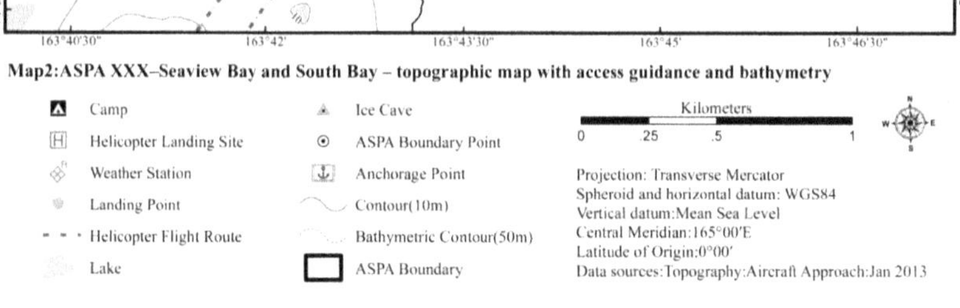

Карта 3. ООРА № 178: «Остров Инэкспрессибл и бухта Сивью» – колония пингвинов Адели

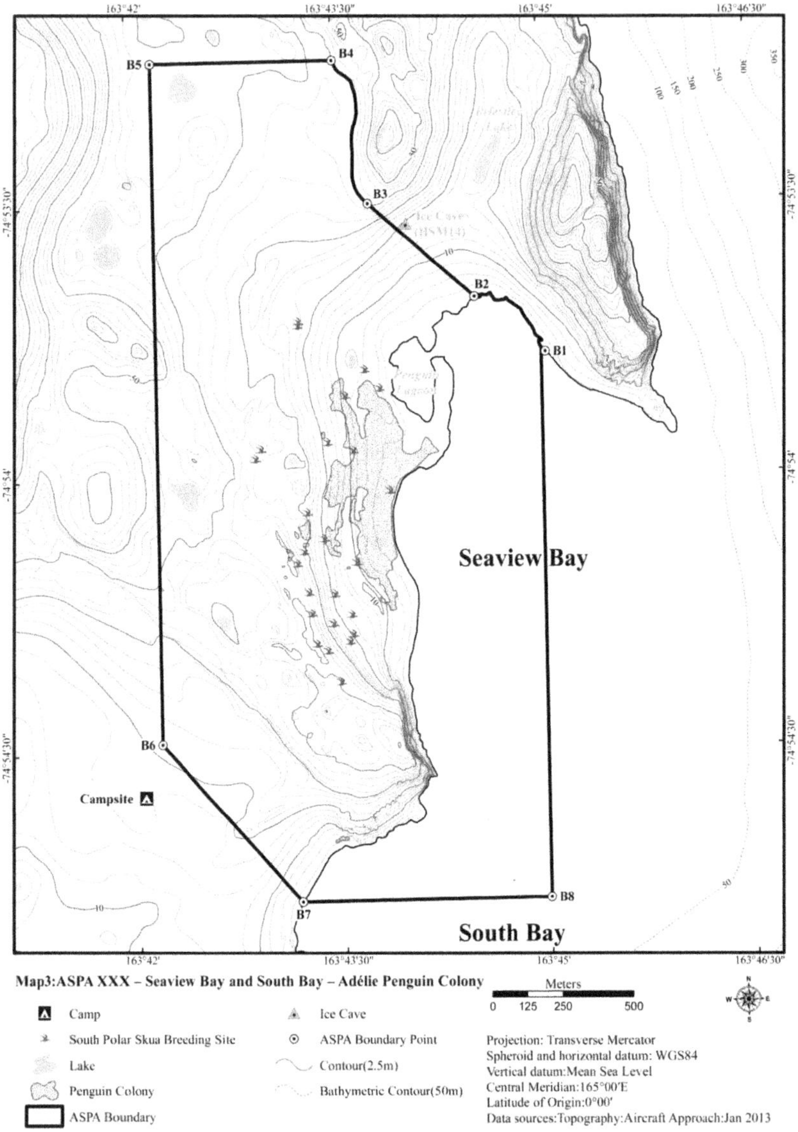

Map3:ASPA XXX – Seaview Bay and South Bay – Adélie Penguin Colony

ЧАСТЬ III

Выступления на открытии и закрытии, отчеты и доклады

1. Выступления на открытии и закрытии

Приветственное слово премьер-министра Франции Жана Кастекса

Париж, Мезон де ля Мютюалите – 15 июня 2021 г.

Уважаемые дамы и господа!

У нас есть все основания испытывать радость и гордость от того, что Франция принимает 43-е Консультативное совещание по Договору об Антарктике – в третий раз за историю договора и впервые в XXI столетии. Мы с удовлетворением отмечаем, что 54 государства собрались сегодня в рамках этого договора, 60-я годовщина вступления в силу которого будет отмечаться 23 июня, во время нашего совещания в Париже.

Это совещание позволит оценить прогресс, достигнутый с этой даты и в особенности со времени последнего организованного Францией КСДА 1989 года, поскольку именно на нем было принято решение об усилении охраны окружающей среды в Антарктике. Это решение было конкретизировано принятием Мадридского протокола. В связи с этим мне хотелось бы отдать дань уважения Мишелю Рокару, который, будучи тогда премьер-министром, стал вместе со своим австралийским коллегой Бобом Хоуком главным творцом этого протокола, 30-летие подписания которого будет отмечаться 4 октября. Не будем забывать, что мой предшественник был нашим первым послом по делам полюсов вплоть до самой своей смерти в 2016 году.

Тот факт, что мы собрали сегодня участников договора, тогда как консультативное совещание 2020 года было отменено, также вызывает удовлетворение, хотя пандемия по-прежнему держит нас на расстоянии друг от друга и вынуждает работать в режиме видеоконференции. Я знаю, что для переговоров это тяжелое и беспрецедентное ограничение, но я не сомневаюсь в том, что нам удастся преодолеть его благодаря неизменной вовлеченности всех делегаций, и я выражаю им горячую признательность за это виртуальное участие в условиях, когда они разбросаны онлайн по 18 часовым поясам. Кроме того, ничто не было бы возможным без неоценимой поддержки Секретариата Договора об Антарктике, поэтому я хотел бы поприветствовать среди нас его Секретаря. Это международное совещание – настоящее достижение, и я хотел бы поздравить всех тех, кто делает его возможным.

Мы давно готовились к тому, чтобы принять это совещание, отметить его проведение и познакомить наших сограждан с задачами, связанными с Антарктикой. Эта работа по ознакомлению и разъяснению была проведена государственными операторами, такими как Полярный институт имени Поль-Эмиля Виктора, а также благодаря выставкам педагогической направленности, которые были подготовлены в Париже министерством Европы и иностранных дел, министерством по вопросам перехода к экологическому развитию и министерством заморских территорий. Гражданское общество не осталось в стороне и мобилизовало свои усилия. В ближайшие четыре месяца более чем в 25 крупных городах Франции будет проходить масштабное культурное и научное мероприятие «Полярное лето – 2021», которое соберет несколько миллионов участников. По этому случаю здания мэрий и официальные здания окрасятся в цвета Антарктики.

Францию связывает с Антарктикой давняя история, несмотря на разделяющее нас расстояние. Именно с наших берегов Кергелен и Дюмон д'Юрвиль отправились на поиски южного континента. Отчеты об экспедициях Шарко и Поль-Эмиля Виктора открыли эту далекую землю народу Франции, который сделал ее национальной мечтой. Сегодня наши исследователи, инженеры и технические специалисты ведут на наших научных базах в Антарктике всемирно признанную работу, которая позволяет нам следить за целостностью Антарктики, одновременно расширяя научные знания о ней. Моя страна осознает важность углубления знаний об этих далеких землях и морях, ибо на карту поставлена часть нашего будущего: так, будущий уровень моря во многом зависит от процессов, происходящих в сердце «белого континента», а вопросы о способности биоразнообразия к восстановлению частично находят ответы на побережье Антарктики.

Эти сложные и ответственные исследования не могут проводиться без прочной научной базы. В Арктике и Антарктике эту роль играет для нашего государства Французский полярный институт имени Поль-Эмиля Виктора. Я как глава правительства также намерен придавать самое большое значение реконструкции нашей антарктической базы, что, конечно, должно подкрепляться высокими экологическими требованиями в соответствии с духом Мадридского протокола. Хочу выразить признательность Полярному институту имени Поль-Эмиля Виктора, а также Национальному центру научных исследований, Национальному музею естествознания и французским университетам за их решающий вклад в научные исследования, сохранение окружающей среды и международную полярную дипломатию, которые имеют столь большое значение для наших обществ.

Опираясь на этот многолетний опыт и в свете стоящих сегодня задач, наша страна должна разработать смелую полярную стратегию, первую в своей истории. Она будет охватывать как наши обязательства в Антарктике, так и нашу деятельность в Арктике. С самого начала она станет частью взаимодействия с нашими партнерами по Европейскому союзу и в других странах, которые разделяют наше стремление сделать полюса зоной согласия и прогресса. Кроме того, я поручил нашему новому послу по вопросам Северного и Южного полюсов и морским делам Оливье Пуавр д'Арвору направлять и координировать со всеми экспертами и политическими деятелями подготовку этой дорожной карты, которая будет представлена мне до конца года.

Антарктика остается уникальным континентом, который подавляющее большинство из нас никогда не посетит, – и, возможно, это должно вызывать удовлетворение с точки зрения его защиты, – но который накладывают неизгладимый отпечаток на всех, кто там побывал.

Первая особенность этого континента в том, что он долгое время оставался лишь гипотезой: в эпоху от Аристотеля до Меркатора южный континент поначалу был лишь постулатом и даже мечтой. Затем, благодаря мореплавателям Нового времени, эта «терра инкогнита» превратилась в обширную территорию исследований и открытий. В этой части земного шара люди всегда находятся только временно.

Наконец, с XX столетия Антарктика стала в первую очередь пространством, отведенным для природы, науки и мира. В этом заслуга и бремя договора, который собрал нас сегодня.

Договор об Антарктике и сложившаяся вокруг него система представляют собой драгоценное наследие, которое мы должны сохранять и приумножать.

Его подписание, доказавшее, что государства способны преодолеть антагонизм и конфликты путем поиска коллективного интереса, было тем более примечательно, что состоялось в разгар того, что история называет холодной войной. Это было замечательное достижение переговорщиков того времени, благодаря которым дух сотрудничества, привнесенный Международным геофизическим годом, возобладал над воинственными тенденциями эпохи. И, главное, это отрадный прецедент, который показывает, что разногласия можно разрешать путем переговоров, а не противостояния. В силу этого Договор об Антарктике остается великолепным примером эффективности многостороннего подхода.

Но этот договор примечателен также масштабным и устойчивым характером его положений. Прежде всего, он играет важнейшую роль, исключая в Антарктике любую деятельность, которая не является мирной. Запрет на маневры, испытания и сооружения военного характера в Антарктике является одновременно достижением и преимуществом, от которого выигрываем сегодня все мы и которое мы должны сообща сохранять.

Это сотрудничество касается, прежде всего, научных исследований: обмен информацией, персоналом, наблюдениями и результатами является неотъемлемой частью научного присутствия в Антарктике и должен оставаться таковым, чтобы свести к минимуму задействованные ресурсы и оптимизировать полученные результаты. Будь то наблюдение за Антарктикой и ее экосистемой или исследования, требующие особых условий, связанных с ее положением и окружающей средой, возможность использования результатов научной деятельности в этих экстремальных условиях должны иметь все.

Следует понимать, что наша глобализованная цифровая эпоха сделала наших современников особенно внимательными к состоянию планеты и что в этом контексте они следят за происходящем и в Антарктике. Сегодня все осознают, что воздействие человеческой деятельности ощущается даже на полюсах и что меры по его сокращению также должны быть глобальными, в том числе в Антарктике.

Взяв на себя обязательство обеспечивать всестороннюю защиту окружающей среды Антарктики и зависимых и связанных экосистем, государства – участники Договора об Антарктике заявили о своей решимости поставить эту цель выше других соображений. Провозгласив Антарктику «природным заповедником, предназначенным для мира и науки», они четко определили рамки человеческого присутствия на этом континенте.

Вашингтонский договор заложил основы системы Договора об Антарктике, первым столпом которой является КСДА, а вторым – АНТКОМ, Комиссия по сохранению морских живых ресурсов Антарктики, которая, как следует из названия, занимается защитой южных морей. Мне хотелось бы упомянуть здесь, – хотя этот вопрос не входит в повестку дня, поскольку относится к компетенции АНТКОМ, – важность, которую представляет для Франции принятие проектов создания охраняемых морских районов в Восточной Антарктике и в море

Уэдделла, представляющих более двух миллионов квадратных километров биоразнообразия, устойчивость которого необходимо обеспечить.

Задача, стоящая перед делегациями в ближайшие несколько дней, безусловно, непростая, особенно в ограниченных условиях виртуальной встречи. Но она несет в себе веру и надежду для всех стран, как участвующих, так и не участвующих в договоре, а также для их граждан, настоящих и будущих. Это вера и надежда на то, что мы сможем повторить подвиг наших предшественников, преодолев возникающие рефлексы присвоения и эксплуатации.

Учитывая сложные условия и непростую международную обстановку, существует большой риск столкнуться при решении этих задач с оптическим явлением, хорошо известным в полярных условиях: это белая мгла, возникающая, когда белый свет, снег и низкое небо сглаживают контрасты, мешая различать горизонт и воспринимать формы. В Антарктике это аналог миражей в пустыне.

Все исследователи скажут вам, что при таких обстоятельствах есть только один выход: сохранять спокойствие и сплоченность, чтобы сообща преодолеть препятствия.

Благодарю за внимание.

Приветственное слово министра Европы и иностранных дел Жан-Ива Ле Дриана

Уважаемый господин премьер-министр,

Уважаемая госпожа министр,

Уважаемые главы делегаций,

Ваши превосходительства,

Уважаемые господа,

Для Франции **очень большая честь** вновь принимать **Консультативное совещание государств-участников Вашингтонского договора об Антарктике**.

По прошествии шестидесяти лет с момента вступления договора в силу, на мой взгляд, сегодня мы, как никогда ранее, способны осознать ***историческую* значимость этого коллективного решения**, которое спустя тридцать лет получило свое дальнейшее развитие в виде **Мадридского протокола об охране окружающей среды**.

- Наши предшественники в том расколотом мире, где царила особая напряженность, *совместно* признали необходимость **вывести Антарктику из сферы силового соперничества** во имя **международного мира** и **безопасности, прогресса научных знаний** и **сохранения биоразнообразия на нашей планете**. Опередив свое время, они решили, что Антарктика должна стать достоянием ***всего человечества***.
- С тех пор наш мир существенно изменился, но эти задачи сохранили все свое значение. Более того, они, как нам всем известно, стали **еще более неотложными.**

*

Позвольте остановиться на тех причинах, в силу которых открывающееся сегодня совещание имеет важнейший, на мой взгляд, характер.

1) Оно имеет *важнейший характер* прежде всего потому, что наша **битва за спасение климата и биоразнообразия являет собой битву нашего столетия**, а также потому, что этот год имеет критически важное значение в силу ряда предстоящих знаковых событий: с 4 по 7 сентября с. г. пройдет Всемирный конгресс Международного Союза по охраны природы (МСОП), в октябре состоится конференция сторон по биоразнообразию (КС-15), а затем, в ноябре, — конференция сторон по изменению климата (КС-26). Необходимо, чтобы все страны к моменту проведения КС-26 в Глазго подняли на новую высоту свои

обязательства по климату, как того требует от нас Парижское соглашение. Эти повышенные обязательства должны, в частности, найти свое выражение в новых целях в преддверии 2030 года. Нас ждут решающие баталии на *Южном полюсе* и – что не менее важно – на акватории омывающих его океанов. Необходимо сделать все для сохранения **этих ценнейших экосистем, которым угрожает деятельность человека**. Мы должны действовать, и действовать незамедлительно, определив, в частности, **управляемые или охраняемые природные территории.**

2) Это совещание имеет *важнейший характер* еще и в силу ***важнейшего*** **значения проводимых в Антарктике научных исследований.**

Пользуясь случаем, хотелось бы **поприветствовать всех ученых, находящихся на местах**, а особенно наших научных сотрудников, работающих в настоящее время в экспедициях на двух наших полярных станциях — станции ***Дюмон-д'Юрвиль*** и станции ***Конкордия***, которую мы с удовольствием делим с нашими итальянскими друзьями.

Данные научные исследования необходимо продолжать, естественно, при полном уважении к уникальному характеру этого континента.

- Некоторые проводимые в Антарктике **наблюдения и эксперименты**, невозможно осуществить ни в одной другой точке нашей планеты.
- А между тем они имеют **решающее значение**, в частности, для борьбы с изменением климата и за сохранение биоразнообразия, о чем я говорил ранее.

Я, конечно же, имею в виду исследования, проводимые под эгидой ***Комитета по охране окружающей среды*** [КООС], в частности, в рамках Рабочей программы по борьбе с изменением климата в увязке с ***Научным комитетом по изучению Антарктики*** [SCAR].

По случаю **тридцатой годовщины Мадридского протокола**, с удовлетворением сообщаю вам, что мы приняли решение вручить **специальную медаль профессору Стивену Чоуну** Мельбурнского *университета Монаша*, вклад которого решили отметить **Французский полярный институт им. Поля-Эмиля Виктора** [известный под своим французским сокращенным названием IPEV] и **Французский национальный комитет по изучению Арктики и Антарктики** [сокращенное французское название CNFRA], чтобы выразить ему уважение и благодарность в знак признания его заслуг.

3) И наконец, настоящее совещание имеет *важнейший* характер ввиду **развития в Антарктике туризма**.

Хотя этот новый интерес к Антарктике вполне понятен, для всех нас он является источником серьезного беспокойства. Чтобы объяснить это беспокойство достаточно привести одну-единственную цифру: всего лишь за два десятилетия число туристов в Антарктике возросло на **450%**! Повторяю — на 450%! Нетрудно догадаться, какие это может иметь последствия.

Мы несем коллективную ответственность за то, **чтобы эта тенденция не поставила под удар те принципы, гарантами которых мы являемся**, принципы *Договора об Антарктике* и *Протокола к нему об охране окружающей среды.*

Данная тема заслуживает самого пристального внимания Сторон, и я приветствую прилагаемые уже сегодня усилия по обсуждению этих вопросов, равно как и весьма разумное поведение целого ряда организаторов полярных и морских круизов.

*

Уважаемые господа, даже если **пандемия**, к сожалению, не позволила нам всем собраться в Париже, хотел бы, тем не менее, заверить вас в том, что **наша столица и ряд наших крупных городов воспользовались этой возможностью, чтобы отдать должное *Белому континенту***: было организовано несколько прекрасных **выставок** и **встреч**, которые несомненно вызовут самый живой интерес от берегов Сены до побережья Атлантики. Не стану скрывать: мы гордимся тем, что нам удалось организовать **культурно-образовательный сезон под названием «*Полярное лето 2021 года*»**, который позволит миллионам людей открыть для себя не только бесчисленные грани этого завораживающего мира, но и ознакомится с той **ценной исследовательской работой, которую изо дня в день выполняют наши ученые**. Убеждены, что для защиты нашего общего достояния необходимо как можно глубже **осознать**, в чем заключаются его особенности и что необходимо сделать, чтобы обеспечить его будущее.

Приверженность Франции защите нашего общего достояния находится также в самом сердце нашей дипломатии. И это, конечно же, в полной мере относится к Антарктике благодаря усилиям нашего нового *Посла по делам Арктики и Антарктики и по морским целям и задачам* **Оливье Пуавр д'Арвора**, на которого возложены функции председателя.

- По моему поручению, он уже **встречался с нашими зарубежными партнерами**, чтобы обсудить наши приоритеты и, в частности, самый первый из них: создание вокруг Антарктики новых **охраняемых морских акваторий**, о необходимости которых я уже говорил. Эта смелая задача отныне стала предметом широкого консенсуса со стороны международного сообщества. Надеюсь, что ее обоснованность в скором времени поймут и те две державы, которых нам пока не удалось убедить.
- Именно благодаря этим поездкам и контактам мы и готовим, [как отмечал премьер-министр] **первую полярную стратегию Франции**, которая будет мне представлена в сентябре; эта стратегия охватит нашу политику в

Арктике и Антарктике и будет служить нам дорожной картой на ближайшие годы.

*

Антарктику, дорогие мои друзья, сегодня уже ни в коей мере нельзя назвать недоступным горизонтом или регионом, который находится за пределами мира. Ибо нам известно, что именно в Антарктике будет в существенной степени решаться **будущее нашей планеты**, а значит — и **наше собственное будущее**. И хотя этот континент необитаемый, он несомненно являет собой **сокровищницу для всего человечества**.

Надеюсь, что совместными усилиями мы сумеем подняться на высоту той **колоссальной ответственности**, которая возложена на всех нас.

Благодарю за внимание.

2. Доклады Депозитариев и Наблюдателей

Доклад Правительства-депозитария Договора об Антарктике и Протокола к нему во исполнение положений Рекомендации XIII-2

Настоящий доклад освещает события в отношении Договора об Антарктике и Протокола по охране окружающей среды к Договору об Антарктике.

Со времени составления предыдущего доклада никто не присоединился к Договору и было одно утверждение Протокола. Колумбия сдала на хранение документ об утверждении Протокола 13 февраля 2020 г., и Протокол вступил в силу для Колумбии 14 марта 2020 г. Участниками Договора являются 54 (пятьдесят четыре) Стороны, а участниками Протокола – 41 (сорок одна) Сторона.

Перечни Сторон Договора, Протокола, Приложения V, Приложения VI, а также Рекомендаций и Мер с текущим положением дел в отношении их одобрения прилагаются.

Дата последнего на данный момент действия: 22 апреля 2019 г.

Договор об Антарктике

Место и дата подписания: Вашингтон; 1 декабря 1959 г.

Вступление в силу: 23 июня 1961 г.

Согласно Статье XIII Договор подлежал ратификации подписавшими его государствами и открыт для присоединения любого государства, являющегося Членом ООН, или любого другого государства, которое может получить приглашение присоединится к Договору с согласия всех Сторон Договора, чьи представители уполномочены принимать участие в совещаниях согласно Статье IX Договора; документы о ратификации и документы о присоединении должны быть сданы на хранение Правительству Соединенных Штатов Америки. После сдачи на хранение ратификационных грамот всеми государствами-участниками Договор вступил в силу для этих государств, а также для государств, сдавших на хранение документы о присоединении к Договору. Договор вступает в силу для каждого присоединяющегося государства после сдачи на хранение его документа о присоединении.

Условные обозначения: (отсутствие обозначения) = ратификация; a = присоединение; d = правопреемство; w = выход или эквивалентное действие

Участник	**Дата подписания**	**Согласие на обязательность Договора**		**Другие действия**	**Примечания**
Аргентина	1 декабря 1959 г.	23 июня 1961 г.			
Австралия	1 декабря 1959 г.	23 июня 1961 г.			
Австрия		25 августа 1987 г.	a		
Беларусь		27 декабря 2006 г.	a		
Бельгия	1 декабря 1959 г.	26 июля 1960 г.			
Бразилия		16 мая 1975 г.	a		
Болгария		11 сентября 1978 г.	a		
Канада		4 мая 1988 г.	a		
Чили	1 декабря 1959 г.	23 июня 1961 г.			
Китай		8 июня 1983 г.	a		
Колумбия		31 января 1989 г.	a		
Куба		16 августа 1984 г.	a		
Чешская Республика		1 января 1993 г.	d		[1]

Участник	Дата подписания	Согласие на обязательность Договора		Другие действия	Примечания
Дания		20 мая 1965 г.	a		
Эквадор		15 сентября 1987 г.	a		
Эстония		17 мая 2001 г.	a		
Финляндия		15 мая 1984 г.	a		
Франция	1 декабря 1959 г.	16 сентября 1960 г.			
Германия		5 февраля 1979 г.	a		2
Греция		8 января 1987 г.	a		
Гватемала		31 июля 1991 г.	a		
Венгрия		27 января 1984 г.	a		
Исландия		13 октября 2015 г.	a		
Индия		19 августа 1983 г.	a		
Италия		18 марта 1981 г.	a		
Япония	1 декабря 1959 г.	4 августа 1960 г.			
Казахстан		27 января 2015 г.	a		
Корея (КНДР)		21 января 1987 г.	a		
Корея (РК)		28 ноября 1986 г.	a		
Малайзия		31 октября 2011 г.	a		
Монако		31 мая 2008 г.	a		
Монголия		23 марта 2015 г.	a		
Нидерланды		30 марта 1967 г.	a		3
Новая Зеландия	1 декабря 1959 г.	1 ноября 1960 г.			
Норвегия	1 декабря 1959 г.	24 августа 1960 г.			
Пакистан		1 марта 2012 г.	a		
Папуа-Новая Гвинея		16 марта 1981 г.	d		4
Перу		10 апреля 1981 г.	a		
Польша		8 июня 1961 г.	a		
Португалия		29 января 2010 г.	a		
Румыния		15 сентября 1971 г.	a		5
Российская Федерация	1 декабря 1959 г.	2 ноября 1960 г.			6
Словацкая Республика		1 января 1993 г.	d		7
Словения		22 апреля 2019 г.	a		
ЮАР	1 декабря 1959 г.	21 июня 1960 г.			
Испания		31 марта 1982 г.	a		
Швеция		24 апреля 1984 г.	a		
Швейцария		15 ноября 1990 г.	a		
Турция		24 января 1996 г.	a		
Украина		28 октября 1992 г.	a		
Великобритания	1 декабря 1959 г.	31 мая 1960 г.			
США	1 декабря 1959 г.	18 августа 1960 г.			

Участник	Дата подписания	Согласие на обязательность Договора		Другие действия	Примечания
Уругвай		11 января 1980 г.	a		8
Венесуэла		24 марта 1999 г.	a		

---

[1] Дата правопреемства Чешской Республики. Чехословакия сдала на хранение документ о присоединении к Договору 14 июня 1962 г. В полночь 31 декабря 1992 г. Чехословакия прекратила свои существование с последующим образованием двух отдельных и независимых государств – Чешской Республики и Словацкой Республики.

[2] Посольство Федеративной Республики Германия в Вашингтоне направило Государственному департаменту США дипломатическую ноту от 2 октября 1990 г. следующего содержания:

«Посольство Федеративной Республики Германия свидетельствует свои почтение Государственному департаменту и имеет честь сообщить Правительству Соединенных Штатов Америки как Правительству-депозитарию Договора об Антарктике о вхождении Германской Демократической Республики в состав Федеративной Республики Германия и о том, что с 3 октября 1990 г. два немецких государства будут объединены в одно независимое государство, которое, являясь стороной Договора об Антарктике, будет продолжать выполнять положения Договора и рекомендации, принятые на 15 консультативных совещаниях и одобренные Федеративной Республикой Германия. С момента объединения Германии Федеративная Республика Германия будет называться Германия в пределах Антарктической системы.

Посольство было бы очень признательно Правительству Соединенных Штатов Америки за доведение до сведения всех участников Договора об Антарктике содержания данной ноты.

Пользуясь случаем, Посольство Федеративной Республики Германия возобновляет Государственному департаменту США уверения в своем высоком уважении».

До объединения Германская Демократическая Республика сдала на хранение документ о присоединении к Договору 19 ноября 1974 г., сопровождаемый декларацией, которая в переводе Министерства иностранных дел на английский язык выглядит следующим образом:

«Германская Демократическая Республика придерживается того мнения, что пункт 1 Статьи XIII Договора является несовместимым с принципом, согласно которому все государства, которые руководствуются в своей политике целями и принципами Устава Организации Объединенных Наций, имеют право стать сторонами договоров, затрагивающих интересы всех государств».

Впоследствии, 5 февраля 1979 г. Федеративная Республика Германия сдала на хранение документ о присоединении к Договору с приложенным к нему заявлением, которое в переводе Посольством Федеративной Республики Германия на английский язык гласит:

«Уважаемый господин Государственный секретарь!

В связи с тем, что сегодня сдан на хранение документ о присоединении к Договору об Антарктике, заключенному в Вашингтоне 1 декабря 1959 г., имею честь заявить от имени Федеративной Республики Германия, что начиная с даты, на которую Договор вступает в действие для Федеративной Республики Германия, Договор также будет распространяться на Западный Берлин с учетом прав и обязанностей Французской Республики, Соединенного Королевства Великобритании и Северной Ирландии и Соединенных Штатов Америки, включая права и обязанности, относящиеся к разоружению и демилитаризации.

Прошу Вас, Ваше Превосходительство, принять уверения в моим самом высоком уважении».

[3] В документе о присоединении Нидерландов к Договору говорится о присоединении государства Нидерланды в Европе, Республики Суринам и Нидерландских Антильских островов.

Суринам стал независимым государством 25 ноября 1975 г.

Посольство Королевства Нидерланды в Вашингтоне направило Государственному департаменту США дипломатическую ноту от 9 января 1986 г. следующего содержания:

«Посольство Королевства Нидерланды свидетельствует свои уважение Государственному департаменту и имеет честь просить внимания Департамента, выступающего в качестве депозитария [Договора об Антарктике], к изложенным ниже вопросам.

С 1 января 1986 г. остров Аруба, являвшийся ранее частью Нидерландских Антильских островов, получил статус государства-члена Королевства Нидерланды. Таким образом, с 1 января 1986 г. в состав Королевства Нидерланды входят три государства-члена: Нидерланды как государство в собственном смысле этого слова, Антильские острова и Аруба.

Поскольку вышеупомянутое событие влечет за собой только изменение внутренних конституционных отношений в Королевстве Нидерланды и учитывая тот факт, что в соответствии с международным правом именно Королевство как таковое остается субъектом, с которым заключены договоры, вышеупомянутое изменение не будет иметь никаких международных правовых последствий в отношении заключенных Королевством договоров, действие которых (соглашений) распространяется на Нидерландские Антильские острова, включая Арубу.

Таким образом, эти договоры будут и впредь распространяться на остров Аруба в его новом статусе государства-члена Королевства Нидерланды с 1 января 1986 г.

Вследствие этого, [Договор об Антарктике], Стороной которого является Королевство Нидерланды и действие которого [распространялось] на Нидерландские Антильские острова, с 1 января 1986 г. распространяется на все три государства-члена Королевства Нидерланды.

Посольство будет весьма признательно за доведение данной информации до сведения всех Сторон Договора об Антарктике.

Пользуясь случаем, Королевство Нидерланды возобновляет Государственному департаменту США уверения в своем высоком уважении».

Посольство Королевства Нидерланды в Вашингтоне направило Государственному департаменту США дипломатическую ноту от 6 октября 2010 г., которая в ее соответствующей части гласит:

«В настоящее время в состав Королевства Нидерланды входят три государства-члена Королевства: Нидерланды, Антильские острова и Аруба. В состав Нидерландских Антильских островов входят острова Кюрасао, Синт-Мартен, Бонайре, Синт-Эстатиус и Саба.

С 10 октября 2010 г. Нидерландские Антильские острова прекращают свои существование в качестве государства-члена Королевства Нидерланды. С этой даты в состав Королевства будет входить четыре государства-члена: Нидерланды, Аруба, Кюрасао и Синт-Мартен. Кюрасао и Синт-Мартен получат статус государств-членов Королевства, как Аруба, и который до 10 октября 2010 г. будет распространяться на Нидерландские Антильские острова.

Данное событие влечет за собой изменение только внутренних конституционных отношений в Королевстве Нидерланды. Соответственно, субъектом международного права в отношении заключения соглашений остается Королевство Нидерланды. Исходя из этого, переустройство организационной структуры Королевства не отразится на действительности международных соглашений, ратифицированных Королевством с распространением на Нидерландские Антильские острова; эти соглашения и впредь будут распространяться на Кюрасао и Синт-Мартен.

Другие острова, которые до настоящего момента входили в состав Нидерландских Антильских островов (Бонайре, Синт-Эстатиус и Саба) становятся частью государства Нидерланды («Карибскими Нидерландами»). Соглашения, распространяющиеся в настоящее время на Нидерландские Антильские острова, и впредь будут распространяться на эти острова, однако ответственность за выполнение этих соглашений теперь будет нести правительство Нидерландов».

[4] Датой сдачи Папуа-Новой Гвинеей документа о правопреемстве считается 16 сентября 1975 г., дата получения независимости.

[5] Документ о присоединении Румынии к Договору был сдан на хранение вместе нотой Посла Социалистической Республики Румыния в Соединенных Штатах Америки от 15 сентября 1971 г., которая гласит:

«Уважаемый г-н Государственный секретарь!

Передавая на хранение документ о присоединении Социалистической Республики Румыния к Договору об Антарктике, подписанному в Вашингтоне 1 декабря 1959 г., имею честь сообщить Вам следующее:

Государственный Совет Социалистической Республики Румыния заявляет, что положения первого пункта Статьи XIII Договора об Антарктике не соответствуют принципам, согласно которым многосторонние договоры, цели и задачи которых касаются международного сообщества, в целом должны быть открытыми для всеобщего участия.

Прошу Вас, г-н Государственный секретарь, направить всем заинтересованным сторонам текст документа о присоединении Румынии к Договору об Антарктике, а также текст данного письма, содержащего вышеупомянутое заявление Правительства Румынии.

Пользуясь случаем, возобновляю Вам, г-н Государственный секретарь, уверения в своем высоком уважении».

Копии письма Посла и документа о присоединении Румынии к Договору были переданы сторонам Договора об Антарктике в циркулярной ноте Государственного секретаря от 1 октября 1971 г.

[6] Договор был подписан и ратифицирован бывшим Союзом Советских Социалистических Республик. В ноте от 13 января 1992 г. Российская Федерация проинформировала Правительство Соединенных Штатов Америки о «сохранении за собой полного объема прав и обязательств, возникших в силу международных соглашений, подписанных Союзом Советских Социалистических Республик».

[7] Дата правопреемства Словацкой Республики. Чехословакия сдала на хранение документ о присоединении к Договору 14 июня 1962 г. В полночь 31 декабря 1992 г. Чехословакия прекратила свои существование с последующим образованием двух отдельных и независимых государств – Чешской Республики и Словацкой Республики.

[8] Уругвай сдал на хранение документ о присоединении к Договору с приложенным к нему заявлением, которое в переводе Государственным департаментом США на английский язык гласит:

«Правительство Восточной Республики Уругвай считает, что ее присоединение к Договору об Антарктике, подписанному в Вашингтоне (Соединенные Штаты Америки) 1 декабря 1959 г., будет содействовать укреплению принципов использования Антарктики исключительно в мирных целях, недопущению ядерных взрывов и утилизации радиоактивных отходов в данном районе, обеспечению свободы научных исследований в Антарктике на благо человечества, международному сотрудничеству для достижения этих целей, указанных в вышеупомянутом Договоре. Для обеспечения этих принципов Уругвай предлагает, используя процедуру, основанную на юридическом равенстве, принять общий и окончательный статут в отношении Антарктики, который бы равно учитывал интересы всех участвующих государств и международного сообщества в целом с уважением прав государств на основе норм международного права.

«Решение Правительства Уругвая о присоединении к Договору об Антарктике основано не только на интересах Уругвая, как и всех членов международного сообщества, в Антарктике, оно еще и вытекает из особой, непосредственной и значительной заинтересованности, обусловленной географическим положением Уругвая, атлантическое побережье которого обращено в сторону Антарктического континента, влиянием Антарктики на климат, экологию и биологию морской среды, исторически сложившимися связями со времен первых дерзновенных экспедиций по исследованию континента и его акватории, а также принятыми обязательствами по Межамериканскому договору о взаимной помощи, который распространяется на часть территории Антарктики, упомянутой в Статье 4, и в силу которого Уругвай несет совместную ответственность за защиту региона.

Сообщая о своем решении присоединиться к Договору об Антарктике, Правительство Восточной Республики Уругвай заявляет о сохранении своих прав в Антарктике в соответствии с нормами международного права».

Дата последнего на данный момент действия: 13 февраля 2020 г.

Протокол по охране окружающей среды к Договору об Антарктике с Приложениями I–IV

Место и дата подписания: Мадрид, 4 октября 1991 г.

Открытие для подписания: Мадрид, 4 октября 1991 г.; затем Вашингтон, до 3 октября 1992 г.

Вступление в силу: 14 января 1998 г.
Протокол вступил в силу на тридцатый день после даты сдачи на хранение документов о ратификации, принятии, одобрении или присоединении всеми государствами, являющимися Консультативными сторонами Договора об Антарктике на дату принятия настоящего Протокола (Статья 23).

Условные обозначения: (отсутствие обозначения) = ратификация; a = присоединение; c = принятие; d = правопреемство; p = утверждение; w = выход или эквивалентное действие

Участник	**Дата подписания**	**Согласие на обязательность Договора**		**Дата вступления в силу**	**Примечания**
Аргентина	4 октября 1991 г.	28 октября 1993 г.		14 января 1998 г.	1
Австралия	4 октября 1991 г.	6 апреля 1994 г.		14 января 1998 г.	
Австрия	4 октября 1991 г.				
Беларусь		16 июля 2008 г.	a	15 августа 2008 г.	
Бельгия	4 октября 1991 г.	26 апреля 1996 г.		14 января 1998 г.	
Бразилия	4 октября 1991 г.	15 августа 1995 г.		14 января 1998 г.	
Болгария		21 апреля 1998 г.	a	21 мая 1998 г.	
Канада	4 октября 1991 г.	13 ноября 2003 г.		13 декабря 2003 г.	
Чили	4 октября 1991 г.	11 января 1995 г.		14 января 1998 г.	
Китай	4 октября 1991 г.	2 августа 1994 г.		14 января 1998 г.	
Колумбия	4 октября 1991 г.	13 февраля 2020 г.	p	14 марта 2020 г.	
Чешская Республика	1 января 1993 г.	25 августа 2004 г.		24 сентября 2004 г.	2
Дания	2 июля 1992 г.				
Эквадор	4 октября 1991 г.	4 января 1993 г.		14 января 1998 г.	
Финляндия	4 октября 1991 г.	1 ноября 1996 г.	c	14 января 1998 г.	

Участник	**Дата подписания**	**Согласие на обязательность Договора**		**Дата вступления в силу**	**Примечания**
Франция	4 октября 1991 г.	5 февраля 1993 г.	р	14 января 1998 г.	
Германия	4 октября 1991 г.	25 ноября 1994 г.		14 января 1998 г.	
Греция	4 октября 1991 г.	23 мая 1995 г.		14 января 1998 г.	
Венгрия	4 октября 1991 г.				
Индия	2 июля 1992 г.	26 апреля 1996 г.		14 января 1998 г.	
Италия	4 октября 1991 г.	31 марта 1995 г.		14 января 1998 г.	
Япония	29 сентября 1992 г.	15 декабря 1997 г.	с	14 января 1998 г.	
Корея (КНДР)	4 октября 1991 г.				
Корея (РК)	2 июля 1992 г.	2 января 1996 г.		14 января 1998 г.	
Малайзия		15 августа 2016 г.	а	14 сентября 2016 г.	
Монако		1 июля 2009 г.	а	31 июля 2009 г.	
Нидерланды	4 октября 1991 г.	14 апреля 1994 г.	с	14 января 1998 г.	3
Новая Зеландия	4 октября 1991 г.	22 декабря 1994 г.		14 января 1998 г.	
Норвегия	4 октября 1991 г.	16 июня 1993 г.		14 января 1998 г.	
Пакистан		1 марта 2012 г.	а	31 марта 2012 г.	
Перу	4 октября 1991 г.	8 марта 1993 г.		14 января 1998 г.	
Польша	4 октября 1991 г.	1 ноября 1995 г.		14 января 1998 г.	
Португалия		10 сентября 2014 г.	а	10 октября 2014 г.	
Румыния	4 октября 1991 г.	3 февраля 2003 г.		5 марта 2003 г.	
Российская Федерация	4 октября 1991 г.	6 августа 1997 г.		14 января 1998 г.	
Словацкая Республика	1 января 1993 г.				4
ЮАР	4 октября 1991 г.	3 августа 1995 г.		14 января 1998 г.	
Испания	4 октября 1991 г.	1 июля 1992 г.		14 января 1998 г.	
Швеция	4 октября 1991 г.	30 марта 1994 г.		14 января 1998 г.	
Швейцария	4 октября 1991 г.	2 мая 2017 г.		1 июня 2017 г.	5
Турция		27 сентября 2017 г.	а	27 октября 2017 г.	
Украина		25 мая 2001 г.	а	24 июня 2001 г.	
Великобритания	4 октября 1991 г.	25 апреля 1995 г.		14 января 1998 г.	6
США	4 октября 1991 г.	17 апреля 1997 г.		14 января 1998 г.	
Уругвай	4 октября 1991 г.	11 января 1995 г.		14 января 1998 г.	
Венесуэла		1 августа 2014 г.	а	31 августа 2014 г.	

[1] Документ сдан на хранение с приложенным к нему заявлением, которое в неофициальном переводе Посольством Аргентины на английский язык гласит: «Аргентинская Республика заявляет, что поскольку Протокол по охране окружающей среды к Договору об Антарктике является Взаимодополняемым соглашением к Договору об Антарктике и поскольку Статья 4 полностью соответствует сказанному в Статье IV, Подраздел 1, пункт A) указанного Договора, ни одно из его положений не должно трактоваться или использоваться для оказания влияния на ее права на основании прав владения, действий в осуществление владения, сопредельности или геологической непрерывности района южнее 60-й параллели, в котором была провозглашена и поддерживается ее независимость».

[2] Чехословацкая Федеративная Республика подписала Протокол 2 октября 1992 г. и приняла юрисдикцию Международного суда и Арбитражного суда при разрешении споров в соответствии с пунктом 1 Статьи 19 Протокола. В полночь 31 декабря 1992 г. Чехословацкая Федеративная Республика прекратила свое существование с последующим образованием двух отдельных и независимых государств — Чешской Республики и Словацкой Республики. Дата правопреемства Чешской Республики в отношении подписания Протокола Чехословацкой Федеративной Республикой — 1 января 1993 г.

Чешская Республика сдала на хранение документ о ратификации с приложенным к нему заявлением, которое в неофициальном переводе Посольством Чешской Республики на английский язык гласит: «Чешская Республика принимает юрисдикцию Международного суда и Арбитражного суда согласно пункту 1 Статьи 19 Протокола по охране окружающей среды к Договору об Антарктике, подписанного в Мадриде 4 октября 1991 г.»

[3] Сдан на хранение документ о принятии Протокола для территории Королевства в Европе. Во время принятия Королевство Нидерланды заявило о выборе обоих способов разрешения споров, указанных в пункте 1 Статьи 19 Протокола, то есть Международный суд и Арбитражный суд.

27 октября 2004 г. Королевство Нидерланды сдало на хранение документ от 15 октября 2004 г. о принятии Королевством Нидерланды Протокола для Нидерландских Антильских островов вместе с заявлением, подтверждающим согласие с обоими способами разрешения споров, указанными в пункте 1 Статьи 19 Протокола.

Посольство Королевства Нидерланды в Вашингтоне направило Государственному департаменту США дипломатическую ноту от 6 октября 2010 г., которая в ее соответствующей части гласит:

«В настоящее время в состав Королевства Нидерланды входят три государства-члена Королевства: Нидерланды, Антильские острова и Аруба. В состав Нидерландских Антильских островов входят острова Кюрасао, Синт-Мартен, Бонайре, Синт-Эстатиус и Саба.

С 10 октября 2010 г. Нидерландские Антильские острова прекращают свои существование в качестве государства-члена Королевства Нидерланды. С этой даты в состав Королевства будет входить четыре государства-члена: Нидерланды, Аруба, Кюрасао и Синт-Мартен. Кюрасао и Синт-Мартен получат статус государств-членов Королевства, как Аруба, и который до 10 октября 2010 г. будет распространяться на Нидерландские Антильские острова.

Данное событие влечет за собой изменение только внутренних конституционных отношений в Королевстве Нидерланды. Соответственно, субъектом международного права в отношении заключения соглашений остается Королевство Нидерланды. Исходя из этого, переустройство организационной структуры Королевства не отразится на действительности международных соглашений, ратифицированных Королевством с распространением на Нидерландские Антильские острова; эти соглашения и впредь будут распространяться на Кюрасао и Синт-Мартен.

Другие острова, которые до настоящего момента входили в состав Нидерландских Антильских островов (Бонайре, Синт-Эстатиус и Саба) становятся частью государства Нидерланды («Карибскими Нидерландами»). Соглашения, распространяющиеся в настоящее время на Нидерландские Антильские острова, и впредь будут распространяться на эти острова, однако ответственность за выполнение этих соглашений теперь будет нести правительство Нидерландов».

[4] Чехословацкая Федеративная Республика подписала Протокол 2 октября 1992 года и приняла юрисдикцию Международного суда и Арбитражного суда при разрешении споров в соответствии с пунктом 1 Статьи 19 Протокола. В полночь 31 декабря 1992 г. Чехословацкая Федеративная Республика прекратила свое существование с последующим образованием двух отдельных и независимых государств — Чешской Республики и Словацкой Республики. Дата правопреемства Словацкой Республики в отношении подписания Протокола Чехословацкой Федеративной Республикой — 1 января 1993 г.

[5] В документ о ратификации Протокола Швейцарией включена декларация о том, что при разрешении споров в соответствии с пунктом 1 Статьи 19 Протокола Швейцария принимает юрисдикцию Международного суда.

[6] Документ о ратификации сдан на хранение от имени Соединенного Королевства Великобритании и Северной Ирландии, Бейливика Джерси, Бейливика Гернси, острова Мэн, острова Ангилья, Бермудских островов, Британской антарктической территории, Каймановых островов, Фолклендских островов, острова Монтсеррат, острова Св. Елены и зависимых территорий, острова Южная Георгия и Южных Сандвичевых островов, островов Теркс и Кайкос, Британских Виргинских островов.

Дата последнего на данный момент действия: 13 февраля 2020 г.

Приложение V «Защита района и управление им» к Протоколу по охране окружающей среды к Договору об Антарктике

Место и дата подписания: Бонн, 17 октября 1991 г.

Открытие для подписания: не подлежит подписанию. Подписано в Бонне 17 октября 1991 г. как Рекомендация 10, принятая на XVI Консультативном совещании по Договору об Антарктике.

Вступление в силу: 24 мая 2002 г.

Данное приложение вступило в силу с даты вступления в силу Протокола по охране окружающей среды и утверждения Рекомендации 10, принятой на XVI Консультативном совещании по Договору об Антарктике, всеми Консультативными сторонами, которые имели право на участие в XVI Консультативном совещании по Договору об Антарктике.

Условные обозначения: (отсутствие обозначения) = ратификация; a = ратификация; d = правопреемство; c = принятие; p = утверждение; h = соблюдение

Участник	Согласие на обязательность Договора		Дата вступления в силу	Примечания
Аргентина	4 августа 1995 г.	c	24 мая 2002 г.	
Австралия	7 июня 1995 г.	p	24 мая 2002 г.	
Беларусь	4 ноября 2019 г.	p	4 ноября 2019 г.	
Бельгия	23 октября 2000 г.	p	24 мая 2002 г.	
Бразилия	20 мая 1998 г.	p	24 мая 2002 г.	
Болгария	5 мая 1999 г.	p	24 мая 2002 г.	
Чили	25 марта 1998 г.	p	24 мая 2002 г.	
Китайская Народная Республика	26 января 1995 г.	p	24 мая 2002 г.	
Колумбия	13 февраля 2020 г.	p	14 марта 2020 г.	
Чешская Республика	23 апреля 2014 г.	p	23 апреля 2014 г.	
Эквадор	15 ноября 2001 г.	p	24 мая 2002 г.	
Финляндия	2 апреля 1997 г.	p	24 мая 2002 г.	
Франция	26 апреля 1995 г.	p	24 мая 2002 г.	

Участник	**Согласие на обязательность Договора**		**Дата вступления в силу**	**Примечания**
Германия	1 сентября 1998 г.	р	24 мая 2002 г.	
Индия	24 мая 2002 г.	р	24 мая 2002 г.	
Италия	11 февраля 1998 г.	р	24 мая 2002 г.	
Япония	15 декабря 1997 г.	р	24 мая 2002 г.	
Корея (РК)	5 июня 1996 г.	р	24 мая 2002 г.	
Нидерланды	18 марта 1998 г.	р	24 мая 2002 г.	
Новая Зеландия	21 октября 1992 г.	р	24 мая 2002 г.	
Норвегия	13 октября 1993 г.	р	24 мая 2002 г.	
Перу	17 марта 1999 г.	р	24 мая 2002 г.	
Польша	20 сентября 1995 г.	р	24 мая 2002 г.	
Румыния	3 февраля 2003 г.	с	5 марта 2003 г.	
Российская Федерация	19 июня 2001 г.	р	24 мая 2002 г.	
ЮАР	14 июня 1995 г.	р	24 мая 2002 г.	
Испания	18 февраля 2000 г.	р	24 мая 2002 г.	
Швеция	7 апреля 1994 г.	р	24 мая 2002 г.	
Швейцария	2 мая 2017 г.	с	1 июня 2017 г.	
Украина	25 мая 2001 г.	с	24 мая 2002 г.	
Великобритания	21 мая 1996 г.	р	24 мая 2002 г.	
США	6 мая 1998 г.	р	24 мая 2002 г.	
Уругвай	15 мая 1995 г.	р	24 мая 2002 г.	

Дата последнего на данный момент действия: 13 февраля 2020 г.

Приложение VI «Материальная ответственность, возникающая в результате чрезвычайных экологических ситуаций» к Протоколу по охране окружающей среды к Договору об Антарктике

Место и дата подписания: Стокгольм, 17 июня 2005 г.

Открытие для подписания: не подлежит подписанию. Подписано в Стокгольме 17 июня 2005 г. как Мера 1, принятая на XXVIII Консультативном совещании по Договору об Антарктике.

Вступление в силу: еще не вступило в силу

Данное приложение вступит в силу в дату, когда Мера 1, принятая на XXVIII Консультативном совещании по Договору об Антарктике, будет утверждена всеми Консультативными сторонами, которые имели право на участие в XXVIII Консультативном совещании по Договору об Антарктике.

Условные обозначения: (отсутствие обозначения) = ратификация; a = присоединение; d = правопреемство; c = принятие; p = утверждение; h = соблюдение

Участник	**Согласие на обязательность Договора**		**Дата вступления в силу**	**Примечания**
Австралия	15 мая 2014 г.	p		
Колумбия	13 февраля 2020 г.	p		
Эквадор	11 мая 2016 г.	p		
Финляндия	14 декабря 2010 г.	p		
Германия	15 сентября 2017 г.	p		
Италия	12 октября 2011 г.	p		
Нидерланды	28 апреля 2014 г.	p		1
Новая Зеландия	31 мая 2013 г.	p		
Норвегия	24 мая 2013 г.	p		
Перу	10 июля 2007 г.	p		
Польша	15 января 2009 г.	p		
Российская Федерация	24 апреля 2013 г.	p		
ЮАР	12 ноября 2013 г.	p		
Испания	17 декабря 2008 г.	p		
Швеция	8 июня 2006 г.	p		

Участник	**Согласие на обязательность Договора**		**Дата вступления в силу**	**Примечания**
Украина	14 июня 2018 г.	р		
Великобритания	18 апреля 2013 г.	р		
Уругвай	23 августа 2017 г.	р		

[1] Утверждение 28 апреля 2014 г. для европейской части Нидерландов. 3 сентября 2014 г. Нидерланды утвердили Меру 1 (2005 г.) для карибской части Нидерландов (острова Бонайре, Синт-Эстатиус и Саба).

Одобрение мер, направленных на обеспечение реализации принципов и целей Договора об Антарктике, согласно уведомлениям на этот счет, полученным Правительством Соединенных Штатов Америки

	16 рекомендаций, принятых на Первом Совещании (Канберра, 1961 г.)	**10 рекомендаций, принятых на Втором Совещании (Буэнос-Айрес, 1962 г.)**	**11 рекомендаций, принятых на Третьем Совещании (Брюссель, 1964 г.)**	**28 рекомендаций, принятых на Четвертом Совещании (Сантьяго, 1966 г.)**	**9 рекомендаций, принятых на Пятом Совещании (Париж, 1968 г.)**	**15 рекомендаций принятых на Шестом Совещании (Токио, 1970 г.)**
	Одобрено	**Одобрено**	**Одобрено**	**Одобрено**	**Одобрено**	**Одобрено**
Аргентина	ВСЕ	ВСЕ	ВСЕ	ВСЕ	ВСЕ	ВСЕ
Австралия	ВСЕ	ВСЕ	ВСЕ	ВСЕ	ВСЕ	ВСЕ
Бельгия	ВСЕ	ВСЕ	ВСЕ	ВСЕ	ВСЕ	ВСЕ
Бразилия (1983 г.)+	ВСЕ	ВСЕ	ВСЕ	ВСЕ	ВСЕ	ВСЕ (кроме 10)
Болгария (1998 г.)+						
Чили	ВСЕ	ВСЕ	ВСЕ	ВСЕ	ВСЕ	ВСЕ
Китай (1985 г.)+	ВСЕ	ВСЕ	ВСЕ	ВСЕ	ВСЕ	ВСЕ (кроме 10)
Чешская Респ. (2014 г.)+	1–7, 10 и 12–14	1, 4, 6–7 и 9	1–2, 7 и 11	14–15, 18, 21–24 и 27	2–3 и 6–7	1, 3, 5–7 и 10–13
Эквадор (1990 г.)+						
Финляндия (1989 г.)+						
Франция	ВСЕ	ВСЕ	ВСЕ	ВСЕ	ВСЕ	ВСЕ
Германия (1981 г.)+	ВСЕ	ВСЕ	ВСЕ (кроме 8)	ВСЕ (кроме 16–19)	ВСЕ (кроме 6)	ВСЕ (кроме 9)
Индия (1983 г.)+	ВСЕ	ВСЕ	ВСЕ (кроме 8***)	ВСЕ (кроме 18)	ВСЕ	ВСЕ (кроме 9 и 10)
Италия (1987 г.)+	ВСЕ	ВСЕ	ВСЕ	ВСЕ	ВСЕ	ВСЕ
Япония	ВСЕ	ВСЕ	ВСЕ	ВСЕ	ВСЕ	ВСЕ
Респ. Корея (1989 г.)+	ВСЕ	ВСЕ	ВСЕ	ВСЕ	ВСЕ	ВСЕ
Нидерланды (1990 г.)+	ВСЕ (кроме 11 и 15)	ВСЕ (кроме 3, 5, 8 и 10)	ВСЕ (кроме 3, 4, 6 и 9)	ВСЕ (кроме 20, 25, 26 и 28)	ВСЕ (кроме 1, 8 и 9)	ВСЕ (кроме 15)
Новая Зеландия	ВСЕ	ВСЕ	ВСЕ	ВСЕ	ВСЕ	ВСЕ
Норвегия	ВСЕ	ВСЕ	ВСЕ	ВСЕ	ВСЕ	ВСЕ
Перу (1989 г.)+	ВСЕ	ВСЕ	ВСЕ	ВСЕ	ВСЕ	ВСЕ
Польша (1977 г.)+	ВСЕ	ВСЕ	ВСЕ	ВСЕ	ВСЕ	ВСЕ
Россия	ВСЕ	ВСЕ	ВСЕ	ВСЕ	ВСЕ	ВСЕ
ЮАР	ВСЕ	ВСЕ	ВСЕ	ВСЕ	ВСЕ	ВСЕ
Испания (1988 г.)+	ВСЕ	ВСЕ	ВСЕ	ВСЕ	ВСЕ	ВСЕ
Швеция (1988 г.)+						
Великобритания	ВСЕ	ВСЕ	ВСЕ	ВСЕ	ВСЕ	ВСЕ
Уругвай (1985 г.)+	ВСЕ	ВСЕ	ВСЕ	ВСЕ	ВСЕ	ВСЕ
США	ВСЕ	ВСЕ	ВСЕ	ВСЕ	ВСЕ	ВСЕ

* Действие IV-6, IV-10, IV-12 и V-5 прекращено VIII-2

*** Принята в качестве временных руководящих принципов

\+ Год предоставления статуса Консультативной стороны. С этого времени для вступления в силу Рекомендаций или Мер, принятых на совещаниях, требуется их одобрение со стороны данного государства.

Одобрение мер, направленных на обеспечение реализации принципов и целей Договора об Антарктике, согласно уведомлениям на этот счет, полученным Правительством Соединенных Штатов Америки

	9 рекомендаций, принятых на Седьмом Совещании (Веллингтон, 1972 г.)	**14 рекомендаций, принятых на Восьмом Совещании (Осло, 1975 г.)**	**6 рекомендаций, принятых на Девятом Совещании (Лондон, 1977 г.)**	**9 рекомендаций, принятых на Десятом Совещании (Вашингтон, 1979 г.)**	**3 рекомендации, принятые на Одиннадцатом Совещании (Буэнос-Айрес, 1981 г.)**	**8 рекомендаций, принятых на Двенадцатом Совещании (Канберра, 1983 г.)**
	Одобрено	**Одобрено**	**Одобрено**	**Одобрено**	**Одобрено**	**Одобрено**
Аргентина	ВСЕ	ВСЕ	ВСЕ	ВСЕ	ВСЕ	ВСЕ
Австралия	ВСЕ	ВСЕ	ВСЕ	ВСЕ	ВСЕ	ВСЕ
Бельгия	ВСЕ	ВСЕ	ВСЕ	ВСЕ	ВСЕ	ВСЕ
Бразилия (1983 г.)+	ВСЕ (кроме 5)	ВСЕ	ВСЕ	ВСЕ	ВСЕ	ВСЕ
Болгария (1998 г.)+						
Чили	ВСЕ	ВСЕ	ВСЕ	ВСЕ	ВСЕ	ВСЕ
Китай (1985 г.)+	ВСЕ (кроме 5)	ВСЕ	ВСЕ	ВСЕ	ВСЕ	ВСЕ
Чешская Респ. (2014 г.)+	4 и 6–8	1, 4, 6–10, 12 и 14	1 и 2	1–3 и 8	ВСЕ (кроме 2)	ВСЕ (кроме 3–5)
Эквадор (1990 г.)+						
Финляндия (1989 г.)+						
Франция	ВСЕ	ВСЕ	ВСЕ	ВСЕ	ВСЕ	ВСЕ
Германия (1981 г.)+	ВСЕ (кроме 5)	ВСЕ (кроме 2 и 5)	ВСЕ	ВСЕ	ВСЕ	ВСЕ
Индия (1983 г.)+	ВСЕ	ВСЕ	ВСЕ	ВСЕ (кроме 1 и 9)	ВСЕ	ВСЕ
Италия (1987 г.)+	ВСЕ (кроме 5)	ВСЕ	ВСЕ	ВСЕ (кроме 1 и 9)		
Япония	ВСЕ	ВСЕ	ВСЕ	ВСЕ	ВСЕ	ВСЕ
Респ. Корея (1989 г.)+	ВСЕ	ВСЕ	ВСЕ	ВСЕ	ВСЕ	ВСЕ
Нидерланды (1990 г.)+	ВСЕ	ВСЕ	ВСЕ (кроме 3)	ВСЕ (кроме 9)	ВСЕ (кроме 2)	ВСЕ
Новая Зеландия	ВСЕ	ВСЕ	ВСЕ	ВСЕ	ВСЕ	ВСЕ
Норвегия	ВСЕ	ВСЕ	ВСЕ	ВСЕ	ВСЕ	ВСЕ
Перу (1989 г.)+	ВСЕ	ВСЕ	ВСЕ	ВСЕ	ВСЕ	
Польша (1977 г.)+	ВСЕ	ВСЕ	ВСЕ	ВСЕ	ВСЕ	ВСЕ
Россия	ВСЕ	ВСЕ	ВСЕ	ВСЕ	ВСЕ	ВСЕ
ЮАР	ВСЕ	ВСЕ	ВСЕ	ВСЕ	ВСЕ	ВСЕ
Испания (1988 г.)+	ВСЕ	ВСЕ	ВСЕ	ВСЕ (кроме 1 и 9)	ВСЕ (кроме 1)	ВСЕ
Швеция (1988 г.)+						
Великобритания	ВСЕ	ВСЕ	ВСЕ	ВСЕ	ВСЕ	ВСЕ
Уругвай (1985 г.)+	ВСЕ	ВСЕ	ВСЕ	ВСЕ	ВСЕ	ВСЕ
США	ВСЕ	ВСЕ	ВСЕ	ВСЕ	ВСЕ	ВСЕ

* Действие IV-6, IV-10, IV-12 и V-5 прекращено VIII-2

*** Принята в качестве временных руководящих принципов

\+ Год предоставления статуса Консультативной стороны. С этого времени для вступления в силу Рекомендаций или Мер, принятых на совещаниях, требуется их одобрение со стороны данного государства.

Одобрение мер, направленных на обеспечение реализации принципов и целей Договора об Антарктике, согласно уведомлениям на этот счет, полученным Правительством Соединенных Штатов Америки

	16 рекомендаций, принятых на Тринадцатом Совещании (Брюссель, 1985 г.)	**10 рекомендаций, принятых на Четырнадцатом Совещании (Рио-де-Жанейро, 1987 г.)**	**22 рекомендации, принятые на Пятнадцатом Совещании (Париж, 1989 г.)**	**13 рекомендаций, принятых на Шестнадцатом Совещании (Бонн, 1991 г.)**	**4 рекомендации, принятые на Семнадцатом Совещании (Венеция, 1992 г.)**	**1 рекомендация, принятая на Восемнадцатом Совещании (Киото, 1994 г.)**
	Одобрено	**Одобрено**	**Одобрено**	**Одобрено**	**Одобрено**	**Одобрено**
Аргентина	ВСЕ	ВСЕ	ВСЕ	ВСЕ	ВСЕ	ВСЕ
Австралия	ВСЕ	ВСЕ	ВСЕ	ВСЕ	ВСЕ	ВСЕ
Бельгия	ВСЕ	ВСЕ	ВСЕ	ВСЕ	ВСЕ	ВСЕ
Бразилия (1983 г.)+	ВСЕ	ВСЕ	ВСЕ	ВСЕ	ВСЕ	ВСЕ
Болгария (1998 г.)+				XVI-10		
Чили	ВСЕ	ВСЕ	ВСЕ	ВСЕ	ВСЕ	ВСЕ
Китай (1985 г.)+	ВСЕ	ВСЕ	ВСЕ	ВСЕ	ВСЕ	ВСЕ
Чешская Респ. (2014 г.)+	1–3, 5–6, 8, 11 и 15–16	1, 3, 5, 7–8 и 10	2, 5, 12–19 и 21	1, 2, 5–6 и 10–12	ВСЕ (кроме 2)	ВСЕ
Эквадор (1990 г.)+				1, 2, 5, 6,10 и 12	ВСЕ (кроме 2 и 3)	ВСЕ
Финляндия (1989 г.)+			ВСЕ	ВСЕ	ВСЕ	ВСЕ
Франция	ВСЕ	ВСЕ	ВСЕ	ВСЕ	ВСЕ	ВСЕ
Германия (1981 г.)+	ВСЕ	ВСЕ	ВСЕ (кроме 3, 8, 10, 11 и 22)	ВСЕ	ВСЕ	ВСЕ
Индия (1983 г.)+	ВСЕ	ВСЕ	ВСЕ	ВСЕ	ВСЕ	ВСЕ
Италия (1987 г.)+		ВСЕ	ВСЕ	ВСЕ	ВСЕ	ВСЕ
Япония	ВСЕ	ВСЕ	ВСЕ	ВСЕ (кроме 3–9 и 13)	ВСЕ (кроме 1–2 и 4)	ВСЕ
Респ. Корея (1989 г.)+	ВСЕ	ВСЕ	ВСЕ (кроме 1–4,6, 11,16, 18 и 19)	ВСЕ	ВСЕ (кроме 1)	ВСЕ
Нидерланды (1990 г.)+	ВСЕ	ВСЕ (кроме 9)	ВСЕ (кроме 22)	ВСЕ	ВСЕ	ВСЕ
Новая Зеландия	ВСЕ	ВСЕ	ВСЕ	ВСЕ	ВСЕ	ВСЕ
Норвегия	ВСЕ	ВСЕ	ВСЕ	ВСЕ	ВСЕ	ВСЕ
Перу (1989 г.)+			ВСЕ (кроме 22)	ВСЕ (кроме 13)	ВСЕ	ВСЕ
Польша (1977 г.)+	ВСЕ	ВСЕ	ВСЕ	ВСЕ	ВСЕ	ВСЕ
Россия	ВСЕ	ВСЕ	ВСЕ	ВСЕ	ВСЕ	ВСЕ
ЮАР	ВСЕ	ВСЕ	ВСЕ	ВСЕ	ВСЕ	ВСЕ
Испания (1988 г.)+	ВСЕ	ВСЕ	ВСЕ	ВСЕ	ВСЕ	ВСЕ
Швеция (1988 г.)+			ВСЕ	ВСЕ	ВСЕ	ВСЕ
Великобритания	ВСЕ	ВСЕ (кроме 2)	ВСЕ (кроме 3, 4, 8, 10 и 11)	ВСЕ (кроме 4, 6, 8 и 9)	ВСЕ	ВСЕ
Уругвай (1985 г.)+	ВСЕ	ВСЕ	ВСЕ	ВСЕ	ВСЕ	ВСЕ
США	ВСЕ	ВСЕ	ВСЕ (кроме 1–4, 10 и 11)	ВСЕ	ВСЕ	ВСЕ

* Действие IV-6, IV-10, IV-12 и V-5 прекращено VIII-2
*** Принята в качестве временных руководящих принципов
\+ Год предоставления статуса Консультативной стороны. С этого времени для вступления в силу Рекомендаций или Мер, принятых на совещаниях, требуется их одобрение со стороны данного государства.

Одобрение мер, направленных на обеспечение реализации принципов и целей Договора об Антарктике, согласно уведомлениям на этот счет, полученным Правительством Соединенных Штатов Америки

	5 Мер принятых на Девятнадцатом Совещани (Сеул, 1995 г.)	**2 Меры принятые на Двадцатом Совещании (Утрехт, 1996 г.)**	**5 Мер ›инятых на Двадцать первом Совещан (Крайстчёрч, 1997 г.)**	**2 Меры ›инятые на Двадцать втором Совещан (Тромсё, 1998 г.)**	**1 Мера, ›инятая на Двадцать третьем Совещані (Лима, 1999 г.)**
	Одобрено	**Одобрено**	**Одобрено**	**Одобрено**	**Одобрено**
Аргентина	ВСЕ	ВСЕ	ВСЕ	ВСЕ	ВСЕ
Австралия	ВСЕ	ВСЕ	ВСЕ	ВСЕ	ВСЕ
Бельгия	ВСЕ	ВСЕ	ВСЕ	ВСЕ	ВСЕ
Бразилия (1983 г.)+	ВСЕ	ВСЕ	ВСЕ	ВСЕ	ВСЕ
Болгария (1998 г.)+					
Чили	ВСЕ	ВСЕ	ВСЕ	ВСЕ	ВСЕ
Китай (1985 г.)+	ВСЕ	ВСЕ	ВСЕ	ВСЕ	ВСЕ
Чешская Респ. (2014 г.)+	ВСЕ (кроме 1 и 2)	ВСЕ (кроме 1)	ВСЕ (кроме 1 и 2)	ВСЕ (кроме 1)	
Эквадор (1990 г.)+	XIX-3		XXI-3		
Финляндия (1989 г.)+	ВСЕ	ВСЕ	ВСЕ	ВСЕ	ВСЕ
Франция	ВСЕ	ВСЕ	ВСЕ	ВСЕ	ВСЕ
Германия (1981 г.)+	ВСЕ	ВСЕ	ВСЕ	ВСЕ	ВСЕ
Индия (1983 г.)+	ВСЕ	ВСЕ	ВСЕ	ВСЕ	ВСЕ
Италия (1987 г.)+	ВСЕ	ВСЕ			
Япония	ВСЕ (кроме 2 и 5)	ВСЕ (кроме 1)	ВСЕ (кроме 1–2 и 5)		
Респ. Корея (1989 г.)+	ВСЕ	ВСЕ	ВСЕ	ВСЕ	ВСЕ
Нидерланды (1990 г.)+	ВСЕ	ВСЕ	ВСЕ	ВСЕ	ВСЕ
Новая Зеландия	ВСЕ	ВСЕ	ВСЕ	ВСЕ	ВСЕ
Норвегия	ВСЕ	ВСЕ	ВСЕ		
Перу (1989 г.)+	ВСЕ	ВСЕ	ВСЕ	ВСЕ	ВСЕ
Польша (1977 г.)+	ВСЕ	ВСЕ	ВСЕ	ВСЕ	ВСЕ
Россия	ВСЕ	ВСЕ	ВСЕ	ВСЕ	ВСЕ
ЮАР	ВСЕ	ВСЕ	ВСЕ	ВСЕ	ВСЕ
Испания (1988 г.)+	ВСЕ	ВСЕ	ВСЕ	ВСЕ	ВСЕ
Швеция (1988 г.)+	ВСЕ	ВСЕ	ВСЕ	ВСЕ	ВСЕ
Великобритания	ВСЕ	ВСЕ	ВСЕ	ВСЕ	ВСЕ
Уругвай (1985 г.)+	ВСЕ	ВСЕ	ВСЕ	ВСЕ	ВСЕ
США	ВСЕ	ВСЕ	ВСЕ	ВСЕ	ВСЕ

+ Год предоставления статуса Консультативной стороны. С этого времени для вступления в силу Рекомендаций или Мер, принятых на совещаниях, требуется их одобрение со стороны данного государства.

Одобрение мер, направленных на обеспечение реализации принципов и целей Договора об Антарктике, согласно уведомлениям на этот счет, полученным Правительством Соединенных Штатов Америки

	2 Меры принятые на Двенадцатом Специальном Совеща (Гаага, 2000 г.)	3 Меры принятые на Двадцать четвертом Совещании (Санкт-Петербург, 2001 г.)	1 Мера, принятая на Двадцать пятом Совещании (Варшава, 2002 г.)	3 Меры принятые на Двадцать шестом Совещании (Мадрид, 2003 г.)	4 Меры принятые на Двадцать седьмом Совещании (Кейптаун, 2004 г.)
	Одобрено	Одобрено	Одобрено	Одобрено	Одобрено
Аргентина			*	XXVI-1, XXVI-2 *, XXVI-3 **	XXVII-1 *, XXVII-2 *, XXVII-3 **, XXVII-4
Австралия	ВСЕ	ВСЕ	ВСЕ	XXVI-1, XXVI-2 *, XXVI-3 **	XXVII-1 *, XXVII-2 *, XXVII-3 **, XXVII-4
Бельгия	ВСЕ	ВСЕ	ВСЕ	ВСЕ	ВСЕ
Бразилия (1983 г.)+	ВСЕ	ВСЕ	ВСЕ	ВСЕ	XXVII-1, XXVII-2, XXVII-3
Болгария (1998 г.)+			*	XXVI-1, XXVI-2 *, XXVI-3 **	XXVII-1 *, XXVII-2 *, XXVII-3 **
Чили	ВСЕ	ВСЕ	ВСЕ	ВСЕ	ВСЕ
Китай (1985 г.)+	ВСЕ	ВСЕ	ВСЕ	ВСЕ	XXVII-1 *, XXVII-2 *, XXVII-3 **
Чешская Респ. (2014 г.)+	ВСЕ	ВСЕ	ВСЕ	ВСЕ	ВСЕ
Эквадор (1990 г.)+	XII-1 СКСДА	XXIV-3	*	XXVI-1, XXVI-2 *, XXVI-3 **	XXVII-1 *, XXVII-2 *, XXVII-3 **, XXVII-4
Финляндия (1989 г.)+	ВСЕ	ВСЕ	*	XXVI-1, XXVI-2 *, XXVI-3 **	XXVII-1 *, XXVII-2 *, XXVII-3 **, XXVII-4
Франция	ВСЕ (кроме XII-2 СКСДА)	ВСЕ	*	XXVI-1, XXVI-2 *, XXVI-3 **	XXVII-1, XXVII-2 *, XXVII-3, XXVII-4
Германия (1981 г.)+	ВСЕ	ВСЕ	ВСЕ	ВСЕ	XXVII-1 *, XXVII-2 *, XXVII-3 **
Индия (1983 г.)+	ВСЕ	ВСЕ	ВСЕ	ВСЕ	XXVII-1 *, XXVII-2 *, XXVII-3 **
Италия (1987 г.)+			*	XXVI-1, XXVI-2 *, XXVI-3 **	XXVII-1 *, XXVII-2 *, XXVII-3 **
Япония		ВСЕ	*	ВСЕ	XXVII-1 *, XXVII-2 *, XXVII-3 **, XXVII-4
Респ. Корея (1989 г.)+	ВСЕ	ВСЕ	*	XXVI-1, XXVI-2 *, XXVI-3 **	XXVII-1 *, XXVII-2 *, XXVII-3 **
Нидерланды (1990 г.)+	ВСЕ	ВСЕ	ВСЕ	ВСЕ	ВСЕ
Новая Зеландия	ВСЕ	ВСЕ	ВСЕ	ВСЕ	XXVII-1 *, XXVII-2 *, XXVII-3 **, XXVII-4
Норвегия		ВСЕ	*	XXVI-1, XXVI-2 *, XXVI-3 **	XXVII-1 *, XXVII-2 *, XXVII-3 **, XXVII-4
Перу (1989 г.)+	ВСЕ	ВСЕ	ВСЕ	XXVI-1, XXVI-2 *, XXVI-3 **	XXVII-1 *, XXVII-2 *, XXVII-3 **
Польша (1977 г.)+		ВСЕ	ВСЕ	ВСЕ	ВСЕ
Россия	ВСЕ	ВСЕ	ВСЕ	XXVI-1, XXVI-2, XXVI-3 **	XXVII-1 *, XXVII-2 *, XXVII-3 **, XXVII-4
ЮАР	ВСЕ	ВСЕ	ВСЕ	ВСЕ	ВСЕ
Испания (1988 г.)+			*	XXVI-1, XXVI-2 *, XXVI-3 **	XXVII-1 *, XXVII-2 *, XXVII-3 **
Швеция (1988 г.)+	ВСЕ	ВСЕ	ВСЕ	ВСЕ	XXVII-1 *, XXVII-2 *, XXVII-3 **
Украина (2004 г.)+					XXVII-1 *, XXVII-2 *, XXVII-3 **, XXVII-4
Великобритания	ВСЕ (кроме XII-2 СКСДА)	ВСЕ (кроме XXIV-3)	ВСЕ	ВСЕ	XXVII-1 *, XXVII-2 *, XXVII-3 **, XXVII-4
Уругвай (1985 г.)+	ВСЕ	ВСЕ	*	XXVI-1, XXVI-2 *, XXVI-3	XXVII-1 *, XXVII-2 *, XXVII-3 **, XXVII-4
США	ВСЕ	ВСЕ	*	XXVI-1, XXVI-2 *, XXVI-3 **	XXVII-1 *, XXVII-2 *, XXVII-3 **

+ Год предоставления статуса Консультативной стороны. С этого времени для вступления в силу Рекомендаций или Мер, принятых на совещаниях, требуется их одобрение со стороны данного государства.

* Планы управления, прилагаемые к данной Мере, считаются одобренными в соответствии с положениями Статьи 6(1) Приложения V к Протоколу по охране окружающей среды к Договору об Антарктике, если Мерой не предусматривается иной порядок одобрения.

** Пересмотренный и уточненный Перечень исторических мест и памятников, прилагаемый к данной Мере, считается одобренным в соответствии с положениями Статьи 8(2) Приложения V к Протоколу по охране окружающей среды к Договору об Антарктике, и Мерой не предусматривается иной порядок одобрения.

Одобрение мер, направленных на обеспечение реализации принципов и целей Договора об Антарктике, согласно уведомлениям на этот счет, полученным Правительством Соединенных Штатов Америки

	5 Мер принятых на Двадцать восьмом Совещании (Стокгольм, 2005 г.)	**4 Меры принятые на Двадцать девятом Совещании (Эдинбург, 2006 г.)**	**3 Меры принятые на Тридцатом Совещании (Нью-Дели, 2007 г.)**	**14 Мер принятых на Тридцать первом Совещании (Киев, 2008 г.)**
	Одобрено	**Одобрено**	**Одобрено**	**Одобрено**
Аргентина	XXVIII-2 *, XXVIII-3 *, XXVIII-4 *, XXVIII-5 **	XXIX-1 *, XXIX-2 *, XXIX-3 **, XXIX-4 ***	XXX-1 *, XXX-2 *, XXX-3 **	XXXI-1–XXXI-14 *
Австралия	XXVIII-1, XXVIII-2 *, XXVIII-3 *, XXVIII-4 *, XXVIII-5 **	XXIX-1 *, XXIX-2 *, XXIX-3 **, XXIX-4 ***	XXX-1 *, XXX-2 *, XXX-3 **	XXXI-1–XXXI-14 *
Бельгия	ВСЕ, кроме Меры 1	ВСЕ	ВСЕ	ВСЕ
Бразилия (1983 г.)+	ВСЕ, кроме Меры 1	XXIX-1 *, XXIX-2 *, XXIX-3 **, XXIX-4 ***	XXX-1 *, XXX-2 *, XXX-3 **	XXXI-1–XXXI-14 *
Болгария (1998 г.)+	XXVIII-2 *, XXVIII-3 *, XXVIII-4 *, XXVIII-5 **	XXIX-1 *, XXIX-2 *, XXIX-3 **, XXIX-4 ***	XXX-1 *, XXX-2 *, XXX-3 **	XXXI-1–XXXI-14 *
Чили	ВСЕ, кроме Меры 1	XXIX-1 *, XXIX-2 *, XXIX-3 **, XXIX-4 ***	XXX-1 *, XXX-2 *, XXX-3 **	XXXI-1–XXXI-14 *
Китай (1985 г.)+	XXVIII-2 *, XXVIII-3 *, XXVIII-4 *, XXVIII-5 **	XXIX-1 *, XXIX-2 *, XXIX-3 **, XXIX-4 ***	XXX-1 *, XXX-2 *, XXX-3 **	XXXI-1–XXXI-14 *
Чешская Респ. (2014 г.)+	ВСЕ, кроме Меры 1	ВСЕ	ВСЕ	ВСЕ, кроме Меры 8
Эквадор (1990 г.)+	XXVIII-1, XXVIII-2 *, XXVIII-3 *, XXVIII-4 *, XXVIII-5 **	XXIX-1 *, XXIX-2 *, XXIX-3 **, XXIX-4 ***	XXX-1 *, XXX-2 *, XXX-3 **	XXXI-1–XXXI-14 *
Финляндия (1989 г.)+	XXVIII-1, XXVIII-2 *, XXVIII-3 *, XXVIII-4 *, XXVIII-5 **	XXIX-1 *, XXIX-2 *, XXIX-3 **, XXIX-4 ***	XXX-1 *, XXX-2 *, XXX-3 **	XXXI-1–XXXI-14 *
Франция	XXVIII-2 *, XXVIII-3 *, XXVIII-4 *, XXVIII-5 **	XXIX-1 *, XXIX-2 *, XXIX-3 **, XXIX-4 ***	XXX-1 *, XXX-2 *, XXX-3 **	XXXI-1–XXXI-14 *
Германия (1981 г.)+	XXVIII-1, XXVIII-2 *, XXVIII-3 *, XXVIII-4 *, XXVIII-5 **	XXIX-1 *, XXIX-2 *, XXIX-3 **, XXIX-4 ***	XXX-1 *, XXX-2 *, XXX-3 **	XXXI-1–XXXI-14 *
Индия (1983 г.)+	XXVIII-2 *, XXVIII-3 *, XXVIII-4 *, XXVIII-5 **	XXIX-1 *, XXIX-2 *, XXIX-3 **, XXIX-4 ***	XXX-1 *, XXX-2 *, XXX-3 **	XXXI-1–XXXI-14 *
Италия (1987 г.)+	XXVIII-1, XXVIII-2 *, XXVIII-3 *, XXVIII-4 *, XXVIII-5 **	XXIX-1 *, XXIX-2 *, XXIX-3 **, XXIX-4 ***	XXX-1 *, XXX-2 *, XXX-3 **	XXXI-1–XXXI-14 *
Япония	XXVIII-2 *, XXVIII-3 *, XXVIII-4 *, XXVIII-5 **	XXIX-1 *, XXIX-2 *, XXIX-3 **, XXIX-4 ***	XXX-1 *, XXX-2 *, XXX-3 **	XXXI-1–XXXI-14 *
Респ. Корея (1989 г.)+	XXVIII-2 *, XXVIII-3 *, XXVIII-4 *, XXVIII-5 **	XXIX-1 *, XXIX-2 *, XXIX-3 **, XXIX-4 ***	XXX-1 *, XXX-2 *, XXX-3 **	XXXI-1–XXXI-14 *
Нидерланды (1990 г.)+	ВСЕ	ВСЕ	ВСЕ	ВСЕ
Новая Зеландия	XXVIII-1, XXVIII-2 *, XXVIII-3 *, XXVIII-4 *, XXVIII-5 **	XXIX-1 *, XXIX-2 *, XXIX-3 **, XXIX-4 ***	XXX-1 *, XXX-2 *, XXX-3 **	XXXI-1–XXXI-14 *
Норвегия	XXVIII-1, XXVIII-2 *, XXVIII-3 *, XXVIII-4 *, XXVIII-5 **	XXIX-1 *, XXIX-2 *, XXIX-3 **, XXIX-4 ***	XXX-1 *, XXX-2 *, XXX-3 **	XXXI-1–XXXI-14 *
Перу (1989 г.)+	XXVIII-1, XXVIII-2 *, XXVIII-3 *, XXVIII-4 *, XXVIII-5 **	XXIX-1 *, XXIX-2 *, XXIX-3 **, XXIX-4 ***	XXX-1 *, XXX-2 *, XXX-3 **	XXXI-1–XXXI-14 *
Польша (1977 г.)+	ВСЕ	ВСЕ	ВСЕ	XXXI-1–XXXI-14 *
Россия	XXVIII-1, XXVIII-2 *, XXVIII-3 *, XXVIII-4 *, XXVIII-5 **	XXIX-1 *, XXIX-2 *, XXIX-3 **, XXIX-4 ***	XXX-1 *, XXX-2 *, XXX-3 **	XXXI-1–XXXI-14 *
ЮАР	XXVIII-1, XXVIII-2 *, XXVIII-3 *, XXVIII-4 *, XXVIII-5 **	ВСЕ	XXX-1 *, XXX-2 *, XXX-3 **	XXXI-1–XXXI-14 *
Испания (1988 г.)+	XXVIII-1, XXVIII-2 *, XXVIII-3 *, XXVIII-4 *, XXVIII-5 **	XXIX-1 *, XXIX-2 *, XXIX-3 **, XXIX-4 ***	XXX-1 *, XXX-2 *, XXX-3 **	XXXI-1–XXXI-14 *
Швеция (1988 г.)+	XXVIII-1, XXVIII-2 *, XXVIII-3 *, XXVIII-4 *, XXVIII-5 **	XXIX-1 *, XXIX-2 *, XXIX-3 **, XXIX-4 ***	XXX-1 *, XXX-2 *, XXX-3 **	XXXI-1–XXXI-14 *
Украина (2004 г.)+	XXVIII-1, XXVIII-2 *, XXVIII-3 *, XXVIII-4 *, XXVIII-5 **	XXIX-1 *, XXIX-2 *, XXIX-3 **, XXIX-4 ***	XXX-1 *, XXX-2 *, XXX-3 **	XXXI-1–XXXI-14 *
Великобритания	XXVIII-1, XXVIII-2 *, XXVIII-3 *, XXVIII-4 *, XXVIII-5 **	XXIX-1 *, XXIX-2 *, XXIX-3 **, XXIX-4 ***	XXX-1 *, XXX-2 *, XXX-3 **	XXXI-1–XXXI-14 *
Уругвай (1985 г.)+	XXVIII-1, XXVIII-2 *, XXVIII-3 *, XXVIII-4 *, XXVIII-5 **	XXIX-1 *, XXIX-2 *, XXIX-3 **, XXIX-4 ***	XXX-1 *, XXX-2 *, XXX-3 **	XXXI-1–XXXI-14 *
США	XXVIII-2 *, XXVIII-3 *, XXVIII-4 *, XXVIII-5 **	XXIX-1 *, XXIX-2 *, XXIX-3 **, XXIX-4 ***	XXX-1 *, XXX-2 *, XXX-3 **	XXXI-1–XXXI-14 *

+ Год предоставления статуса Консультативной стороны. С этого времени для вступления в силу Рекомендаций или Мер, принятых на совещаниях, требуется их одобрение со стороны данного государства.

* Планы управления, прилагаемые к данной Мере, считаются одобренными в соответствии с положениями Статьи 6(1) Приложения V к Протоколу по охране окружающей среды к Договору об Антарктике, если Мерой не предусматривается иной порядок одобрения.

** Пересмотренный и уточненный Перечень исторических мест и памятников, прилагаемый к данной Мере, считается одобренным в соответствии с положениями Статьи 8(2) Приложения V к Протоколу по охране окружающей среды к Договору об Антарктике, если Мерой не предусматривается иной порядок одобрения.

*** Поправки к Дополнению А к Приложению II к Протоколу по охране окружающей среды к Договору об Антарктике считаются одобренными в соответствии с положениями Статьи 9(1) Приложения II к Протоколу по охране окружающей среды к Договору об Антарктике, если Мерой не предусматривается иной порядок одобрения.

Одобрение мер, направленных на обеспечение реализации принципов и целей Договора об Антарктике, согласно уведомлениям на этот счет, полученным Правительством Соединенных Штатов Америки

	16 Мер принятых на Тридцать втором Совещании (Балтимор, 2009 г.)	**15 Мер принятых на Тридцать третьем Совещании (Пунта-дель-Эсте, 2010 г.)**	**12 Мер принятых на Тридцать четвертом Совещании (Буэнос-Айрес, 2011 г.)**	**11 Мер принятых на Тридцать пятом Совещании (Хобарт, 2012 г.)**	**21 Мера, принятая на Тридцать шестом Совещании (Брюссель, 2013 г.)**
	Одобрено	Одобрено	Одобрено	Одобрено	Одобрено
Аргентина	XXXII-1–XXXII-13* и XXXII-14**; XXXII-15	XXXIII-1–XXXIII-14* и XXXIII-15**	XXXIV-1–XXXIV-10* и XXXIV-11–XXXIV-12**	XXXV-1–XXXV-10* и XXXV-11**	XXXVI-1–XXXVI-17* и XXXVI-18–XXXVI-21**
Австралия	XXXII-1–XXXII-13* и XXXII-14**; XXXII-15	XXXIII-1–XXXIII-14* и XXXIII-15**	XXXIV-1–XXXIV-10* и XXXIV-11–XXXIV-12**	XXXV-1–XXXV-10* и XXXV-11**	XXXVI-1–XXXVI-17* и XXXVI-18–XXXVI-21**
Бельгия	ВСЕ	ВСЕ	ВСЕ	ВСЕ	ВСЕ
Бразилия (1983 г.)+	XXXII-1–XXXII-13* и XXXII-14**	XXXIII-1–XXXIII-14* и XXXIII-15**	XXXIV-1–XXXIV-10* и XXXIV-11–XXXIV-12**	XXXV-1–XXXV-10* и XXXV-11**	XXXVI-1–XXXVI-17* и XXXVI-18–XXXVI-21**
Болгария (1998 г.)+	XXXII-1–XXXII-13* и XXXII-14**	XXXIII-1–XXXIII-14* и XXXIII-15**	XXXIV-1–XXXIV-10* и XXXIV-11–XXXIV-12**	XXXV-1–XXXV-10* и XXXV-11**	XXXVI-1–XXXVI-17* и XXXVI-18–XXXVI-21**
Чили	XXXII-1–XXXII-13* и XXXII-14**	XXXIII-1–XXXIII-14* и XXXIII-15**	XXXIV-1–XXXIV-10* и XXXIV-11–XXXIV-12**	XXXV-1–XXXV-10* и XXXV-11**	XXXVI-1–XXXVI-17* и XXXVI-18–XXXVI-21**
Китай (1985 г.)+	XXXII-1–XXXII-13* и XXXII-14**	XXXIII-1–XXXIII-14* и XXXIII-15**	XXXIV-1–XXXIV-10* и XXXIV-11–XXXIV-12**	XXXV-1–XXXV-10* и XXXV-11**	XXXVI-1–XXXVI-17* и XXXVI-18–XXXVI-21**
Чешская Респ. (2014 г.)+	ВСЕ (кроме 2 и 16)	ВСЕ	ВСЕ	ВСЕ	ВСЕ
Эквадор (1990 г.)+	XXXII-1–XXXII-13* и XXXII-14**; XXXII-15	XXXIII-1–XXXIII-14* и XXXIII-15**	XXXIV-1–XXXIV-10* и XXXIV-11–XXXIV-12**	XXXV-1–XXXV-10* и XXXV-11**	XXXVI-1–XXXVI-17* и XXXVI-18–XXXVI-21**
Финляндия (1989 г.)+	XXXII-1–XXXII-13* и XXXII-14**; XXXII-15–XXXII-16	XXXIII-1–XXXIII-14* и XXXIII-15**	XXXIV-1–XXXIV-10* и XXXIV-11–XXXIV-12**	XXXV-1–XXXV-10* и XXXV-11**	XXXVI-1–XXXVI-17* и XXXVI-18–XXXVI-21**
Франция	XXXII-1–XXXII-13* и XXXII-14**; XXXII-15	XXXIII-1–XXXIII-14* и XXXIII-15**	XXXIV-1–XXXIV-10* и XXXIV-11–XXXIV-12**	XXXV-1–XXXV-10* и XXXV-11**	XXXVI-1–XXXVI-17* и XXXVI-18–XXXVI-21**
Германия (1981 г.)+	XXXII-1–XXXII-13* и XXXII-14**	XXXIII-1–XXXIII-14* и XXXIII-15**	XXXIV-1–XXXIV-10* и XXXIV-11–XXXIV-12**	XXXV-1–XXXV-10* и XXXV-11**	XXXVI-1–XXXVI-17* и XXXVI-18–XXXVI-21**
Индия (1983 г.)+	XXXII-1–XXXII-13* и XXXII-14**	XXXIII-1–XXXIII-14* и XXXIII-15**	XXXIV-1–XXXIV-10* и XXXIV-11–XXXIV-12**	XXXV-1–XXXV-10* и XXXV-11**	XXXVI-1–XXXVI-17* и XXXVI-18–XXXVI-21**
Италия (1987 г.)+	XXXII-1–XXXII-13* и XXXII-14**	XXXIII-1–XXXIII-14* и XXXIII-15**	XXXIV-1–XXXIV-10* и XXXIV-11–XXXIV-12**	XXXV-1–XXXV-10* и XXXV-11**	XXXVI-1–XXXVI-17* и XXXVI-18–XXXVI-21**
Япония	XXXII-1–XXXII-13* и XXXII-14**; XXXII-15	XXXIII-1–XXXIII-14* и XXXIII-15**	XXXIV-1–XXXIV-10* и XXXIV-11–XXXIV-12**	XXXV-1–XXXV-10* и XXXV-11**	XXXVI-1–XXXVI-17* и XXXVI-18–XXXVI-21**
Респ. Корея (1989 г.)+	XXXII-1–XXXII-13* и XXXII-14**	XXXIII-1–XXXIII-14* и XXXIII-15**	XXXIV-1–XXXIV-10* и XXXIV-11–XXXIV-12**	XXXV-1–XXXV-10* и XXXV-11**	XXXVI-1–XXXVI-17* и XXXVI-18–XXXVI-21**
Нидерланды (1990 г.)+	XXXII-1–XXXII-13 и XXXII-14; XXXII-15–XXXII-16	ВСЕ	XXXIV-1–XXXIV-10* и XXXIV-11–XXXIV-12**	ВСЕ	XXXVI-1–XXXVI-17* и XXXVI-18–XXXVI-21**
Новая Зеландия	XXXII-1–XXXII-13* и XXXII-14**; XXXII-15	XXXIII-1–XXXIII-14* и XXXIII-15**	XXXIV-1–XXXIV-10* и XXXIV-11–XXXIV-12**	XXXV-1–XXXV-10* и XXXV-11**	XXXVI-1–XXXVI-17* и XXXVI-18–XXXVI-21**
Норвегия	XXXII-1–XXXII-13* и XXXII-14**	XXXIII-1–XXXIII-14* и XXXIII-15**	XXXIV-1–XXXIV-10* и XXXIV-11–XXXIV-12**	XXXV-1–XXXV-10* и XXXV-11**	XXXVI-1–XXXVI-17* и XXXVI-18–XXXVI-21**
Перу (1989 г.)+	XXXII-1–XXXII-13* и XXXII-14**	XXXIII-1–XXXIII-14* и XXXIII-15**	XXXIV-1–XXXIV-10* и XXXIV-11–XXXIV-12**	XXXV-1–XXXV-10* и XXXV-11**	XXXVI-1–XXXVI-17* и XXXVI-18–XXXVI-21**
Польша (1977 г.)+	XXXII-1–XXXII-13* и XXXII-14**	XXXIII-1–XXXIII-14* и XXXIII-15**	XXXIV-1–XXXIV-10* и XXXIV-11–XXXIV-12**	XXXV-1–XXXV-10* и XXXV-11**	XXXVI-1–XXXVI-17* и XXXVI-18–XXXVI-21**
Россия	XXXII-1–XXXII-13* и XXXII-14**; XXXII-15	XXXIII-1–XXXIII-14* и XXXIII-15**	XXXIV-1–XXXIV-10* и XXXIV-11–XXXIV-12**	XXXV-1–XXXV-10* и XXXV-11**	XXXVI-1–XXXVI-17* и XXXVI-18–XXXVI-21**
ЮАР	XXXII-1–XXXII-13* и XXXII-14**	XXXIII-1–XXXIII-14* и XXXIII-15**	XXXIV-1–XXXIV-10* и XXXIV-11–XXXIV-12**	XXXV-1–XXXV-10* и XXXV-11**	XXXVI-1–XXXVI-17* и XXXVI-18–XXXVI-21**
Испания (1988 г.)+	XXXII-1–XXXII-13* и XXXII-14**	XXXIII-1–XXXIII-14* и XXXIII-15**	XXXIV-1–XXXIV-10* и XXXIV-11–XXXIV-12**	XXXV-1–XXXV-10* и XXXV-11**	XXXVI-1–XXXVI-17* и XXXVI-18–XXXVI-21**
Швеция (1988 г.)+	XXXII-1–XXXII-13* и XXXII-14**	XXXIII-1–XXXIII-14* и XXXIII-15**	XXXIV-1–XXXIV-10* и XXXIV-11–XXXIV-12**	XXXV-1–XXXV-10* и XXXV-11**	XXXVI-1–XXXVI-17* и XXXVI-18–XXXVI-21**
Украина (2004 г.)+	XXXII-1–XXXII-13* и XXXII-14**; XXXII-15	XXXIII-1–XXXIII-14* и XXXIII-15**	XXXIV-1–XXXIV-10* и XXXIV-11–XXXIV-12**	XXXV-1–XXXV-10* и XXXV-11**	XXXVI-1–XXXVI-17* и XXXVI-18–XXXVI-21**
Великобритания	XXXII-1–XXXII-13* и XXXII-14**; XXXII-15–XXXII-16	XXXIII-1–XXXIII-14* и XXXIII-15**	XXXIV-1–XXXIV-10* и XXXIV-11–XXXIV-12**	XXXV-1–XXXV-10* и XXXV-11**	XXXVI-1–XXXVI-17* и XXXVI-18–XXXVI-21**
Уругвай (1985 г.)+	XXXII-1–XXXII-13* и XXXII-14**; XXXII-15	XXXIII-1–XXXIII-14* и XXXIII-15**	XXXIV-1–XXXIV-10* и XXXIV-11–XXXIV-12**	XXXV-1–XXXV-10* и XXXV-11**	XXXVI-1–XXXVI-17* и XXXVI-18–XXXVI-21**
США	XXXII-1–XXXII-13* и XXXII-14**; XXXII-16	XXXIII-1–XXXIII-14* и XXXIII-15**	XXXIV-1–XXXIV-10* и XXXIV-11–XXXIV-12**	XXXV-1–XXXV-10* и XXXV-11**	XXXVI-1–XXXVI-17* и XXXVI-18–XXXVI-21**

\+ Год предоставления статуса Консультативной стороны. С этого времени для вступления в силу Рекомендаций или Мер, принятых на совещаниях, требуется их одобрение со стороны данного государства.

* Планы управления, прилагаемые к данным Мерам, считаются одобренными в соответствии с положениями Статьи 6(1) Приложения V к Протоколу по охране окружающей среды к Договору об Антарктике, если соответствующей Мерой не предусматривается иной порядок одобрения.

** Поправки и (или) дополнения к Перечню исторических мест и памятников, прилагаемому к данной Мере, считаются одобренными в соответствии с положениями Статьи 8(2) Приложения V к Протоколу по охране окружающей среды к Договору об Антарктике, если Мерой не предусматривается иной порядок одобрения.

Одобрение мер, направленных на обеспечение реализации принципов и целей Договора об Антарктике, согласно уведомлениям на этот счет, полученным Правительством Соединенных Штатов Америки

	16 Мер принятых на Тридцать седьмом Совещании (Бразилия, 2014 г.)	**19 Мер принятых на Тридцать восьмом Совещании (София, 2015 г.)**	**9 Мер принятых на Тридцать девятом Совещании (Сантьяго, 2016 г.)**	**8 Мер принятых на Сороковом Совещании (Пекин, 2017 г.)**	**6 Мер принятых на Сорок первом Совещании (Буэнос-Айрес, 2018 г.)**
	Одобрено	**Одобрено**	**Одобрено**	**Одобрено**	**Одобрено**
Аргентина	XXXVII-1–XXXVII-16*	XXXVIII-1–XXXVIII-18* и XXXVIII-19**	XXXIX-1–XXXIX-8* и XXXIX-9**	XL-1–XL-8*	XLI-1–XLI-6*
Австралия	XXXVII-1–XXXVII-16*	XXXVIII-1–XXXVIII-18* и XXXVIII-19**	XXXIX-1–XXXIX-8* и XXXIX-9**	XL-1–XL-8*	XLI-1–XLI-6*
Бельгия	ВСЕ	ВСЕ	ВСЕ	ВСЕ	XLI-1–XLI-6*
Бразилия (1983 г.)+	XXXVII-1–XXXVII-16*	XXXVIII-1–XXXVIII-18* и XXXVIII-19**	XXXIX-1–XXXIX-8* и XXXIX-9**	XL-1–XL-8*	XLI-1–XLI-6*
Болгария (1998 г.)+	XXXVII-1–XXXVII-16*	XXXVIII-1–XXXVIII-18* и XXXVIII-19**	XXXIX-1–XXXIX-8* и XXXIX-9**	XL-1–XL-8*	XLI-1–XLI-6*
Чили	XXXVII-1–XXXVII-16*	XXXVIII-1–XXXVIII-18* и XXXVIII-19**	XXXIX-1–XXXIX-8* и XXXIX-9**	XL-1–XL-8*	XLI-1–XLI-6*
Китай (1985 г.)+	XXXVII-1–XXXVII-16*	XXXVIII-1–XXXVIII-18* и XXXVIII-19**	XXXIX-1–XXXIX-8* и XXXIX-9**	XL-1–XL-8*	XLI-1–XLI-6*
Чешская Респ. (2014 г.)+	XXXVII-1–XXXVII-16*	XXXVIII-1–XXXVIII-18* и XXXVIII-19**	XXXIX-1–XXXIX-8* и XXXIX-9**	XL-1–XL-8*	XLI-1–XLI-6*
Эквадор (1990 г.)+	XXXVII-1–XXXVII-16*	XXXVIII-1–XXXVIII-18* и XXXVIII-19**	XXXIX-1–XXXIX-8* и XXXIX-9**	XL-1–XL-8*	XLI-1–XLI-6*
Финляндия (1989 г.)+	XXXVII-1–XXXVII-16*	XXXVIII-1–XXXVIII-18* и XXXVIII-19**	XXXIX-1–XXXIX-8* и XXXIX-9**	XL-1–XL-8*	XLI-1–XLI-6*
Франция	XXXVII-1–XXXVII-16*	XXXVIII-1–XXXVIII-18* и XXXVIII-19**	XXXIX-1–XXXIX-8* и XXXIX-9**	XL-1–XL-8*	XLI-1–XLI-6*
Германия (1981 г.)+	XXXVII-1–XXXVII-16*	XXXVIII-1–XXXVIII-18* и XXXVIII-19**	XXXIX-1–XXXIX-8* и XXXIX-9**	XL-1–XL-8*	XLI-1–XLI-6*
Индия (1983 г.)+	XXXVII-1–XXXVII-16*	XXXVIII-1–XXXVIII-18* и XXXVIII-19**	XXXIX-1–XXXIX-8* и XXXIX-9**	XL-1–XL-8*	XLI-1–XLI-6*
Италия (1987 г.)+	XXXVII-1–XXXVII-16*	XXXVIII-1–XXXVIII-18* и XXXVIII-19**	XXXIX-1–XXXIX-8* и XXXIX-9**	XL-1–XL-8*	XLI-1–XLI-6*
Япония	XXXVII-1–XXXVII-16*	XXXVIII-1–XXXVIII-18* и XXXVIII-19**	XXXIX-1–XXXIX-8* и XXXIX-9**	XL-1–XL-8*	XLI-1–XLI-6*
Респ. Корея (1989 г.)+	XXXVII-1–XXXVII-16*	XXXVIII-1–XXXVIII-18* и XXXVIII-19**	XXXIX-1–XXXIX-8* и XXXIX-9**	XL-1–XL-8*	XLI-1–XLI-6*
Нидерланды (1990 г.)+	XXXVII-1–XXXVII-16*	XXXVIII-1–XXXVIII-18* и XXXVIII-19**	XXXIX-1–XXXIX-8* и XXXIX-9**	XL-1–XL-8*	XLI-1–XLI-6*
Новая Зеландия	XXXVII-1–XXXVII-16*	XXXVIII-1–XXXVIII-18* и XXXVIII-19**	XXXIX-1–XXXIX-8* и XXXIX-9**	XL-1–XL-8*	XLI-1–XLI-6*
Норвегия	XXXVII-1–XXXVII-16*	XXXVIII-1–XXXVIII-18* и XXXVIII-19**	XXXIX-1–XXXIX-8* и XXXIX-9**	XL-1–XL-8*	XLI-1–XLI-6*
Перу (1989 г.)+	XXXVII-1–XXXVII-16*	XXXVIII-1–XXXVIII-18* и XXXVIII-19**	XXXIX-1–XXXIX-8* и XXXIX-9**	XL-1–XL-8*	XLI-1–XLI-6*
Польша (1977 г.)+	XXXVII-1–XXXVII-16*	XXXVIII-1–XXXVIII-18* и XXXVIII-19**	XXXIX-1–XXXIX-8* и XXXIX-9**	XL-1–XL-8*	XLI-1–XLI-6*
Россия	XXXVII-1–XXXVII-16*	XXXVIII-1–XXXVIII-18* и XXXVIII-19**	XXXIX-1–XXXIX-8* и XXXIX-9**	XL-1–XL-8*	XLI-1–XLI-6*
ЮАР	XXXVII-1–XXXVII-16*	XXXVIII-1–XXXVIII-18* и XXXVIII-19**	XXXIX-1–XXXIX-8* и XXXIX-9**	XL-1–XL-8*	XLI-1–XLI-6*
Испания (1988 г.)+	XXXVII-1–XXXVII-16*	XXXVIII-1–XXXVIII-18* и XXXVIII-19**	XXXIX-1–XXXIX-8* и XXXIX-9**	XL-1–XL-8*	XLI-1–XLI-6*
Швеция (1988 г.)+	XXXVII-1–XXXVII-16*	XXXVIII-1–XXXVIII-18* и XXXVIII-19**	XXXIX-1–XXXIX-8* и XXXIX-9**	XL-1–XL-8*	XLI-1–XLI-6*
Украина (2004 г.)+	XXXVII-1–XXXVII-16*	XXXVIII-1–XXXVIII-18* и XXXVIII-19**	XXXIX-1–XXXIX-8* и XXXIX-9**	XL-1–XL-8*	XLI-1–XLI-6*
Великобритания	XXXVII-1–XXXVII-16*	XXXVIII-1–XXXVIII-18* и XXXVIII-19**	XXXIX-1–XXXIX-8* и XXXIX-9**	XL-1–XL-8*	XLI-1–XLI-6*
Уругвай (1985 г.)+	XXXVII-1–XXXVII-16*	XXXVIII-1–XXXVIII-18* и XXXVIII-19**	XXXIX-1–XXXIX-8* и XXXIX-9**	XL-1–XL-8*	XLI-1–XLI-6*
США	XXXVII-1–XXXVII-16*	XXXVIII-1–XXXVIII-18* и XXXVIII-19**	XXXIX-1–XXXIX-8* и XXXIX-9**	XL-1–XL-8*	XLI-1–XLI-6*

\+ Год предоставления статуса Консультативной стороны. С этого времени для вступления в силу Рекомендаций или Мер, принятых на совещаниях, требуется их одобрение со стороны данного государства.

* Планы управления, прилагаемые к данным Мерам, считаются одобренными в соответствии с положениями Статьи 6(1) Приложения V к Протоколу по охране окружающей среды к Договору об Антарктике, если соответствующей Мерой не предусматривается иной порядок одобрения.

** Поправки и (или) дополнения к Перечню исторических мест и памятников, прилагаемому к данной Мере, считаются одобренными в соответствии с положениями Статьи 8(2) Приложения V к Протоколу по охране окружающей среды к Договору об Антарктике, если Мерой не предусматривается иной порядок одобрения.

Одобрение мер, направленных на обеспечение реализации принципов и целей Договора об Антарктике, согласно уведомлениям на этот счет, полученным Правительством Соединенных Штатов Америки

12 Мер
принятых на Сорок первом Совещании
(Прага, 2019 г.)

	Одобрено
Аргентина	XLII-1–XLII-11* и XLII-12**
Австралия	XLII-1–XLII-11* и XLII-12**
Бельгия	XLII-1–XLII-11* и XLII-12**
Бразилия (1983 г.)+	XLII-1–XLII-11* и XLII-12**
Болгария (1998 г.)+	XLII-1–XLII-11* и XLII-12**
Чили	XLII-1–XLII-11* и XLII-12**
Китай (1985 г.)+	XLII-1–XLII-11* и XLII-12**
Чешская Респ. (2014 г.)+	XLII-1–XLII-11* и XLII-12**
Эквадор (1990 г.)+	XLII-1–XLII-11* и XLII-12**
Финляндия (1989 г.)+	XLII-1–XLII-11* и XLII-12**
Франция	XLII-1–XLII-11* и XLII-12**
Германия (1981 г.)+	XLII-1–XLII-11* и XLII-12**
Индия (1983 г.)+	XLII-1–XLII-11* и XLII-12**
Италия (1987 г.)+	XLII-1–XLII-11* и XLII-12**
Япония	XLII-1–XLII-11* и XLII-12**
Респ. Корея (1989 г.)+	XLII-1–XLII-11* и XLII-12**
Нидерланды (1990 г.)+	XLII-1–XLII-11* и XLII-12**
Новая Зеландия	XLII-1–XLII-11* и XLII-12**
Норвегия	XLII-1–XLII-11* и XLII-12**
Перу (1989 г.)+	XLII-1–XLII-11* и XLII-12**
Польша (1977 г.)+	XLII-1–XLII-11* и XLII-12**
Россия	XLII-1–XLII-11* и XLII-12**
ЮАР	XLII-1–XLII-11* и XLII-12**
Испания (1988 г.)+	XLII-1–XLII-11* и XLII-12**
Швеция (1988 г.)+	XLII-1–XLII-11* и XLII-12**
Украина (2004 г.)+	XLII-1–XLII-11* и XLII-12**
Великобритания	XLII-1–XLII-11* и XLII-12**
Уругвай (1985 г.)+	XLII-1–XLII-11* и XLII-12**
США	XLII-1–XLII-11* и XLII-12**

+ Год предоставления статуса Консультативной стороны. С этого времени для вступления в силу Рекомендаций или Мер, принятых на совещаниях, требуется их одобрение со стороны данного государства.

* Планы управления, прилагаемые к данным Мерам, считаются одобренными в соответствии с положениями Статьи 6(1) Приложения V к Протоколу по охране окружающей среды к Договору об Антарктике, если соответствующей Мерой не предусматривается иной порядок одобрения.

** Поправки и (или) дополнения к Перечню исторических мест и памятников, прилагаемому к данной Мере, считаются одобренными в соответствии с положениями Статьи 8(2) Приложения V к Протоколу по охране окружающей среды к Договору об Антарктике, если Мерой не предусматривается иной порядок одобрения.

Доклад Правительства-депозитария Конвенции о сохранении морских живых ресурсов Антарктики (АНТКОМ)

Краткий обзор

Австралия как депозитарий *Конвенции о сохранении морских живых ресурсов Антарктики* 1980 г. представляет доклад о состоянии Конвенции.

Доклад Депозитария

Австралия как депозитарий *Конвенции о сохранении морских живых ресурсов Антарктики* 1980 г. (Конвенция) представляет доклад о статусе Конвенции на Сорок третьем Консультативном совещании по Договору об Антарктике (XLI КСДА).

Австралия сообщает Сторонам Договора об Антарктике, что с момента совещания в Панаме в 2013 г. к Конвенции не присоединилось ни одно новое государство. Число Договаривающихся сторон Конвенции — тридцать шесть (36).

7 мая 2020 г. Китайская Народная Республика (КНР) информировала Депозитарий о следующем заявлении:

> *В соответствии с Основным законом Специального административного района Гонконг КНР, правительство КНР решает, что Конвенция будет применяться к Специальному административному району Гонконг КНР с 1 июля 2020 г.*

Копия списка статусов Конвенции доступна в Австралийской базе данных договоров по следующей ссылке:
http://www.austlii.edu.au/au/other/dfat/treaty_list/depository/CCAMLR.html

Доклад Правительства-депозитария Соглашения о сохранении альбатросов и буревестников (АКАП)

Краткий обзор

Австралия как депозитарий *Соглашения о сохранении альбатросов и буревестников* 2001 г. представляет отчет о состоянии Соглашения.

Доклад Депозитария

Австралия, являясь Депозитарием Соглашения о сохранении альбатросов и буревестников (2001 г.) (Соглашение), представляет доклад о статусе Соглашения.

Австралия сообщает Сторонам Договора об Антарктике, что ни одна из Сторон не присоединилась к Соглашению с момента присоединения Уругвая в 2008 г. В настоящее время Соглашение насчитывает 13 (тринадцать) Сторон.

Копия списка статусов Соглашения доступна в Австралийской базе данных договоров по следующей ссылке:

http://www.austlii.edu.au/au/other/dfat/treaty_list/depository/consalbnpet.html

Доклад Великобритании в качестве Правительства-депозитария Конвенции о сохранении тюленей Антарктики (КОАТ) во исполнение пункта 2(d) Рекомендации XIII-2 за 2018/19 и 2019/20 гг.

Стороны Конвенции и присоединение к Конвенции новых государств

Со времени предыдущего доклада (XLII КСДА (2019 г.) IP001) Великобритания в качестве Правительства-депозитария Конвенции о сохранении тюленей Антарктики (КОАТ) не получила ни одной заявки на присоединение к Конвенции, равно как и ни одного документа о присоединении.

В XLII КСДА WP069 Украина заявила о своем намерении присоединиться к Конвенции. Однако после этого Украина официально сообщила Великобритании в качестве Правительства-депозитария, что пока не будет к ней присоединяться.

Полный список подписавших и впоследствии присоединившихся к Конвенции государств прилагается к данному докладу (Приложение A).

Представление КОАТ данных за 2018/19 и 2019/20 гг.

В Приложении B представлены все данные по отлову и забою тюленей Антарктики Договаривающимися сторонами КОАТ за отчетный год с 1 марта 2018 г. по 28 февраля 2019 г. Во всех сообщенных случаях отлов производился в научных целях.

В Приложении C представлены все данные по отлову и забою тюленей Антарктики Договаривающимися сторонами КОАТ за отчетный год с 1 марта 2019 г. по 29 февраля 2020 г. Во всех сообщенных случаях отлов производился в научных целях.

Представление КОАТ данных за следующий отчетный год

Великобритания считает уместным напомнить Договаривающимся сторонам КОАТ, что подлежащая обмену информация, предусмотренная положениями пункта 6(a) Приложения к Конвенции, за отчетный период с 1 марта 2020 г. по 28 февраля 2021 г. должна быть представлена не позднее **30 июня 2021 г.** Стороны КОАТ должны представить отчетные данные, включая нулевые показатели, Великобритании и СКАР. Великобритания призывает все Договаривающиеся стороны к своевременному представлению отчетных данных.

Отчет КОАТ за отчетный период 2020/2021 г. будет подан на XLIV КСДА после окончания конечного срока обмена информацией в июне 2021 г.

ПРИЛОЖЕНИЕ А

Государства, подписавшие Конвенцию о сохранении тюленей Антарктики (КОАТ)

Лондон, 1 июня – 31 декабря 1972 г.; Конвенция вступила в силу 11 марта 1978 г.

Государство	Дата подписания	Дата сдачи на хранение документов о ратификации или принятии
Аргентина*	9 июня 1972 г.	7 марта 1978 г.
Австралия	5 октября 1972 г.	1 июля 1987 г.
Бельгия	9 июня 1972 г.	9 февраля 1978 г.
Чили*	28 декабря 1972 г.	7 февраля 1980 г.
Франция**	19 декабря 1972 г.	19 февраля 1975 г.
Япония	28 декабря 1972 г.	28 августа1980 г.
Норвегия	9 июня 1972 г.	10 декабря 1973 г.
Россия****	9 июня 1972 г.	8 февраля 1978 г.
ЮАР	9 июня 1972 г.	15 августа 1972 г.
Великобритания**	9 июня 1972 г.	10 сентября 1974 г.***
Соединенные Штаты Америки	28 июня 1972 г.	19 января 1977 г.

Государства, присоединившиеся к Конвенции

Государство	Дата сдачи на хранение документа о присоединении
Бразилия	11 февраля 1991 г.
Канада	4 октября 1990 г.
Германия	30 сентября 1987 г.
Италия	2 апреля 1992 г.
Польша	15 августа 1980 г.
Пакистан	25 марта 2013 г.

* Заявление или оговорка
** Возражение
*** Документ о ратификации распространяется на Нормандские острова и остров Мэн
**** Бывший СССР

ПРИЛОЖЕНИЕ В

Отчетные данные КОАТ за 2018/2019 г.

Краткий отчет согласно Статье 5 и Приложению к Конвенции: отлов и забой тюленей в период с 1 марта 2018 г. по 28 февраля 2019 г.

Сторона Договора	**Отловлено тюленей Антарктики**	**Забито тюленей Антарктики**
Аргентина	159 (a)	0
Австралия	0	0
Бельгия	0	0
Бразилия	Отчетные данные не представлены	Отчетные данные не представлены
Канада	0	0
Чили	56 (b)	0
Франция	116 (c)	1 (d)
Германия	0	0
Италия	0	0
Япония	17 (e)	0
Норвегия	Отчетные данные не представлены	Отчетные данные не представлены
Пакистан	Отчетные данные не представлены	Отчетные данные не представлены
Польша	Отчетные данные не представлены	Отчетные данные не представлены
Россия	0	0
ЮАР	Отчетные данные не представлены	Отчетные данные не представлены
Великобритания	19 (f)	0
Соединенные Штаты Америки	1 351 (g)	0

Во всех сообщенных случаях отлов производился в научных целях.

(a) **Южные морские слоны:** 100 подсосков и 13 молодых особей (пол неизвестен) **Морские леопарды:** 13 взрослых особей (пол неизвестен). **Тюлени Уэдделла:** 15 взрослых и 3 детеныша (пол неизвестен) **Тюлени-крабоеды**: 10 взрослых особей (пол неизвестен) **Кергеленские морские котики**: 5 взрослых особей (пол неизвестен)

(b) **Южные морские слоны**: 42 взрослых самок, 10 взрослых самцов и 4 молодые особи.

(c) **Тюлени Уэдделла**: 19 взрослых самцов, 41 взрослая самка; 2 взрослых особи (пол неизвестен), 19 детенышей-самцов, 16 детенышей-самок, 19 детенышей (пол неизвестен)

(d) **Тюлень Уэдделла**: 1 детеныш (пол неизвестен) случайно убит во время взвешивания и забора крови

(e) **Тюлени Уэдделла:** 10 взрослых самок, 4 взрослых самца, 3 молодых самца

(f) **Южные морские слоны**: 2 самки. **Тюлени Уэдделла:** 17 взрослых/молодых особей (пол неизвестен)

(g) **Кергеленские морские котики:** 26 взрослых/молодых особей, 460 детенышей (пол неизвестен) **Морские леопарды:** 29 взрослых/молодых особей. **Тюлени Уэдделла**: 372 взрослых и 464 детеныша (пол неизвестен)

ПРИЛОЖЕНИЕ C

Отчетные данные КОАТ за 2019/2020 г.

Краткий отчет согласно Статье 5 и Приложению к Конвенции: отлов и забой тюленей в период с 1 марта 2019 г. по 29 февраля 2020 г.

Сторона Договора	**Отловлено тюленей Антарктики**	**Забито тюленей Антарктики**
Аргентина	Отчетные данные не представлены	Отчетные данные не представлены
Австралия	Отчетные данные не представлены	Отчетные данные не представлены
Бельгия	Отчетные данные не представлены	Отчетные данные не представлены
Бразилия	Отчетные данные не представлены	Отчетные данные не представлены
Канада	0	0
Чили	50 (a)	0
Франция	Отчетные данные не представлены	Отчетные данные не представлены
Германия	Отчетные данные не представлены	Отчетные данные не представлены
Италия	Отчетные данные не представлены	Отчетные данные не представлены
Япония	0	0
Норвегия	Отчетные данные не представлены	Отчетные данные не представлены
Пакистан	Отчетные данные не представлены	Отчетные данные не представлены
Польша	Отчетные данные не представлены	Отчетные данные не представлены
Россия	Отчетные данные не представлены	Отчетные данные не представлены
ЮАР	0	0
Великобритания	12 (b)	0
Соединенные Штаты Америки	1 286 (c)	1 (d)

Во всех сообщенных случаях отлов производился в научных целях.

(a) **Тюлени Уэдделла:** 40 (возраст и пол неизвестны) **Морские леопарды: 10** (возраст и пол неизвестны)

(b) **Морские слоны:** 4 (3 самца и 1 самка) **Тюлени Уэдделла**: 8 (7 самцов и 1 самка)

(c) **Кергеленские морские котики:** 22 взрослых/молодых особей, 395 детенышей (пол неизвестен). **Морские леопарды:** 23 взрослых/молодых особей (пол неизвестен). **Южные морские слоны:** 4 молодых особей (пол неизвестен). **Тюлени Уэдделла:** 236 взрослых и 606 детеныша (пол неизвестен).

(d) **Тюлени Уэдделла:** 1 детеныш (пол неизвестен) во время разрешенной деятельности по изучению термической адаптации молодых особей.

Отчет наблюдателя АНТКОМ на Сорок третьем Консультативном совещании Договора об Антарктике

АНТКОМ-38 (октябрь 2019 г.)

1. 38-е ежегодное совещание АНТКОМ (АНТКОМ-38) проводилось в Хобарте (Австралия) с 21 октября по 1 ноября 2019 г. под председательством Ф. Курсио (Испания).

2. Отчет совещания находится в открытом доступе (https://www.ccamlr.org/en/ccamlr-xxxvi).

3. Австралия как Государство-депозитарий сообщила, что 8 октября 2019 г. Королевство Нидерландов стало страной-членом Комиссии. Комиссия приветствовала Нидерланды на своем первом совещании в качестве страны-члена.

Выполнение и соблюдение

4. Комиссия одобрила новый план действия и стратегию вовлечения недоговаривающихся сторон (НДС) на 2020-2022 г. и согласилась включить присоединившиеся государства в процедуру оценки соблюдения на 2020 г. в качестве эксперимента.

5. Комиссия отметила, что с течением времени количество случаев обнаружения судов, занимающихся незаконным, нерегистрируемым и нерегулируемым промыслом в зоне действия Конвенции, неуклонно сокращается. Последнее зарегистрированное визуальное наблюдение имело место в 2016 г. В списки ННН АНТКОМ не было добавлено новых судов.

Администрация и финансы

6. Комиссия согласовала изменения в формуле, используемой для расчета оплаты за уведомления о промысле криля, клыкача и других видов в зоне действия Конвенции, включая уведомления об исследовательском промысле.

Управление морскими ресурсами

7. Комиссия отметила, что на 13 сентября 2019 г. общий зарегистрированный вылов криля за сезон 2018/19 г. составил **381 922 т**. Пять стран-членов вели промысел одиннадцатью судами.

8. Комиссия отметила, что в ходе синоптической съемки криля с участием ряда стран-членов, проведенной южным летом 2018/19 г., биомасса криля в Районе 48, по оценке, составила 62,6 млн. тонн. (Информация для КСДА: это

аналогично объему биомассы, который был рассчитан по результатам последней съемки в 2000 г.)

9. Комиссия отметила прогресс, достигнутый Научным комитетом в разработке новой стратегии управления промыслом криля, и подчеркнула важность представления рекомендаций в отношении новой стратегии к 2021 г. Стратегия будет основываться на следующих ключевых приоритетных элементах:

(i) оценка запаса для расчета коэффициентов предохранительного вылова;
(ii) регулярное обновление оценок биомассы, сначала в масштабах подрайона, но потенциально в нескольких масштабах;
(iii) система оценки риска для содействия пространственному распределению вылова.

10. В 2018/19 г. 13 стран-членов вели промысел патагонского клыкача (*Dissostichus eleginoides*) и/или антарктического клыкача (*D. mawsoni*). Страны-члены также проводили исследовательский промысел клыкача в закрытых районах. На 13 сентября 2019 г. зарегистрированный общий вылов *D. eleginoides* в зоне Конвенции составил **8 340** т, а *D. mawsoni* – **4 097** т.

11. Комиссия установила ограничения на вылов клыкача и ледяной рыбы. Однако, в связи с тем, что она не смогла достичь консенсуса по предложениям о проведении исследований на Участке 58.4.1, этот участок остается закрытым для промысла.

12. Комиссия отметила, что оценочная побочная смертность 103 морских птиц в сезоне 2018/19 г. является третьей самой низкой из зарегистрированных величин смертности.

Пространственное управление

13. Комиссия решила предварительно утвердить проекты планов управления новыми Особо охраняемыми районами Антарктики (ООРА) у о-вов Розенталь и Инэкспрессибл. **КСДА следует отметить факт утверждения, о котором также было сообщено в КООС**.

14. Комиссия отметила, что в мае 2019 г. Соединенное Королевство сообщило странам-членам, что площадь ледника о-ва Пайн сократилась на 15,1% с 2017 г., что соответствует критериям для выделения его в качестве Особого района научных исследований. Выделение ледника о-ва Пайн и присвоение ему Этапа 1 состоялось 1 июня 2019 г. В соответствии с Мерой по сохранению (МС) 24-04, п. 24, **внимание КСДА обращается на подробности присвоения Этапа 1,** и рекомендуется рассмотреть вопрос о том, следует ли предпринимать какие-либо шаги для расширения и содействия проведению научных исследований в этом районе.

15. Морской охраняемый район на южном шельфе Южных Оркнейских о-вов (МОР) был создан АНТКОМ в 2009 г. (МС 91-03). В соответствии с требованием МС 91-03 ЕС и его государства-члены представили второй обзор МОР, проводимый раз в пять лет. В Комиссии не было достигнуто консенсуса в отношении одобрения обзора. МС 91-03 останется в существующем виде до следующего обзора, намеченного на 2024 г.

16. Комиссия также обсудила план проведения исследований и мониторинга в МОР в регионе моря Росса и предложения по МОР в Восточной Антарктике, МОР

в море Уэдделла и МОР в регионе Антарктического п-ова. По этим вопросам не удалось прийти к единому мнению.

Изменение климата

17. Комиссия отметила важность учета аспектов изменения климата для ее работы и обсудила ряд предложений в отношении более широкого рассмотрения его последствий в рамках подходов к управлению.

Осуществление целей Конвенции

18. Комиссия приветствовала Пражскую декларацию, принятую Консультативными сторонами Договора об Антарктике 8 июля 2019 г.

19. Комиссия приняла решение учредить Общий фонд наращивания потенциала (ОФНП) для поддержки конкретных проектов, мероприятий и оплаты поездок, или, по решению Комиссии, для удовлетворения особых потребностей стран-членов, с целью укрепления потенциала стран-членов более успешно достигать цели Конвенции АНТКОМ. Заявки в фонд открыты для всех стран-членов, а также для присоединившихся государств и НДС, сотрудничающих по вопросам СДУ, в случае если эти заявки пользуется поддержкой одной из стран-членов.

АНТКОМ-39 (октябрь 2020 г.)

1. 39-е ежегодное совещание АНТКОМ (АНТКОМ-39) проводилось в Хобарте (Австралия) с 27 октября по 30 ноября 2020 г. под председательством Ф. Курсио (Испания).

2. Отчет совещания находится в открытом доступе (www.ccamlr.org/node/107598).

3. Постоянный комитет по выполнению и соблюдению (SCIC) и Постоянный комитет по административным и финансовым вопросам (СКАФ) провели неофициальные виртуальные совещания без принятия отчета, но Председатель SCIC и Исполняющая обязанности Председателя СКАФ представили на рассмотрение Комиссии краткое содержание дискуссий в рамках э-групп.

4. Австралия в качестве государства-депозитария сообщила, что 7 мая 2020 г. Китайская Народная Республика (КНР) сделала заявление о том, что в соответствии с Основным законом о специальном административном районе Гонконг правительство КНР приняло решение о том, что Конвенция будет применяться к Специальному административному району Гонконг КНР с 1 июля 2020 г.

5. Комиссия почтила память профессора Дензила Миллера, который скончался 30 ноября 2019 г. и на протяжении более сорока лет играл центральную роль в деятельности АНТКОМ и Антарктики.

Выполнение и соблюдение

6. Комиссия добавила судно *Nika* в список ННН судов договаривающихся сторон. Панама сообщила Комиссии, что судно *Nika* было исключено из панамского судового реестра.

7. Комиссия рассмотрела рекомендацию Новой Зеландии о включении плавающего под российским флагом судна *Палмер* в список ННН судов договаривающихся сторон, но не смогла достичь консенсуса по вопросу о включении его в список в 2020 г.

8. В силу того, что в 2020 г. SCIC проводила лишь неофициальные виртуальные совещания, Комиссия пришла к заключению, что принять отчет о соблюдении за 2020 г. не представляется возможным.

Администрация и финансы

9. Комиссия одобрила рекомендации Группы по Общему фонду наращивания потенциала и решила финансировать два проекта по наращиванию потенциала (Украина и Уругвай). Комиссия отметила, что сфера компетенции Общего фонда научного потенциала (ОФНП) будет окончательно доработана для представления в 2021 г.

10. Комиссия назначила Д. Агнью Исполнительным секретарем на повторный срок на период 2022–2026 гг.

Управление морскими ресурсами

11. Комиссия отметила, что по состоянию на 1 октября 2020 г. общий вылов криля, зарегистрированный за промысловый сезон 2019/20 г, составил **446 783 т** , и что это – самый крупный вылов, когда-либо зарегистрированный в Районе 48. Общий вылов *Dissostichus eleginoides* составил **11 924 т**, а *Dissostichus mawsoni* – **4 399 т**.

12. Комиссия приветствовала значительный объем целенаправленной работы, проделанной Научным комитетом и его рабочими группами в 2020 г. над разработкой пересмотренной стратегии управления промыслом криля.

13. Норвегия представила предварительные результаты испытания мер по избежанию взаимодействия морских птиц с кабелями сетевого зонда на судах, занимающихся промыслом криля. В межсессионный период 2020/21 г. была организована специальная корреспондентская группа для рассмотрения вопросов, касающихся столкновений морских птиц с кабелями сетевого зонда и ваерами.

14. Комиссия продлила все меры по сохранению, срок действия которых истекал в 2020 г. С пересмотренным графиком работы можно ознакомиться по адресу: www.ccamlr.org/node/112002.

Прочие вопросы

15. Из-за ограничений, связанных с проведением совещания в режиме онлайн, несколько пунктов, которые обычно рассматриваются в рамках основной повестки дня Комиссии, были обсуждены вместо этого в рамках пункта «Другие вопросы».

16. Комиссия решила учредить э-группу, призванную содействовать обсуждению вопросов, связанных с достижением целей Конвенции, с тем чтобы подготовить почву для сорокового совещания Комиссии.

17. Комиссия отметила, что срок действия выделения вновь обнажившегося морского района, примыкающего к леднику о-ва Пайн в качестве Особого района научных исследований первого этапа (см. CCAMLR-38, п 14), истекает 31 мая 2021 г. Комиссия не смогла прийти к согласию относительно предложения о продлении этого срока еще на один год или об обозначении этого района в качестве Особого района научных исследований во 2-й стадии.

18. Комиссия приняла к сведению пересмотренное предложение о создании МОР в Области 1 (Антарктический п-ов), в Восточной Антарктике и в регионе моря Уэдделла.

19. Комиссия также отметила разработку новой сферы компетенции э-группы по изменению климата в целях дальнейшей разработки механизмов для обеспечения того, чтобы последние исследования в области изменения климата учитывались в работе Научного комитета и рассматривались при разработке рекомендаций по управлению для Комиссии.

Следующее совещание

20. Швеция (Я. Гранит) будет председательствовать на совещаниях Комиссии в 2021 и 2022 гг. Аргентина (М. Гауланд) будет продолжать выполнять функции Заместителя председателя. М. Энгельке-Рос (США) была избрана Председателем SCIC, а С. Лангерок (Бельгия) – Председателем СКАФ на 2021–2022 гг.

21. Сороковое совещание Комиссии состоится в Хобарте (Австралия) 18–29 октября 2021 г., если Комиссия не примет иного решения. Комиссия попросила, чтобы планирование совещаний началось заблаговременно и включало планирование официальных совещаний SCIC и СКАФ.

Ежегодный доклад Научного комитета по антарктическим исследованиям за 2021 год XLIII Консультативному совещанию по Договору об Антарктике

Краткий обзор

В настоящем документе представлен ежегодный доклад Научного комитета по антарктическим исследованиям (СКАР) Консультативному совещанию по Договору об Антарктике. С целью донесения информации быстрым и понятным способом доклад подготовлен с использованием средств инфографики (приложение 1).

История вопроса

Главной целью деятельности СКАР является продвижение результатов научных исследований в Антарктике, включая результаты наблюдений в Антарктике, и содействие расширению научного познания, более глубокому пониманию и просвещению по всем вопросам антарктического региона. С этой целью СКАР возложил на себя ответственную миссию инициатора и координатора исследований Антарктики и Южного океана, имеющих практическую значимость для всего мирового сообщества. СКАР предоставляет беспристрастную и объективную научную информацию и консультации независимых экспертов в рамках Системы Договора об Антарктике и другим организациям и выступает в роли главного международного центра обмена информацией по Антарктике в рамках научного сообщества. Информация о научной деятельности СКАР и его результатах представлена на сайте: https://www.scar.org/.

Научные приоритеты

В 2020 г. были утверждены три ведущих научно-исследовательских программы, а срок действия шести существующих программ подошел к концу. Предлагаемые новые научно-исследовательские программы:

- **Комплексная наука для информирования об охране Антарктики и Южного океана (Ant-ICON)** ответит на фундаментальные научные вопросы (определенные с помощью проекта СКАР «Сканирование научного горизонта Антарктики»), касающиеся сохранения Антарктики и Южного океана и управления ими, а также сосредоточит внимание на исследованиях, способствующих предоставлению информации для принятия международных решений и изменения политики.
- **Проект INSTANT** (INS — нестабильность, T — пороговые значения, ANT — Антарктика) даст ответ на первоочередный вопрос о вкладе Антарктики в уровень моря. Проект охватывает науки о Земле, физические и биологические науки и направлен на количественную оценку вклада антарктического ледяного щита в прошлые и будущие глобальные изменения уровня моря.

- **Краткосрочная изменчивость и прогноз климатической системы Антарктики (AntClim^{now})** проведет изучение вопроса прогнозирования условий в ближайшем будущем в климатической системе Антарктики в масштабах от нескольких лет до десятилетий. Используя комплексный подход, проект будет рассматривать окружающую среду Антарктики в целом.

Подробную информацию об этих программах можно найти на сайте https://www.scar.org/science/srp/.

Последние события

Основные результаты и деятельность СКАР представлены в Приложении 1. Три научных группы, научно-исследовательские программы и специализированные вспомогательные группы СКАР выполнили широкий спектр мероприятий и подготовили многочисленные результаты, ряд которых официально представлен на этом совещании.

В январе 2020 г. СКАР разместил на своем сервере Портал окружающей среды Антарктики Университета Кентербери (University of Canterbury), Новая Зеландия. Более подробную информацию можно найти в Рабочем документе WP 19 «Портал окружающей среды Антарктики».

После отмены проводимой СКАР раз в два года открытой научной конференции в Хобарте в августе 2020 г. из-за пандемии в августе 2020 г. СКАР провел онлайн-конференцию СКАР 2020, на которой были представлены многие ключевые аспекты совещания в Хобарте и собрались 2712 участников из 60 стран. Более подробную информацию можно получить на сайте https://www.scar2020.org/.

СКАР через свой Портал по биоразнообразию Антарктики координирует деятельность сообщества, касающуюся Десятилетия наук об океане в интересах устойчивого развития под эгидой ООН (2021–2030 гг.) посредством разработки Плана действий для Южного океана. Это сотрудничество с Системой наблюдений за Южным океаном (СООС) и многими другими группами и организациями, вместе именуемыми Целевой группой Южного океана. Недавно был запущен сайт (https://www.sodecade.org) для предоставления информации о процессе; более подробные сведения представлены в Информационном документе IP 136 *Десятилетие наук об океане в интересах устойчивого развития под эгидой ООН.*

Чтобы лучше понять сложные и далеко идущие последствия пандемии COVID-19 для антарктического сообщества, Постоянный комитет СКАР по гуманитарным и социальным наукам (SC-HASS) инициировал исследовательскую программу для оценки воздействия пандемии на исследования Антарктики и деятельность научных сотрудников, а также долгосрочных последствий COVID-19 для антарктических операций, туризма и управления, с общей целью обоснования решений по смягчению неблагоприятных воздействий. Дополнительную информацию можно найти на сайте https://www.scar.org/science/hass/covid-project/info/.

В марте 2021 г. состоялась первая виртуальная встреча Делегатов СКАР. На встрече статус Чешской Республики и Турции был повышен с ассоциированного до полноправного члена СКАР, а Мексика была принята в качестве ассоциированного члена. Кроме того, делегаты избрали двух новых членов Исполнительного комитета: Д-р Йедонг Ким (Yeadong Kim) из Республики Корея был избран президентом СКАР, а профессор Денеб Каренц (Deneb Karentz) из США был избран вице-президентом и взял на себя ответственность за науку. Профессор Джефферсон Симоэс (Jefferson Simoes) из Бразилии был переизбран на второй срок вице-президентом и сохранил ответственность за финансы. Два вице-президента остаются в должности: Д-р М. Равичандран (M. Ravichandran) из Индии в качестве вице-президента по вопросам наращивания потенциала, образования и обучения, а д-р Гэри Уилсон (Gary Wilson) из Новой Зеландии — в качестве вице-президента по административным вопросам. Профессор Стивен Чоун (Steven Chown) остается в Исполнительном комитете на два года в качестве бывшего президента.

Исполнительным директором СКАР является д-р Чандрика Нат (Chandrika Nath). Д-р Сьюзи Грант (Susie Grant) — представитель СКАР в Комитете по охране окружающей среды. Д-р Грант принял эту роль у д-ра Алекса Теродса (Aleks Terauds) в сентябре 2020 г.

Основные предстоящие события

Открытая научная конференция 2022 г. и заседания СКАР будут проводиться в Индии в городе Хайдарабад с 19 по 28 августа. Заседания в настоящее время планируются как очные, а также предусматриваются онлайн и гибридные варианты заседаний на случай непредвиденных обстоятельств из-за неопределенностей, связанных с пандемией.

Открытая научная конференция 2024 г. и заседания СКАР будут проводиться в Чили в городе Пукон. Открытая научная конференция 2026 г. и заседания СКАР будут проводиться в Норвегии в городе Осло. Даты этих двух заседаний будут подтверждены позже.

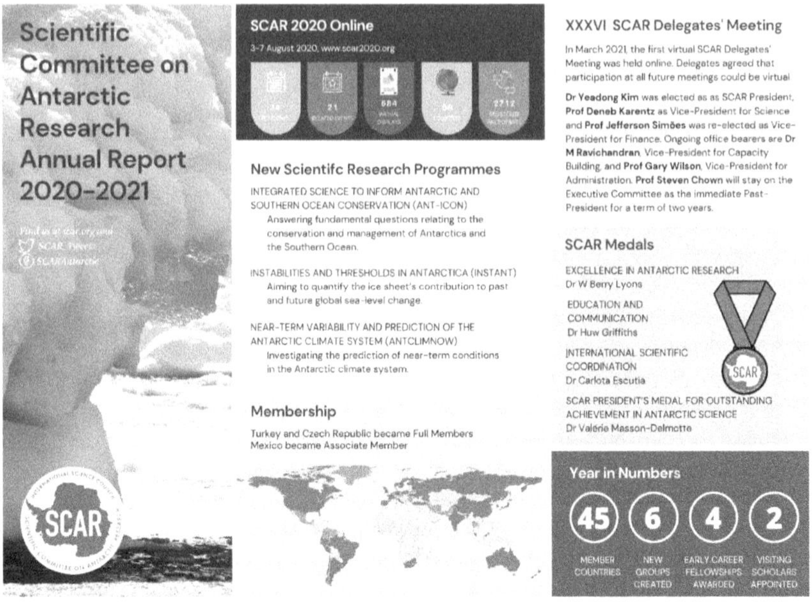

Ежегодный отчет КОМНАП за 2020/21 г.

15 марта 2020 г. — 30 июня 2021 г.

Исходная информация

Наше членство

КОМНАП, официально учрежденный 15 сентября 1988 г., объединяет национальных официальных лиц, ответственных за планирование, проведение и управление поддержкой антарктических исследований от имени своих правительств. КОМНАП — международная ассоциация, членами которой являются 30 национальных антарктических программ из Аргентины, Австралии, Бельгии, Бразилии, Болгарии, Чили, Китая, Чехии, Эквадора, Финляндии, Франции, Германии, Индии, Италии, Японии, Нидерландов, Новой Зеландии, Норвегии, Перу, Польши, Республики Беларусь, Южной Кореи, Российской Федерации, ЮАР, Испании, Швеции, Украины, Великобритании, США и Уругвая. Национальные антарктические программы Канады (с августа 2016 г.), Колумбии (с апреля 2021 г.), Малайзии (с августа 2017 г.), Португалии (с августа 2015 г.), Швейцарии (с апреля 2018 г.), Турции (с апреля 2018 г.) и Венесуэлы (с августа 2015 г.) являются наблюдателями КОМНАП.

Наша цель

Целью КОМНАП является разработка и содействие распространению передовых практических методов управления поддержкой научно-исследовательской деятельности в Антарктике. Как организация, КОМНАП стремится повысить эффективность усилий национальных антарктических программ, являясь площадкой для разработки практических подходов и методов, направленных на повышение эффективности деятельности на основе принципов экологической ответственности путем содействия международному сотрудничеству и предоставления возможностей для обмена информацией.
КОМНАП стремится предоставлять Системе Договора об Антарктике объективные, практические, технические и неполитические рекомендации на основе опыта национальных антарктических программ и их непосредственных знаний об Антарктике и на сегодняшний день опубликовал 38 рабочих документов и 121 информационный документ.

Наше лидерство

КОМНАП — это управляемая членами организация с избранным Исполнительным комитетом (Исполкомом) во главе с доктором Келли К. Фолкнер (Kelly K. Falkner) (Антарктическая программа США) в качестве Председателя и Вице-председателями Мануэлем Бургосом (Manuel Burgos) (Уругвайский антарктический институт), Джоном Гулдалом (John Guldahl) (Норвежский полярный институт), Агнешкой Крушевской (Agnieszka Kruszewska) (Институт биохимии и биофизики Польской академии наук), Уве Никсдорфом (Uwe Nixdorf) (Институт Альфреда Вегенера, Центр полярных и морских исследований им. Гельмгольца, Германия) и Геном Хашида (Gen Hashida) (Национальный институт полярных исследований, Япония). Мишель Роган-Финнемор (Michelle Rogan-Finnemore) занимает пост Исполнительного секретаря. В соответствии с обновленным меморандумом о взаимопонимании до сентября 2027 г. в Университете Кентербери (Крайстчерч, Новая Зеландия) находится Секретариат КОМНАП.

Деятельность КОМНАП в 2020/2021 г.: Проактивное решение проблем

Готовность к COVID-19

Осознавая серьезность складывающейся глобальной ситуации, Исполком КОМНАП в срочном порядке провел онлайн-встречу 9 марта 2020 г. У встречи был только один пункт повестки дня и одна цель: «создание стратегии для коллективного укрепления национальных усилий по предотвращению заноса болезни коронавируса (COVID-19) в Антарктику; определение основных моментов рассмотрения по нашей коллективной стратегии и действий по выполнению плана реализации; обеспечение нашего участия в качестве Исполкома с членами КОМНАП в обмене информацией о COVID-19 и взаимодействия с другими членами антарктического сообщества (в частности с МААТО) в отношении методов предотвращения, способности реагирования на антарктических станциях и планов работы со СМИ/вещания».

9 марта 2020 г., за три дня до объявления ВОЗ пандемии COVID-19, Исполком учредил **Специальный подкомитет по COVID-19** во главе с доктором Тимом Хейтландом (Tim Heitland) (Институт Альфреда Вегенера/AWI), с участием доктора Прадип Малхотра (Pradip Malhotra) (Национальный центр полярных и океанических исследований/NCPOR, Индия) и доктора Фабио Каталано (Fabio Catalano) (Национальное агентство новых технологий, энергетики и устойчивого экономического развития/ENEA, Италия) и в сотрудничестве с доктором Энн Хикс (Anne Hicks) (Медицинское подразделение Британской антарктической службы/BASMU, Великобритания, руководитель Объединенной экспертной группы по биологии человека и медицине/JEGHBM). Совместно с Исполнительным секретарем подкомитет разработал Рабочий документ «Рекомендации КОМНАП по SARS-CoV-2/COVID-19 (необязательные) в контексте антарктических операций» (выпущен 16 марта 2020 г.). Его ключевой посыл состоял в том, чтобы «Действовать заблаговременно и решительно, поскольку сдерживание и профилактика должны быть приоритетом для предотвращения распространения SARS-CoV-19 в Антарктике».

Подкомитет продолжает работу, и руководство, известное теперь как «Руководство КОМНАП по профилактике и устранению вспышек COVID-19» (версия от 14 января 2021 г.), продолжает пересматриваться и дорабатываться на основе текущих исследований, рекомендаций ВОЗ и ситуации в мире. Продолжается регулярное и открытое общение с нашими членами, наблюдателями и другими заинтересованными сторонами.

В обычных обстоятельствах планирование неотложной медицинской помощи и реагирования — это риск, учитываемый при планировании национальной антарктической программы. Однако антарктический сезон 2020/2021 гг. был беспрецедентным. Уже на раннем этапе была выявлена невозможность реагирования на высокоинфекционный новый вирус со значительной смертностью и заболеваемостью в экстремальных и суровых условиях Антарктики при ограниченных возможностях медицинского обслуживания и ответных мер по охране здоровья. Поэтому национальные антарктические программы активно признали важность быстрой разработки и внедрения протоколов COVID-19.

Программы КОМНАП уделяют первоочередное внимание безопасности человеческой жизни во всех аспектах планирования, осуществления деятельности и проведения мероприятий. Все национальные антарктические программы осуществлялись с целью снижения риска, связанного с глобальной пандемией. Несколько программ отменили свои антарктические сезоны на 2020/21г. Большинство из них значительно сократили запланированную деятельность, продолжая поддерживать критически важную антарктическую инфраструктуру, обмениваться персоналом и обеспечивать операционную, логистическую и научную поддержку, что позволило продолжить глобально значимые антарктические исследования. Все они внедрили протоколы для обеспечения безопасности членов своих команд, при этом многие из них изменили свой обычный способ транспортировки или маршрут для перевозки персонала в Антарктику и из Антарктики и повысили свои критерии медицинских обследований перед дислоцированием (см. также IP082).

Деятельность КОМНАП в 2020/2021 г.: Основные моменты и достижения

XXXII ежегодное общее собрание (ЕОС) (2020 г.)

Ежегодное общее собрание было назначено на 3–6 августа 2020 г. в городе Хобарт, Австралия, и организовано Австралийским антарктическим отделом (AAD). Из-за глобальной пандемии COVID-19 личные встречи были отменены, а ЕОС перенесено на онлайн-платформу в те же даты. Это был первый раз за нашу 32-летнюю историю, когда ЕОС не проводилось очно. Онлайн-платформа имела большой успех — в работе на ней участвовал 151 человек из всех 30 программ-членов.
Основными составляющими были пленарные деловые и региональные секционные сессии. Члены, наблюдатели и другие операторы обменялись предсезонной информацией на 2020/21 гг. и обсудили управление рисками, особенно в контексте операций в условиях глобальной пандемии COVID-19. На региональных сессиях обсуждались: полуостров, море Росса, Восточная Антарктика, группа управления Холмами Ларсеманн, Земля Королевы Мод и Высокое плато (введение). Фаза II проекта КОМНАП «Целевая группа по эффективности: полуостров» была отложена из-за короткой продолжительности антарктического летнего сезона.

Симпозиум

С 7 августа 2020 г. на канале КОМНАП на YouTube проводился 19-й симпозиум КОМНАП «Модернизация антарктических станций: перспективная инфраструктура для поддержки исследований и снижения воздействия на окружающую среду». Труды симпозиума публикуются (см. BP010).

Антарктический авиационный проект

Этот проект продолжается (https://www.comnap.aq/projects/Antarctic-aviation) в пересмотренные сроки. Семинар по антарктической авиации как очное мероприятие отменяется (15–16 июля 2021 г., Тояма, Япония). В настоящее время планируется сосредоточить внимание на ключевых вопросах, связанных с пересмотром Резолюции 1 (2013 г.) на КСДА (см. WP8), минимальным оборудованием для выживания на воздушном судне и обзором технологий до проведения очного семинара (см. IP059), который состоится в конце апреля – начале мая 2022 г. (вероятно, вместе с V семинаром КОМНАП по поисково-спасательным операциям).

Премия КОМНАП за 2020/21 г.

Премия вручена Председателем КОМНАП за выдающийся вклад в достижение целей и принципов КОМНАП — сополучателями стали Валерий Лукин, бывший управляющий национальной антарктической программой (Арктический и антарктический научно-исследовательский институт), и Хайнц Миллер (Heinz Miller), бывший управляющий национальной антарктической программой (Институт Альфреда Вегенера).

10-я стипендия КОМНАП для антарктических исследований

Стипендиатом КОМНАП по антарктическим исследованиям в 2020 г. стала Синтия Элизабет Белло Чиринос (Cinthya Elizabeth Bello Chirinos) (Национальный аграрный университет Ла-Молина, Перу, и Отдел по делам Антарктики Министерства иностранных дел Перу), за работу «Классификация скорости поверхности и фаций ледника Зноско, остров Кинг-Джордж, Антарктика, с использованием временных рядов спутниковых данных поисково-спасательных служб». Стипендия будет использована для проведения совместных исследований с Институтом океанографии Федерального университета Рио-Гранде, Бразилия. В этом году по договоренности между МААТО и КОМНАП стала возможной вторая стипендия для антарктических исследований. Ее получателем стал Мигель Гонсалес Плейтер (Miguel González Pleiter) (Университет Алькалы, Испания) за работу «Понимание последствий проникновения микропластика в окружающую среду Антарктики: пластисферный резистом». При поддержке со стороны Уругвайского антарктического института Мигель будет работать в качестве члена команды по программе AntarPLAST Университета Республики Уругвай.

Средства и инструменты КОМНАП

База данных КОМНАП

База данных Quickbase содержит информацию от всех стран-членов об объектах, судах, программных контактах и деталях, которая используется для информационного наполнения продуктов КОМНАП, включая e-AFIM, ATOM и «Каталог станций». Данные передаются в Секретариат Договора об Антарктике.
Общедоступные данные можно найти по ссылкам: https://www.comnap.aq/antarctic-information/, https://github.com/PolarGeospatialCenter/comnap-antarctic-facilities/releases и https://github.com/PolarGeospatialCenter/comnap-antarctic-vessels.

Руководство по полетной информации для Антарктики (e-AFIM)

Общие сведения об AFIM КОМНАП

e-AFIM — это аэронавигационный справочник, опубликованный в формате PDF в качестве инструмента для обеспечения безопасности полетов в Антарктике в соответствии с Резолюцией 1 КСДА (2013 г.). Его издания были выпущены 15 сентября, 1 декабря 2020 г. и 15 марта 2021 г.

Система отслеживания объектов КОМНАП (CATS)

Общая информация о системе отслеживания объектов КОМНАП

CATS — это добровольная система обмена данными о местоположении морских и воздушных судов, разработанная Австралийским антарктическим отделом (AAD). В сезон 2020/2021 г. в период максимальной загрузки она содержала позиции по 36 объектам (20 воздушным и 16 морским судам). CATS используется не в полной мере. Мы призываем операторов всех морских и воздушных судов, работающих в районе действия Договора об Антарктике, представлять более подробную отчетность.

Руководство для операторов телесвязи в Антарктике (ATOM)

ATOM представляет собой справочник контактной информации, упоминаемой в Рекомендации X-3 КСДА. Члены КОМНАП, наблюдатели и руководство поисково-спасательных служб имеют доступ к нему через сайт КОМНАП и систему CATS.

Поисково-спасательные операции (SAR)

В соответствии с Резолюцией 4 КСДА (2013 г.) КОМНАП предоставляет веб-страницу поисково-спасательных операций со всеми контактами Спасательно-координационного центра (RCC). Планируется проведение следующего трехгодичного семинара КОМНАП по поисково-спасательным операциям в Антарктике (V/2022). Основное внимание будет уделено авиации.

www.comnap.aq
@ comnap1
Канал на YouTube: https://www.youtube.com/channel/UCjzR1uM_ZP62eEy6QLCbHxw

Приложение 1. Должностные лица, проекты, экспертные группы и совещания КОМНАП

Таблица 1: Исполнительный комитет КОМНАП (Исполком)

Председатель и Вице-председатели КОМНАП являются избранными должностными лицами КОМНАП. Избранные должностные лица, а также Исполнительный секретарь образуют Исполком КОМНАП в указанном ниже составе.

Должность	Должностное лицо	Срок истечения полномочий
Председатель	Келли К. Фолкнер (Kelly K. Falkner) (Антарктическая программа США) kfalkner@nsf.gov	EOC 2021 г.
Вице-председатели	Мануэль Бургос (Manuel Burgos) (Уругвайский антарктический институт) mburgos@iau.gub.uy	EOC 2023 г.
	Джон Гулдал (John Guldahl) (Норвежский полярный институт) john.guldahl@npolar.no	EOC 2021 г.
	Агнешка Крушевска (Agnieszka Kruszewska) (Институт биохимии и биофизики Польской академии наук) agnieszkak@ibb.waw.pl	EOC 2021 г.
	Уве Никсдорф (Uwe Nixdorf) (Институт Альфреда Вегенера) uwe.nixdorf@awi.de	EOC 2021 г.
	Ген Хашида (Gen Hashida) (Национальный институт полярных исследований) gen@nipr.ac.jp	EOC 2023 г.
Исполнительный секретарь	Мишель Роган-Финнемор (Michelle Rogan-Finnemore) michelle.finnemore@comnap.aq	

Таблица 2: Проекты КОМНАП

Проект	Руководитель проекта	Должностное лицо Исполкома (куратор)
19-й симпозиум «Модернизация антарктических станций: перспективная инфраструктура для поддержки исследований и снижения воздействия на окружающую среду»	Чарлтон Кларк (Charlton Clark) (Конвинер) и Андреа Коломбо (Andrea Colombo)	Агнешка Крушевска (Agnieszka Kruszewska)
Антарктическая авиация	Пол Шеппард (Paul Sheppard)	Джон Гулдал (John Guldahl)
Система отслеживания объектов КОМНАП (CATS)	Робб Клифтон (Robb Clifton)	Джон Гулдал (John Guldahl)
База данных	Андреа Коломбо (Andrea Colombo)	Мишель Роган-Финнемор (Michelle Rogan-Finnemore)
Целевая группа по эффективности: полуостров (фаза 2)	Антонио Кесада (Antonio Quesada)	Агнешка Крушевска (Agnieszka Kruszewska)
Пожаротушение/пожарная безопасность	Саймон Троттер (Simon Trotter) и Майк Генкарелли (Mike Gencarelli)	Агнешка Крушевска (Agnieszka Kruszewska)
Постройки новых судов	Мишель Роган-	Мануэль Бургос

	Финнемор (Michelle Rogan-Finnemore)	(Manuel Burgos)

Таблица 3: Экспертные группы КОМНАП

Экспертная группа (направление)	**Руководитель экспертной группы**	**Должностное лицо Исполкома (куратор)**
Воздушные операции (включая РГ-ДПАС)	Пол Шеппард (Paul Sheppard)	Джон Гулдал (John Guldahl)
Совершенствование критически важных технологий	Павел Каплер (Pavel Kapler)	Уве Никсдорф (Uwe Nixdorf)
Охрана окружающей среды	Сейша Пуаро (Ceisha Poirot)	Ген Хашида (Gen Hashida)
Образовательная и информационно-просветительская деятельность и обучение	Драгомир Матеев (Dragomir Mateev)	Агнешка Крушевска (Agnieszka Kruszewska)
Объединенная экспертная группа по биологии человека и медицине (JEGHBM)	Энн Хикс (Anne Hicks)	Келли Фолкнер (Kelly Falkner)
Морские платформы	Мигель Охеда (Miguel Ojeda)	Мануэль Бургос (Manuel Burgos)
Безопасность	Саймон Троттер (Simon Trotter)	Агнешка Крушевска (Agnieszka Kruszewska)
Содействие научным исследованиям	Робб Клифтон (Robb Clifton)	Келли Фолкнер (Kelly Falkner)

Встречи — все онлайн

С 15 марта 2020 г. по 1 апреля 2021 г.

- Внеочередные заседания Исполкома КОМНАП: Решение проблем, связанных с COVID-19
  1: 9 марта 2020 г.
  2: 3 апреля 2020 г.
  3: 3 июня 2020 г.
  4: 9 июля 2020 г.
  5: 18 ноября 2020 г.
  6: 22 декабря 2020 г.
  7: 28 января 2021 г.
  8: 17 марта 2021 г.

- Ежегодное собрание Исполкома КОМНАП, 7 и 21 октября 2020 г.
- Обсуждения обмена информацией между Секретариатом КОМНАП и Секретариатом МААТО 12 марта 2020 г., 28 апреля 2020 г., 19 июня 2020 г., 1 сентября 2020 г. и 23 октября 2020 г.
- Встречи КОМНАП, 1-й раунд «Общие совещания руководящего звена», 7, 8 и 15 апреля 2020 г. (разное время).
- Медицинские рекомендации/обновления КОМНАП по COVID-19, 8 июня 2020 г., 8 июля 2020 г., 22 сентября 2020 г. и 21 февраля 2021 г.
- Встречи КОМНАП, 2-й раунд «Форумы по перспективному планированию», 9–12 июня 2020 г. (разное время).
- КОМНАП и «другие операторы» 30 июня 2020 г.

- Обсуждения между Секретариатом и Председателем КОМНАП и Секретариатом и Президентом СКАР, 1 июля 2020 г.
- XXXII ежегодное общее собрание (ЕОС) КОМНАП (2020 г.) с участием региональных секционных групп, 3–6 августа 2020 г.
- Совместная широкоформатная дискуссия между СКАР и КОМНАП на тему «Влияние COVID-19 на антарктические исследования», 5 августа 2020 г.
- 19-й симпозиум КОМНАП «Модернизация антарктических станций: перспективная инфраструктура для поддержки исследований и снижения воздействия на окружающую среду», 7 августа 2020 г.

Предстоящие (с 1 апреля 2021 г. по 30 июня 2022 г.)

- Встречи КОМНАП, 1-й раунд «Общие совещания руководящего звена», 7, 8, 13 и 14 апреля 2021 г. (онлайн в разное время).
- Внеочередное заседание Исполкома КОМНАП № 9 (онлайн): решение проблем, связанных с COVID-19, 12 мая 2021 г.
- XXXIII ежегодное общее собрание (ЕОС) КОМНАП (2021 г.) (онлайн), в том числе экспертные группы/тематические дискуссионные форумы (2, 3, 9 и 10 июня 2021 г.), региональные тематические группы (12, 13 и 14 июля 2021 г.) и пленарная деловая сессия 14 июля 2021 г.
- Ежегодное собрание Исполкома КОМНАП (онлайн, даты уточняются).
- Семинар КОМНАП по антарктической авиации (V семинар по поисково-спасательным операциям), конец апреля – начало мая 2022 г. (возможно очное проведение, место и даты уточняются).

3. Доклады экспертов

Доклад АСОК на КСДА

Введение

АСОК (Коалиция по Антарктике и Южному океану) выражает глубокое удовлетворение возможностью принять участие в XLIII Консультативном совещании по Договору об Антарктике. Настоящий доклад содержит краткий обзор деятельности АСОК за последние два года.

Секретариат АСОК находится в Вашингтоне (округ Колумбия, США), а его сайт — https://www.asoc.org. В АСОК входят 23 группы, представляющие широкий спектр стран САР. Мы рады сообщить, что после КСДА 2019 г. к ним присоединились три новые группы: Blue Marine Foundation, Global Choices и World Parks Inc.

Деятельность в межсессионный период

Со времени проведения XLII КСДА в Праге в 2019 г. в антарктическом мире многое изменилось. В то время как совещание АНТКОМ в 2019 г. было очным, совещание КСДА 2020 года было отменено, и АНТКОМ проводился практически впервые в его истории. Это потребовало значительных изменений в работе АСОК. Хотя наша международная команда привыкла к виртуальному общению, отсутствие периодических встреч лично кардинально изменило нашу работу.

Онлайн-взаимодействие

Например, в прошлом году во время проведения КСДА мы подготовили различные материалы в социальных сетях по теме «Неделя КСДА», чтобы поделиться ими с общественностью. Они включали интервью с экспертами КСДА, инфографику и анимацию об изменении климата в Антарктике. Анимационные ролики на испанском и английском языках были созданы Чилийским антарктическим институтом (INACH), который любезно сотрудничал с АСОК, чтобы мы могли одновременно делиться ими в социальных сетях и охватить более широкую аудиторию.

АСОК также провела два вебинара по вопросам Антарктики с большим числом участников на темы «*Что сдерживает защиту Антарктического океана?»* и «*Будущее защиты Антарктического полуострова»*. В вебинарах приняли участие эксперты с разным опытом в области политики, научных исследований, промышленности и фотографии природы, которые представили самые разные точки зрения о том, как защитить окружающую среду Антарктики. Многие участники аудитории впоследствии предоставили отзывы, выразив свою признательность за интересные, а иногда и провокационные дискуссии.

АСОК представила доклады на виртуальном заседании СКАР и виртуальном симпозиуме по полярному праву. АСОК также участвовала в виртуальном совещании АНТКОМ в октябре 2020 г. Во время встречи, вместо обычного приема, который мы финансируем, мы пригласили делегатов на виртуальный кинофестиваль, на котором было представлено несколько короткометражных фильмов об Антарктиде.

В апреле 2021 г. благотворительный фонд семьи Пью и Полярный институт Центра Вильсона созвали онлайн-рабочую группу экспертов в области Антарктики из представителей различных дисциплин, чтобы изучить, как изменения в Южном океане влияют на глобальное регулирование климата, морские экосистемы и человеческие сообщества, а также определить краткосрочные меры по управлению и руководству, необходимые для устранения климатических рисков.

Позже в этом году АСОК планирует провести публичное виртуальное мероприятие, чтобы отпраздновать 30-ю годовщину Протокола.

Поддержка актуальной для политики науки

Всемирный фонд дикой природы поддержал проект Ретроспективный анализ данных отслеживания морских млекопитающих Антарктики (RAATD), возглавляемый СКАР при поддержке Центра синтеза и анализа биоразнообразия (Франция). RAATD — впечатляющая демонстрация духа международного сотрудничества антарктической науки, объединяющая 4060 отдельных следов животных 17 видов хищников, включая горбатых китов, императорских пингвинов, южных морских слонов и странствующих альбатросов, собранных более чем 70 учеными в рамках 12 национальных антарктических программ. Ожидается, что эта работа будет полезна при проектировании морских охраняемых районов (МОР), однако она также может послужить для понимания того, какие прибрежные и наземные среды обитания имеют решающее значение для антарктических видов, и поэтому также послужит основой для действий КСДА.

«Гринпис» предпринял экспедицию на двух судах с целью исследования сокращения популяции антарктических пингвинов в относительно удаленных колониях, зафиксировав сокращение до 70 % в некоторых районах. Экспедиция также выявила основные проблемы с регулированием транзитных перевозок, около Южных Оркнейских островов и выпустила отчет о рыбном промысле, в котором подробно описаны многие проблемы в этой области.

Взаимодействие с другими организациями

АСОК продолжает участвовать в виртуальных встречах Международной морской организации (ИМО) через участников АСОК с консультативным статусом при ИМО, уделяя особое внимание разработке мер безопасности для судов, не подпадающих под действие Конвенции СОЛАС (в частности, рыболовных судов и частных яхт, работающих в полярных водах). Недавно были принято руководство для рыболовных судов длиной более 24 м (т. е. для всех рыболовных судов Южного океана) и частных яхт валовой вместимостью 300 тонн брутто и более, не участвующих в коммерческой торговле. Это руководство имеет важное значение для эксплуатации судов к югу от 60° ю.ш., поскольку более 50 % судов квалифицируются как не подпадающие под действие СОЛАС, и важно, чтобы Стороны Договора об Антарктике и Консультативные стороны Договора об Антарктике поощряли применение руководства ИМО рыболовных судов и частных яхт, плавающих к югу от 60° ю.ш. АСОК продолжает участвовать в работе ИМО по введению обязательных положений о навигации и планировании рейсов для этих судов, а также в других аспектах работы ИМО по отношению к работе судов в Южном океане, включая решение проблемы пластикового мусора в море, подводного шума и выбросов, связанных с эксплуатацией (CO_2 и черный углерод).

«Гринпис», фонд семьи Пью и Всемирный фонд дикой природы сотрудничали с Ассоциацией ответственных компаний, занимающихся добычей криля (ARK) и рядом независимых ученых над пересмотром добровольно ограниченных зон, согласованных промышленностью по добыче криля в 2018 г., включая согласие на расширение территории, закрытой круглый год около залива Хоуп.

Заключение

Пандемия, несомненно, осложнила работу КСДА. Однако наряду с 30-й годовщиной Протокола пандемия дает нам повод проанализировать наше современное сотрудничество с миром природы. Подписание Протокола стало переломным моментом для защиты окружающей среды. Сейчас мир осознает новые, неотложные угрозы всей планете. АСОК считает, что КСДА и Протокол должны сыграть жизненно важную роль в реагировании на эти угрозы. Одно сообщение, которое мы были рады получить в ходе нашего расширенного онлайн-взаимодействия с общественностью, заключается в том, что Антарктика продолжает воодушевлять общественность во всем мире. Этот регион и его уникальные виды флоры и фауны оставляют неравнодушными даже тех, кто не побывал в Антарктике, поэтому важнейшая задача заключается в сохранении ее неизменности. Точно так же было необходимо отдать должное самоотверженности и заинтересованности коллег, в том числе наших наблюдателей и экспертов, которые нашли креативные пути для продолжения работы КСДА и КООС, несмотря на ограничения пандемии.

АСОК с нетерпением ожидает празднования годовщины Протокола в этом году и настоятельно призывает КСДА и СДА в целом не только задуматься об успехах Протокола, но и вновь приступить к его осуществлению. Если мы хотим решить проблемы и справиться с угрозами здоровому состоянию Антарктики и Южного океана, КСДА и АНТКОМ должны повысить свою активность и стремление и принять новые комплексные меры защиты, такие как МОР и ООРА. Мы не сомневаемся в возможности гарантирования того, что следующие 30 лет будут значительно более успешными, чем первые 30, но только при наличии достаточной политической воли.

В заключение АСОК также хотела бы выразить наши глубочайшие соболезнования семье Адриан Дахуд-Фриц, которая скончалась в результате трагического происшествия в сентябре 2019 г. Блестящий ученый, а также докладчик КСДА специального назначения, Адриан была хорошо известна многим из нас в АСОК, и нам будет очень не хватать ее приверженности к изучению Антарктики.

Доклад Международной ассоциации антарктических туристических операторов за 2020-21 гг.

Согласно пункту (2) Статьи III Договора об Антарктике

Введение

Международная ассоциация антарктических туристических операторов (МААТО) представляет доклад о своей деятельности на XLIII КСДА.

Как и раньше, вся деятельность МААТО направлена на реализацию стоящих перед ней задач по поддержке и содействию в осуществлении безопасных и экологически ответственных посещений Антарктики частными лицами. Подробное описание МААТО, ее цели и задачи, основные виды деятельности и последние разработки можно найти по ссылке: www.iaato.org.

Обзор

Тридцать лет назад МААТО была создана с целью обеспечения безопасных и экологически ответственных посещений Антарктики частными лицами. МААТО сохранила эту направленность в течение трех основных периодов роста и последующих спадов, постоянно совершенствуя свои процедуры и подходы к управлению благодаря сильному членству и заинтересованным сторонам. В течение сезона 2019–2020 гг. было зафиксировано рекордное количество посетителей, которые путешествовали с операторами МААТО (74 401). Сезон 2020-21 гг. был полной противоположностью предыдущему сезону: из-за пандемии SARS CoV-2 (COVID-19) было организовано всего две индивидуальные экспедиции, состоящие из трех яхт и в общей сложности 15 посетителей.

Сложно сказать, когда операционная деятельность вернется к тем уровням, которые были до пандемии COVID-19, но приверженность МААТО безопасным и экологически ответственным частным посещениям остается неизменной. В течение последних двенадцати месяцев значительное внимание уделялось операционным изменениям в связи с COVID-19, но ассоциация старается не забывать и о будущем наплыве туристов, который ожидается после пандемии. Недавно были ужесточены требования к опыту работы полевого персонала, созданы новые рабочие группы и комитеты, ужесточены условия операций вблизи китов и была обновлена программа «Послы Антарктики».

Более подробную информацию о деятельности операторов МААТО можно найти в документе IPxx с XLIII КСДА *«Обзор МААТО по антарктическому туризму: Исторический обзор роста, сезон 2020-21 гг. и предварительные оценки на 2021-22 гг.»*

Ответ на COVID-19 и его влияние на членство в МААТО

Когда сезон 2019-20 гг. был свернут из-за глобальных опасений по поводу COVID-19, МААТО и ее участники начали подготовку к сезону 2020-21 гг., уделяя особое внимание проблемам, возникающим в связи с пандемией. Координационная группа МААТО по

COVID-19 (в настоящее время это Консультативная группа МААТО по COVID-19) была сформирована для регулярного обмена информацией с участниками организации, в частности обновлениями с перевалочных портов и информацией о новых рекомендациях по организации безопасных и экологически ответственных путешествий во время пандемии. Кроме того, МААТО провела два виртуальных собрания с целью обмена мнениями между участниками относительно дальнейших перспектив и накопленному опыту после работы в этой новой среде, что является ключевым фактором для развития передовой практики в отрасли.

Консультативная группа по COVID-19 также предоставила операторам рекомендации, которые помогут им в подготовке собственной оценки рисков. Поскольку операторы МААТО имеют разные условия работы, каждый из них должен индивидуально проанализировать каждый элемент своей деятельности, чтобы решить связанные с COVID-19 проблемы. При этом стоит учитывать соответствующие требования своих национальных компетентных органов, требования к уведомлениям (если таковые имеются), а также перспективы и информацию, поступающую к ним с перевалочных портов.

Кроме того, в этот период МААТО приветствовала регулярное взаимодействие с КОМНАП и СКАР в духе обмена передовым опытом и знаниями для лучшего понимания воздействия пандемии на Антарктику.

Большинство операторов МААТО приняли решение не работать в течение сезона 2020-21 гг. до ноября 2020 г., и в конечном итоге этот сезон был ограничен только двумя экспедициями.

После ежегодного собрания МААТО в 2020 г. в состав МААТО вошли 42 оператора, 14 временных операторов и 53 агентства (всего 113 участников). Впоследствии число временных операторов увеличилось, но чистое количество участников уменьшилось из-за того, что несколько агентств покинули организацию в результате пандемии. В настоящее время насчитывается 109 участников. Если операторы МААТО не смогут работать в течение северного летнего сезона и если эти проблемы будут продолжаться в ходе антарктического сезона 2021-22 г., в составе участников МААТО могут произойти новые изменения.

Участники МААТО имеют отношение к 15 Консультативным Сторонам Договора об Антарктике. В течение сезона 2019-20 гг. большинство граждан (95,5 %), перевезенных операторами МААТО, были из 51 страны-участницы Договора; остальные — из еще 53 стран, не являющихся Сторонами Договора.

Справочник членов МААТО и дополнительная информация об их деятельности представлены на сайте www.iaato.org.

Ежегодное собрание МААТО

Ежегодное собрание МААТО в 2021 г. проводилось виртуально с 11 по 13 мая 2021 г. Перед ежегодным собранием были проведены два собрания, посвященных COVID-19, и три других собрания, посвященных определению приоритетных вопросов, таких как совершенствование некоторых внутренних регламентов и пересмотр полномочий комитетов МААТО. На повестке дня всех этих собраний были следующие вопросы:

- Создание комитетов по глубоким месторождениям/воздушным операциям и по изменению климата (оба ранее были рабочими группами)
- Создание рабочей группы по подводным погружениям

- Усиление требований к опыту работы полевого персонала, а также введение требования о том, что все члены экспедиционной команды должны пройти соответствующую аттестацию для полевого персонала МААТО
- Пересмотр и усиление контрольных списков Программы обязательных наблюдателей
- Пересмотр и обновление указаний по биобезопасности и наблюдению за дикой природой с акцентом на правила наблюдения за птицами и тюленями
- Соглашение об обязательном введении ранее добровольного ограничения скорости в 10 узлов во временных геозонах МААТО с некоторыми исключениями для чрезвычайных ситуаций и соображений безопасности с целью смягчения последствий столкновения с китами. Соглашение о разработке процесса регулярной оценки эффективности временной геозоны
- Утверждение сотрудничества между SOOS DueSouth и МААТО.

Поддержка МААТО исследовательской деятельности и мероприятий по сохранению окружающей среды

МААТО поощряет возможности сотрудничества с научными организациями, особенно когда это способствует пониманию антарктическим сообществом человеческой деятельности в регионе и помогает МААТО обеспечить безопасность и экологическую ответственность во время путешествий частных лиц. Проекты:

- Комплексный план МААТО/СКАР по сохранению окружающей среды. Расширение человеческой деятельности на Антарктическом полуострове в сочетании с необходимостью лучше понять и защитить наземные ключевые территории биоразнообразия привели к тому, что МААТО и СКАР предложили разработать комплексный план по сохранению. Комплексный план по сохранению является вспомогательным инструментом для принятия решений и управления, который позволяет использовать огромное количество данных для генерирования различных сценариев в зависимости от решаемых вопросов или неопределенностей. МААТО ожидает предоставления окончательного отчета от Университета Монаша в третьем квартале 2021 года. МААТО обсудит использование этого инструмента со своими членами и будет в сотрудничестве со СКАР информировать заинтересованные стороны о результатах работы над комплексным планом по сохранению.
- Исследовательский проект Постоянного комитета СКАР по гуманитарным и социальным наукам: влияние COVID-19 на Антарктику. МААТО участвует в исследовательском проекте Постоянного комитета СКАР по гуманитарным и социальным наукам (SC-HASS), Рабочий пакет 3, чтобы лучше понять влияние COVID-19 на антарктический туризм, включая операционную деятельность, политику и выдачу разрешений.
- Стипендии МААТО/КОМНАП. МААТО в партнерстве с КОМНАП инвестирует в развитие молодых исследователей и в 2021 г. предоставит третью стипендию в размере 15 000 долл. США. МААТО и КОМНАП совместно присудили стипендию на 2020 г. начинающему исследователю Мигелю Гонсалесу Плейтеру (Miguel González Pleiter) из Университета Алькалы, Испания, за его работу по микропластику.

- Поддержка в Антарктике. Экспедиции операторов МААТО в течение сезона 2020-21 гг. были ограничены двумя индивидуальными экспедициями, состоящими из трех яхт. В ходе одной из этих экспедиций были собраны данные для проекта долгосрочного мониторинга Penguin Lifelines, Оксфордский университет. Три оператора МААТО также обеспечивали воздушную или морскую поддержку национальным антарктическим программам.

Другая работа и деятельность

МААТО также продолжает уделять приоритетное внимание деятельности, которая укрепляет ее институциональную структуру и помогает позиционировать ее как авторитетного, ценного партнера в более широком полярном сообществе. За последний год была проведена работа по следующим направлениям:

- Разработка информационной кампании в честь 30-летия МААТО, в которой освещаются прошлые достижения и обсуждаются амбиции на будущее.
- Завершение фазы 1 базы данных МААТО — эффективного инструмента и возможностью извлечения отчетности.
- Разработка целевой страницы программы «Послы Антарктики» на сайте МААТО и стратегического плана по дальнейшему усилению взаимодействия с посетителями Антарктики.
- Продолжение сотрудничества с Ассоциацией круизных экспедиционных операторов Арктики (АЕКО) в отношении стандартов для сотрудников полярных экспедиций и совместная сессия с сотрудниками полярных экспедиций.

Кроме того, сотрудники Секретариата МААТО и представители операторов принимали участие во внутренних и внешних совещаниях, поддерживали тесный контакт с представителями Сторон Договора, национальными антарктическими программами, а также с правительственными, научными, экологическими и туристическими организациями. В частности они приняли участие в следующих мероприятиях:

- **Ежегодное собрание КОМНАП**, онлайн, август 2020 г.
- **СКАР2020 онлайн**, август 2020 г.
- **Конференция и ежегодное собрание Ассоциации круизных экспедиционных операторов Арктики (АЕКО)**, онлайн, октябрь 2020 г.
- **Тридцать девятое совещание Комиссии по сохранению морских живых ресурсов Антарктики (АНТКОМ)**, онлайн, октябрь 2020 г.

Туристические инциденты в 2020/21 г.

Согласно политике МААТО информация об инцидентах раскрывается, чтобы все антарктические операторы могли понять риски и извлечь соответствующие уроки. В течение сезона 2020-21 гг. не было никаких серьезных инцидентов с участием операторов МААТО.

Выражение признательности

МААТО ценит возможность сотрудничества со Сторонами Договора об Антарктике, КОМНАП, СКАР, АНТКОМ, МГО/ГКА, ВМО, АСОК и другими в отношении долгосрочной защиты Антарктики.

Доклад Секретариата Международной гидрографической организации как Председательствующей организации Гидрографической комиссии по Антарктике (МГО).

Резолюции КСДА 5 (2008 г.), 5 (2014 г.) и 6 (2019 г.) — планируемые последующие шаги

Введение

Международная гидрографическая организация (МГО) – это межправительственная консультативная и техническая организация. В ее состав входят 94 страны-участницы. Представителем каждого государства, как правило, является глава национальной гидрографической службы.

МГО на международном уровне координирует разработку стандартов в отношении гидрографических данных и предоставление гидрографических услуг с целью содействия безопасной навигации, а также охране и экологически безопасному использованию морской среды. Основная задача МГО состоит в обеспечении гидрографического обследования и составления карт морей, океанов и судоходных водных путей по всему миру.

Важность вопроса гидрографической деятельности в Антарктике

Гидрографическая информация является необходимым предварительным условием развития успешной и экологически безопасной деятельности человека в морях и океанах. К сожалению, по целому ряду регионов мира гидрографической информации либо очень мало, либо же она вообще отсутствует, в особенности это касается Антарктики.

Гидрографическая комиссия МГО по Антарктике (ГКА) и ее особая значимость

ГКА — это основной орган МГО, который занимается вопросами Антарктики.

В ГКА входят 24 страны-участницы МГО (Аргентина, Австралия, Бразилия, Чили, Китай, Колумбия, Эквадор, Франция, Германия, Греция, Индия, Италия, Япония, Республика Корея, Новая Зеландия, Норвегия, Перу, Российская Федерация, ЮАР, Испания, Великобритания, Уругвай, США, Венесуэла); все эти страны присоединились к Договору об Антарктике и, следовательно, являются Сторонами КСДА.

Гидрографическая комиссия МГО по Антарктике (ГКА) была сформирована в 1998 г. с целью координации деятельности своих стран-участниц для повышения качества, уровня покрытия и обеспеченности составления морских карт, а также представления другой морской геопространственной и гидрографической информации и услуг по данному региону.

МГО занимается полярными регионами в целом; ее представителем в Антарктике является ГКА, а в Арктике — Арктическая региональная гидрографическая комиссия (АРГК), которая оказывает поддержку Арктическому совету и, в частности, его Рабочей группе по защите арктической морской среды (ЗАМС). Такое двойное представительство МГО в полярных регионах является основным двигателем прогресса и сотрудничества в разных направлениях (автономные технологии картографирования морского дна, разработка новых оперативных сервисов S-100 и геопространственных порталов согласно требованиям пользователей).

ГКА и проекты по созданию Генеральной батиметрической карты океанов (ГЕБКО) и Международной батиметрической карты Южного океана (ИБКСО)

Доктор Борис Доршел (Boris Dorschell) (Институт полярных и морских исследований им. Альфреда Вегенера, Германия) отвечает за компиляцию 2-й версии Международной батиметрической карты Южного океана в ГЕБКО[1]. Это будет новая сеточная батиметрическая модель с высоким разрешением (500 м). В начале 2021 г. ГКА обратилась с призывом к участникам ГКА предоставить руководителю проекта свои данные для этапа компиляции. Этот призыв относится не только к гидрографическим службам, представляющим свои страны в МГО, но и ко всем научно-исследовательским институтам мира.

ГКА и КСДА

ГКА наладила хорошие связи с КСДА, Секретариатом Договора об Антарктике и другими поддерживающими организациями (МААТО, СКАР, КОМНАП, Quantarctica…), в течение многих лет собирая данные, обмениваясь информацией, регулярно участвуя в консультативных совещаниях КСДА в качестве наблюдателя или проводя семинары и тренинги параллельно с заседаниями рабочих групп КСДА.

После предложения, сделанного МГО на XL КСДА в Пекине в 2017 г., МГО пригласили провести семинар информационно просветительским мероприятиям на XLII ATCM в Праге в 2019 г. Учитывая то, что Исполнительный секретарь Договора об Антарктике любезно предложил МГО рассмотреть возможность отправки экспертов на XLIII КСДА в Париже в 2021 г.

МГО рада подтвердить, что 17-я конференция ГКА планируется к проведению в Париже 14–15 июня 2021 г. под руководством Французской гидрографической и океанографической службы (SHOM). На этом мероприятии участники ГКА используют возможность посетить XLIII КСДА и оказать поддержку своей делегации.

С точки зрения КСДА, основные результаты давнего сотрудничества между КСДА и МГО можно свести к простому напоминанию о трех важных Резолюциях КСДА, принятых с 2008 по 2019 г., а именно:

---

[1] Генеральная батиметрическая карта океанов, программа МГО-МОК.

- Резолюция 5 КСДА (2008 г.). *Усовершенствование гидрографического обследования и картографирования с целью поддержания безопасности навигации в антарктическом регионе*
- Резолюция 5 КСДА (2014 г.). *Укрепление сотрудничества в области гидрографического обследования и картографирования вод Антарктики*
- Резолюция 6 КСДА (2019 г.). *Гидрографическое картографирование вод Антарктики.*

Рекомендации, содержащиеся в этих Резолюциях, несомненно, являются ключевыми инструментами для некоторых стран, участвующих в научных исследованиях в водах Антарктики. Они также являются основными двигателями прогресса для некоторых гидрографических служб МГО. Они приветствуются заинтересованными сторонами в течение недель, месяцев после ежегодных заседаний КСДА, но потом, как правило, все это затихает и забывается до следующего семинара, тренинга, лоббирования со стороны МГО, после чего следует еще одна Резолюции КСДА.

Вопрос в следующем: **планируемые последующие шаги?**

На семинаре МГО в Праге (XLII КСДА, 2019 г.) Генеральный секретарь МГО в своих заключительных словах предложил следующее:

IHO SO, WHAT CAN WE DO BETTER ? PROPOSALS

1. ***ATCM to consider the ways and means to implement ATCM Resolutions 5 (2008, 2014), by setting up:***
   a. ***key objectives for the hydrography in Antarctica based on ATCM strategic targets***
   b. ***areas and application priorities***
   c. ***guidance on a coordinated data collection approach based on IHO crowd source bathymetry infrastructure***
2. ***HCA to consider the objectives and guidance from ATCM and develop implementation procedures***
3. ***HCA to report periodically to ATCM on the progress of implementation and to make data publicly available through open data GIS services***

ИТАК, ЧТО МЫ МОЖЕМ УЛУЧШИТЬ?
ПРЕДЛОЖЕНИЯ

1. ***КСДА рассмотрит пути и способы реализации Резолюций КСДА 5 (2008 г., 2014 г.), установив следующее:***
   a. ***основные цели гидрографической деятельности в Антарктике на основании стратегических целей КСДА;***
   b. ***области и приоритеты применения;***
   c. ***указания по координированному подходу к сбору данных на основании краудсорсинговой батиметрической инфраструктуры МГО.***
2. ***ГКА х проведет рассмотрение целей и указаний, полученных от КСДА, и разработает процедуры реализации.***
3. ***ГКА периодически выступит с докладами на КСДА о прогрессе по внедрению данных и обеспечению общего***

доступа к ним посредством ГИС-сервисов открытых данных.

Чтобы превратить Резолюцию в эффективный план действий, который будет поддержан МГО и будет соответствовать требованиям КСДА, первым шагом, безусловно, должно быть определение этих требований, их сбор и расстановка приоритетов. За эту задачу отвечает КСДА.

Предложения для КСДА

В соответствии с Резолюциями КСДА 5 (2008 г.), 5 (2014 г.) и 6 (2019 г.) МГО готова оказать поддержку реализации шагов 1a, 1b и 1c (см. выше) со стороны КСДА, и это действие остается в распоряжении Секретариата Договора об Антарктике.

КСДА приглашают предоставить записи о ходе компиляции версии 2.0 батиметрической сетки с высоким разрешением Генеральной батиметрической карты океанов и Международной батиметрической карты Южного океана и представить свои батиметрические данные руководителю проекта во исполнение Резолюций КСДА. Технические требования предоставляются по запросу (adcs@iho.int или boris.dorschel@awi.de)

И наконец, более подробная информация о деятельности ГКА в Антарктике представлена по ссылке: https://lnkd.in/dQEzM2h

Годовой отчет ВМО

Всемирная метеорологическая организация[2] (ВМО) является специализированным учреждением Организации Объединенных Наций. В состав ВМО входят 193 государства и территории. В рамках системы ООН она является авторитетным источником информации по вопросам состояния и динамики атмосферы Земли, ее взаимодействия с мировым океаном, создаваемого ею климата и происходящего в результате этого распределения водных ресурсов.

ВМО определила свою деятельность в полярных и высокогорных районах в рамках нового Стратегического плана ВМО на 2020–2023 гг. в соответствии со следующими приоритетами: (i) интеграция наземных наблюдений и наблюдений из космоса; (ii) полярный прогноз и службы, в том числе услуги в области информирования о климатических условиях; (iii) вхождение ГСК в стадию подготовки к эксплуатации; (iv) деятельность в высокогорных районах; (v) переход от исследований к мероприятиям и услугам; а также (vi) ресурсы и партнерство.
Деятельность ВМО, связанная с Антарктикой, координируется Группой экспертов Исполнительного совета ВМО по полярным наблюдениям, исследованиям и услугам (EC-PHORS). с 2007 г. В 2021 г. EC-PHORS провел свое 10-е заседание, отчет доступен онлайн. Совещание рекомендовало пересмотренное техническое задание Группы, уделяя особое внимание развитию координации той деятельности в Антарктике, где ВМО могла бы внести вклад в достижение конкретных текущих и новых целей, а также взаимодействию с другими участниками в регионе (например, СКАР, КОМНАП и т. д.).

Деятельность ВМО по наблюдениям и данным, имеющая отношение к Антарктике:

ВМО продолжает играть ключевую роль в содействии программам околоземных и аэрологических метеорологических наблюдений в Антарктике путем сотрудничества с соответствующими научными организациями и стандартизации методов наблюдений, кодирования, обмена данными и управления данными применительно к Антарктике. Вслед за реформой управления деятельностью ВМО они получат активную поддержку через структуры Комиссии ВМО по наблюдениям, инфраструктуре и информационным системам (Комиссия по инфраструктуре).

73-я сессия Исполнительного Совета ВМО (Е С-73), которая состоится в июне 2021 г., рассмотрит для утверждения предоперативный план Глобальной системы наблюдения за криосферой (ГСК). Резюме целей ГСК по морскому льду было опубликовано в Бюллетене ВМО, том 70 (1) - 2021 г.[3].

Наблюдательные станции, работающие в Антарктике, вносят важный вклад в модели глобального прогнозирования, и наличие их данных в реальном времени имеет решающее значение. Для облегчения регистрации имеющихся наземных станций в инструменте анализа возможностей и анализа системы наблюдений ВМО (OSCAR/Surface) ВМО предоставила дополнительные разъяснения относительно присвоения идентификаторов станций WIGOS (WSI) станциям, работающим в Антарктике. В частности, операторам станций предлагается связаться со своими национальными координационными центрами ОСКАР/Surface, которые уполномочены выдавать WSI для базирующихся в Антарктике станций, эксплуатируемых национальными учреждениями. Эти координационные центры также будут давать рекомендации по процессу регистрации на основе правил, согласованных на

---

2 www.wmo.int

3 https://library.wmo.int/doc_num.php?explnum_id=10595

национальном уровне. Список национальных координационных центров OSCAR/Surface доступен по адресу https://community.wmo.int/governance/commission-membership/national-focal-points-oscarsurface.
Кроме того, нескольким другим программам, включая Глобальную систему наблюдения за криосферой, было разрешено выпускать идентификаторы WSI, если они не выдаются национальными координационными центрами. Это уточнение должно еще больше облегчить привлечение операторов станций в Антарктике для обмена в реальном времени данными с этих станций.

В течение текущего межсессионного периода ВМО разрабатывает две важнейшие стратегии, которые будут обсуждаться на ИС-73. Первый касается единой политики данных для международного обмена данными Земной системы а, а второй касается создания нормативной базы для Глобальной базовой сети наблюдений, в которую станции наблюдений в Антарктике, как ожидается, внесут решающий вклад.
Концепция системы мониторинга качества данных WIGOS (WDQMS), разработанная ВМО, является достаточно разработанной. Пилотный проект, использующий существующие возможности мониторинга глобальных центров Рабочей программы по воздействию, уязвимости и адаптации к изменению климата, принятой в Найроби (РПН) для околоземного компонента Глобальной системы наблюдений, переводится в предоперативный статус и уже продемонстрировал ценность такой системы. ВМО заинтересована в поддержке реализации этой концепции для станций, работающих в Антарктике, и в сотрудничестве с заинтересованными организациями в этом отношении.

Зимние целевые периоды наблюдений в Антарктике и дальнейшие планы Года полярного прогноза в Южном полушарии (YOPP-SH)

Год полярного прогноза (YOPP), рассчитанный на 2017–2019 годы, стимулировал дополнительные усилия по наблюдению и моделированию как в Арктике, так и в Антарктике. Год полярного прогноза является частью проекта прогнозирования погоды в полярных районах Всемирной метеорологической организации. С июля 2019 г. проект прогнозирования погоды в полярных районах перешел в фазу консолидации. Этот заключительный этап проекта прогнозирования погоды в полярных районах (до конца 2022 г.) имеет решающее значение для синтеза данных и исследований, полученных на этапах подготовки и основных этапов, а также для определения долгосрочного успеха Года полярного прогноза. В настоящее время Год полярного прогноза в Южном полушарии планирует второй специальный период наблюдений, с середины апреля до середины июля 2022 года, что совпадает с быстрым расширением морского ледяного покрова (см. соответствующий IP 94).

Сеть Антарктического полярного регионального климатического центра (AntRCC): сфера действия и концепция

ВМО вместе с партнерами продолжила развитие сети Антарктического полярного регионального климатического центра (AntRCC). Для облегчения участия стран (включая Стороны Договора, участников ВМО и т. д.), заинтересованных в климатических услугах региона Антарктики, включая представителей оперативных, исследовательских и пользовательских сообществ, ВМО в координации с Секретариатом Договора об Антарктике и другими партнерами разработала концепцию «Полярного регионального климатического центра (ПРКЦ) на пути к созданию антарктической сети спасательно-координационных центров (СКЦ)». Большинство представителей стран выразили явную заинтересованность в участии в деятельности Антарктической сети СКЦ и согласились с тем, что реализация СКЦ для Антарктики, вероятно, будет основана на модели распределенных функций, аналогичной модели Региональной ассоциации ВМО VI, обслуживающей Европу, т. е. страны с сильным потенциалом выполнения обязательных функций, могут взять на себя основную ответственность за выполнение конкретных функций и привлечь других участников к формированию консорциума. Более подробная информация представлена в соответствующем Информационном документе IP 95.

Антарктическая научная деятельность Всемирной программы исследований климата

В рамках совместно осуществляемой Всемирной программы исследования климата (ВПИК)2 ВМО проводит целый ряд научных исследований и проекты по моделированию различного масштаба, в которых климат антарктического региона является ключевым аспектом. Например, ее основной проект «Климат и криосфера» (http://www.climate-cryosphere.org) с международным офисом в Центре Бьеркнес (Норвегия) направлен на криосферный аспект климатической системы. Он включает координацию ряда исследовательских мероприятий (зачастую в сотрудничестве со СКАР) по балансу массы ледникового покрова и уровню моря, морскому льду, вечной мерзлоте и другим компонентам криосферы. ВПИК также координирует ряд мероприятий по моделированию, имеющих отношение к Сторонам Договора, включая антарктический CORDEX[4] (Эксперимент скоординированного регионального масштабирования с офисом в Шведском метеорологическом и гидрологическом институте) и Проект взаимного сравнения связанных моделей, который создает сценарии, используемые МГЭИК[5] (также с новым офисом проекта, в Европейском космическом агентстве в Великобритании).

В рамках реализации Стратегического плана на 2019–2028 гг.[6] ВПИК начала ряд новых мероприятий, представляющих интерес для Сторон. Ключевыми среди них являются новые проектируемые маяки ВПИК[7] (см. рис. 1 ниже). Мы приветствуем участие в этой деятельности и намерены предоставить дополнительную информацию о ее актуальности для региона Антарктики на одном из будущих КСДА.

---

[4] https://cordex.org/domains/region-10-antarctica/

[5] https://www.wcrp-climate.org/wgcm-cmip

[6] https://www.wcrp-climate.org/wcrp-sp

[7] https://www.wcrp-climate.org/wcrp-ip-la

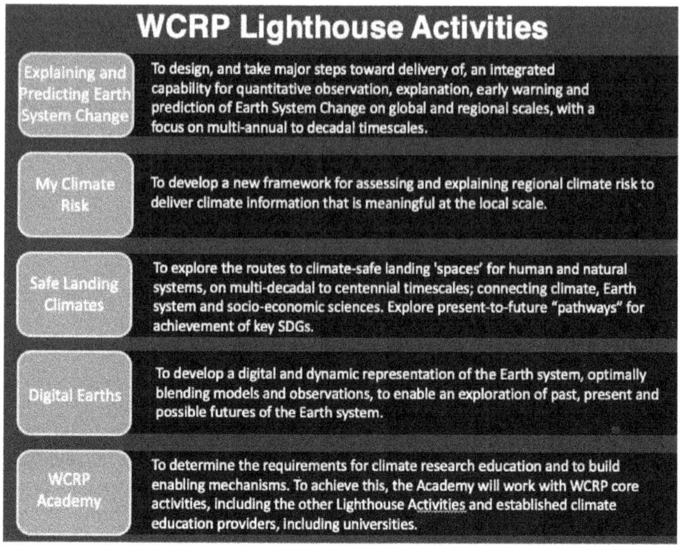

Рис. 1: Новые маяки ВПИК. См. подробную информацию в https://www.wcrp-climate.org/wcrp-ip-la.

Ряд региональных форумов по исследованию климата[8] для обмена идеями, обсуждения новых видов деятельности и возможностей, разрабатываемых ВПИК, изучения способов участия нашего сообщества ученых, партнерских программ, спонсоров и конечных пользователей нашей науки о климате. Приглашаем к участию все заинтересованные стороны.

Заявление ВМО о состоянии глобального климата

Ежегодно ВМО вместе с ключевыми партнерами, включая СКАР, выпускает обобщенное «Заявление о состоянии глобального климата»[9]. Эти заявления представлены на Конференции Сторон и других форумах. Они также доступны на английском, испанском, русском, французском, китайском и арабском языках. Копии можно скачать по адресу: https://library.wmo.int/doc_num.php?explnum_id=10618

ВМО крайне заинтересована в позитивном и взаимовыгодном сотрудничестве со Сторонами Договора об Антарктике в области климатических наблюдений, услуг и исследований. По дополнительным вопросам обращайтесь в первую очередь к Майку Спэрроу (Mike Sparrow) (msparrow@wmo.int).

[8] https://www.wcrp-climate.org/climate-research-forums

[9] https://public.wmo.int/en/our-mandate/climate/wmo-statement-state-of-global-climate

ЧАСТЬ IV

ДОПОЛНИТЕЛЬНЫЕ ДОКУМЕНТЫ XLIII КСДА

1. Перечень документов

1. Перечень документов

МПДА 2019/2021 (2020)

Рабочие документы

№	Пункты повестки дня	Название	Кем представлен	А	И	Ф	Р	Вложения
WP001	КООС 9b	Предложение о включении в перечень Исторических мест и памятников обломков корабля «Сан-Тельмо»	Испания	↓	↓	↓	↓	
WP002	КООС 9а	Пересмотр Планов управления Особо охраняемыми районами Антарктики (ООРА) № 113 «Остров Личфилд» (бухта Артур, остров Анверс, архипелаг Палмера), № 119 «Долина Дейвис и озеро Форлидас» (массив Дуфек) и № 139 «Мыс Биско» (архипелаг Палмера)	Соединенные Штаты Америки	↓	↓	↓	↓	ASPA 113 Map 1 ASPA 113 Map 2 ASPA 119 Map 1 ASPA 119 Map 2 ASPA 139 Map 1 ASPA 139 Map 2 ASPA 139 Map 3 ООРА № 113 Остров «Личфилд»: Пересмотренный План управления ООРА № 119 «Долина Дейвис и озеро Форлидас»: Пересмотренный План управления ООРА № 139 «Мыс Биско»: Пересмотренный План управления
WP003	КООС 9а	Пересмотренный План управления Особо охраняемым районом Антарктики № 121 «Мыс Ройдс», остров Росса	Соединенные Штаты Америки	↓	↓	↓	↓	ASPA 121 Map 1 ASPA 121 Map 2 ASPA 121 Map 3 ООРА № 121 «Мыс Ройдс»: План управления
WP004	КООС 9а	Пересмотренный План управления Особо охраняемым районом Антарктики № 124 «Мыс Крозиер», остров Росса	Соединенные Штаты Америки	↓	↓	↓	↓	ASPA 124 Map 1 ASPA 124 Map 2 Пересмотренный План управления ООРА № 124

Информационный документы

№	Пункты повестки дня	Название	Кем представлен	А	И	Ф	Р	Вложения
IP001	КСДА 4	Доклад Великобритании в	Великобритания	↓	↓	↓	↓	

Информационный документы								
№	**Пункты повестки дня**	**Название**	**Кем представлен**	**А**	**И**	**Ф**	**Р**	**Вложения**
		качестве Правительства-депозитария Конвенции о сохранении тюленей Антарктики (КОАТ) во исполнение пункта 2(D) Рекомендации XIII-2						
IP002	КООС 5	Report by the SC-CAMLR Observer to CEP	АНТКОМ	↓				
IP003	КСДА 13	Смягчение последствий разрушения береговой линии в месте расположения испанской антарктической базы "Габриэль де Кастилья"	Испания	↓	↓	↓	↓	
IP004	КСДА 13	Выполнение положений Международного полярного кодекса ММО в Испании: Сертификация океанографического судна "Сармьенто де Гамбоа"	Испания	↓	↓	↓	↓	
IP005	КООС 10c	First Evidence for Underwater Hearing in Gentoo Penguins	Германия	↓				
IP006	КСДА 17 КООС 13	Handling of scientific activities associated with tourism activities	Германия	↓				
IP007	КСДА 15	Turkish Antarctic Expedition (TAE - IV) 2019 - 2020	Турция	↓				
IP008	КСДА 15	Antarctic Publications by Turkish Scientists	Турция	↓				
IP009	КСДА 15	Maintenance of Automatic Weather Station (AWS) in Antarctica	Турция	↓				
IP010	КСДА 15	Belarus-Turkey Scientific Collaboration in Antarctica	Беларусь Турция	↓				
IP011	КСДА 15	Bulgaria-Turkey Scientific	Болгария Турция	↓				

Информационный документы

№	Пункты повестки дня	Название	Кем представлен	А	И	Ф	Р	Вложения
		Collaboration in Antarctica						
IP012	КСДА 13	COVID-19 Precautions during the Turkish Antarctic Expedition (TAE-IV) 2019 – 2020	Турция	↓				
IP013	КСДА 11	Education & Outreach Activities during the Turkish Antarctic Expedition - IV (TAE-IV) 2019-2020	Турция	↓				
IP014	КСДА 15	Installation of GNSS (Global Navigation Satellite Systems) station at Faure Islands	Турция	↓				
IP015	КСДА 6 КООС 13	Harmonizing the Protocol on Environmental Protection to the Antarctic Treaty with Turkish Legislation	Турция	↓				
IP016	КСДА 15	Search for Antarctic Meteorites and Micrometeorites in Collaboration with Belgian and Japanese Scientists	Турция	↓				
IP017	КСДА 15	Turkish Scientific Project at Henryk Arctowski Polish Antarctic Station, King George Island	Турция	↓				
IP018	КСДА 15	Opportunities for Turkish Scientists to participate in scientific projects related to Antarctica	Турция	↓				
IP019	КСДА 6	The Foundation of the Polar Research Institute of the Republic of Turkey	Турция	↓				
IP020	КСДА 13	Hydrographic and Oceanographic Survey Activities of the Turkish Navy Office of Navigation, Hydrography and Oceanography (TN-ONHO) in Antarctic Region	Турция	↓				
IP021	КСДА 13	Search and Rescue Cases in the Antarctic Peninsula area year 2019/2020 MRCC Chile	Чили	↓	↓			

Информационный документы								
№	**Пункты повестки дня**	**Название**	**Кем представлен**	**А**	**И**	**Ф**	**Р**	**Вложения**
IP022	КООС 8b	К оценке трендов воздействия выбросов дизель-генераторных электростанций на атмосферный воздух в Антарктике	Беларусь	↓			↓	
IP023	КООС 10a	Horizon scanning exercise to identify likely invasive non-native species in the Antarctic Peninsula region	Великобритания	↓				
IP024	КСДА 17 КООС 6	Report on Environmental Remediation	Великобритания	↓				
IP025	КСДА 6	Report of Antarctic Parliamentarians Assembly 2-3 December 2019: London	Великобритания	↓				Assembly Statement
IP026	КСДА 13	Report on the 22nd edition of the Joint Antarctic Naval Patrol between Chile and Argentina	Аргентина Чили	↓	↓			
IP027	КСДА 13 КООС 9e	Мониторинг вулканической активности на острове Десепшн (Южные Шетландские острова)	Испания	↓	↓	↓	↓	Protocolo de actuación del Comité Polar Español para la vigilancia volcánica de la isla Decepción
IP028	КСДА 4 КООС 5	Ежегодный отчет Совета управляющих национальных антарктических программ (КОМНАП) за 2019/20 г.	КОМНАП	↓	↓	↓	↓	
IP029	КООС 8b	Information on the initiation of renovations at the Henryk Arctowski Polish Antarctic Station on King George Island, South Shetland Islands	Польша	↓				
IP030	КСДА 13	Closing of the Arctowski Polish Antarctic Station for tourist traffic due to the ongoing COVID-19 pandemic	Польша	↓				

Информационный документы								
№	**Пункты повестки дня**	**Название**	**Кем представлен**	**А**	**И**	**Ф**	**Р**	**Вложения**
IP031	КООС 10а	Non-native species Trichocera maculipennis (Diptera) eradication from Arctowski Polish Antarctic station, Western Shore of Admiralty Bay, King George Island, South Shetland Islands	Польша	⤓				
IP032	КООС 10а	Eradication of a non-native grass Poa annua L. from Western Shore of Admiralty Bay, King George Island, South Shetland Islands – update 2019/2020	Польша	⤓				
IP033	КСДА 13	Preliminary COMNAP advice in regards to ATCM process of review of Resolution 1 (2013)	КОМНАП	⤓				
IP034	КСДА 15 КООС 11	Time-lapse camera monitoring of species in the Antarctic Treaty area	Великобритания	⤓				
IP035	КСДА 17	Data Collection and Reporting on Yachting Activity in Antarctica in 2019-20	МААТО Чили Аргентина Великобритания	⤓				
IP036	КСДА 17 КСДА 4	Доклад Международной ассоциации антарктических туристических операторов за 2019–2020 г.	МААТО	⤓	⤓	⤓	⤓	
IP037	КСДА 17	IAATO Overview of Antarctic Tourism: 2019-20 Season	МААТО	⤓				
IP038	КСДА 17 КООС 9с	Report on IAATO Operator Use of Antarctic Peninsula Landing Sites and ATCM Visitor Site Guidelines, 2019-20 Season	МААТО	⤓				

Документы Секретариата

№	Пункты повестки дня	Название	Кем представлен	А	И	Ф	Р	Вложения
SP001	КСДА 3 КООС 2	Предварительная Повестка дня XLIII КСДА и XXIII заседания КООС	СДА	↓	↓	↓	↓	Многолетний стратегический план работы КСДА
SP002	КСДА 6	Перечень мер со статусом « Еще не вступило в силу »	СДА	↓	↓	↓	↓	
SP003	КСДА 7	Отчёт Секретариата за 2019/2020 финансовый год	СДА	↓	↓	↓	↓	Поступление взносов в Секретариат Договора об Антарктике в 2019/2020 финансовом году Предварительный финансовый отчет 2019/2020 Проверенный финансовый отчет за 2018/2019 финансовый год
SP004	КСДА 7	Программа Секретариата на 2020/2021	СДА	↓	↓	↓	↓	Предварительный отчет за 2019/2020 финансовый год, бюджет на 2020/2021 финансовый год, сметные предложения на 2021/2022 финансовый год Шкала взносов на 2021/2022 финансовый год Шкала заработной платы
SP005	КСДА 7	Прогнозный пятилетний финансовый план на 2021/2022 – 2025/2026	СДА	↓	↓	↓	↓	Прогноз пятилетнего финансового плана на 2021/2022 - 2025/2026
SP006	КСДА 8	Пределы ответственности и экологическое восстановление	СДА	↓	↓	↓	↓	Краткое изложение всех соответствующих мер и резолюций и предыдущих рекомендаций КООС, касающихся вопросов восстановления окружающей среды и ответственности. Пределы ответственности в соответствующих международных инструментах.
SP007	КСДА 17 КООС 9е	Новая карта и отчеты обо всех участках Антарктиды, посещаемых судами	СДА	↓	↓	↓	↓	
SP008	КСДА 15	Ключевые научные приоритеты	СДА	↓	↓	↓	↓	Submission form

Документы Секретариата								
№	**Пункты повестки дня**	**Название**	**Кем представлен**	**А**	**И**	**Ф**	**Р**	**Вложения**
		национальных антарктических программ						

Вспомогательные документы								
№	**Пункты повестки дня**	**Название**	**Кем представлен**	**А**	**И**	**Ф**	**Р**	**Вложения**
BP001	КСДА 14 КООС 12	Follow-up on recommendations from the inspection of the Spanish Antarctic Base Gabriel de Castilla	Испания	⤓	⤓			
BP002	КСДА 14 КООС 12	Follow-up on recommendations from the inspection of the Spanish Antarctic Base Juan Carlos I	Испания	⤓	⤓			
BP003	КООС 8b	Initial EIA of Three GNSS Stations Assembled by Turkey	Турция	⤓				
BP004	КСДА 11	Turkey Journey to the White Continent: A Book of Turkish Antarctic Expeditions	Турция	⤓				

КСДА XLIII - КООС XXIII (2021)

Рабочий документы								
№	**Пункты повестки дня**	**Название**	**Кем представлен**	**А**	**И**	**Ф**	**Р**	**Вложения**
WP001	КООС 9b	Предложение о включении в перечень Исторических мест и памятников обломков корабля «Сан-Тельмо»	Испания	⤓	⤓	⤓	⤓	
WP002 rev. 1	КООС 9a	Пересмотр Планов управления Особо охраняемыми районами Антарктики (ООРА) № 113 «Остров Личфилд» (бухта Артур, остров Анверс, архипелаг Палмера), № 119 «Долина Дейвис и озеро Форлидас» (массив Дуфек) и № 139 «Мыс Биско» (архипелаг Палмера)	Соединенные Штаты Америки	⤓	⤓	⤓	⤓	ASPA 113 Map 1 ASPA 113 Map 2 ASPA 119 Map 1 ASPA 119 Map 2 ASPA 139 Map 1 ASPA 139 Map 2 ASPA 139 Map 3 ООРА № 113 Остров «Личфилд»: Пересмотренный План управления ООРА № 119 «Долина Дейвис и озеро Форлидас»: Пересмотренный План управления ООРА № 139 «Мыс Биско»: Пересмотренный План управления
WP003	КООС 9a	Пересмотренный План управления Особо охраняемым районом Антарктики № 121 «Мыс Ройдс», остров Росса	Соединенные Штаты Америки	⤓	⤓	⤓	⤓	ASPA 121 Map 1 ASPA 121 Map 2 ASPA 121 Map 3 ООРА № 121 «Мыс Ройдс»: План управления
WP004	КООС 9a	Пересмотренный План управления Особо охраняемым районом Антарктики № 124 «Мыс Крозиер», остров Росса	Соединенные Штаты Америки	⤓	⤓	⤓	⤓	ASPA 124 Map 1 ASPA 124 Map 2 Пересмотренный План управления ООРА № 124
WP005	КООС 9e	Предлагаемое руководство по отмене статуса Особо охраняемых районов Антарктики (ООРА)	Соединенные Штаты Америки Великобритания Новая Зеландия Китай Австралия Норвегия	⤓	⤓	⤓	⤓	
WP006	КООС 9a	Пересмотренный План управления Особо охраняемым районом Антарктики (ООРА) № 106 «Мыс	Соединенные Штаты Америки	⤓	⤓	⤓	⤓	ASPA 106 Map 1 ASPA 106 Map 2 ASPA 106 Map 3 ASPA 106 Map 4 ASPA 106 Map 5

Рабочий документы								
№	**Пункты повестки дня**	**Название**	**Кем представлен**	**А**	**И**	**Ф**	**Р**	**Вложения**
		Халлетт» (северная часть Земли Виктории, море Росса)						ООРА № 106 Пересмотренный План управления
WP007	КООС 9с	Пересмотренные Правила поведения для посетителей участка № 28 «Сиби-Хук» (мыс Халлетт, северная часть Земли Виктории, море Росса)	Соединенные Штаты Америки	↓	↓	↓	↓	Руководство для посетителей: «Сиби-Хук» мыс Халлетт
WP008	КСДА 13	Предварительные рекомендации КОМНАП в отношении пересмотра Резолюции 1 (2013 г.) на КСДА	КОМНАП	↓	↓	↓	↓	
WP009 rev. 1	КООС 9а	Пересмотр Плана управления Особо охраняемым районом Антарктики (ООРА) № 163: «Ледник Дакшин Ганготри», Земля Королевы Мод	Индия	↓	↓	↓	↓	ASPA 163 Figure 1 ASPA 163 Figure 2 ASPA 163 Map 1 ASPA 163 Map 2 ASPA 163 Map 3 ASPA 163 Map 4 ASPA 163 Map 5 Пересмотренный план управления ООРА № 163
WP010	КООС 8а	Отчет открытой межсессионной контактной группы (МКГ) по рассмотрению проекта всесторонней оценки окружающей среды, подготовленного Новой Зеландией для проекта «Реконструкция станции Скотт-Бейс»	Испания	↓	↓	↓	↓	
WP011	КООС 9с	Отчет Межсессионной контактной группы (МКГ) об усилении существующего руководства для посетителей Антарктики — предложение принять обновленное Общее руководство для посетителей Антарктики	Германия	↓	↓	↓	↓	обновленное Общее руководство для посетителей Антарктики
WP012	КООС 8а	Отчет открытой межсессионной контактной группы	Австралия	↓	↓	↓	↓	

Рабочий документы								
№	**Пункты повестки дня**	**Название**	**Кем представлен**	**А**	**И**	**Ф**	**Р**	**Вложения**
		(МКГ) по рассмотрению проекта всесторонней оценки окружающей среды, подготовленного Турцией для проекта «Строительство и эксплуатация турецкой антарктической исследовательской станции (ТАИС) на острове...»						
WP013	КООС 9b	Оценка и управление историческими памятками, относящихся к периоду до 1958 г., на озере Кэмп, холмы Вестфолд, Восточная Антарктика	Австралия	↓	↓	↓	↓	
WP014	КООС 7b	Отчет Вспомогательной группы по ответным мерам в отношении изменения климата (SGCCR) за 2019–2021 гг.	Великобритания	↓	↓	↓	↓	Attachment D Current CCRWP presentation Attachment E Updated CCRWP presentation Приложение B. Проект научных потребностей Приложение C. Процесс запроса научной информации Приложение F. Рабочий план SGCCR Приложение A. Проект CCRWP
WP015	КСДА 11	Четвертый отчет Межсессионной контактной группы по образовательной и информационно-просветительской деятельности	Великобритания Испания Португалия Чили Бразилия Бельгия Болгария	↓	↓	↓	↓	
WP016	КСДА 9	Биоразведка в Антарктике: опрос СКАР среди стран-участниц	СКАР	↓	↓	↓	↓	
WP017	КСДА 16 КООС 7а	Изменение климата Антарктики и Южного океана в глобальном контексте	СКАР	↓	↓	↓	↓	
WP018	КООС 8а	Проект всесторонней оценки окружающей среды (ВООС) в	Турция	↓	↓	↓	↓	Общий отчет

Рабочий документы								
№	**Пункты повестки дня**	**Название**	**Кем представлен**	**А**	**И**	**Ф**	**Р**	**Вложения**
		отношении строительства и эксплуатации турецкой антарктической исследовательской станции (ТАИС) на острове Хорсшу, Антарктика						
WP019	КООС 11	Портал окружающей среды Антарктики	СКАР	⤓	⤓	⤓	⤓	Portal Content Management Plan
WP020	КООС 9а	Пересмотр Плана управления Особо охраняемым районом Антарктики (ООРА) 104: «Остров Сабрина» (острова Баллени)	Новая Зеландия	⤓	⤓	⤓	⤓	Пересмотренный План управления ООРА № 104
WP021	КООС 9d	Отчет о ходе неформального обсуждения мер по охране морской среды	Новая Зеландия	⤓	⤓	⤓	⤓	
WP022	КООС 9а	Пересмотр Плана управления Особо охраняемым районом Антарктики 105: Остров Бофорт, пролив Мак-Мёрдо, море Росса	Новая Зеландия	⤓	⤓	⤓	⤓	ASPA 105 Map 1 ASPA 105 Map 2 ASPA 105 Map 3 Пересмотренный План управления ООРА № 105
WP023 rev. 1	КООС 9а	Пересмотр Плана управления Особо охраняемым районом Антарктики (ООРА) № 155 «Мыс Эванс», остров Росс	Новая Зеландия	⤓	⤓	⤓	⤓	ASPA 155 Map 1 ASPA 155 Map 2 Пересмотренный План управления ООРА № 155
WP024 rev. 1	КООС 9а	Пересмотр Плана управления Особо охраняемым районом Антарктики (ООРА) № 157 «Залив Бэкдор» (мыс Ройдс, полуостров Росса)	Новая Зеландия	⤓	⤓	⤓	⤓	ASPA 157 Map 1 ASPA 157 Map 2 ASPA 157 Map 3 Пересмотренный План управления ООРА № 157
WP025 rev. 1	КООС 9а	Пересмотр Плана управления Особо охраняемым районом Антарктики (ООРА) № 158 «Мыс Хат» (полуостров Росса)	Новая Зеландия	⤓	⤓	⤓	⤓	ASPA 158 Map 1 Пересмотренный План управления ООРА № 158
WP026 rev. 1	КООС 9а	Пересмотр Плана управления Особо охраняемым районом Антарктики (ООРА) № 159 «Мыс Адэр» (берег Боркгревинка)	Новая Зеландия	⤓	⤓	⤓	⤓	ASPA 159 Map 1 ASPA 159 Map 2 Пересмотренный План управления ООРА № 159
WP027	КООС 7а	Устойчивый дизайн антарктической	Великобритания Новая Зеландия	⤓	⤓	⤓	⤓	

Рабочий документы

№	Пункты повестки дня	Название	Кем представлен	А	И	Ф	Р	Вложения
		станции: уменьшение вклада в изменение климата						
WP028	КООС 9а	Пересмотр Плана управления Особо охраняемым районом Антарктики (ООРА) № 103 «Остров Ардери и остров Одберт», Берег Бадда, Земля Уилкса, Восточная Антарктика	Австралия	⤓	⤓	⤓	⤓	ASPA 103 Map A ASPA 103 Map B ASPA 103 Map C ASPA 103 Map D Пересмотренный План управления ООРА № 103
WP029	КООС 9а	Пересмотр Плана управления Особо охраняемым районом Антарктики (ООРА) № 102 «Острова Рукери» (залив Холме, Земля Мак-Робертсона)	Австралия	⤓	⤓	⤓	⤓	ASPA 102 Map A ASPA 102 Map B ASPA 102 Map C Пересмотренный План управления ООРА № 102
WP030	КООС 9а	Пересмотр Плана управления Особо охраняемым районом Антарктики (ООРА) № 167 «Остров Хоукер» (Земля Принцессы Елизаветы)	Австралия	⤓	⤓	⤓	⤓	ASPA 167 Map A ASPA 167 Map B ASPA167 - Пересмотренный План управления
WP031	КООС 9а	Пересмотр Планов управления Особо управляемым районом Антарктики (ОУРА) № 6 «Холмы Ларсеманн» и Особо охраняемым районом Антарктики (ООРА) № 174 Сторнес, Восточная Антарктика	Австралия Индия Китай Российская Федерация	⤓	⤓	⤓	⤓	ASMA 6 Map A ASMA 6 Map B ASMA 6 Map C ASMA 6 Map D ASMA 6 Map E ASMA 6 Map F Пересмотренный план управления ОУРА № 6
WP032	КСДА 16	Антарктика в меняющемся климате	Великобритания Австралия Бельгия Германия Испания Нидерланды Новая Зеландия Норвегия Соединенные Штаты Америки Финляндия Франция Швеция	⤓	⤓	⤓	⤓	
WP033	КООС 8b	Экологический кодекс СКАР при проведении полевых исследований в	СКАР	⤓	⤓	⤓	⤓	Экологический кодекс СКАР при проведении полевых исследований в

Рабочий документы

№	Пункты повестки дня	Название	Кем представлен	А	И	Ф	Р	Вложения
		области наук о Земле в Антарктике						области наук о Земле в Антарктике
WP034	КООС 9e	Систематическая идентификация глобально важных геологических объектов в Антарктике	СКАР	⤓	⤓	⤓	⤓	Метод систематической идентификации глобально важных геологических объектов в Антарктиде
WP035	КСДА 17	Постоянные объекты для туризма и другой неправительственной деятельности в Антарктике	Нидерланды	⤓	⤓	⤓	⤓	
WP036	КСДА 16 КООС 7a	Закисление Южного океана	СКАР	⤓	⤓	⤓	⤓	
WP037	КООС 10b	Прогнозы сокращения популяции в будущем подчеркивают необходимость отнести императорского пингвина к Особо охраняемым видам Антарктики	СКАР	⤓	⤓	⤓	⤓	
WP038	КСДА 10	Обновление требований к обмену информацией о национальных экспедициях	Соединенные Штаты Америки Италия	⤓	⤓	⤓	⤓	Предлагаемые изменения к Решению 7 (2019 г.), приложение «Требования к обмену информацией»
WP039 rev. 1	КООС 9a	Пересмотренный План управления Особо охраняемым районом Антарктики № 145 Порт-Фостер, остров Десепшн, Южные Шетландские острова	Испания Чили	⤓	⤓	⤓	⤓	ООРА № 145 Пересмотренный план управления
WP040	КООС 9a	Пересмотр Плана управления Особо охраняемым районом Антарктики (ООРА) № 148 «Гора Флора», (бухта Хоуп, Антарктический полуостров)	Великобритания Аргентина	⤓	⤓	⤓	⤓	Пересмотренный План управления ООРА 148
WP041	КСДА 17	Доклад межсессионной	Франция Аргентина	⤓	⤓	⤓	⤓	Контрольный список мониторинга -

Рабочий документы								
№	**Пункты повестки дня**	**Название**	**Кем представлен**	**А**	**И**	**Ф**	**Р**	**Вложения**
		контактной группы (МКГ) об оперативной волонтерской программе наблюдателей на борту туристических судов, действующих в зоне Договора об Антарктике						Схема работы наблюдателей на добровольных началах на борту туристических судов, плавающих в районе действия Договора об Антарктике Система работы добровольных наблюдателей на борту туристических судов в районе действия Договора об Антарктике (2021 г.) Схема работы наблюдателей на добровольных началах на борту туристических судов, плавающих в районе действия Договора об Антарктике
WP042	КСДА 13	Затмение на Антарктическом полуострове	Аргентина Чили	⭳	⭳	⭳	⭳	
WP043	КООС 9е	Ключевые орнитологические территории и Особо охраняемые районы Антарктики: к разработке критериев отбора	Австралия Великобритания Германия Испания Новая Зеландия Норвегия Соединенные Штаты Америки	⭳	⭳	⭳	⭳	
WP044	КООС 9с	Правила поведения для посетителей участков важных исторических мест в регионе моря Росса	Новая Зеландия Соединенные Штаты Америки	⭳	⭳	⭳	⭳	Правила поведения для посетителей участка «Мыс Адэр» Правила поведения для посетителей участка «Мыс Ройдс» Правила поведения для посетителей участка «Мыс Хат» Правила поведения для посетителей участка «Мыс Эванс»
WP045	КООС 9а	Пересмотр Плана управления Особо охраняемым районом	Новая Зеландия	⭳	⭳	⭳	⭳	ASPA 131 Map 1 ASPA 131 Map 2 ASPA 131 Map 3

Рабочий документы								
№	**Пункты повестки дня**	**Название**	**Кем представлен**	**А**	**И**	**Ф**	**Р**	**Вложения**
		Антарктики (ООРА) № 131 «Ледник Канада» (озеро Фрикселл, долина Тейлор, Земля Виктории)						Пересмотренный План управления ООРА № 131
WP046	КООС 8а	Проект Всесторонней оценки окружающей среды (ВООС) для предлагаемой реконструкции станции Скотт-Бейс	Новая Зеландия	⤓	⤓	⤓	⤓	Presentation on the Draft Comprehensive Environmental Evaluation (CEE) for the Proposed Scott Base Redevelopment (Powerpoint presentation 34 Mb)
WP047	КООС 10а	SARS-CoV-2 у антарктических видов путем обратного зооноза	КОМНАП	⤓	⤓	⤓	⤓	
WP048	КСДА 17	Отчет о неформальном обсуждении правил и руководств по регулированию вопросов, касающихся туристической и неправительственной деятельности в Антарктике	Франция Аргентина Соединенные Штаты Америки	⤓	⤓	⤓	⤓	Manual of Regulations and Guidelines Relevant to Tourism and NGO Activities (Ready to print format) Буклет туристических операторов Руководство по регламентам и правилам в отношении туризма и неправительственной деятельности в районе действия Договора об Антарктике (Синоптический формат)
WP049	КСДА 11	Обзор информации по вопросам образовательной и информационно-просветительской деятельности, доступной на веб-странице Секретариата Договора об Антарктике	Испания Болгария Бельгия Бразилия Чили Португалия Великобритания	⤓	⤓	⤓	⤓	
WP050	КООС 9а	Пересмотренный план управления Особо охраняемым районом Антарктики (ООРА) №101 «Гнездовье Тейлор» (Земля Мак-	Австралия	⤓	⤓	⤓	⤓	ASPA 101 Map A ASPA 101 Map B ASPA 101 Map C ASPA 101 Map D Пересмотренный план управления ООРА №101

Рабочий документы

№	Пункты повестки дня	Название	Кем представлен	А	И	Ф	Р	Вложения
		Робертсона)						
WP051	КООС 9a	План управления ООРА № 166, Порт-Мартен, Земля Адели. Предложение о продлении существующего плана	Франция	↓	↓	↓	↓	
WP052	КООС 10c	Ретроспективный анализ антарктических данных по отслеживанию (RAATD): Экологически важные районы в морской среде Антарктики	Франция Австралия Бельгия Германия Великобритания Соединенные Штаты Америки Южная Африка	↓	↓	↓	↓	
WP053	КООС 10c	Важные зоны обитания морских млекопитающих (ВЗОММ)	Франция Великобритания Чили Германия Монако Южная Африка	↓	↓	↓	↓	
WP054	КООС 9a	Пересмотр плана управления особо охраняемым районом Антарктики (ООРА) № 120, Пуэнт-Жеоложи	Франция	↓	↓	↓	↓	Пересмотренный план управления ООРА № 120
WP055	КСДА 6b	Отчет неофициальных консультаций по актуальным вопросам, тенденциям и вызовам для Системы Договора об Антарктике	Российская Федерация	↓	↓	↓	↓	
WP056	КООС 9c	Предлагаемые Правила поведения для посетителей участка «Аргентинские острова» (архипелаг Вильгельма)	Украина	↓	↓	↓	↓	Правила поведения для посетителей участка «Аргентинские острова»
WP057	КСДА 15a КООС 9d	Предложение о расширении сотрудничества в области научных исследований и мониторинга динамики популяций пингвинов в регионе моря Росса	Китай	↓	↓	↓	↓	Population Dynamics of Emperor Penguins and Adelie Penguins in the Ross Sea Region

Рабочий документы								
№	**Пункты повестки дня**	**Название**	**Кем представлен**	**А**	**И**	**Ф**	**Р**	**Вложения**
WP058	КООС 9е	Содействие научным исследованиям, позволяющим получить информацию для принятия решений относительно Антарктики	Китай	↓	↓	↓	↓	Выдержка из Пятилетнего плана работы КООС на 2019 г.
WP059 rev. 1	КСДА 7	Предложение о дисциплинарном режиме и поправках к Положениям о персонале СДА	Аргентина	↓	↓	↓	↓	
WP060 rev. 1	КООС 9b	Переформатирование списка исторических мест и памятников в соответствии с Решением 1 (2019 г.)	Аргентина Великобритания Норвегия	↓	↓	↓	↓	Пересмотренное Руководство по представлению Рабочих документов, содержащих предложения, касающиеся ООРА, ОУРА или ИМП Список исторических мест и памятников
WP061	КСДА 17	Доклад Межсессионной контактной группы (МКГ) по отчетам после посещения	Аргентина	↓	↓	↓	↓	Post-Visit Report Form Инструкции по отчетам после посещения (пересмотр)
WP062	КООС 9а	Отчет Вспомогательной группы по планам управления о деятельности в межсессионный период 2019–2021 гг.	Аргентина	↓	↓	↓	↓	ASPA XXX Rosenthal Islands Map 1 ASPA XXX Rosenthal Islands Map 2 ASPA XXX Rosenthal islands Map 3 Пересмотренный план управления островами Леони План управления ООРА № XXX «Острова Розенталя», остров Анверс, архипелаг Палмер План управления Особо охраняемым районом Антарктики № XXX, ОСТРОВ ИНЭКСПРЕССИБЛ И БУХТА СИВЬЮ, МОРЕ РОССА

Рабочий документы

№	Пункты повестки дня	Название	Кем представлен	А	И	Ф	Р	Вложения
WP063	КСДА 6b	COVID-19 и Антарктика	Новая Зеландия Аргентина Австралия Чили Норвегия Великобритания СКАР	↓	↓	↓	↓	
WP064	КООС 9a	Пересмотр Плана управления Особо охраняемым районом Антарктики (ООРА) № 134 «Мыс Сьерва и шельфовые острова», Берег Данко, Антарктический полуостров	Аргентина	↓	↓	↓	↓	ООРА № 134 Пересмотренный план управления
WP065	КСДА 13	Система управления сейсмическими чрезвычайными ситуациями	Чили	↓	↓	↓	↓	

Информационный документы

№	Пункты повестки дня	Название	Кем представлен	А	И	Ф	Р	Вложения
IP001	КСДА 14 КООС 12	United States Report of Inspection, February 2020	Соединенные Штаты Америки	↓				2020 United States Antarctic Inspection
IP002	КСДА 4	Доклад Правительства-депозитария Договора об Антарктике и Протокола к нему во исполнение положений Рекомендации XIII-2	Соединенные Штаты Америки	↓	↓	↓	↓	1. Таблица текущего состояния Договора об Антарктике 2. Таблица текущего состояния Протокола по охране окружающей среды 3. Приложение V к Таблице текущего состояния 4. Приложение VI к Таблице текущего состояния 5. Перечень Рекомендаций и Мер с текущим положением дел в отношении их одобрения
IP003	КСДА 4	Отчет наблюдателя	АНТКОМ	↓	↓	↓	↓	

Информационный документы

№	Пункты повестки дня	Название	Кем представлен	А	И	Ф	Р	Вложения
		АНТКОМ на Сорок третьем Консультативном совещании Договора об Антарктике						
IP004	КСДА 13 КСДА 4	Доклад Международной гидрографической организации (МГО)	МГО	↓	↓	↓	↓	
IP005	КСДА 6а	К вопросу о рассмотрении заявки Республики Беларусь на получение статуса Консультативной стороны	Беларусь	↓	↓	↓	↓	
IP006	КООС 10а	Horizon scanning exercise to identify likely invasive non-native species in the Antarctic Peninsula region	Великобритания	↓				
IP007	КСДА 17 КООС 6	Report on Environmental Remediation	Великобритания	↓				
IP008	КСДА 6b	Report of Antarctic Parliamentarians Assembly 2-3 December 2019: London	Великобритания	↓				Assembly Statement
IP009	КСДА 15а КООС 11	Time-lapse camera monitoring of species in the Antarctic Treaty area	Великобритания	↓				
IP010 rev. 1	КСДА 4	Доклад Великобритании в качестве Правительства-депозитария Конвенции о сохранении тюленей Антарктики (КОАТ) во исполнение пункта 2(d) Рекомендации XIII-2 за 2018/19 и 2019/20 гг.	Великобритания	↓	↓	↓	↓	
IP011	КСДА 4 КООС 5	Ежегодный отчет Совета управляющих национальных антарктических программ (КОМНАП) за	КОМНАП	↓	↓	↓	↓	

Информационный документы								
№	**Пункты повестки дня**	**Название**	**Кем представлен**	**А**	**И**	**Ф**	**Р**	**Вложения**
		2020/21 г.						
IP012	КСДА 9	Antarctic Bioprospecting: SCAR Survey of Member Countries	СКАР	⤓				
IP013	КСДА 17	A case of fruitful cooperation between Chile and Ukraine National Competent Authorities regarding yacht's activity in Antarctica	Украина Чили	⤓				
IP014	КООС 13	Antarctic wilderness and inviolate areas	Австралия Нидерланды Новая Зеландия	⤓				
IP015	КСДА 14 КООС 12	Australian Antarctic Treaty and Environmental Protocol inspections: January/February 2020	Австралия	⤓				Inspection Report
IP016	КООС 7а	A custom Green Star Antarctic Tool: A sustainable design standard	Новая Зеландия	⤓				
IP017	КООС 12	О деятельности Республики Беларусь по выполнению в 2019-2021 гг. природоохранных принципов Мадридского Протокола 1991 г	Беларусь	⤓	⤓	⤓	⤓	
IP018	КООС 10с	Operationalizing the use of Unmanned Aerial Vehicles (UAV) for assessing Antarctic wildlife populations	Германия	⤓				
IP019	КООС 10с	Managing the Effects of Anthropogenic Noise in the Antarctic – Steps towards the development of an underwater noise protection concept for 'Antarctica'	Германия	⤓				
IP020 rev. 1	КООС 10с	Assessment of communication masking in Antarctic marine mammals by airgun sound	Германия	⤓				
IP021	КООС 11	A step towards a	Германия	⤓				

Информационный документы								
№	**Пункты повестки дня**	**Название**	**Кем представлен**	**А**	**И**	**Ф**	**Р**	**Вложения**
		structured sample and data collection of environmental contamination in the Antarctic	Италия					
IP022 rev. 1	КООС 10b	Projections of future population decline indicate the need to designate the emperor penguin as an Antarctic Specially Protected Species	СКАР	↓				
IP023	КООС 9e	Important Bird Areas and Antarctic Specially Protected Areas: Toward the development of selection criteria	Австралия Великобритания Германия Испания Новая Зеландия Норвегия Соединенные Штаты Америки	↓				
IP024	КООС 10c	Important Marine Mammal Areas (IMMAS) within the Antarctic Treaty area: An international collaboration to inform habitat-related conservation decision-making and conservation planning for marine mammal species	МСОП СКАР	↓				
IP025	КСДА 15a	Report of the Asian Forum for Polar Sciences (AFoPS) 2019–2021	Япония	↓				
IP026	КСДА 15a	Actividades del Programa Nacional Antártico de Perú Período 2020 - 2021	Перу		↓			
IP027	КСДА 15a	Expedición Científica del Perú a la Antártida	Перу		↓			
IP028	КСДА 18 КООС 15	Proposal of Finland to host the 45. ATCM in Helsinki in 2023	Финляндия	↓				
IP029 rev. 1	КСДА 4 КООС 5	Ежегодный доклад Научного комитета по антарктическим исследованиям за 2021 год XLIII Консультативному	СКАР	↓	↓	↓	↓	SCAR Annual Report Infographic

Информационный документы

№	Пункты повестки дня	Название	Кем представлен	А	И	Ф	Р	Вложения
		совещанию по Договору об Антарктике						
IP030	КООС 8b	Информационное обеспечение количественной оценки кумулятивного воздействия на атмосферный воздух при проведении оценок воздействия в Антарктике	Беларусь	↓			↓	
IP031	КСДА 15a КООС 11	Breeding of seabirds insensitive to shifting ocean temperatures	Португалия Канада Новая Зеландия Южная Африка Великобритания	↓				
IP032	КСДА 11 КООС 13	Education and outreach by the Antarctic Treaty Parties under ATCM framework: a review	Португалия Бельгия Болгария Великобритания	↓				
IP033	КСДА 11 КООС 13	Celebrating Magellan and Elcano	Испания Португалия	↓	↓			
IP034	КООС 11	Using treated wastewater for hydroponic cultivation of vegetables in the Antarctic	Португалия Болгария	↓				
IP035	КООС 10a	Progress and plan towards eradication of the Non-native flies in King George Island, South Shetland Islands	Корея; республика Российская Федерация Уругвай Чили	↓				Genetic variability analyses of Non-native files
IP036	КСДА 13	The response of the Italian National Antarctic Program to COVID-19 pandemic in the 2020-2021 expedition	Италия	↓				
IP037	КСДА 15a КООС 10a	Seeds for Future. Global Wild Plant Seed Vault	Италия	↓				
IP038	КСДА 13	Report on the 23rd edition of the Joint Antarctic Naval Patrol between Argentina and Chile - 2020/2021	Чили Аргентина	↓	↓			

Информационный документы								
№	**Пункты повестки дня**	**Название**	**Кем представлен**	**А**	**И**	**Ф**	**Р**	**Вложения**
IP039	КСДА 13	Report on the tasks completed by the Naval Hydrographic Service in Antarctica 2020/21	Аргентина	⤓	⤓			
IP040	КСДА 15a	Malaysia's activities and achievements in Antarctic research and diplomacy	Малайзия	⤓				
IP041	КСДА 6b	A review of the activities conducted by Italy in support of the established CCAMLR Ross Sea Region Marine Protected Area (RSRMPA)	Италия	⤓				
IP042	КСДА 13	Chile's experience in the implementation of the COVID-19 protocol for control and monitoring	Чили	⤓	⤓			
IP043	КСДА 15a	Gender Agenda of the Chilean Scientific Program	Чили	⤓	⤓			
IP044	КСДА 11	Antarctic Communication and Education in a Pandemic Year	Чили	⤓	⤓			
IP045	КСДА 15a	Diversity in Polar Science Initiative: Polar Horizons	Великобритания	⤓				Polar Horizons - How-to Guide
IP046	КСДА 16	Latitudinal network of multiparametric stations in Antarctica and Climate Change Observatory	Чили	⤓	⤓			Brochure Climate Change Observatory
IP047	КООС 10a	Potential for zoonotic transmission of SARS-CoV-2 from humans to Antarctic wildlife	Чили	⤓	⤓			
IP048	КООС 10c	Second Edition of the Wildlife Awareness Manual	Великобритания Германия МААТО	⤓				
IP049 rev. 1	КООС 10c	The Retrospective Analysis of Antarctic Tracking Data identifies Areas of Ecological Significance in the Southern Ocean	СКАР	⤓				
IP050	КСДА 15a	Chilean Antarctic Science Program (PROCIEN) and challenges of the	Чили	⤓	⤓			

Информационный документы								
№	**Пункты повестки дня**	**Название**	**Кем представлен**	**А**	**И**	**Ф**	**Р**	**Вложения**
		2020-2025 Five-Year Plan						
IP051	КСДА 15a КООС 8b	Current glaciological research activities at the Dome Fuji station and its vicinity	Япония	↓				
IP052	КСДА 15a	Australian Antarctic Science Program 2019-20 and 2020-21	Австралия	↓				
IP053	КООС 9a	Initiation of the review of the Management Plan for Antarctic Specially Protected Area No. 126 Byers Peninsula, Livingston Island, South Shetland Islands	Великобритания Испания Чили	↓				
IP054	КСДА 17	Data Collection and Reporting on Yachting Activity in Antarctica in 2019-20 and 2020-21	Великобритания Аргентина МААТО Чили	↓				
IP055	КООС 10a	Risks of COVID-19 to Antarctic Wildlife	СКАР	↓				
IP056	КСДА 13	Смягчение последствий разрушения береговой линии в месте расположения испанской антарктической базы "Габриэль де Кастилья"	Испания	↓	↓	↓	↓	
IP057	КСДА 13	Выполнение положений Международного полярного кодекса ММО в Испании: Сертификация океанографического судна "Сармьенто де Гамбоа"	Испания	↓	↓	↓	↓	
IP058	КСДА 17	Competent Authorities discussion forum on tourism regulatory activities: report by the convener	Австралия	↓				
IP059	КСДА 13	COMNAP Antarctic Aviation Project: Update	КОМНАП	↓				
IP060 rev. 1	КООС 10c	State of Antarctic Penguins 2020	СКАР	↓				

Информационный документы								
№	**Пункты повестки дня**	**Название**	**Кем представлен**	**А**	**И**	**Ф**	**Р**	**Вложения**
		Report						
IP061	КСДА 13	Concept study for Troll station	Норвегия					
IP062	КСДА 17	Norwegian supervision scheme for Antarctic cruise operators	Норвегия					
IP063	КСДА 11	Education & Outreach Activities of Turkey in 2020-2021	Турция					
IP064	КСДА 11	Polar Research Projects Contest for High School Students in Turkey	Турция					
IP065	КСДА 15a	The Letter of Endorsement between the Association of Polar Early Career Scientists (APECS) and APECS National Committee of Turkey	Турция					
IP066	КСДА 15a	The Fifth Turkish Antarctic Expedition (TAE-V)	Турция					
IP067	КСДА 6b	New Legislation for Turkish Polar Scientific Expeditions	Турция					
IP068	КСДА 15a	Turkey's Membership to the European Polar Board	Турция					
IP069	КСДА 15a	Turkey's Full Membership to the SCAR	Турция					
IP070	КСДА 15a	The Turkish Academy of Sciences Young Scientists Award Programme Polar Studies Prize	Турция					
IP071	КСДА 15a	A Letter of Intent between the Scientific and Technological Research Council of Turkey, Marmara Research Center, Polar Research Institute and the Korea Polar Research Institute	Турция Корея; республика					
IP072	КСДА 15a	A Memorandum of Understanding between the Scientific and	Турция Болгария					

Информационный документы								
№	**Пункты повестки дня**	**Название**	**Кем представлен**	**А**	**И**	**Ф**	**Р**	**Вложения**
		Technological Research Council of Turkey, Marmara Research Center, Polar Research Institute and the Bulgarian Antarctic Institute						
IP073	КСДА 15a	A Memorandum of Understanding between the Scientific and Technological Research Council of Turkey, Marmara Research Center, Polar Research Institute and the State Institution National Antarctic Scientific Centre of Ukraine	Турция Украина	↓				
IP074	КСДА 15a	Antarctic Publications by Turkish Scientists (2020/2021 Update)	Турция	↓				
IP075	КСДА 11	Training Book for the Turkish Scientific Polar Expeditions	Турция	↓				
IP076	КСДА 15a	Project Calls and Evaluation Processes in Turkish Antarctic Expeditions	Турция	↓				
IP077	КСДА 15a КООС 9d	Observing the Changing Southern Ocean and its Global Connections	Соединенные Штаты Америки	↓				
IP078	КСДА 15a	Delivering the Promise of Antarctic Science through Inclusiveness and Diversity	Соединенные Штаты Америки Великобритания	↓				
IP079	КСДА 15a	High-precision Map of Antarctic Ice Sheet Bed Topography	Соединенные Штаты Америки	↓				
IP080	КСДА 4	Доклад АСОК на КСДА	АСОК	↓	↓	↓	↓	
IP081	КСДА 6b КООС 13	The Madrid Protocol at Thirty: Where Do We Go From Here?	АСОК	↓				
IP082	КСДА 15a КСДА 6b	National Antarctic Programs' operations during an unprecedented Antarctic season	КОМНАП	↓				
IP083	КСДА 4	Доклад	Австралия	↓	↓	↓	↓	

Информационный документы								
№	**Пункты повестки дня**	**Название**	**Кем представлен**	**А**	**И**	**Ф**	**Р**	**Вложения**
		Правительства-депозитария Конвенции о сохранении морских живых ресурсов Антарктики (АНТКОМ)						
IP084	КСДА 4	Доклад Правительства-депозитария Соглашения о сохранении альбатросов и буревестников (АКАП)	Австралия	⤓	⤓	⤓	⤓	
IP085	КСДА 15a	Japan's Antarctic Research Highlights 2020–21	Япония	⤓				
IP086	КСДА 17	Closing of the Arctowski Polish Antarctic Station for tourist traffic due to the COVID-19 pandemic and the ongoing renovation of station facilities	Польша	⤓				
IP087	КСДА 15a	Polish-Russian Collaboration in East Antarctica	Польша Российская Федерация	⤓				
IP088	КООС 10a	Non-native species Trichocera maculipennis (Diptera) eradication from Arctowski Polish Antarctic Station, Western Shore of Admiralty Bay, King George Island, South Shetland Islands – update 2020/2021	Польша	⤓				
IP089	КООС 10a	Eradication of a non-native grass Poa annua L. from the Western Shore of Admiralty Bay, King George Island, South Shetland Islands – update 2020/2021	Польша	⤓				
IP090	КСДА 6b	Adoption of the Polish Polar Policy. From Past Expeditions to Future Challenges	Польша	⤓				
IP091	КООС 8a	The Initial Responses	Турция	⤓				

Информационный документы

№	Пункты повестки дня	Название	Кем представлен	А	И	Ф	Р	Вложения
		to the Comments on the Draft CEE for the Construction and Operation of the Turkish Antarctic Research Station (TARS) at Horseshoe Island, Antarctica						
IP092	КСДА 13	Autonomous Science Operations at Halley Research Station	Великобритания	↓				
IP093	КСДА 4 КООС 5	Годовой отчет ВМО	ВМО	↓	↓	↓	↓	
IP094	КСДА 15a	Winter Targeted Observing Periods and Further Plans of the Year of Polar Prediction in the Southern Hemisphere (YOPP-SH)	ВМО	↓				
IP095	КСДА 15a КООС 5	Antarctic Regional Climate Centre Network: the scope and concept	ВМО	↓				WMO AntRCC Appendix
IP096	КСДА 17 КООС 8b	Framework for assessing 'New, Novel or Particularly Concerning Activities'	Великобритания	↓				
IP097	КООС 8b	Update and CEE Compliance Report: Rothera Wharf Reconstruction and Coastal Stabilisation Project	Великобритания	↓				
IP098	КООС 10a	Detection and eradication of a non-native Lepidoptera incursion in a food deposit at Carlini Station	Аргентина Германия	↓				
IP099	КООС 9c	Tourism Management Policy for Esperanza Antarctic Station	Аргентина	↓	↓			Visitor guideline for Esperanza Station
IP100	КООС 9e	Deception Island Antarctic Specially Managed Area (ASMA No. 4) – 2019/2021 Management report	Аргентина Чили Норвегия Испания Великобритания Соединенные Штаты Америки АСОК МААТО	↓				
IP101	КООС 9e	Evaluation of	Испания	↓	↓			

Информационный документы								
№	**Пункты повестки дня**	**Название**	**Кем представлен**	**А**	**И**	**Ф**	**Р**	**Вложения**
		Ecosystem Services and preliminary identification of their trade-offs						
IP102	КООС 8а	Preparation of a Comprehensive Environmental Evaluation for the proposed construction and operation of an aerodrome near Australia's Davis research station (the Davis Aerodrome Project)	Австралия	⤓				
IP103	КСДА 13	Modernisation of Australia's Antarctic Program	Австралия	⤓				Davis Aerodrome Project Fact Sheet
IP104	КСДА 17 КООС 9е	Guidance on Short Overnight Stays: Consistency and Coordination through Knowledge Sharing	Соединенные Штаты Америки Канада	⤓				Attachment A: Questionnaire
IP105	КСДА 6b	Notification of the Intention of Canada to request recognition of Consultative Party status	Канада	⤓		⤓		
IP106	КООС 13	The Ice Memory Programme	Италия Франция	⤓				
IP107	КСДА 15а	Report about 2020-2021 Antarctic Summer Campaign Uruguayan National Antarctic Program	Уругвай	⤓				
IP108	КСДА 13	Protocolo sanitario aplicable a ciudadanos nacionales y extranjeros que participaron de actividades en la Campaña Antártica 2020-2021	Уругвай		⤓			
IP109	КСДА 17 КСДА 4	Доклад Международной ассоциации антарктических туристических операторов за 2020-21 гг.	МААТО	⤓	⤓	⤓	⤓	

Информационный документы								
№	**Пункты повестки дня**	**Название**	**Кем представлен**	**А**	**И**	**Ф**	**Р**	**Вложения**
IP110	КСДА 17	IAATO Overview of Antarctic Tourism: A Historical Review of Growth, the 2020-21 Season, and Preliminary Estimates for 2021-22	МААТО	↓				
IP111	КСДА 17 КООС 9c	A Five-Year Overview and 2020–21 Season Report on IAATO Operator Use of Antarctic Peninsula Landing Sites and ATCM Visitor Site Guidelines	МААТО	↓				
IP112	КСДА 15a	Avances en la participación de Colombia en el SCAR	Колумбия		↓			
IP113	КСДА 15a КООС 13	Adhesión de Colombia al Protocolo del Tratado Antártico sobre Protección del Medio Ambiente: Retos y Oportunidades	Колумбия		↓			
IP114	КСДА 11	Primer Congreso Internacional “Colombia y su proyección en la Antártida”	Колумбия		↓			
IP115	КСДА 15a	VII Expedición Científica de Colombia a la Antártica, verano austral 2020-2021	Колумбия		↓			
IP116	КСДА 15a	Determinación del aporte de la presión Atmosférica sobre las variaciones del nivel del mar en la Antártica, verano austral 2020-2021	Колумбия Эквадор		↓			
IP117	КСДА 6b	Colombia, Miembro Observador del Consejo de Administradores de los Programas Antárticos Nacionales (COMNAP)	Колумбия		↓			

Информационный документы								
№	**Пункты повестки дня**	**Название**	**Кем представлен**	**А**	**И**	**Ф**	**Р**	**Вложения**
IP118	КСДА 13	Implementación de una Turbina Eólica en la Antártica	Колумбия		⤓			
IP119	КСДА 15a	Cooperación de Colombia con la Comisión para la Conservación de los Recursos Vivos Marinos Antárticos (CCRVMA): Implementación Voluntaria de la Medida de Conservación 10-05 (2018)	Колумбия		⤓			
IP120	КСДА 15a	Cooperación Internacional para el Estudio de Mamíferos Marinos en el Pacífico Sudeste y la Antártica	Колумбия		⤓			
IP121	КСДА 6b	Fortalecimiento del Programa Antártico Colombiano (PAC)	Колумбия		⤓			
IP122	КСДА 11	Resultados XIX Encuentro de Historiadores Antárticos Latinoamericanos y I Feria de Historia Antártica Latinoamericana	Колумбия		⤓			
IP123	КСДА 15a	Cooperación entre Colombia y Argentina sobre análisis magnetoeléctrico en tectónica: Instalación de una Estación Geofísica Permanente en la Base Antártica Isla Marambio	Колумбия		⤓			
IP124	КООС 8b	Procedimiento implementado en el marco del Programa Antártico Colombiano para la evaluación de impacto ambiental de las actividades desarrolladas en el área del Tratado Antártico	Колумбия		⤓			

Информационный документы								
№	**Пункты повестки дня**	**Название**	**Кем представлен**	**А**	**И**	**Ф**	**Р**	**Вложения**
IP125	КСДА 13	Gestión y eliminación de residuos a bordo del buque ARC "20 de Julio", en el marco de las expediciones científicas de Colombia a la Antártica	Колумбия		⤓			
IP126	КСДА 15a	Aportes de Colombia a la Investigación Antártica: Publicaciones Científicas	Колумбия		⤓			
IP127	КСДА 13	Comunicaciones Satelitales de la Fuerza Área Colombiana (FAC) en la Antártica	Колумбия		⤓			
IP128	КСДА 13	Brazilian Antarctic Operation (OPERANTAR) - OPERANTAR XXXIX (2020/2021) and OPERANTAR XL (2021/2022)	Бразилия	⤓				
IP129	КСДА 11	New Ferraz Station book and stamp	Бразилия	⤓				
IP130	КСДА 13	Comandante Ferraz Antarctic Station	Бразилия	⤓				
IP131	КСДА 11	PROANTAR Education & Outreach Activities	Бразилия	⤓				
IP132	КСДА 13	Brazilian Hydrographic Surveying of Antarctic Waters	Бразилия	⤓				
IP133	КООС 9a	Progress in the revision process of the Management Plan for Antarctic Specially Managed Area Nº 1, Admiralty Bay	Бразилия Перу Польша Соединенные Штаты Америки Эквадор	⤓				
IP134	КСДА 13 КООС 9e	Vigilancia volcánica de la isla Decepción durante la campaña antártica española 2020-2021	Испания		⤓			
IP135	КООС 9b	Разработка рекомендаций к Руководству по Передовой Практике Наземной и Подводной	СКАР	⤓	⤓	⤓	⤓	

Информационный документы								
№	**Пункты повестки дня**	**Название**	**Кем представлен**	**А**	**И**	**Ф**	**Р**	**Вложения**
		Археологии Антарктики						
IP136	КСДА 15a	The Southern Ocean contribution to the United Nations Decade of Ocean Science for Sustainable Development	СКАР	↓				
IP137	КООС 11	Persistent Organic Chemicals in Antarctica: A horizon scan of priority challenges	СКАР	↓				
IP138	КСДА 13	О работе Российской антарктической экспедиции в период пандемии COVID-19: уроки сезона 2020–2021 гг.	Российская Федерация	↓			↓	
IP139	КСДА 14	Об ответных мерах по результатам замечаний инспекции Австралии в сезоне 2019/2020	Российская Федерация	↓			↓	
IP140	КСДА 17	Участие российского ученого в рейсе Heritage Expeditions	Российская Федерация	↓			↓	
IP141	КСДА 11	О праздновании двухсотлетия открытия Антарктиды	Российская Федерация АСОК	↓			↓	
IP142	КСДА 15a	Report on the scientific activity of the Argentine Antarctic Institute – 2020	Аргентина	↓	↓			
IP143	КООС 4	Committee for Environmental Protection (CEP): summary of activities during the 2019/21 intersessional period	Норвегия	↓				
IP144	КСДА 14 КООС 12	Summary of the intersessional discussion on inspection reports under Article VII of the Antarctic Treaty and Article 14 of the Environment Protocol	Испания Норвегия	↓	↓			
IP145	КСДА 18	Preparation of the 44 th Meeting - Berlin, 2022	Германия	↓				

Документы Секретариата								
№	**Пункты повестки дня**	**Название**	**Кем представлен**	**А**	**И**	**Ф**	**Р**	**Вложения**
SP001 rev. 6	КСДА 3	Повестка дня и график работы XLIII КСДА – XXIII заседания КООС	СДА	⤓	⤓	⤓	⤓	Многолетний стратегический план работы КСДА Специализированные рекомендации для виртуального совещания XLIII КСДА – XXIII КООС
SP002	КООС 2	Предварительная Повестка дня XXIII заседания КООС и Пятилетний план работы КООС	СДА	⤓	⤓	⤓	⤓	Специализированные рекомендации для виртуального совещания XLIII КСДА – XXIII КООС
SP003	КСДА 6b	Перечень мер со статусом « Еще не вступило в силу »	СДА	⤓	⤓	⤓	⤓	
SP004	КСДА 7	Отчет Секретариата за 2020/2021 г.	СДА	⤓	⤓	⤓	⤓	Предварительный финансовый отчет за 2020/21 финансовый год Аудированный финансовый отчет за 2019/20 финансовый год Поступление взносов в Секретариат Договора об Антарктике в 2020/21 финансовом году
SP005	КСДА 7	Программа работы Секретариата на 2021/2022 г.	СДА	⤓	⤓	⤓	⤓	Предварительный отчет за 2020/21 финансовый год, бюджет на 2021/22 финансовый год, прогноз бюджета на 2022/23 финансовый год Программа работы Секретариата на 2021/2022 г. Шкала взносов на 2022/23 финансовый год Шкала окладов
SP006	КСДА 7	Пятилетний бюджетный профиль на 2022/23–2026/27 финансовые годы	СДА	⤓	⤓	⤓	⤓	Пятилетний бюджетный профиль на 2022/23–2026/27 финансовые годы
SP007	КСДА 17 КООС 9e	Новая карта и отчеты по всем участкам Антарктики,	СДА	⤓	⤓	⤓	⤓	

Документы Секретариата								
№	**Пункты повестки дня**	**Название**	**Кем представлен**	**А**	**И**	**Ф**	**Р**	**Вложения**
		посещаемым судами						
SP008	КСДА 15a	Ключевые научные приоритеты национальных антарктических программ	СДА	↓	↓	↓	↓	submission form
SP009	КСДА 10	Редизайн системы электронного обмена информацией (СЭОИ)	СДА	↓	↓	↓	↓	
SP010	КСДА 10	Анализ использования системы электронного обмена информацией: динамика загрузки годовых отчетов и другие дополнительные опции	СДА	↓	↓	↓	↓	
SP011	КСДА 7	Состояние архива заключительных отчетов Секретариата	СДА	↓	↓	↓	↓	
SP012	КООС 8b	Ежегодный перечень первоначальных оценок окружающей среды (ПООС) и всесторонних оценок окружающей среды (ВООС), подготовленных в период с 1 апреля 2019 г. по 31 марта 2021 г.	СДА	↓	↓	↓	↓	
SP013	КСДА 10 КСДА 11 КСДА 12 КСДА 6b КСДА 7 КСДА 8 КСДА 9	ATCM Working Group 1 Schedule, Annotated Agenda and Summary of Papers	СДА	↓				
SP014 rev. 1	КООС 2	CEP XXIII Schedule, Annotated Agenda and Summary of Papers	СДА	↓				
SP015 rev. 1	КСДА 13 КСДА 14 КСДА 15a КСДА 16 КСДА 17	ATCM Working Group 2 Schedule, Annotated Agenda and Summary of Papers	СДА	↓				

Документы Секретариата								
№	**Пункты повестки дня**	**Название**	**Кем представлен**	**А**	**И**	**Ф**	**Р**	**Вложения**
SP016 rev. 1	КСДА 1 КСДА 18 КСДА 19 КСДА 2 КСДА 20 КСДА 21 КСДА 3 КСДА 4 КСДА 5 КСДА 6а	ATCM Plenary - Schedule, Annotated Agenda and Summary of Papers	СДА	⤓				

Вспомогательные документы								
№	**Пункты повестки дня**	**Название**	**Кем представлен**	**А**	**И**	**Ф**	**Р**	**Вложения**
BP001	КООС 10c	Unoccupied Aerial System (UAS) Surveys Minimize Predator Response relative to Ground Surveys	Соединенные Штаты Америки	⤓				
BP002	КСДА 6b	On the publication of the "Chilean Antarctic Statute"	Чили	⤓	⤓			Estatuto Chileno Antártico - Ley 21255
BP003	КСДА 17	On the Chilean Antarctic Tourism Policy	Чили	⤓	⤓			Política Nacional de Turismo Antártico
BP004	КСДА 6b	Recent amendments in Antarctica legislation of the Kingdom of the Netherlands	Нидерланды	⤓				
BP005	КООС 6	Characterising Antarctic Fuels to Inform the Clean Up of Fuel Spill Sites	Аргентина Австралия	⤓				
BP006	КООС 10c	The Animal Audiogram Database	Германия	⤓				
BP007	КСДА 14	Follow-up on Recommendations from the Inspection at the Antarctic Jang Bogo Station during 2019-2020 Antarctic Summer Season	Корея; республика	⤓				
BP008	КСДА 15a	Scientific and Science-related Cooperation with the Consultative Parties and the Wider Antarctic Community and COVID-19 Responses	Корея; республика	⤓				
BP009 rev. 1	КСДА 11	Italian activities in Antarctica before the	Италия	⤓				

Вспомогательные документы								
№	**Пункты повестки дня**	**Название**	**Кем представлен**	**А**	**И**	**Ф**	**Р**	**Вложения**
		institution of the Italian National Research Program in Antarctica (PNRA)						
BP010	КСДА 16	The 19th Council of Managers of National Antarctic Programs (COMNAP) Symposium (2020)	КОМНАП	↓				
BP011	КСДА 11	Documentaries of the Turkish Antarctic Expedition (TAE - IV) 2019 - 2020	Турция	↓				
BP012	КСДА 11	Turkish Polar Encyclopedia Project	Турция	↓				
BP013	КООС 8b	Information on the Progress of the Renovation of the Henryk Arctowski Polish Antarctic Station on King George Island, South Shetland Islands	Польша	↓				
BP014	КСДА 13	Пожар на российской антарктической станции Мирный	Российская Федерация	↓			↓	
BP015	КСДА 13	О переносе первого этапа работ по сборке нового зимовочного здания на станции Восток на сезон 2021/2022	Российская Федерация	↓			↓	
BP016	КСДА 13	Informe de ejecución de la XXIV Expedición Antártica Ecuatoriana (2019-2020)	Эквадор		↓			
BP017	КСДА 15a	Cooperación Científica entre Programas Antárticos Nacionales ECUANTAR XXIV (2019-2020)	Эквадор		↓			
BP018	КСДА 13	Informe de ejecución de la XXV Expedición Antártica Ecuatoriana (2020-2021)	Эквадор		↓			
BP019	КСДА 15a	Cooperación Científica entre Programas Antárticos Nacionales ECUANTAR XXV (2020-2021)	Эквадор		↓			
BP020	КСДА 15a	Estudios toxicológicos de metales pesados, microplásticos y ecología microbiana con potencial biotecnológico en la Península Antártica	Эквадор		↓			

Вспомогательные документы								
№	**Пункты повестки дня**	**Название**	**Кем представлен**	**А**	**И**	**Ф**	**Р**	**Вложения**
BP021	КСДА 13	Informe de actividades y resultados REFUGIO ANTÁRTICO ECUATORIANO Expediciones XXIV y XXV	Эквадор		⤓			
BP022	КСДА 15a	Informe de avance sobre el proyecto "Estructura microalgal y su relación con la variabilidad físico-químicas en el ecosistema marino de las islas Shetland del Sur	Эквадор		⤓			
BP023	КСДА 15a	South Africa's first Antarctic and Southern Ocean Strategy gazetted	Южная Африка	⤓				Gazetted South Africa's Antarctic and Southern Ocean Strategy

2. Список участников

2. Список участников

Консультативные стороны			
Сторона	**Название**	**Название**	**Должность**
Аргентина	Магистр	Абас, Марина Abas, Marina	Советник
Аргентина	Лицензиат	Аббедуто, Мариа Луис Abbeduto, María Luz	Советник
Аргентина	Полковник	Акоста, Оскар Алфредо Acosta, Oscar Alfredo	Советник
Аргентина	Д-р	Ансальдо, Мартин Ansaldo, Martin	Советник
Аргентина	Полковник	Баллерини, Энрике Марсело Ballerini, Enrique Marcelo	Советник
Аргентина	Г-жа	Балсалобре, Силвина Balsalobre, Silvina	Советник
Аргентина	Лицензиат	Вереда, Марисол Vereda, Marisol	Советник
Аргентина	Советник	Виолини, Патрисио Violini, Patricio	Делегат
Аргентина	Мин.	Гоуланд, Максимо Gowland, Máximo	Глава делегации
Аргентина	Д-р	Диаз, Мартин Андрес Diaz, Martin Andres	Делегат
Аргентина	Генерал	Каладин, Эдгар Фернандо Calandin, Edgar Fernando	Делегат
Аргентина	Лицензиат	Касела, Паула Casela, Paula	Делегат
Аргентина	Советник	Конде Гарридо, Родриго Conde Garrido, Rodrigo	Заместитель
Аргентина	Д-р	Куртоси, Антонио Curtosi, Antonio	Советник
Аргентина	Д-р	Либертелли, Марсела Libertelli, Marcela	Советник
Аргентина	Д-р	Лирио, Хуан Мануэль Lirio, Juan Manuel	Советник
Аргентина	Мин	Лопес Кросет, Фаусто Lopez Crozet, Fausto	Заместитель
Аргентина	Полковник	Лопес Мейер, Лорензо Матиас López Meyer, Lorenzo	Советник

Консультативные стороны			
Сторона	**Название**	**Название**	**Должность**
		Matías	
Аргентина	Д-р	Мак Кормак, Вальтер Mac Cormack, Walter	Заместитель
Аргентина	Д-р	Мартинез Алварез, Лукас Martinez Alvarez, Lucas	Советник
Аргентина	Полковник	Мингоранс, Рубен Алехандро Mingorance, Ruben Alejandro	Советник
Аргентина	Советница	Мулвилле, Синтиа Mulville, Cynthia	Делегат
Аргентина	Д-р	Негрете, Хавьер Negrete, Javier	Советник
Аргентина	Лицензиат	Ортусар, Патрисия Ortúzar, Patricia	Представитель КООС
Аргентина	Секр.	Песареси, Андреа Паула Pesaresi, Andrea Paula	Делегат
Аргентина	Д-р	Регуэро, Марсело Reguero, Marcelo	Советник
Аргентина	Капитан	Ривас, Хулио Сезар Rivas, Julio Cesar	Советник
Аргентина	Д-р	Руберто, Лукас Ruberto, Lucas	Советник
Аргентина	Секр.	Сантьяго, Фасундо Santiago, Facundo	Делегат
Аргентина	Лицензиат	Сантиллано, Серхио Santillana, Sergio	Советник
Аргентина	Д-р	Фонтана, Пабло Fontana, Pablo	Советник
Аргентина	Д-р	Шлосс, Ирен Schloss, Irene	Советник
Австралия	Г-н	Эллис, Ким Ellis, Kim	Заместитель
Австралия	Г-жа	Кингстон, Мелисса Kingston, Melissa	Делегат
Австралия	Г-н	ЛаМачиа, Франк LaMacchia, Frank	Делегат
Австралия	Г-жа	Мак-Корт, Сюзанне Mccourt, Suzanne	Заместитель
Австралия	Г-н	Мак-Ги, Джеффри Mcgee, Jeffrey	Советник
Австралия	Г-н	Мак-Айвор, Юэн Mcivor, Ewan	Представитель КООС
Австралия	Г-н	Ньюнхэм, Симон Newnham, Simon	Глава делегации

Консультативные стороны			
Сторона	**Название**	**Название**	**Должность**
Австралия	Г-н	Плэйл, Бен Playle, Ben	Делегат
Австралия	Г-н	Куинн, Тодд Quinn, Todd	Делегат
Австралия	Д-р	Трейси, Филлип Tracey, Phillip	Делегат
Австралия	Профессор	Вебстер, Николь Webster, Nicole	Делегат
Австралия	Д-р	Вудинг, Роб Wooding, Rob	Заместитель
Бельгия	Посол	де Ланной, Кристиан de Lannoy, Christian	Глава делегации
Бельгия	Г-жа	Лангерок, Стефани Langerock, Stephanie	Представитель КООС
Бельгия	Г-н	Майенс, Жан-Франсуа Mayence, Jean-François	Советник
Бельгия	Д-р	Аан де Путте, Антон Van de Putte, Anton	Советник
Бельгия	Г-жа	Ванкаувенберге, Маайке Vancauwenberghe, Maaike	Заместитель
Бельгия	Г-н	Вастаппен, Нильс Vanstappen, Nils	Советник
Бельгия	Г-н	Верхейен, Коен Verheyen, Koen	Советник
Бельгия	Г-жа	Вилмотте, Анник Wilmotte, Annick	Советник
Бразилия	Г-н	Диниз Гуедес, Томас Diniz Guedes, Thomaz	Заместитель
Бразилия	Г-н	Сузарес Сампайо, Карлос Уго Suarez Sampaio, Carlos Hugo	Советник
Бразилия	Г-н	Белли, Гуилхерме Belli , Guilherme	Советник
Бразилия	Г-н	Карвало Рапосо, Филиппе Carvalho Raposo, Philippe	Заместитель
Бразилия	Г-жа	Круз, Андреа Cruz, Andrea	Делегат
Бразилия	Контр-адмирал	Да Роча Мартинс, Антонио Сезар Da Rocha Martins, Antonio Cesar	Заместитель
Бразилия	Г-жа	Хеметрио Валадарес,	Представитель КООС

Консультативные стороны			
Сторона	**Название**	**Название**	**Должность**
		Лусиана Hemetrio Valadares, Luciana	
Бразилия	Г-жа	Мессиас Э Силва, Джули Messias E Silva, Julie	Советник
Бразилия	Г-н	Обино, Родриго Obino, Rodrigo	Делегат
Бразилия	Г-н	Перуч Виана, Беньюр Peruch Viana, Benhur	Глава делегации
Бразилия	Г-жа	Трад Соза, Хайнни Trad Souza, Haynnée	Делегат
Болгария	Г-жа	Дамьянова, Милена Damyanova, Milena	Делегат
Болгария	Г-жа	Драмова, Димана Dramova, Dimana	Глава делегации
Болгария	Г-н	Матеев, Драгомир Mateev, Dragomir	Представитель КООС
Болгария	Проф., д-р	Пимпирев, Христо Pimpirev, Christo	Заместитель
Болгария	Г-жа	Райчева, Саша Raycheva, Sasha	Делегат
Чили	Г-жа	Асенцио, Жеральдин Asencio, Geraldine	Делегат
Чили	Г-н	Бартисевич, Элиас Barticevic, Elias	Делегат
Чили	Г-н	Бенитез, Кристобал Benitez, Cristobal	Советник
Чили	Г-н	Каналес, Рейнер Canales, Reiner	Делегат
Чили	Г-н	Карисео, Янко Cariceo, Yanko	Представитель КООС
Чили	Г-жа	Карвалло, Мария Луиза Carvallo, Maria Luisa	Советник
Чили	Г-н	Кастильо, Рафаэль Castillo, Rafael	Советник
Чили	Командор	Кристиансен, Ларс Christiansen, Lars	Советник
Чили	Г-н	Феррада, Луис Валентин Ferrada, Luis Valentín	Советник
Чили	Командор	Фигероа, Мигель Figueroa, Miguel	Советник
Чили	Г-н	Гамбоа, Сесар Gamboa, Cesar	Советник
Чили	Г-жа	Гонзалес, Паула Gonzalez, Paula	Делегат
Чили	Г-н	Гонзалес, Марсело	Делегат

Консультативные стороны			
Сторона	**Название**	**Название**	**Должность**
		González, Marcelo	
Чили	Г-н	Гава, Сами Hawa, Samy	Советник
Чили	Г-н	Жарпа, Виктор Jarpa, Victor	Советник
Чили	Г-жа	Лазен, Чантал Lazen, Chantal	Советник
Чили	Д-р	Леппе, Марсело Leppe, Marcelo	Заместитель
Чили	Г-н	Лертора, Франсиско Lertora, Francisco	Советник
Чили	Г-жа	Молина, Александра Molina, Alejandra	Делегат
Чили	Г-жа	Мовилло, Масарена Movillo, Macarena	Советник
Чили	Г-н	Пина, Карлос Piña, Carlos	Советник
Чили	Д-р	Рэнсон Гарсия, Джон Ranson García, John	Советник
Чили	Г-н	Салазар, Мигуел Salazar, Miguel	Советник
Чили	Г-жа	Салинас, Карла Salinas, Carla	Делегат
Чили	Г-н	Сантибаньес, Мигель Santibañez, Miguel	Советник
Чили	Г-жа	Стокинс, Кристин Stockins, Christine	Советник
Чили	Г-жа	Вальехос, Вероника Vallejos, Verónica	Представитель КООС
Чили	Г-н	Вагхорн, Родриго Waghorn, Rodrigo	Глава делегации
Китай	Г-жа	Бай, Цзяюй Bai, Jiayu	Советник
Китай	Г-н	Го Хайбо Gou, Haibo	Глава делегации
Китай	Г-жа	Ли, Ксепинг Li, Xueping	Советник
Китай	Г-н	Ли, Линлин Li, Linlin	Делегат
Китай	Г-н	Лонг, Вэй Long, Wei	Представитель КООС
Китай	Г-жа	Кью, Ютонг Qiu, Yutong	Делегат
Китай	Г-н	Су, Венлу Su, Wenlu	Делегат
Китай	Профессор	Тан, Цзянюэ Tang, Jianye	Советник
Китай	Г-н	Ян, Лэй	Заместитель

Консультативные стороны			
Сторона	**Название**	**Название**	**Должность**
		Yang, Lei	
Китай	Г-жа	Юй, Синьвэй Yu, Xinwei	Делегат
Китай	Проф.	Чжан, Яньюнь Zhang, Yanyun	Советник
Китай	Г-н	Чжан, Янг Zhang, Yang	Заместитель
Китай	Г-жа	Чжен, Инцинь Zheng, Yingqin	Советник
Чешская Республика	Г-н	Беранек, Милан Beranek, Milan	Делегат
Чешская Республика	Г-н	Кабан, Павел Caban, Pavel	Делегат
Чешская Республика	Г-жа	Филиппова, Мартина Filippiova, Martina	Заместитель
Чешская Республика	Д-р	Каплер, Павел Kapler, Pavel	Делегат
Чешская Республика	Г-жа	Кризова, Барбора Krizova, Barbora	Делегат
Чешская Республика	Д-р	Нивлт, Даниэль Nyvlt, Daniel	Делегат
Чешская Республика	Д-р	Штепанек, Пржемысл Štepánek, Premysl	Делегат
Чешская Республика	Д-р	Валек, Петр Válek, Petr	Глава делегации
Чешская Республика	Г-н	Венера, Зденек Venera, Zdenek	Представитель КООС
Эквадор	Министр	Карранза, Хосе Антонио Carranza, José Antonio	Делегат
Эквадор	Капитан судна	Коррea Агайо, Джони Correa Aguayo, Johny	Делегат
Эквадор	Г-н	Мендоза, Хавьер Mendoza, Javier	Делегат
Эквадор	Командир	Моралес Ауз, Луис Morales Auz, Luis	Представитель КООС
Эквадор	Командир	Пинто, Эдвин Pinto, Edwin	Делегат
Эквадор	Посол	Тройя, Мария Габриела Troya, Maria Gabriela	Глава делегации
Эквадор	Инж.	Вера Хидальго, Андреа Vera Hidalgo, Andrea	Заместитель
Финляндия	Г-жа	Хаукка, Дженни Haukka, Jenny	Заместитель
Финляндия	Г-н	Калакоски, Мика Kalakoski, Mika	Советник

Консультативные стороны			
Сторона	**Название**	**Название**	**Должность**
Финляндия	Г-жа	Кангас, Айно Kangas, Aino	Заместитель
Финляндия	Г-н	Койвурова, Тимо Koivurova, Timo	Советник
Финляндия	Г-жа	Мяхёнен, Оути Mähönen, Outi	Представитель КООС
Финляндия	Г-жа	Толо, Елина Tölö, Elina	Заместитель
Финляндия	Г-н	Вуоримяки, Петтери Vuorimäki, Petteri	Глава делегации
Финляндия	Г-жа	Елитайнен, Анна Yletyinen, Anna	Заместитель
Франция	Д-р	Шаппеллаз, Жером Chappellaz, Jérôme	Представитель КООС
Франция	Д-р	Шоке, Анн Choquet, Anne	Советник
Франция	Г-н	Коттарель, Гийом Cottarel, Guillaume	Делегат
Франция	Г-жа	Жолли, Мауде Jolly, Maude	Представитель КООС
Франция	Г-н	Ле Лан, Жюльен Le Lan, Julien	Заместитель
Франция	Г-н	Ортолланд, Дидиер Ortolland, Didier	Глава делегации
Франция	Посол	Пуавра д'Арвор, Оливье Poivre D'arvor, Olivier	Председатель КСДА
Франция	Г-н	Рахаринайво, Жак Raharinaivo, Jacques	Советник
Франция	Г-н	Ропер-Кудер, Ян Ropert-Coudert, Yan	Делегат
Германия	Д-р	Боетиус, Антье Boetius, Antje	Делегат
Германия	Д-р	Дидрих, Эрхард Diedrich, Erhard	Делегат
Германия	Д-р	Дюннвальд, Соня Duennwald, Sonja	Делегат
Германия	Г-жа	Фабрис, Рита Fabris, Rita	Делегат
Германия	Проф, д-р	Гэдике, Кристоф Gaedicke, Christoph	Делегат
Германия	Д-р	Хайн, Штефан Hain, Stefan	Делегат
Германия	Д-р	Херата, Хайке Herata, Heike	Делегат
Германия	Г-жа	Хилберт, Жаклин Hilbert, Jacqueline	Делегат
Германия	Г-н	Хохмюллер, Тильман Hochmüller, Tilman	Глава делегации

Консультативные стороны			
Сторона	**Название**	**Название**	**Должность**
Германия	Д-р	Кракау, Мануела Krakau, Manuela	Делегат
Германия	Д-р	Кюстер, Анетте Küster, Anette	Делегат
Германия	Д-р	Лойфер, Андреас Läufer, Andreas	Делегат
Германия	Г-н	Либшнер, Александер Liebschner, Alexander	Делегат
Германия	Г-н	Линдеманн, Кристиан Lindemann, Christian	Делегат
Германия	Г-жа	Маркер, Бенита Marker, Benita	Делегат
Германия	Г-н	Менгедохт, Дирк Mengedoht, Dirk	Делегат
Германия	Д-р	Никсдорф, Увэ Nixdorf, Uwe	Делегат
Германия	Д-р	Райнке, Манфред Reinke, Manfred	Делегат
Германия	Г-н	Шульц, Кристиан Schulz, Christian	Делегат
Германия	Д-р	Фёнеки, Силья Vöneky, Silja	Советник
Германия	Д-р	Вече, Кристин Wesche, Christine	Делегат
Германия	Г-н	Вилькенс, Джулиан Wilckens, Julian	Делегат
Германия	Г-жа	Волтер, Мириам Wolter, Miriam	Делегат
Индия	Д-р	Чатурведи, Санджей Chaturvedi, Sanjay	Делегат
Индия	Д-р	Гупта, Г,В,М Gupta, G.V.M.	Делегат
Индия	Д-р	Кумар, Виджай Kumar, Vijay	Делегат
Индия	Д-р	Рангреджи, Лютер Rangreji, Luther	Делегат
Индия	Д-р	Равичандран, Муталагу Ravichandran, Muthalagu	Глава делегации
Индия	Д-р	Тивари, Ануп Кумар Tiwari, Anoop Kumar	Представитель КООС
Италия	Проф.	Андреоне, Джемма Andreone, Gemma	Делегат
Италия	Д-р	Адзаро, Маурицио Azzaro, Maurizio	Делегат
Италия	Проф.	Кализза, Эдоардо Calizza, Edoardo	Советник

Консультативные стороны			
Сторона	**Название**	**Название**	**Должность**
Италия	Д-р	Жиглиотти, Лаура Ghigliotti, Laura	Советник
Италия	Г-н	Гуанциале, Оразио Guanciale, Orazio	Глава делегации
Италия	Инж.	Мекоцци, Роберта Mecozzi, Roberta	Представитель КООС
Италия	Проф.	Онофри, Силвано Onofri, Silvano	Делегат
Италия	Д-р	Убальди, Карла Ubaldi, Carla	Делегат
Италия	Д-р	Ваччи, Марино Vacchi, Marino	Делегат
Япония	Г-н	Баба, Кентаро Baba, Kentaro	Советник
Япония	Проф.	Хасида, Ген Hashida, Gen	Советник
Япония	Г-жа	Ишитсука, Юка Ichitsuka, Yuka	Представитель КООС
Япония	Проф.	Имура, Сатоси Imura, Satoshi	Советник
Япония	Г-н	Ивасаки, Ацуси Iwasaki, Atsushi	Глава делегации
Япония	Г-н	Каяшима, Такуро Kayashima, Takuro	Заместитель
Япония	Проф.	Накамура, Такудзи Nakamura, Takuji	Советник
Япония	Г-н	Окамура, Коуки Okumura, Kouki	Советник
Япония	Г-жа	Сато, Моека Sato, Moeka	Советник
Япония	Г-жа	Ширай, Хикару Shirai, Hikaru	Заместитель
Корея (РК)	Г-н	Ахн, Кухуюн Ahn, Kukhyun	Глава делегации
Корея (РК)	Г-н	Чой, Сеонунг Choi, Seonung	Делегат
Корея (РК)	Д-р	Чун, Хосун Chung, Hosung	Делегат
Корея (РК)	Г-н	Хан, Сон Ву Han, Seung Woo	Делегат
Корея (РК)	Г-жа	Хан, Чухи Han, Juhee	Делегат
Корея (РК)	Г-жа	Юнг, Чаерин Jung, Chaerin	Делегат
Корея (РК)	Г-жа	Ким, Мин Хи Kim, Min Ji	Делегат
Корея (РК)	Г-жа	Ким, Чи Хун Kim, Ji Hyun	Делегат

Консультативные стороны			
Сторона	**Название**	**Название**	**Должность**
Корея (РК)	Д-р	Ким, Чи Хи Kim, Ji Hee	Делегат
Корея (РК)	Г-н	Со, Чуну Seo, Joonwoo	Делегат
Корея (РК)	Д-р	Син, Хён Чул Shin, Hyoung Chul	Делегат
Корея (РК)	Г-жа	Су, Гуен Suh, Hyein	Делегат
Нидерланды	Д-р	Баде, Ренука Badhe, Renuka	Советник
Нидерланды	Проф, д-р	Бастмейер, Кес Bastmeijer, Kees	Делегат
Нидерланды	д-р	Эйс, Артур Eijs, Arthur	Представитель КООС
Нидерланды	Г-жа	Элстгест, Марлинда Elstgeest, Marlynda	Советник
Нидерланды	Г-жа	Эшиус, Никки Eshuis, Nikki	Делегат
Нидерланды	Д-р	Круф, ван дер, Дик А. Kroef, Van Der, Dick A.	Делегат
Нидерланды	Г-жа	Кёйле, Тер, Лиз Kuile, Ter, Liz	Делегат
Нидерланды	Г-н	Пейс, Мартейн Peijs, Martijn	Делегат
Нидерланды	Г-н	Писецки, Михаел Pistecky, Michael	Глава делегации
Нидерланды	Г-жа	Вейменга, Ханна Wijmenga, Hannah	Делегат
Новая Зеландия	Г-н	Ен, Арун Jain, Arun	Заместитель
Новая Зеландия	Г-н	Кирк, Хэмиш Kirk, Hamish	Делегат
Новая Зеландия	Г-жа	Ньюмен, Яна Newman, Jana	Глава делегации
Новая Зеландия	Г-жа	Пуаро, Сейша Poirot, Ceisha	Представитель КООС
Новая Зеландия	Г-жа	Ситтер, Паулин Sitter, Pauline	Делегат
Норвегия	Г-жа	Галли, Ааста Лоуис Торбйорнсруд Galli, Aasta Louise Thorbjørnsrud	Делегат
Норвегия	Г-н	Гульдаль, Джон Эрик Guldahl, John Erik	Делегат
Норвегия	Г-жа	Хёгестёль, Астрид Шарлотте Høgestøl, Astrid Charlotte	Делегат
Норвегия	Г-жа	Йёрем, Ане	Заместитель

Консультативные стороны			
Сторона	**Название**	**Название**	**Должность**
		Jørem, Ane	
Норвегия	Д-р	Мисунн, Оле Арве Misund, Ole Arve	Делегат
Норвегия	Г-жа	Николайсен, Кристин Офтедал Nicolaisen, Kristine Oftedal	Делегат
Норвегия	Г-жа	Ньостад, Биргит Njåstad, Birgit	Делегат
Норвегия	Г-жа	Эсет, Эллен Øseth, Ellen	Представитель КООС
Норвегия	Г-жа	Солтенберг, Анне Элизабет Stoltenberg, Anne Elisabeth	Делегат
Норвегия	Г-жа	Стренгехаген, Метте Strengehagen, Mette	Глава делегации
Норвегия	Г-н	Тейсен, Фредерик Жуелл Theisen, Fredrik Juell	Делегат
Норвегия	Г-жа	Фон Квильфельдт, Сесилия Von Quillfeldt, Cecilie	Делегат
Перу	Г-жа	Белло Чиринос, Синтия Bello Chirinos, Cinthya	Представитель КООС
Перу	Г-н	Франко Морено, Энрике Franco Moreno, Enrique	Делегат
Перу	Г-н	Лондоне Бэйлон, Пабло Londoñe Bailon, Pablo	Делегат
Перу	Мин.	Соарез Документ, Мануел Soarez Documet, Manuel	Глава делегации
Польша	Д-р	Бялик, Роберт Bialik, Robert	Заместитель
Польша	Г-н	Ялукович, Томаш Jalukowicz, Tomasz	Делегат
Польша	Г-жа	Кравчик-Гжесёвская, Джоанна Krawczyk-Grzesiowska, Joanna	Делегат
Польша	Г-жа	Кужевска, Агнешка Kruszewska, Agnieszka	Представитель КООС
Польша	Проф.	Левандовски, Марек Lewandowski, Marek	Делегат

Консультативные стороны			
Сторона	**Название**	**Название**	**Должность**
Польша	Д-р	Марчиняк, Конрад Marciniak, Konrad	Глава делегации
Польша	Г-жа	Толкач, Катаржина Tolkacz, Katarzyna	Представитель КООС
Российская Федерация	Г-жа	Быстрамович, Анна Bystramovich, Anna	Заместитель
Российская Федерация	Г-н	Калинин, Андрей Kalinin, Andrey	Глава делегации
Российская Федерация	Г-н	Клепиков, Александр Klepikov, Alexander	Представитель КООС
Российская Федерация	Г-н	Помелов, Виктор Pomelov, Victor	Советник
Российская Федерация	Г-н	Тарасенко, Сергей Tarasenko, Sergey	Советник
Российская Федерация	Г-жа	Жужгинова Юлия Zhuzhginova, Yulia	Делегат
ЮАР	Г-жа	Браммер, Роми Brammer, Romi	Советник
ЮАР	Г-н	Деванунтан, Нишендра Devanunthan, Nishendra	Делегат
ЮАР	Г-н	Доподо, Мбулело Томи Dopolo, Mbulelo Tomie	Глава делегации
ЮАР	Г-жа	Мадлокази, Нтомбовуйо Madlokazi, Ntombovuyo	Советник
ЮАР	Г-жа	Малхербе, Карина Malherbe, Carina	Советник
ЮАР	Д-р	Сико, Гилберт Siko, Gilbert	Советник
Испания	Г-н	Агилера Аранда, Франсиско Aguilera Aranda, Francisco	Глава делегации
Испания	Г-н	Диаз Де Ла Гуардиа, Игнасио Díaz De La Guardia, Ignacio	Делегат
Испания	Г-н	Охеда Карденес, Мигель Анхель Ojeda Cardenes, Miguel Ángel	Делегат
Испания	Д-р	Кесада Дель Коррал, Антонио Quesada Del Corral,	Представитель КООС

Консультативные стороны			
Сторона	**Название**	**Название**	**Должность**
		Antonio	
Испания	Г-жа	Рамос Гарсия, Сония Ramos García, Sonia	Делегат
Испания	Проф, д-р Г-жа	Собридо Прието, Марта Sobrido Prieto, Marta	Делегат
Швеция	Д-р	Даль, Юстийна Dahl, Justiina	Представитель КООС
Швеция	Проф.	Gardfeldt, Katarina	Делегат
Швеция	Заместитель исполнительного директора	Нилссон, Пернилла Nilsson, Pernilla	Глава делегации
Швеция	Д-р	Норлинг, Пиа Norling, Pia	Делегат
Швеция	Сотрудник, Д-р	Раткович Леопарди, Мартин Ratcovich Leopardi, Martin	Советник
Украина	Г-н	Федчук, Андрей Fedchuk, Andrii	Заместитель
Великобритания	Г-н	Ченс, Томас Chance, Thomas	Делегат
Великобритания	Г-жа	Кларк, Рейчел Clarke, Rachel	Делегат
Великобритания	Г-н	Кларксон, Джордж Clarkson, George	Представитель КООС
Великобритания	Д-р	Кросби, Ким Crosbie, Kim	Делегат
Великобритания	Г-н	Дауни, Род Downie, Rod	Делегат
Великобритания	Г-н	Игер, Джон Eager, John	Делегат
Великобритания	Проф., г-жа	Фрэнсис, Джейн Francis, Jane	Делегат
Великобритания	Г-н	Гэррод, Саймон Garrod, Simon	Делегат
Великобритания	Д-р	Хьюз, Кевин Hughes, Kevin	Делегат
Великобритания	Г-жа	Пёрдейзи, Маргарет Purdasy, Margaret	Делегат
Великобритания	Г-жа	Рамбл, Джейн Rumble, Jane	Глава делегации
США	Г-жа	Арвис, Констанс Arvis, Constance	Глава делегации
США	Г-н	Эдвардс, Дэвид Edwards, David	Советник
США	Д-р	Фолкнер, Келли Falkner, Kelly	Советник

Консультативные стороны			
Сторона	**Название**	**Название**	**Должность**
США	Г-н	Гиланшах, Биджан Gilanshah, Bijan	Советник
США	Профессор	Каренц, Денеб Karentz, Deneb	Советник
США	Г-н	Килл, Теодор П. Kill, Theodore P.	Советник
США	Д-р	Мак-Гинн, Нэйчер McGinn, Nature	Советник
США	Г-н	Мантин, Уильям Muntean, William	Заместитель
США	Г-жа	Онемус, Кимберли Ohnemus, Kimberly	Советник
США	Д-р	О'Райли, Джессика O'Reilly, Jessica	Советник
США	Д-р	Пенхейл, Полли А. Penhale, Polly A.	Представитель КООС
США	Г-жа	Ромель, Джули Roemele, Julie	Советник
США	Г-жа	Скотт, Лела Scott, Lela	Советник
США	Г-н	Шеппард, Пол Sheppard, Paul	Советник
США	Г-н	Шоберт, Уильям Shobert, William	Советник
США	Г-жа	Шорт, Стефани Short, Stephanie	Советник
США	Д-р	Сунг, Нэнси Sung, Nancy	Советник
США	Г-жа	Тэйлор, Хейди Taylor, Heidi	Советник
США	Д-р	Уоттерс, Джордж Watters, George	Советник
США	Г-жа	Уитли, Виктория Wheatley, Victoria	Советник
Уругвай	Директор	Данзов, Эрнесто Danzov, Ernesto	Советник
Уругвай	Контр-адмирал (отст.)	Бургос, Мануэль Burgos, Manuel	Заместитель
Уругвай	Г-н	Корбо, Ричард Corbo, Richard	Советник
Уругвай	Лицензиат	Да Коста, Памела Da Costa, Pamela	Советник
Уругвай	Г-н	Фрада, Рафаэль Fraga, Rafael	Сотрудник
Уругвай	Г-н	Хури, Эдуардо Juri, Eduardo	Представитель КООС
Уругвай	Лицензиат	Мачадо, Ана Лаура Machado , Ana Laura	Советник

Консультативные стороны			
Сторона	**Название**	**Название**	**Должность**
Уругвай	Г-н	Паче Сото, Хайме Pache Soto, Jaime	Делегат
Уругвай	Г-н	Перейра, Альваро Pereyra, Álvaro	Советник
Уругвай	Лицензиат	Куартароло, Анхела Quartarolo, Angela	Делегат
Уругвай	Д-р	Ривьеро, Флоренсия Rivero, Florencia	Советник
Уругвай	Д-р	Ванерио Балбела, Густаво Vanerio Balbela, Gustavo	Глава делегации

Неконсультативные стороны			
Сторона	**Название**	**Название**	**Должность**
Беларусь	Г-жа	Каминская, Алена Kaminskaya, Alena	Делегат
Беларусь	Д-р	Гайдашов, Алексей Haidashou, Aliaksei	Заместитель
Беларусь	Д-р	Какарека, Сергей Kakareka, Sergey	Представитель КООС
Беларусь	Г-жа	Харашун, Тамара Kharashun, Tamara	Делегат
Беларусь	Проф.	Логинов, Владимир Loginov, Vladimir	Глава делегации
Беларусь	Г-н	Рыжиков, Владимир Ryzhikov, Vladimir	Делегат
Беларусь	Г-н	Шпаковский, Александр Shpakovsky, Alexander	Делегат
Беларусь	Г-жа	Величко, Ирина Velichko, Irina	Делегат
Канада	Г-н	Дупуис, Фредерик Dupuis, Frederick	Делегат
Канада	Г-жа	Муржий, Алисса Murji, Alyssa	Советник
Канада	Г-н	Пол, Амрита Paul, Amrita	Делегат
Канада	Г-жа	Румбольт, Сара Rumbolt, Sara	Делегат
Канада	Г-жа	Сонг, Глория Song, Gloria	Заместитель
Канада	Г-н	Тайллефер, Дэвид Taillefer, David	Глава делегации
Канада	Г-жа	Томпсон, Жаклин Thompson, Jacqueline	Делегат
Канада	Г-жа	Уорк, Ютта Wark, Jutta	Заместитель
Колумбия	Капитан	Ариас Исаза, Франциско Армандо Arias Isaza, Francisco Armando	Заместитель
Колумбия	Г-н	Баррето, Луис Рейнальдо Barreto , Luis Reinaldo	Делегат
Колумбия	Г-н	Була Бохоргис, Альберто Bula Bohórquez, Alberto	Советник
Колумбия	Капитан	Бургос Урибе, Наталия Burgos Uribe , Natalia	Представитель КООС
Колумбия	Посол	Кадена Монтенегро, Диего Фелипе Cadena Montenegro, Diego Felipe	Делегат
Колумбия	Г-н	Себаллос, Хорхе Луис	Делегат

Неконсультативные стороны			
Сторона	**Название**	**Название**	**Должность**
		Ceballos , Jorge Luis	
Колумбия	Капитан первого ранга	Фореро Озёр, Хуан Камило Forero Hauzeur, Juan Camilo	Делегат
Колумбия	Г-жа	Франко Торренте, Каталина Franco Torrente, Catalina	Делегат
Колумбия	Г-жа	Гонзалес, Ана Мария González , Ana María	Делегат
Колумбия	Майор	Хаймес Парада, Херсон Рикардо Jaimes Parada, Gerson Ricardo	Делегат
Колумбия	Капитан	Хименез Лозано, Сезар Jiménez Lozano, César	Делегат
Колумбия	Подполковник	Хименез Санчес, Хорохе Джованни Jiménez Sánchez , Jorge Giovanni	Делегат
Колумбия	Г-н	Мармолейо Эгред, Андрес Фелипе Marmolejo Egred , Andrés Felipe	Делегат
Колумбия	Посол	Молина Де Ла Вилла, Ольга Сиело Molina De La Villa, Olga Cielo	Делегат
Колумбия	Г-н	Монтенегро Корал, Рикардо Montenegro Coral, Ricardo	Глава делегации
Колумбия	Г-жа	Морено, Келли Холетии Moreno , Kelly Joletii	Делегат
Колумбия	Г-н	Наварро, Хернандес, Хезус Габриел Navarro Hernández , Jesús Gabriel	Делегат
Колумбия	Г-жа	Рикаурте, Констанца Ricaurte , Constanza	Делегат
Колумбия	Майор	Ринкон Урбина, Сония Рут Rincón Urbina, Sonia Ruth	Делегат
Колумбия	Лейтенант	Родригез Салдана, Данна Мария Rodríguez Saldaña, Danna María	Делегат
Колумбия	Г-жа	Рубио Тамайо, Лаура Rubio Tamayo, Laura	Делегат
Колумбия	Г-жа	Сиерра Коррея, Паула Кристина Sierra Correa , Paula Cristina	Делегат
Колумбия	Г-жа	Суарез Тривино, Наталия Дел Пилар Suárez Triviño , Natalia Del Pilar	Делегат
Малайзия	Г-н	Абд Рахман, Мохд	Делегат

Неконсультативные стороны			
Сторона	**Название**	**Название**	**Должность**
		Насаруддин Abd Rahman, Mohd Nasaruddin	
Малайзия	Г-н	Абу Бакар, Джамалулайл Abu Bakar, Jamalulail	Глава делегации
Малайзия	Проф, д-р	Абу Самах, Азизан Abu Samah, Azizan	Делегат
Малайзия	Г-н	Бахаруддин, Росмахюддин Baharuddin, Rosmahyuddin	Делегат
Малайзия	Г-жа	Моган, Деепа Mogan, Deepa	Делегат
Малайзия	Д-р	Мохд Нор, Саллех Mohd Nor, Salleh	Делегат
Монако	Д-р	Ле Боэк, Селин Le Bohec, Céline	Заместитель
Монако	Д-р	Планас, Виктор Planas, Victor	Советник
Монако	Представитель	Ван Клаверен-Импаглиаццо, Селин Van Klaveren-Impagliazzo, Céline	Представитель КООС
Португалия	Проф.	Каэтану Шавьер, Жозе Карлуш Caetano Xavier, José Carlos	Глава делегации
Португалия	Д-р	Графино, Карла Фонсека Grafino, Carla Fonseca	Делегат
Португалия	Д-р	Мендес, Мария Луис Mendes, Maria Luís	Делегат
Португалия	Д-р	Мотта, Гонсало Motta, Gonçalo	Делегат
Португалия	Г-жа	Сантос, Мария Германа Santos, Maria Germana	Делегат
Словакия	Г-жа	Эрдельска, Erdelská, ?ubica	Заместитель
Словакия	Г-жа	Панисова, Лежакова, Михаэла Pánisová Ležáková, Michaela	Заместитель
Словакия	Его высоко-превосходительство	Слободник, Игорь Slobodník, Igor	Глава делегации
Словакия	Г-жа	Сыкорова Михаэла Sykorova, Michaela	Делегат
Словения	Г-жа	Дел Фабро, Елена Del Fabro, Elena	Делегат
Швейцария	Г-н	Андрин, Студер Andrin, Studer	Представитель КООС
Швейцария	Г-жа	Карола, Гёхлич Carola, Göhlich	Делегат
Швейцария	Г-жа	Даниела, Род Danièle, Rod	Советник

Неконсультативные стороны			
Сторона	**Название**	**Название**	**Должность**
Швейцария	Г-н	Хаузер, Грегуар Hauser, Grégoire	Делегат
Швейцария	Д-р	Маргит, Швиковски Margrit, Schwikowski	Советник
Швейцария	Посол	Роберто, Балзаретти Roberto, Balzaretti	Глава делегации
Турция	Г-жа	Байяр, Эда Bayar, Eda	Представитель КООС
Турция	Д-р	Эргувен, Насих Сард Erguven, N. Sarp	Делегат
Турция	Капитан	Октар, Озгун Oktar, Özgün	Заместитель
Турция	Г-н	Озсгци, Юнус Эмре Özigci, Yunus Emre	Делегат
Турция	Проф.	Озсой, Бурджу Özsoy, Burcu	Глава делегации
Турция	Г-н	Унлу, Барту Ünlü, Bartu	Делегат
Турция	Д-р	Ялимаз, Атилла Yilmaz, Atilla	Заместитель
Турция	Г-н	Юксель, Субутай Yüksel, Subutay	Делегат
Венесуэла	Г-н	Кастилло, Марко Castillo, Marco	Заместитель
Венесуэла	Г-жа	Хандт, Хелга Handt, Helga	Представитель КООС
Венесуэла	Г-жа	Регуена, Айлинг Requena, Ailing	Делегат

Наблюдатели, эксперты и гости			
Сторона	**Название**	**Название**	**Должность**
АНТКОМ	Д-р	Эгнью, Дэвид Agnew, David	Глава делегации
АНТКОМ	Д-р	Грэнит Джакоб Granit, Jakob	Заместитель
АНТКОМ	Д-р	Велсфорд, Дирк Welsford, Dirk	Представитель КООС
КОМНАП	Д-р	Коломбо, Андреа Colombo, Andrea	Делегат
КОМНАП	Г-жа	Роган-Финнемор, Мишель Rogan-Finnemore, Michelle	Глава делегации
СКАР	Д-р	Грант, Суси Grant, Susie	Представитель КООС
СКАР	Д-р	Кенникутт, Махлон С. Kennicutt, Mahlon C.	Делегат
СКАР	Д-р	Ким, Ядонг Kim, Yeadong	Глава делегации
СКАР	Д-р	Нэт, Чандрика Nath, Chandrika	Делегат
АСОК	Г-жа	Айкен, Кимберли Aiken, Kimberly	Советник
АСОК	Г-жа	Эндрюс, Олив Andrews, Olive	Советник
АСОК	Г-н	Чэнь, Цзилян Chen, Jiliang	Советник
АСОК	Г-жа	Кристиан, Клэр Christian, Claire	Глава делегации
АСОК	Г-жа	Грилли, Эмили Grilly, Emily	Советник
АСОК	Г-н	Хелтен, Рэнди Helten, Randy	Советник
АСОК	Г-жа	Каванаг, Андреа Kavanagh, Andrea	Советник
АСОК	Д-р	Ким, Энхее Kim, Eunhee	Советник
АСОК	Г-н	Марковитц, Дэвид Markowitz, David	Советник
АСОК	Д-р	Приор, Сиан Prior, Sian	Советник
АСОК	Д-р	Рура, Рикардо Roura, Ricardo	Представитель КООС
АСОК	Г-жа	Шуетзик, Мейке Schuetzek, Meike	Советник
АСОК	Г-н	Зоннтаг, Ральф Sonntag, Ralf	Советник
АСОК	Г-н	Уолкер, Майк Walker, Mike	Советник

Наблюдатели, эксперты и гости			
Сторона	**Название**	**Название**	**Должность**
АСОК	Г-н	Ванг, Чарли Сен Wang, Charlie Sen	Советник
АСОК	Г-н	Вернер Кинкелин, Родольфо Werner Kinkelin, Rodolfo	Советник
АСОК	Г-жа	Жаркова, Елена Zharkova, Elena	Советник
АСОК	Г-жа	Жу, Вей Zhou, Wei	Советник
МААТО	Г-жа	Гриир, Гина Марие Greer, Gina Marie	Делегат
МААТО	Г-жа	Келли, Лайза Kelley, Lisa	Глава делегации
МААТО	Г-жа	Линнс, Аманда Lynnes, Amanda	Представитель КООС
МГО	Г-н	Гийом, Ив Guillam, Yves	Советник
МГО	Д-р	Джонас, Матиас Jonas, Mathias	Глава делегации
Фонды IOPC	Г-н	Маура, Жозе Maura, José	Глава делегации
Фонды IOPC	Г-н	Окугава, Эджи Okugawa, Yuji	Советник
МСОП	Г-жа	Эппс, Минна Epps, Minna	Глава делегации
МСОП	Д-р	Франсис, Элизабет Francis, Elizabeth	Делегат
МСОП	Д-р	Леунг, Ю-Фай Leung, Yu-Fai	Заместитель
МСОП	Д-р	Спадоне, Аурелли Spadone, Aurélie	Делегат
ВМО	Д-р	Ховсепян, Анаит Hovsepyan, Anahit	Делегат
ВМО	Д-р	Ниту, Родика Nitu, Rodica	Делегат
ВМО	Д-р	Спэрроу, Майк Sparrow, Mike	Глава делегации

Секретариат принимающей страны			
Сторона	**Название**	**Название**	**Должность**
HCS	Г-н	Бинашон, Мартин Binachon, Martin	Сотрудник
HCS	Г-жа	Гоурбеу, Алексана Gourbeau, Alexana	Сотрудник
HCS	Г-жа	Крайка, Каролин Krajka, Caroline	Глава делегации
HCS	Г-жа	Лахяли, Амелли Lakhyali , Amelle	Сотрудник
HCS	Г-н	Моусниер-Ломпре, Патрик Mousnier-Lompre, Patrick	Сотрудник

Секретариат Договора об Антарктике			
Сторона	**Название**	**Название**	**Должность**
СДА	Г-н	Аграс, Хосе Луис Agraz, José Luis	Сотрудник
СДА	Г-жа	Балок, Анна Balok, Anna	Сотрудник
СДА	Г-жа	Чоудри, Икра Асгар Choudhry, Iqra Asghar	Сотрудник
СДА	Г-жа	Эрсег, Дайен Erceg, Diane	Сотрудник
СДА	Г-н	Гонсалес Вайльянт, Хоакин González Vaillant, Joaquín	Сотрудник
СДА	Г-жа	Ходгсон_Джонстон, Индиа Hodgson-Johnston, Indiah	Сотрудник
СДА	Г-н	Льюберас, Альберт Lluberas, Albert	Глава делегации
СДА	Д-р	Нильсен, Ханне, Фонсс Nielsen, Hanne Fonss	Сотрудник
СДА	Г-н	Папасерхе, Вальтер Papaserge, Walter	Сотрудник
СДА	Г-н	Филлипс, Эндрю Phillips, Andrew	Сотрудник
СДА	Д-р	Портелла Сампайо, Даниэла Portella Sampaio, Daniela	Сотрудник
СДА	Г-н	Сабев, Атанас Sabev, Atanas	Сотрудник
СДА	Магистр	Санчес, Родолфо Андрес Sánchez, Rodolfo Andrés	Сотрудник
СДА	Г-жа	Ван Дер Ватт, Лиз-Мари Van Der Watt, Lize-Marié	Сотрудник
СДА	Г-н	Вайншенкер, Пабло Wainschenker, Pablo	Сотрудник
СДА	Г-н	Уайдлер, Диего Wydler, Diego	Заместитель

Секретариат Договора об Антарктике			
Сторона	**Название**	**Название**	**Должность**
Письменный и устный перевод	Г-н	Ариас, Айван Arias, Iván	Сотрудник
Письменный и устный перевод	Г-жа	Бочарова, Елена Bocharova, Elena	Сотрудник
Письменный и устный перевод	Г-жа	Берго, Матилде Buergo, Matilde	Сотрудник
Письменный и устный перевод	Г-жа	Коррея, Оливия Correa, Olivia	Сотрудник
Письменный и устный перевод	Г-н	Флеминг, Жак Fleming, Jack	Сотрудник
Письменный и устный перевод	Г-н	Хоффман, Джастин Hoffman, Justin	Сотрудник
Письменный и устный перевод	Г-жа	Крыжановска, Екатерина Kryzhanovska, Ekaterina	Сотрудник
Письменный и устный перевод	Г-жа	Лантсута_Дэвис, Людмила Lantsuta-Davis, Ludmila	Сотрудник
Письменный и устный перевод	Г-н	Лоренте, Адриа Lorente, Adriá	Сотрудник
Письменный и устный перевод	Г-жа	Малышенко, Александра Malyshenko, Alexandra	Сотрудник
Письменный и устный перевод	Г-жа	Матеос, Мария Кристина Mateos, Maria Cristina	Сотрудник
Письменный и устный перевод	Г-жа	Мороз, Виктория Moroz, Victoria	Сотрудник
Письменный и устный перевод	Г-н	Моссоп, Дэвид Mossop, David	Сотрудник
Письменный и устный перевод	Г-жа	Пала, Силвиа Palà, Silvia	Сотрудник
Письменный и устный перевод	Г-жа	Поупин, Анна Poupin, Anna	Сотрудник
Письменный и устный перевод	Г-н	Сандин, Хосе Мануэль Sandin, José Manuel	Сотрудник
Письменный и устный перевод	Г-н	Сейзиллес Де Мазанкорт, Стефен Seizilles De Mazancourt, Stephen	Сотрудник
Письменный и устный перевод	Г-н	Скиннер, Михаел Skinner, Michael	Сотрудник
Письменный и устный перевод	Г-н	Тазара, Спаффорд Tazara, Spafford	Сотрудник
Письменный и устный перевод	Г-жа	Валлве, Каролин Vallvé, Caroline	Сотрудник
Письменный и устный перевод	Г-жа	Винарская, Валерия Vinarskaja, Valeria	Сотрудник
Письменный и устный перевод	Г-жа	Зеленина, Асиелле Zelenina, Acielle	Сотрудник

www.ingramcontent.com/pod-product-compliance
Lightning Source LLC
LaVergne TN
LVHW060541061126
851857LV00017B/1864
9789878929149

Secretariat of the Antarctic Treaty
Secrétariat du Traité sur l'Antarctique
Секретариат Договора об Антарктике
Secretaría del Tratado Antártico

Maipú 757, piso 4
C1006ACI - Buenos Aires, Argentina
Phone: +54 11 3991-4250
www.ats.aq
ats@ats.aq

ISBN 978-987-8929-14-9